해커스 토익 스타트 Reading 200% 활용법!

토익 스타트 리딩 무료 동영상강의

방법1 해커스토익(Hackers.co.kr) 접속 ▶ 상단 메뉴의 **[교재/무료 MP3 → 토익 → 해커스 토익 스타트 리딩]** 클릭 ▶ **[무료강의]** 클릭하여 보기

방법2 **[해커스토익]** 어플 다운로드 및 실행 ▶ 상단의 **[교재/MP3]** 클릭 ▶ 본 교재의 **[무료강의]** 클릭하여 보기

* QR코드로 [해커스토익] 어플 다운받기

들으면서 외우는 단어암기자료(단어암기 MP3 + 단어암기장)

방법 해커스인강(HackersIngang.com) 접속 ▶ 상단 메뉴 **[MP3/자료 → 무료 MP3/자료]** 클릭 ▶ 본 교재의 **[단어암기 MP3 & 단어장]** 클릭하여 다운받기

* QR코드로 [MP3/자료] 바로 이용하기

실전 감각 UP! 온라인 실전모의고사

방법 해커스인강(HackersIngang.com) 접속 ▶ 상단 메뉴 **[MP3/자료 → 온라인 모의고사]** 클릭 ▶ 본 교재의 **[온라인 모의고사]** 클릭하여 이용하기

교재 진단고사 해석&해설

방법1 해커스토익(Hackers.co.kr) 접속 ▶ 상단 메뉴의 **[교재/무료 MP3 → 토익 → 해커스 토익 스타트 리딩]** 클릭 ▶ **[진단고사 테스트 해석&해설]** 클릭하여 이용하기

방법2 **[해커스토익]** 어플 다운로드 및 실행 ▶ 메인의 **[교재해설]** 클릭하여 이용하기

* QR코드로 [진단고사 무료 해설자료] 바로 이용하기

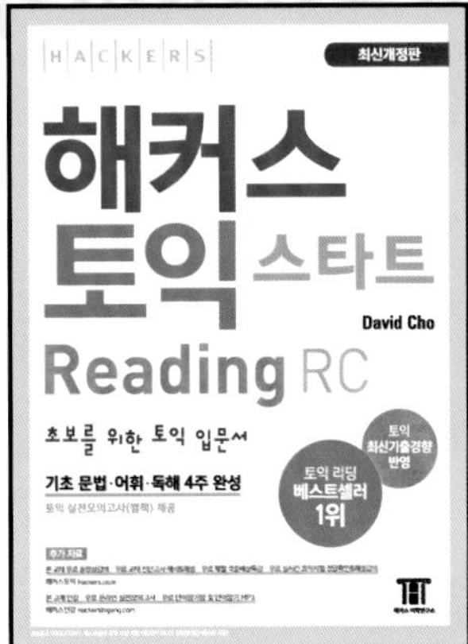

해커스 토익 스타트 리딩 토익시험 포인트 연속 적중!

실제로 적중하는 해커스 토익 입문서

이미 지나간 문제 말고, 앞으로 시험에 나올 문제로 학습하자!

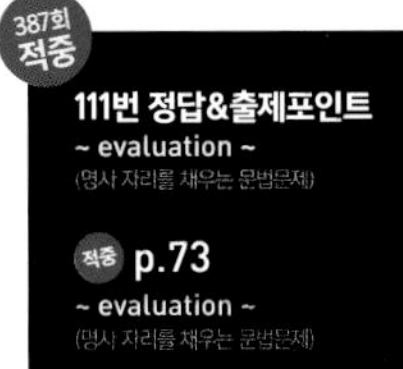

▼ 적중내역 보러가기

HACKERS

해커스 토익 스타트 Reading RC

최신개정판

초보를 위한 토익 입문서

해커스 어학연구소

토익, 시작은 해커스입니다!

영어에 대한 막막함과 두려움을 가진 수많은 토익 입문자들이 '토익을 통한 영어 기초 확립'을 할 수 있게 돕고자 ≪해커스 토익 스타트 Reading≫을 출간하게 되었습니다. 좋은 집을 짓기 위해서는 단단한 뼈대를 세워야 하는 것처럼, 영어 실력 향상과 토익 고득점을 달성하기 위해서는 기초 학습을 완벽하게 소화해야 합니다. 요령이 아닌 탄탄한 기초를 쌓아야 토익 고득점을 보장할 수 있고, 나아가 실력이 동반된 고급 영어까지 구사할 수 있기 때문입니다.

토익을 대비하기 가장 좋은 입문서

≪해커스 토익 스타트 Reading≫은 토익 시험을 철저하게 연구·분석하여 토익을 이제 막 시작한 초보 학습자들이 토익에 완벽하게 대비할 수 있도록 구성된 토익 입문서입니다. 출간 이래 베스트셀러 자리를 지키고 있는 해커스 토익 시리즈의 노하우를 바탕으로 모든 지문 유형과 문제 유형을 쉽게 풀어나갈 수 있는 풀이 전략과 실전에 대비할 수 있는 실전 문제를 수록하여 토익 초보자들도 완벽하게 토익에 대비할 수 있습니다.

4주 만에 기초 학습과 실력 향상이 가능한 입문서

≪해커스 토익 스타트 Reading≫은 4주 간의 문법·어휘·독해의 유기적인 학습을 통해 학습자들이 토익 리딩 기초 학습과 더불어 실력 향상까지 할 수 있도록 구성되었습니다. 진단 테스트를 통해 수준에 맞는 학습 플랜을 찾고, 매일 하루치 학습 분량을 꾸준히 학습한다면 탄탄한 기본기를 바탕으로 한 실력 향상을 기대할 수 있습니다.

토익 초보자도 쉽게 학습할 수 있는 입문서

≪해커스 토익 스타트 Reading≫의 친절하고 상세한 해설을 통해 초보자들도 쉽게 학습할 수 있습니다. 문제 유형별 풀이 방법과 모든 문제의 정답 단서를 보기 쉽게 제공하여 초보 학습자들도 모르는 문제 없이 완벽한 교재 학습이 가능합니다. 또한, 모든 문장에 끊어 읽기별 해석을 제공하여 문장 구조를 정확하게 파악하고 이해할 수 있습니다.

해커스의 땀과 열정, 그리고 핵심 정보 공유의 철학이 담긴 ≪해커스 토익 스타트 Reading≫을 통해 목표하는 토익 점수를 획득하여 원하는 바를 이루고, 그를 바탕으로 우리가 살고 있는 사회를 더 나은 사회로 만드는 데 기여하는 참 인재가 되길 바랍니다.

David Cho

목차

책의 특징

01 | 토익 리딩 최신 출제 경향 반영

토익 리딩 최신 출제 경향을 철저하게 연구 · 분석하여 교재에 반영하였으며, 이를 통해 토익 입문자들이 영어 실력을 향상시키면서 자연스럽게 토익 리딩에 대비할 수 있도록 하였습니다.

02 | 초보를 위한 토익 입문서

영어 초보자를 위한 토익 입문서로, 토익 리딩에 꼭 필요한 내용을 선별하여 기초를 다질 수 있도록 구성하였습니다. 문법 · 어휘 · 독해 전반에 걸쳐 토익 입문자들이 기초를 확실히 다질 수 있는 내용을 학습 플랜과 함께 제시하고 있습니다.

03 | 토익 초보를 위한 기초 다지기 코너

토익 초보 학습자를 위해 토익에 필요한 기초 영어를 쉽고 재미있게 학습할 수 있는 코너를 마련하였습니다. 본격적인 학습 전에 '꼭 봐야 하는 기본기'와 '기초 문법과 놀기' 코너를 학습함으로써 기본기를 다질 수 있습니다.

04 | 토익 문법 · 어휘 · 독해 4주 완성

토익 리딩에 필요한 문법 · 어휘 · 독해의 기초를 4주 학습 분량으로 구성하였고, 매일 토익 문법 · 어휘 · 독해를 학습하며 리딩 전 파트를 동시에 대비할 수 있도록 하였습니다. 학습 플랜에 맞춰 하루치씩 꾸준히 학습할 경우 토익 리딩 모든 파트에 걸쳐 실력을 향상시킬 수 있습니다.

05 | 실전 감각을 길러주는 토익 실전모의고사 수록

4주 분량의 학습을 마친 후, 학습 내용을 총정리하며 자신의 실력을 점검할 수 있도록 토익 실전모의고사를 별책으로 수록하였습니다. 토익 실전모의고사를 통해 시험 전 실전 감각을 기를 수 있습니다.

06 | 상세한 해설과 끊어 읽기별 해석 수록

문제 유형별 풀이 방법을 제시하는 상세한 해설을 제공하였습니다. 뿐만 아니라 모든 예문과 문제에 끊어 읽기별 해석을 수록하여 문장 구조를 정확하게 파악하고 이해할 수 있도록 하였으며, 정답의 단서가 되는 곳을 별도의 색으로 표시하여 혼자서도 쉽게 학습할 수 있도록 하였습니다.

07 | 무료 동영상강의 제공 - Hackers.co.kr

토익 입문자들의 학습을 돕고자 해커스토익 사이트(Hackers.co.kr)에서 무료 동영상강의를 제공하였습니다. 교재의 핵심 내용을 알기 쉽게 설명한 강의를 통해 혼자서도 효과적으로 학습할 수 있습니다.

08 | 온라인 토익 모의고사 및 단어암기 자료 제공 - HackersIngang.com

해커스인강(HackersIngang.com)에서 제공되는 온라인 토익 모의고사를 통해 학습자들이 토익 시험 전 자신의 실력을 미리 점검할 수 있습니다. 또한 교재에 수록된 단어를 따라 읽으면서 반복 학습할 수 있도록 단어암기장과 단어암기 MP3를 무료로 제공합니다.

책의 구성

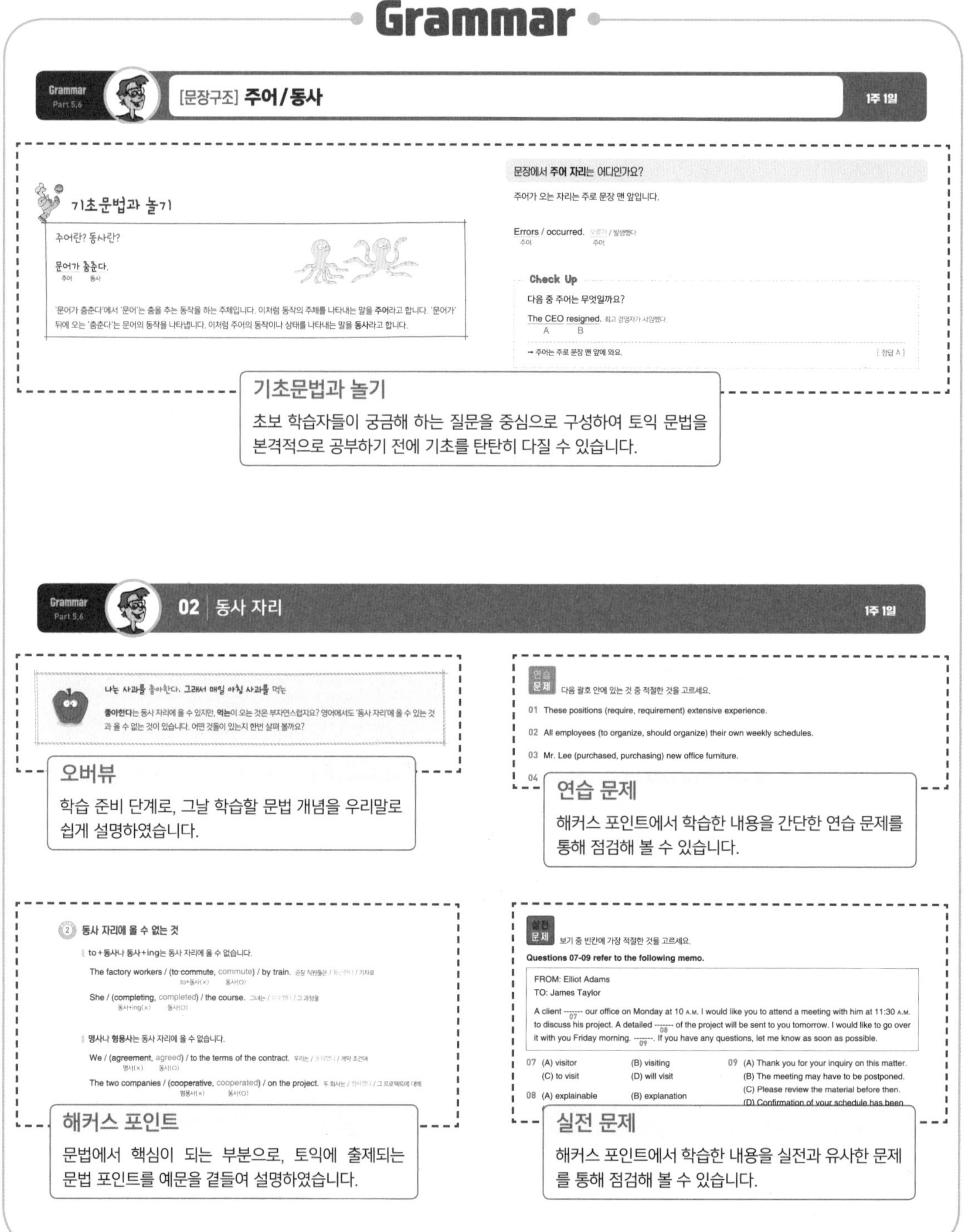

Grammar

Grammar Part 5,6 | [문장구조] **주어/동사** | 1주 1일

기초문법과 놀기

주어란? 동사란?

문어가 춤춘다.
주어 동사

'문어가 춤춘다'에서 '문어'는 춤을 추는 동작을 하는 주체입니다. 이처럼 동작의 주체를 나타내는 말을 **주어**라고 합니다. '문어가' 뒤에 오는 '춤춘다'는 문어의 동작을 나타냅니다. 이처럼 주어의 동작이나 상태를 나타내는 말을 **동사**라고 합니다.

문장에서 **주어 자리**는 어디인가요?

주어가 오는 자리는 주로 문장 맨 앞입니다.

Errors / occurred. 오류가 / 발생했다
주어 주어

Check Up

다음 중 주어는 무엇일까요?

The CEO resigned. 최고 경영자가 사임했다
A B

→ 주어는 주로 문장 맨 앞에 와요. [정답 A]

기초문법과 놀기

초보 학습자들이 궁금해 하는 질문을 중심으로 구성하여 토익 문법을 본격적으로 공부하기 전에 기초를 탄탄히 다질 수 있습니다.

Grammar Part 5,6 | **02** 동사 자리 | 1주 1일

나는 사과를 좋아한다. 그래서 매일 아침 사과를 먹는

좋아한다는 동사 자리에 올 수 있지만, **먹는**이 오는 것은 부자연스럽지요? 영어에서도 '동사 자리'에 올 수 있는 것과 올 수 없는 것이 있습니다. 어떤 것들이 있는지 한번 살펴 볼까요?

오버뷰

학습 준비 단계로, 그날 학습할 문법 개념을 우리말로 쉽게 설명하였습니다.

연습 문제 다음 괄호 안에 있는 것 중 적절한 것을 고르세요.

01 These positions (require, requirement) extensive experience.

02 All employees (to organize, should organize) their own weekly schedules.

03 Mr. Lee (purchased, purchasing) new office furniture.

04

연습 문제

해커스 포인트에서 학습한 내용을 간단한 연습 문제를 통해 점검해 볼 수 있습니다.

② **동사 자리에 올 수 없는 것**

to+동사나 동사+ing는 동사 자리에 올 수 없습니다.

The factory workers / (~~to commute~~, commute) / by train. 공장 직원들은 / 통근한다 / 기차로
to+동사(×) 동사(O)

She / (completing, completed) / the course. 그녀는 / 이수했다 / 그 과정을
동사+ing(×) 동사(O)

명사나 형용사는 동사 자리에 올 수 없습니다.

We / (agreement, agreed) / to the terms of the contract. 우리는 / 동의했다 / 계약 조건에
명사(×) 동사(O)

The two companies / (cooperative, cooperated) / on the project. 두 회사는 / 협력했다 / 그 프로젝트에 대해
형용사(×) 동사(O)

해커스 포인트

문법에서 핵심이 되는 부분으로, 토익에 출제되는 문법 포인트를 예문을 곁들여 설명하였습니다.

실전 문제 보기 중 빈칸에 가장 적절한 것을 고르세요.

Questions 07-09 refer to the following memo.

FROM: Elliot Adams
TO: James Taylor

A client -------(07) our office on Monday at 10 A.M. I would like you to attend a meeting with him at 11:30 A.M. to discuss his project. A detailed -------(08) of the project will be sent to you tomorrow. I would like to go over it with you Friday morning. -------(09). If you have any questions, let me know as soon as possible.

07 (A) visitor (B) visiting
(C) to visit (D) will visit

08 (A) explainable (B) explanation

09 (A) Thank you for your inquiry on this matter.
(B) The meeting may have to be postponed.
(C) Please review the material before then.
(D) Confirmation of your schedule has been

실전 문제

해커스 포인트에서 학습한 내용을 실전과 유사한 문제를 통해 점검해 볼 수 있습니다.

Vocabulary

Vocabulary Part 5,6

전치사 어구

1주 1일

수석 도사가 써 준 부적의 효험

항상(at all times) 즐겨 듣던 라디오 프로그램에서 사연이 당첨되는 청취자에게 콘서트 티켓을 **무료로**(at no cost) 준다는 소식을 접했다. 난 최대한 **상세하게**(in detail) 사연을 적어 올렸지만, 당첨될 기미는 보이지 않았다.

초조해진 난 용하다는 도사를 찾아가 내 사연이 당첨될 수 있는지 점쳐 보았다. 점괘에 의하면, 내 정성은 가륵하지만 짙게 드리운 어두운 그림자**로 인해**(as a result of) 당첨되지 않고 있다고 했다.

점집의 운영을 맡고 있던 수석 도사님은 내가 해야 할 일을 직접 서면으로 작성하여 부적과 함께 주셨다. 그리고 **예정대로**(on schedule) 복채를 입금하기만 하면, 어두운 그림자가 걷히고 콘서트 이벤트 티켓에 당첨될 것이라고 하셨다.

난 너무 고마운 나머지 언제든지 **요청하면**(upon request) 손님들을 모아주겠다는 제안을 했지만 도사님은 본인의 신념에 어긋난다며 거절하셨다. 온갖 사이비가 난무하는 이 세상에 이렇게 정직한 도사님이 있다는 사실에 아직 세상은 살 만한 곳이라고 생각했지만… 난… 끝내 당첨되지 않았다.

어휘 이야기

토익 필수 어휘를 우리말 이야기를 통해 쉽고 재미있게 학습할 수 있습니다.

필수 어휘 리스트

- at all times 항상, 언제나
  Employees should wear their uniforms at all times.
  직원들은 항상 유니폼을 입어야 한다.
- at no cost 무료로
  Software is provided at no cost.
  소프트웨어는 무료로 제공된다.
- in detail 상세하게
  The team discussed the problem in detail.
  팀은 문제를 상세하게 논의했다.
- as a result of ~으로 인해, ~의 결과로
  Expenses have increased as a result of high marketing costs.
  높은 마케팅 비용으로 인해 경비가 증가했다.
- on schedule 예정대로
  The secretary completed the work on schedule.
  비서는 작업을 예정대로 끝마쳤다.
- upon request 요청(신청)하면
  More information is available upon request.
  요청하시면 더 많은 정보를 보실 수 있습니다.
- in effect 시행 중인, 유효한
  A ban on overnight parking is now in effect.
  현재 야간 주차 금지가 시행 중이다.
- aside from ~ 이외에, 덧붙여
  Ms. Raul only took one break aside from lunch.
  Ms. Raul은 점심 이외에 오직 한 번의 휴식을 가졌다.
- in advance 미리, 먼저
  Mr. Jones reserved his hotel room in advance.
  Mr. Jones는 호텔 객실을 미리 예약했다.
- at the latest 늦어도
  The invoice must be paid by June 1 at the latest.
  송장은 늦어도 6월 1일까지 지불되어야 한다.

필수 어휘 리스트

이야기를 통해 재미있게 학습한 어휘가 토익에서 어떻게 출제되는지를 예문과 함께 확인할 수 있습니다.

연습 문제 다음 괄호 안에 있는 것 중 적절한 것을 고르세요.

01 The labor strike has been (in, on, of) effect for two days.

02 Please describe the problem (as, in, upon) detail.

03

연습 문제

어휘 이야기와 필수 어휘 리스트에서 학습한 어휘들을 간단한 연습 문제를 통해 복습할 수 있습니다.

실전 문제 보기 중 빈칸에 가장 적절한 것을 고르세요.

05 Despite the bad weather, the plane landed on -------.

(A) appointment (B) schedule
(C) condition (D) request

06 The candidate did not get the job as a ------- of his inexperience.

(A) charge (B) result
(C) feedback (D) point

Questions 07-09 refer to the following advertisement.

The Shine Beach Hotel is the place to stay if you plan to take a vacation in the sunny Bahamas! We offer a continental breakfast to all our guests at no -------(07). Laundry, dry cleaning, and airport pickup are provided upon -------(08). Please consult our Web site for a full list of the services we offer in addition to information on room vacancies and prices. -------(09). To make a booking, please fill out our online reservation form or call 555-3409.

07 (A) delay (B) cost
(C) regard (D) allowance

08 (A) respect (B) removal
(C) request (D) requirement

09 (A) The grand opening will be announced soon.
(B) We've recently unveiled an expansion plan.
(C) It also lists weekly special rates.
(D) The hotel sector is experiencing strong growth.

실전 문제

어휘 이야기와 필수 어휘 리스트에서 학습한 어휘들을 실전과 유사한 문제를 통해 점검해 볼 수 있습니다.

Reading

메시지 대화문 (Text Message Chain)

3주 2일

빈출 질문 유형과 공략법

메시지 대화문에서는 메시지를 보낸 목적, 메시지에 나타난 특정 세부 내용, 메시지에서 특정 문구가 쓰인 의도를 묻는 문제가 자주 출제됩니다.

메시지를 보낸 목적을 묻는 질문

질문의 예 Why did Mr. Adam contact Ms. Christine? Mr. Adam은 왜 Ms. Christine에게 연락했는가?

공략법 메시지를 보낸 목적은 주로 지문의 앞부분에서 언급됩니다.
주제/목적 찾기 문제 유형이므로 지문의 앞부분에서 정답의 단서를 찾되, 특히 대화를 시작한 사람의 메시지를 주의 깊게 읽습니다.

메시지에 언급된 특정 세부 내용에 관한 질문

질문의 예 Who is unavailable to come to the event? 그 행사에 참여하지 못하는 사람은 누구인가?
What is true about Mr. Jones? Mr. Jones에 대해 사실인 것은 무엇인가?

공략법 질문에 언급된 키워드를 바탕으로 지문에서 관련 내용을 찾아야 합니다.
육하원칙이나 NOT/TRUE 문제 유형이므로 질문의 키워드를 지문에서 찾아 그 주변에서 정답의 단서를 찾습니다.

메시지에서 특정 문구가 쓰인 의도를 묻는 질문

질문의 예 At 2:17 P.M., what does Ms. Harwood mean when she writes, "Of course"?
오후 2시 17분에, Ms. Harwood가 "Of course"라고 썼을 때 그녀가 의도한 것은?

공략법 질문에 언급된 인용구를 지문에서 찾아 주변 문맥을 파악해야 합니다.
의도 파악 문제 유형이므로 질문의 인용구가 언급되어 있는 부분을 지문에서 찾아 그 주변에서 정답의 단서를 찾습니다.

빈출 질문 유형과 공략법

토익 리딩에서 자주 출제되는 질문 유형과 유형별 공략법을 제시하여 토익 문제 풀이에 필요한 독해 능력을 기를 수 있습니다.

비법 적용하기

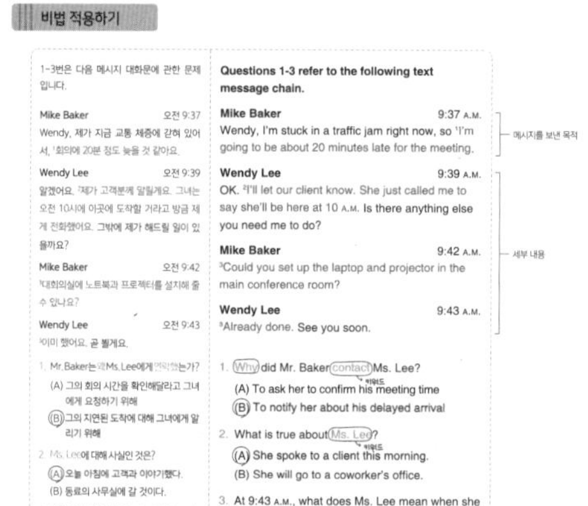
1-3번은 다음 메시지 대화문에 관한 문제입니다.

Mike Baker 오전 9:37
Wendy, 제가 지금 교통 체증에 갇혀 있어서, [1]회의에 20분 정도 늦을 것 같아요.

Wendy Lee 오전 9:39
알겠어요. [2]제가 고객분께 말할게요. 그녀는 오전 10시에 이곳에 도착할 거라고 방금 제게 전화했어요. 그밖에 제가 해드릴 일이 있을까요?

Mike Baker 오전 9:42
[3]대회의실에 노트북과 프로젝터를 설치해 줄 수 있나요?

Wendy Lee 오전 9:43
[3]이미 했어요. 곧 뵐게요.

1. Mr. Baker는 왜 Ms. Lee에게 연락했는가?
(A) 그의 회의 시간을 확인해달라고 그녀에게 요청하기 위해
(B) 그의 지연된 도착에 대해 그녀에게 알리기 위해

2. Ms. Lee에 대해 사실인 것은?
(A) 오늘 아침에 고객과 이야기했다.
(B) 동료의 사무실에 갈 것이다.

3. 오전 9시 43분에, Ms. Lee가 "Already

Questions 1-3 refer to the following text message chain.

Mike Baker 9:37 A.M.
Wendy, I'm stuck in a traffic jam right now, so [1]I'm going to be about 20 minutes late for the meeting.

Wendy Lee 9:39 A.M.
OK. [2]I'll let our client know. She just called me to say she'll be here at 10 A.M. Is there anything else you need me to do?

Mike Baker 9:42 A.M.
[3]Could you set up the laptop and projector in the main conference room?

Wendy Lee 9:43 A.M.
[3]Already done. See you soon.

1. Why did Mr. Baker contact Ms. Lee?
(A) To ask her to confirm his meeting time
(B) To notify her about his delayed arrival

2. What is true about Ms. Lee?
(A) She spoke to a client this morning.
(B) She will go to a coworker's office.

3. At 9:43 A.M., what does Ms. Lee mean when she writes, "Already done"?

비법 적용하기

비법 공략하기에서 학습한 공략법을 직접 문제에 적용해 봄으로써 실전 문제 풀이 방법에 대한 감각을 익힐 수 있습니다.

3주 2일

paraphrase 연습 주어진 문장과 가장 가까운 의미를 만드는 것을 찾아보세요.

01 The secretary reminded Mr. Blank of the banquet.
= The secretary brought the event to Mr. Blank's ________.
(A) mind (B) attention

05 The decision to expand overseas was approved by the board.
(A) The board voted on the proposal while meeting abroad.
(B) The proposed expansion plans were passed by the board.

Paraphrase 연습

주어진 문장과 가장 가까운 의미의 어휘와 문장을 찾는 부분으로, 토익 리딩에서 중요한 paraphrase 능력을 기를 수 있습니다.

Question 09 refers to the following text message chain.

Aaron Owen
Should I do an inventory count of the new books when I come in for the evening shift?

연습 문제

앞에서 학습한 내용을 간단한 연습 문제를 통해 점검해 볼 수 있습니다.

Questions 11-12 refer to the following online chat discussion.

Lily Fisher
I'm going to Vine Office Supplies today. Do you need anything?

실전 문제

앞에서 학습한 내용을 직접 적용하여 실제 토익과 유사한 문제를 풀어 볼 수 있습니다.

해석 / 해설

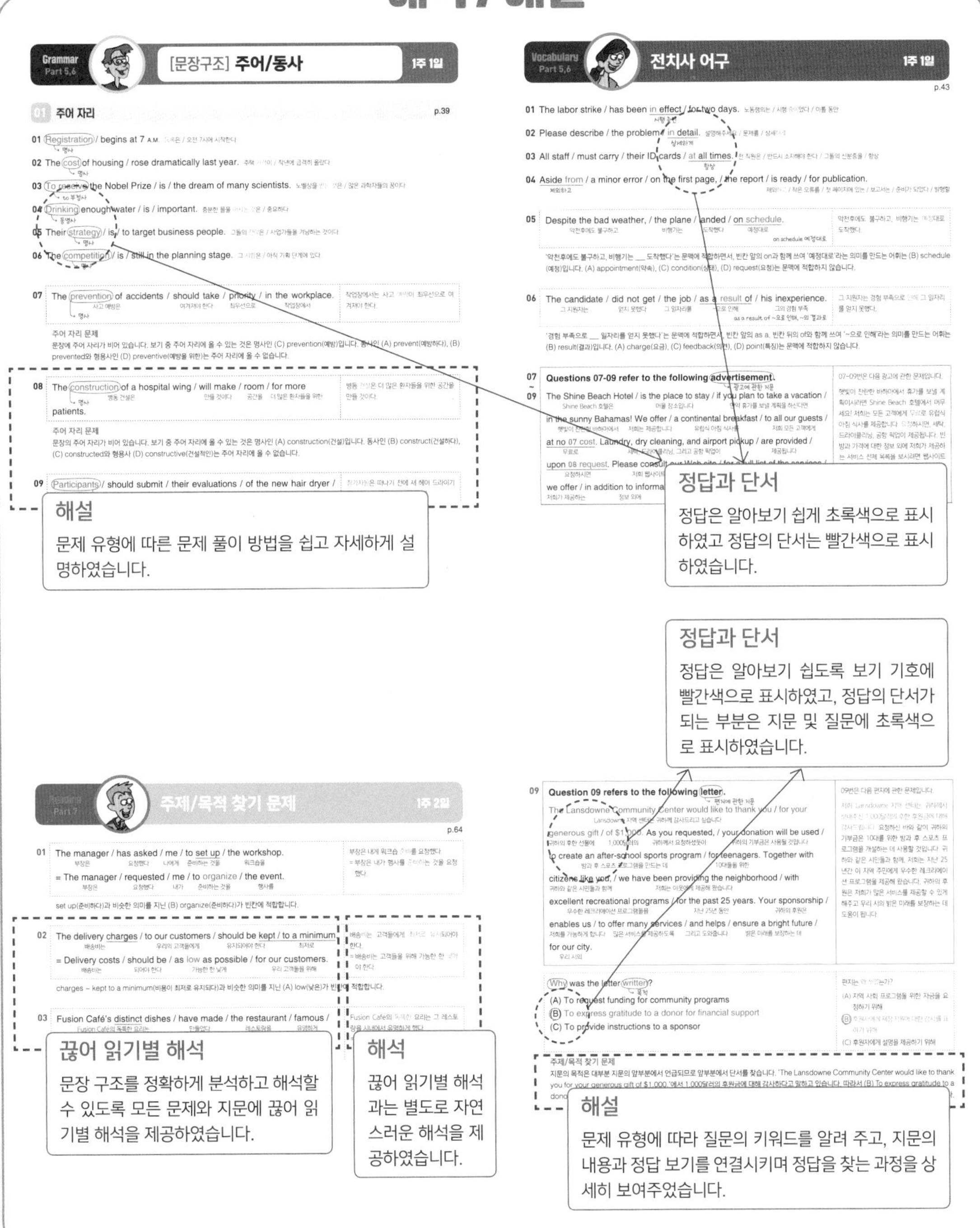
해설
문제 유형에 따른 문제 풀이 방법을 쉽고 자세하게 설명하였습니다.
정답과 단서
정답은 알아보기 쉽게 초록색으로 표시하였고 정답의 단서는 빨간색으로 표시하였습니다.
정답과 단서
정답은 알아보기 쉽도록 보기 기호에 빨간색으로 표시하였고, 정답의 단서가 되는 부분은 지문 및 질문에 초록색으로 표시하였습니다.
끊어 읽기별 해석
문장 구조를 정확하게 분석하고 해석할 수 있도록 모든 문제와 지문에 끊어 읽기별 해석을 제공하였습니다.
해석
끊어 읽기별 해석과는 별도로 자연스러운 해석을 제공하였습니다.
해설
문제 유형에 따라 질문의 키워드를 알려 주고, 지문의 내용과 정답 보기를 연결시키며 정답을 찾는 과정을 상세히 보여주었습니다.

토익 소개

토익이란 무엇인가요?

TOEIC은 Test Of English for International Communication의 약자로 영어가 모국어가 아닌 사람들을 대상으로 한 시험입니다. 언어 본래의 기능인 '커뮤니케이션' 능력에 중점을 두고 회사 생활(채용, 물품 구매, 계약 등) 또는 일상 생활(문화, 건강, 외식 관련 등)에 필요한 실용영어 능력을 평가합니다.

토익은 이렇게 구성되어 있어요.

구성	내용		문항수	시간	배점
Listening Test	Part 1	사진 묘사	6문항	45분	495점
	Part 2	질의 응답	25문항		
	Part 3	짧은 대화	39문항, 13지문		
	Part 4	짧은 담화	30문항, 10지문		
Reading Test	Part 5	단문 빈칸 채우기 (문법/어휘)	30문항	75분	495점
	Part 6	장문 빈칸 채우기 (문법/어휘/문장 고르기)	16문항, 4지문		
	Part 7	지문독해 - 단일 지문 - 이중 지문 - 삼중 지문	54문항, 15지문 - 29문항, 10지문 - 10문항, 2지문 - 15문항, 3지문		
Total	7 Parts		200문항	120분	990점

토익은 이렇게 접수해요.

1. 접수 기간을 TOEIC위원회 인터넷 사이트(www.toeic.co.kr) 혹은 공식 애플리케이션에서 확인하세요.
2. 추가시험은 연중 상시로 시행되니 시험 일정을 인터넷으로 확인하고 접수하세요.
3. 접수 시, jpg 형식의 사진 파일이 필요하므로 미리 준비해 두세요.

토익 시험날, 준비물은 모두 챙기셨나요?

신분증 / 연필&지우개 / 시계 / 수험번호를 적어둔 메모

※ 시험 당일 신분증이 없으면 시험에 응시할 수 없으므로, 반드시 ETS에서 요구하는 신분증(주민등록증, 운전면허증, 공무원증 등)을 지참해야 합니다. ETS에서 인정하는 신분증 종류는 TOEIC위원회 인터넷 사이트(www.toeic.co.kr)에서 확인 가능합니다.

토익 시험 당일 일정이 어떻게 되나요?

정기시험/추가시험(오전)	추가시험(오후)	내용
AM 09:30 ~ 09:45	PM 2:30 ~ 2:45	답안지 작성 오리엔테이션
AM 09:45 ~ 09:50	PM 2:45 ~ 2:50	쉬는 시간
AM 09:50 ~ 10:10	PM 2:50 ~ 3:10	신분 확인 및 문제지 배부
AM 10:10 ~ 10:55	PM 3:10 ~ 3:55	듣기 평가(Listening Test)
AM 10:55 ~ 12:10	PM 3:55 ~ 5:10	독해 평가(Reading Test)

※ 추가시험은 토요일 오전 또는 오후에 시행되므로 이 사항도 꼼꼼히 확인합니다.
※ 당일 진행 순서에 대해 더 자세한 내용은 해커스토익(Hackers.co.kr)에서 확인할 수 있습니다.

토익 성적은 이렇게 확인해요.

성적 발표일	시험일로부터 약 10일 이후 (성적 발표 기간은 회차마다 상이함)
성적 확인 방법	TOEIC위원회 인터넷 사이트(www.toeic.co.kr) 혹은 공식 애플리케이션
성적표 수령 방법	우편 수령 또는 온라인 출력 (시험 접수 시 선택) * 온라인 출력은 성적 발표 즉시 발급 가능하나, 우편 수령은 약 7일가량의 발송 기간이 소요될 수 있음

파트별 문제 유형

Part 5 단문 빈칸 채우기

Part 5는 빈칸이 있는 불완전한 단문을 완성시키는 형태의 문제로, 제시된 네 개의 보기 중 빈칸에 가장 적절한 것을 선택하는 유형의 문제입니다. 101번부터 130번까지 총 30문제가 출제되며, 문법을 묻는 문제가 약 20문제, 어휘를 묻는 문제가 약 10문제 정도 출제됩니다.

1. 문법을 묻는 문제

영어의 문장 구조 및 여러 문법 사항을 묻는 문제가 출제됩니다.

101. The ------- made by researchers in recent years have doctors hopeful that a cure for the illness may soon be found.

(A) advance
(B) advances
(C) advanced
(D) advancing

해설 101. **주어 자리 문제**
빈칸이 정관사 The 다음에 있으면서 문장의 주어 자리이므로 명사 (A)와 (B), 동명사 (D)가 빈칸에 올 수 있습니다. 그런데 문장의 동사 have가 복수 동사이므로 복수 명사인 (B) advances(진보들)가 정답입니다.

2. 어휘를 묻는 문제

문장 전체의 의미에 적합한 어휘나, 빈칸 주변의 단어와 함께 어구를 이루는 어휘를 선택하는 문제가 출제됩니다.

102. Mid-Atlantic Airways reserves the ------- to cancel a booking if payment is not received on time.

(A) space
(B) flight
(C) order
(D) right

해설 102. '요금을 제때 지불하지 않으면 Mid-Atlantic 항공사가 예약을 취소할 __가 있다'는 문맥에서 빈칸에 적합한 어휘는 (D) right(권리, 권한)입니다. 참고로 reserve the right은 '권리를 갖다'라는 의미임을 알아둡니다.

Part 6 장문 빈칸 채우기

Part 6는 네 개의 빈칸이 있는 불완전한 지문을 완성시키는 형태의 문제로, 제시된 네 개의 보기 중 빈칸에 가장 적절한 것을 선택하는 유형의 문제입니다. 131번부터 146번까지 총 4개의 지문, 16문제가 출제되며, 빈칸에 알맞은 문법 사항이나 어휘, 문장을 고르는 문제가 한 지문에 함께 출제됩니다.

Questions 131-134 refer to the following e-mail.

From: Nancy Hale <nhale@gearstore.com>
To: All store managers

The purpose of this e-mail is to clarify our store's refund policy. While some of our products include a money-back guarantee, it cannot be extended past 60 days. Doing so -------(**131.**) losses and affects our financial situation. This is why the store managers -------(**132.**) to enforce this refund policy more strictly from now on. After the 60-day period, customers who wish to return -------(**133.**) or faulty merchandise should reach out to the manufacturer directly. -------(**134.**). If you have any questions or concerns, feel free to reply to me through this e-mail address.

어휘 **131.** (A) inquires (B) integrates **(C) incurs** (D) infringes

문법 **132.** (A) needs **(B) need** (C) is needed (D) has needed

어휘 **133.** (A) affective (B) objective (C) positive **(D) defective**

문장 고르기 **134.** **(A) Provide the necessary contact information upon request.**
(B) Some merchandise is guaranteed for only 30 days.
(C) Managers will reduce the prices of some services.
(D) These products will be on sale for two months.

해설 131. '그렇게 하는 것은 손해를 ___, 그리고 우리의 재정 상황에 영향을 미친다'는 문맥에서 빈칸에 적합한 어휘는 (C) incurs(초래하다)입니다.

132. 주어 the store managers(매장 관리자들)가 복수이므로 복수 동사 (B) need가 정답입니다. (A) needs, (C) is needed, (D) has needed는 모두 단수 동사입니다.

133. '___ 또는 결점이 있는 상품을 반품하고 싶은 고객은 제조사에 직접 연락을 취해야 한다'는 문맥에서 빈칸에 적합한 어휘는 (D) defective(결점이 있는)입니다.

134. 빈칸에 들어갈 알맞은 문장을 고르는 문제이므로 빈칸의 주변 문맥을 파악합니다. 앞 문장 'customers who wish to return ~ faulty merchandise should reach out to the manufacturer directly'에서 결점이 있는 상품을 반품하고 싶은 고객은 제조사에 직접 연락을 취해야 한다고 했으므로 빈칸에는 요청하면 필요한 연락처 정보를 제공하라는 내용이 가장 적합함을 알 수 있습니다. 따라서 (A) Provide the necessary contact information upon request가 정답입니다.

파트별 문제 유형

Part 7 지문을 읽고 문제 풀기

Part 7은 다양한 주제를 다루는 단일 지문과 서로 연관되어 있는 이중·삼중 지문으로 구성되며, 지문과 관련된 질문을 읽고 네 개의 보기 중 적절한 것을 선택하는 유형의 문제입니다. 147번부터 175번까지는 단일 지문이 출제되고, 176번부터 185번까지는 이중 지문이 출제되며, 186번부터 200번까지는 삼중 지문이 출제됩니다.

1. 단일 지문(Single Passage)

다양한 주제를 다루는 편지, 광고, 기사, 공고, 모바일 메시지 체인 등의 지문 1개에 2~4개의 문제가 출제됩니다.

Questions 153-154 refer to the following letter.

Dear Mr. Hart,

I am writing to you in regard to the mountain bicycle (Model S031) you ordered on July 10. Since the item is out of stock, we are currently unable to fill this order. We have contacted the suppliers, and they have informed us that the initial supply of the model is sold out, and we are unlikely to receive further stock for at least four weeks. We placed this item on backorder and are working with the suppliers to obtain new stock as soon as possible.

153. What is the purpose of the letter?

(A) To cancel a previous request
(B) To inquire about an item's availability
(C) To explain the status of an order
(D) To obtain information about a product

해설 **153. 주제/목적 찾기 문제**

편지를 쓴 목적을 묻고 있으므로 지문의 앞부분을 잘 읽어야 합니다. 지문 첫 부분에서 7월 10일에 주문 받은 산악 자전거에 대한 편지임을 언급한 후, 주문한 물품이 품절이므로 지금은 주문을 처리할 수 없다고 설명하였습니다. 이를 통해 주문 처리 상황을 설명하기 위한 편지임을 알 수 있습니다. 따라서 (C) To explain the status of an order(주문의 상황을 설명하기 위하여)가 정답입니다.

2. 이중 지문(Double Passages)

편지 연계, 공고 연계, 광고 연계, 기사 연계 등 내용이 연계된 이중 지문이 총 2개 지문, 10개의 문제가 출제됩니다. 5개의 문제 중 한 두 문제는 두 지문의 내용을 모두 참조해야만 정답을 선택할 수 있는 연계 문제로 출제됩니다.

Questions 181-185 refer to the following e-mail and information.

From: Tom Lee <tomlee@kmnsystem.com>
To: Kevin Clark <kclark@directcar.com>
Subject: DirectCar Warranty
Date: November 9

Dear Mr. Clark,

I purchased a DirectCar warranty two years ago when I bought my car. Last week when the vehicle broke down on the road, I called for roadside assistance and my car was towed to the nearest service center. I paid $850 for this repair out of my own pocket, but according to the provisions of my warranty contract, the amount paid for this repair can be covered. Therefore, I ask that you reimburse the costs listed below:

Towing service: $80 / Flat tire service: $600 / Car rental (1 day): $140 / Battery boost: $30

DirectCar Warranty

Our extended warranties include mechanical breakdowns, as well as wear-and-tear damage. Claims are paid directly to the repair facility with our corporate credit card. There is no limit on the number of claims you may have. Also, all of our warranties include free roadside assistance. This covers: towing costs (up to $100), lost key/lockout service, flat tire service, car rental (up to 5 days per claim)

181. What expense reported by Mr. Lee will NOT be reimbursed?

(A) The towing service payment
(B) The battery boost charge
(C) The cost of the rental car
(D) The flat tire replacement fee

해설 181. NOT/TRUE 문제

Mr. Lee가 상환 받지 못할 비용을 묻고 있으므로 Mr. Lee가 보낸 편지의 내용을 먼저 확인합니다. 이메일에서 Towing service: $80 / Flat tire service: $600 / Car rental (1 day): $140 / Battery boost: $30를 모두 상환해 달라고 요청하였습니다. 그런데 질문은 상환 받지 못할 비용이 무엇인지 묻고 있으므로 두 번째 지문에서 상환 받을 수 있는 항목이 무엇인지를 확인해야 합니다. 두 번째 지문에서 towing costs (up to $100), lost key/lockout service, flat tire service, car rental (up to 5 days per claim)이 무료 긴급출동 서비스에 포함된다고 했습니다. Mr. Lee가 상환을 요청한 비용 중 Battery boost는 무료 긴급출동 서비스 항목에 포함되지 않으므로, (B) The battery boost charge가 정답입니다.

파트별 문제 유형

3. 삼중 지문(Triple Passages)

편지 연계, 공고 연계, 광고 연계, 기사 연계 등 내용이 연계된 삼중 지문에 대하여 총 3개 지문, 15개의 문제가 출제됩니다. 5개의 문제 중 한 두 문제는 세 지문 중 두 지문에 있는 내용을 모두 참조해야만 정답을 선택할 수 있는 연계 문제로 출제됩니다.

Questions 186-190 refer to the following announcement, article, and information.

ANNOUNCEMENT: All Customers

Justinian Art Supplies will close early this coming Tuesday on March 5. From 4 P.M., a special art show will take place until 9 P.M. featuring a local painter. Regular hours of 10 A.M. to 6 P.M. will resume on Wednesday. For information on the upcoming show, and other events sponsored by Justinian Art Supplies, pick up a flyer at our service counter. Thank you for your cooperation.

An exhibit by local artist Sheena Ling was held on March 5 at Justinian Art Supplies. Ms. Ling's current painting collection features detailed portraits in classic styles. Prices for the works ranged from $900 up through $3,000, which is very reasonable for interested art investors or collectors. Several of Ms. Ling's best works have already been sold, but some are still available. All artwork will only be displayed at Justinian Art Supplies until the end of the month. Visit the shop's exhibit space today to see these amazing works while you still can.

JUSTINIAN ART SUPPLIES: Information for buyers:

1. Please pick up catalogs at the front desk. They include cost information.
2. Circle the codes of the item(s) listed in the catalog that you are interested in purchasing.
3. Return with your catalogs to our service counter. Once payment is made, a red dot will be displayed indicating an item is sold.
4. Purchases must be paid for in full for a red dot to be displayed. Checks, cash, and credit cards are accepted. Make checks payable to Justinian Art Supplies.
5. Purchases must be removed from the exhibit space by April 1.
6. All works of art are issued with official certificates of authenticity.

186. What time did Ms. Ling's show begin on Tuesday?

(A) At 10:00 A.M.

(B) At 4:00 P.M.

(C) At 6:00 P.M.

(D) At 9:00 P.M.

해설 **186. 연계 문제 (육하원칙)**

Ms. Ling의 전시회가 화요일에 시작된 시간에 대해 묻고 있으므로 Ms. Ling의 전시회를 언급한 기사에서 단서를 확인합니다. 두 번째 지문의 'An exhibit by local artist Sheena Ling was held on March 5 at Justinian Art Supplies'에서 Ms. Ling의 전시회가 3월 5일 Justinian Art Supplies에서 열렸다고 말하고 있습니다. 정답을 선택하기에는 단서가 부족하므로 Justinian Art Supplies에 대해 알 수 있을 만한 지문인 첫 번째 지문에서 단서를 찾아야 합니다. 'Justinian Art Supplies will close early this coming Tuesday on March 5.'와 'From 4 P.M., a special art show will take place'에서 Justinian Art Supplies가 3월 5일 화요일에 일찍 문을 닫을 것이며 오후 4시부터 특별한 미술 전시회가 있을 것이라는 두 번째 단서를 찾을 수 있습니다. 두 단서를 종합하면 Ms. Ling의 전시회는 화요일에 오후 4시에 시작되었음을 알 수 있습니다. 따라서 (B) At 4:00 P.M.이 정답입니다.

수준별 학습 플랜

진단 테스트

아래의 진단 테스트를 풀어본 뒤, 맞은 개수에 따른 가장 효과적인 학습 플랜을 선택하여 학습해 보세요.

[1-4] 괄호 안에 있는 것 중 문법적으로 옳은 것을 고르세요.

1. (ⓐ Eating, ⓑ Eat) regularly is the easiest way to stay healthy.

2. The company guarantees (ⓐ deliver, ⓑ delivery) in five to seven days.

3. The company (ⓐ encourages, ⓑ to encourage) staff to attend a seminar on time management.

4. The venue has been changed (ⓐ because of, ⓑ since) a problem with the air conditioning.

[5-8] 밑줄 친 부분이 문법적으로 옳으면 True를, 그렇지 않으면 False를 고르세요.

5. A number of proposals was rejected due to lack of details. (True / False)

6. Many people make decisions based on their emotions. (True / False)

7. All employees are cooperate with the new policy. (True / False)

8. Karen decided to quit her job about she had received a pay raise soon. (True / False)

[9-14] 밑줄 친 어휘의 알맞은 뜻을 고르세요.

9. his main concern ⓐ 문의 ⓑ 관심사

10. the overall effectiveness ⓐ 전반적인 ⓑ 낙관적인

11. confidence in the product ⓐ 확정 ⓑ 신뢰

12. commence the event ⓐ 조직하다 ⓑ 시작하다

13. complimentary beverage ⓐ 무료의 ⓑ 인증된

14. reach a compromise ⓐ 타협 ⓑ 위협

[15-18] 영어 문장을 바르게 해석한 보기를 선택하세요.

15. Jane looks lovely in that dress.
ⓐ Jane은 그 드레스를 입으니 아름다워 보인다.
ⓑ Jane은 그 드레스를 아름답게 바라보았다.

16. She will charge $100 for editing the paper.
ⓐ 그녀는 문서 편집을 위해 100달러를 지불할 것이다.
ⓑ 그녀는 문서를 편집하는 데 100달러를 청구할 것이다.

17. I learned about the job through David.
ⓐ 나는 David를 통해 그 직책에 대해 들었다.
ⓑ 나는 David와 함께 그 일을 배웠다.

18. The guest found our hotel convenient.
ⓐ 그 투숙객은 우리 호텔을 쉽게 찾았다.
ⓑ 그 투숙객은 우리 호텔이 편리하다고 생각했다.

[19-20] 지문을 읽고 해당하는 문제의 정답을 고르세요.

> While you were out, Mr. O'Connor called to request an urgent meeting with the sales staff. He needs to discuss an important client proposal. Please ask the members of your team to assemble in the conference room next to my office at 1 P.M. today. Thank you.

19. 지문의 목적은 무엇인가?
ⓐ 중요한 고객에게 제안하기 위해
ⓑ 긴급한 회의를 공지하기 위해

20. 회의는 어디에서 개최될 것인가?
ⓐ 호텔 연회장에서
ⓑ 사내 회의실에서

맞은 개수: _____개 수고하셨습니다. (정답은 22페이지에)

*진단 테스트 무료 해설은 해커스토익(Hackers.co.kr)
또는 모바일 페이지에서 확인할 수 있습니다.

맞은 개수 16 ~ 20개

4주 학습 플랜 | 기본 학습 플랜

1. 4주간의 기간을 정해 '기본 학습 플랜'에 따라 매일매일 Grammar, Vocabulary, Reading을 병행하여 학습합니다.
2. 해커스인강(HackersIngang.com)에서 제공하는 단어암기장과 단어암기 MP3를 활용하여 그날 배운 어휘를 복습합니다.

		1일	2일	3일	4일	5일	6일
기본 학습 플랜	Week 1	기본기 1주 1일 □	1주 2일 □	1주 3일 □	1주 4일 □	1주 5일 □	복습일 □
	Week 2	2주 1일 □	2주 2일 □	2주 3일 □	2주 4일 □	2주 5일 □	복습일 □
	Week 3	3주 1일 □	3주 2일 □	3주 3일 □	3주 4일 □	3주 5일 □	복습일 □
	Week 4	4주 1일 □	4주 2일 □	4주 3일 □	4주 4일 □	4주 5일 □	토익 실전모의고사 □

수준별 학습 플랜

맞은 개수 11 ~ 15개

6주 학습 플랜 | Grammar 집중 학습(2주) → 기본 학습 플랜(4주)

1. 처음 2주 동안은 하루에 Grammar만 2일 치씩 공부하면서 이해가 잘되지 않는 부분은 표시를 해둡니다.
2. 그 다음 4주는 '기본 학습 플랜'에 따라 매일매일 Grammar, Vocabulary, Reading을 병행하여 학습합니다. Grammar를 학습하면서 이해가 잘되지 않았던 부분을 추가적으로 복습합니다.
3. 해커스인강(HackersIngang.com)에서 제공하는 단어암기장과 단어암기 MP3를 활용하여 그날 배운 어휘를 복습합니다.

		1일	2일	3일	4일	5일	6일
Grammar 학습 플랜	Week 1	기본기 1주 1일 & 1주 2일 Grammar □	1주 3일 & 1주 4일 Grammar □	1주 5일 & 2주 1일 Grammar □	2주 2일 & 2주 3일 Grammar □	2주 4일 & 2주 5일 Grammar □	복습일 □
	Week 2	3주 1일 & 3주 2일 Grammar □	3주 3일 & 3주 4일 Grammar □	3주 5일 & 4주 1일 Grammar □	4주 2일 & 4주 3일 Grammar □	4주 4일 & 4주 5일 Grammar □	복습일 □
기본 학습 플랜	Week 3	기본기 1주 1일 □	1주 2일 □	1주 3일 □	1주 4일 □	1주 5일 □	복습일 □
	Week 4	2주 1일 □	2주 2일 □	2주 3일 □	2주 4일 □	2주 5일 □	복습일 □
	Week 5	3주 1일 □	3주 2일 □	3주 3일 □	3주 4일 □	3주 5일 □	복습일 □
	Week 6	4주 1일 □	4주 2일 □	4주 3일 □	4주 4일 □	4주 5일 □	토익 실전모의고사 □

진단 테스트 정답

1. ⓐ 2. ⓑ 3. ⓐ 4. ⓐ 5. False 6. True 7. False 8. False 9. ⓑ 10. ⓐ
11. ⓑ 12. ⓑ 13. ⓐ 14. ⓐ 15. ⓐ 16. ⓑ 17. ⓐ 18. ⓑ 19. ⓑ 20. ⓑ

맞은 개수 0 ~ 10개

8주 학습 플랜

Grammar 집중 학습(4주) → 기본 학습 플랜(4주)

1. 처음 4주 동안은 하루에 Grammar만 1일 치씩 공부하면서 이해가 잘되지 않는 부분은 표시를 해둡니다.
2. 그 다음 4주는 '기본 학습 플랜'에 따라 매일매일 Grammar, Vocabulary, Reading을 병행하여 학습합니다. Grammar를 학습하면서 이해가 잘되지 않았던 부분을 추가적으로 복습합니다.
3. 해커스인강(HackersIngang.com)에서 제공하는 단어암기장과 단어암기 MP3를 활용하여 그날 배운 어휘를 복습합니다.

		1일	2일	3일	4일	5일	6일
Grammar 학습 플랜	Week 1	기본기 1주 1일 Grammar □	1주 2일 Grammar □	1주 3일 Grammar □	1주 4일 Grammar □	1주 5일 Grammar □	복습일 □
	Week 2	2주 1일 Grammar □	2주 2일 Grammar □	2주 3일 Grammar □	2주 4일 Grammar □	2주 5일 Grammar □	복습일 □
	Week 3	3주 1일 Grammar □	3주 2일 Grammar □	3주 3일 Grammar □	3주 4일 Grammar □	3주 5일 Grammar □	복습일 □
	Week 4	4주 1일 Grammar □	4주 2일 Grammar □	4주 3일 Grammar □	4주 4일 Grammar □	4주 5일 Grammar □	복습일 □
기본 학습 플랜	Week 5	기본기 1주 1일 □	1주 2일 □	1주 3일 □	1주 4일 □	1주 5일 □	복습일 □
	Week 6	2주 1일 □	2주 2일 □	2주 3일 □	2주 4일 □	2주 5일 □	복습일 □
	Week 7	3주 1일 □	3주 2일 □	3주 3일 □	3주 4일 □	3주 5일 □	복습일 □
	Week 8	4주 1일 □	4주 2일 □	4주 3일 □	4주 4일 □	4주 5일 □	토익 실전모의고사 □

성향별 학습 방법

"혼자 할 때 공부가 잘된다!"

교재·홈페이지·무료 동영상강의를 활용하여 스스로 학습의 효율을 높일 수 있습니다.

| 교재 문법·어휘·독해 학습 → 연습/실전 문제에 적용 → 해설집을 보며 모르는 부분 체크
| Hackers.co.kr 토익 스타트 리딩 무료강의에서 복습 → 매일 실전 RC 풀기에서 연습 → 토익게시판 > 토익문제 Q&A에서 어려움 해결
| HackersIngang.com 무료 MP3/자료에서 단어암기장과 단어암기 MP3를 다운받아 암기 → 온라인 토익 모의고사에서 실전 감각 키우기

"친구들과의 토론이 즐겁다!"

스터디 팀원끼리 쪽지 시험으로 학습 내용을 체크하고, 연습/실전 문제를 풀어본 다음 모르는 부분은 토론을 통해 이해할 수 있습니다.

| 교재 교재 예습 → 팀원끼리 쪽지 시험(문법·어휘·독해) → 연습/실전 문제 함께 풀기 → 오답 관련 토론 및 오답노트 작성
| Hackers.co.kr 토익 스타트 리딩 무료강의에서 복습 → 매일 실전 RC 풀기에서 연습 → 토익게시판 > 토익문제 Q&A에서 어려움 해결
| HackersIngang.com 무료 MP3/자료에서 단어암기장과 단어암기 MP3를 다운받아 암기 → 온라인 토익 모의고사에서 실전 감각 키우기

"학원에 다니고 싶은데 여유가 없다!"

계획한 대로 강의를 들으며, 막히는 부분은 '선생님께 질문하기'를 통해 하나하나 짚어가며 학습할 수 있습니다.

| 교재 문법·어휘·독해 학습 → 연습/실전 문제에 적용 → 해설집을 보며 모르는 부분 체크

| Hackers.co.kr 매일 실전 RC 풀기에서 연습 → 토익게시판 > 토익문제 Q&A에서 어려움 해결

| HackersIngang.com 강의를 보며 몰랐던 부분 확실히 학습 → 해커스 토익 스타트 리딩 > 선생님께 질문하기에서 모르는 부분 질문하여 이해하기 → 무료 MP3/자료에서 단어암기장과 단어암기 MP3를 다운받아 암기 → 온라인 토익 모의고사에서 실전 감각 키우기

"선생님의 생생한 강의를 직접 듣고 싶다!"

선생님과 상호 작용을 통해 모르는 문제를 바로바로 해결할 수 있습니다.

| 교재 수업에 빠지지 않고, 쉬는 시간을 이용해 선생님께 질문하여 어려움 해결 → 복습 및 오답노트 작성

| Hackers.ac 반별게시판에서 선생님 및 학생들과 상호 작용

| Hackers.co.kr 매일 실전 RC 풀기에서 연습 → 토익게시판 > 토익문제 Q&A에서 어려움 해결

| HackersIngang.com 무료 MP3/자료에서 단어암기장과 단어암기 MP3를 다운받아 암기 → 온라인 토익 모의고사에서 실전 감각 키우기

꼭 봐야 하는 기본기

Hackers TOEIC Start Reading

본 Grammar와 Reading을 학습하기 전에 반드시
짚고 넘어가야 할 기본 개념을 다룬 '꼭 봐야 하는 기본기'입니다.

Grammar

Reading

Grammar 기본기

문법을 본격적으로 공부하기 전에 문장의 기초를 익혀두면 영어 문장을 쉽게 이해할 수 있습니다.
그럼 문장의 기본 요소와 문장의 5형식, 8품사 그리고 구와 절에 대해서 한번 배워볼까요?

1. 문장의 기본 요소 - 영어 문장을 만드는 재료

주어와 동사

'나는 달린다'라는 문장을 살펴보면 간단하게 두 단어만으로도 문장이 성립합니다. 이처럼 하나의 문장이 되기 위해 꼭 있어야 할 두 가지 요소는 '주어'(나는)와 '동사'(달린다)입니다. '누가 ~하다/~이다'에서 **'누가'에 해당하는 말**이 주어이며, 주어의 동작이나 상태를 나타내는 **'~하다/~이다'에 해당하는 말**이 동사입니다.

I(주어) + run(동사). 나는 달린다.

목적어

이제 주어와 동사를 알았으니 기본 문장을 만드는 것에 문제가 없다고 생각하면 좋을 텐데, 그렇지만은 않습니다. '나는 좋아한다'라는 문장을 보면 뭔가 빠진 것 같죠? 바로 목적어가 없기 때문입니다. 여기에 내가 좋아하는 대상인 '샌드위치를'을 넣으면 완벽한 문장이 됩니다. 즉, '누가 무엇을 ~하다'에서 **'무엇을'에 해당하는 말**이 목적어입니다.

I(주어) + like(동사) + sandwiches(목적어). 나는 샌드위치를 좋아한다.

보어

'그녀는 행복하다'에서 '그녀'는 주어이고 '~하다'는 동사인데, '행복하다'는 '무엇을'에 해당하지 않으므로 목적어는 아니죠? 이 문장에서 '행복하다'는 '그녀'의 상태를 설명하고 있습니다. '그 선물이 그녀를 행복하게 했다'에서 '행복하게'는 목적어인 '그녀를'의 상태를 설명해주고 있습니다. 이처럼 주어나 목적어의 **성질이나 상태 등을 보충 설명해주는 말**을 보어라고 합니다.

She(주어) + is(동사) + happy(보어). 그녀는 행복하다.

The present(주어) + made(동사) + her(목적어) + happy(보어). 그 선물이 그녀를 행복하게 했다.

수식어

지금까지 문장의 필수 요소를 다 배웠습니다. 그러나 필수 요소의 **의미를 더 명확하게 해주는 다른 요소**가 있습니다. 예를 들어 'Jane이 아름답게 춤을 춘다'라는 문장에서 '아름답게'는 Jane이 춤을 추는 장면을 더 명확하게 설명해주고 있습니다. 이때 '아름답게'를 수식어라고 합니다.

Jane(주어) + dances(동사) + beautifully(수식어). Jane이 아름답게 춤을 춘다.

2. 문장의 5형식 - 영어 문장의 5형제

1형식

1형식은 기관차(주어+동사)만으로도 완전한 의미를 갖는 문장입니다. 동사 뒤에 수식어가 길게 오더라도 이를 보어나 목적어로 혼동하면 안 됩니다. go(가다), live(살다), run(달리다)과 같은 동사들이 주로 1형식 문장을 만듭니다.

Korea(주어) + won(동사). 한국이 이겼다.

2형식

2형식은 기관차(주어+동사) 뒤에 보어 객차를 달고 다니는 문장입니다. become(~이 되다), look(~처럼 보이다), seem(~인 것 같다)과 같은 동사들이 주로 2형식 문장을 만듭니다.

You(주어) + look(동사) + smart(주격 보어). 너는 똑똑해 보인다.

3형식

3형식은 기관차(주어+동사) 뒤에 목적어 객차를 달고 다니는 문장입니다. 주로 love(~을 사랑하다), meet(~을 만나다), believe(~을 믿다)와 같은 동사들이 3형식 문장을 만듭니다.

She(주어) + saw(동사) + the movie(목적어). 그녀는 영화를 보았다.

4형식

4형식은 기관차(주어+동사) 뒤에 목적어·목적어 객차를 달고 다니는 문장입니다. 우리말 '~에게'에 해당하는 '간접목적어'와 우리말 '~을/를'에 해당하는 '직접목적어'를 달고 다닙니다. 주로 give(주다), send(보내 주다), tell(말해주다), show(보여주다)와 같은 동사들이 4형식 문장을 만듭니다.

Jim(주어) + gave(동사) + his wife(간접목적어) + a necklace(직접목적어).
Jim은 그의 부인에게 목걸이를 주었다.

5형식

5형식은 기관차(주어+동사) 뒤에 목적어·보어 객차를 달고 다니는 문장입니다. 주로 make(~을 …로 만들다), find(~이 …라는 것을 알다), call(~을 …라고 부르다)과 같은 동사들이 5형식 문장을 만듭니다.

The news(주어) + made(동사)+ me(목적어) + happy(목적격 보어).
그 소식은 날 기쁘게 만들었다.

3. 8품사 - 영어 단어의 8식구

명사 이름의 모든 것 book, window, air	초등학교 입학하던 날, 가슴에 달았던 이름표가 생각나나요? 명사는 우리 주위에 있는 **모든 것이 갖고 있는 이름**입니다. 지금 여러분이 보고 있는 것은 'book', 손에 쥐고 있는 것은 'pencil'이죠? 우리가 들이마시고 있는 'air(공기)', 토익 만점을 위한 'effort(노력)'처럼 눈에 보이지 않는 명사도 있습니다.
대명사 명사의 대타 he, she, it	명사가 이름표니까 대명사는 커다란(大) 이름인가요? 아닙니다. 대(代)명사는 같은 명사를 반복하지 않고, **대신할 때 쓰는 말**입니다. '나 영화 봤다. 그거 너무 재밌더라.'라고 말하죠? '그거'는 앞에서 말했던 '영화'라는 명사 대신에 쓰인 대명사입니다.
동사 움직임을 보여주는 말 sing, run, eat	영어에서 동사가 중요하다고 하는데 왜 그럴까요? 친구에게 '철수는 …….' 이렇게 말하면 철수에 대해 무엇을 말하려 하는 것인지 모릅니다. 동사는 '누가 ~이다.' 또는 '누가 무엇을 ~하다.'에서 **'~이다/~하다'에 해당하는 말**입니다. 즉, 동사는 사람이나 사물의 동작, 상태를 나타낼 때 씁니다.
형용사 명사가 입는 옷 new, nice, pretty	같은 사람이라도 입은 옷에 따라 달라 보일 때가 있죠? 이처럼 명사도 어떤 형용사와 쓰이느냐에 따라서 **명사의 상태나 성질이 달라집니다.** 'movie'에 'exciting'을 붙이면 '재미있는 영화'가 되지만 'boring'을 붙이면 '지루한 영화'가 됩니다.
부사 꾸밈을 좋아하는 멋쟁이 quickly, very, early	'나는 일찍 일어났다'에서 '일찍'은 '일어났다'라는 동사를 꾸며 주고 있죠? 이처럼 동사를 꾸며 줄 때 부사를 사용합니다. 형용사는 명사만 꾸며 주는 반면에 부사는 동사, 형용사, 다른 부사나 심지어 문장 전체까지도 꾸며 주면서, **꾸미는 대상의 의미를 더욱 명료하게** 해줍니다.
접속사 너와 나를 연결시켜주는 말 and, but, so	'철수는 키가 크다. 그리고 뚱뚱하다.'는 '철수는 키가 크다.'와 '철수는 뚱뚱하다.'라는 두 문장을 '그리고'로 연결한 것입니다. 이처럼 **두 문장을 연결하기 위해** 사용한 '그리고'를 접속사라고 합니다. 영어에서 접속사는 단어와 단어, 구와 구, 절과 절을 연결해줍니다.
전치사 명사와 대명사가 쓰는 모자 in, on, to	'1월'을 'January'라고 하는데, '1월에'를 어떻게 표현할까요? 바로 'in'이라는 전치사를 사용해서 'in January'라고 씁니다. 전치사는 명사나 대명사 앞에 와서 **시간, 장소, 방향, 이유, 방법 등의 뜻**을 나타냅니다.
감탄사 풍부한 감정 표현의 소유자 oh, wow, oops	'와! 경치가 참 멋지다'에서 '와!'는 놀란 감정을 나타냅니다. **기쁠 때, 슬플 때, 화났을 때, 놀랐을 때** 자기도 모르게 **자연스럽게 입에서 나오는 말**을 감탄사라고 합니다. 영어에서도 'Wow(와!)', 'Oops(아이쿠)', 'Bravo(좋았어)'와 같은 감탄사가 있습니다.

4. 구와 절 - 말 덩어리

단어가 두 개 이상 모이면 하나의 의미를 가진 말 덩어리가 됩니다. 'in a train'처럼 둘 이상의 단어가 <주어+동사> 관계가 아니면 구라고 하고, 'This is the train that I saw.'라는 문장에서 'I saw'처럼 둘 이상의 단어가 <주어+동사> 관계이면 절이라고 합니다. 이러한 구와 절은 문장 안에서 하나의 품사 역할 즉 명사, 형용사, 부사 역할을 합니다.

명사구 / 명사절

명사구와 명사절은 명사처럼 문장 안에서 주어, 목적어, 보어로 쓰입니다.

명사구 To play the game is interesting. 게임을 하는 것은 재미있다.
주어

주어 동사
명사절 I know that Susan is kind. 나는 Susan이 친절하다는 것을 안다.
목적어

형용사구 / 형용사절

형용사구와 형용사절은 형용사처럼 명사를 수식합니다.

형용사구 She wants a house with a large garden. 그녀는 넓은 정원이 있는 집을 원한다.
명사 수식

주어 동사
형용사절 This is the necklace which Tony gave me. 이것은 Tony가 나에게 준 목걸이다.
명사 수식

부사구 / 부사절

부사구와 부사절은 부사처럼 형용사, 동사, 또 다른 부사, 문장 전체를 수식합니다.

부사구 My brother exercises in the morning. 내 남동생은 아침에 운동을 한다.
동사 수식

주어 동사
부사절 Although the rain was heavy, we went out. 폭우가 내렸음에도 불구하고, 우리는 밖으로 나갔다.
문장 전체 수식

Reading 기본기

지문 독해를 본격적으로 공부하기 전에 paraphrase 개념과 paraphrase의 종류를 알면 독해 문제의 정답을 보다 쉽게 찾을 수 있습니다. 그럼 paraphrase에 대해서 한번 배워 볼까요?

1. paraphrase가 뭔가요?

토익의 Part 7의 전략이나 해설에서 paraphrase라는 말이 자주 등장하는데, 도대체 paraphrase란 무엇일까요? 다음 두 문장을 먼저 살펴 볼까요?

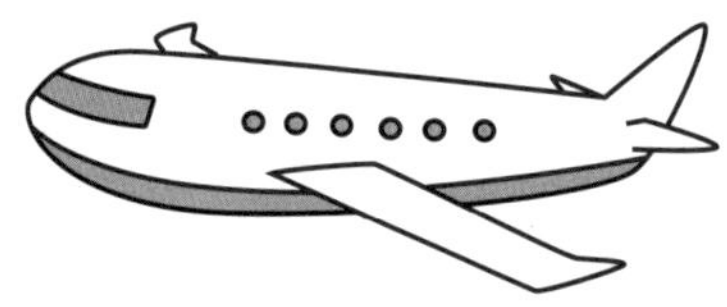

비행기가 네 시에 **이륙할** 예정입니다. —paraphrase→ 비행기의 **출발** 시각은 네 시입니다.

위 두 문장에서 '이륙할'과 '출발'은 표현은 다르지만 동일한 의미를 전달하고 있습니다. 이처럼 paraphrase는 어떤 말이나 글을 동일한 의미의 다른 표현으로 바꾸어 전달하는 것을 말합니다.

2. paraphrase는 왜 공부해야 하나요?

paraphrase는 토익의 Part 7에서 정답을 선택하기 위해 반드시 학습해 두어야 할 기법입니다. 왜냐하면 Part 7에서는 지문의 특정 부분을 제대로 paraphrase하고 있는 보기를 정답으로 선택하는 문제가 주로 출제되기 때문입니다.

Venus Incorporated is known for fast delivery of its products.
Venus사는 그것의 제품들에 대한 빠른 배송으로 알려져 있다.

Q. What is Venus Incorporated known for? Venus사가 무엇으로 알려져 있는가?

(A) Prompt delivery 신속한 배송
(B) High quality 높은 품질
(C) Low price 낮은 가격
(D) Free exchange 무료 교환

→ 제시된 문장에서 Venus사가 그것의 제품들에 대한 빠른 배송(fast delivery)으로 알려져 있다고 하였습니다. 따라서 문장의 fast delivery(빠른 배송)를 Prompt delivery(신속한 배송)로 paraphrase한 (A)가 정답입니다.

3. 토익에 자주 나오는 paraphrase에는 어떤 종류가 있나요?

동일한 뜻의 표현으로 바꾸기

특정 단어나 구, 절과 비슷한 의미의 표현을 사용하는 방법입니다.

I have to postpone the meeting scheduled for Tuesday. 화요일로 예정된 회의를 연기해야 합니다.
= I want to put off the meeting. 회의를 연기하고 싶습니다.

→ '회의를 연기하다'는 뜻의 postpone the meeting을 '회의를 연기하다'는 뜻의 put off the meeting으로 paraphrase하였습니다.

일반화하기

한 개 이상의 단어나 구를 대표할 수 있는 범주의 표현으로 일반화하는 방법입니다.

The registration fee includes a hotel room for two nights. 등록비는 이틀간의 호텔 방을 포함합니다.
= Accommodations are included in the registration fee. 숙박이 등록비에 포함되어 있습니다.

→ a hotel room(호텔 방)을 대표할 수 있는 Accommodations(숙박)로 일반화하였습니다.

요약하기

한 개 이상의 절이나 문장을 간략한 하나의 문장으로 요약하는 방법입니다.

I ordered men's shirts and sunglasses, but only men's shirts were delivered.
남성용 셔츠와 선글라스를 주문했는데, 남성용 셔츠만 배달되었습니다.
= Sunglasses were not included in the shipment. 선글라스가 배송에 포함되지 않았습니다.

→ 남성용 셔츠와 선글라스를 주문했는데, 남성용 셔츠만 배달되었다고 한 문장을 선글라스는 배송되지 않았다는 내용으로 간단히 요약하였습니다.

유추하기

한 개 이상의 절이나 문장을 토대로 새로운 사실을 추론하는 방법입니다.

The winning of their team was a surprise event to many Bricktown residents.
Bricktown팀이 우승한 것은 그 지역 주민들에게 뜻밖의 일이었다.
= The Bricktown residents didn't expect to win the game.
Bricktown의 주민들은 경기에서 승리할 것을 예상하지 못했다.

→ Bricktown팀의 우승이 그 지역 주민들에게 뜻밖의 일이었다는 말에서 우승을 예상하지 못했다는 사실을 추론하였습니다.

1주 1일

Hackers TOEIC Start Reading

Grammar Part 5, 6

[문장구조] 주어/동사

01 주어 자리
02 동사 자리

Vocabulary Part 5, 6

전치사 어구

Reading Part 6

알맞은 문장 고르기 문제

[문장구조] 주어/동사

기초문법과 놀기

주어란? 동사란?

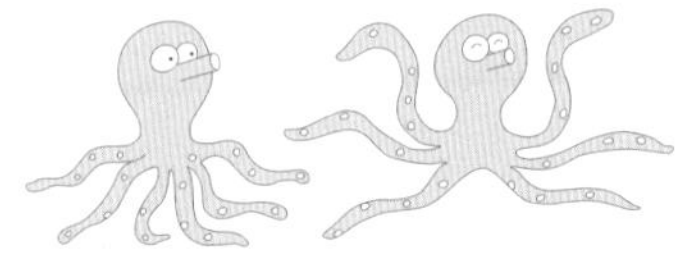

문어가 춤춘다.
주어 동사

'문어가 춤춘다'에서 '문어'는 춤을 추는 동작을 하는 주체입니다. 이처럼 동작의 주체를 나타내는 말을 **주어**라고 합니다. '문어가' 뒤에 오는 '춤춘다'는 문어의 동작을 나타냅니다. 이처럼 주어의 동작이나 상태를 나타내는 말을 **동사**라고 합니다.

주어와 **동사**는 문장에서 꼭 있어야 하나요?

네, 영어에서 주어와 동사는 문장을 만들기 위해 꼭 필요한 요소입니다. 즉, 최소한 한 개의 주어와 한 개의 동사가 있어야 문장이 될 수 있습니다.

Employees / work. (○) 직원들이 / 일한다
주어 동사 주어 동사

People / competent (×) 사람들이 / 유능한
주어 동사 × 주어 동사 ×

Check Up

다음 중 문장이 될 수 있는 것은 무엇일까요?

A. The airplane arrived. 비행기가 도착했다.
B. Mr. Kim manager Mr. Kim 부장
C. build available 건설하다 이용 가능한

→ 주어와 동사가 모두 있어야 문장이 될 수 있어요. [정답 A]

문장에서 **주어 자리**는 어디인가요?

주어가 오는 자리는 주로 문장 맨 앞입니다.

Errors / occurred. 오류가 / 발생했다
주어 주어

Check Up

다음 중 주어는 무엇일까요?

The CEO resigned. 최고 경영자가 사임했다.
A B

→ 주어는 주로 문장 맨 앞에 와요. [정답 A]

그럼 **동사 자리**는 어디인가요?

동사가 오는 자리는 주로 주어 다음입니다.

The plan / succeeded. 계획이 / 성공했다
동사 동사

Check Up

다음 중 동사는 무엇일까요?

Expenses increased. 비용이 증가했다.
A B

→ 동사는 주로 주어 다음에 와요. [정답 B]

Grammar
Part 5,6

01 | 주어 자리

꽃은 사람들에게 인기가 많다. 향기로운이 기분을 좋게 하기 때문이다.

꽃은 주어 자리에 올 수 있지만, **향기로운**이 오는 것은 부자연스럽지요? 영어에서도 '주어 자리'에 올 수 있는 것과 올 수 없는 것이 있습니다. 어떤 것들이 있는지 한번 살펴 볼까요?

POINT 1 주어 자리에 올 수 있는 것

주어 자리에 올 수 있는 것은 **명사**나 **대명사**입니다. 그리고 **'~하는 것'으로 해석되는 긴말 덩어리(동명사, to 부정사, 명사절)**도 주어 자리에 올 수 있습니다.

명사 The proposal / sounds excellent. 그 제안서는 / 훌륭한 것 같다
(The proposal: 주어)

대명사 They / are my coworkers. 그들은 / 나의 동료이다
(They: 주어)

동명사 Getting enough rest / is important. 충분한 휴식을 취하는 것은 / 중요하다
(Getting enough rest: 주어)

to 부정사 To finish the race / is my only goal. 경주를 끝내는 것은 / 나의 단 하나의 목표이다
(To finish the race: 주어)

명사절 That he will come / is certain. 그가 올 것은 / 확실하다
(That he will come: 주어)

POINT 2 주어 자리에 올 수 없는 것

동사나 **형용사**는 주어 자리에 올 수 없습니다.

The (~~apply~~, application) / should include a letter of reference. 지원서는 / 추천서를 포함해야 한다
(apply: 동사(×), application: 명사(○))

The (~~different~~, difference) in cost / influenced the decision. 비용의 차이가 / 결정에 영향을 끼쳤다
(different: 형용사(×), difference: 명사(○))

연습 문제 다음 괄호 안에 있는 것 중 적절한 것을 고르세요.

01 (Register, Registration) begins at 7 A.M.

02 The (cost, costly) of housing rose dramatically last year.

03 (Receive, To receive) the Nobel Prize is the dream of many scientists.

04 (Drinking, Drink) enough water is important.

05 Their (strategic, strategy) is to target business people.

06 The (competition, competitive) is still in the planning stage.

실전 문제 보기 중 빈칸에 가장 적절한 것을 고르세요.

07 The ------- of accidents should take priority in the workplace.

(A) prevent (B) prevented
(C) prevention (D) preventive

08 The ------- of a hospital wing will make room for more patients.

(A) construction (B) construct
(C) constructed (D) constructive

09 ------- should submit their evaluations of the new hair dryer before leaving.

(A) Participants (B) Participates
(C) Participate (D) Participatory

10 Because of the financial manager's poor performance, the ------- dismissed him.

(A) direct (B) directly
(C) director (D) directed

정답 p.394 해석·해설 p.398

VOCABULARY

02 rise [raiz] (물가 등이) 오르다 dramatically [drəmǽtikəli] 급격히, 극적으로 05 target [tɑ́:rgit] 겨냥하다 06 planning stage 기획 단계
07 accident [ǽksədənt] 사고 workplace [wə́:rkpleis] 작업장
08 wing [wiŋ] (건물 본관 한쪽으로 돌출되게 지은) 동, 날개 room [ru:m] 빈 장소, 방 patient [péiʃənt] 환자
09 submit [səbmít] 제출하다 evaluation [ivæ̀ljuéiʃən] 평가(서)
10 financial [fainǽnʃəl] 재정의, 금융의 performance [pərfɔ́:rməns] 실적, 업적 dismiss [dismís] 해고하다

Grammar
Part 5,6

02 | 동사 자리

나는 사과를 좋아한다. 그래서 매일 아침 사과를 먹는

좋아한다는 동사 자리에 올 수 있지만, **먹는**이 오는 것은 부자연스럽지요? 영어에서도 '동사 자리'에 올 수 있는 것과 올 수 없는 것이 있습니다. 어떤 것들이 있는지 한번 살펴 볼까요?

POINT 1 동사 자리에 올 수 있는 것

동사 자리에 올 수 있는 것은 **(조동사 +) 동사**입니다.

동사 They / create / new designs. 그들은 / 만든다 / 새 디자인을
(They: 주어, create: 동사)

조동사+동사 Jane / will explain / the process. Jane이 / 설명할 것이다 / 그 과정을
(Jane: 주어, will explain: 동사)

POINT 2 동사 자리에 올 수 없는 것

to+동사나 **동사+ing**는 동사 자리에 올 수 없습니다.

The factory workers / (~~to commute~~, commute) / by train. 공장 직원들은 / 통근한다 / 기차로
(to commute: to+동사(×), commute: 동사(O))

She / (~~completing~~, completed) / the course. 그녀는 / 이수했다 / 그 과정을
(completing: 동사+ing(×), completed: 동사(O))

명사나 **형용사**는 동사 자리에 올 수 없습니다.

We / (~~agreement~~, agreed) / to the terms of the contract. 우리는 / 동의했다 / 계약 조건에
(agreement: 명사(×), agreed: 동사(O))

The two companies / (~~cooperative~~, cooperated) / on the project. 두 회사는 / 협력했다 / 그 프로젝트에 대해
(cooperative: 형용사(×), cooperated: 동사(O))

연습 문제 다음 괄호 안에 있는 것 중 적절한 것을 고르세요.

01 These positions (require, requirement) extensive experience.

02 All employees (to organize, should organize) their own weekly schedules.

03 Mr. Lee (purchased, purchasing) new office furniture.

04 Dialogue (helpful, can help) people to resolve problems.

실전 문제 보기 중 빈칸에 가장 적절한 것을 고르세요.

05 The conference ------- with a speech by the company's president.

(A) will conclude (B) conclusion
(C) concluding (D) to conclude

06 The members of the personnel department ------- every applicant's file.

(A) to review (B) reviewing
(C) reviewed (D) reviewer

Questions 07-09 refer to the following memo.

FROM: Elliot Adams
TO: James Taylor

A client -------(07) our office on Monday at 10 A.M. I would like you to attend a meeting with him at 11:30 A.M. to discuss his project. A detailed -------(08) of the project will be sent to you tomorrow. I would like to go over it with you Friday morning. -------(09). If you have any questions, let me know as soon as possible.

07 (A) visitor (B) visiting
(C) to visit (D) will visit

08 (A) explainable (B) explanation
(C) explains (D) explain

09 (A) Thank you for your inquiry on this matter.
(B) The meeting may have to be postponed.
(C) Please review the material before then.
(D) Confirmation of your schedule has been noted.

정답 p.394 해석·해설 p.399

VOCABULARY

01 position[pəzíʃən] 직책, 자리 extensive[iksténsiv] 폭넓은 experience[ikspíəriəns] 경험; 경험하다
04 dialogue[dáiəlɔ̀:g] 대화 resolve[rizá:lv] 해결하다 05 conference[ká:nfərəns] 회의 speech[spi:tʃ] 연설 president[prézədənt] 회장
06 personnel department 인사부 applicant[ǽplikənt] 지원자
07 client[kláiənt] 고객 attend[əténd] 참석하다 discuss[diskʌ́s] 논의하다 detailed[dí:teild] 상세한
~09 postpone[poustpóun] 연기하다, 미루다 review[rivjú:] 검토하다; 검토 material[mətíəriəl] 자료 confirmation[kà:nfərméiʃən] 확정, 확인

전치사 어구

수석 도사가 써 준 부적의 효험

항상(at all times) 즐겨 듣던 라디오 프로그램에서 사연이 당첨되는 청취자에게 콘서트 티켓을 무료로(at no cost) 준다는 소식을 접했다. 난 최대한 상세하게(in detail) 사연을 적어 올렸지만, 당첨될 기미는 보이지 않았다.

초조해진 난 용하다는 도사를 찾아가 내 사연이 당첨될 수 있는지 점쳐 보았다. 점괘에 의하면, 내 정성은 갸륵하지만 짙게 드리운 어두운 그림자로 인해(as a result of) 당첨되지 않고 있다고 했다.

점집의 운영을 맡고 있던 수석 도사님은 내가 해야 할 일을 직접 서면으로 작성하여 부적과 함께 주셨다. 그리고 예정대로(on schedule) 복채를 입금하기만 하면, 어두운 그림자가 걷히고 콘서트 이벤트 티켓에 당첨될 것이라고 하셨다.

난 너무 고마운 나머지 언제든지 요청하면(upon request) 손님들을 모아주겠다는 제안을 했지만 도사님은 본인의 신념에 어긋난다며 거절하셨다. 온갖 사이비가 난무하는 이 세상에 이렇게 정직한 도사님이 있다는 사실에 아직 세상은 살 만한 곳이라고 생각했지만… 난… 끝내 당첨되지 않았다.

필수 어휘 리스트

- **at all times** 항상, 언제나
  Employees should wear their uniforms at all times.
  직원들은 **항상** 유니폼을 입어야 한다.
- **at no cost** 무료로
  Software is provided at no cost.
  소프트웨어는 **무료로** 제공된다.
- **in detail** 상세하게
  The team discussed the problem in detail.
  팀은 문제를 **상세하게** 논의했다.
- **as a result of** ~으로 인해, ~의 결과로
  Expenses have increased as a result of high marketing costs.
  높은 마케팅 비용**으로 인해** 경비가 증가했다.
- **on schedule** 예정대로
  The secretary completed the work on schedule.
  비서는 작업을 **예정대로** 끝마쳤다.
- **upon request** 요청(신청)하면
  More information is available upon request.
  요청하시면 더 많은 정보를 보실 수 있습니다.
- **in effect** 시행 중인, 유효한
  A ban on overnight parking is now in effect.
  현재 야간 주차 금지가 **시행 중**이다.
- **aside from** ~ 이외에, 덧붙여
  Ms. Raul only took one break aside from lunch.
  Ms. Raul은 점심 **이외에** 오직 한 번의 휴식을 가졌다.
- **in advance** 미리, 먼저
  Mr. Jones reserved his hotel room in advance.
  Mr. Jones는 호텔 객실을 **미리** 예약했다.
- **at the latest** 늦어도
  The invoice must be paid by June 1 at the latest.
  송장은 **늦어도** 6월 1일까지 지불되어야 한다.

연습 문제 다음 괄호 안에 있는 것 중 적절한 것을 고르세요.

01 The labor strike has been (in, on, of) effect for two days.

02 Please describe the problem (as, in, upon) detail.

03 All staff must carry their ID cards (by, at, with) all times.

04 Aside (from, for, of) a minor error on the first page, the report is ready for publication.

실전 문제 보기 중 빈칸에 가장 적절한 것을 고르세요.

05 Despite the bad weather, the plane landed on -------.

(A) appointment (B) schedule
(C) condition (D) request

06 The candidate did not get the job as a ------- of his inexperience.

(A) charge (B) result
(C) feedback (D) point

Questions 07-09 refer to the following advertisement.

The Shine Beach Hotel is the place to stay if you plan to take a vacation in the sunny Bahamas! We offer a continental breakfast to all our guests at no -------(07). Laundry, dry cleaning, and airport pickup are provided upon -------(08). Please consult our Web site for a full list of the services we offer in addition to information on room vacancies and prices. -------(09). To make a booking, please fill out our online reservation form or call 555-3409.

07 (A) delay (B) cost
(C) regard (D) allowance

08 (A) respect (B) removal
(C) request (D) requirement

09 (A) The grand opening will be announced soon.
(B) We've recently unveiled an expansion plan.
(C) It also lists weekly special rates.
(D) The hotel sector is experiencing strong growth.

정답 p.394 해석·해설 p.400

VOCABULARY

01 labor strike 노동쟁의 02 describe[diskráib] 설명하다, 묘사하다 03 staff[stæf] 직원 carry[kǽri] 소지하다
04 minor[máinər] 작은 publication[pʌ̀bləkéiʃən] 발행 05 despite[dispáit] ~에도 불구하고 land[lænd] 도착하다
06 candidate[kǽndidèit] 지원자, 후보자 inexperience[ìnikspíəriəns] 경험 부족, 미숙
07 vacation[veikéiʃən] 휴가 continental breakfast 유럽식 아침 식사 provide[prəváid] 제공하다 consult[kənsʌ́lt] 참고하다
09 vacancy[véikənsi] 빈방 reservation[rèzərvéiʃən] 예약 allowance[əláuəns] 비용, 수당 unveil[ʌnvéil] 발표하다 expansion[ikspǽnʃən] 확장 rate[reit] 요금 sector[séktər] 부문, 분야

알맞은 문장 고르기 문제

파트 6에서 출제되는 알맞은 문장 고르기 문제는 지문의 빈 자리에 들어갈 알맞은 문장을 고르는 문제입니다.

문제 유형 엿보기

알맞은 문장 고르기 문제는 파트 6에서만 출제되며, 별다른 질문 없이 문장 네 개만 보기로 제시됩니다.
보기 중에서 지문에서 문제 번호로 표시된 빈 자리에 들어갔을 때 문맥이 자연스럽게 연결되는 문장을 골라야 하며, 지문에 언급된 내용이나 어휘가 보기에 포함되었다고 해서 바로 답으로 고르지 않도록 주의해야 합니다.

알맞은 문장 고르기 문제의 예

수신: 모든 직원들

6월 1일부터 회사 구내식당에서 아침 식사가 제공될 예정입니다. 메뉴에는 베이글과 샌드위치가 포함될 것입니다. --------. 이는 간단한 식사를 원하는 직원을 위한 것입니다.
1.

1. (A) 여러 신선한 과일도 제공됩니다. (○)
   (B) 구내식당 보수공사는 다음 주에 완료될 예정입니다. (×)
   (C) 매월 첫째 주 일요일은 휴무임을 기억해 주시기 바랍니다. (×)
   (D) 매주 변경되는 두 가지 메뉴를 제공할 예정입니다. (×)

비법 공략하기

STEP 1 빈 자리의 주변 문장을 읽고 빈 자리에 들어갈 내용을 예상한다!

빈 자리의 앞, 뒤에 있는 문장을 먼저 읽고 빈 자리에 들어갈 수 있을 만한 내용을 예상합니다.
예를 들어, 빈 자리 뒤에 After this deadline, no submission will be accepted라는 문장이 있다면, 빈 자리에는 this deadline에 대한 내용이 올 것임을 예상할 수 있습니다.

STEP 2 예상한 내용을 바탕으로 가장 알맞은 보기를 선택한다!

각 보기를 확인하고 예상한 내용과 일치하는 것을 선택합니다.

STEP 3 선택한 보기를 빈 자리에 넣었을 때 문맥이 자연스러운지 확인한다!

선택한 보기를 빈 자리에 넣고 읽어봤을 때 문맥이 자연스럽게 연결되는지 확인해야 합니다. 이때, 선택한 보기에 this restriction과 같이 지시 형용사 this, these 등과 함께 사용된 어구가 있거나 however, as a result와 같은 연결어구가 있다면 앞의 내용과 잘 연결되는지 꼭 확인해야 합니다.

비법 적용하기

1번은 다음 광고에 관한 문제입니다.

낮은 가격에 가정용품을 판매하는 전국적인 체인점, Dollar Friend는 가맹점을 운영하고자 하는 사람을 찾고 있습니다. 만약 자신의 가게를 운영하는 데에 관심이 있다면, 이것은 당신이 기다려왔던 기회가 될 수 있습니다. 그리고 당신은 혼자의 힘으로 하지 않을 것입니다. -------. 교육 및 다른 자원들이 제공될 것입니다. 이는 Dollar Friend가 모든 가맹점의 성공을 보장하는 데 전념하기 때문입니다.
1.

1. (A) 가맹점주들은 저희의 전적인 지원을 받습니다.
(B) 투자자들은 충분한 자금을 가지고 있어야 합니다.
(C) 경영학 학위가 필요합니다.
(D) Dollar Friend는 올해 확장할 계획입니다.

Question 1 refers to the following advertisement.

Dollar Friend, a nationwide chain of stores selling household items at low prices, is looking for people who want to operate a franchise. If you are interested in running your own business, this may be the opportunity you've been waiting for. And you won't be on your own. -------. Training and other resources will be provided. This is because Dollar Friend is dedicated to ensuring that all of its franchises succeed.
1.

STEP 1 빈 자리에 들어갈 내용 예상하기

STEP 3 문맥이 자연스러운지 확인하기

1. (A) Franchise owners receive our full support.
(B) Investors must have adequate funds.
(C) A degree in management is required.
(D) Dollar Friend plans to expand this year.

STEP 2 알맞은 보기 선택하기

해설 **STEP 1** 별다른 질문 없이 문장만 보기로 제시된 문제이므로 알맞은 문장 고르기 문제임을 알 수 있습니다. 빈 자리의 앞 문장인 'And you won't be on your own.'에서 가맹점주들에게 당신은 혼자의 힘으로 하지 않을 것이라고 했고, 뒤 문장인 'Training and other resources will be provided.'에서 교육 및 다른 자원들이 제공될 것이라고 했으므로, 빈 자리에는 가맹점주들에 대한 지원과 관련된 내용이 들어갈 것임을 예상할 수 있습니다.

STEP 2 보기를 확인하며 빈칸에 들어갈 내용을 선택합니다. 보기 중 예상한 내용과 일치하는 보기인 (A)를 선택합니다.

STEP 3 선택한 보기를 빈 자리에 넣었을 때 문맥이 자연스러운지 확인합니다. 가맹점주들은 혼자의 힘이 아니라 전적인 지원을 받을 것이며 Dollar Friend는 교육 및 다른 자원들을 제공한다는 문맥으로 자연스럽게 연결된다는 것을 알 수 있습니다. 따라서 (A) Franchise owners receive our full support가 정답입니다.

Question 01 refers to the following advertisement.

Devlin Realty has a conveniently-located office suitable for five people on the second floor of Merrimack Tower. It comes furnished with a telephone connection as well as high-speed Internet and includes access to the building's facilities. -------(01). Contact Chris Albini at 555-2091 to learn more.

01 (A) These include meeting rooms, a fitness center, and a lounge.
(B) You may exit at Oakvale Road to get to the venue.
(C) Furthermore, please settle your account by the fifth of each month.

Question 02 refers to the following information.

The Stanford Art Museum will hold its annual fund-raising banquet on May 17 at the Hathaway Hotel. Thomas Markel, the hotel's head chef, will prepare a four-course dinner for the event. -------(02). In addition, there will be a performance by the Myer Jazz Combo and speeches by several prominent artists. To order tickets, please visit www.stanfordart.com.

02 (A) He worked at the museum for years.
(B) The band will play until 11 P.M.
(C) Vegetarian options will be available.

VOCABULARY

01 suitable[sú:təbl] 적합한, 알맞은 furnish[fə́:rniʃ] 설치하다 connection[kənékʃən] 연결 access[ǽkses] 이용, 접근 facility[fəsíləti] 시설 fitness center 피트니스 센터

02 annual[ǽnjuəl] 연례의 fund-raising 기금 모금(의) banquet[bǽŋkwit] 만찬, 연회 prepare[pripέər] 준비하다 performance[pərfɔ́:rməns] 공연, 연주 speech[spi:tʃ] 연설 prominent[prá:mənənt] 저명한 order[ɔ́:rdər] 주문하다

Question 03 refers to the following information.

No matter your skill level, SMP College has a course for you. Whether you hope to gain job qualifications or progress in your current career, we'll do our best to accommodate your busy schedules. -------(03). All of our programs are available at SMP College campuses across the country, and classes take place four times a day, so you can choose when you'd like to come. Visit www.smpcollege.com and learn more.

03 (A) This semester's course schedule has not yet been posted.
(B) Only those with advanced degrees are eligible to apply.
(C) Our courses are designed to be convenient and flexible.

Question 04 refers to the following information.

The Levin Museum of Modern Art welcomes visitors to its sculpture garden. Guests are free to take pictures, relax on benches, and walk along the marked paths. -------(04). These include touching the art, picking flowers, and smoking. Those who arrive on bicycles will be asked to leave them at the bike rack by the entrance. Lockers are available to rent in the main building of the museum for those wishing to store personal items.

04 (A) Contact the front desk to inquire about group rates.
(B) However, certain behaviors are not acceptable.
(C) Unfortunately, locker rentals are not available.

VOCABULARY

03 skill level 숙련 정도 course [kɔ:rs] 강의, 강좌 qualification [kwὰləfikéiʃən] 자격 accommodate [əkά:mədèit] 편의로 도모하다, 수용하다 take place 일어나다, 개최되다 post [poust] 게시하다 advanced degree (학사 이상의) 고급 학위 convenient [kənví:njənt] 편리한 flexible [fléksəbl] 융통성 있는, 탄력적인

04 free to 자유롭게 ~하다 walk along ~을 따라 걷다 include [inklú:d] 포함하다 bike rack 자전거 고정대 entrance [éntrəns] 입구 store [stɔ:r] 보관하다, 저장하다 acceptable [ækséptəbl] 용인되는

Questions 05-08 refer to the following announcement.

The -------[05] of our company has decided to make the following adjustments to the leave policy. First, staff members will no longer be required to submit a written request. Instead, they will be able to complete an online form on the human resources department's Web site. Second, the amount of notice required to take leave will be reduced in -------[06] to employee feedback. Under the current policy, a request must be submitted nine days prior to the first day of leave. However, only five days' notice will be necessary under the revised policy. -------[07].

Please note that supervisors will still ask for medical certificates from employees who take leave due to illness. Some staff members -------[08] about whether this requirement can be eliminated, but it is necessary to limit the number of unexpected absences.

05 (A) management
(B) manage
(C) managed
(D) managerial

06 (A) process
(B) appreciation
(C) response
(D) expansion

07 (A) Both of these changes will take effect on June 21.
(B) Getting permission in advance is not necessary.
(C) Ms. Wilkins is the current head of human resources.
(D) These additional leave days will be appreciated.

08 (A) to inquire
(B) inquiry
(C) have inquired
(D) inquiring

VOCABULARY

05 ~ 08 adjustment[ədʒʌ́stmənt] 조정, 수정 leave[liːv] 휴가 policy[pɑ́ːləsi] 정책 submit[səbmít] 제출하다 complete[kəmplíːt] 작성하다, 완성하다 human resources department 인사부 reduce[ridjúːs] 줄이다 prior to ~ 전에 necessary[nésəsèri] 필요한 revised[riváizd] 수정된, 변경된 supervisor[súːpərvàizər] 관리자, 상관 medical certificate 진단서 illness[ílnis] 병 requirement[rikwáiərmənt] 요건 eliminate[ilímənèit] 없애다, 삭제하다 unexpected[ʌ̀nikspéktid] 예기치 않은 absence[ǽbsəns] 결근, 결석

Questions 09-12 refer to the following letter.

Dear Ms. King,

Please accept my apologies for the delay that you -------(09) with your order. Unfortunately, the first -------(10) of *The Collected Works of Architect James Naismith* that you ordered is not available. In fact, the book is entirely out of print. -------(11). We can reimburse your credit card account within three weeks.

Alternatively, I can send you a copy of a similar book on Mr. Naismith -------(12). We will even cover the shipping charges. Please advise me of your preference by sending an e-mail to s.wilson@scrantonarchpress.com. Thank you.

Steve Wilson

09 (A) experimental
(B) experiencing
(C) to experience
(D) have experienced

10 (A) edit
(B) editable
(C) edition
(D) edited

11 (A) Likewise, it is a popular choice among readers of a certain age.
(B) We would appreciate a prompt response to this matter.
(C) Otherwise, we must follow the policies that are stated in the manual.
(D) I would be happy to process a refund for you if you wish.

12 (A) by mistake
(B) at no additional cost
(C) upon receipt
(D) in other words

정답 p.394 해석·해설 p.401

VOCABULARY

09~12 apology [əpɑ́:lədʒi] 사과 delay [diléi] 지연 available [əvéiləbl] 구할 수 있는
entirely [intáiərli] 전부 out of print 절판된 reimburse [rì:imbə́:rs] 환불하다, 상환하다 credit card 신용카드
alternatively [ɔ:ltə́:rnətivli] 그렇지 않으면 similar [símələr] 비슷한 shipping charge 배송료 edition [idíʃən] 판

1주 2일

Hackers TOEIC Start Reading

Grammar Part 5, 6

[문장구조] 목적어/보어/수식어

01 목적어 자리
02 보어 자리
03 수식어 자리

Vocabulary Part 5, 6

형용사 어구

Reading Part 7

주제/목적 찾기 문제

Grammar
Part 5,6

[문장구조] 목적어/보어/수식어

기초문법과 놀기

목적어란? 보어란?	수식어란?
나는 선생님을 좋아한다. (선생님을: 목적어) 그녀는 선생님이 되었다. (선생님이: 보어)  첫 번째 문장 '나는 선생님을 좋아한다'에서 '선생님을'은 내가 좋아하는 대상입니다. 이처럼 동사 '좋아한다'의 대상이 되는 말을 **목적어**라고 합니다. 두 번째 문장 '그녀는 선생님이 되었다'에서 '선생님'은 주어인 '그녀'를 보충 설명해 주고 있습니다. 이처럼 주어나 목적어를 보충해 주는 말을 **보어**라고 합니다.	우리는 일요일에 선생님을 만났다. (일요일에: 수식어) '우리는 일요일에 선생님을 만났다'에서 '일요일에'는 문장 '우리는 선생님을 만났다'를 꾸며주는 말로, '일요일에'가 없어도 문장이 성립합니다. 이처럼 문장에 꼭 필요한 요소는 아니지만 문장을 꾸며주는 역할을 하는 말을 **수식어**라고 합니다.

문장에서 **목적어 자리**는 어디인가요?

목적어 자리는 동사 뒤입니다.

Mr. Kim / met / the marketing manager. (the marketing manager: 목적어) Mr. Kim은 / 만났다 / 마케팅 부장을 (마케팅 부장을: 목적어)

Check Up

다음 중 목적어는 무엇일까요?

The manager announced the result. 부장은 결과를 발표했다.
(A: The manager, B: announced, C: the result)

→ 동사 announced 뒤에 있는 부분이 목적어예요. [정답 C]

그럼 **보어 자리**는 어디인가요?

보어는 크게 두 가지 종류로 나누는데, 종류에 따라 자리가 달라집니다. 주어를 보충 설명하는 주격 보어의 자리는 동사 뒤입니다. 반면, 목적어를 보충 설명하는 목적격 보어의 자리는 목적어 뒤입니다.

She / is / a secretary. 그녀는 / 비서다
(주격) 보어 (주격) 보어

The news / made / the workers / happy. 그 소식은 / 만들었다 / 직원들을 / 행복하게
목적어 (목적격) 보어 (목적격) 보어

Check Up

다음 중 보어는 무엇일까요?

His father is a pilot. 그의 아버지는 비행기 조종사다.
A B C

→ 동사 is 뒤에 있는 부분이 보어예요. [정답 C]

수식어 자리는 어디인가요?

수식어는 문장 앞, 문장 중간, 문장 뒤 어디에나 올 수 있고, 한 문장에 여러 개가 와도 상관없습니다.

[These days], / Mr. Smith / is busy. 요즘 / Mr. Smith는 / 바쁘다
수식어 수식어

We / attended / the workshop / [last week]. 우리는 / 참석했다 / 워크숍을 / 지난주에
수식어 수식어

[Of all the speakers], / he / is the best / [that I have heard]. 모든 연설자들 중에서 / 그는 / 최고다 / 내가 들어 본
수식어 수식어 수식어 수식어

Check Up

다음 중 수식어는 무엇일까요?

She met her coworker at the seminar. 그녀는 세미나에서 그녀의 동료를 만났다.
A B C

→ 주어 She, 동사 met, 목적어 her coworker를 제외한 나머지 부분이 수식어예요. [정답 C]

Grammar
Part 5,6

01 | 목적어 자리

나는 운동을 꾸준히 한다. 건강한을 중요시하기 때문이다.

운동은 목적어 자리에 올 수 있지만, **건강한**이 오는 것은 부자연스럽지요? 영어에서 '목적어 자리'에 올 수 있는 것과 올 수 없는 것이 있습니다. 어떤 것들이 있는지 한번 살펴 볼까요?

POINT 1 목적어 자리에 올 수 있는 것

목적어 자리에 올 수 있는 것은 **명사**나 **대명사**입니다. 그리고 **'~하는 것'으로 해석되는 긴말 덩어리(동명사, to 부정사, 명사절)**도 목적어 자리에 올 수 있습니다.

명사 The company / opened / a branch. 회사는 / 열었다 / 지점을
(a branch: 목적어)

대명사 Mr. Hopkins / does not know / her. Mr. Hopkins는 / 모른다 / 그녀를
(her: 목적어)

동명사 I / finished / preparing my presentation. 나는 / 끝마쳤다 / 발표 준비하는 것을
(preparing my presentation: 목적어)

to 부정사 The manager / wants / to see the report. 그 부장은 / 원한다 / 보고서를 보는 것을
(to see the report: 목적어)

명사절 He / asked / that we update our schedule. 그는 / 요청했다 / 우리가 일정을 업데이트할 것을
(that we update our schedule: 목적어)

POINT 2 목적어 자리에 올 수 없는 것

동사나 **형용사**는 목적어 자리에 올 수 없습니다.

She / found / a (~~locate~~, location) / for a new office. 그녀는 / 찾았다 / 장소를 / 새 사무실을 위한
(locate: 동사(×), location: 명사(○))

Mr. Clarkson / praised / her (~~able~~, ability) / as an artist. Mr. Clarkson은 / 칭찬했다 / 그녀의 능력을 / 예술가로서
(able: 형용사(×), ability: 명사(○))

연습 문제 다음 괄호 안에 있는 것 중 적절한 것을 고르세요.

01 He reported the (problem, problematic) to the administrator.

02 We signed an (agree, agreement) with a foreign company.

03 Many young consumers prefer (to shop, shop) online.

04 The labor union demanded the (resign, resignation) of the president.

05 Mr. Kato considered (launching, launch) a campaign to promote the new product.

06 Flyaway Service guarantees (deliver, delivery) within three days.

실전 문제 보기 중 빈칸에 가장 적절한 것을 고르세요.

07 The event organizer will arrange the ------- according to the host's requests.

(A) received (B) reception
(C) receptive (D) receptively

08 Some employees have the ------- of working from home.

(A) benefited (B) beneficially
(C) beneficial (D) benefit

09 The proper ------- of equipment can prevent workers from being injured.

(A) utilization (B) utilize
(C) utilizes (D) utilized

10 Mr. Hornby immediately recognized the ------- between the two camera models.

(A) difference (B) differ
(C) different (D) differs

정답 p.394 해석·해설 p.405

VOCABULARY

01 report [ripɔ́:rt] 보고하다 administrator [ædmínəstrèitər] 이사 02 foreign [fɔ́:rən] 외국의
03 consumer [kənsú:mər] 소비자 prefer [prifə́:r] 선호하다 04 labor union 노동 조합 demand [dimǽnd] 요구하다
05 consider [kənsídər] 고려하다 promote [prəmóut] 홍보하다 06 guarantee [gæ̀rəntí:] 보장하다, 보증하다
07 organizer [ɔ́:rgənàizər] 조직자 arrange [əréindʒ] 준비하다 host [houst] 주최자
09 proper [prá:pər] 알맞은, 적절한 equipment [ikwípmənt] 장비 prevent [privént] 예방하다, 막다 injure [índʒər] 부상을 입히다
10 immediately [imí:diətli] 즉시 recognize [rékəgnàiz] 알아보다 difference [dífərəns] 차이점

Grammar
Part 5,6

02 | 보어 자리

나는 화가다. 그래서 색감을 기르는 것이 중요하게.

화가는 보어 자리에 올 수 있지만, **중요하게**가 오는 것은 부자연스럽지요? 영어에서 '보어 자리'에 올 수 있는 것과 올 수 없는 것이 있습니다. 어떤 것들이 있는지 한번 살펴 볼까요?

POINT 1 보어 자리에 올 수 있는 것

보어 자리에 올 수 있는 것은 **명사**나 **'~하는 것'으로 해석되는 긴말 덩어리(동명사, to 부정사, 명사절)**입니다. **형용사**도 보어 자리에 올 수 있습니다.

명사 Kevin / is / an accountant. Kevin은 / 회계사다
(주격) 보어

The board / appointed / Mr. Walsh / manager. 위원회는 / 임명했다 / Mr. Walsh를 / 관리자로
(목적격) 보어

동명사 Her concern / is / cutting production costs. 그녀의 관심사는 / 생산비용을 줄이는 것이다
(주격) 보어

to 부정사 Our goal / is / to expand the business. 우리의 목표는 / 사업을 확장하는 것이다
(주격) 보어

명사절 The problem / is / that I do not have enough time. 문제는 / 내가 충분한 시간이 없다는 것이다
(주격) 보어

형용사 The software / is / reliable. 그 소프트웨어는 / 믿을 만하다
(주격) 보어

The guest / found / our hotel / comfortable. 그 손님은 / 알게 되었다 / 우리 호텔이 / 편안하다는 것을
(목적격) 보어

POINT 2 보어 자리에 올 수 없는 것

동사나 **부사**는 보어 자리에 올 수 없습니다.

The next step / was / an (~~examine~~, examination) / of the road conditions. 다음 단계는 / 점검이었다 / 도로 상태의
동사(×) 명사(O)

The real estate market / is / (~~competitively~~, competitive). 부동산 시장은 / 경쟁이 치열하다
부사(×) 형용사(O)

연습 문제 다음 괄호 안에 있는 것 중 적절한 것을 고르세요.

01 Our renovated offices are (spacious, spaciously) and have high ceilings.

02 Impressive performances made the play (popular, popularly).

03 Airplane tickets are not (transferable, transfer) to other individuals.

04 We consider Ms. Elson a qualified (apply, applicant).

05 It is (advise, advisable) to obtain a second opinion before you make an investment.

06 Jack is a (manager, manage) of the human resources department.

실전 문제 보기 중 빈칸에 가장 적절한 것을 고르세요.

07 The tour was a big ------- to the travelers who signed up for it.

(A) disappointing (B) disappointedly
(C) disappoint (D) disappointment

08 Researchers found the recycling system ------- in reducing garbage.

(A) effect (B) effects
(C) effective (D) effectively

09 Steven Williams was a market ------- for KMN Incorporated.

(A) analyze (B) analyzes
(C) analyst (D) analyzing

10 State governments and local citizens have been ------- in developing and financing educational programs.

(A) cooperative (B) cooperate
(C) cooperated (D) cooperatively

정답 p.394 해석·해설 p.406

VOCABULARY

01 ceiling [sí:liŋ] 천장 02 impressive [imprésiv] 인상적인 performance [pərfɔ́:rməns] 연기, 공연
03 transferable [trænsfə́:rəbl] 양도할 수 있는 individual [ìndəvídʒuəl] 사람, 개인
04 consider [kənsídər] ~라고 여기다 qualified [kwɑ́:ləfàid] 적임의, 자격 있는
05 advisable [ædváizəbl] 현명한 obtain [əbtéin] 얻다, 획득하다 opinion [əpínjən] 의견 investment [invéstmənt] 투자
07 sign up 신청하다 disappointment [dìsəpɔ́intmənt] 실망
08 recycling [rì:sáikliŋ] 재활용 reduce [ridjú:s] 줄이다 effectively [iféktivli] 효과적으로 09 analyst [ǽnəlist] 분석가
10 government [gʌ́vərnmənt] 정부 citizen [sítəzən] 주민, 시민 finance [fáinæns] 자금을 조달하다; 자금 조달, 재무
cooperatively [kouɑ́:pərətivli] 협조적으로

03 수식어 자리

어떤 유혹이 있더라도 **나는 ① 케이크를 ② 먹지 않겠다.**

어떤 유혹이 있더라도가 문장 '나는 케이크를 먹지 않겠다'의 앞뿐만 아니라 ①, ②에 와도 어색하지 않지요? 이처럼 영어에서도 수식어가 문장 곳곳에 등장할 수 있습니다. 자세히 살펴 볼까요?

POINT 1 수식어가 오는 자리

수식어는 문장의 **앞, 중간, 뒤** 어디에나 올 수 있습니다.

문장 앞 [On Sundays], / I / go / hiking. 일요일마다 / 나는 / 간다 / 등산을
(On Sundays: 수식어)

문장 중간 The man / [standing there] / is / my friend. 남자는 / 저기 서 있는 / 내 친구다
(standing there: 수식어)

문장 뒤 We / visited / a factory / [that makes clothes]. 우리는 / 방문했다 / 공장을 / 옷을 만드는
(that makes clothes: 수식어)

POINT 2 수식어 찾는 방법

문장의 핵심 요소인 동사, 주어, 목적어/보어를 먼저 찾은 후 나머지 부분을 수식어로 보면 됩니다.

동사를 찾는다	People should wear helmets while riding bicycles. (should wear: 동사)
↓	
주어를 찾는다	People should wear helmets while riding bicycles. (People: 주어, should wear: 동사)
↓	
목적어/보어를 찾는다	People should wear helmets while riding bicycles. (People: 주어, should wear: 동사, helmets: 목적어)
↓	
나머지 부분은 수식어로 본다	People should wear helmets [while riding bicycles]. (People: 주어, should wear: 동사, helmets: 목적어, while riding bicycles: 수식어)

사람들은 / 써야 한다 / 헬멧을 / 자전거를 타는 동안

연습 문제 다음 문장에서 수식어 부분을 [ ]로 표시하세요.

01 Despite the bad weather, the event continued.

02 Tenants cannot renovate the apartments without the approval of the owner.

03 Because of a technical problem, we postponed the performance.

04 I met Mr. Downes, who was in charge of the company's campaign.

05 Customers seeking refunds should present a receipt.

06 Economic experts met to analyze the impact of higher interest rates.

보기 중 빈칸에 가장 적절한 것을 고르세요.

Questions 07-09 refer to the following article.

PRESS CONFERENCE ON HALPERT-MENDOLSON MERGER

The Halpert Software Company held a press conference last week to announce its merger with Mendolson Associates. Halpert Software is proposing an innovative ------- (07) for restructuring the two companies. This new venture is expected to be ------- (08) because it will increase cost efficiency. ------- (09). However, some of the shareholders have expressed concerns that the merger will cause a short-term drop in product output.

07 (A) systematic (B) system
(C) systematize (D) systematically

08 (A) profitable (B) profitably
(C) profited (D) profit

09 (A) Negotiations continue with no end in sight.
(B) A number of investors are withdrawing.
(C) Prices will increase dramatically if this happens.
(D) Executives are confident that the plan will succeed.

정답 p.394 해석·해설 p.407

VOCABULARY

02 tenant[ténənt] 세입자, 입주자 renovate[rénəvèit] 개조하다, 보수하다 approval[əprú:vəl] 허가, 승인
03 postpone[poustpóun] 연기하다 performance[pərfɔ́:rməns] 공연
04 in charge of ~을 담당하는 campaign[kæmpéin] 캠페인, 운동
05 seek[si:k] ~하려고 하다 refund[rí:fʌnd] 환불 present[prizént] 제시하다
06 expert[ékspə:rt] 전문가 analyze[ǽnəlàiz] 분석하다 impact[ímpækt] 영향 interest rate 이자율
07 press conference 기자 회견 merger[mɔ́:rdʒər] 합병 innovative[ínəvèitiv] 혁신적인 restructure[ri:strʌ́ktʃər] 재편성하다, 개혁하다
09 venture[véntʃər] 사업 shareholder[ʃέərhòuldər] 주주 concern[kənsə́:rn] 우려 output[áutpùt] 생산량
negotiation[nigòuʃiéiʃən] 협상 with no end in sight 끝날 전망 없이 withdraw[wiðdrɔ́:] 회수하다, 중단하다
dramatically[drəmǽtikəli] 극적으로 executive[igzékjutiv] 경영진

Vocabulary
Part 5,6

형용사 어구

'코알라 따라잡기 대회' 협조 공문

잠이 우리 삶에 있어 그 무엇보다 중요한 것임을 모두 알고(be aware of) 계실 것입니다. 하지만 오늘날 우리 사회는 너무나 바쁘게 돌아가며 '아침형 인간'이라는 미명하에 잠 많은 사람들을 경시하고, 비판하는 풍조가 일고 있습니다.

해가 중천에 뜨기 전에는 침대에서 나와본 적이 없으신 저희 회장님께서는 이런 비참한 현실에 대응하여(be responsive to) 잠을 사랑하는 많은 사람들의 인권을 보호할 책임이 있다(be responsible for)고 느끼고, 현대 사회에서 잠의 소중함을 다시 한번 일깨울 기회를 갖기 위해 이 대회를 개최하였습니다. 다음에 해당하는 분들은 참가 자격이 있습니다(be eligible for).

- 이 세상 그 무엇보다 잠자는 것에 익숙하신 분
- 밤새 화장실 한번 가지 않고 잠자는 데 전념하시는(be dedicated to) 분
- 사회가 선호하는 '아침형 인간'이 되어보고자 피나는 노력을 했지만, 별 효과가 없어 걱정하셨던(be concerned about) 분

성별, 연령에 관계없이 코알라처럼 늘어지게 잠을 잘 수 있는 남녀노소 누구나 이 대회에 참가할 수 있습니다. 관심 있는 분들의 많은 참여 부탁 드립니다.

필수 어휘 리스트

- **be aware of** ~을 알다
  Mr. Hood is aware of the company's vacation policy.
  Mr. Hood는 회사의 휴가 정책을 알고 있다.
- **be responsive to** ~에 대응하다
  We should be responsive to changes in the market.
  우리는 시장의 변화에 대응해야 한다.
- **be responsible for** ~에 책임이 있다
  Ms. Glen is responsible for recruiting employees.
  Ms. Glen은 직원 채용을 책임지고 있다.
- **be eligible for** ~할 자격이 있다
  Mr. Choi is eligible for a pay raise.
  Mr. Choi는 급여 인상을 받을 자격이 있다.
- **be dedicated to** ~에 전념하다
  We are dedicated to customer satisfaction.
  우리는 고객 만족에 전념한다.
- **be concerned about** ~에 대해 걱정하다
  Ms. Bin was concerned about the upcoming meeting.
  Ms. Bin은 다가오는 회의에 대해 걱정했다.
- **be advantageous for** ~에 이롭다
  The merger is advantageous for Norc Industries.
  합병은 Norc사에 이롭다.
- **be located at** ~에 있다
  Mr. San's office is located at the end of the hall.
  Mr. San의 사무실은 복도 끝에 있다.
- **be honored for** ~으로 상을 받다
  Ms. Conn was honored for breaking the sales record in the last year.
  Ms. Conn은 작년의 판매 기록을 깬 것으로 상을 받았다.
- **be comparable to** ~에 필적하다
  Our new model is comparable to any top European brand.
  우리의 새로운 모델은 유럽의 모든 최고 브랜드에 필적한다.

다음 괄호 안에 있는 것 중 적절한 것을 고르세요.

01 Sales representatives are responsive (to, of, for) buyers' requests.

02 The staff should be (active, dedicated, aware) of the policy changes.

03 The marketing team is (pleased, responsible, careful) for advertising products.

04 Mergers can be advantageous (of, for, about) stockholders.

보기 중 빈칸에 가장 적절한 것을 고르세요.

05 Mr. Stevens was very ------- about attending the annual conference alone.

(A) recognized (B) concerned
(C) allowed (D) acquainted

06 BNH Inc. is ------- at 55 Glenn Road in the CT Building.

(A) motivated (B) located
(C) dedicated (D) expected

Questions 07-09 refer to the following announcement.

We are certain that if every employee is -------(07) to satisfying customers' needs, Fan Clothing will develop a fine reputation. To motivate staff members to improve customer service even more, each employee will be -------(08) for monthly cash incentives. -------(09). A memo with details on this incentive will be distributed shortly.

07 (A) diversified (B) dedicated
(C) extended (D) obtained

08 (A) eligible (B) capable
(C) responsible (D) comparable

09 (A) Only one entry per category may be submitted.
(B) Staff could receive up to $500 as a bonus.
(C) The data will be gathered from customers.
(D) Last year, the company ranked second place.

정답 p.394 해석·해설 p.408

VOCABULARY

01 sales representative 영업 직원 02 policy [pá:ləsi] 정책 03 advertise [ǽdvərtàiz] 광고하다
04 merger [mə́:rdʒər] 합병 stockholder [stá:khòuldər] 주주 05 attend [əténd] 참석하다, 출석하다 annual conference 연례 회의
06 motivated [móutəvèitid] 자극 받은, 동기를 부여 받은 dedicated [dédikèitid] 헌신적인
07 satisfy [sǽtisfài] 만족시키다 fine [fain] 우수한, 훌륭한 reputation [rèpjutéiʃən] 명성, 평판
09 incentive [inséntiv] 장려금 distribute [distríbju:t] 배포하다 shortly [ʃɔ́:rtli] 곧 entry [éntri] 출품작, 응모 submit [səbmít] 제출하다 gather [gǽðər] 수집하다 rank [ræŋk] 오르다, 차지하다

주제/목적 찾기 문제

파트 7에서 출제되는 주제/목적 찾기 문제는 지문에서 가장 핵심적으로 다루고 있는 내용, 즉 지문의 주제나 지문을 쓴 목적을 묻는 문제입니다.

질문 유형 엿보기

주제/목적 찾기 문제는 대부분 의문사 what, why와 함께 about, discuss, purpose, written 등을 사용하여 묻습니다. 글의 주제 및 목적을 묻는 문제는 다음과 같은 질문을 사용합니다.

주제 What is the letter mainly about? 편지는 주로 무엇에 대한 것인가?
What is mainly discussed in the article? 기사에서 주로 논의되는 것은 무엇인가?
What is being announced/advertised? 공고되고/광고되고 있는 것은 무엇인가?

목적 What is the purpose of the advertisement? 광고의 목적은 무엇인가?
Why was the memo written? 회람은 왜 쓰였는가?

비법 공략하기

STEP 1 질문을 읽고 주제 및 목적을 묻는 문제임을 파악한다!

about, discuss, purpose 등이 포함된 질문은 주제 및 목적을 묻는 문제입니다.

STEP 2 지문 앞부분에서 주제문을 찾는다!

지문의 주제 및 목적을 나타내는 주제문을 지문의 앞부분에서 찾습니다. 주제문(Topic Sentence)이란 앞으로 전개될 내용을 포괄적으로 담고 있는 문장으로, 대부분 지문의 앞부분에서 언급됩니다.

STEP 3 주제문을 paraphrase한 보기를 찾는다!

주제문을 제대로 paraphrase한 보기를 정답으로 선택합니다.

비법 적용하기

1번은 다음 이메일에 관한 문제입니다.

수신: Ken Hiroshi <khiroshi@denton.com>
발신: Tina Lewis <tlewis@rayfinance.com>
제목: 회의
날짜: 7월 8일

안타깝게도 회사 합병을 논의하기 위한 목요일에 있을 회의를 연기해야 할 것 같습니다. 저는 제 동료들과 함께 작업하고 있는 프로젝트에 대한 긴급 회의에 참석할 것을 요청 받았습니다. 저희가 다음 월요일에 만나는 것이 가능할지요? 저는 또한 우리가 만나기 전에 귀하께서 저에게 보내 주신 보고서를 검토할 시간도 필요합니다. 회의를 연기하게 되어 정말 죄송합니다. 귀하로부터 곧 답변이 오기를 기대하겠습니다.

1. 이메일의 목적은 무엇인가?
(A) 회의 관련 업무를 할당하기 위해
(B) 회의 시간을 변경하기 위해

Question 1 refers to the following e-mail.

TO: Ken Hiroshi <khiroshi@denton.com>
FROM: Tina Lewis <tlewis@rayfinance.com>
SUBJECT: Meeting
DATE: July 8

It is unfortunate that I will have to postpone our Thursday meeting to discuss the company merger. I was asked to attend an emergency conference about a project that I am working on with my colleagues. Would it be possible for us to meet next Monday? I also need time to examine the report that you sent me before we meet. Please accept my sincerest apologies for the delay. I look forward to hearing from you soon.

STEP 2 주제문 찾기

1. What is the purpose (목적) of the e-mail?
(A) To assign a task regarding the conference
(B) To change the time of a meeting

STEP 1 주제/목적 찾기 문제 유형 파악하기

STEP 3 주제문을 paraphrase한 보기 찾기

해설 **STEP 1** 질문을 읽고 'purpose'라는 말을 통해 주제/목적 찾기 문제임을 알 수 있습니다.

STEP 2 주제 및 목적은 대부분 지문의 앞부분에서 언급되므로 이메일의 앞부분에서 주제문을 찾습니다. 이메일의 내용을 살펴보면, 첫 문장인 'I will have to postpone our Thursday meeting'에서 목요일에 있을 회의를 연기해야 한다는 사실을 알려준 다음, 그 이유를 구체적으로 설명하고 있습니다. 따라서 첫 문장이 이메일의 주제문이며, 목요일에 있을 회의를 연기하기 위해 이메일을 보냈음을 알 수 있습니다.

STEP 3 지문의 주제문인 'I will have to postpone our Thursday meeting'을 토대로 정답을 선택해야 합니다. 목요일에 있을 회의를 연기한다는 말은 회의 시간을 변경한다는 뜻이므로 (B) To change the time of a meeting이 정답입니다. 지문의 'postpone ~ meeting'을 'change the time of a meeting'으로 paraphrase하였습니다.

paraphrase 연습 주어진 문장과 가장 가까운 의미를 만드는 것을 찾아보세요.

01 The manager has asked me to set up the workshop.

= The manager requested me to _________ the event.

(A) settle (B) organize

02 The delivery charges to our customers should be kept to a minimum.

= Delivery costs should be as _________ as possible for our customers.

(A) low (B) convenient

03 Fusion Café's distinct dishes have made the restaurant famous in town.

= The _________ menu at the restaurant is why it is so popular.

(A) main (B) unique

04 FIC Shipping designed a new system to trace all of its packages.

= FIC Shipping developed a way to keep track of the _________ of its packages.

(A) location (B) origin

VOCABULARY

01 set up 준비하다, 세우다 settle [sétl] 자리잡게 하다, 해결하다 organize [ɔ́:rgənàiz] (행사 등을) 준비하다
02 delivery [dilívəri] 배송, 배달 charge [tʃɑ:rdʒ] 비용, 요금 minimum [mínəməm] 최저 convenient [kənví:njənt] 편리한
03 distinct [distíŋkt] 독특한, 다른 dish [diʃ] 요리, 접시 famous [féiməs] 유명한 popular [pápjulər] 인기 있는 main [mein] 주요한, 주된
04 trace [treis] 추적하다 package [pǽkidʒ] 배송품, 소포 keep track of 추적하다, ~의 경로를 쫓다 location [loukéiʃən] 위치 origin [ɔ́:rədʒin] 기원, 유래

05 Conference fees are due when you register.

(A) The registration fee must be paid before the start of the conference.

(B) Payment must be made at the time of registration.

06 The concert is open to the public, and people will be seated in the order they arrive.

(A) Seats at the concert will be assigned on a first-come, first-served basis.

(B) Advance reservations are required to arrange a seat for the concert.

07 At least one year of related experience is required for the position.

(A) Prior experience in a relevant field is necessary.

(B) Applicants with a degree in a related subject are preferred.

08 KitchenArt appliances are popular because of their easy-to-grip handles.

(A) Customers prefer KitchenArt products as they can be held with ease.

(B) KitchenArt makes products with strong handles.

VOCABULARY

05 due [dju:] 지불해야 하는, 지불 기일이 된 registration [rèdʒistréiʃən] 등록 at the time of ~할 때
06 public [pʌ́blik] 대중, 일반 사람들 order [ɔ́:rdər] 순서, 차례 assign [əsáin] 할당하다, 배정하다
on a first-come, first-served basis 선착순으로 advance [ædvǽns] 사전의, 앞서의 reservation [rèzərvéiʃən] 예약
arrange [əréindʒ] 배정하다, 배치하다
07 related [riléitid] 관련된 relevant [réləvənt] 관련된 field [fi:ld] 분야 prefer [prifə́:r] 우대하다
08 appliance [əpláiəns] 가전 제품 easy-to-grip 잡기 쉬운 with ease 쉽게

Question 09 refers to the following letter.

The Lansdowne Community Center would like to thank you for your generous gift of $1,000. As you requested, your donation will be used to create an after-school sports program for teenagers. Together with citizens like you, we have been providing the neighborhood with excellent recreational programs for the past 25 years. Your sponsorship enables us to offer many services and helps ensure a bright future for our city.

09 Why was the letter written?

(A) To request funding for community programs
(B) To express gratitude to a donor for financial support
(C) To provide instructions to a sponsor

Question 10 refers to the following advertisement.

The Eastwood Hotel is seeking a full-time chef to start on November 1. We would like him or her to join the kitchen team at our new location in Hong Kong. Applicants must have graduated from a licensed culinary institute and have a strong background in Chinese cuisine. A minimum of five years' experience in the field is preferred. Applicants will also need to prepare several sample dishes for the final interview. Salary and benefits are negotiable.

10 What is the purpose of the advertisement?

(A) To advertise the opening of a new branch
(B) To promote a new cookbook
(C) To announce a job opening

VOCABULARY

09 **generous** [dʒénərəs] 후한 **donation** [dounéiʃən] 기부금, 기부 **neighborhood** [néibərhùd] 이웃, 지역 **sponsorship** [spá:nsərʃìp] 후원 **enable** [inéibl] ~할 수 있게 하다 **ensure** [inʃúər] 보장하다 **request** [rikwést] 요청하다 **express** [iksprés] 표하다 **gratitude** [grǽtətjù:d] 감사 **instruction** [instrʌ́kʃən] 설명

10 **seek** [si:k] 찾다 **applicant** [ǽplikənt] 지원자 **licensed** [láisənst] 인가된 **culinary** [kjú:lənèri] 요리의 **institute** [ínstətjù:t] 학원, 전문학교, 협회 **minimum** [mínəməm] 최소 **field** [fi:ld] 분야 **benefit** [bénəfìt] 복리 후생, 혜택 **negotiable** [nigóuʃiəbl] 협의할 수 있는 **advertise** [ǽdvərtàiz] 광고하다 **promote** [prəmóut] 홍보하다 **opening** [óupəniŋ] 개업, 공석

Question 11 refers to the following memo.

To: All staff
From: Brian Bean, Manager of the human resources department
Subject: Regulations for leave of absence

I am pleased to announce that we have 50 new employees this month. In light of this, it seems like a good time to review the leave policy. Annual leave can be used for vacation or personal reasons. Employees should request leave from their supervisor in advance. Employees with fewer than 3 years of service receive 7 days of annual leave. Staff with 3 to 14 years' service get 10 days. Employees who have served 15 or more years get 13 days of annual leave.

If you need further information regarding this policy, please consult the employee manual.

11 What is the memo mainly about?

(A) The hiring process
(B) The vacation policy
(C) The benefits package
(D) The new employees

정답 p.394 해석·해설 p.409

VOCABULARY

11 human resources department 인사부 regulation[règjuléiʃən] 규정, 규칙 leave of absence (유급) 휴가, 휴가의 허가 in light of ~을 고려하여 review[rivjú:] 검토하다 policy[pá:ləsi] 정책, 방침 annual[ǽnjuəl] 연례의, 1년의 supervisor[sú:pərvàizər] 상관, 감독자 in advance 미리 service[sə́:rvis] 근무, 복무 serve[sə:rv] 근무하다, 복무하다 regarding[rigá:rdiŋ] ~에 관해서 manual[mǽnjuəl] 안내서 mainly[méinli] 주로 hiring[háiəriŋ] 고용 process[prá:ses] 절차, 과정 benefits package 복리 후생 제도

1주 3일

Hackers TOEIC Start Reading

Grammar Part 5, 6

[품사] 명사

01 명사 자리
02 가산명사와 불가산명사
03 명사 앞의 수량 표현

Vocabulary Part 5, 6

동사 어구

Reading Part 7

육하원칙 문제

[품사] 명사

기초문법과 놀기

명사란?

엄마, 집, 공기
명사 명사 명사

'엄마', '집', '공기'처럼 사람이나 사물의 이름을 나타내는 말을 **명사**라고 합니다.

명사의 종류는?

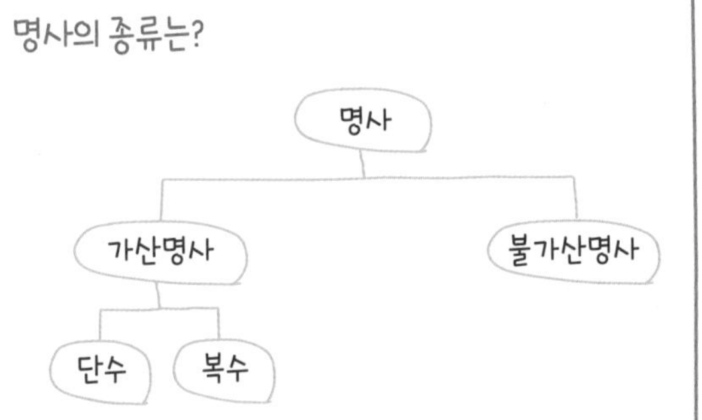

명사는 주로 어떤 형태를 가지고 있나요?

명사는 주로 -ion, -sion, -tion, -ness, -ance, -ence, -ment, -ty와 같은 꼬릿말로 끝납니다.

-tion	production	생산
-ness	willingness	의향
-ence	difference	차이
-ment	agreement	동의
-ty	security	안전

Check Up

다음 중 명사를 모두 찾아 보세요.

A. development 개발, 발달
B. depressed 우울한
C. activity 행동
D. suggest 제안하다
E. importance 중요성
F. useless 무익한

→ 주로 꼬릿말 -ment, -ty, -ance가 붙은 단어는 명사예요. [정답 A, C, E]

가산명사와 불가산명사는 무엇인가요?

가산명사는 desk, teacher처럼 개수를 셀 수 있는 명사이고, 불가산명사는 air, love처럼 개수를 셀 수 없는 명사입니다.

가산명사(= 셀 수 있는 명사)	일반적인 사물이나 사람	desk, cup, teacher, family 등
불가산명사(= 셀 수 없는 명사)	세상에 하나밖에 없는 지명이나 인명 형태가 분명치 않은 것 추상적인 개념	Korea, New York, Tom 등 water, air, coffee, gold 등 beauty, peace, love, hope 등

They / are / designers. 그들은 / 디자이너들이다
가산명사

Alan / comes from / Canada. Alan은 / 출신이다 / 캐나다
불가산명사

Check Up

다음 중 불가산명사는 무엇일까요?

A. director 이사　　B. water 물　　C. computer 컴퓨터

→ water는 셀 수 없는 것으로 불가산명사예요. [정답 B]

가산명사의 단수와 복수는 어떻게 구별하나요?

가산명사의 단수는 명사가 오직 하나임을 나타내는 것으로 그대로 쓰면 되지만, 복수는 명사가 둘 이상 있음을 나타내는 것으로 명사 뒤에 s를 붙입니다.

단수 document 서류　　복수 documents 서류들

그러나 복수 명사의 경우 마지막 철자가 어떻게 끝나느냐에 따라 조금씩 달라지기도 합니다.

-s, -sh, -ch, -x로 끝나는 명사	es를 붙인다.	bus → bus**es**, dish → dish**es**
자음 + y로 끝나는 명사	y를 i로 고치고 es를 붙인다.	city → ci**ties**, factory → facto**ries**
-f, -fe로 끝나는 명사	-f나 -fe를 v로 고치고 es를 붙인다.	half → hal**ves**, wife → wi**ves**
불규칙 변화	형태가 바뀐다.	man → **men**, foot → **feet**

Check Up

다음 명사의 복수형으로 알맞은 것은 무엇일까요?

Most people prefer to live in big (citys, cities). 대부분의 사람들은 큰 도시에서 사는 것을 선호한다.

→ 자음 + y로 끝나는 명사는 y를 i로 고치고 es를 붙여요. [정답 cities]

Grammar
Part 5,6

01 | 명사 자리

내가 가장 좋아하는 간식은 아이스크림이다. 달콤한이 내 기분을 좋게 하기 때문이다.

명사인 **간식**은 주어 자리에 올 수 있지만, 명사가 아닌 **달콤한**이 주어 자리에 오는 것은 어색하지요? 영어에서도 명사가 올 수 있는 자리가 있습니다. 어디에 오는지 한번 살펴 볼까요?

1 명사가 오는 자리

명사는 문장에서 **주어, 목적어, 보어 자리**에 옵니다.

주어 자리　The location / is / ideal / for the office. 그 장소는 / 이상적이다 / 사무실로

목적어 자리　We / had / a discussion / about the news. 우리는 / 가졌다 / 토론을 / 그 뉴스에 관해

보어 자리　Mr. Manning / is / a journalist. Mr. Manning은 / 기자다

명사는 주로 **관사**나 **소유격, 형용사 뒤**에 옵니다.

관사 뒤　Mr. Cooper / is / the host / of today's event. Mr. Cooper는 / 주최자다 / 오늘 행사의
(the: 관사)

소유격 뒤　She / accepted / my advice. 그녀는 / 받아들였다 / 나의 조언을
(my: 소유격)

형용사 뒤　Our firm / underwent / remarkable changes. 우리 회사는 / 겪었다 / 현저한 변화를
(remarkable: 형용사)

2 명사 자리에 올 수 없는 것

명사가 와야 하는 자리에 **동사**나 **형용사**는 올 수 없습니다.

We / got / a positive (~~respond~~, response) / from customers. 우리는 / 얻었다 / 긍정적인 반응을 / 고객들로부터
(respond: 동사(×), response: 명사(○))

→ 형용사 positive 뒤에 있고, 동사 got의 목적어 자리이므로 명사가 와야 합니다. 동사는 명사 자리에 올 수 없습니다.

The (~~informative~~, information) / about this program / is / helpful. 정보는 / 이 프로그램에 대한 / 유용하다
(informative: 형용사(×), information: 명사(○))

→ 관사 The 뒤에 있고, 주어 자리이므로 명사가 와야 합니다. 형용사는 명사 자리에 올 수 없습니다.

연습 문제 다음 괄호 안에 있는 것 중 적절한 것을 고르세요.

01 Our company strengthened (security, secure) by hiring more guards.

02 The (grow, growth) of the information technology market was larger than expected.

03 Oil companies earned a (profit, profitable) during the last quarter.

04 There will be a (technician, technical) to repair the faulty equipment.

05 Thomas has to show his (identify, identification) to enter the laboratory.

06 The movie drew widespread (criticism, criticize).

실전 문제 보기 중 빈칸에 가장 적절한 것을 고르세요.

07 The company needs a ------- of recent comments from its product users.

(A) summarize (B) summary
(C) summarizes (D) summarized

08 He immediately ------- the ideas submitted by the committee.

(A) rejected (B) rejecting
(C) rejection (D) to reject

09 The loan application was given final ------- by the bank.

(A) approved (B) approving
(C) approve (D) approval

10 As soon as an ------- of the budget is completed, the report will be reviewed by the board of directors.

(A) evaluation (B) evaluate
(C) evaluative (D) evaluating

정답 p.394 해석·해설 p.413

VOCABULARY

01 strengthen[stréŋkθən] 강화하다 hire[haiər] 고용하다 02 information technology 정보 기술 expect[ikspékt] 기대하다
03 earn[ə:rn] (이익 등을) 창출하다, 낳다 quarter[kwɔ́:rtər] 분기 04 faulty[fɔ́:lti] 결함이 있는 equipment[ikwípmənt] 장비
05 laboratory[lǽbərətɔ̀:ri] 실험실 06 draw[drɔ:] (반응을) 끌어내다 widespread[wàidspréd] 광범위한, 폭넓은
07 comment[kɑ́:ment] 평가, 의견 08 immediately[imí:diətli] 바로, 즉시 submit[səbmít] 제시하다, 제출하다 committee[kəmíti] 위원회
09 loan application 대출 신청서
10 budget[bʌ́dʒit] 예산 complete[kəmplí:t] 완료되다, 끝마치다 review[rivjú:] 검토하다 board of directors 이사회

02 가산명사와 불가산명사

물속에 소년이 있다. / 물들속에 소년들이 있다.

셀 수 있는 **소년**은 복수형인 **소년들**이라고 쓸 수 있지만, 셀 수 없는 **물**을 복수형인 **물들**이라고 쓰는 것은 어색하지요? 영어에서도 가산명사일 때는 우리말 **~들**에 해당하는 **(e)s**를 붙이지만, 불가산명사일 때는 붙이지 않습니다.

POINT 1 가산명사와 불가산명사

가산명사는 셀 수 있는 명사이므로 단수인지 복수인지를 반드시 표시해줘야 합니다. 즉, **단수**일 때는 **명사 앞에 관사 a/an**을 반드시 쓰고, **복수**일 때는 **명사 뒤에 (e)s**를 꼭 붙여야 합니다.

a/an+가산 Patrick / bought / (~~camera~~, a camera) / recently. Patrick은 / 구입했다 / 카메라 한 대를 / 최근에

가산+(e)s (~~Document~~, Documents) / covered / the desk. 서류들이 / 덮었다 / 책상을

불가산명사는 셀 수 없는 명사이므로 앞에 관사 a/an을 쓰거나, 뒤에 (e)s를 붙이면 안 됩니다.

~~a/an~~+불가산 We / need / to order / (~~a stationery~~, stationery). 우리는 / 필요가 있다 / 주문할 / 문구류를

불가산+~~(e)s~~ Further (~~informations~~, information) / is available / in the brochure.
추가 정보는 / 볼 수 있다 / 안내 책자에서

POINT 2 가산명사와 불가산명사의 구별

셀 수 없는 것처럼 보이는 **가산명사**와 셀 수 있는 것처럼 보이는 **불가산명사**를 잘 구별해야 합니다.

가산명사		불가산명사	
source 근원, 출처	representative 대표, 직원	access 접근, 출입	information 정보
discount 할인	result 결과	advice 충고, 조언	luggage 수하물
month 달, 월	standard 표준, 기준	baggage 수하물	news 뉴스
price 가격	statement 보고서, 명세서	equipment 장비	consent 동의
refund 환불	workplace 직장	furniture 가구	stationery 문구류

Bulk purchases / are eligible / for a discount. 대량 구매는 / 받을 자격이 있다 / 할인을
(a: 관사, discount: 가산명사)

The movers / unloaded / valuable furniture. 이삿짐 운송업자들은 / 내렸다 / 값비싼 가구를
(furniture: 불가산명사)

연습 문제 다음 괄호 안에 있는 것 중 적절한 것을 고르세요.

01 Diana obtained (access, accesses) to the classified files.

02 The supplier offers many different types of (equipments, equipment).

03 Mr. Anderson received some (advice, advices) from his coworkers.

04 Jennifer will stay in Hong Kong for (a month, month) to hire more engineers.

05 He reported his missing (luggages, luggage) to an airline official.

06 The store will provide (discount, discounts) on selected items starting next week.

보기 중 빈칸에 가장 적절한 것을 고르세요.

07 The researchers must check the ------- of the recently published study.

(A) refer (B) referenced
(C) referential (D) references

08 The director has asked us to send monthly ------- to Ms. Shriver in the finance department.

(A) statements (B) statement
(C) states (D) state

09 Customers who signed up for a free trial should make a request for necessary -------.

(A) informed (B) information
(C) inform (D) informations

10 ------- of the labor union met with management to discuss the contract for the next year.

(A) Represent (B) Representing
(C) Representative (D) Representatives

정답 p.394 해석·해설 p.414

VOCABULARY

01 obtain [əbtéin] 얻다, 획득하다 classified [klǽsəfàid] 기밀의 02 supplier [səpláiər] 공급업자
03 receive [risíːv] 받다 coworker [kóuwə̀ːrkər] 동료 04 hire [haiər] 고용하다 engineer [èndʒiníər] 기술자
05 report [ripɔ́ːrt] 알리다 luggage [lʌ́gidʒ] 수하물 06 provide [prəváid] 제공하다, 공급하다 selected [siléktid] 선택된, 선발된
07 researcher [risə́ːrtʃər] 연구원 recently [ríːsntli] 최근에 published [pʌ́bliʃid] 발표된 study [stʌ́di] 연구 reference [réfərəns] 참고 문헌
08 director [diréktər] 이사, 관리자 finance [fáinæns] 재무, 재정 09 free trial 무료 체험 request [rikwést] 요청
10 representative [rèprizéntətiv] 대표자 labor union 노동 조합 management [mǽnidʒmənt] 경영진, 경영 contract [kάːntrækt] 계약

03 명사 앞의 수량 표현

많은 책을 읽으면 많은 지식을 쌓을 수 있다.

우리말에서는 가산명사인 **책**과 불가산명사인 **지식** 앞에 **많은**이라는 수량 표현을 쓸 수 있습니다. 하지만 영어는 명사가 가산이냐 불가산이냐에 따라 수량 표현이 달라집니다. 어떻게 달라지는지 한번 살펴 볼까요?

POINT 1 가산명사와 불가산명사 앞에 오는 수량 표현

가산명사와 함께 쓰는 수량 표현과, 불가산명사와 함께 쓰는 수량 표현을 구분해서 알아두어야 합니다.

가산명사 앞에만 쓰는 수량 표현			불가산명사 앞에만 쓰는 수량 표현
each 각각의 every 모든 another 또 다른 many 많은	a few 몇 개의 few 거의 없는 fewer 더 적은 several 몇몇의	one of the ~ 중 하나 both 둘 다의 a number of 많은 a variety of 다양한	much 많은 a little 적은 little 거의 없는 less 더 적은

* most(대부분의), some(약간의), all(모든), other(다른), a lot of(많은)는 가산명사와 불가산명사 앞에 모두 쓰입니다.

There / were / (~~much~~, many) people / at the festival. 많은 사람들이 있었다 / 축제에
(people: 가산명사)

This copier / causes / (~~fewer~~, less) trouble / than the old one. 이 복사기는 / 일으킨다 / 더 적은 문제를 / 예전 것보다
(trouble: 불가산명사)

POINT 2 단수 명사와 복수 명사 앞에 오는 수량 표현

단수 명사와 함께 쓰는 수량 표현과, 복수 명사와 함께 쓰는 수량 표현을 구분해서 알아두어야 합니다.

단수 명사 앞에만 쓰는 수량 표현	복수 명사 앞에만 쓰는 수량 표현		
each 각각의 every 모든 another 또 다른	many 많은 a few 몇 개의 few 거의 없는	a number of 많은 both 둘 다의 one of the ~ 중 하나	a variety of 다양한 several 몇몇의

Factory workers / checked / each (~~items~~, item). 공장 근로자들은 / 확인했다 / 각각의 품목을
(items: 복수(×) item: 단수(○))

This museum / has / many (~~exhibit~~, exhibits). 이 박물관은 / 보유하고 있다 / 많은 전시품들을
(exhibit: 단수(×) exhibits: 복수(○))

연습 문제 다음 괄호 안에 있는 것 중 적절한 것을 고르세요.

01 The committee interviewed one of the (candidate, candidates) this morning.

02 (Several, Every) calculators were found to be defective.

03 (Another, Some) staff members will attend the seminar tomorrow.

04 The policy change caused (much, many) debate.

실전 문제 보기 중 빈칸에 가장 적절한 것을 고르세요.

05 Recent studies have found that there are a number of ------- why customers prefer placing orders online.

(A) reasons (B) reason
(C) reasoning (D) reasoned

06 ------- franchises comply with strict rules on structure and operations.

(A) Another (B) Much
(C) Most (D) Little

Questions 07-09 refer to the following memo.

From: Julie Gould, Training Manager
To: All Employees

As we discussed, you will be attending a training program conducted by one of our instructors. At the end of the program, I would like you to submit a report describing what you've learned. This will be required of -------(07) participants. Additionally, you will be asked to assess the instructor's -------(08). Detailed feedback is vital to improving the program's effectiveness. -------(09). Both documents should be submitted by the end of the day.

07 (A) another (B) all
(C) every (D) each

08 (A) performance (B) perform
(C) performed (D) performable

09 (A) The trial period ends on Monday.
(B) Certification is required in order to continue.
(C) Employee referrals will be welcomed.
(D) Therefore, please be as thorough as possible.

정답 p.394 해석·해설 p.415

VOCABULARY

01 committee[kəmíti] 위원회 candidate[kǽndidèit] 지원자, 후보자 02 defective[diféktiv] 결함 있는
04 policy[pá:ləsi] 정책, 방침 debate[dibéit] 논쟁 05 prefer[prifə́:r] 선호하다 place an order 주문하다
06 comply with (규칙에) 따르다 strict[strikt] 엄격한 operation[à:pəréiʃən] 운영
07 ~ 09 conduct[ká:ndʌkt] 시행되다 submit[səbmít] 제출하다 assess[əsés] 평가하다 effectiveness[iféktivnis] 효과
document[dá:kjumənt] 서류 trial period 시용 기간 certification[sə̀:rtəfikéiʃən] 증명서, 증명 referral[rifə́:rəl] 추천
thorough[θə́:rou] 꼼꼼한

Vocabulary
Part 5,6

동사 어구

쇼핑을 제대로 즐기는 방법 6가지

1. 잡념이 들게 하고 쇼핑에 방해가 되는 요소들을 모두 **처리한다**.
   dispose of
2. 쇼핑 전 일단 허기를 달랜다. 백화점 식품 매장은 다양한 코너로 이루어져 여러 음식들을 맛볼 수 있다.
3. 고객**에게** 최상의 서비스**를 제공하**는 매장을 찾는다. 둘러보기만 해도 샘플을 주는 가게야말로 진정 우리가 찾던 낙원이다.
   provide A with B
4. 인터넷**을 이용해** 모든 감각**을** 최신 유행 색상, 디자인 등의 정보**로 갖춘다**.
   take advantage of
   equip A with B
5. 절대로 사탕발림에 넘어가지 않는다. 판매원의 꼬임에 넘어가 불필요한 물건을 구입하여 백화점 매출을 올리는 **데 기여하**는(?) 사람들이 쇼핑객들**의** 70퍼센트 이상**을 차지하**고 있다.
   contribute to
   account for
6. 안내 방송에 집중한다. 몇 층 어떤 매장에서 세일을 하고 있는지, 얼마 이상을 사면 선물을 주는지 등을 상세히 알려줄 것이다.

필수 어휘 리스트

- **dispose of** ~을 처리하다, 처분하다
  Please dispose of all litter before leaving.
  떠나기 전에 모든 쓰레기를 **처리하십시오**.
- **provide A with B** A에게 B를 제공하다
  The firm provides clients with the best service.
  그 회사는 고객들**에게** 최상의 서비스**를 제공한다**.
- **take advantage of** ~을 이용하다
  Shoppers should take advantage of the special promotion.
  쇼핑객들은 특별 판촉**을 이용해**야 한다.
- **equip A with B** A를 B로 갖추다
  The department equipped its staff with laptops.
  그 부서는 직원들**에게** 휴대용 컴퓨터**를 갖추어주었다**.
- **contribute to** ~에 기여하다, 공헌하다
  Government contributes to the welfare of its citizens.
  정부는 시민들의 복지**에 기여한다**.
- **account for** (~의 비율을) 차지하다
  Foreigners account for 10 percent of the population.
  외국인들이 인구**의** 10퍼센트**를 차지한다**.
- **carry out** ~을 수행하다
  Ms. Evan must carry out the assignment today.
  Ms. Evan은 오늘 담당 업무**를 수행해**야 한다.
- **specialize in** ~을 전문적으로 하다
  Emilio's specializes in traditional Italian cuisine.
  Emilio's는 이탈리아 전통 요리**를 전문적으로 한다**.
- **register for** ~에 등록하다
  Register for the workshop now to secure a spot.
  자리를 확보하기 위해 지금 워크숍**에 등록하세요**.
- **set up** (약속 등을) 잡다, 설치하다
  Ms. Park set up an appointment with her client this morning.
  Ms. Park은 오늘 아침에 고객과 약속**을 잡았다**.

문제 다음 괄호 안에 있는 것 중 적절한 것을 고르세요.

01 More medical trials must be carried (down, out, into) before the results are conclusive.

02 Office workers should dispose (by, of, on) confidential papers properly.

03 Upgraded facilities have (put, submitted, contributed) to the company's success.

04 The hotel (equips, compares, provides) guests with a complimentary breakfast.

실전 문제 보기 중 빈칸에 가장 적절한 것을 고르세요.

05 Car emissions ------- for 40 percent of the air pollution in the city.

(A) account (B) take
(C) defeat (D) care

06 Having ------- in marketing, Ms. Li is qualified for the job.

(A) accepted (B) recognized
(C) specialized (D) interested

Questions 07-09 refer to the following article.

Beginning next month, Sonic Motors will ------- (07) its newest vehicles with advanced computer modules. Cars with this device will be able to provide navigational aid and perform self-diagnostic checks. Current owners may take ------- (08) of the new technology as well. According to Ms. Brenda O'Delle, the head of public relations at Sonic, the module can be installed in a number of older cars as well. ------- (09).

07 (A) concern (B) work
(C) collaborate (D) equip

08 (A) advantage (B) benefit
(C) improvement (D) usage

09 (A) All models will be available at our locations.
(B) Car owners may check their manuals for instructions.
(C) The list of upgradable models is available at www.sonicars.com.
(D) Sonic Motors has announced that it will honor all warranties.

정답 p.394 해석·해설 p.416

VOCABULARY

01 trial [tráiəl] 실험 conclusive [kənklú:siv] 확실한 02 confidential [kà:nfədénʃəl] 기밀의, 내밀한 properly [prá:pərli] 적절히, 제대로
03 facility [fəsíləti] 시설, 설비 success [səksés] 성공 04 complimentary [kà:mpləméntəri] 무료의
05 emission [imíʃən] 배기 pollution [pəlú:ʃən] 오염 06 be qualified for ~할 자격이 있다
07 advanced [ædvǽnst] 고급의 module [má:dʒu:l] 모듈 device [diváis] 장치 diagnostic [dàiəgná:stik] 진단의 install [instɔ́:l] 설치하다
09 available [əvéiləbl] 입수할 수 있는, 이용 가능한 location [loukéiʃən] 지점 instruction [instrʌ́kʃən] 설명, 지시 warranty [wɔ́:rənti] 품질 보증(서)

Reading
Part 7

육하원칙 문제

파트 7에서 출제되는 육하원칙 문제는 누가, 언제, 어디서, 무엇을, 어떻게, 왜 등 지문의 세부적인 내용을 묻는 문제입니다.

질문 유형 엿보기

육하원칙 문제는 what, where, who, when, why, which, how 의문사를 이용하여 지문의 세부 내용을 묻습니다. 육하원칙을 묻는 문제는 다음과 같은 질문을 사용합니다.

무엇	What is scheduled for May? 5월에 무엇이 예정되어 있는가?
어디서	Where was the survey conducted? 설문 조사는 어디에서 진행되었는가?
누가	Who will be a guest speaker at the event? 행사의 초청 강연자는 누구일 것인가?
언제	When will the seminar begin? 세미나는 언제 시작할 것인가?
왜	Why was Mr. Billings given an award? 왜 Mr. Billings는 상을 받았는가?
어느 (것)	Which building was last inspected? 어느 빌딩이 마지막으로 점검되었는가?
어떻게	How did Mr. Cohan learn about the promotional event? Mr. Cohan은 어떻게 판촉 행사에 대해 알게 되었는가?

비법 공략하기

STEP 1 질문에서 키워드를 파악한다!

질문을 읽고 의문사의 의미를 한정할 수 있는 핵심 단어나 구가 키워드가 됩니다. 예를 들어 What is scheduled for May?라는 질문은 '5월에 예정된 것'을 묻고 있으므로 의문사 What(무엇)의 의미를 한정할 수 있는 May를 키워드로 볼 수 있습니다.

STEP 2 지문에서 키워드와 정답의 단서를 찾는다!

지문에서 질문의 키워드를 그대로 언급했거나 paraphrase한 부분을 찾습니다. 그 부분의 주변에서 정답의 단서를 찾을 수 있습니다.

STEP 3 정답의 단서를 그대로 언급했거나 paraphrase한 보기를 찾는다!

지문에서 찾은 정답의 단서를 그대로 언급했거나 paraphrase한 보기를 정답으로 선택합니다.

비법 적용하기

1번은 다음 회람에 관한 문제입니다.	**Question 1 refers to the following memo.**
수신: 모든 직원들 컴퓨터 바이러스 감염 및 자사 웹사이트 해킹과 관련한 최근 사건들로 인해, 자사는 보안 시스템을 강화하기로 결정했습니다. 모든 직원들은 자사 웹사이트의 메인 페이지에 있는 링크로부터 내려받을 수 있는 바이러스 퇴치용 프로그램을 설치해야 합니다. 또한, 자사는 여러분이 매주 월요일에 새로운 비밀번호를 만들고 이 점이 확실하게 보안 요구 사항을 따르도록 해 주시기를 권합니다. 여러분의 협조는 자사 컴퓨터에 있는 자료들을 보호하는 데 도움이 될 것입니다.	TO: All employees With the recent incidents involving a computer virus infection and the hacking of our Web site, the company has decided to reinforce its security system. All employees will be required to install an antivirus program, which you may download from a link on our Web site's main page. In addition, we urge you to create a new password every Monday and ensure that it is in line with security requirements. Your cooperation will assist us in protecting data on our computers. → STEP 2 키워드와 단서 찾기
1. 비밀번호는 얼마나 자주 바뀌어야 하는가? (A) 일주일에 한 번 (B) 한 달에 한 번	1. How often does the password (키워드) need to be changed? → STEP 1 키워드 파악하기 (A) Once a week → STEP 3 정답의 단서를 paraphrase한 보기 찾기 (B) Once a month

해설 **STEP 1** 질문을 읽고 'How often ~ password'라는 말을 통해 지문의 세부 내용을 묻는 육하원칙 문제임을 알 수 있습니다. 질문에서 의문사에 해당하는 How often(얼마나 자주)의 의미를 한정하는 단어는 'password'이므로 'password'가 키워드입니다.

STEP 2 질문의 키워드 'password'가 7번째 줄에서 그대로 언급되어 있음을 확인할 수 있습니다. password 주변을 살펴보면 'we urge you to create a new password every Monday'라고 했음을 알 수 있습니다. 질문이 비밀번호를 얼마나 자주 변경해야 하는지를 묻고 있으므로 'every Monday'가 정답의 단서가 됩니다.

STEP 3 두 개의 보기 중 정답의 단서인 'every Monday'를 'Once a week'로 paraphrase한 (A) Once a week가 정답입니다.

주어진 문장과 가장 가까운 의미를 만드는 것을 찾아보세요.

01 The machinery at our plant is too old for us to remain competitive.

= We have _________ equipment compared to other companies.

(A) outdated (B) former

02 Yearly pay raises will be determined after the employee evaluations.

= Employee performance will be _________ to decide on salary increases.

(A) interviewed (B) assessed

03 The hotel announced that it will reopen its newly improved restaurant next month.

= The hotel will reopen its _________ facility in the coming month.

(A) innovative (B) renovated

04 According to yesterday's report, the sales department reached its quarterly sales target.

= The sales goal was _________ last quarter.

(A) met (B) connected

VOCABULARY

01 **machinery**[məʃíːnəri] 기계, 장치 **remain**[riméin] 유지하다, 남다 **competitive**[kəmpétətiv] 경쟁력 있는 **equipment**[ikwípmənt] 장비, 설비 **compare**[kəmpέər] 비교하다 **outdated**[àutdéitid] 구식의 **former**[fɔ́ːrmər] 이전의

02 **raise**[reiz] 인상 **determine**[ditə́ːrmin] 결정하다 **evaluation**[ivæ̀ljuéiʃən] 평가 **performance**[pərfɔ́ːrməns] 성과, 성적 **assess**[əsés] 평가하다

03 **announce**[ənáuns] 발표하다 **facility**[fəsíləti] 시설 **innovative**[ínəvèitiv] 혁신적인 **renovate**[rénəvèit] 개조하다, 수리하다

04 **according to** ~에 따르면 **reach**[riːtʃ] 달성하다 **target**[tɑ́ːrgit] 목표 **quarter**[kwɔ́ːrtər] 1분기, 4분의 1 **meet**[miːt] (필요·의무·요구 등에) 충족시키다 **connect**[kənékt] 연결하다

05 Children under 10 must be accompanied by a parent.

(A) Seven-year-old children will not be charged admission.

(B) Seven-year-old children will be admitted only if they are with an adult.

06 Only candidates who have passed the written exam will be contacted.

(A) Not all of the job applicants will be interviewed.

(B) Candidates need to confirm the date and time of the interview.

07 The management has not found a suitable person to take over Mr. Watson's position.

(A) The replacement for Mr. Watson has yet to be appointed.

(B) The appointment of Mr. Watson has yet to be confirmed.

08 Room service delivered my breakfast late five times during my six-day stay.

(A) I did not receive most of my morning meals on time.

(B) I received the wrong order five times during my stay.

VOCABULARY

05 be accompanied by ~을 동반하다 charge [tʃɑ:rdʒ] (요금을) 부과하다 admission [ədmíʃən] 입장료 admit [ədmít] 입장을 허락하다

06 candidate [kǽndidèit] 지원자 written exam 필기 시험 contact [kɑ́:ntækt] 연락을 취하다, 접촉시키다; 접촉
confirm [kənfə́:rm] 확인하다, 승인하다

07 management [mǽnidʒmənt] 경영진, 경영, 관리 suitable [sú:təbl] 적당한, 알맞은 take over 인계 받다, 떠맡다
replacement [ripléismənt] 후임자 appoint [əpɔ́int] 임명하다 appointment [əpɔ́intmənt] 임명, 지명 confirm [kənfə́:rm] 승인하다, 확인하다

08 deliver [dilívər] 배달하다, 전하다 stay [stei] 머무름, 체류; 머무르다 on time 제시간에, 정각에

Question 09 refers to the following announcement.

> Due to the very large number of participants who have registered for the Independent Businesswomen's Conference, the venue has been changed. In order to accommodate our large group of attendees, we have moved the meeting from the Moonlight Hotel to the Sunshine Coast Hotel's banquet room. The fee will remain the same and includes a meal and entertainment following our guest speaker's talk. Please be reminded that the event will still start at 9:30 A.M.

09 What has been modified about the event?

(A) The ticket price
(B) The time
(C) The location

Question 10 refers to the following notice.

> Customers will be given a refund if the products are returned within 14 days of purchase, the price tag is attached, and the original sales receipt is provided. The refund will be made in cash regardless of the method of payment used. Customers may be asked to provide an explanation as to why they were dissatisfied with their purchase. We may also request that customers fill out a short form.

10 What form will refunds come in?

(A) Cash
(B) Vouchers
(C) Store credits

VOCABULARY

09 **participant**[pɑːrtísəpənt] 참가자 **venue**[vénjuː] (행사) 장소 **accommodate**[əkáːmədèit] 수용하다 **attendee**[ətendíː] 참석자 **remain**[riméin] 여전히 ~이다 **guest speaker** 초청 연사 **modify**[máːdəfài] 변경하다

10 **refund**[ríːfʌnd] 환불(금) **purchase**[pə́ːrtʃəs] 구매; 구매하다 **attach**[ətǽtʃ] 붙이다 **regardless of** ~과 상관없이 **method**[méθəd] 수단, 방법 **explanation**[èksplənéiʃən] 설명 **as to** ~에 대해서 **fill out** (양식을) 작성하다, 채우다 **come in** (돈·급료 등이) 들어오다 **voucher**[váutʃər] 상품권

Questions 11-12 refer to the following letter.

May 17

Carol Burton
320 Kemmons Drive
Louisville, KY 40218

Dear Ms. Burton,

We would like to let our valuable customers know that Morrison will be marking its 20th anniversary on June 8. To thank our loyal customers on this special occasion, we will be offering a 20 percent discount on all goods in our catalog. This offer is available for 30 days from our anniversary date. The enclosed summer catalog contains details about a new line of refrigerators and air conditioners.

If you have any questions, please call Customer Service at 555-6825.

Sincerely,
Sharon Kim
Sales Manager

11 What month does the offer end?

(A) May
(B) June
(C) July
(D) August

12 What products will customers see in the catalog?

(A) Clothing
(B) Vehicles
(C) Office furniture
(D) Home appliances

정답 p.394 해석·해설 p.417

VOCABULARY

11 **valuable**[vǽljuəbl] 소중한, 귀중한 **mark**[mɑ́:rk] 축하하다, 기념하다 **anniversary**[æ̀nəvə́:rsəri] 기념일
12 **loyal customer** 우수 고객, 단골 고객 **offer**[ɔ́:fər] 제공하다; 할인, 제공 **available**[əvéiləbl] 이용 가능한 **enclosed**[inklóuzd] 동봉된 **contain**[kəntéin] 포함하다 **appliance**[əpláiəns] 가전제품

1주 4일

Hackers TOEIC Start Reading

Grammar Part 5, 6

[품사] 대명사

01 인칭대명사
02 지시대명사
03 부정대명사
04 대명사와 명사의 일치

Vocabulary Part 5, 6

명사 어구

Reading Part 7

NOT/TRUE 문제

Grammar
Part 5,6

[품사] 대명사

기초문법과 놀기

대명사란?

나는 삼촌을 좋아해. 그는 자상하거든.
대명사(=삼촌)

'삼촌'이라는 명사를 다시 쓰지 않기 위해 '그'라는 표현을 썼습니다. 이처럼 앞에 쓴 명사의 반복을 피하기 위해 해당 명사를 대신해서 쓰는 말을 **대명사**라고 합니다.

대명사의 종류는?

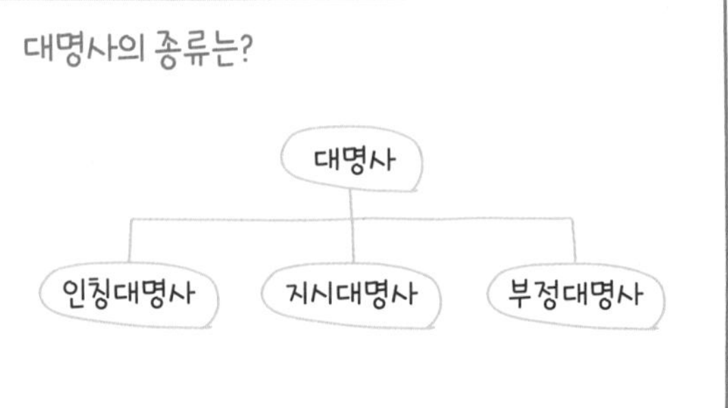

그럼 **인칭대명사**는 무엇인가요?

인칭대명사는 '그', '그녀', '당신'처럼 사람을 가리키는 대명사로 인칭, 성, 수, 격에 따라 형태가 달라집니다. 그리고 인칭대명사에는 '소유격 + 명사'를 대신하는 소유대명사와 -self(-selves)가 붙는 재귀대명사도 있습니다.

인칭/성/수 \ 격			주격 (~은/는, ~이/가)	소유격 (~의)	목적격 (~을/를, ~에게)	소유대명사 (~의 것)	재귀대명사 (~ 자신)
1인칭	단수(나)		I	my	me	mine	myself
	복수(우리)		we	our	us	ours	ourselves
2인칭	단수(당신)		you	your	you	yours	yourself
	복수(당신들)		you	your	you	yours	yourselves
3인칭	단수	남성(그)	he	his	him	his	himself
		여성(그녀)	she	her	her	hers	herself
		사물(그것)	it	its	it	-	itself
	복수(그들, 그것들)		they	their	them	theirs	themselves

* 인칭이란 말하는 사람이 나(1인칭)인지, '나'의 말을 듣는 상대방(2인칭)인지 '나'와 '상대방'을 제외한 제3자(3인칭)인지를 가리키는 것이고, 성은 남성인지 여성인지를, 수는 단수인지 복수인지를 가리키는 말입니다. 그리고 격은 문장 내에서 대명사가 하는 역할을 가리키는 말로 주격(주어 역할), 소유격(명사 수식), 목적격(목적어 역할)으로 나눕니다.

Check Up

다음 중 우리말과 인칭대명사가 바르게 연결된 것은?

A. 우리는 – I　　　　**B.** 당신들은 – you

→ '우리는'은 I가 아닌 we를 써야 해요.　　　[정답 B]

지시대명사는 무엇인가요?

지시대명사는 '이것', '저것'처럼 대상을 가리킬 때 쓰는 대명사입니다. 가까이 있는 사물이나 사람을 가리킬 때는 this/these, 멀리 있는 사물이나 사람을 가리킬 때는 that/those를 씁니다. 이러한 지시대명사는 뒤에 나온 명사를 수식하는 지시형용사로도 사용합니다.

this / these	이것, 이 사람 / 이것들, 이 사람들
that / those	저것, 저 사람 / 저것들, 저 사람들

This / is / my desk. 이것은 / 내 책상이다
지시대명사

Those cars / are / expensive. 저 차들은 / 비싸다
지시형용사 명사

Check Up

다음 우리말과 지시대명사를 바르게 연결하세요.

1. 이것 A. those
2. 저 사람들 B. this

→ '이것'을 의미하는 지시대명사는 this, '저 사람들'을 의미하는 지시대명사는 those예요. [정답 1. B, 2. A]

부정대명사는 무엇인가요?

부정대명사는 '어떤 사람', '어떤 것'처럼 정확한 수나 양을 알 수 없어서 막연하게 말할 때 쓰는 대명사입니다. 즉 부정대명사의 '부정'은 '아니다'라는 뜻이 아니라 '정확히 정할 수 없다'는 뜻입니다. 이러한 부정대명사는 뒤에 나온 명사를 수식하는 부정형용사로도 사용합니다.

all	모든 것, 모든 사람, 모든	each	각각(의)
both	둘 다(의)	some	어떤 것, 어떤 사람들, 어떤

Both / are / nice. 둘 다 / 훌륭하다
부정대명사

He / reviewed / each report. 그는 / 검토했다 / 각각의 보고서를
부정형용사 명사

Check Up

다음 우리말과 부정대명사를 바르게 연결하세요.

1. all A. 모든 것
2. each B. 각각

→ '모든 것'을 의미하는 부정대명사는 all, '각각'을 의미하는 부정대명사는 each예요. [정답 1. A, 2. B]

01 인칭대명사

나는 (너를, 너는) 좋아해.

괄호에는 주격인 **너는**이 아니라 목적격인 **너를**을 쓰는 것이 자연스럽지요? 영어의 인칭대명사는 격에 따라 오는 자리가 달라집니다. 어떻게 달라지는지 한번 살펴 볼까요?

POINT 1 인칭대명사의 격에 따라 오는 자리

인칭대명사의 **주격**은 **주어 자리**, **목적격**은 **목적어 자리**, **소유격**은 **명사 앞**에 옵니다.

주격 She / opened / a new bank account. 그녀는 / 개설했다 / 새 은행 계좌를
주어 자리

목적격 The host / showed / me / the living room. 그 주인은 / 보여주었다 / 나에게 / 거실을
목적어 자리

소유격 Mr. Jones / was satisfied / with his salary. Mr. Jones는 / 만족했다 / 그의 급여에
명사 앞

POINT 2 소유대명사

소유대명사는 ~의 것으로 해석하며 **주어, 목적어, 보어 자리**에 옵니다.

My room / has / one window. Hers / has / two. 내 방에는 / 있다 / 창문 한 개가 그녀의 것에는 / 있다 / 두 개가
주어(=Her room)

The boss / dislikes / her idea. He / likes / mine. 사장은 / 좋아하지 않는다 / 그녀의 아이디어를 그는 / 좋아한다 / 내 것을
목적어(=my idea)

POINT 3 재귀대명사

재귀대명사는 **주어와 목적어가 같은 대상**일 때 **목적어 자리**에 옵니다. **주어나 목적어를 강조**하기 위해 쓰기도 하는데 이때는 **생략 가능**합니다. 때로는 전치사 **by 등과 어울려 특정 표현**으로도 쓰입니다.

주어=목적어 Bob / introduced / himself / to the new employee. Bob은 / 소개했다 / 그 자신을 / 신입사원에게
주어 목적어(=Bob)

강조 We / ourselves / must take precautions / against the flu. 우리는 / 스스로 / 예방 조치를 취해야 한다 / 독감에
주어 주어 강조

특정 표현 I / spent / a whole weekend / by myself. 나는 / 보냈다 / 주말 내내 / 혼자서

연습 문제 다음 괄호 안에 있는 것 중 적절한 것을 고르세요.

01 (They, Their) are planning to go on vacation next Friday.

02 Mr. Ford was late for (him, his) physical examination.

03 We would like to read other book reviews before we write (our, ours).

04 Alice assisted (us, our) with preparations for the next seminar.

05 The employees dealt with the problem by (them, themselves).

06 Nurses must check on (them, their) patients frequently.

보기 중 빈칸에 가장 적절한 것을 고르세요.

07 Companies should examine the environmental effects of ------- activities.

(A) they (B) their
(C) themselves (D) them

08 A consultant visited the office and gave several ------- about our work system.

(A) recommending (B) recommend
(C) recommendation (D) recommendations

09 ------- may order office supplies from this store's catalog.

(A) You (B) Your
(C) Yours (D) Yourself

10 Ms. Thompson told the organizer that she would do all of the cooking for the event by -------.

(A) her (B) hers
(C) she (D) herself

정답 p.394 해석·해설 p.421

VOCABULARY

01 plan to ~할 계획이다 vacation[veikéiʃən] 휴가 02 physical examination 신체 검사 03 review[rivjú:] 서평, 평론
04 assist[əsíst] 돕다 preparation[prèpəréiʃən] 준비 05 employee[implɔ́ii:] 직원 deal with 처리하다, 다루다
06 check on ~을 확인하다 patient[péiʃənt] 환자 frequently[frí:kwəntli] 수시로, 자주
07 examine[igzǽmin] 검토하다, 조사하다 environmental[invàirənméntl] 환경의 effect[ifékt] 영향
08 consultant[kənsʌ́ltənt] 자문 위원 09 order[ɔ́:rdər] 주문하다 office supplies 사무용품 10 organizer[ɔ́:rgənàizər] 주최자

02 지시대명사

오늘 서울 날씨가 부산 날씨보다 좋아.

서울 날씨와 **부산 날씨**를 비교할 때 **날씨**를 두 번 써도 어색하지 않지요? 영어에서는 비교를 할 때 중복되는 명사의 반복을 피합니다. 어떻게 반복을 피하는지 한번 살펴 볼까요?

1 지시대명사 that / those

지시대명사 **that**과 **those**는 비교 대상이 되는 명사의 반복을 피하기 위해 씁니다. 이때, 비교 대상이 되는 명사가 **단수**이면 **that**, **복수**이면 **those**가 와야 합니다.

that　Our printer / is cheaper / than that of our competitor. 우리의 프린터는 / 더 싸다 / 경쟁사의 것보다
(=printer)

those　This week's reviews / are better / than those from last week. 이번 주 서평들이 / 더 낫다 / 지난주 것들보다
(=reviews)

2 지시형용사

지시형용사 **this/these, that/those**는 **이-, 저-**로 해석하며 **명사 앞**에 옵니다. 이때 **this/that**은 **단수 명사 앞**, **these/those**는 **복수 명사 앞**에 옵니다.

this+단수 명사　This laptop computer / is / under warranty. 이 노트북 컴퓨터는 / 보증 기간 중이다
단수 명사

that+단수 명사　That bridge / shows / signs of wear. 저 다리는 / 보인다 / 마모의 흔적을
단수 명사

these+복수 명사　These clothes / are made / of silk. 이 옷들은 / 만들어졌다 / 실크로
복수 명사

those+복수 명사　Those watches / are / best-selling items. 저 시계들은 / 가장 잘 팔리는 제품이다
복수 명사

연습 문제 다음 괄호 안에 있는 것 중 적절한 것을 고르세요.

01 (That, Those) analysts predicted slower economic growth.

02 There are three offices on (this, these) floor.

03 The cost of rent is higher than (that, those) of electricity.

04 (Those, That) editor got an award last year.

05 These results are inconsistent with (that, those) of previous studies.

06 (These, This) revisions are important for the completion of the proposal.

실전 문제 보기 중 빈칸에 가장 적절한 것을 고르세요.

07 HT's sports bags differ from ------- of Star Track in price and quality.

(A) those (B) these
(C) this (D) them

08 Our company implemented a program for structural reforms, but ------- plan was unsuccessful.

(A) those (B) they
(C) these (D) this

09 Our line of designer clothing is more expensive than ------- of other brands.

(A) this (B) these
(C) that (D) their

10 The salesman sold ------- an additional water purifier for $200.

(A) she (B) her
(C) hers (D) herself

정답 p.394 해석·해설 p.422

VOCABULARY

01 analyst[ǽnəlist] 분석가 economic growth 경제 성장 02 floor[flɔːr] 층, 바닥 03 rent[rent] 임대 electricity[ilektrísəti] 전기
04 editor[édətər] 편집장 award[əwɔ́ːrd] 상 05 inconsistent[ìnkənsístənt] 일치하지 않는 previous[príːviəs] 이전의
06 revision[rivíʒən] 수정, 교정 completion[kəmplíːʃən] 완성, 완료 07 differ from ~와 다르다 quality[kwáːləti] 품질
08 implement[ímpləmənt] 실행하다, 이행하다 structural[strʌ́ktʃərəl] 구조의, 조직의 reform[riːfɔ́ːrm] 개혁, 개정
09 expensive[ikspénsiv] 비싼 10 additional[ədíʃənl] 추가의 water purifier 정수기

03 | 부정대명사

내 친구들 중 몇몇은 아침 일찍 일어나는 것을 좋아한다.

몇몇은 정확한 수를 나타내지 않고 막연한 수를 나타내는 표현입니다. 영어에서는 막연한 수를 나타낼 때 어떻게 표현하는지 한번 살펴 볼까요?

POINT 1 some / any

some과 **any**는 모두 **몇몇, 약간**이라는 의미로 쓰이지만, **some**은 주로 **긍정문**에 **any**는 **부정문, 의문문, 조건문**에 쓰입니다.

긍정문 The printer / has / some problems. 그 프린터는 / 있다 / 약간의 문제가

부정문 I / have not read / any of these books. 나는 / 읽지 않았다 / 이 책들 중 몇몇도

POINT 2 one / another / other

사람이나 사물이 둘이 있을 경우 그 중 **하나는 one**으로, **나머지 하나는 the other**로 나타냅니다.

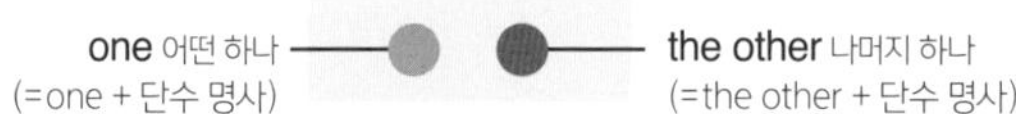

Jim / bought / two shirts. One / is / black / and the other / is / white.
하나(=one shirt) 나머지 하나(=the other shirt)

Jim은 / 샀다 / 셔츠 두 장을 하나는 / 검정색이다 / 그리고 나머지 하나는 / 흰색이다

사람이나 사물이 셋 이상 있을 경우 그 중 **하나는 one**, **또 다른 하나는 another**, 그 중 **다른 몇 개는 others**, **나머지 전부는 the others**로 나타냅니다.

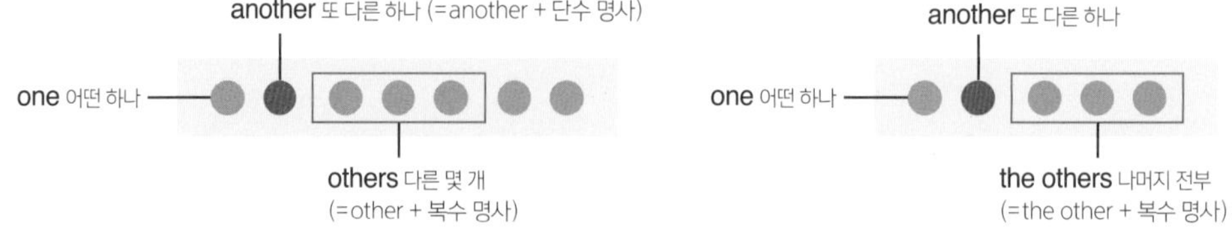

The company / has / many branches. One / is / in / Florida, / another / is / in New York, / and / others / are / in California.
하나(=one branch) 또 다른 하나(=another branch) 다른 몇몇(=other branches)

그 회사는 / 가지고 있다 / 많은 지점들을 하나는 / 플로리다에 있고 / 또 다른 하나는 / 뉴욕에 있다 / 그리고 / 다른 몇 군데는 / 캘리포니아에 있다

Ms. Lee / met / five clients. One / is / Korean, / another / is / French, / and / the others / are / British.
하나(=one client) 또 다른 하나(=another client) 나머지 전부(=the other clients)

Ms. Lee는 / 만났다 / 다섯 명의 고객들을 한 명은 / 한국 사람이고 / 또 다른 한 명은 / 프랑스 사람이다 / 그리고 / 나머지 전부는 / 영국 사람이다

다음 괄호 안에 있는 것 중 적절한 것을 고르세요.

01 (The other, The others) proposals got more support from the board.

02 Your personal information will not be used for (other, another) purposes.

03 (Any, Some) English legal terms are difficult to translate into Korean.

04 One worker prefers morning meetings, while (other, another) favors afternoon sessions.

05 One report was excellent, but (the others, another) were unsatisfactory.

06 (The others, The other) presentation on marketing strategies will be given tomorrow.

보기 중 빈칸에 가장 적절한 것을 고르세요.

07 The interviewer learned that Mr. Sherman had ------- experience in advertising and public relations.

(A) either (B) some
(C) any (D) others

08 To prevent the loss of data, all files are copied from one server to ------- every 10 minutes.

(A) one (B) other
(C) another (D) one another

09 The legal department supports outsourcing, but ------- departments oppose the idea.

(A) one (B) another
(C) others (D) the other

10 The CEO of the bankrupt Build Corporation did not have ------- management skills.

(A) another (B) some
(C) any (D) few

정답 p.394 해석·해설 p.423

VOCABULARY

01 proposal [prəpóuzəl] 제안서 support [səpɔ́:rt] 지원 board [bɔ:rd] 이사회
02 personal information 개인 정보 purpose [pə́:rpəs] 목적 03 legal terms 법률 용어 translate [trænsléit] 번역하다
04 prefer [prifə́:r] 선호하다 favor [féivər] 선호하다 session [séʃən] 회의 05 unsatisfactory [ʌ̀nsætisfǽktəri] 불만족스러운
06 strategy [strǽtədʒi] 전략 07 public relations 홍보 08 prevent [privént] 예방하다, 막다 loss [lɔ:s] 손실
09 department [dipɑ́:rtmənt] 부서 outsourcing [àutsɔ̀:rsiŋ] 외주 제작 oppose [əpóuz] ~에 반대하다
10 bankrupt [bǽŋkrʌpt] 파산한 management [mǽnidʒmənt] 경영

Grammar
Part 5,6

04 대명사와 명사의 일치

남동생과 (그들의, 그녀의, 그의) 친구들은 모두 영화관에 갔다.

남동생은 남성이고 단수이기 때문에 괄호에 **그들의**나 **그녀의**가 아닌 **그의**를 쓰는 것이 자연스럽지요? 영어에서 대명사를 쓸 때에는 앞에 나온 명사와 수와 성을 일치시켜야 합니다. 어떻게 일치시키는지 한번 살펴 볼까요?

POINT 1 대명사와 명사의 수일치

명사가 **단수**이면 대명사도 **단수**여야 하고, 명사가 **복수**이면 대명사도 **복수**여야 합니다.

단수 대명사	복수 대명사
he/his/him, she/her/her, it/its/it himself, herself, itself this, that	they/their/them themselves these, those

Our product (단수) / is superior / to (~~those~~ 복수(×), that 단수(O)) of our rivals. 우리 제품은 / 우수하다 / 경쟁사 것보다

The soccer players (복수) / celebrated / (~~its~~ 단수(×), their 복수(O)) victory. 그 축구선수들은 / 축하했다 / 그들의 우승을

The engineers (복수) / fixed / the machine / by (~~himself~~ 단수(×), themselves 복수(O)). 그 기술자들은 / 고쳤다 / 기계를 / 그들 스스로

POINT 2 대명사와 명사의 성일치

명사가 **남성**이면 대명사도 **남성인 he, his, him, himself**여야 하고, **여성**이면 대명사도 **여성인 she, her, herself**여야 합니다. 또한 대명사가 받는 명사가 **중성**이면 대명사도 **중성인 it, its, itself**여야 합니다.

Mr. Hart (남성) and (~~her~~ 여성(×), his 남성(O)) wife / were invited / to the reception. Mr. Hart와 그의 부인은 / 초대되었다 / 환영회에

Susan (여성) / received / an award / from (~~his~~ 남성(×), her 여성(O)) boss. Susan은 / 받았다 / 상을 / 그녀의 상사로부터

The corporation (중성) / proved / (~~himself~~ 남성(×), itself 중성(O)) / to be the best. 그 회사는 / 증명했다 / 자사가 / 최고임을

다음 괄호 안에 있는 것 중 적절한 것을 고르세요.

01 Ms. Peck announced the new office procedures to (its, her) team.

02 Many subscribers renew (their, her) magazine subscriptions.

03 The writer received the comments and will reply to (it, them).

04 Mr. Vega and Mr. Rios will speak to the client (himself, themselves).

보기 중 빈칸에 가장 적절한 것을 고르세요.

05 Mr. White worked so much that ------- asked management for a salary increase.

(A) it (B) he
(C) she (D) they

06 Company representatives spend the whole day answering ------- phones and e-mails.

(A) its (B) her
(C) our (D) their

Questions 07-09 refer to the following memo.

The selection committee recently interviewed a number of applicants for the senior accountant position. Of those interviewed, we believe that Joseph Scott is best suited for the job. His accomplishments at his former company stand out from ------- (07) of the other candidates. You might want to have a chat with ------- (08) before the final decision is made, so I'm arranging a meeting with him next week. ------- (09). I will make all the necessary phone calls.

07 (A) those (B) this
(C) that (D) these

08 (A) your (B) him
(C) her (D) ourselves

09 (A) We scheduled the best candidates for interviews.
(B) Let me know of a convenient time for you.
(C) Thank you for your comments about the applicant.
(D) Those without references will not be considered.

정답 p.394 해석·해설 p.424

VOCABULARY

01 announce[ənáuns] 발표하다 procedure[prəsí:dʒər] 절차 02 subscriber[səbskráibər] 구독자 renew[rinjú:] 갱신하다
03 receive[risí:v] 받다 reply[riplái] 응답하다 05 salary increase 임금 인상 06 representative[rèprizéntətiv] 직원, 대리인
07 selection committee 선발 위원회 applicant[ǽplikənt] 지원자 accountant[əkáuntənt] 회계사
~09 accomplishment[əká:mpliʃmənt] 업적, 성과 former[fɔ́:rmər] 이전의 stand out 두드러지다, 눈에 띄다 candidate[kǽndidèit] 지원자 have a chat with 대화를 나누다 arrange[əréindʒ] 마련하다 convenient[kənví:njənt] 편한 comment[ká:ment] 의견 reference[réfərəns] 증빙 서류, 추천서 consider[kənsídər] 고려하다

명사 어구

인재 육성 프로그램

우리 회사는 직원들의 교육에 대한 관심(interest in)을 가지고 있습니다. 이런 관심의 일환으로 매년 각 부서에서 걸출한 인재들을 선발, 육성하는 프로그램을 시행하여 직원 생산성(staff productivity)을 높이기 위해 주력하고 있습니다.

귀하는 입사한 지 이제 한 달 밖에 되지 않았음에도, 출근 기록(attendance records)이 매우 뛰어나고 평소 회사 규칙을 잘 준수(compliance with)하고 있어 임원진들의 귀하에 대한 신임(confidence in)이 두터워져 인재 육성 프로그램에 선발되었습니다.

이 프로그램은 일주일에 걸쳐 진행될 예정입니다. 개인당 수하물 허용치(baggage allowance)는 30kg이고, 숙식이 모두 제공될 것이니 최대한 가벼운 차림으로 임하실 것을 권장합니다.

5일이라는 시간 제약 때문에 많은 것을 배울 수는 없겠지만, 충분히 유익한 시간이 될 것이라 믿어 의심치 않습니다. 프로그램 관련 질문이 있으면 내선번호 110번으로 연락 주시기 바랍니다.

필수 어휘 리스트

- **interest in** ~에 대한 관심
  Ms. McClain has a keen interest in accounting.
  Ms. McClain은 회계**에 대한** 열정적인 **관심**이 있다.
- **staff productivity** 직원 생산성
  An incentive program will improve staff productivity.
  장려금 프로그램은 **직원 생산성**을 향상시킬 것이다.
- **attendance records** 출근 기록
  The personnel department keeps employees' attendance records.
  인사부는 직원들의 **출근 기록**을 보관한다.
- **compliance with** ~에 대한 준수
  Compliance with tax law is mandatory for all firms.
  세법**에 대한 준수**는 모든 회사들의 의무이다.
- **confidence in** ~에 대한 신임
  Managers should have confidence in their workers.
  부장들은 직원들**에 대한 신임**이 있어야 한다.
- **baggage allowance** 수하물 허용치
  The domestic baggage allowance is 16 kilograms.
  국내선 **수하물 허용치**는 16킬로그램이다.
- **customer survey** 고객 여론 조사
  Customer surveys provide valuable feedback.
  고객 여론 조사는 유익한 피드백을 제공한다.
- **admission fee** 입장료, 입회(입학)금
  Splash Water Park is raising admission fees.
  Splash Water Park는 **입장료**를 인상할 것이다.
- **contingency plan** 비상 대책
  A contingency plan can prevent disaster when things go wrong.
  비상 대책은 문제가 발생했을 때 재앙을 방지할 수 있다.
- **sales figure** 판매 수치
  Sales figures were lower than predicted.
  판매 수치는 예상보다 더 낮았다.

다음 괄호 안에 있는 것 중 적절한 것을 고르세요.

01 Modernizing the department's equipment will enhance staff (interest, productivity, compliance).

02 Baggage (claim, security, allowance) is limited to two pieces per passenger.

03 The manual helps to ensure each staff member's (compliance, dependence, confidence) with vacation rules.

04 Mr. Lee was asked to fill in a customer (strategy, survey, figure) after his purchase.

보기 중 빈칸에 가장 적절한 것을 고르세요.

05 Museum admission ------- are discounted for groups.

(A) records (B) fees
(C) reports (D) forms

06 Employees' ------- records are included in their performance evaluation.

(A) attendance (B) maximum
(C) interest (D) retirement

Questions 07-09 refer to the following letter.

Dear Ms. Townsend,

I am writing to tell you how pleased we are with the performance of William, your former student. Thanks to his ------- (07) in statistics, he learned our work system very quickly and his keen sense of observation helped us to predict trade trends. In fact, we have had such ------- (08) in William's abilities that we are giving him a full-time position next month. -------. (09) Thank you again for recommending him to the company.

07 (A) interest (B) request
(C) question (D) reason

08 (A) capacity (B) concern
(C) confidence (D) notification

09 (A) Our head office is conveniently located nearby.
(B) He will be in the market analysis team.
(C) Make sure someone is available to meet him.
(D) We'd appreciate a different recommendation.

정답 p.394 해석·해설 p.425

VOCABULARY

01 equipment[ikwípmənt] 장비 enhance[inhǽns] 높이다 02 baggage[bǽgidʒ] 수하물 limit[límit] 제한하다
04 fill in 작성하다 purchase[pə́:rtʃəs] 구매 06 include[inklú:d] 포함하다
07 former[fɔ́:rmər] 옛 statistics[stətístiks] 통계 trade trend 무역 동향 ability[əbíləti] 능력 full-time position 정규직
09 head office 본사 analysis[ənǽləsis] 분석 appreciate[əprí:ʃièit] 감사하다 recommendation[rèkəmendéiʃən] 추천

NOT / TRUE 문제

파트 7에서 출제되는 NOT/TRUE 문제는 지문의 내용과 일치하거나 일치하지 않는 보기를 선택하는 문제입니다.

질문 유형 엿보기

NOT/TRUE 문제는 NOT이나 mentioned, stated, indicated, true 등을 사용하여 묻습니다. NOT/TRUE를 묻는 문제는 다음과 같은 질문을 사용합니다.

NOT What is NOT mentioned as a condition of the contract? 계약 조건으로 언급되지 않은 것은?
What is NOT included in the tour package? 여행 상품에 포함되지 않은 것은?

TRUE What is stated about the *Carson Medical Journal*? *Carson Medical*지에 대해 언급된 것은?
What is indicated about Ms. Howard? Ms. Howard에 대해 언급된 것은?
What is true about Hartford Hotel? Hartford 호텔에 대해 사실인 것은?

비법 공략하기

STEP 1 질문에서 키워드를 파악한다!

질문을 읽고 NOT 문제인 경우, NOT mentioned as 다음의 핵심 단어나 구가, TRUE 문제인 경우 stated about 다음의 핵심 단어나 구가 키워드가 됩니다. 예를 들어 What is NOT mentioned as a condition of the contract?라는 질문은 '언급되지 않은 계약 조건'을 묻고 있으므로 NOT mentioned as 다음의 condition of the contract를 키워드로 볼 수 있습니다.

STEP 2 지문의 내용과 보기를 하나씩 대조한다!

지문에서 질문의 키워드를 그대로 언급하거나 paraphrase한 부분 또는 키워드와 관련된 부분을 찾은 다음, 그 주변의 내용을 보기와 하나씩 대조합니다. NOT 문제인 경우에는 지문의 내용과 일치하는 것을, TRUE 문제인 경우에는 일치하지 않는 것을 지워 나갑니다.

STEP 3 지문의 내용과 일치하거나 일치하지 않는 보기를 답으로 한다!

지문의 내용과 보기를 대조한 후, NOT 문제인 경우에는 일치하지 않는 보기를, TRUE 문제인 경우 일치하는 보기를 정답으로 선택합니다.

비법 적용하기

1번은 다음 광고에 관한 문제입니다.	**Question 1 refers to the following advertisement.**
FiveStar 호텔은 투숙객들에게 훌륭한 고객 서비스와 함께 편안하고 넓은 객실을 제공합니다. 손님들은 모든 방에서 아름다운 경치를 경험할 수 있습니다. 또한, 투숙객들은 저희의 놀라운 체육관과 스파 시설을 이용할 수 있습니다. 그 후에는, 저희 레스토랑에서 제공되는 고급 식사 경험을 누리실 수 있는데, 이곳에서 세계 진미를 맛볼 수 있습니다. FiveStar 호텔은 또한 회의부터 개인 파티와 결혼식까지 각종 행사에 맞는 공간을 제공합니다. 뿐만 아니라, 매시간 무료 공항 정기 왕복 버스 서비스를 제공합니다.	FiveStar Hotel offers its guests comfortable and spacious rooms along with excellent customer service. Visitors can experience breathtaking scenery from all rooms. In addition, guests can take advantage of our amazing gym and spa facilities. Afterwards, they can enjoy fine-dining experiences offered at our restaurant, where diners can sample delicacies from around the world. FiveStar Hotel also provides venues that are suitable for any type of event, from conventions to private parties and weddings. What's more, we offer free hourly airport shuttle services.
1. FiveStar 호텔에 대해 언급되지 않은 것은? (A) 레스토랑을 가지고 있다. (B) 투어를 계획한다.	1. What is NOT indicated about FiveStar Hotel? (키워드) (A) It has its own restaurant. (B) It arranges tours.

STEP 2 키워드와 관련된 부분과 보기 대조하기

STEP 1 키워드 파악하기

STEP 3 지문 내용과 일치하지 않는 보기 찾기

해설 **STEP 1** 질문을 읽고 NOT indicated라는 말을 통해 NOT 문제임을 알 수 있습니다. 이 문제에서는 indicated about 다음의 단어 'FiveStar Hotel'이 키워드입니다.

STEP 2 지문 전체가 'FiveStar Hotel'에 관한 내용이므로 각 보기와 관련된 내용을 지문에서 찾아 대조합니다. (A)는 'Afterwards, they can enjoy fine-dining experiences offered at our restaurant'에서 확인할 수 있으므로 정답에서 제외합니다.

STEP 3 지문에서 투어에 대한 내용은 언급되지 않으므로, (B) It arranges tours가 정답입니다.

주어진 문장과 가장 가까운 의미를 만드는 것을 찾아보세요.

01 The contract must be signed by both the tenant and the landlord.

= The building owner and the renter both need to sign the rental ________.

(A) agreement (B) allowance

02 Candidates for the summer internship must submit their applications by June 30.

= The application ________ for the summer internship is June 30.

(A) deadline (B) acceptance

03 Sale prices are valid from this Friday through next Thursday.

= The special discount offer is ________ for one week.

(A) alternative (B) effective

04 A complimentary breakfast buffet is available to all guests until 10 A.M. at the Bluesky Inn.

= The hotel provides ________ breakfast until 10 A.M.

(A) fresh (B) free

VOCABULARY

01 **contract**[kɑ́:ntrækt] 계약서, 동의서 **tenant**[ténənt] 세입자, 차용자 **landlord**[lǽndlɔ̀:rd] 집주인 **renter**[réntər] 임차인, 소작인 **rental**[réntl] 임대의 **agreement**[əgrí:mənt] 계약서, 협정서 **allowance**[əláuəns] 허가, 승인

02 **candidate**[kǽndidèit] 지원자 **submit**[səbmít] 제출하다 **application**[æ̀pləkéiʃən] 원서, 지원 **deadline**[dédlàin] 마감일 **acceptance**[ækséptəns] 수납, 수락

03 **valid**[vǽlid] 유효한 **alternative**[ɔ:ltə́:rnətiv] 양자택일의, 대신의 **effective**[iféktiv] 유효한

04 **complimentary**[kɑ̀:mpləméntəri] 무료의, 칭찬하는 **available**[əvéiləbl] 이용 가능한 **provide**[prəváid] 제공하다

05 Workers must wear clothes that are suitable for the laboratory.

(A) Appropriate attire must be worn in the laboratory.

(B) People are asked to wear comfortable clothes in the laboratory.

06 Successful applicants should speak a minimum of three languages.

(A) Candidates who speak three languages will succeed in the company.

(B) Candidates with fluency in a variety of languages will be hired.

07 Emporio's furniture is handcrafted and can be tailored to suit any office.

(A) Emporio specializes in customized furnishings.

(B) Emporio's specialty is designing and decorating offices.

08 Jan Pal's latest film is better than his previous works, from a technical perspective.

(A) Jan Pal's newest movie is more technically accomplished.

(B) Jan Pal's most recent release uses more complex technology.

VOCABULARY

05 **suitable**[sú:təbl] 적절한, 알맞은 **laboratory**[lǽbərətɔ̀:ri] 실험실 **appropriate**[əpróupriὲit] 적절한, 알맞은 **attire**[ətáiər] 복장, 의복

06 **successful**[səksésfəl] 합격한, 성공한 **succeed**[səksí:d] 성공하다 **fluency**[flú:ənsi] 유창(함) **a variety of** 다양한

07 **handcrafted**[hǽndkræ̀ftid] 수제의 **tailor**[téilər] (용도, 목적에) 맞추다 **suit**[su:t] 어울리다, ~에 적합하게 하다 **specialize**[spéʃəlàiz] 전문적으로 하다 **customize**[kʌ́stəmàiz] 주문에 응하여 만들다

08 **latest**[léitist] 최신의 **previous**[prí:viəs] 이전의 **perspective**[pərspéktiv] 관점, 견해 **accomplished**[əkɑ́:mpliʃt] 뛰어난, 성취된 **release**[rilí:s] 개봉 (영화) **complex**[kɔ́mpleks] 복잡한

Question 09 refers to the following information.

In order to request a Royal Bank credit card, please fax the completed application form along with the following information: proof of identification, such as a copy of your driver's license, birth certificate, or social security card and a recent bank statement. Confirmation of your application will be made by e-mail within two business days after all the required documents have been received.

09 What is NOT required to apply for a credit card?

(A) A piece of identification
(B) A current financial statement
(C) Proof of employment

Question 10 refers to the following notice.

The Weldon University Library is open to all staff and students and is accessible with an active university identification card. Members of the local community may also use the university library. For an annual fee of $49, residents will be issued a library card that will allow them to borrow library materials when presented. A charge of $1 per day will be imposed on users who return materials late.

10 What is indicated about the library's policy?

(A) It charges local residents a fee every year.
(B) It requires users to renew their cards each semester.
(C) It imposes a limit on the number of items borrowed.

VOCABULARY

09 request [rikwést] 신청하다; 요구, 요청 complete [kəmplíːt] 완성하다, 작성하다 application form 신청서 along with ~과 함께 proof [pruːf] 증명, 증거 identification [aidèntəfikéiʃən] 신원 증명, 신분증 license [láisəns] 면허증 certificate [sərtífikət] 증명서 bank statement 은행 예금 내역서 confirmation [kɑ̀ːnfərméiʃən] 확인 required [rikwáiərd] 필수의 financial [fainǽnʃəl] 재정의

10 accessible [æksésəbl] 이용 가능한 active [ǽktiv] 유효한 annual [ǽnjuəl] 연례의, 1년의 fee [fiː] 비용 resident [rézədənt] 거주자 issue [íʃuː] 지급하다, 발행하다 allow [əláu] 허락하다 material [mətíəriəl] 자료 impose [impóuz] (벌금 등을) 부과하다, 지우다

Questions 11-12 refer to the following job advertisement.

http://www.finneganssuper.com/careers/managerial

HOME
ABOUT
LOCATIONS
PROMOTIONS
CAREERS
CONTACT

ASSISTANT STORE MANAGER: Brentwood

Finnegans Supermarkets is in urgent need of an assistant store manager for its Brentwood location. To be considered, applicants will need to have experience managing and leading a team. This is not an office-based management role and will require that candidates interact with both team members and customers on a daily basis. Responsibilities include supporting the store manager, achieving sales targets, training and managing staff, and handling customer service issues. We offer a competitive salary and a full benefits package including medical, vision, and dental coverage. College graduates are preferred. To apply, please send a résumé and references to jobs@finneganssuper.com.

11 What is NOT stated as a responsibility of the assistant store manager?

(A) Meeting set goals for earnings
(B) Opening and closing the store
(C) Dealing with customer complaints
(D) Providing training to employees

12 How should interested applicants proceed?

(A) By contacting a store manager
(B) By forwarding documents by e-mail
(C) By filling out an application form
(D) By sending college transcripts

정답 p.394 해석·해설 p.426

VOCABULARY

11 assistant[əsístənt] 보조의 in urgent need of 급히 필요한 applicant[ǽplikənt] 지원자 management[mǽnidʒmənt] 관리
~
12 candidate[kǽndidèit] 지원자 responsibility[rispɑ̀:nsəbíləti] 책무 competitive[kəmpétətiv] 경쟁력 있는, 뒤지지 않는
benefits package 복리 후생 제도 reference[réfərəns] 증빙 서류

1주 5일

Hackers TOEIC Start Reading

Grammar Part 5, 6

[품사] 형용사/부사

01 형용사 자리
02 부사 자리
03 혼동하기 쉬운 형용사/부사

Vocabulary Part 5, 6

짝을 이루는 표현

Reading Part 7

추론 문제

[품사] 형용사/부사

기초문법과 놀기

형용사란?	부사란?
멋진 자동차 (멋진: 형용사 → 자동차) 자동차가 멋지다. (멋지다: 형용사)	치타가 빨리 달린다. (빨리: 부사 → 달린다)
단순히 '자동차'라고 말하는 것보다 '멋진 자동차' 또는 '자동차가 멋지다'라고 말하면 사물의 모습을 구체적으로 표현할 수 있습니다. 이와 같이 명사의 모양이나 상태, 성질 등을 설명해 주는 것을 **형용사**라고 합니다.	'달린다'보다는 '빨리 달린다'가 더 분명하고 자세한 상황을 보여주고 있습니다. 이와 같이 형용사, 동사, 다른 부사 또는 문장 전체를 수식하여 의미를 강조하거나 풍부하게 하는 것을 **부사**라고 합니다.

'멋진'과 '멋지다' 모두 **형용사**인가요?

네, 모두 형용사입니다. 형용사는 크게 두 가지로 나눌 수 있습니다. '멋진 자동차'에서처럼 명사 앞에서 꾸며주기도 하고, '자동차가 멋지다'에서처럼 be동사 뒤에서 주어의 성질이나 상태를 설명해 주기도 합니다.

a nice car 멋진 자동차
(nice: 형용사 → car)

The car / is / nice. 그 자동차는 / 멋지다
(nice: 형용사)

Check Up

다음 빈칸에 공통으로 들어갈 수 있는 것은 무엇일까요?

It is a ______ investment. 그것은 수익성 있는 투자다. The factory is ______. 그 공장은 수익성 있다.

A. profit 수익 **B.** profitable 수익성 있는

→ 명사 앞에서 꾸며주기도 하고, 동사 뒤에서 주어의 상태를 설명해 주는 것은 모두 형용사예요. [정답 B]

형용사는 주로 어떤 형태를 가지고 있나요?

형용사는 주로 -able, -tive, -sive, -ous, -tic, -y와 같은 꼬릿말로 끝납니다.

-able	changeable	변하기 쉬운
-tive	protective	보호하는
-ous	advantageous	유리한
-tic	realistic	현실적인
-y	wealthy	부유한

Check Up

다음 중 형용사는 무엇일까요?

A. dangerous 위험한　　B. danger 위험

→ 주로 꼬릿말 -ous가 붙은 단어는 형용사예요. [정답 A]

그럼 **부사**는 어떤 형태를 가지고 있나요?

형용사에 꼬릿말 -ly가 붙어 있으면 부사입니다.

형용사	부사
perfect 완전한	perfectly 완전하게
easy 쉬운	easily 쉽게
quick 빠른	quickly 빠르게

Check Up

다음 중 부사는 무엇일까요?

A. accurate 정확한　　B. accurately 정확하게

→ 주로 꼬릿말 -ly가 붙은 단어는 부사예요. [정답 B]

Grammar
Part 5,6

01 | 형용사 자리

여름에는 시원한 콜라가 인기 있다.

형용사 **시원한**이 명사 앞에 왔습니다. 영어에서도 형용사가 올 수 있는 자리가 있습니다. 어디에 오는지 한번 살펴 볼까요?

1 형용사가 오는 자리

형용사는 주로 **명사 앞**이나 **보어 자리**에 옵니다.

명사 앞 We / received / helpful advice / from him. 우리는 / 받았다 / 도움이 되는 조언을 / 그로부터
↑ 명사

보어 자리 The receptionist / is / very kind. 그 접수원은 / 매우 친절하다
보어

2 형용사 자리에 올 수 없는 것

형용사가 와야 하는 자리에 **부사, 동사**는 올 수 없습니다.

Stacy / is / (~~popularly~~, popular) / in our division. Stacy는 / 인기 있다 / 우리 부서에서
부사(×) 형용사(O)

Mr. Robinson / gave / an (~~inform~~, informative) lecture. Mr. Robinson은 / 했다 / 유익한 강연을
동사(×) 형용사(O) ↑ 명사

연습 문제 다음 괄호 안에 있는 것 중 적절한 것을 고르세요.

01 Consumers provide (construct, constructive) feedback on our new product lines.

02 (Success, Successful) candidates require excellent communication skills.

03 The service at the automobile repair center is (quick, quickly).

04 The applicants were presented with (specific, specify) information on what to submit.

05 The Pinesville Resort is an (ideal, ideally) location to spend a holiday.

06 Susan is not (surely, sure) if she will accept the position.

실전 문제 보기 중 빈칸에 가장 적절한 것을 고르세요.

07 The advertising campaign produced a ------- increase in sales.

(A) notice (B) notices
(C) noticeably (D) noticeable

08 Tour participants should bring ------- cash with them for snacks and souvenirs.

(A) adequacy (B) adequately
(C) adequateness (D) adequate

09 My staff and I would like to express ------- gratitude for all your hard work.

(A) my (B) your
(C) our (D) their

10 The author was highly ------- to a lot of writers starting out their careers.

(A) influential (B) influentially
(C) influence (D) influences

정답 p.394 해석·해설 p.430

VOCABULARY

01 consumer [kənsúːmər] 소비자 feedback [fíːdbæ̀k] 의견
02 require [rikwáiər] 필요로 하다 communication [kəmjùːnəkéiʃən] 의사소통
03 repair center 정비소 04 present [prizént] 주다, 제출하다 submit [səbmít] 제출하다 05 location [loukéiʃən] 장소, 위치, 소재
06 accept [æksépt] 수락하다, 받아들이다 position [pəzíʃən] 직책, 지위
07 advertising [ǽdvərtàiziŋ] 광고; 광고의 produce [prədjúːs] (어떤 결과를) 낳다
08 participant [pɑːrtísəpənt] 참가자 souvenir [sùːvəníər] 기념품 09 express [iksprés] 표현하다, 나타내다 gratitude [grǽtətjùːd] 감사
10 highly [háili] 매우, 아주 career [kəríər] 경력

02 부사 자리

소나기가 억수같이 쏟아졌다.

부사인 **억수같이**가 동사 앞에 와 있습니다. 영어에서도 부사가 올 수 있는 자리가 있습니다. 어디에 오는지 한번 살펴볼까요?

1 부사가 오는 자리

부사는 대부분 수식하고 있는 **형용사, 부사, 동사** 또는 **문장 앞**에 옵니다. 단, '동사'를 수식하는 경우에는 **동사의 뒤**에 올 수 있습니다.

형용사 앞 It / is / a highly innovative design. 그것은 / 매우 혁신적인 디자인이다
↑ 형용사

부사 앞 Chris / behaved / extremely badly. Chris는 / 행동했다 / 몹시 나쁘게
↑ 부사

동사 앞 He / accurately / entered / all the data. 그는 / 정확히 / 기입했다 / 모든 정보를
↑ 동사

동사 뒤 Time / passed / quickly. 시간이 / 지나갔다 / 빨리
동사 ↑

문장 앞 Regrettably, / we / do not have / the item. 안타깝게도 / 저희는 / 갖고 있지 않습니다 / 그 품목을
↑ 문장

2 부사 자리에 올 수 없는 것

부사가 와야 하는 자리에 **형용사, 명사, 동사**는 올 수 없습니다.

She / was / (~~slight~~, slightly) surprised / at the news. 그녀는 / 약간 놀랐다 / 그 뉴스를 듣고
형용사(×) 부사(O) ↑ 형용사

(~~Occasion~~, Occasionally), / we / fail / to perform / some tasks. 때때로 / 우리는 / 못한다 / 처리하지 / 몇몇 업무를
명사(×) 부사(O) ↑ 문장

Brian / called / (~~repeat~~, repeatedly) / until he got a reply. Brian은 / 전화했다 / 반복해서 / 대답을 들을 때까지
동사 동사(×) 부사(O)
↑

연습 문제 다음 괄호 안에 있는 것 중 적절한 것을 고르세요.

01 Ms. Byrd (usually, usual) makes coffee when she arrives at the office.

02 The president (eventual, eventually) decided to close down the old branch.

03 The parcel was (mistake, mistakenly) sent to the wrong address.

04 The unemployment rate has been decreasing (relative, relatively) slowly.

05 Applicants must complete these forms (correctly, correct) in order to register.

06 The CEO flies overseas (regularly, regular) to check on the company's branches.

보기 중 빈칸에 가장 적절한 것을 고르세요.

07 The Rubenstein Museum will be ------- ready for its reopening on August 3.

(A) finality (B) final
(C) finalizing (D) finally

08 All supervisors in the company agreed that Mr. Yoshio works -------.

(A) productively (B) productive
(C) productivity (D) production

09 Consumer opinion is becoming an ------- essential factor in project planning.

(A) increase (B) increased
(C) increasing (D) increasingly

10 Management is satisfied that it chose the applicants with the most ------- characteristics.

(A) desiring (B) desirable
(C) desire (D) desirably

정답 p.394 해석·해설 p.431

VOCABULARY

01 **arrive**[əráiv] 도착하다 02 **decide**[disáid] 결정하다 **close down** 폐업하다 **branch**[bræntʃ] 지점 03 **parcel**[pá:rsəl] 소포
04 **unemployment**[ʌ̀nimplɔ́imənt] 실업, 실직 05 **complete**[kəmplí:t] 기입하다, 완성하다 **register**[rédʒistər] 등록하다
06 **overseas**[òuvərsí:z] 해외로 07 **reopen**[rì:óupən] 재개하다, 다시 시작하다
08 **supervisor**[sú:pərvàizər] 관리인, 감독자 **agree**[əgrí:] 동의하다
09 **consumer**[kənsú:mər] 소비자 **opinion**[əpínjən] 의견 **essential**[isénʃəl] 필수적인 **factor**[fǽktər] 요소
10 **management**[mǽnidʒmənt] 경영진, 경영, 관리 **satisfy**[sǽtisfài] 만족시키다 **characteristic**[kæ̀riktərístik] 특징

Grammar
Part 5,6

03 | 혼동하기 쉬운 형용사/부사

회사는 (profitable, proficient)한 직원을 선호한다.

'이익이 많은'의 뜻을 가진 **profitable**보다 '능숙한'의 뜻을 가진 **proficient**를 써야 자연스럽지요? 영어에는 이처럼 형태는 비슷하지만 의미가 다른 형용사와 부사가 있습니다. 어떤 것들이 있는지 한번 살펴 볼까요?

POINT 1 혼동하기 쉬운 형용사

형태는 비슷하지만 의미가 다른 형용사들을 구분해서 알아 둡니다.

argumentative 논쟁적인 - arguable 논증할 수 있는
considerable 상당한, 중요한 - considerate 사려 깊은
distinguished 저명한 - distinguishable 구별할 수 있는
economic 경제의 - economical 절약하는
favorite 아주 좋아하는 - favorable 유리한, 호의적인
profitable 이익이 많은 - proficient 능숙한
prospective 장래의 - prosperous 번영하는
reliable 믿을 수 있는 - reliant 의지하는
responsible 책임이 있는 - responsive 응답하는
successful 성공한 - successive 연속하는

He / has / a (~~considerate~~, considerable) amount of money. 그는 / 가지고 있다 / 상당한 액수의 돈을
→ '상당한 액수의 돈'이라는 뜻이 되어야 하므로 considerate(사려 깊은)이 아니라 considerable(상당한)이 와야 합니다.

Judy / has / a (~~successive~~, successful) career / in journalism. Judy는 / 있다 / 성공한 이력이 / 언론계에서
→ '성공한 이력'이라는 뜻이 되어야 하므로 successive(연속하는)가 아니라 successful(성공한)이 와야 합니다.

POINT 2 혼동하기 쉬운 부사

형태는 비슷하지만 의미가 다른 부사들을 구분해서 알아 둡니다.

close 가까이에 - closely 면밀히, 자세히
hard 힘들게, 열심히 - hardly 거의 ~않다
high 높게 - highly 매우, 대단히
late 늦게 - lately 최근에
most 매우, 가장 - mostly 대부분, 주로
near 가까이에 - nearly 거의

The team / worked / (~~hardly~~, hard) / to finish the project. 그 팀은 / 일했다 / 열심히 / 그 프로젝트를 마치기 위해
→ '프로젝트를 마치기 위해 열심히 일하다'라는 뜻이 되어야 하므로 hardly(거의 ~않다)가 아니라 hard(열심히)가 와야 합니다.

The restaurants / stay open / (~~lately~~, late). 그 식당들은 / 영업한다 / 늦게까지
→ '늦게까지 영업하다'라는 뜻이 되어야 하므로 lately(최근에)가 아니라 late(늦게)가 와야 합니다.

연습 문제 다음 괄호 안에 있는 것 중 적절한 것을 고르세요.

01 The election was (close, closely) observed by the media.

02 The travel agency offers (reliant, reliable) service.

03 (Near, Nearly) 70 percent of companies say that their business operations are profitable.

04 The pilot is (responsible, responsive) for the safety of the passengers.

실전 문제 보기 중 빈칸에 가장 적절한 것을 고르세요.

05 The attached file is a list of ------- professors who will speak at the seminar.

(A) distinguish (B) distinguished
(C) distinguishably (D) distinguishable

06 The presenter gave the international investors a ------- impression at the meeting.

(A) favorable (B) favorite
(C) favorableness (D) favorer

Questions 07-09 refer to the following advertisement.

If you need advice on managing your savings, contact Investment Associates. Investment Associates introduces clients to ------- (07) consultants in the fields of banking, investment, and finance. Our specialists are ------- (08) qualified to guide you through the investment strategies that best suit your particular needs. Your initial consultation with us will be free. ------- (09). Contact us at 555-2091 to set up an appointment.

07 (A) professionally (B) professional
(C) professors (D) professionals

08 (A) high (B) height
(C) highly (D) higher

09 (A) Your needs may differ from ours.
(B) This applies whether you choose to use our services or not.
(C) Sign up to become a certified consultant.
(D) Your financial insight has been constructive.

정답 p.394 해석·해설 p.432

VOCABULARY

01 election [ilékʃən] 선거 observe [əbzə́:rv] 주시하다, 관찰하다 02 travel agency 여행사 offer [ɔ́:fər] 제공하다; 제공
03 operation [ɑ̀:pəréiʃən] 운영 profitable [prɑ́:fitəbl] 수익성이 있는 04 passenger [pǽsəndʒər] 승객 05 attached [ətǽtʃt] 첨부된
06 presenter [prizéntər] 발표자 investor [invéstər] 투자자 impression [impréʃən] 인상
07 manage [mǽnidʒ] 관리하다 savings [séiviŋz] 저금 investment [invéstmənt] 투자 consultant [kənsʌ́ltənt] 상담가
09 particular [pərtíkjulər] 특별한, 상세한 differ [dífər] 다르다 apply [əplái] 적용하다 sign up 등록하다 insight [ínsàit] 통찰력 constructive [kənstrʌ́ktiv] 건설적인, 구조적인

Vocabulary
Part 5,6

짝을 이루는 표현

백수탄식가

대학을 졸업한 뒤, 매우 성공적이고,
extremely successful
사원 복지를 위해 엄청난 자금을 조성하는 회사로의 입사를

조심스럽게 낙관해 보며, 혹시나 하는 마음에 지원해 보았으나,

충분히 자격을 갖추고, 엄청난 경력을 가진 채용 후보자들이
highly qualified prospective employee
넘쳐나더라.

다급해진 마음에 연장 근무도 즐거운 마음으로 할 것이고,
extended hours
가까운 미래에 회사에 지대한 공헌을 하겠노라 애원했으나,
in the foreseeable future
돌아오는 것은 다음에 다시 지원해 달라는 문자뿐이더라.

점점 높아지는 것은 현실의 벽이요,

낮아지는 것은 회사를 보는 눈이니,

답답한 이 내 마음을 어이할꼬.

그러니까 제 말은 …
취직만 시켜주면 뭐든지 하겠다 …
… 는 거죠 …

필수 어휘 리스트

- **extremely successful** 매우 성공적인
  The program is extremely successful.
  그 프로그램은 매우 성공적이다.
- **highly qualified** 충분히 자격을 갖춘
  Ms. Buck is a highly qualified candidate.
  Ms. Buck은 충분히 자격을 갖춘 지원자이다.
- **prospective employee** 채용 후보자
  Prospective employees must fill out an application.
  채용 후보자들은 신청서를 작성해야 한다.
- **extended hours** 연장 근무(영업) 시간
  Staff may be asked to work extended hours.
  직원들은 연장 근무를 하도록 요구받을 수 있다.
- **in the foreseeable future** 가까운 미래에
  The economy will not improve in the foreseeable future.
  경제가 가까운 미래에 개선되지는 않을 것이다.
- **early retirement** 조기 은퇴
  The CEO announced her plans for early retirement.
  최고 경영자는 조기 은퇴 계획을 발표했다.
- **increased demand** 수요 증가
  New advertising led to increased demand for our products.
  새로운 광고는 우리 제품에 대한 수요 증가로 이어졌다.
- **take place** 개최되다, 자리하다
  The fundraising gala will take place in March.
  모금 활동 경축행사가 3월에 개최될 것이다.
- **readily available** 쉽게 구할 수 있는
  Brochures are readily available at the information booth.
  책자는 안내소에서 쉽게 구할 수 있다.
- **fulfill orders** 주문 처리를 완료하다
  Mr. Lu tried to fulfill his orders by the deadline.
  Mr. Lu는 마감 일자까지 주문 처리를 완료하려 노력했다.

문제 다음 괄호 안에 있는 것 중 적절한 것을 고르세요.

01 The factory was expanded to meet the increased (demand, supply, stock) for goods.

02 (Probable, Prospective, Protective) employees must satisfy the requirement.

03 Both applicants were considered (innocently, highly, agreeably) qualified for the position.

04 In December, gift shops will have (previous, positive, extended) hours for holiday shoppers.

보기 중 빈칸에 가장 적절한 것을 고르세요.

05 The marketing conference took ------- at a hotel.

(A) turn (B) notice
(C) course (D) place

06 The chairman informed the directors that he was taking ------- retirement.

(A) prior (B) early
(C) successful (D) upcoming

Questions 07-09 refer to the following memo.

From: Sam Parker, Regional Manager
To: Sales Staff

I would like to thank all the members of the sales team for your hard work. Your efforts have been -------(07) successful. Sales generated over 40 percent more earnings this quarter than they did last quarter. As a result, management has decided not to reduce staff in the -------(08) future. In addition, we are increasing the quarterly performance bonus to $1,000. -------(09). Keep up the great work!

07 (A) extremely (B) exactly
(C) exclusively (D) exaggeratedly

08 (A) regrettable (B) investable
(C) foreseeable (D) acceptable

09 (A) Standard employee benefits apply.
(B) Employees will receive a discount.
(C) This incentive will be paid out next month.
(D) Paychecks are released twice a month.

정답 p.394 해석·해설 p.433

VOCABULARY

01 expand [ikspǽnd] 확장하다 03 consider [kənsídər] ~라고 여기다 position [pəzíʃən] (일)자리, 직위
05 conference [kɑ́:nfərəns] 학회 06 inform [infɔ́:rm] 알리다, 통지하다
07 generate [dʒénərèit] 창출하다, 생기게 하다 earning [ə́:rniŋ] 수익 quarter [kwɔ́:rtər] 분기 keep up ~을 계속하다, 유지하다
09 benefit [bénəfìt] 복지, 혜택 pay out 지급하다 paycheck [péitʃèk] 급료 release [rilí:s] 지급하다, 방출하다

Reading Part 7

추론 문제

파트 7에서 출제되는 추론 문제는 지문에서 직접적으로 언급되지 않은 사항을 지문의 내용을 바탕으로 유추하는 문제입니다.

질문 유형 엿보기

추론 문제는 suggest, intend, imply, most likely 등을 사용하여 묻습니다. 추론을 묻는 문제는 다음과 같은 질문을 사용합니다.

지문 전체 추론
What is suggested in the article? 기사에서 암시되는 것은 무엇인가?
For whom is the notice most likely intended? 공고는 누구를 대상으로 할 것 같은가?

세부 사항 추론
What is suggested about Telfa Incorporated? Telfa사에 대해 암시되는 것은 무엇인가?
What is implied about Jennifer Johnson? Jennifer Johnson에 대해 암시되는 것은 무엇인가?
How will Jane most likely respond to the e-mail? Jane은 어떻게 이메일에 응답할 것 같은가?

비법 공략하기

STEP 1 질문에서 키워드를 확인한다!

What is suggested in the article?과 같은 질문은 키워드가 없고 지문 전체를 추론하는 질문입니다. 세부 사항을 추론하는 문제인 경우, suggested about, implied about 다음의 핵심 단어나 구가 키워드가 됩니다. 예를 들어 What is suggested about Telfa Incorporated?라는 질문은 'Telfa사에 대해 암시되는 것'을 묻고 있으므로 suggested about 다음의 Telfa Incorporated를 키워드로 볼 수 있습니다.

STEP 2 정답의 단서를 찾는다!

지문 전체에 관련된 내용을 추론하는 문제는 지문 전체에서 정답의 단서를 찾습니다. 세부 사항을 추론하는 문제는 질문의 키워드와 관련된 부분을 지문에서 찾은 다음 그 주변에서 정답의 단서를 확인합니다.

STEP 3 정답의 단서를 바탕으로 추론한 보기를 찾는다!

지문에서 찾은 정답의 단서를 바탕으로 추론한 후, 정답을 선택합니다. 지문에서 구체적으로 언급된 사실만을 토대로 추론해야 합니다.

비법 적용하기

1번은 다음 공고에 관한 문제입니다. 제3회 세계 치의학 회의 4월 22일부터 23일, 오전 9시부터 오후 3시 Heidelberg 컨벤션 센터 세계 치의학 협회는 이번 4월에 제3회 연례 회의를 개최할 예정입니다. 회의는 회원들에게 최신 치과 기술과 장비에 대해 가장 최근 정보를 알려 주는 것을 목표로 합니다. 회의 동안, 다양한 주제에 대한 여섯 개의 발표가 있을 것이고, 그 이후에 회원들은 각 주제에 대해 이야기를 나눌 것입니다. 등록을 하려면, Matt Parker에게 mparker@uca.com으로 이메일을 보내거나 555-7836으로 전화하시면 됩니다. 1. 발표에 대해 암시되는 것은 무엇인가? (A) 그룹 토론이 이어질 것이다. (B) 회의 첫날 진행될 것이다.	**Question 1 refers to the following notice.** **The 3rd World Dental Conference** April 22 to 23, 9 A.M. to 3 P.M. Heidelberg Convention Center The United Dental Association is holding its third annual conference this April. The conference aims to update its members on the latest dental techniques and equipment. During the conference, six presentations on different topics will be given, and the members will talk about each topic afterward. For registration, you may send an e-mail to Matt Parker at mparker@uca.com or call 555-7836. 1. What is suggested about the presentations? (키워드) (A) They will be followed by group discussions. (B) They will be given on the first day of the conference.

STEP 2 정답의 단서 찾기

STEP 1 키워드 파악하기

STEP 3 정답의 단서를 바탕으로 추론하기

해설 **STEP 1** 질문을 읽고 suggested about이라는 말을 통해 추론 문제임을 알 수 있습니다. suggested about 다음에 나오는 'presentations'가 질문의 키워드입니다.

STEP 2 질문의 키워드 'presentations'에 관한 내용이 언급된 부분을 지문에서 찾아 그 주변에서 정답의 단서를 확인합니다. 5번째 줄에서 'six presentations ~ will be given, and the members will talk about each topic afterward'라고 하였음을 확인할 수 있습니다.

STEP 3 정답의 단서인 'six presentations ~ will be given, and the members will talk about each topic afterward'를 바탕으로 추론합니다. 여섯 번의 발표가 있을 것이고 발표 이후에 각 주제에 대해 회원들이 이야기를 나눌 것이라고 하였으므로 발표가 진행된 다음에는 이야기를 나누는 시간 즉, 그룹 토론 시간이 있을 것임을 추론할 수 있습니다. 따라서 (A) They will be followed by group discussions가 정답입니다.

paraphrase 연습 주어진 문장과 가장 가까운 의미를 만드는 것을 찾아보세요.

01 The study was interrupted because of a lack of money.

= The research was put on hold due to a shortage of ________.

(A) wealth (B) funds

02 Regular maintenance can prolong the life of your equipment.

= Inspecting equipment regularly can make it ________ longer.

(A) last (B) exist

03 The shopping mall will provide discounted children's wear this weekend.

= The store will sell children's wear at ________ prices this weekend.

(A) reduced (B) cheap

04 We are excited about working with NeuTech to develop a word processing program.

= We look forward to ________ with NeuTech on our joint software project.

(A) compromising (B) collaborating

VOCABULARY

01 interrupt[ìntərʌ́pt] 중단하다, 방해하다 lack[læk] 부족 put on hold 보류하다, 중단하다 shortage[ʃɔ́:rtidʒ] 부족 wealth[welθ] 부, 재산 fund[fʌnd] 자금

02 maintenance[méintənəns] 정비, 보수 관리 prolong[prəlɔ́:ŋ] 연장하다 inspect[inspékt] 점검하다 last[læst] 오래가다, 지속되다

03 provide[prəváid] 제공하다 wear[wɛər] 의복

04 look forward to ~을 기대하다 compromise[kɑ́:mprəmàiz] 타협하다 collaborate[kəlǽbərèit] 공동으로 일하다, 협력하다

05 A real estate agent must prepare the contracts in duplicate.

(A) Two copies of the contract should be provided by the agent.

(B) A real estate agent should be present when closing a contract.

06 Increasing health care costs impose a heavy burden on patients.

(A) Most patients are covered by medical insurance.

(B) Patients are put under pressure by rising medical expenses.

07 Tom McGuire helped open new locations for our company in the Asian market.

(A) Mr. McGuire has contributed to the expansion of our operations in Asia.

(B) To meet the market's demands, Mr. McGuire extended the operating hours.

08 The hotel is popular with tourists because it is close to the shopping district.

(A) Travelers like the hotel because it is near the shopping area.

(B) People who shop in this neighborhood like to stay at nearby hotels.

VOCABULARY

05 real estate agent 부동산 중개인 prepare [pripέər] 준비하다, 마련하다 in duplicate 두 통으로 present [préznt] 참석한, 있는 close a contract 계약을 체결하다

06 impose [impóuz] 부과하다, (의무·세금 등을) 지우다 burden [bə́:rdn] 부담, 짐 cover [kʌ́vər] (비용·손실 등을) 보상하다 insurance [inʃúərəns] 보험 under pressure 압력을 받아

07 contribute [kəntríbju:t] 기여하다, 공헌하다 expansion [ikspǽnʃən] 확장 operation [ɑ̀:pəréiʃən] 사업, 영업 demand [dimǽnd] 수요, 요구

08 district [dístrikt] 지역

Question 09 refers to the following information.

All our telephones have a 90 day warranty. If any of our products has a defect, you can receive a free replacement as long as you have the original receipt. However, machines damaged by improper use, such as incorrect installation or water damage, are not covered by this guarantee. To request a replacement, you must first e-mail us at the address listed below. Once we have received the e-mail and the defective product, we will send you a replacement at no charge.

09 For whom is the information most likely intended?

(A) Employees of the manufacturer
(B) Telephone technicians
(C) Purchasers of phones

Question 10 refers to the following memo.

TO: Wesley Powell
FROM: Jane Durant
SUBJECT: Upcoming business trip
Thank you for agreeing to take my place at the conference in Las Vegas. I think you will benefit from attending this event. When I participated in previous years, I met many people from the industry who were helpful to my career. All the travel arrangements are prepared for you, including accommodations. Your flight, car rental, and hotel have all been paid for in advance. If you have any extra business expenses, please keep the receipts. You will be reimbursed.

10 What is implied about the event in Las Vegas?

(A) It is a good place to form business relationships.
(B) It will be held for the first time.
(C) It requires paying a registration fee.

VOCABULARY

09 **warranty**[wɔ́:rənti] (품질 등의) 보증 **defect**[difékt] 결함 **replacement**[ripléismənt] 교환 **damage**[dǽmidʒ] 고장 내다, 손상을 입히다 **improper**[imprɑ́:pər] 부적절한 **installation**[ìnstəléiʃən] 설치 **cover**[kʌ́vər] 보상하다 **guarantee**[gæ̀rəntí:] 보증 **defective**[diféktiv] 결함 있는 **at no charge** 무료로 **manufacturer**[mæ̀njufǽktʃərər] 제조업자

10 **benefit from** ~으로부터 이득을 얻다 **participate**[pɑ:rtísəpèit] 참석하다 **industry**[índəstri] 업계, 산업 **helpful**[hélpfəl] 도움이 되는, 유용한 **accommodation**[əkɑ̀:mədéiʃən] 숙박 시설 **in advance** 사전에, 미리 **expense**[ikspéns] 지출, 비용 **reimburse**[rì:imbə́:rs] 상환하다 **imply**[implái] 암시하다 **registration fee** 등록비

Questions 11-12 refer to the following notice.

We Care about Nature

At the Blue Moon Hotel, we care about nature. Therefore, our housekeeping staff will only replace those towels left on the bathroom floor. Towels that have been hung up will not be taken for washing. We ask that you do not leave clean towels on the floor.

Why is this important? Washing towels unnecessarily wastes water. In addition, it results in large amounts of detergent polluting the ocean. We know you enjoy the view of our beautiful private beach from our hotel, so please do your part to protect the environment.

Thank you.

11 Where would the notice most likely be found?

(A) In a guest room
(B) In a laundry room
(C) In a restaurant
(D) In a conference center

12 What is suggested about the Blue Moon Hotel?

(A) It has hired additional cleaning staff.
(B) It is located close to a beach.
(C) It will host an environmental conference.
(D) It is open for only part of the year.

정답 p.394 해석·해설 p.434

VOCABULARY

11~12 housekeeping[háuski:piŋ] (호텔·병원의) 시설 관리과 replace[ripléis] 교체하다, 교환하다 unnecessarily[ʌnnèsəsérəli] 불필요하게 waste[weist] 낭비하다 result in ~을 초래하다, 야기하다 detergent[ditə́:rdʒənt] 세제 pollute[pəlú:t] 오염시키다 private[práivət] 전용의, 개인의 protect[prətékt] 보호하다 environment[inváirənmənt] 환경 laundry room 세탁실

2주 1일

Hackers TOEIC Start Reading

Grammar Part 5, 6

[품사] 전치사

01 전치사 자리
02 시간 전치사
03 장소 전치사
04 방향 전치사

Vocabulary Part 5, 6

동사 어휘(1)

Reading Part 7

의도 파악 문제

[품사] 전치사

기초문법과 놀기

전치사란?

on the box 상자 위에
전치사

in the box 상자 안에
전치사

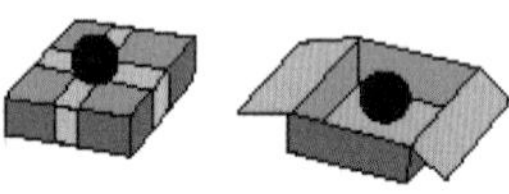

on the box와 in the box에서 단어 하나로 공의 위치가 달라집니다. 이와 같이 명사나 대명사 앞에서 시간, 장소, 방향 등을 나타내는 것을 **전치사**라고 합니다.

전치사의 종류는?

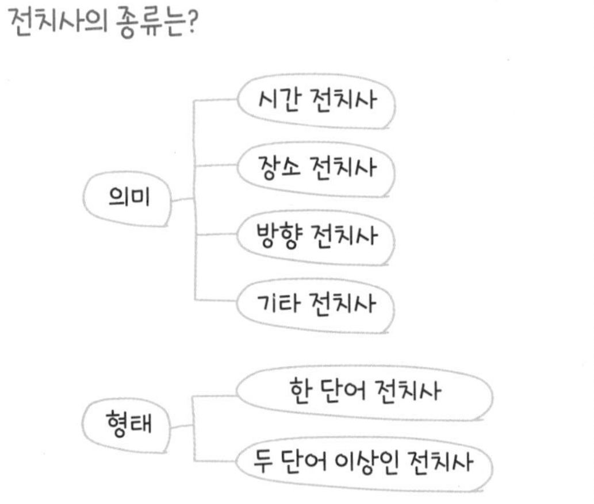

의미에 따라 나눈 **전치사**에는 어떤 것들이 있나요?

전치사는 의미에 따라 at, for처럼 시간을 나타내는 전치사, in, between처럼 장소를 나타내는 전치사, to, across처럼 방향을 나타내는 전치사가 있습니다. 그 외에 목적, 수단, 이유 등을 나타내는 전치사도 있습니다.

The performance / starts / at 7 o'clock. 그 공연은 / 시작한다 / 7시에
시간

I / read / a book / in the library. 나는 / 읽었다 / 책을 / 도서관에서
장소

Check Up

둘 중 맞는 것은 어느 것일까요?

Melissa met him (in, for) London. Melissa는 런던에서 그를 만났다.

→ 괄호 뒤에 London이라는 장소가 나왔어요. [정답 in]

형태에 따라 나눈 **전치사**에는 어떤 것들이 있나요?

전치사는 형태에 따라 under, for처럼 한 단어인 전치사와 due to나 in front of와 같이 두 단어 이상인 전치사가 있습니다.

한 단어인 전치사	두 단어 이상인 전치사
on ~ 위에 under ~ 아래에 for ~ 동안 since ~ 이래로	due to ~ 때문에 instead of ~ 대신에 in front of ~ 앞에 in addition to ~ 외에도

Judy / studied / for two days. Judy는 / 공부했다 / 이틀 동안
(for: 전치사)

The shop / was closed / due to financial difficulties. 가게는 / 문을 닫았다 / 재정적인 어려움 때문에
(due to: 전치사)

Check Up

다음 중 전치사를 모두 찾아 보세요.

A. under ~ 아래에 B. instead of ~ 대신에 C. very 매우 D. in front of ~ 앞에 E. an 하나의

→ 한 단어인 전치사도 있고 두 단어 이상인 전치사도 있어요. [정답 A, B, D]

'**전치사구**'라는 말을 들어본 적이 있는데, 그것은 무엇인가요?

전치사구는 in winter, to her 등과 같이 '전치사+명사/대명사'를 일컫는 말입니다. 이런 전치사구는 문장에서 수식어 역할을 하며, 문장 앞, 중간, 뒤에 올 수 있습니다.

[For consideration], / we / have enclosed / our brochure. 생각해 보시라고 / 저희는 / 첨부했습니다 / 안내 책자를
(전치사구)

The man / [in the conference room] / is / Mr. Adams. 그 남자는 / 회의실에 있는 / Mr. Adams이다
(전치사구)

The celebration / finished / [at midnight]. 축하 행사는 / 끝났다 / 자정에
(전치사구)

Check Up

다음 중 전치사구는 무엇일까요?

A. until ~까지 B. notice 공지 C. until further notice 추후 공지가 있을 때까지

→ 전치사와 명사가 함께 있는 것이 전치사구예요. [정답 C]

01 | 전치사 자리

그 학교는 방학에 문을 닫는다.

명사인 **방학** 뒤에 **~에**라는 말이 붙어 기간을 나타냅니다. 영어에서 **~에**와 같은 역할을 하는 전치사들은 어떤 자리에 오는지 한번 살펴 볼까요?

POINT 1 전치사가 오는 자리

전치사는 **명사**나 **대명사 앞**에 옵니다.

명사 앞 I / bought / the coffee maker / in January(명사). 나는 / 구입했다 / 그 커피메이커를 / 1월에

대명사 앞 We / recommended / the best art school / to him(대명사). 우리는 / 추천했다 / 최고의 예술 대학을 / 그에게

POINT 2 전치사 뒤에 올 수 없는 것

전치사 뒤에 **형용사**나 **동사**는 올 수 없습니다.

The city hall / is / under (~~constructive~~(형용사(×)), construction(명사(O))). 그 시청은 / 공사 중이다

In a (~~speak~~(동사(×)), speech(명사(O))), / the director / expressed / concern. 연설에서 / 그 이사는 / 드러냈다 / 걱정을

연습 문제 다음 괄호 안에 있는 것 중 적절한 것을 고르세요.

01 The news reporters are under (press, pressure) to meet the deadline.

02 All accountants must obtain a license in accordance with (regulations, regulates).

03 At his doctor's (suggestion, suggestive), Mr. Hammond got a complete health check.

04 The traffic accident resulted from her (careless, carelessness).

05 Ms. Anderson went to New York last month for (pleasant, pleasure).

06 The automatic teller machine in the lobby was out of (ordered, order).

실전 문제 보기 중 빈칸에 가장 적절한 것을 고르세요.

07 The newly hired workers asked Ms. Johnson for -------.

(A) instruct (B) instructed
(C) instructions (D) instructible

08 We ------- inform our subscribers that *Kolins Press* will stop publishing this month.

(A) regret (B) regrets
(C) regrettable (D) regretfully

09 The factory is under ------- and will be closed for a few weeks.

(A) construction (B) constructed
(C) construct (D) constructs

10 Without -------, all Gainsborough Corporation workers must attend the summer training seminar.

(A) except (B) exception
(C) excepts (D) exceptional

정답 p.395 해석·해설 p.438

VOCABULARY

01 reporter[ripɔ́:rtər] 기자 meet the deadline 마감일을 맞추다
02 accountant[əkáuntənt] 회계사 obtain[əbtéin] 취득하다 license[láisəns] 자격증, 면허 in accordance with ~에 따라서
03 health check 건강 검진 04 result[rizʌ́lt] 일어나다 06 automatic teller machine (ATM) 현금 자동 입출금기 out of order 고장 난
07 newly[njú:li] 새롭게 08 subscriber[səbskráibər] 구독자 publish[pʌ́bliʃ] 출판하다, 발행하다
10 corporation[kɔ̀:rpəréiʃən] 회사 attend[əténd] 참석하다

02 | 시간 전치사

이번 여름에 바다에 갔다. / 12시에 샌드위치를 먹었다. / 일요일에 친구를 만났다.

계절, 시각, 요일을 나타내는 시간 표현으로 공통적으로 **~에**가 쓰였습니다. 영어에서는 시각, 요일, 날짜, 연도, 계절을 나타내는 말 앞에 각각 다른 전치사를 씁니다. 어떤 것들이 쓰이는지 한번 살펴 볼까요?

1 at, on, in

전치사 **at, on, in**은 모두 **~(때)에**로 해석되지만, **at**은 **시각 앞**에, **on**은 **날짜**나 **요일 앞**에, **in**은 **연도·월·계절 앞**에 옵니다.

at	시각·시점 앞	at 10 o'clock 10시에 at the end of the year 연말에	at the beginning of the month 월초에 at noon/night/midnight 정오/밤/자정에	
on	날짜·요일·특정한 날 앞	on September 18 9월 18일에 on Tuesday morning 화요일 아침에	on Wednesday 수요일에 on New Year's Day 새해 첫날에	
in	연도·월·계절· 오전/오후/저녁 앞	in 2010 2010년에 in the morning 오전에	in March 3월에 in the afternoon 오후에	in summer 여름에 in the evening 저녁에

2 for, during

전치사 **for**와 **during**은 모두 **~ 동안에**로 해석되지만, **for**는 **며칠**이나 **몇 년** 등과 같이 **기간을 나타내는 숫자 앞**에, **during**은 **휴가**나 **방학** 등과 같이 **특정 기간을 나타내는 표현 앞**에 옵니다.

for+기간(숫자) She / worked / in marketing / for three years. 그녀는 / 일했다 / 마케팅 분야에서 / 3년 동안
(three years: 기간(숫자))

during+특정 기간 I / traveled / abroad / during my vacation. 나는 / 여행했다 / 해외로 / 휴가 기간 동안
(my vacation: 특정 기간)

3 until, by

전치사 **until**과 **by**는 모두 **~까지**로 해석되지만, **until**은 **상황이 계속되다가 그 시점에 종료**되는 것을 나타내고, **by**는 **마감이나 기한**을 나타낼 때 씁니다.

The bank / is / open / until 5 P.M. 그 은행은 / 영업한다 / 오후 5시까지
→ 은행이 영업 중인 상황이 계속되다가 오후 5시에 종료되는 것을 나타내므로 전치사 until이 왔습니다.

You / have to come back / by 10 P.M. 당신은 / 돌아와야 합니다 / 오후 10시까지
→ 오후 10시라는 기한까지 돌아와야 한다는 것을 나타내므로 전치사 by가 왔습니다.

연습 문제 다음 괄호 안에 있는 것 중 적절한 것을 고르세요.

01 The construction of the monument is scheduled to start (on, in) February 5.

02 The coupons for a free drink are valid (during, for) a month.

03 Employees must sign up for the workshop (by, until) tomorrow.

04 We will have an orientation for newcomers (at, in) noon.

05 The Web site will officially be launched (until, on) New Year's Day.

06 The National Museum will be closed for renovation (in, on) the summer.

보기 중 빈칸에 가장 적절한 것을 고르세요.

07 The meeting about new marketing strategies will be held ------- 11 A.M.

(A) to (B) on
(C) at (D) for

08 Our staff members worked on the project -------.

(A) collaborate (B) collaboratively
(C) collaborative (D) collaboration

09 All requests for vacation time must be presented in writing ------- June 15.

(A) at (B) on
(C) in (D) for

10 ------- her stay in Paris, Ms. Lemet supervised the new branch office.

(A) For (B) Upon
(C) About (D) During

정답 p.395 해석·해설 p.439

VOCABULARY

01 construction [kənstrʌ́kʃən] 공사 monument [mɑ́:njumənt] 기념비 02 valid [vǽlid] 유효한 03 sign up 등록하다
04 orientation [ɔ̀:riəntéiʃən] 오리엔테이션 05 officially [əfíʃəli] 공식적으로 launch [lɔ:ntʃ] 개시하다, 착수하다
06 renovation [renəvéiʃən] 보수, 수리 07 strategy [strǽtədʒi] 전략 09 request [rikwést] 요청 in writing 서면으로
10 supervise [sú:pərvàiz] 감독하다 branch [bræntʃ] 지사, 지점

03 | 장소 전치사

방 안에 파리가 날아다니다가 벽에 붙었다.

방, 벽이라는 장소 표현 뒤에 **~ 안에, ~에**가 쓰였습니다. 영어에서는 장소에 따라 각각 다른 전치사를 씁니다. 어떤 것들이 쓰이는지 한번 살펴 볼까요?

1 at, on, in

전치사 **at, on, in**은 모두 **~(곳)에**로 해석되지만, **at**은 **특정 지점**에 있는 것을 나타내고, **on**은 **표면 위**에, **in**은 **공간 안**에 있는 것을 나타낼 때 씁니다.

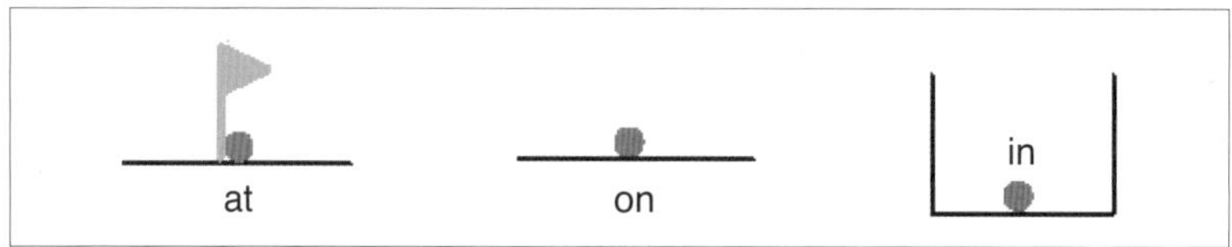

I / met / Bob / at a bus stop. 나는 / 만났다 / Bob을 / 버스 정류장에서
특정 지점

She / put / the groceries / on the table. 그녀는 / 놓았다 / 식료품을 / 탁자 위에
표면

There / are / many parks / in the city. 많은 공원이 있다 / 그 도시에
공간

2 between, among

전치사 **between**과 **among**은 모두 **~ 사이에**로 해석되지만, **between**은 **둘 사이**를 나타낼 때 쓰며, **among**은 **셋 이상 사이**를 나타낼 때 씁니다.

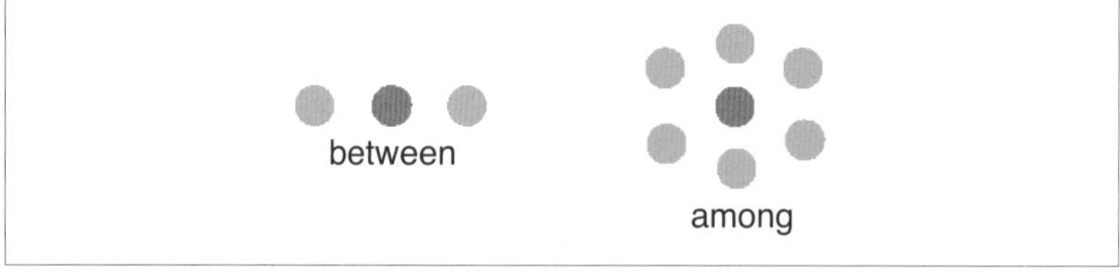

There / is / a house / between the two trees. 집이 한 채 있다 / 나무 두 그루 사이에
둘 사이

There / is / a house / among several trees. 집이 한 채 있다 / 나무 여러 그루 사이에
셋 이상 사이

다음 괄호 안에 있는 것 중 적절한 것을 고르세요.

01 People are not allowed to sit (on, at) the grass.

02 Two vehicles are waiting (at, in) the traffic light.

03 The official ceremony will be held (on, in) city hall.

04 Russia is the largest country (in, on) the world.

05 The new department store is located (at, in) the corner of Potrero Avenue and Main Street.

06 He walked (among, between) the two buildings and came upon a large square.

보기 중 빈칸에 가장 적절한 것을 고르세요.

07 There is optimism ------- investors regarding the state of the economy.

(A) between (B) after
(C) among (D) around

08 The restaurant offers discounted meals ------- Mother's Day.

(A) at (B) on
(C) in (D) by

09 The company's barbecue party will take place ------- Hubbard Park.

(A) in (B) on
(C) of (D) as

10 The post office is conveniently located ------- the bank and the subway station.

(A) among (B) with
(C) into (D) between

정답 p.395 해석·해설 p.440

VOCABULARY

01 allow[əláu] 허용하다, 허락하다 02 vehicle[ví:ikl] 차 traffic light 신호등 03 ceremony[sérəmòuni] 행사, 의식
05 locate[lóukeit] 위치하다 06 come upon 이르다 square[skwέər] 광장
07 optimism[ά:ptəmìzm] 낙관론 investor[invéstər] 투자자 regarding[rigά:rdiŋ] ~에 관해서 state[steit] 상황, 상태
09 take place 열리다, 개최되다 10 conveniently located 편리한 곳에 위치한

Grammar
Part 5,6

04 방향 전치사

강아지가 집 밖으로 나와 연못을 따라 돌다가 다시 집 안으로 들어갔다.

~ 밖으로, ~을 따라, ~ 안으로와 같이 방향을 나타내는 표현이 있습니다. 영어에서도 방향을 나타내는 다양한 전치사가 있습니다. 어떤 것들이 있는지 한번 살펴 볼까요?

1 to, toward

방향 전치사 **to**는 **~에게, ~로**, **toward**는 **~ 쪽으로, ~을 향하여**의 의미로 쓰입니다.

John / wrote / a letter / to his wife. John은 / 썼다 / 편지를 / 그의 아내에게

We / walked / toward downtown. 우리는 / 걸어갔다 / 시내 쪽으로

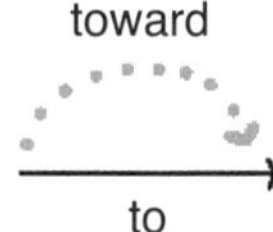

2 across, through, along

방향 전치사 **across**는 **~을 가로질러**, **through**는 **~을 통과하여**, **along**은 **~을 따라**의 의미로 쓰입니다.

I / swam / across the lake. 나는 / 헤엄쳐 갔다 / 호수를 가로질러

The car / went / through a tunnel. 그 차는 / 갔다 / 터널을 통과하여

Mike / walked / along the beach. Mike는 / 걸었다 / 해안을 따라

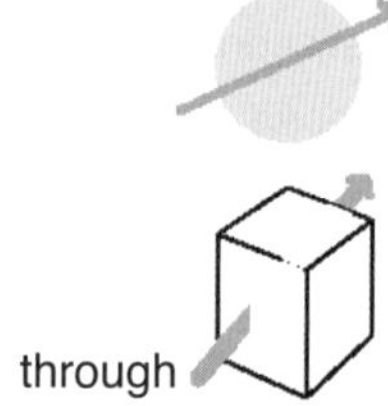

3 into, out of

방향 전치사 **into**는 **~ 안으로**, **out of**는 **~ 밖으로**의 의미로 쓰입니다.

Kathy / ran / into her house. Kathy는 / 뛰었다 / 그녀의 집 안으로

He / jumped / out of his bed. 그는 / 뛰었다 / 침대 밖으로

다음 괄호 안에 있는 것 중 적절한 것을 고르세요.

01 Numerous parks can be found (along, into) this long road.

02 Ms. Jordan took some documents (into, out of) her bag.

03 His secretary came running (out of, across) the street.

04 Water flows (against, through) this pipe.

보기 중 빈칸에 가장 적절한 것을 고르세요.

05 Mr. Huntington will offer advice ------- our managers on how to increase sales.

(A) to (B) with
(C) on (D) upon

06 Visitors who want to enjoy beautiful scenery may drive ------- the coast.

(A) into (B) under
(C) along (D) among

Questions 07-09 refer to the following notice.

A number of changes in the Ohio branch of Arkon have been made in the past week. The branch relocated to a new building -------(07) April 18. Ms. Miller will give you the address and directions to the new offices as well as the telephone numbers for the branch. Also, their financial department is under different -------(08). Lastly, current department head, Tom Holt, will be leaving next Friday. -------(09). Replacing him will be Sarah Douglas.

07 (A) for (B) at
(C) in (D) on

08 (A) manage (B) manageable
(C) management (D) managed

09 (A) A list of new staff will be distributed.
(B) Please direct your questions accordingly.
(C) He is retiring after 25 years of service.
(D) Adjust your calendars for the upcoming holiday.

정답 p.395 해석·해설 p.441

VOCABULARY

01 numerous[njú:mərəs] 많은 02 document[dá:kjumənt] 문서 03 secretary[sékrətèri] 비서 04 flow[flou] 흐르다
05 offer[ɔ́:fər] 주다, 제공하다 advice[ædváis] 조언, 충고 increase[inkrí:s] 증가시키다 06 scenery[sí:nəri] 풍경
07 a number of 많은 relocate[rì:loukéit] 이전하다 A as well as B B뿐만 아니라 A도 financial department 재무부
09 head[hed] 장(長); 이끌다, 지휘하다 distribute[distríbju:t] 배부하다, 분배하다 direct[dirékt] ~을 말하다, 보내다
accordingly[əkɔ́:rdiŋli] 그에 따라 retire[ritáiər] 퇴직하다 adjust[ədʒʌ́st] 조정하다

Vocabulary
Part 5,6

동사 어휘(1)

과장님의 비애

몇 달 전 부장님은 모 회사에서 신개념 회계 소프트웨어를 **개발했**(develop)다는 경력 사원을 **고용해**(hire)서 과장으로 임명하였다. 난 당연히 부장님이 새로 온 과장님에게 우리 회사의 전반적인 회계 시스템을 **검토하**(review)여, 문제점을 기술하고 대안을 제시하는 보고서를 제출하라고 하실 줄 알았다.

나의 예상과는 달리 부장님은 과장님에게 처음에는 주 고객들의 이메일 주소를 엑셀에 입력하고, 사무용품을 **구입하**(purchase)며, 고장난 기계를 다른 것으로 **교체하**(replace)거나 기계의 수명을 **연장시키**(prolong)는 일들을 하라고 하더니, 나중엔 계속 한글 타자를 치는 일만 시켰다.

버티다 못한 과장님이 부장님께 대들었다. "전 소프트웨어 개발 경력이 있는데, 벌써 몇 달째 한글 타자만 치고 있습니다. 이럴 바에야 그만두겠습니다."

부장님은 과장님께 너무 단순 업무만 시켜 미안한 마음이 들었는지 이렇게 말씀하셨다.

"저런, 미안하게 됐네. 지난주부터 영어 타자를 시작했어야 했는데, 내가 깜박했네."

필수 어휘 리스트

- **develop** 개발하다
  Ms. Mason developed the new software.
  Ms. Mason은 새 소프트웨어를 **개발했다**.
- **hire** 고용하다
  The company decided to hire 10 additional employees.
  회사는 직원 10명을 추가 **고용하**기로 결정했다.
- **review** 검토하다
  The audit manager will review our accounting system.
  감사 부장이 우리 회계 시스템을 **검토할** 것이다.
- **purchase** 구입하다
  The public library purchased a large number of books.
  공공 도서관은 많은 책을 **구입했다**.
- **replace** 교체하다
  The company replaced defective machinery.
  회사는 결함 있는 기계를 **교체했다**.
- **prolong** 연장시키다, 연장하다
  Regular checkups prolong the life of the equipment.
  정기적인 점검은 기계의 수명을 **연장시킨다**.
- **confirm** 확정하다, 확인하다
  All guests must confirm their attendance.
  모든 손님은 참가를 **확정해**야 한다.
- **contribute** 기여하다, 기부하다
  Urbanization contributed to higher rates of employment.
  도시화는 높은 취업률에 **기여했다**.
- **donate** 기증(기부)하다
  Mr. Peters donated his old clothes to charity.
  Mr. Peters는 오래된 옷을 자선단체에 **기증했다**.
- **extend** 연장하다
  The deadline has been extended until Monday.
  마감 일자가 월요일까지 **연장되**었다.

연습 문제 다음 괄호 안에 있는 것 중 적절한 것을 고르세요.

01 The report has been (advised, reviewed, reached) by the supervisor.

02 The team (developed, entered, purchased) the company's new manufacturing process.

03 I would like to (prolong, confirm, complete) my hotel booking.

04 The corporation will (permit, join, hire) an architect to design the new headquarters.

보기 중 빈칸에 가장 적절한 것을 고르세요.

05 Local donors ------- $50,000 to youth programs.

(A) requested (B) considered
(C) contributed (D) reviewed

06 An increasing number of people use the Internet to ------- books.

(A) secure (B) purchase
(C) control (D) gather

Questions 07-09 refer to the following e-mail.

From: Lewis Gable, National Printers <lewisgable@natprinters.com>
To: Robin Lucas <roblucas@todaymail.com>
Re: Inquiry

Our technical staff checked the printer you sent us and found that it was badly jammed. Because your device is still under warranty, we have decided to temporarily -------(07) it with a new one while we make the necessary repairs to your old one. Please note that there are methods you can use to -------(08) the life of your printer and prevent this from occurring again. -------(09). It contains all the information you'll need to perform regular maintenance on it at home.

07 (A) remove (B) remind
(C) replace (D) reproduce

08 (A) endure (B) broaden
(C) admit (D) prolong

09 (A) Receive a discount on your next ink purchase.
(B) Records indicate that your warranty expired.
(C) The shipment of parts will arrive next week.
(D) Review the product handbook for instructions.

정답 p.395 해석·해설 p.442

VOCABULARY

01 supervisor[sú:pərvàizər] 감독관 02 manufacturing process 제조 과정
04 corporation[kɔ̀:rpəréiʃən] 회사 headquarter[hédkwɔ̀:rtər] 본부 05 donor[dóunər] 기증자 youth[ju:θ] 청소년
07 technical[téknikəl] 기술의, 기술적인 device[diváis] (기계적) 장치 under warranty 보증 기간 중인
09 temporarily[tèmpərérəli] 일시적으로 repair[ripéər] 수리 maintenance[méintənəns] 보수 expire[ikspáiər] 만료되다
shipment[ʃípmənt] 선적, 배송 handbook[hǽndbùk] 안내서 instruction[instrʌ́kʃən] 설명, 지시

의도 파악 문제

파트 7에서 출제되는 의도 파악 문제는 지문의 내용을 바탕으로 지문에서 언급된 문구가 어떤 의도로 쓰였는지를 파악하는 문제입니다. 의도 파악 문제는 주로 메시지 대화문 지문에서 출제됩니다.

질문 유형 엿보기

의도 파악 문제는 what does ~ mean when he/she writes와 인용구를 사용하여 묻습니다. 인용구의 의도를 묻는 문제는 다음과 같은 질문을 사용합니다.

의도 파악　At 10:53 A.M., what does Mr. Adam mean when he writes, "No problem"?
오전 10시 53분에, Mr. Adam이 "No problem"이라고 썼을 때 그가 의도한 것은?

비법 공략하기

STEP 1 질문을 읽고 인용구의 위치를 확인한다!

질문의 인용구가 지문 어디에 있는지 확인합니다. 예를 들어 At 10:53 A.M., what does Mr. Adam mean when he writes, "No problem"?이라는 질문은 Mr. Adam이 오전 10시 53분에 보낸 메시지에서 "No problem"이라고 적힌 부분을 확인합니다.

STEP 2 인용구가 언급된 부분의 주변 문장을 통해 인용구의 의도를 파악한다!

지문에서 인용구가 언급된 부분의 앞뒤 문장을 읽고 인용구가 어떤 의도로 쓰였는지 파악합니다. 단순히 질문에 나온 인용구의 의미만 파악해서 가장 비슷한 보기를 고를 경우, 지문의 문맥에 맞지 않을 수 있으므로 반드시 지문의 주변 문장을 확인해야 합니다.

STEP 3 인용구의 의도를 가장 잘 나타낸 보기를 찾는다!

인용구가 지문에서 어떤 의도로 쓰였는지를 가장 잘 나타낸 보기를 정답으로 선택합니다.

비법 적용하기

1번은 다음 메시지 대화문에 관한 문제입니다.

Joan Miller 오후 2:34
나쁜 소식이 있어요. 고객은 우리가 새로운 광고 컨셉트를 내놓기를 원해요.

Theo Blume 오후 2:39
네, 저도 들었어요. 왜 그가 우리 아이디어를 좋아하지 않는지 설명해 주었나요?

Joan Miller 오후 2:42
말하기 어렵네요. 그는 단지 보다 멋있는 것을 원한다고만 했어요.

Theo Blume 오후 2:43
알겠어요. 지금 당장 착수할게요.

1. 오후 2시 42분에, Ms. Miller가 "It's hard to say"라고 썼을 때 그녀가 의도한 것은?
   (A) 그녀는 광고가 충분히 멋있는지 판단할 수 없다.
   (B) 그녀는 고객이 왜 그들의 아이디어를 거부했는지 확신할 수 없다.

Question 1 refers to the following text message chain.

Joan Miller 2:34 P.M.
I've got bad news. The client wants us to come up with a new concept for the commercial.

Theo Blume 2:39 P.M.
Yes, I heard about that. Did he explain why he didn't like our idea? → STEP 2 인용구의 의도 파악하기

Joan Miller 2:42 P.M.
It's hard to say. He just said that he wants something more stylish.

Theo Blume 2:43 P.M.
OK. I'll start working on it now.

1. At 2:42 P.M., what does Ms. Miller mean when she writes, "It's hard to say"? (인용구) → STEP 1 인용구의 위치 확인하기
   (A) She cannot tell if the commercial is stylish enough.
   (B) She isn't sure why the client rejected their idea. → STEP 3 인용구의 의도를 잘 나타낸 보기 찾기

해설 **STEP 1** 질문을 읽고 'what does Ms. Miller mean when she writes'라는 말을 통해 의도 파악 문제임을 알 수 있습니다. 묻고 있는 인용구 'It's hard to say'를 확인한 뒤 지문의 2:42 P.M.에서 그 인용구를 확인합니다.

STEP 2 인용구가 언급된 부분의 주변 문맥을 파악합니다. 'Did he explain why he didn't like our idea?'에서 Theo Blume이 왜 고객이 자신들의 아이디어를 좋아하지 않았는지 묻자 Ms. Miller가 'It's hard to say.'(말하기 어렵네요)라고 한 것을 통해, 고객이 왜 그들의 아이디어를 거부했는지 확실히 말할 수 없다고 한 것임을 알 수 있습니다.

STEP 3 두 개의 보기 중 인용구의 의도를 잘 나타낸 (B) She isn't sure why the client rejected their idea가 정답입니다.

paraphrase 연습 주어진 문장과 가장 가까운 의미를 만드는 것을 찾아보세요.

01 We assure you that your order will arrive within seven days.

= Delivery is ________ to take place within a specific time.

(A) likely (B) guaranteed

02 I am sending a copy of your flight itinerary with my letter.

= Please find the information on your travel plans ________.

(A) enclosed (B) revised

03 I have attached the technical specifications for the AC20 to this e-mail.

= A list of the product's ________ is included with the e-mail.

(A) costs (B) details

04 Thank you for finding the data that I asked you about.

= I appreciate your taking the time to ________ the requested information.

(A) locate (B) fill out

VOCABULARY

01 **assure** [əʃúər] 보장하다 **order** [ɔ́:rdər] 주문 **take place** (사건 등이) 일어나다 **specific** [spisífik] 특정한 **guarantee** [gæ̀rəntíː] 보증하다

02 **itinerary** [aitínərèri] 일정 **enclose** [inklóuz] 동봉하다 **revise** [riváiz] 수정하다

03 **attach** [ətǽtʃ] 첨부하다 **technical** [téknikəl] 기술적인 **specification** [spèsəfikéiʃən] 설명서 **include** [inklúːd] ~을 포함하다 **cost** [kɔːst] 비용 **detail** [díːteil] 상세한 설명

04 **appreciate** [əpríːʃièit] 감사하다 **locate** [lóukeit] (물건의 위치를) 찾아내다, 알아내다 **fill out** 기입하다

05 Schedule your appointment a week before you want to have your car checked.

(A) Appointments for car maintenance should be made a week in advance.

(B) You should check your car service appointment one week ahead of time.

06 Please give me information about the conference facilities at your hotel.

(A) I would like some details about the meeting rooms at your hotel.

(B) I want to have a meeting about the services available at your hotel.

07 The improper disposal of motor oil can contaminate drinking water.

(A) Motor oil must be disposed of in specific areas.

(B) Disposing of motor oil inappropriately can pollute drinking water.

08 Mr. Singh is in charge of organizing the reception for the overseas investors.

(A) Mr. Singh has the responsibility of planning a welcome party.

(B) Mr. Singh is the receptionist for the overseas branch.

VOCABULARY

05 schedule [skédʒuːl] 예정에 넣다 appointment [əpɔ́intmənt] 예약, 약속 maintenance [méintənəns] 정비, 보수 관리 in advance 전에, 미리 ahead of (시간적으로) ~보다 이전에

06 facility [fəsíləti] 시설, 설비 detail [díːteil] 세부 사항

07 improper [imprάːpər] 부적절한 contaminate [kəntǽmənèit] 오염시키다 dispose of 처리하다, 처분하다 inappropriately [ìnəpróupriətli] 부적절하게, 부적당하게 pollute [pəlúːt] 오염시키다

08 be in charge of ~을 담당하다 overseas [òuvərsíːz] 해외의 investor [invéstər] 투자자 responsibility [rispὰːnsəbíləti] 책임

Question 09 refers to the following online chat discussion.

Brad Richards 9:15 A.M.
Thank you for using the Chicago Theater's online customer service application. How can I help you today?

Denise Holt 9:16 A.M.
I have tickets for a musical on June 17. I'd like to return them for a refund.

Brad Richards 9:17 A.M.
I'm sorry. That is not possible. However, you can exchange them for tickets for another show.

Denise Holt 9:18 A.M.
OK. I'll confirm my schedule and get back to you.

09 At 9:17 A.M., what does Mr. Richards mean when he writes, "I'm sorry"?

(A) Ms. Holt has not reserved a ticket.
(B) Ms. Holt will not be able to watch a show.
(C) Ms. Holt cannot get her money back.

Question 10 refers to the following text message chain.

Tom Meadows 10:38 A.M.
Do you have any Meteor bicycles (model #39283) left in stock? I have a customer looking for one.

Matt O'Rourke 10:43 A.M.
Yes, we have two left. One in blue, and the other in silver.

Tom Meadows 10:49 A.M.
She's interested in the silver one. Can I send a staff member by this afternoon to get it?

Matt O'Rourke 10:51 A.M.
Go right ahead. I'll have it ready to go by 1 P.M.

10 At 10:51 A.M., what does Mr. O'Rourke mean when he writes "Go right ahead"?

(A) He is willing to let a customer test out a bicycle.
(B) He wants Mr. Meadows to make a purchase.
(C) He will allow an employee to pick up a product.

VOCABULARY

09 refund[ríːfʌnd] 환불 exchange[ikstʃéindʒ] 교환하다 confirm[kənfə́ːrm] 확인하다, 승인하다 reserve[rizə́ːrv] 예약하다
10 stock[stɑk] 재고 look for 찾다 staff member 직원 be willing to 흔쾌히 ~하다 make a purchase 구매를 하다
pick up 가져가다, 집어 들다

Questions 11-12 refer to the following text message chain.

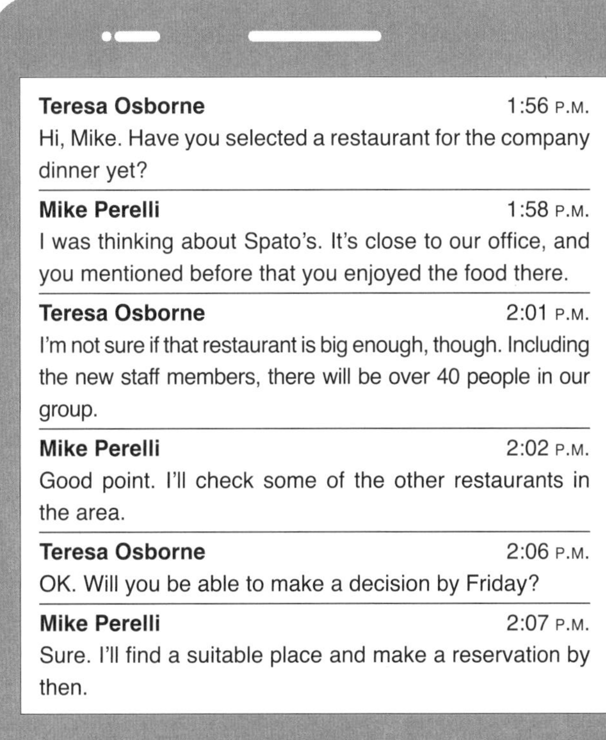

Teresa Osborne 1:56 P.M.
Hi, Mike. Have you selected a restaurant for the company dinner yet?

Mike Perelli 1:58 P.M.
I was thinking about Spato's. It's close to our office, and you mentioned before that you enjoyed the food there.

Teresa Osborne 2:01 P.M.
I'm not sure if that restaurant is big enough, though. Including the new staff members, there will be over 40 people in our group.

Mike Perelli 2:02 P.M.
Good point. I'll check some of the other restaurants in the area.

Teresa Osborne 2:06 P.M.
OK. Will you be able to make a decision by Friday?

Mike Perelli 2:07 P.M.
Sure. I'll find a suitable place and make a reservation by then.

11 What is suggested about Ms. Osborne?

(A) She was hired recently.
(B) She has eaten at Spato's before.
(C) She is in charge of selecting a restaurant.
(D) She will pay for Mr. Perelli's dinner.

12 At 2:02 P.M., what does Mr. Perelli mean when he writes, "Good point"?

(A) He understands the reason for a schedule change.
(B) He accepts an objection to a venue choice.
(C) He realizes the importance of a company event.
(D) He agrees with a proposed dinner menu.

정답 p.395 해석·해설 p.443

VOCABULARY

11 select[silékt] 선정하다, 선발하다 mention[ménʃən] 말하다, 언급하다 make a decision 결정을 내리다 suitable[sú:təbl] 적합한, 알맞은
~
12 reservation[rèzərvéiʃən] 예약 be in charge of ~을 담당하다 objection[əbdʒékʃən] 이의, 반대 venue[vénju:] 장소
realize[rí:əlàiz] 알다, 깨닫다 importance[impɔ́:rtəns] 중요성 agree with ~에 동의하다 proposed[prəpóuzd] 제안된

2주 2일

Hackers TOEIC Start Reading

Grammar Part 5, 6

[품사] 접속사

01 등위접속사와 상관접속사
02 종속접속사

Vocabulary Part 5, 6

동사 어휘(2)

Reading Part 7

문장 위치 찾기 문제

[품사] 접속사

기초 문법과 놀기

접속사란?

이 수박은 달다. 그리고 시원하다.
(그리고: 접속사)

'이 수박은 달다'와 '시원하다'라는 문장이 '그리고'로 연결되어 있습니다. 이와 같이 단어와 단어, 구와 구 또는 절과 절을 연결하는 것을 **접속사**라고 합니다.

접속사의 종류는?

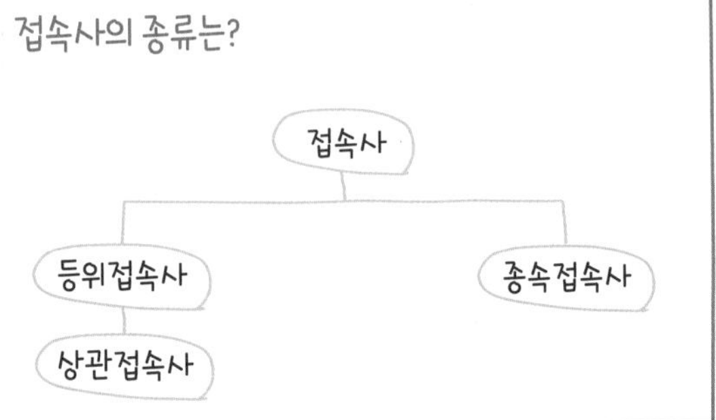

등위접속사와 **상관접속사**는 무엇인가요?

등위접속사는 단어나 구, 절을 대등하게 이어주는 접속사입니다. 이 중에는 서로 짝을 이루어 써야 하는 접속사가 있는데 이를 상관접속사라고 부릅니다.

등위접속사	and 그리고 but 그러나 or 또는
상관접속사	both A and B A와 B 둘 다 either A or B A 또는 B

You / can leave / or stay. 당신은 / 가도 된다 / 또는 있어도 된다
(or: 등위접속사)

She / speaks / both Spanish and Korean. 그녀는 / 구사한다 / 스페인어와 한국어 둘 다
(both ... and: 상관접속사)

Check Up

다음 각 문장을 내용에 맞게 연결해 보세요.

1. He submitted a résumé 그는 이력서를 제출했다
2. Ms. Harris is either American Ms. Harris는 미국인이다

A. or British. 또는 영국인
B. and a cover letter. 그리고 자기소개서를

→ 등위접속사 and가 1번의 a résumé와 B의 a cover letter를 연결해 주고 있고, 상관접속사 either A or B가 2번의 American과 A의 British를 연결해 주고 있어요.

[정답 1. B, 2. A]

그럼 **종속접속사**는 무엇인가요?

종속접속사는 주절과 종속절로 이루어진 문장에서 종속절을 이끄는 접속사입니다. 종속절은 주절에 딸려 있는 절로, 그 자체가 의미를 완벽하게 전달하지 못하고 주절의 의미를 보충해 주는 역할을 합니다.

Although oil prices have risen, / many people / continue / to drive.
종속접속사 종속절 주절 비록 유가가 상승했지만 / 많은 사람들이 / 계속한다 / 운전하는 것을

Check Up

다음 중 종속접속사는 어느 것일까요?

The hotel offered a discount rate when we stayed there. 우리가 그곳에 묵었을 때 호텔은 할인을 제공했다.
A B C

→ 종속절을 이끄는 접속사가 종속접속사예요. [정답 B]

종속접속사의 종류에는 어떤 것이 있나요?

종속접속사에는 명사절 접속사, 부사절 접속사, 형용사절 접속사가 있습니다.

명사절 접속사	that, if, whether 등
부사절 접속사	because, although, when, after 등
형용사절 접속사(=관계대명사)	who, which 등

Kate / was late / for the interview / because there was a traffic jam. Kate는 / 늦었다 / 면접에 / 교통 체증이 있었기 때문에
부사절 접속사

Check Up

다음 종속접속사들을 바르게 연결해 보세요.

1. whether A. 부사절 접속사
2. although B. 명사절 접속사

→ whether는 명사절 접속사, although는 부사절 접속사예요. [정답 1. B, 2. A]

Grammar
Part 5,6

01 | 등위접속사와 상관접속사

나는 티셔츠 (but, and) 신발을 샀다.

괄호 안에는 '그리고'라는 뜻의 **and**를 써야 문장이 자연스럽지요? 이렇게 단어나 구, 절을 연결할 때 각각의 의미에 맞게 접속사를 사용해야 합니다. 접속사에 어떤 것들이 있는지 한번 살펴 볼까요?

POINT 1 등위접속사

다음과 같은 **등위접속사**는 각각의 의미에 맞추어 써야 합니다.

and 그리고	or 또는	but 그러나	so 그래서	yet 그러나

I / cleaned / the room / (~~but~~, and) / prepared / the meal. 나는 / 청소했다 / 방을 / 그리고 / 준비했다 / 식사를
→ 방 청소를 하고 식사를 준비했다는 의미이므로 but(그러나)이 아닌 and(그리고)를 써야 합니다.

I / opposed / his view / (~~so~~, but) / accepted / it. 나는 / 반대했다 / 그의 의견을 / 그러나 / 받아들였다 / 그것을
→ 그의 의견에 반대했지만 받아들였다는 의미이므로 so(그래서)가 아닌 but(그러나)을 써야 합니다.

POINT 2 상관접속사

다음과 같은 **상관접속사**는 틀린 짝을 고르지 않도록 주의해야 합니다.

both A and B A와 B 둘 다	either A or B A 또는 B
neither A nor B A도 B도 아닌	not only A but also B A뿐만 아니라 B도

He / studied / both physics (~~or~~, and) mathematics. 그는 / 공부했다 / 물리학과 수학 둘 다를
→ 상관접속사 both는 and와 짝을 이루므로 or가 아닌 and가 와야 합니다.

We / will watch / (~~neither~~, either) a play or a movie. 우리는 / 볼 것이다 / 연극 또는 영화를
→ 상관접속사 or는 either와 짝을 이루므로 neither가 아닌 either가 와야 합니다.

They / went / neither camping (~~or~~, nor) fishing. 그들은 / 가지 않았다 / 캠핑도 낚시도
→ 상관접속사 neither는 nor와 짝을 이루므로 or가 아닌 nor가 와야 합니다.

Jason / bought / (~~only~~, not only) pants but also shirts. Jason은 / 구입했다 / 바지뿐만 아니라 셔츠도
→ 상관접속사 but also는 not only와 짝을 이루므로 only가 아닌 not only가 와야 합니다.

연습 문제 다음 괄호 안에 있는 것 중 적절한 것을 고르세요.

01 You may mail (so, or) fax your résumé to Mr. Blunt.

02 The building has (both, either) an outdoor parking lot and an underground garage.

03 He made a request for help (but, so) did not receive any response.

04 The logo must be not only distinctive (and, but) also professional-looking.

05 Participants were told to arrive by noon, (yet, so) most of them were late.

06 The consultant advised the company either to expand the factory (or, nor) to hire more workers.

실전 문제 보기 중 빈칸에 가장 적절한 것을 고르세요.

07 Ms. Douglas will help customers to create an investment ------- a savings plan.

(A) so (B) and
(C) yet (D) but

08 Applicants are required to present ------- a reference letter and a photocopy of their social security card.

(A) all (B) both
(C) either (D) neither

09 The Web site is most accessible before 8 A.M. ------- after 5 P.M.

(A) or (B) nor
(C) so (D) yet

10 Neither chatting online ------- checking personal e-mails is permitted during working hours.

(A) or (B) and
(C) nor (D) only

정답 p.395 해석·해설 p.448

VOCABULARY

02 outdoor[áutdɔ̀r] 옥외의, 야외의 underground[ʌ̀ndərgráund] 지하의 garage[gərá:ʒ] 차고
03 receive[risí:v] 받다 response[rispá:ns] 응답 04 distinctive[distíŋktiv] 특색 있는
05 participant[pa:rtísəpənt] 참가자 arrive[əráiv] 도착하다
06 consultant[kənsʌ́ltənt] 고문, 상담역 advise[ædváiz] 충고하다, 권하다 expand[ikspǽnd] 확장하다 hire[háiər] 고용하다
07 investment[invéstmənt] 투자
08 applicant[ǽplikənt] 지원자 present[prizént] 제출하다 reference letter 추천서 social security card 사회 보장 카드
09 accessible[æksésəbl] 이용하기 쉬운 10 chat[tʃæt] 채팅하다, 잡담하다; 잡담 permit[pərmít] 허락하다

Grammar
Part 5,6

02 | 종속접속사

나는 키가 너무 작기 때문에 농구하는 것을 좋아하지 않는다.

나는 키가 너무 작다에 ~ **때문에**를 붙이면 농구하는 것을 싫어하는 이유를 설명해 줄 수 있습니다. 이렇게 ~ **때문에**와 같이 주절을 보충 설명하는 절을 이끄는 종속접속사를 자세히 살펴 볼까요?

POINT 1 명사절 접속사

명사절 접속사는 '절'이 명사 역할을 하여 문장에서 주어, 목적어, 보어 자리에 오도록 이끄는 것으로 **that(~라는 것)**, **if/whether(~인지)** 등이 있습니다.

[That she won the award] / was / a big surprise. 그녀가 상을 받았다는 것은 / 매우 놀라운 일이었다
주어

Mr. Lee / has not yet decided / [whether he will transfer]. Mr. Lee는 / 아직 결정하지 않았다 / 전근을 갈지
목적어

POINT 2 부사절 접속사

부사절 접속사는 '절'이 부사 역할을 하여 주절을 수식하도록 이끄는 것으로 **because(~이기 때문에)**, **although(비록 ~이지만)** 등이 있습니다.

He / postponed / the event / [because rain was expected]. 그는 / 연기했다 / 행사를 / 비가 올 것 같았기 때문에
부사절

[Although Tim is inexperienced], / he / did / his best. 비록 Tim은 경험이 부족했지만 / 그는 / 다했다 / 최선을
부사절

POINT 3 형용사절 접속사

형용사절 접속사는 '절'이 명사를 수식하는 형용사 역할을 하도록 이끄는 것으로 **who(~하는 사람)**, **which(~하는 것)** 등이 있습니다.

We / hired / a candidate / [who has work experience]. 우리는 / 고용했다 / 지원자를 / 업무 경력이 있는
명사 ↑ 형용사절

We / released / a new book / [which is about gardening]. 우리는 / 출간했다 / 새 책을 / 원예에 관한
명사 ↑ 형용사절

연습 문제 다음 괄호 안에 있는 것 중 적절한 것을 고르세요.

01 We discontinued the construction (because, which) there was not enough funding.

02 (If, Although) the government tried to control fuel costs, they increased significantly.

03 The team conducted a survey (which, whether) assessed the market potential for diet food.

04 (Whether, Because) Ms. Fletcher will give the presentation is not certain.

보기 중 빈칸에 가장 적절한 것을 고르세요.

05 ------- managerial experience is helpful, it is not a requirement.

(A) And (B) Who
(C) Which (D) Although

06 Profits rose not ------- because of an increase in sales, but also because of a reduction in expenses.

(A) alone (B) only
(C) over (D) less

Questions 07-09 refer to the following e-mail.

From: Lily Gilels <lilygilels@fundco.com>
To: Tyler Craig <tcraig@fundco.com>

I was just going over the records of the maintenance workers hired last year. They are eligible for various tax benefits -------(07) they have held their jobs for over six months. Also, Mike Evans from the purchasing department said that he would submit the receipts for his department's expenses yesterday, -------(08) I have not received them. -------(09). I need them urgently for next quarter's budgetary estimate.

07 (A) whether (B) but
(C) because (D) or

08 (A) so (B) yet
(C) for (D) both

09 (A) They should be able to deduct certain expenses.
(B) Please remind him that I am waiting for them.
(C) I will check other store locations tomorrow.
(D) I think that we may be out of stock.

정답 p.395 해석·해설 p.449

VOCABULARY

01 discontinue [dìskəntínju:] 중단하다, 그만두다 funding [fʌ́ndiŋ] 자금 02 significantly [signífikəntli] 상당히
03 conduct [kəndʌ́kt] 실시하다, 처리하다 survey [səːrvéi] 설문 조사, 검사 assess [əsés] 평가하다 potential [pəténʃəl] 잠재력
05 managerial [mæ̀nidʒíəriəl] 경영의 requirement [rikwáiərmənt] 요건, 요구
06 profit [práːfit] 수익 reduction [ridʌ́kʃən] 절감, 감소 expense [ikspéns] 경비, 지출
07 go over 검토하다 maintenance [méintənəns] 보수 관리 eligible [élidʒəbl] 자격이 있는 tax benefit 세금 혜택 submit [səbmít] 제출하다
09 receipt [risíːt] 영수증 deduct [didʌ́kt] 공제하다 certain [sə́ːrtn] 특정한, 일정한 remind [rimáind] 상기시키다 out of stock 재고가 없는

Vocabulary
Part 5,6

동사 어휘(2)

'개강으로부터 벗어나기' 강의

방학이 끝날 무렵이면, 전국의 모든 학생들은 어떻게든 개강으로부터 벗어나고자 몸부림을 치지만 속수무책으로 학교에 돌아갈 수밖에 없다.

이런 현실을 타개하겠다는 사람이 나타나서 전국의 학생들이 들썩이고 있다. 그는 '개강으로부터 벗어나기'라는 주제로, 만여 명을 **수용할**(accommodate) 수 있는 대형 경기장에서 3시간 가량 지속되는 강의를 열 예정이다.

세금이 **포함**(include)되어 티켓 가격이 꽤 높음에도 많은 학생들이 몰려들 것으로 **기대한**(expect) 관계자들은 한 시간 전에 미리 도착하여 표를 **제시하**(present)고 신분을 확인받는 것이 좋다고 귀띔한다. 대중교통 이용이 권장되며, **참석하**(attend)는 모든 이들에게는 소정의 상품이 **제공**(offer)된다.

필수 어휘 리스트

- **accommodate** 수용하다
  The room can accommodate 20 people.
  그 방은 20명을 **수용할** 수 있다.
- **include** 포함하다
  The ticket price includes admission to the museum.
  티켓 가격은 박물관 입장료를 **포함한다**.
- **expect** 기대하다, 예상하다
  Customers expect good service from us.
  고객들은 우리에게 좋은 서비스를 **기대한다**.
- **present** 제시하다
  Present photo identification to enter the building.
  건물에 들어가려면 사진이 부착된 신분증을 **제시하십시오**.
- **attend** 참석하다
  Managers are required to attend the annual meeting.
  관리자들은 연례 회의에 **참석할** 것이 요구된다.
- **offer** 제공하다
  The store offers a 10 percent discount to new clients.
  상점은 신규 고객에게 10퍼센트의 할인을 **제공한다**.
- **accelerate** 가속화하다
  State funding will accelerate road construction.
  국가의 자금 지원은 도로 건설을 **가속화할** 것이다.
- **operate** 작동(가동)되다
  Remex Industries is operating at full capacity.
  Remex사는 전력으로 **작동되고** 있다.
- **organize** 정리하다, 조직하다
  Organize the files in the cabinet alphabetically.
  수납장에 있는 파일을 알파벳 순으로 **정리하십시오**.
- **ease** 완화시키다
  A new bridge could ease the city's traffic issues.
  새로운 다리는 도시의 교통 문제를 **완화시킬** 수 있다.

문제 다음 괄호 안에 있는 것 중 적절한 것을 고르세요.

01 An identification card needs to be (placed, entered, presented) to enter this building.

02 Luc Industries (attended, accelerated, returned) its production in response to high demand.

03 The employers (expect, apply, last) workers to be productive.

04 The hotel has a ballroom that can (accommodate, include, expect) 80 people.

보기 중 빈칸에 가장 적절한 것을 고르세요.

05 Workers will be trained to ------- warehouse machinery.

(A) attend (B) operate
(C) excuse (D) remind

06 After the business seminar, new staff members will ------- a meeting in the conference room.

(A) continue (B) attend
(C) frequent (D) follow

Questions 07-09 refer to the following letter.

Dear Mr. Martin,

Thank you for applying to Ceco Systems. Ceco Systems -------(07) its workers a professional and comfortable environment. Our company provides competitive salaries and a benefits package which -------(08) bonuses and medical coverage. In addition, we are dedicated to providing parents with the time they need. -------(09).

07 (A) controls (B) leads
(C) invests (D) offers

08 (A) includes (B) donates
(C) surrounds (D) enrolls

09 (A) Therefore, we offer maternity leave to all staff.
(B) Accordingly, there will be no further inquiries.
(C) Please send your résumé to our HR department.
(D) Thank you for your kind consideration.

정답 p.395 해석·해설 p.450

VOCABULARY

01 identification card 신분증(=ID card) 02 in response to ~에 대응하여 05 warehouse[wérhaus] 창고
07 apply[əplái] 지원하다 environment[inváirənmənt] 환경 benefits package 복리 후생
~09 medical coverage 의료 혜택 provide A with B A에게 B를 제공하다 maternity leave 출산 휴가 further[fə́:rðər] 추가의 inquiry[inkwáiəri] 문의 consideration[kənsìdəréiʃən] 관심, 고려

Reading Part 7

문장 위치 찾기 문제

파트 7에서 출제되는 문장 위치 찾기 문제는 지문의 흐름을 파악하여 주어진 문장이 들어가기에 가장 알맞은 위치를 선택하는 문제입니다.

질문 유형 엿보기

문장 위치 찾기 문제는 In which of the positions marked [1], [2], [3] and [4] does the following sentence best belong?과 삽입될 문장을 제시하여 묻습니다. 문장의 위치를 선택하는 문제는 다음과 같은 질문을 사용합니다.

문장 위치 찾기　In which of the positions marked [1], [2], [3] and [4] does the following sentence best belong?

"We hope to see you at both events."

[1], [2], [3], [4]로 표시된 위치 중, 다음 문장이 들어갈 곳으로 가장 적절한 것은?
"우리는 두 행사에서 귀하를 뵙기를 바랍니다."

비법 공략하기

STEP 1 주어진 문장을 읽고 문장의 앞, 뒤에 나올 내용을 예상한다!

주어진 문장을 읽고 앞, 뒤에 나올 내용을 예상합니다. 예를 들어 We hope to see you at both events라는 문장을 읽었을 때, 주어진 문장 앞에 events에 대한 내용이 언급되었을 것임을 예상할 수 있습니다.

STEP 2 예상한 내용을 바탕으로 지문에서 문장이 들어가기에 적합한 위치를 선택한다!

숫자로 표시된 부분의 앞, 뒤 문장 중에서 지문에서 예상한 내용과 일치하거나 관련이 있는 부분이 있는지 확인하며 문장이 들어가기에 적합한 위치를 선택합니다.

STEP 3 선택한 위치에 주어진 문장을 삽입하고, 문맥이 자연스럽게 연결되는지 확인한다!

선택한 위치에 주어진 문장을 삽입해 봤을 때 문맥이 자연스럽게 연결되는지 확인합니다.

비법 적용하기

1번은 다음 안내문에 관한 문제입니다.

Blue Water 여객선은 Treburg시 터미널에서 Grendel섬까지 가는 데 25분이 소요됩니다. — [1] —. 여객선은 무료로 이용할 수 있으며 오전 6시에서 오후 11시까지 15분 간격으로 운행됩니다. — [2] —. 하지만, 국경일에는 일정이 조정됩니다. — [3]—. 출발과 도착 시간은 기상 상태의 영향을 받는다는 점을 유의하십시오. — [4] —. 따라서 승객들은 희망 탑승 시간 30분 전에 승강장에 도착하는 것이 좋습니다.

1. [1], [2], [3], [4]로 표시된 위치 중, 다음 문장이 들어갈 곳으로 가장 적절한 것은?
"이러한 날에는, 배가 오후 8시까지만 운행됩니다."
(A) [1]
(B) [2]
(C) [3]
(D) [4]

Question 1 refers to the following information.

The Blue Water Ferry takes 25 minutes to travel from Treburg City Terminal to Grendel Island. — [1] —. It is free to use and runs at 15-minute intervals from 6 A.M until 11 P.M. — [2] —. However, the schedule is adjusted on national holidays. — [3] —. Please note that departure and arrival times are subject to weather conditions. — [4]—. Accordingly, passengers are advised to arrive at the terminal at least 30 minutes before their desired boarding time.

STEP 2
문장이 들어가기에 적합한 위치 선택하기

1. In which of the positions marked [1], [2], [3], and [4] does the following sentence best belong?
"On these days, boats run until 8 P.M. only."
(A) [1]
(B) [2]
(C) [3]
(D) [4]

STEP 1
문장의 앞, 뒤 내용 예상하기

STEP 3
문맥이 자연스러운지 확인하기

해설 **STEP 1** 질문을 읽고 'In which of the positions marked [1], [2], [3], and [4] does the following sentence best belong'이라는 말을 통해 문장 위치 찾기 문제임을 알 수 있습니다. 주어진 문장인 'On these days, boats run until 8 P.M. only'에서 이러한 날에는, 배가 오후 8시까지만 운행된다고 했으므로 주어진 문장 앞에 운행 일정이 변경되는 날에 대한 내용이 언급되었을 것임을 예상할 수 있습니다.

STEP 2 숫자로 표시된 부분 주변에서 운행 일정이 변경되는 날에 관한 내용이 언급된 부분을 확인합니다. 4번째 줄에서 'However, the schedule is adjusted on national holidays.'라고 하였으므로, 주어진 문장이 들어가기 적합한 위치는 [3]임을 알 수 있습니다.

STEP 3 [3]에 주어진 문장을 삽입해 봤을 때 문맥이 자연스럽게 연결되는지 확인합니다. [3]에 주어진 문장을 삽입하면 국경일의 배 운항시간 변경에 대한 내용을 알리는 문맥으로 자연스럽게 연결된다는 것을 알 수 있습니다. 따라서 (C) [3]이 정답입니다.

주어진 문장과 가장 가까운 의미를 만드는 것을 찾아보세요.

01 The Internet is an inexpensive means of advertising.

= Online advertising is a _________ way to promote your business.

(A) creative (B) low-cost

02 All of our monitors are guaranteed to last more than 10 years.

= Our displays are well-made and extremely _________.

(A) durable (B) relevant

03 To make up for the drop in profits, the company fired 30 workers last quarter.

= The company _________ many employees last quarter.

(A) hired (B) dismissed

04 We are seeking applicants who have acquired broad experience in the service industry.

= Those who have _________ experience in the hospitality industry will be welcomed.

(A) expensive (B) extensive

VOCABULARY

01 **inexpensive** [inikspénsiv] 비용이 많이 들지 않는, 저렴한 **means** [mi:nz] 수단, 방법 **promote** [prəmóut] (상품을) 홍보하다, 판촉하다

02 **guarantee** [gæ̀rəntí:] 보증하다 **last** [læst] 지속하다, 오래가다 **display** [displéi] 모니터, 화면표시 장치 **durable** [djúərəbl] 내구성이 있는, 오래가는 **relevant** [réləvənt] 관련된

03 **make up** 만회하다 **drop** [drɑ:p] 감소, 하락 **profit** [prɑ́:fit] 수익, 이득 **fire** [fáiər] 해고하다 **quarter** [kwɔ́:rtər] 1분기 **dismiss** [dismís] 해고하다

04 **seek** [si:k] ~을 찾다 **acquire** [əkwáiər] 얻다, 습득하다 **broad** [brɔ:d] 광범위한 **hospitality industry** 서비스업 **extensive** [iksténsiv] 폭넓은

05 We offer the most competitive prices in the automobile industry.

(A) We provide high-quality and low-priced transport service.

(B) Compared to most car companies, our prices are quite low.

06 The product will be sold across the country on October 15.

(A) The product will be available nationally in the middle of October.

(B) By the second week of October, the product will be sold out.

07 Researchers will primarily work in the office, but some fieldwork will be required.

(A) Researchers have to work outside of the office at times.

(B) Researchers are required to do fieldwork after completing their office work.

08 S-Mart stores will now be open 24 hours a day in order to better serve our customers.

(A) To improve service, S-Mart will be open around the clock.

(B) Poor service has led S-Mart to extend its hours.

VOCABULARY

05 competitive [kəmpétətiv] (제품·가격이) 경쟁력 있는 quality [kwɑ́:ləti] 품질 transport [trænspɔ́:rt] 운송, 수송
compare [kəmpɛ́ər] 비교하다

06 across the country 전국적으로 available [əvéiləbl] 이용 가능한, 입수할 수 있는 nationally [nǽʃənəli] 전국적으로 sold out 품절된

07 primarily [praimérəli] 주로 fieldwork [fí:ldwə̀:rk] 현장 조사 require [rikwáiər] ~을 요구하다 at times 때때로, 가끔
complete [kəmplí:t] 끝마치다, 완료하다

08 in order to ~하기 위해서 improve [imprú:v] 향상시키다 around the clock 24시간 내내 lead [li:d] (어떤 결과로) 이르게 하다, 이끌다
extend [ikstén d] 연장하다

Question 09 refers to the following notice.

> **NOTICE**: All Users of Harbor Crest Subway System
>
> Please note that ticket counters at subway stations will now only be open to the public from 9 A.M. through 5 P.M. — [1] —. Outside of these hours, passengers may purchase tickets from fare machines set up in the stations. — [2] —. Should the assistance of staff be required during these times, passengers may speak to ticket inspectors located at platform entrances. — [3] —. If you are unable to locate personnel, simply dial our helpline at 555-4004.

09 In which of the positions marked [1], [2], and [3] does the following sentence best belong?
"Daily, monthly and yearly passes can also be renewed by using the devices."

(A) [1]
(B) [2]
(C) [3]

Question 10 refers to the following advertisement.

> **Three-Bedroom Apartment for Rent**
>
> This spacious unit in the newly constructed Coleman Tower is ideal for a family. — [1] —. The building is conveniently located across the street from Waterside Park and next to Hillcrest Elementary School. The cost of the apartment is $3,680 per month. — [2] —. Please note that a 12-month lease agreement must be signed. — [3] —. To view the apartment, call 555-0393.

10 In which of the positions marked [1], [2], and [3] does the following sentence best belong?
"This includes all utility and maintenance fees."

(A) [1]
(B) [2]
(C) [3]

VOCABULARY

09 **ticket counter** 매표소 **subway station** 지하철역 **outside of** 이외에 **passenger** [pǽsəndʒər] 승객 **purchase** [pə́:rtʃəs] 구매하다 **fare machine** 요금 기계 **set up** 설치된 **assistance** [əsístəns] 도움 **require** [rikwáiər] 필요하다 **ticket inspector** 검표 승무원 **platform** [plǽtfɔ:rm] 승강장 **entrance** [éntrəns] 입구 **personnel** [pə̀:rsənél] 직원 **dial** [dáiəl] 전화를 걸다; 문자판 **helpline** [hélplain] 전화 상담 서비스

10 **rent** [rent] 임대 **spacious** [spéiʃəs] 넓은 **unit** [jú:nit] (아파트 같은 공동 주택 내의) 한 가구 **construct** [kənstrʌ́kt] 건설하다 **ideal** [aidí:əl] 이상적인, 가장 알맞은 **conveniently** [kənví:njəntli] 편리하게 **lease agreement** 임대차 계약서 **view** [vju:] 둘러보다 **utility** [ju:tíləti] 공공요금, 유용(성) **maintenance fee** 관리비

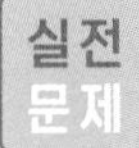

Questions 11-12 refer to the following article.

Fulton Supermarket Chain Expands

May 14—London-based Fulton Supermarkets will open six new locations throughout the country. — [1] —. At a recent press conference, CEO Brad Wilton discussed the plan. "Having worked at Fulton Supermarkets for 30 years, I'm proud of its tradition of excellence," he said. — [2] —. "When I took over as CEO two months ago, I decided to bring our great stores to other parts of the country."

The first new branch will be located in Manchester. — [3] —. Over 70 new positions are expected to be created at this store. — [4] —.

11 What is suggested about Brad Wilton?

(A) He founded a business three decades ago.
(B) He will begin working at a Manchester branch.
(C) He was recently promoted to a new position.
(D) He is currently employed by a media company.

12 In which of the positions marked [1], [2], [3] and [4] does the following sentence best belong?

"The company anticipates that all will be filled by local hires."

(A) [1]
(B) [2]
(C) [3]
(D) [4]

정답 p.395 해석·해설 p.451

VOCABULARY

11 ~ 12 expand[ikspǽnd] 확장하다 press conference 기자 회견 discuss[diskʌ́s] 이야기하다 be proud of ~을 자랑스러워하다 tradition[trədíʃən] 전통, 관례 excellence[éksələns] 탁월함, 우수성 take over 맡다, 인수하다 branch[bræntʃ] 지점 position[pəzíʃən] 일자리, 직위 expect[ikspékt] 예상하다, 기대하다 create[kriéit] 만들다 anticipate[æntísəpèit] 예상하다 hire[háiər] 신입 사원

2주 3일

Hackers TOEIC Start Reading

Grammar Part 5, 6

[동사구] 동사의 형태와 종류

01 동사의 형태
02 자동사와 타동사

Vocabulary Part 5, 6

동사 어휘(3)

Reading Part 7

동의어 문제

[동사구] 동사의 형태와 종류

기초문법과 놀기

동사의 형태는?

먹다 - 먹었다 - 먹는 중이다

'먹다'라는 동사의 기본형은 '먹었다, 먹는 중이다'처럼 동사의 모양을 바꾸어 나타낼 수 있는데 이러한 동사의 형태는 크게 5가지가 있습니다.

동사의 5가지 형태는?

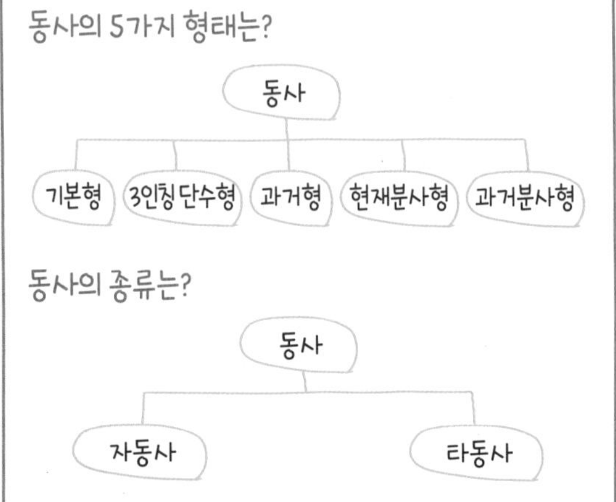

동사의 5가지 형태는 어떻게 생겼나요?

동사의 형태는 기본형, 3인칭 단수형, 과거형, 현재분사형, 과거분사형으로 나뉩니다. 각각의 형태는 다음과 같습니다.

기본형	동사원형을 쓴다.		**turn**
3인칭 단수형	동사원형에 s를 붙인다. · -ch, -s, -sh, -x로 끝나는 동사 뒤에는 es를 붙인다. · '자음 + y'로 끝나는 동사는 y를 i로 고치고 es를 붙인다.		make → make**s** catch → catch**es** satisfy → satisf**ies**
과거형/ 과거분사형	규칙	동사원형에 ed를 붙인다. · -e로 끝나는 동사 뒤에는 d만 붙인다. · '자음+y'로 끝나는 동사는 y를 i로 고치고 ed를 붙인다. · '단모음+자음'으로 끝나는 동사는 마지막 자음을 한번 더 쓰고 ed를 붙인다.	pull → pull**ed** change → change**d** try → tr**ied** plan → plan**ned**
	불규칙	불규칙적으로 변해서 형태가 완전히 바뀐다.	see - **saw** - **seen** * 불규칙 동사표 p.390 참고
현재분사형	동사원형에 ing를 붙인다. · -e로 끝나는 동사는 e를 빼고 ing를 붙인다. · -ie로 끝나는 동사는 ie를 y로 바꾸고 ing를 붙인다. · '단모음 + 자음'으로 끝나는 동사는 마지막 자음을 한번 더 쓰고 ing를 붙인다.		check → check**ing** move → mov**ing** lie → **lying** stop → stop**ping**

* be동사의 형태 변화: be - is(단, 주어가 I일 때는 am, 주어가 you거나 복수형일 때 are를 씁니다.) - was/were - being - been

Check Up

다음 동사를 각각의 형태에 맞게 쓰세요.

inspect 조사하다

A. 과거분사형 → (　　　　)　　B. 3인칭 단수형 → (　　　　)　　C. 현재분사형 → (　　　　)

→ 과거분사형은 동사원형에 ed를, 3인칭 단수형에는 동사원형에 s를, 그리고 현재분사형에는 ing를 붙여요.

[정답 A. inspected, B. inspects, C. inspecting]

자동사와 타동사는 무엇인가요?

'나는 뛴다'라는 문장에서는 동작의 대상이 나와있지 않아도 완전한 문장이지요? 이렇게 '뛴다'처럼 그 자체로 의미가 통해 목적어 없이 쓰는 동사를 자동사라고 부릅니다. 그러나 '나는 사랑한다'라는 문장은 사랑하는 대상이 누구인지 나와 있지 않아 완전한 문장이 아닙니다. 이렇게 '사랑한다'처럼 반드시 목적어가 있어야 하는 동사를 타동사라고 합니다.

Mr. Morgan / arrived. Mr. Morgan이 / 도착했다
(arrived: 자동사)

The company / manufactures / cellular phones. 그 회사는 / 제조한다 / 휴대 전화를
(manufactures: 타동사, cellular phones: 목적어)

Check Up

다음은 어떤 동사일까요?

Naco Incorporated established a foreign branch. Naco사는 해외 지사를 설립했다.

A. 자동사　　B. 타동사

→ 동사 뒤에 목적어 a foreign branch가 있어요.

[정답 B]

01 | 동사의 형태

피자를 주문하다. / 피자를 주문했다.

주문하다라는 동사를 **주문했다**로 형태를 바꾸면 과거의 의미를 가지게 됩니다. 5가지 형태로 바뀌는 영어의 동사는 각각 어떤 경우에 쓰이는지 알아 볼까요?

POINT 1 동사원형이 오는 경우

조동사 바로 뒤나 3인칭 단수를 제외한 주어(I, you, we, they) 뒤에서 **동사가 현재를 나타낼 때**는 **동사원형**이 옵니다.

Jane / should (~~copies~~, copy) / the report. Jane이 / 복사해야 한다 / 그 보고서를
3인칭 단수형(×) 원형(○)

I / (~~speaking~~, speak) / English / well. 나는 / 말한다 / 영어를 / 잘
현재분사형(×) 원형(○)

POINT 2 3인칭 단수형이 오는 경우

3인칭 주어(he, she, it) 뒤에서 **동사가 현재를 나타낼 때**는 **3인칭 단수형**이 옵니다.

He / (~~expect~~, expects) / a growth / in sales. 그는 / 기대한다 / 증가를 / 매출의
원형(×) 3인칭 단수형(○)

POINT 3 과거형이 오는 경우

주어와 상관없이 동사가 과거를 나타낼 때는 동사의 **과거형**이 옵니다.

Todd / (~~receives~~, received) / a prize / last week. Todd는 / 받았다 / 상을 / 지난주에
3인칭 단수형(×) 과거형(○)

POINT 4 현재분사형과 과거분사형이 오는 경우

be동사 뒤에는 동사의 **현재분사형/과거분사형**이 오고, **have동사 뒤**에는 **과거분사형**이 옵니다.

She / is (~~drink~~, drinking) / coffee. 그녀는 / 마시고 있다 / 커피를
원형(×) 현재분사형(○)

The broken printer / was (~~fix~~, fixed). 고장난 프린터는 / 수리되었다
원형(×) 과거분사형(○)

We / have (~~buy~~, bought) / a new car. 우리는 / 구입했다 / 새 차를
원형(×) 과거분사형(○)

연습 문제 다음 괄호 안에 있는 것 중 적절한 것을 고르세요.

01 We should (paid, pay) this bill by next week.

02 We have (provide, provided) financial services since 2000.

03 The senior accountant is (ask, asking) for a higher salary.

04 It was (announced, announce) today that the CEO has resigned.

05 No one can (predict, prediction) the stock market.

06 Our company will (attend, attendant) the National Business Convention.

보기 중 빈칸에 가장 적절한 것을 고르세요.

07 The employee cafeteria ------- excellent meals at reasonable prices.

(A) serve (B) serves
(C) serving (D) server

08 Visitors to the Web site must ------- their username and password to download documents.

(A) entering (B) entered
(C) enters (D) enter

09 New equipment was ------- to improve the quality of the company's products.

(A) use (B) uses
(C) used (D) to use

10 Several newspapers have ------- the company's decision to build a factory abroad in order to reduce costs.

(A) criticize (B) criticized
(C) critical (D) criticizing

정답 p.395 해석·해설 p.456

VOCABULARY

02 financial [fainǽnʃəl] 금융의, 재정의 03 accountant [əkáuntənt] 회계사 04 resign [rizáin] 사임하다 05 stock market 주식 시장
07 cafeteria [kæ̀fətíəriə] 구내 식당 reasonable [ríːzənəbl] 적당한, 합당한 09 improve [imprúːv] 향상시키다 quality [kwɑ́ːləti] 품질
10 decision [disíʒən] 결정 abroad [əbrɔ́ːd] 해외로 in order to ~하기 위해 reduce [ridjúːs] 줄이다 cost [kɔst] 비용

Grammar
Part 5,6

02 자동사와 타동사

우리는 만나면 축구에 대해 이야기하거나, 유행 패션에 대해 토론한다.

우리말에서 **이야기하다**와 **토론하다** 모두 **~에 대해**를 쓸 수 있습니다. 그러나 영어에서는 이야기하다(talk) 뒤에는 **~에 대해**의 역할을 하는 전치사 about을 쓰지만 토론하다(discuss) 뒤에는 쓸 수 없습니다. 자세히 살펴 볼까요?

POINT 1 자동사 + 전치사 + 목적어

자동사 뒤에 목적어를 취하기 위해서는 '전치사'가 필요합니다. 우리말 의미로는 전치사가 필요 없는 타동사 같지만 전치사와 함께 뒤에 목적어를 취하는 자동사들을 알아 둡니다.

account for ~에 대해 설명하다	depend on ~에 의지하다	participate in ~에 참가하다, ~에 참여하다
agree to/with/on ~에 동의하다	differ from ~과 다르다	react to ~에 반응하다
care for ~을 돌보다	listen to ~을 듣다	speak to ~에게 말하다
deal with ~을 처리하다, ~을 다루다	object to ~에 반대하다	talk about ~에 대해 이야기하다

Jane / (~~participated~~, participated in) / a piano contest. Jane은 / 참가했다 / 피아노 대회에
→ 자동사 participate는 바로 목적어를 취할 수 없으므로, 전치사 in과 함께 써야 합니다.

His proposal / (~~differs~~, differs from) / the previous one. 그의 제안서는 / 다르다 / 이전 것과
→ 자동사 differ는 바로 목적어를 취할 수 없으므로, 전치사 from과 함께 써야 합니다.

POINT 2 타동사 + ~~전치사~~ + 목적어

타동사 뒤에 목적어를 취하기 위해서는 전치사가 필요하지 않습니다. 우리말 의미로는 전치사가 필요한 자동사 같지만 뒤에 전치사를 쓰지 않는 타동사들을 알아 둡니다.

access ~에 접근하다 → access to (×)	discuss ~에 대해 토론하다 → discuss about (×)
accompany ~와 동반하다 → accompany with (×)	emphasize ~에 대해 강조하다 → emphasize on (×)
approach ~에 다가가다 → approach to (×)	explain ~을 설명하다 → explain about (×)
approve ~을 승인하다 → approve for (×)	interview ~와 면접하다 → interview with (×)
check ~을 확인하다 → check of (×)	oppose ~에 반대하다 → oppose to (×)
contact ~와 연락하다 → contact with (×)	reach ~에 도착하다 → reach at (×)

Our team / (~~discussed about~~, discussed) / the new advertisement. 우리 팀은 / 토론했다 / 새 광고에 대해
→ 타동사 discuss 뒤에는 전치사가 필요하지 않습니다.

Brian / (~~explained about~~, explained) / his plan / to the manager. Brian은 / 설명했다 / 그의 계획을 / 부장에게
→ 타동사 explain 뒤에는 전치사가 필요하지 않습니다.

다음 괄호 안에 있는 것 중 적절한 것을 고르세요.

01 This Web site gives information on how to (care, care for) pets.

02 The client (objected, opposed) to the changes in the new contract.

03 Staff members (speak, approach) their supervisors when they have questions.

04 Larry Burke will (accompany, accompany with) Mr. Rogers to the negotiations.

보기 중 빈칸에 가장 적절한 것을 고르세요.

05 The company wants the warehouse personnel to ------- for the missing inventory.

(A) interview (B) approve
(C) account (D) explain

06 At the meeting, the manager will ------- with the problem of improper use of company telephones.

(A) emphasize (B) check
(C) contact (D) deal

Questions 07-09 refer to the following memo.

I am surprised that only 20 percent of the staff have signed up for the Leadership Training Seminar. I expected more interest. Our keynote speaker, Harry Smith, will ------- (07) about creative thinking and the session will be a great start to the seminar. I am aware that the director has not ------- (08) the training compulsory. Still, it is a good opportunity to prepare our key employees for managerial positions. ------- (09). Please encourage the staff to register.

07 (A) discuss (B) oppose
(C) talk (D) check

08 (A) made (B) make
(C) makes (D) to make

09 (A) Nominees will be properly compensated.
(B) Your input will be considered carefully.
(C) Also, it would definitely benefit them to participate.
(D) However, act now as seating will be limited.

정답 p.395 해석·해설 p.457

VOCABULARY

01 pet[pet] 애완동물 02 client[kláiənt] 고객, 의뢰인 contract[kɑ́:ntrækt] 계약 03 supervisor[sú:pərvàizər] 상사, 감독자
04 negotiation[nigòuʃiéiʃən] 협상 05 warehouse[wérhaus] 창고 personnel[pə̀:rsənél] (전) 직원 inventory[ínvəntɔ̀:ri] 재고품
06 improper[imprɑ́:pər] 부적절한
07 sign up 등록하다 expect[ikspékt] 기대하다 interest[íntərəst] 관심, 흥미 keynote[kí:nòut] 기조 creative[kriéitiv] 창조적인
09 compulsory[kəmpʌ́lsəri] 필수의, 의무적인 managerial position 관리직 register[rédʒistər] 등록하다 nominee[nɑ̀:məní:] 지명된 사람 compensate[kɑ́:mpənsèit] 보상하다 input [ínpùt] 조언 benefit[bénəfit] 유익하다, 득이 되다

동사 어휘(3)

어휘 헤는 밤

부장님은 다음 달부터는 토익 600점이 넘는 직원들만

무료 주차권을 얻을(obtain) 수 있다는 소식을 우리에게 알려(notify)주셨다.

고등학교 졸업 이래 영어책을 들여다 본 적도 없지만

한때 학교를 대표하(represent)여 영어 대회에 나갔었노라 큰소리쳤었기에

최악의 점수만은 피하(avoid)고자 같은 부서 동료들과 스터디를 시작했고

지각은 절대 금지하기로 규칙을 정했다.

부장님은 주차 요금이 한 달에 십만 원이라는 사실을

계속해서 상기시(remind)켜 주며 공부하라고 윽박지르셨고,

우리는 하늘을 우러러 하루에 3시간씩 자며 공부했기에

이 정도면 650점은 거뜬히 넘을 수 있을 거라 기대했(anticipate)다.

토익을 노래하는 마음으로 영어를 사랑해야지.

그리고 나에게 주어진 길을 걸어가야겠다.

오늘 밤에도 영어 단어들이 머릿속에 스치운다.

필수 어휘 리스트

- **obtain** 얻다, 획득하다
  A driver's license is required to obtain a parking permit.
  주차권을 **얻으**려면 운전 면허증이 필요하다.

- **notify** ~에게 알리다, 통지하다
  Workers should notify supervisors before leaving the office.
  직원들은 퇴근 전에 상사**에게 알려**야 한다.

- **represent** 대표하다, 나타내다
  Mr. Cho represented the company at the trade exhibition.
  Mr. Cho는 무역 전시회에서 회사를 **대표했다**.

- **avoid** 피하다
  Follow the directions to avoid damaging the equipment.
  장비 손상을 **피하**려면 지시에 따르십시오.

- **remind** 상기시키다
  Staff members were reminded to wear badges.
  직원들은 신분증을 달고 다니도록 **상기되었다**.

- **anticipate** 기대하다
  Ms. Ford anticipates that sales will rise.
  Ms. Ford는 매출이 증가할 것이라고 **기대한다**.

- **predict** 예측하다, 예보하다
  Analysts predict the stock price will increase.
  분석가들은 주가가 오를 것이라고 **예측한다**.

- **publish** 발행하다, 발표하다
  Leon & Son will publish earnings reports today.
  Leon & Son사는 오늘 소득 보고서를 **발행할** 것이다.

- **require** 필요로 하다
  The employment contract requires revision.
  그 고용 계약서는 수정을 **필요로 한다**.

- **submit** 제출하다
  Submit the insurance claim this afternoon.
  오늘 오후에 보험 청구서를 **제출하십시오**.

문제 다음 괄호 안에 있는 것 중 적절한 것을 고르세요.

01 Laptop computers (represent, develop, benefit) a significant advance in technology.

02 Necessary measures were taken to (review, avoid, renew) further project delays.

03 The company (encourages, regards, anticipates) a 10 percent decrease in production.

04 Employees should (obtain, prolong, remind) permission to take leave.

실전 문제 보기 중 빈칸에 가장 적절한 것을 고르세요.

05 Meteorologists have ------- that very little snow will fall this year.

(A) targeted (B) represented
(C) assigned (D) predicted

06 The press release was ------- on the corporate Web site.

(A) represented (B) possessed
(C) published (D) satisfied

Questions 07-09 refer to the following information.

Guidelines for Credit Card Subscribers!

We want to -------(07) all our customers that the Credit Card division requires all subscribers to report changes to their address and telephone number. You can -------(08) us of your new information in person or by calling 555-6453 during work hours. -------(09). We are not liable for any problems that may result from incorrect personal information.

07 (A) afford (B) support
(C) remind (D) present

08 (A) apply (B) notify
(C) obtain (D) negotiate

09 (A) Thank you for your payment.
(B) This information is for new subscribers only.
(C) Your statement is now available for viewing.
(D) Please make sure to report any changes immediately.

정답 p.395 해석·해설 p.458

VOCABULARY

01 significant[signífikənt] 상당한 advance[ædvǽns] 진보, 향상
02 necessary[nésəsèri] 필요한 measure[méʒər] 조치, 대책 further[fə́:rðər] 추가의 delay[diléi] 지연
04 permission[pərmíʃən] 허가 leave[li:v] 휴가
05 meteorologist[mì:tiərá:lədʒist] 기상학자 06 press release 보도 자료 corporate[kɔ́:rpərət] 기업
07 subscriber[səbskráibər] 가입자 in person 직접, 스스로 work hours 업무 시간 liable[láiəbl] 법적 책임이 있는
09 incorrect[inkərékt] 부정확한 payment[péimənt] 지불 statement[stéitmənt] 입출금 내역서, 성명서 immediately[imí:diətli] 즉시, 곧

Reading
Part 7

동의어 문제

파트 7에서 출제되는 동의어 문제는 지문 내에 있는 한 단어와 가장 유사한 의미의 단어를 고르는 문제입니다.

질문 유형 엿보기

동의어 문제는 The word "~" is closest in meaning to를 사용하여 묻습니다. 동의어를 묻는 문제는 다음과 같은 질문을 사용합니다.

동의어 The word **"renew" in paragraph 2, line 3,** is closest in meaning to
2문단 세 번째 줄의 단어 "renew"는 의미상 ~와 가장 가깝다.

비법 공략하기

STEP 1 **질문을 읽고 단어와 위치를 확인한다!**

질문을 읽고 The word 다음의 단어와 그것의 지문 내 위치를 확인합니다. 예를 들어 The word "renew" in paragraph 2, line 3, is closest in meaning to라는 질문은 The word 다음의 단어 "renew"의 동의어를 묻고 있음을 확인합니다. 그리고 paragraph 2, line 3에서 그 단어가 지문의 2문단 세 번째 줄에 위치해 있음을 확인할 수 있습니다.

STEP 2 **문장 내에서 해당 단어의 의미를 파악한다!**

단어를 포함하고 있는 문장을 해석하면서 제시된 단어를 어떤 의미로 사용했는지 파악합니다.

STEP 3 **동의어를 선택한다!**

제시된 단어와 가장 비슷한 의미를 지닌 보기를 정답으로 선택합니다. 단어가 여러 의미를 지니고 있는 경우 문맥에 맞지 않는 동의어를 보기로 사용하여 혼동을 주기도 합니다. 따라서 반드시 문맥에 알맞은 뜻의 동의어를 선택해야 합니다.

비법 적용하기

1번은 다음 이메일에 관한 문제입니다.	**Question 1 refers to the following e-mail.**
Mr. Crowe께,	Dear Mr. Crowe,
귀하의 고급 온라인 쇼핑 장소인 FootSmart.com에 가입해주셔서 감사합니다. 저희는 고품질 스포츠 운동화와 발 관리 제품만을 제공합니다. 저희 웹사이트에 방문하시면 가장 유명한 상품 일부를 보실 수 있습니다. 러닝화와 하이킹화 외에도, 훌륭한 캐주얼 남성화와 여성화, 그리고 샌들을 갖추고 있습니다. 저희의 발 관리 제품들은 귀하의 발을 건강하게 유지하고, 발 질환으로부터의 불편함을 최소화시키도록 만들어졌습니다. 귀하에게 도움이 될 수 있기를 바랍니다!	Thank you for joining FootSmart.com, your premium online shopping destination. We offer only high-quality sports shoes and foot care products. You may visit our Web site to take a look at some of our most popular merchandise. Aside from running and hiking shoes, we have outstanding casual men's and women's shoes and sandals. Our foot care products are designed to keep your feet healthy and to minimize discomfort from foot conditions. We hope to be of service to you!
1. 여섯 번째 줄의 단어 "outstanding"은 의미상 -와 가장 가깝다. (A) 훌륭한 (B) 기한이 지난	1. The word "outstanding" in line 6, is closest in meaning to (키워드) (A) impressive (B) overdue

STEP 2 문장 내에서 단어의 의미 파악하기

STEP 1 단어와 위치 확인하기

STEP 3 동의어 선택하기

해설 **STEP 1** 질문을 읽고 'is closest in meaning to'라는 말을 통해 동의어 문제임을 알 수 있습니다. 묻고 있는 단어 'outstanding'을 확인한 뒤, 지문의 6번째 줄에서 그 단어를 확인합니다.

STEP 2 지문의 6번째 줄에서 'outstanding'이라는 단어가 포함된 절 'we have outstanding casual men's and women's shoes and sandals'에서 'outstanding'을 어떤 의미로 사용했는지 파악합니다. 'outstanding casual men's and women's shoes and sandals'라는 말은 '훌륭한 캐주얼 남성화와 여성화, 그리고 샌들'이라는 뜻입니다. 따라서 'outstanding'이 '훌륭한'이라는 뜻으로 사용되었음을 알 수 있습니다.

STEP 3 두 개의 보기 중 문맥에 알맞은 동의어 (A) impressive(훌륭한)가 정답입니다.

paraphrase 연습 주어진 문장과 가장 가까운 의미를 만드는 것을 찾아보세요.

01 As requested, the swimming pool will remain open for three extra hours.

= The request to ________ the pool's hours of operation has been approved.

(A) extend (B) extract

02 Preregistration is required to secure a place in the lecture course.

= You need to sign up ________ to ensure a seat in the lecture.

(A) in a hurry (B) in advance

03 If you have a question, please ask a salesperson.

= All ________ should be directed to one of the sales representatives.

(A) inquiries (B) concerns

04 Led by Mr. Collins, the seminar on safety procedures at the factory will be held this Friday.

= Mr. Collins will ________ the seminar on the proper use of machinery.

(A) conduct (B) train

VOCABULARY

01 request[rikwést] 요청하다; 요청 remain[riméin] ~대로이다, 여전히 ~이다 approve[əprú:v] 승인하다 extend[iksténd] 연장하다 extract[ikstrǽkt] 뽑다, 추출하다

02 preregistration[prì:redʒistréiʃən] 사전 등록 require[rikwáiər] 필요로 하다, 요구하다 secure[sikjúər] 확보하다 sign up 등록하다 ensure[inʃúər] 확보하다, 보증하다 in a hurry 급히 in advance 사전에, 미리

03 direct[dirékt] ~에게 보내다, 향하게 하다 inquiry[inkwáiəri] 질문, 문의 concern[kənsə́:rn] 관심, 걱정

04 safety procedure 안전 수칙 proper[prá:pər] 알맞은, 적절한 conduct[kəndʌ́kt] 이끌다, 지휘하다 train[tréin] 훈련하다

05 A ban on this movie is in effect from February 14 until further notice.

(A) It is illegal to watch the movie until February 14.

(B) A ban of indefinite duration has been placed on this film.

06 A schedule of the week's events is available to conference attendees on the Web site.

(A) A conference program can be found on the Web site.

(B) Attendees may sign up for events on the conference Web site.

07 Due to a server update, there will be an interruption in online services.

(A) Due to a server error, the online system requires updating.

(B) A service disruption is expected while our system is being updated.

08 A $50 nonrefundable deposit is required to make a reservation at our hotel.

(A) Customers will not get their deposit back if they cancel their reservations.

(B) Customers must pay a penalty of $50 when they cancel their reservations.

VOCABULARY

05 ban [bæn] 금지 in effect 효력 있는 until further notice 추후 공지가 있을 때까지 illegal [ilí:gəl] 불법의
indefinite [indéfənit] 무기한, (기한이) 정해져 있지 않은 duration [djuréiʃən] 기간

06 available [əvéiləbl] 이용할 수 있는 attendee [ətendí:] 참석자

07 interruption [ìntərʌ́pʃən] 중단 disruption [disrʌ́pʃən] 중단, 혼란 expect [ikspékt] 예상하다

08 nonrefundable [nɑ̀:nrifʌ́ndəbəl] 환불되지 않는 deposit [dipɑ́:zit] 보증금, 계약금 reservation [rèzərvéiʃən] 예약
penalty [pénəlti] 벌금, 위약금

Question 09 refers to the following memo.

This memo is to inform everyone that my office has been changed to room 221, formerly Ms. Brown's workspace. Ms. Brown has been approved for extended leave and will be away for six months. I am taking over her responsibilities and office in the meantime. My telephone number has also been changed, but for the time being, calls made to my old number will be redirected to me by the department secretary. Starting next week, please call me at extension 506.

09 The word "extended" in line 2 is closest in meaning to

(A) offered
(B) prolonged
(C) unlimited

Question 10 refers to the following letter.

I am writing to thank Traveler's Companion for its amazing service and the superior quality of its products. Recently, I ordered several of your city guidebooks to help me plan a trip to Europe. My order was delivered promptly, and I discovered that your guidebooks are more useful and attractive than I had expected. They not only cover all the famous tourist spots but also introduce some less popular places that are worth visiting.

10 The word "cover" in line 4 is closest in meaning to

(A) protect
(B) hide
(C) include

VOCABULARY

09 **inform** [infɔ́:rm] ~에게 알리다 **formerly** [fɔ́:rmərli] 전에 **approve** [əprú:v] 허가하다, 승인하다 **extended** [ikstɛ́ndid] 장기간에 걸친 **take over** 인계 받다, 대신하다 **extension** [ikstɛ́nʃən] 내선 (번호)

10 **superior** [supíəriər] 우수한, 양질의 **quality** [kwɑ́:ləti] 품질 **promptly** [prɑ́:mptli] 신속하게, 지체 없이 **cover** [kʌ́vər] 다루다 **tourist spot** 관광 명소 **worth -ing** ~할 가치가 있는 **protect** [prətɛ́kt] 보호하다 **hide** [haid] 숨기다

Questions 11-12 refer to the following notice.

Precautions for Laboratory Staff

There are potential health risks to be aware of when working in laboratories where infectious materials are handled or stored. Employees are required to practice caution to protect themselves and the researchers they work with.

To prevent your clothing from becoming contaminated, always wear a protective gown or coat in the laboratory. Never take personal items, such as pens, pencils, combs, cosmetics, or handbags into the laboratory. Leave them in the lockers provided for your use in the changing rooms.

If your equipment malfunctions or you spill a substance that could be infectious, report the incident to your supervisor at once. Do not attempt to perform the decontamination yourself if you are not sure of the procedure.

11 The word "practice" in paragraph 1, line 2, is closest in meaning to

(A) handle
(B) use
(C) assign
(D) rehearse

12 What are employees expected to do if the equipment breaks down?

(A) Call the technical service center
(B) Decontaminate themselves
(C) Have an engineer look at it
(D) Report it to their supervisor

정답 p.395 해석·해설 p.459

VOCABULARY

11~12 precaution [prikɔ́:ʃən] 주의사항, 예방 조치 potential [pəténʃəl] 잠재적인 infectious [infékʃəs] 전염성의 handle [hǽndl] 취급하다, 다루다
caution [kɔ́:ʃən] 주의 contaminate [kəntǽmənèit] 오염시키다 malfunction [mælfʌ́ŋkʃən] 제대로 작동하지 않다
spill [spil] 엎지르다 incident [ínsədənt] 사건 supervisor [sú:pərvàizer] 상사, 관리자 attempt [ətémpt] 시도하다
decontamination [dì:kəntǽmineiʃən] 소독, 정화 procedure [prəsí:dʒər] 절차, 순서

2주 4일

Hackers TOEIC Start Reading

Grammar Part 5, 6

[동사구] 수일치

01 단수 주어와 단수 동사의 수일치
02 복수 주어와 복수 동사의 수일치
03 주의해야 할 주어와 동사의 수일치

Vocabulary Part 5, 6

동사 어휘(4)

Reading Part 7

이메일/편지 (E-mail/Letter)

[동사구] 수일치

기초문법과 놀기

수일치란?

A monkey sings.
단수 주어 단수 동사

Monkeys sing.
복수 주어 복수 동사

주어가 단수인 A monkey일 때는 동사도 단수인 sings를 쓰고, 주어가 복수인 Monkeys일 때는 동사도 복수인 sing을 씁니다. 주어의 수에 따라 동사의 수를 일치시켜야 하는데 이를 **수일치**라고 합니다.

단수 주어와 **복수 주어**란 무엇인가요?

단수 주어란 하나의 사람이나 사물이 주어인 경우를 말하며, 앞에 관사 a/an을 붙입니다. 반면 복수 주어는 둘 이상의 사람이나 사물이 주어인 경우를 말하며 뒤에 (e)s를 붙입니다.

단수 주어	하나의 사람/사물이 주어	a hotel, an expert
복수 주어	둘 이상의 사람/사물이 주어	hotels, experts

A hotel / is / near the airport. 호텔이 / 공항 근처에 있다
단수 주어

Experts / give / advice / on investing strategies. 전문가들은 / 해준다 / 조언을 / 투자 전략에 관한
복수 주어

Check Up

다음 중 단수 주어인 것은 무엇일까요?

A. a report 보고서
B. articles 기사들
C. computers 컴퓨터들
D. a job 직업

→ 단수 주어는 하나의 사람이나 사물이 주어진 경우를 말하며 앞에 관사 a/an을 붙여요. [정답 A, D]

단수 동사와 복수 동사란 무엇인가요?

단수 동사는 단수 주어가 나올 때 쓰는 동사로 동사원형에 (e)s를 붙인 3인칭 단수형을 쓰고, 복수 동사는 복수 주어가 나올 때 쓰는 동사로 동사원형 그대로를 씁니다. 그러나 단수 동사와 복수 동사의 구분은 현재형일 때에만 해당되고, 과거형의 경우는 동일합니다.

단수 동사	3인칭 단수형	sells, plans
복수 동사	동사원형	sell, plan

The product / sells / well. 그 제품은 / 팔린다 / 잘
단수 동사

Workers / plan / to strike. 직원들은 / 계획이다 / 파업할
복수 동사

Check Up

다음 주어진 동사를 주어에 맞게 바꾸세요.

The results ________ (show) a great improvement. 그 결과들은 상당한 발전을 나타낸다.

→ 복수 동사는 동사원형을 그대로 써요. [정답 show]

Grammar
Part 5,6

01 | 단수 주어와 단수 동사의 수일치

A girl (pick, picks) berries.

괄호 안에는 단수 주어인 **A girl**과 어울리는 단수 동사 **picks**를 써야 자연스럽지요? 이렇게 단수 주어로 취급되어 뒤에 단수 동사를 써야 하는 것에는 어떤 것들이 있는지 알아 볼까요?

POINT 1 단수 가산명사

단수 가산명사일 때는 단수 주어이므로 뒤에 **단수 동사**가 와야 합니다.

The company / intends / to open a local branch. 회사는 / 예정이다 / 현지 지점을 열
단수 가산명사 / 단수 동사

POINT 2 불가산명사

불가산명사는 단수 주어로 취급되어 뒤에 **단수 동사**가 와야 합니다.

The furniture / arrives / fully assembled. 가구는 / 온다 / 완전히 조립되어
불가산명사 / 단수 동사

POINT 3 '~하는 것'으로 해석되는 긴말 덩어리

'~하는 것'으로 해석되는 긴말 덩어리(동명사, to 부정사, 명사절)는 단수 주어로 취급되어 뒤에 **단수 동사**가 와야 합니다.

Watching a soccer game / gets / me / excited. 축구 경기를 보는 것은 / 한다 / 나를 / 흥분하게
동명사 / 단수 동사

That John will leave / is / shocking. John이 떠날 거라는 것은 / 충격적이다
명사절 / 단수 동사

POINT 4 each / every + 단수 명사

each / every + 단수 명사는 단수 주어로 취급되어 뒤에 **단수 동사**가 와야 합니다.

Each house / has / two bedrooms. 각 집은 / 가지고 있다 / 두 개의 침실을
Each + 단수 명사 / 단수 동사

Every employee / pays / income taxes. 모든 직원들은 / 지불한다 / 소득세를
Every + 단수 명사 / 단수 동사

연습 문제 다음 괄호 안에 있는 것 중 적절한 것을 고르세요.

01 Holding the conference in our hotel (are, is) advantageous to your company.

02 The requested document (has, have) not yet arrived.

03 Access to this file (are, is) limited to authorized personnel.

04 Each report (contains, contain) information on key economic indicators.

05 That Mr. Smith was absent from work (were, was) surprising.

06 The editor (want, wants) to change the layout of the newspaper.

보기 중 빈칸에 가장 적절한 것을 고르세요.

07 The Weidmark Company ------- higher revenues with its new marketing strategy.

(A) anticipate (B) anticipates
(C) are anticipated (D) anticipating

08 Doing puzzles ------- both the left and right side of the brain.

(A) improving (B) are improving
(C) improve (D) improves

09 The board may ------- the drug after extensive clinical trials have been conducted.

(A) approve (B) approve for
(C) approves (D) approve with

10 Every area manager ------- required to visit all the offices under his or her management once a week.

(A) is (B) are
(C) were (D) have

정답 p.395 해석·해설 p.463

VOCABULARY

01 hold[hould] 개최하다 advantageous[ædvəntéidʒəs] 이로운, 유리한 02 request[rikwést] 요청하다 arrive[əráiv] 도착하다
03 access[ǽkses] 접근 limit[límit] 한정하다; 한계 authorized[ɔ́:θəràizd] 권한을 부여 받은 personnel[pə̀:rsənél] 직원
04 economic[èkənɑ́:mik] 경제의, 경제학의 indicator[índikèitər] 지표, 척도 05 absent[ǽbsənt] 결근한
06 editor[édətər] 편집자 layout[léiaùt] 레이아웃, 지면 배정 07 revenue[révənjù:] 수익 strategy[strǽtədʒi] 전략
08 improve[imprú:v] 발달시키다 09 board[bɔ:rd] 위원회 extensive[iksténsiv] 대규모의, 광범위한 clinical trial 임상 실험
10 management[mǽnidʒmənt] 관리, 경영

Grammar
Part 5,6

02 | 복수 주어와 복수 동사의 수일치

Two girls (pick, picks) berries.

괄호 안에는 복수 주어인 **Two girls**와 어울리는 복수 동사 **pick**을 써야 자연스럽지요? 영어에서 복수 주어가 되는 것에는 어떤 것들이 있는지 알아 볼까요?

POINT 1 복수 가산명사

복수 가산명사일 때는 복수 주어이므로 뒤에 **복수 동사**가 와야 합니다.

The students / expect / the weather will be fine. 학생들은 / 기대한다 / 날씨가 좋을 것이라고
(복수 가산명사 / 복수 동사)

POINT 2 주어 and 주어

주어가 and로 연결되어 있으면 복수 주어로 취급되어 뒤에 **복수 동사**가 와야 합니다.

Jack and I / are taking / an accounting class. Jack과 나는 / 수강하고 있다 / 회계학 수업을
(주어 and 주어 / 복수 동사)

POINT 3 several / many / a few + 복수 명사

'several / many / a few + 복수 명사'는 복수 주어로 취급되어 뒤에 **복수 동사**가 와야 합니다.

Several books / are / on the desk. 몇 권의 책들이 / 책상 위에 있다
(Several + 복수 명사 / 복수 동사)

Many workers / commute / to work / by bus. 많은 직장인들은 / 통근한다 / 직장에 / 버스로
(Many + 복수 명사 / 복수 동사)

A few machines / need / maintenance. 몇몇 기계들은 / 필요하다 / 정비가
(A few + 복수 명사 / 복수 동사)

연습 문제 다음 괄호 안에 있는 것 중 적절한 것을 고르세요.

01 The applicants (have, has) plenty of experience in foreign trade.

02 Many offices (instruct, instructs) employees about what to do in case of fire.

03 The survey forms (was, were) not filled out completely.

04 The headquarters and the branch office (plan, plans) to reorganize some divisions.

05 A few reports (provides, provide) accurate data on the current market.

06 Our facilities (are, is) available for family and company events every weekend.

 보기 중 빈칸에 가장 적절한 것을 고르세요.

07 The company and the striking workers ------- to a settlement.

(A) has agreed (B) agrees
(C) have agreed (D) agreeing

08 The cellphone charges for local calls ------- discounted for the first month.

(A) has (B) was
(C) is (D) are

09 The government is taking ------- measures to promote the export of domestic goods.

(A) signify (B) significant
(C) significance (D) significantly

10 Several candidates ------- at least two foreign languages fluently.

(A) speak (B) speaks
(C) has spoken (D) was spoken

정답 p.395 해석·해설 p.464

VOCABULARY

01 applicant [ǽplikənt] 지원자 plenty of 많은 foreign [fɔ́:rən] 해외의, 외국의 trade [treid] 무역, 교역 02 in case of ~이 발생할 시에는
03 survey [sə́:rvei] 설문 fill out 기입하다 completely [kəmplí:tli] 완전히, 완벽하게
04 headquarters [hédkwɔ̀:rtərz] 본사, 본부 branch [bræntʃ] 지사 reorganize [rì:ɔ́:rgənàiz] 개편하다 division [divíʒən] 부서
05 accurate [ǽkjurət] 정확한 current [kə́:rənt] 현재의, 지금의 06 facility [fəsíləti] 시설 available [əvéiləbl] 이용할 수 있는
07 striking [stráikiŋ] 파업 중인 settlement [sétlmənt] 결정, 해결, 화해 08 charge [tʃɑ:rdʒ] 요금
09 measure [méʒər] 조치, 수단 export [ikspɔ́:rt] 수출; 수출하다 domestic [dəméstik] 국내의, 자국의
10 candidate [kǽndidèit] 지원자, 후보자 fluently [flú:əntli] 유창하게

2주 1일 2주 2일 2주 3일 2주 4일 2주 5일 해커스 토익 스타트 Reading

Grammar
Part 5,6

03 | 주의해야 할 주어와 동사의 수일치

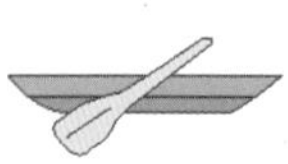

The people in the boat (has, have) a paddle.

boat가 아닌 people이 주어이기 때문에 괄호 안에는 **have**를 써야 합니다. 이렇게 동사 앞에 주어처럼 보이는 것이 여러 개가 있을 때는 진짜 주어를 찾는 것이 중요합니다. 한번 살펴 볼까요?

POINT 1 주어와 동사 사이에 수식어가 온 경우

주어와 동사 사이에 **수식어**가 온 경우 수식어는 주어와 동사의 수일치에 전혀 영향을 주지 않으므로 주의합니다.

Getting letters / [from my friends] / (~~make~~, makes) / me / happy.
단수 수식어 복수(×) 단수(○)
편지를 받는 것은 / 친구들로부터 / 만든다 / 나를 / 행복하게

The paintings / [at the museum] / (~~attracts~~, attract) / many tourists.
복수 수식어 단수(×) 복수(○)
그림들이 / 박물관의 / 끌어모은다 / 많은 관광객들을

POINT 2 'most / all / some / half / the rest + of + the 명사'가 주어로 온 경우

of the 뒤의 명사가 단수 또는 **불가산**이면 **단수 주어**로 취급되어 뒤에 **단수 동사**가 오고, **of the 뒤의 명사가 복수**이면 **복수 주어**로 취급되어 뒤에 **복수 동사**가 옵니다.

most / all / some half / the rest	+ of + the +	단수/불가산 명사 —— 단수 동사 복수 명사 —— 복수 동사

Most of the water / (~~were~~, was) dried up / in the lake. 물의 대부분은 / 말랐다 / 그 호수의
불가산 복수(×) 단수(○)

Some of the firms / (~~disagrees~~, disagree) / with the policy. 회사들 중 몇 곳은 / 반대한다 / 그 정책에
복수 단수(×) 복수(○)

The rest of the papers / (~~is~~, are) / in the drawer. 나머지 서류들은 / 있다 / 서랍에
복수 단수(×) 복수(○)

연습 문제 다음 괄호 안에 있는 것 중 적절한 것을 고르세요.

01 All of the old magazines (is, are) available at a discounted price.

02 Some of the executives (refuse, refuses) to reduce expenditures on advertising.

03 The competition between low-cost airlines (has, have) increased.

04 Senior employees in the workplace (know, knows) little about computers.

보기 중 빈칸에 가장 적절한 것을 고르세요.

05 The rest of the guests for the Best Employee Award ------- to arrive after 7 P.M.

(A) expects (B) expecting
(C) are expected (D) is expected

06 Some of the pens in the shipment ------- faulty parts.

(A) has (B) is
(C) was (D) have

Questions 07-09 refer to the following letter.

Dear Mr. Wilson,

We are pleased that you are considering our hotel for your company's Christmas party. -------(07). In fact, some of the firms in the area -------(08) already about holding a year-end gathering here, so I suggest you make a reservation quickly. Information about our facilities -------(09) in the flyer included with this letter. You can reach me at 555-0938 if you have any questions.

07 (A) We have hosted many similar events in the past.
(B) All of the guests enjoyed themselves greatly.
(C) Your online booking has been confirmed.
(D) We appreciate your feedback about our hotel.

08 (A) was inquired (B) have inquired
(C) inquires (D) inquiring

09 (A) is (B) are
(C) were (D) have

정답 p.395 해석·해설 p.465

VOCABULARY

01 available [əvéiləbl] 이용할 수 있는 discount [dískaunt] 할인하다
02 executive [igzékjutiv] 임원 reduce [ridjú:s] 줄이다, 감소시키다 expenditure [ikspénditʃər] 지출, 비용
03 competition [kὰ:mpətíʃən] 경쟁 low-cost 저가의, 값싼 04 workplace [wə́:rkplèis] 직장, 일터
06 shipment [ʃípmənt] 수송품, 적하물 faulty [fɔ́:lti] 결함이 있는
07 pleased [pli:zd] 기쁜 consider [kənsídər] 고려하다 firm [fə:rm] 회사 hold [hould] 개최하다 year-end 연말의
09 gathering [gǽðəriŋ] 모임 make a reservation 예약하다 facility [fəsíləti] 시설

Vocabulary
Part 5,6

동사 어휘(4)

'카페인 없인 못 살아' 신도 연합 귀하

'졸음신타도연구소'는 인간계가 '꾸벅꾸벅신', '세상모르고잠들어신' 등 악명 높은 졸음신들의 유혹을 받고 있고, 그 신들이 활동 영역을 급속도로 넓히고 있다는 사실을 **나타내**(indicate)는 통계를 지난주에 **발표했**(announce)습니다.

종교인들은 카페인신에 대한 신앙 부족이 이런 결과를 초래한 것이라고 **평가하**(evaluate)고 있습니다. 모든 신도들은 카페인신에 대한 믿음을 강화하고, 졸음신이 인간에게 무차별적인 **영향을 미치**(affect)지 않도록 노력해야 할 것입니다.

보낸이: "무찌르자졸음신" <tadojolemsin@caffein.co.kr>
받는이: "카페인교주" <caffeinjjang@godofcaffein.co.kr>

교주님, 전화로 **연락할**(contact) 용기가 나지 않아 이렇게 글을 올립니다.

도와주세요. 카페인신을 무차별적으로 영접해 보아도 졸음신을 쫓아낼 수가 없습니다. 방법을 **바꿔보**(change)면 나아질까 싶어 커피 로스터를 찾아가 에스프레소에 자양강장제 5방울, 콜라 4방울을 넣은 마법의 약도 지어 먹었지만, 졸음신의 위력은 줄어들 기미가 보이지 않았습니다.

특히 악명 높은 '꾸벅꾸벅신'과 '세상모르고잠들어신'의 식후 강림은 회사에서의 제 입지를 급속도로 떨어뜨리고 있습니다. 제발… 제가 잠의 늪에서 빠져 나올 수 있는 강력한 방법을 추천해 주시면 감사하겠습니다.

필수 어휘 리스트

- **indicate** 나타내다
  The survey indicates that few employees received job-related training.
  그 설문 조사는 직무 관련 교육을 받은 직원이 거의 없다는 것을 **나타낸다**.
- **announce** 발표하다
  Mr. Kuza announced the opening of a new exhibition.
  Mr. Kuza가 새 전시회의 개막을 **발표했다**.
- **evaluate** 평가하다
  The CEO will evaluate every candidate in person.
  최고 경영자는 모든 지원자를 직접 **평가할** 것이다.
- **affect** 영향을 미치다
  The team's lack of computer skills affected the project.
  팀의 컴퓨터 기술 부족은 그 프로젝트에 **영향을 미쳤다**.
- **contact** 연락하다
  Please contact us for more information.
  더 많은 정보를 원하시면 저희에게 **연락하십시오**.
- **change** 바꾸다
  The company changed the color of its logo from blue to red.
  그 회사는 로고 색을 파란색에서 빨간색으로 **바꾸었다**.
- **describe** 기술하다, 묘사하다
  The Newsfeeds report describes the merger in detail.
  Newsfeeds 보도는 합병에 대해 상세하게 **기술한다**.
- **conduct** (특정한 활동을) 하다, 수행하다
  Preparation is the key to conducting meaningful interviews.
  준비는 의미 있는 인터뷰를 **하는** 비결이다.
- **intend** ~할 작정이다, 의도하다
  Management intends to hire new employees.
  경영진은 신입사원을 고용**할 작정이다**.
- **volunteer** 자원하다
  Ms. Chase volunteered to organize a charity event.
  Ms. Chase는 자선행사를 준비하겠다고 **자원했다**.

문제 다음 괄호 안에 있는 것 중 적절한 것을 고르세요.

01 Higher fuel prices will (affect, announce, contact) the automobile industry.

02 Ms. Lowry (contacted, directed, described) the policy changes at the meeting.

03 We (prolonged, differed, changed) the name of our product two years ago.

04 Studies (indicate, evaluate, review) that people learn more through group activities.

보기 중 빈칸에 가장 적절한 것을 고르세요.

05 ------- market research is essential for entrepreneurs.

(A) Conducting (B) Intending
(C) Resolving (D) Surrounding

06 An interview was conducted to ------- the candidate's suitability as a potential employee.

(A) object (B) evaluate
(C) challenge (D) alleviate

Questions 07-09 refer to the following letter.

Dear valued Regent Furniture customers,

We are pleased to -------(07) a year-end event to be held at all Regent Furniture outlets. All our stores will offer a 25 percent discount on all merchandise starting on May 1! Find collections of furniture, lighting, and other finely crafted products for your home. Please do not hesitate to -------(08) us for more information. The sale will last for three weeks. -------(09). So, take advantage of these great deals while stock is still available.

07 (A) express (B) explain
(C) announce (D) answer

08 (A) advise (B) connect
(C) contact (D) approve

09 (A) However, quantities are limited.
(B) Your information will be kept private.
(C) We hope you found everything you needed.
(D) Call 555-3099 to book your appointment.

정답 p.395 해석·해설 p.466

VOCABULARY

01 fuel [fjú:əl] 연료 02 policy [pá:ləsi] 정책 04 study [stʌ́di] 연구
05 conduct [kəndʌ́kt] 수행하다, 실시하다 essential [isénʃəl] 필수적인 entrepreneur [à:ntrəprənə́:r] 사업가
06 suitability [sù:təbíləti] 적합성 potential [pəténʃəl] 잠재적인
07 year-end 연말의 outlet [áutlet] 전문 매장, 할인점 collection [kəlékʃən] 컬렉션, 소장품, 수집물 finely [fáinli] 정교하게
~09 hesitate [hézətèit] 주저하다 take advantage of ~을 이용하다 stock [stɑ:k] 재고 quantity [kwá:ntəti] 수량 limited [límitid] 한정된 private [prá:ivət] 비공개의, 사적인 appointment [əpɔ́intmənt] 약속, 예약

Reading Part 7

이메일/편지 (E-mail/Letter)

파트 7에서 출제되는 이메일/편지는 서비스에 대한 고객 항의, 주문 내역 확인, 잡지 구독 갱신 권유, 특별 행사 초대, 감사 편지 등의 내용을 다룹니다. 또한 회사 업무와 관련하여 회사 내에서 주고 받는 내용이 출제됩니다.

빈출 질문 유형과 공략법

이메일/편지에서는 이메일이나 편지를 쓴 목적, 이메일이나 편지에 첨부 또는 동봉된 것, 이메일이나 편지를 받는 상대에게 요청하는 내용을 묻는 문제가 자주 출제됩니다.

이메일이나 편지의 목적을 묻는 질문

질문의 예 What is the purpose of the e-mail? 이메일의 목적은 무엇인가?
Why was the letter written? 편지는 왜 쓰였는가?

공략법 이메일이나 편지를 쓴 목적은 주로 지문의 앞부분에서 언급됩니다.
특별히 I am writing to나 This e-mail is to, 또는 이메일의 제목을 나타내는 Subject:나 Re: 다음에서 주제나 목적이 자주 언급됩니다.

첨부 또는 동봉된 것을 묻는 질문

질문의 예 What is enclosed with the letter? 편지에 동봉된 것은 무엇인가?
What did Mr. Naples send with his e-mail? Mr. Naples가 이메일과 함께 보낸 것은 무엇인가?

공략법 편지에 동봉된 것은 주로 지문의 끝부분에서 언급됩니다.
지문 끝부분의 enclosed, send with, attach 등의 표현 주변에서 정답의 단서를 찾습니다.

요청 사항을 묻는 질문

질문의 예 What does Mr. Dale request Ms. Warren to do? Mr. Dale은 Ms. Warren에게 무엇을 하라고 요청하는가?
What are employees requested to do? 직원들은 무엇을 하도록 요청되는가?

공략법 상대에게 요청하는 내용은 대부분 지문의 끝부분에서 언급됩니다.
육하원칙 문제 유형이므로 질문의 키워드를 파악한 후 지문의 끝 부분에서 정답의 단서를 찾습니다. 특별히 요청 사항은 I would appreciate your -ing와 같은 표현을 포함한 문장에서 자주 언급됩니다.

이메일/편지에 자주 등장하는 표현

- 이메일의 제목을 나타내는 표현: Subject 제목
- 이메일이나 편지의 목적을 나타내는 표현: I am writing to ~하기 위하여 씁니다 I want you to know 당신이 ~을 알기를 바랍니다
  This e-mail is to ~하기 위한 이메일입니다
- 동봉된 것을 나타내는 표현: enclose 동봉하다 send with ~과 함께 보내다 attach 첨부하다
- 요청 사항을 나타내는 표현: I would appreciate your -ing / I would be grateful if you could ~해 주시면 감사하겠습니다
  Please ~해 주십시오

비법 적용하기

1-3번은 다음 이메일에 관한 문제입니다.

수신: Amy Craig <acraig@chinaware.com>
발신: Phillip Kim <philkim@wemail.net>
제목: 주문 관련 문의

Ms. Craig께,
9월 10일에 제가 구입한 물건에 대한 [1]배송을 받았음을 귀하께 알려드리기 위해 씁니다. 장미 접시 세트 8개를 주문하였는데, 포장 상자를 열어보았더니 품질 보증서가 빠져 있었습니다.

[2]영수증 사본을 첨부합니다. [3]품질 보증서를 다시 보내주시면 감사하겠습니다.
Phillip Kim

1. 이메일의 목적은 무엇인가?
   (A) 교환을 요구하기 위해
   (B) 배송에 대해 상의하기 위해
2. 이메일에 첨부된 것은 무엇인가?
   (A) 영수증
   (B) 결함이 있는 제품
3. Mr. Kim은 Ms. Craig에게 무엇을 하라고 요청하는가?
   (A) 무료 배송을 제공하는 것
   (B) 품질 보증서를 보내는 것

Questions 1-3 refer to the following e-mail.

To: Amy Craig <acraig@chinaware.com>
From: Phillip Kim <philkim@wemail.net>
Subject: Inquiry about an order

Dear Ms. Craig, — 받는 사람

[1]I am writing to inform you that I received a shipment for a purchase I made on September 10. — 이메일을 쓴 목적
I ordered eight sets of Rose chinaware, but when I opened the package, the warranty was missing. — 상세 내용

[2]I am attaching a copy of my receipt. — 첨부된 것
[3]I would appreciate if you could send me the warranty. — 요청 사항

Phillip Kim — 보내는 사람

1. What is the purpose (목적) of the e-mail?
   (A) To ask for an exchange
   (B) To discuss a shipment
2. What is sent with (키워드) the e-mail?
   (A) A receipt
   (B) A defective product
3. What does Mr. Kim request (키워드) Ms. Craig to do?
   (A) Give him free shipping
   (B) Send him the warranty

해설
1. 질문의 'purpose'를 통하여 이메일을 쓴 목적을 묻는 문제임을 알 수 있습니다. 따라서 지문의 앞부분에서 정답의 단서를 찾습니다. 지문의 첫 문장에서 'I am writing to inform you that I received a shipment'라고 하였으므로, (B) To discuss a shipment가 정답입니다.
2. 질문의 키워드 'sent with'를 통하여 이메일에 첨부된 것을 묻는 문제임을 알 수 있습니다. 질문의 키워드인 'sent with'가 지문의 끝부분에서 'attaching'으로 paraphrase되었으므로 그 주변에서 정답의 단서를 확인합니다. 'I am attaching a copy of my receipt.'라고 하였으므로, (A) A receipt이 정답입니다.
3. 질문의 키워드 'request'를 통하여 Mr. Kim이 Ms. Craig에게 요청하는 내용을 묻는 문제임을 알 수 있습니다. 질문의 키워드인 'request'가 지문의 끝부분에서 'I would appreciate if you could'로 표현되었으므로 그 주변에서 정답의 단서를 찾습니다. 'I would appreciate if you could send me the warranty.'라고 하였으므로, (B) Send him the warranty가 정답입니다.

paraphrase 연습 주어진 문장과 가장 가까운 의미를 만드는 것을 찾아보세요.

01 The hotel has recently renovated 100 guest suites.

= Many guest suites at the hotel have recently been ________.

(A) leased (B) remodeled

02 The number of people living in Harborfront has grown lately.

= Harborfront has had a recent rise in ________.

(A) population (B) pollution

03 Cold weather leads to higher heating costs.

= Heating costs ________ as the temperature outside decreases.

(A) divide (B) rise

04 The dangers of cigarettes are emphasized on the posters.

= The posted signs ________ people of the risk of smoking.

(A) warn (B) endanger

VOCABULARY

01 recently[rí:sntli] 최근에 renovate[rénəvèit] 개조하다 suite[swi:t] 스위트룸, (거실과 침실이 이어져 있는) 특별실
lease[li:s] (토지, 가옥) 임대하다 remodel[rì:má:dl] 개조하다

02 lately[léitli] 최근에 rise[raiz] 증가, 상승 population[pà:pjuléiʃən] 인구 pollution[pəlú:ʃən] 오염

03 lead[li:d] 이르게 하다, 이끌다 temperature[témpərətʃər] 기온 decrease[dikrí:s] 낮아지다, 감소하다

04 emphasize[émfəsàiz] 강조하다 post[poust] 게시하다 risk[risk] 위험 warn[wɔ:rn] 경고하다
endanger[indéindʒər] 위험에 빠뜨리다

05 Caltrex is best known for its positive relationship with its staff.

(A) Caltrex is famous for maintaining good employee relations.

(B) Caltrex is very satisfied with its famous employees.

06 The Pearl Group is headquartered in Tokyo.

(A) The first branch office of the Pearl Group was established in Tokyo.

(B) The main office of the Pearl Group is situated in Tokyo.

07 Economists attributed the economic recovery to the state's lowering of interest rates.

(A) In response to the stronger economy, the government decided to change interest rates.

(B) The economy improved because the government reduced interest rates.

08 Costa Company acquired FNB to strengthen its position in the educational software market.

(A) FNB was purchased by Costa Company to reinforce its status in the industry.

(B) Costa Company bought FNB in order to be the largest manufacturer in the industry.

VOCABULARY

05 **known for** ~로 알려진 **maintain**[meintéin] 유지하다 **be satisfied with** ~에 만족하다

06 **headquarter**[hédkwɔ̀ːrtər] ~에 본사(본부)를 두다 **branch**[bræntʃ] 지점 **establish**[istǽbliʃ] 설립하다 **situated**[sítʃuèitid] 위치해 있는

07 **attribute A to B** A를 B의 덕분으로 돌리다 **recovery**[rikʌ́vəri] 회복 **lower**[lóuər] 낮추다 **interest rate** 이자율
in response to ~에 응하여

08 **acquire**[əkwáiər] 매입하다, 취득하다 **strengthen**[stréŋkθən] 강화하다 **reinforce**[rìːinfɔ́ːrs] 강화하다 **status**[stéitəs] 위치, 지위
manufacturer[mæ̀njufǽktʃərər] 제조업체, 제조업자

Question 09 refers to the following letter.

Dear Ms. Jackson,

Our law firm has recently decided to move to a more spacious office due to an increase in the number of employees in the last year. Additional furniture, office supplies, and equipment are needed for our new location. We were very satisfied with the quality of goods and services you provided in the past, so we hope you will help us again. I have enclosed a list of the items needed. Please provide us with a cost estimate.

09 What is enclosed with the letter?

(A) A schedule
(B) A list of products
(C) A price quote

Question 10 refers to the following e-mail.

FROM: Christopher Knight, Personnel Manager <chrisknight@hbcompany.com>
TO: All staff
Subject: Confidential information policy

This e-mail is to notify staff that all data contained in the personnel information files is confidential. Only authorized executives should have access to these files. Reviewing or sharing any information you find with a third party is strictly forbidden and could result in the suspension of your employment. If you are given access to these files by mistake, please report it to the personnel department immediately.

10 What should staff do when they accidentally gain access to a confidential file?

(A) Contact the technician
(B) Send it to the supervisor
(C) Inform the personnel department

VOCABULARY

09 **additional** [ədíʃənl] 추가의 **location** [loukéiʃən] 장소, 위치 **be satisfied with** ~에 만족하다 **quality** [kwɑ́:ləti] 품질 **enclose** [inklóuz] 동봉하다 **estimate** [éstəmət] 견적서 **quote** [kwout] 견적서

10 **personnel** [pə̀:rsənél] 인사의, 직원의 **confidential** [kɑ̀:nfədénʃəl] 기밀의 **authorized** [ɔ́:θəràizd] 권한을 부여 받은 **executive** [igzékjutiv] 임원 **access** [ǽkses] 접근 권한 **third party** 제삼자 **forbidden** [fərbídn] 금지된 **suspension** [səspénʃən] 정직 **by mistake** 착오로, 실수로 **accidentally** [æ̀ksədéntəli] 착오로, 잘못하여

Questions 11-12 refer to the following letter.

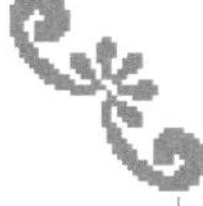

Viking Wireless
311 Lexington Ave
New York, NY 10017

Dear Mr. Jones,

Last month, my cell phone bill was much higher than usual. So I contacted the customer service department to find out why. It turns out that there are many phone calls on the bill that I did not make. However, customer service insists that these calls were made from my cell phone.

But many of the calls were made when I was out of the country. Enclosed is a copy of my plane ticket to prove that I was not in the country. I have also attached a copy of my recent bills and highlighted the calls that I did not make.

Please reimburse me for the incorrect charges and send a statement that reflects the changes. Thank you for your attention in this matter.

Regards,

11 What is the purpose of the letter?

(A) To ask about a phone service plan
(B) To praise the customer service
(C) To exchange a defective phone
(D) To complain about a billing issue

12 What does Ms. Hay request the company to do?

(A) Refund the extra charges
(B) Change her service plan
(C) Contact the travel agency
(D) Update her subscription

정답 p.395 해석·해설 p.467

VOCABULARY

11~12 **bill**[bil] 청구서 **turn out** 밝혀지다 **insist**[insíst] 주장하다 **prove**[pru:v] 증명하다 **attach**[ətǽtʃ] 첨부하다
highlight[hàiláit] 표시하다, 강조하다 **reimburse**[rì:imbə́:rs] 상환하다 **incorrect**[ìnkərékt] 잘못된, 틀린
charge[tʃɑ:rdʒ] 요금 **statement**[stéitmənt] 고지서, 계산서 **reflect**[riflékt] 반영하다 **attention**[əténʃən] 관심
praise[preiz] 칭찬하다 **exchange**[ikstʃéindʒ] 교환하다 **defective**[diféktiv] 결함 있는 **complain**[kəmpléin] 불평하다
refund[rifʌ́nd] 환불하다 **update**[ʌ̀pdéit] 갱신하다 **subscription**[səbskrípʃən] 가입

2주 5일

Hackers TOEIC Start Reading

Grammar Part 5, 6

[동사구] 시제

01 현재/과거/미래
02 현재진행/과거진행/미래진행
03 현재완료/과거완료/미래완료

Vocabulary Part 5, 6

동사 어휘(5)

Reading Part 7

양식 (Form)

[동사구] 시제

기초 문법과 놀기

시제란?

발을 씻다.
동사(현재)

발을 씻었다.
동사(과거)

발을 씻을 것이다.
동사(미래)

동사 '씻다'는 '씻었다', '씻을 것이다' 등 시간의 변화에 따라 다양하게 나타낼 수 있습니다. 이처럼 동사의 형태를 바꾸어 어떤 행동이나 사건을 시간의 흐름에 따라 표현할 수 있는데 이를 **시제**라고 합니다.

시제의 종류는?

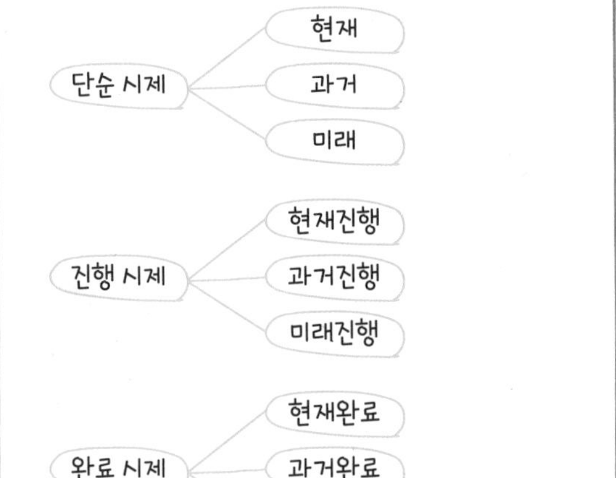

단순 시제가 무엇인가요?

특정한 시간에 발생한 일이나 상태를 나타내는 시제로 다음과 같이 크게 3가지로 나뉩니다.

현재	동사원형+(e)s	Mr. Lee / **watches** / movies. Mr. Lee는 / 본다 / 영화를
과거	동사원형+ed	Mr. Lee / **watched** / a movie / last month. Mr. Lee는 / 보았다 / 영화를 / 지난달에
미래	will/be going to +동사원형	Mr. Lee / **will watch** / a movie / next week. Mr. Lee는 / 볼 것이다 / 영화를 / 다음 주에

Check Up

다음 중 과거를 표현한 문장은 무엇일까요?

A. We will hire more workers. 우리는 더 많은 직원들을 채용할 것이다.

B. I called Ms. Austin. 나는 Ms. Austin에게 전화를 걸었다.

→ 과거는 이미 발생한 일이나 상태를 나타내며 동사에 ed를 붙여요. [정답 B]

그럼 **진행 시제**는 무엇인가요?

주어진 시점에서 움직임이 계속 진행 중임을 나타내는 시제로 다음과 같이 크게 3가지로 나뉩니다.

현재진행	am/is/are+ing	She / **is reading** / a report. 그녀는 / 읽고 있는 중이다 / 보고서를
과거진행	was/were+ing	She / **was reading** / a report. 그녀는 / 읽는 중이었다 / 보고서를
미래진행	will be+ing	She / **will be reading** / a report. 그녀는 / 읽고 있을 것이다 / 보고서를

Check Up

다음 중 현재진행을 표현한 문장은 무엇일까요?

A. Ms. Adams is presenting a business plan. Ms. Adams는 사업 계획을 발표하는 중이다.

B. He will visit the factory in Mexico. 그는 멕시코에 있는 공장을 방문할 것이다.

→ 현재진행은 지금 움직임이 계속 진행 중임을 나타내며 'am/is/are+ing'를 써요. [정답 A]

완료 시제는 무엇인가요?

기준 시점보다 앞선 시점부터 발생한 일이나 상태가 기준 시점까지 계속되거나 영향을 주는 것을 나타내는 시제로 다음과 같이 크게 3가지로 나뉩니다.

현재완료	have/has+p.p.	We / **have lived** here / for three years. 우리는 / 이곳에서 살고 있다 / 3년간
과거완료	had+p.p.	We / **had lived** here / for three years. 우리는 / 이곳에서 살았었다 / 3년간
미래완료	will have+p.p.	We / **will have lived** here / for three years / by next year. 우리는 / 이곳에서 산 것이 된다 / 3년 간 / 내년이면

Check Up

괄호 안의 동사를 현재완료 시제로 바꾸어 문장을 완성하세요.

Nathan ________ (finish) his assignment. Nathan은 과제를 끝냈다.

→ 현재완료 시제의 형태는 'have/has+p.p.'예요. [정답 has finished]

01 | 현재 / 과거 / 미래

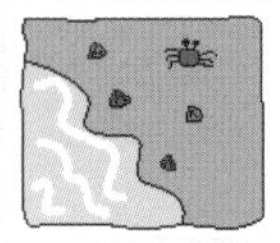

나는 종종 바다에 간다. 어제도 갔었다. 다음 주에도 갈 것이다.

종종 바다에 가는 습관은 **간다**로, 어제 바다에 갔던 일은 **갔었다**로, 그리고 다음 주에 갈 예정인 일은 **갈 것이다**라고 표현합니다. 영어에서는 어떤 형태의 동사로 시제를 나타내는지 한번 살펴 볼까요?

POINT 1 현재

반복되는 사건과 **습관** 또는 **일반적인 사실** 등을 표현할 때 씁니다. 특히 다음과 같은 표현은 현재 시제와 함께 자주 쓰이므로 익혀 둡니다.

usually 보통	often 자주, 종종	every day 매일	these days 요즘

I / usually / come home / at 7 P.M. 나는 / 보통 / 집에 온다 / 오후 7시에
(come: 현재)

POINT 2 과거

과거에 일어난 일이나 **과거의 동작, 상태**를 표현할 때 씁니다. 특히 다음과 같은 표현은 과거 시제와 함께 자주 쓰이므로 익혀 둡니다.

yesterday 어제	ago ~ 전에	last + week / month / year 지난주/달/해	in + 과거 연도 ~년에

Interest rates / rose / last month. 이자율이 / 상승했다 / 지난달에
(rose: 과거)

POINT 3 미래

앞날에 대한 추측이나 **의지, 계획** 등을 표현할 때 씁니다. 특히 다음과 같은 표현은 미래 시제와 함께 자주 쓰이므로 익혀 둡니다.

tomorrow 내일	next + week / month / year 다음 주/달/해	by / until + 미래 시간 표현 ~까지

We / will have / a new menu / next week. 우리는 / 선보일 것이다 / 신메뉴를 / 다음 주에
(will have: 미래)

연습 문제 다음 괄호 안에 있는 것 중 적절한 것을 고르세요.

01 Mr. Chen (finished, finish) reviewing the summary yesterday.

02 We (announce, will announce) open positions on employment Web sites these days.

03 The board (convened, will convene) an executive session tomorrow.

04 Many workers (go, went) abroad in 2003.

05 Next Tuesday, the ship (will leave, left) the harbor at 12 P.M.

06 Ms. Cooper (met, meets) one of her European clients three days ago.

실전 문제 보기 중 빈칸에 가장 적절한 것을 고르세요.

07 The fitness center's facilities ------- a gym and tennis courts.

(A) include (B) includes
(C) inclusion (D) to include

08 The conference ------- opportunities last week for employees to learn ideas and meet new people.

(A) creating (B) creates
(C) created (D) will create

09 Some experts predict that urban areas ------- 98 percent of the world's population by 2050.

(A) hold (B) held
(C) will hold (D) holding

10 Several computer manufacturers ------- their new lines in the next several months.

(A) introduce (B) will introduce
(C) introduction (D) be introduced

정답 p.395 해석·해설 p.471

VOCABULARY

01 review [rivjúː] 검토하다 summary [sʌ́məri] 요약, 개요 02 employment [implɔ́imənt] 채용, 고용 03 executive session 간부 회의
05 harbor [hɑ́ːrbər] 항구 07 facility [fəsíləti] 시설 gym [dʒim] 체육관 08 opportunity [ɑ̀ːpərtjúːnəti] 기회
09 expert [ékspəːrt] 전문가 urban [ə́ːrbən] 도시의 population [pɑ̀ːpjuléiʃən] 인구
10 manufacturer [mæ̀njufǽktʃərər] 제조회사, 제조업자 line [lain] (제품) 라인, 상품의 종류

02 현재진행 / 과거진행 / 미래진행

어제 백화점에 들렀을 때 빨간 블라우스를 팔고 있었다. 지금 그걸 사러 가는 중이다.

과거 특정시점 진행 동작은 **~하고 있었다**로, 현재진행 동작은 **~하는 중이다**로 표현합니다. 영어에서는 진행 시제를 어떻게 쓰는지 한번 살펴 볼까요?

1 현재진행(am / is / are + ing)

현재 진행 중인 일이나 **동작** 등을 표현할 때 씁니다. 특히 **now(지금), right now(지금 바로)**는 현재진행 시제와 자주 쓰이므로 익혀 둡니다.

The company / is building / an exhibition center / now. 그 회사는 / 건설하는 중이다 / 전시장을 / 지금
(is building: 현재진행)

2 과거진행(was / were + ing)

과거 특정한 시점에 진행되고 있었던 일을 표현할 때 씁니다. 주로 과거 시점을 나타내는 시간 표현이 함께 나옵니다.

Zoe / was revising / the contract / when he got a call. Zoe는 / 수정하고 있었다 / 계약서를 / 전화를 받았을 때
(was revising: 과거진행)

3 미래진행(will be + ing)

미래 특정한 시점에 진행되고 있을 사건이나 **동작**을 표현할 때 씁니다. 주로 미래 시점을 나타내는 시간 표현이 함께 나옵니다.

I / will be teaching / at the university / next year. 나는 / 강의하고 있을 것이다 / 그 대학에서 / 내년에
(will be teaching: 미래진행)

연습 문제 다음 괄호 안에 있는 것 중 적절한 것을 고르세요.

01 Ms. Tracy (is preparing, was preparing) the annual report now.

02 Our CEO (will be attending, was attending) the advertising workshop yesterday.

03 Chris (was beginning, will be beginning) his new position as a division head next week.

04 She (works, was working) at Sonnenfeld Corporation in 2001.

05 Mr. McCain (is returning, was returning) to Korea now.

06 We (were making, will be making) arrangements for the trade conference tomorrow.

보기 중 빈칸에 가장 적절한 것을 고르세요.

07 Ms. Thomas ------- in the employee development session yesterday.

(A) participates
(B) to participate
(C) is participating
(D) was participating

08 The manufacturer ------- changes to its billing procedures now.

(A) implements
(B) implemented
(C) implementing
(D) is implementing

09 Wellton supermarket ------- its customers a 20 percent discount the following Monday.

(A) offered
(B) offering
(C) will offer
(D) was offering

10 The manager announced that the company ------- the second edition of the cookbook next month.

(A) is promoted
(B) has been promoting
(C) will be promoting
(D) is being promoted

정답 p.395 해석·해설 p.472

VOCABULARY

01 annual report 연례 보고서 03 position [pəzíʃən] 직위 division head 부서장 06 arrangement [əréindʒmənt] 준비
08 manufacturer [mænjufǽktʃərər] 제조업자 billing procedure 청구 절차
10 announce [ənáuns] 발표하다 promote [prəmóut] 홍보하다

03 현재완료/과거완료/미래완료

작년부터 나는 병뚜껑을 모아왔다. 이번 달 말이 되면 나의 1년 수집 계획은 끝나게 될 것이다.

작년부터 현재까지 계속된 경우 **~해 왔다**를, 현재나 과거부터 지속되던 동작이 미래 어떤 시점에 끝날 경우 **~하게 될 것이다**라고 씁니다. 영어에서는 완료 시제를 어떻게 쓰는지 한번 살펴볼까요?

POINT 1 현재완료(have/has + p.p.)

과거에 발생한 일이나 **상태가 현재까지 계속되고 있거나 완료된 것**을 표현할 때 씁니다. 특히 다음과 같은 표현은 현재완료 시제와 함께 자주 쓰이므로 익혀 둡니다.

since+과거 시점 ~ 이래로	over the last/past+기간 지난 ~ 동안	for+기간 ~ 동안

I / have worked (현재완료) / for this company / since 2005. 나는 / 근무해 왔다 / 이 회사에서 / 2005년 이래로

POINT 2 과거완료(had + p.p.)

과거의 어떤 시점을 기준으로 그보다 더 앞선 시간에 발생된 일을 표현할 때 씁니다. 이때, **과거 특정 시점을 나타내는 표현**이 함께 나옵니다.

Before I reached the venue, / the conference / had started (과거완료). 내가 행사장에 도착하기 전에 / 회의는 / 시작되었다

POINT 3 미래완료(will have + p.p.)

현재나 과거에 발생한 동작이 미래의 어떤 시점까지 완료될 것임을 표현할 때 씁니다. 특히 다음과 같은 표현은 미래완료 시제와 함께 쓰이므로 익혀 둡니다.

by next+시간 표현 다음 ~까지	by the end of+시간 표현 ~ 말까지	next+시간 표현 다음 ~에

I / will have finished (미래완료) / the paper / by the end of the month. 나는 / 끝내게 될 것이다 / 그 논문을 / 이달 말까지

연습 문제 다음 괄호 안에 있는 것 중 적절한 것을 고르세요.

01 Mr. Heath (has appointed, will have appointed) Ron Barth as a financial officer by next May.

02 Before the results came in, she (had already gone, will have already gone).

03 The price of gas (increases, has increased) considerably since 2000.

04 The revenue of the company (falls, has fallen) significantly for two years.

실전 문제 보기 중 빈칸에 가장 적절한 것을 고르세요.

05 The cost of living in the country ------- by 17 percent over the last 15 years.

(A) will rise (B) has risen
(C) rising (D) rise

06 Mr. Jantick ------- in the military for six months by the end of the year.

(A) been served (B) has served
(C) will serve (D) will have served

Questions 07-09 refer to the following advertisement.

Grover Investments is looking for a corporate trainer. The business training program -------(07) the most popular of all the courses we have offered over the past two years. The qualified candidate -------(08) training programs related to marketing strategies and management starting next month. -------(09). However, candidates with more than five years of experience will be considered as well. If you have any questions, please contact Mr. Barry at 555-7800.

07 (A) will be (B) will have been
(C) had been (D) has been

08 (A) conducts (B) conducted
(C) will conduct (D) has conducted

09 (A) No other inquiries will be accepted.
(B) He will be speaking at next month's event.
(C) A master's degree in business is required to apply.
(D) Training is required to keep employees' skills up-to-date.

정답 p.395 해석·해설 p.473

VOCABULARY

01 financial [fainǽnʃəl] 재무의, 재정의 02 result [rizʌ́lt] 결과 03 considerably [kənsídərəbli] 상당히
04 revenue [révənjù:] 수입 significantly [signífikəntli] 상당히 06 military [mílitèri] 군대
07 look for 찾다 corporate [kɔ́:rpərət] 기업의, 공동의 course [kɔ:rs] 강좌 qualified [kwɑ́:ləfàid] 자격 있는
~09 candidate [kǽndidèit] 지원자 marketing strategy 마케팅 전략 management [mǽnidʒmənt] 경영 inquiry [inkwáiəri] 문의
accept [æksépt] 받아들이다, 수락하다 master's degree 석사 학위 up-to-date 최신의, 현대적인

동사 어휘(5)

'상사접근감지 내비게이션'

본 제품은 상사의 눈치를 보며 단 1분간 전화 통화하는 것조차 주저하는 소심한 직장인들을 위해 최신 기술을 이용하여 고안된 장치입니다.

상사가 반경 5미터 내에 접근한 경우에는, 격렬한 진동이 울려 상사와 마주치는 불상사를 막아(prevent) 줍니다.

이외에도 갖가지 돌발 상황을 고려하(consider)여 상사의 기분을 감지하거나, 혈압을 체크하는 등의 다양한 기능을 포함하고 있습니다. 초고속 승진을 원하는 직장인들의 폭발적인 관심을 끌고(attract) 있기 때문에, 물건을 주문하시려면 사전에 예약하(reserve)셔야 합니다.

'상사접근감지 내비게이션'은 저희 회사에서 몇 년간 진행해(proceed) 온 야심 찬 프로젝트의 결과물로, 소비자 만족도, 제품의 신뢰도 등 다양한 면에서 우수한 평가를 받고 있습니다. 소비자들의 성원에 보답하기 위해, 앞으로도 직장인들의 애로사항을 처리해(handle) 주는 제품 개발을 위한 노력을 지속할 것임을 약속 드립니다.

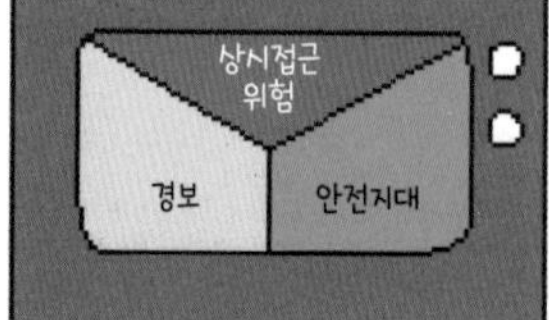

필수 어휘 리스트

- **prevent** 막다
  Accidents can be prevented by following these rules.
  이 규칙들을 따르면 사고를 **막을** 수 있다.
- **consider** 고려하다
  Unqualified applicants will not be considered for interviews.
  자격이 없는 지원자는 면접에 **고려되지** 않을 것이다.
- **attract** (주의, 흥미 등을) 끌다, 유치하다
  Advertising will attract clients.
  광고는 고객을 **끌어**들일 것이다.
- **reserve** 예약하다
  Mr. Natt reserved a table for the luncheon.
  Mr. Natt는 오찬을 위해 테이블을 **예약했다**.
- **proceed** 진행하다
  The construction proceeded as scheduled.
  그 공사는 예정대로 **진행되었다**.
- **handle** 처리하다, 다루다
  Mr. Likos handles the firm's financial transactions.
  Mr. Likos는 회사의 금융 거래를 **처리한다**.
- **associate** 관련시켜 생각하다
  People often associate success with wealth.
  사람들은 종종 성공과 부를 **관련시켜 생각한다**.
- **contain** 포함하다
  The password must contain at least one special character.
  비밀번호는 최소한 하나의 특수 문자를 **포함해**야 한다.
- **delay** 지연시키다
  An unexpected storm has delayed the flight.
  예기치 않은 폭풍이 항공편을 **지연시켰다**.
- **distribute** 배포하다, 분배하다
  Mr. Norbett will distribute the updated manual.
  Mr. Norbett이 최신 매뉴얼을 **배포할** 것이다.

다음 괄호 안에 있는 것 중 적절한 것을 고르세요.

01 The proposal is being (proceeded, forbidden, considered) but may not be accepted.

02 Effective advertisements (broaden, attract, convene) many new customers.

03 Low productivity is (associated, reserved, recommended) with job dissatisfaction.

04 The new building (attracts, modifies, contains) larger offices.

보기 중 빈칸에 가장 적절한 것을 고르세요.

05 A deposit of $50 is required to ------- seats for the upcoming season.

(A) respond (B) appoint
(C) connect (D) reserve

06 The annual meeting ------- as planned last month without any interruption.

(A) reviewed (B) obtained
(C) proceeded (D) marched

Questions 07-09 refer to the following e-mail.

From: Royce Rogers <roycerogers@techstore.com>
To: Sandra Halpern <sanhalpern@worldcom.com>

Dear Ms. Halpern,

Due to defects in the computer monitors we ordered from your company, we had to ------- (07) numerous complaints from Techstore customers. We think that this problem could have been ------- (08) if you had not sent us faulty merchandise. Accordingly, we believe your company should compensate us for our losses. ------- (09). You can reach me at 555-0398 to discuss this matter.

07 (A) hold (B) handle
(C) acquire (D) remark

08 (A) protected (B) defended
(C) altered (D) prevented

09 (A) Please inform us of his earliest availability.
(B) Our return policy is clearly posted in the store.
(C) Thus, we would like to extend our agreement.
(D) Therefore, we expect a full refund for the cost of the items.

정답 p.395 해석·해설 p.474

VOCABULARY

02 effective [iféktiv] 효과적인 03 productivity [pròudʌktívəti] 생산성 dissatisfaction [dìssætisfǽkʃən] 불만
05 deposit [dipá:zit] 보증금 upcoming [ʌ́pkʌ̀miŋ] 다가오는 06 annual [ǽnjuəl] 연례의 interruption [ìntərʌ́pʃən] 방해, 중단
07 defect [dí:fekt] 결함 numerous [njú:mərəs] 수많은 complaint [kəmpléint] 불만, 불평 faulty [fɔ́:lti] 결함 있는, 결점이 있는
09 merchandise [mə́:rtʃəndàiz] 상품 compensate [ká:mpənsèit] 보상하다 policy [pá:ləsi] 정책, 방침 extend [iksténd] 연장하다 agreement [əgrí:mənt] 계약, 합의

양식 (Form)

파트 7에서 출제되는 양식은 여행 일정표, 제품 및 서비스의 요금을 청구하는 송장, 직원 송별회 초대장, 고객 만족도 설문 등의 내용을 다룹니다.

빈출 질문 유형과 공략법

양식에서는 양식의 수신자와 목적을 묻는 질문, 양식에 표시된 특정 세부 내용, 양식의 수신자에게 요청하는 사항을 묻는 문제가 자주 출제됩니다.

양식의 수신자와 목적을 묻는 질문

질문의 예 Who is the recipient of the invoice? 송장의 수신자는 누구인가?
What is the purpose of the survey? 설문지의 목적은 무엇인가?

공략법 양식의 목적이나 수신자는 주로 지문의 앞부분에서 언급됩니다.
주제/목적 찾기 문제 유형이므로 지문의 앞부분에서 정답의 단서를 찾습니다.

양식에 표시된 특정 세부 내용을 묻는 질문

질문의 예 What is included in the total price? 총액에 포함된 것은 무엇인가?
What time will the travelers depart from Seoul? 여행객들은 몇 시에 서울에서 출발하는가?

공략법 질문에서 언급된 특정 사항을 키워드로 하여 지문에서 관련된 내용을 찾아야 합니다.
육하원칙이나 NOT/TRUE 문제 유형이므로 질문의 키워드를 지문에서 찾아 그 주변에서 정답의 단서를 찾습니다.

양식의 수신자에게 요청하는 사항을 묻는 질문

질문의 예 What is the recipient of the invitation asked to do? 초대장의 수신자는 무엇을 하도록 요청받는가?
What should people bring with them to the event? 사람들은 행사에 무엇을 지참해야 하는가?

공략법 양식의 수신자에게 요청하는 사항은 주로 지문의 끝부분에서 언급됩니다.
육하원칙 문제 유형이므로 질문의 키워드를 파악한 후 지문의 끝부분에서 정답의 단서를 찾습니다.

양식에 자주 등장하는 표현

- 회의·여행 일정표: registration 등록 conference 회의 lecture 강의 keynote speaker 기조 연설자
participant 참석자 address 연설; 연설하다 postpone 연기하다 itinerary 여행 스케줄, 일정
- 송장: price 가격 down payment 선금 balance 잔액 order number 주문 번호 issuance 발행
- 초대장: You are (cordially) invited to 귀하를 ~에 (정중히) 초대합니다
Please confirm your attendance 귀하의 참석 여부를 확인해 주시기 바랍니다
- 설문지: questionnaire 설문지 comment 의견 excellent 우수한 fair 보통의 poor 나쁜

비법 적용하기

1-3번은 다음 송장에 관한 문제입니다.

송장
Choi 인테리어
[1]수신: Clair Park, ELS사 재무부장
날짜: 10월 11일
주문번호: 183721

품목	수량	단가	총액
SCH-09 책상	30	$80/개	$2,400
			소계: $2,400 [2]선금: $850 잔액: $1,550

* [3]잔액은 송장 발행일로부터 14일 내에 모두 납부되어야 합니다.

저희 Choi 인테리어를 선택해주셔서 감사합니다.

1. 송장의 수신자는 누구인가?
   (A) Choi 인테리어
   (B) ELS사
2. 얼마나 미리 지불되었는가?
   (A) 850달러
   (B) 2,400달러
3. 송장 수신자는 무엇을 하도록 요청받는가?
   (A) 재무부장에게 연락하기
   (B) 2주 내에 지불하기

Questions 1-3 refer to the following invoice.

Invoice
Choi Interiors
[1]To: Clair Park, Finance Manager, ELS Company — 수신자 정보
Date: October 11
Order #: 183721

Items	Quantity	Price	Total Price
SCH-09 desk	30	$80/item	$2,400
			Total: $2,400 [2]Down payment: $850 Balance: $1,550

세부 내용

* [3]The balance must be fully paid within 14 days of the issuance of this invoice. — 요청 사항

Thank you for choosing Choi Interiors.

1. Who is the recipient of the invoice? (키워드: recipient)
   (A) Choi Interiors
   (B) ELS Company
2. How much has been paid in advance? (키워드: paid in advance)
   (A) $850
   (B) $2,400
3. What is the recipient of the invoice asked to do? (키워드: asked to do)
   (A) Contact the finance manager
   (B) Make a payment in two weeks

해설
1. 질문의 키워드 'recipient'를 통하여 송장의 수신자를 묻는 문제임을 알 수 있습니다. 질문의 키워드인 'recipient'와 관련된 내용을 지문의 앞부분에서 찾습니다. 'To: ~ ELS Company'에서 ELS사에 보내는 송장임을 알 수 있습니다. 따라서 (B) ELS Company가 정답입니다.
2. 질문의 키워드 'paid in advance'를 통하여 송장에 표시된 특정 세부 내용을 묻는 문제임을 알 수 있습니다. 질문의 키워드인 'paid in advance'가 지문의 중반에서 'Down payment'로 paraphrase되었으므로 그 주변에서 정답의 단서를 확인합니다. 'Down payment: $850'라고 하였으므로, (A) $850가 정답입니다.
3. 질문의 키워드 'asked to do'를 통하여 송장의 수신자에게 요청하는 사항을 묻는 문제임을 알 수 있습니다. 따라서 지문의 끝부분에서 정답의 단서를 찾습니다. 'The balance must be fully paid within 14 days ~ this invoice.'라고 하였으므로, (B) Make a payment in two weeks가 정답입니다.

paraphrase 연습 주어진 문장과 가장 가까운 의미를 만드는 것을 찾아보세요.

01 We are looking to simplify our ordering procedures.

= We are trying to make our ordering procedures _________.

(A) safer (B) easier

02 It would make me very happy to take on the project you proposed.

= I will definitely _________ the assignment that you suggested.

(A) accept (B) except

03 I am writing to debate the claims you recently made in your article.

= I _________ with some of the statements made in your article.

(A) dissatisfy (B) disagree

04 The least amount of time needed to complete the project is seven days.

= In order to complete the project, we will require a _________ of one week.

(A) minimum (B) lowest

VOCABULARY

01 look to do ~하는 것을 목표로 삼다 simplify[símpləfài] 단순화하다 procedure[prəsí:dʒər] 절차

02 take on (일 등을) 맡다 propose[prəpóuz] 제안하다 definitely[défənitli] 확실히 assignment[əsáinmənt] 업무, 일 accept[æksépt] 수락하다, 받아들이다 except[iksépt] ~을 제외하고

03 debate[dibéit] 논쟁하다 claim[kléim] 주장 article[á:rtikl] 기사 statement[stéitmənt] 주장, 의견 disagree[dìsəgrí:] 의견이 다르다

04 least[li:st] 가장 적은 amount[əmáunt] 양 complete[kəmplí:t] 완료하다, 완성하다

05 I wanted to thank you for meeting with me and letting me express my thoughts.

(A) I appreciate your giving me the time to share my ideas with you.

(B) I would like to express my gratitude for your ideas suggested at the meeting.

06 It is suggested that the filters be changed at least every four months.

(A) The four filters need to be replaced.

(B) The filters need to be replaced regularly.

07 If you happen to lose your card, notify our representative at the toll-free number listed.

(A) The company issues a replacement card at no cost.

(B) When a card is lost, customers should call our office at no charge.

08 We are invited to a welcome party for recently hired employees.

(A) The event is to honor new staff members.

(B) The event is to reward a group of employees.

VOCABULARY

05 express [iksprés] 표현하다 appreciate [əprí:ʃièit] 감사하다 share [ʃεər] 함께 나누다 gratitude [grǽtətjù:d] 고마움, 감사

06 replace [ripléis] 교체하다, 교환하다 regularly [régjulərli] 정기적으로

07 notify [nóutəfài] 알리다, 통지하다 representative [rèprizéntətiv] 직원 toll-free number 수신자 부담 전화번호
listed [lístid] 적힌, 명단에 실린 issue [íʃu:] 지급하다, 발행하다 at no cost 무료로 at no charge 무료로

08 invite [inváit] 초대하다 welcome party 환영회 recently [rí:sntli] 최근에 hire [háiər] 고용하다 honor [ɑ́:nər] 축하하다, 경의를 표하다
reward [riwɔ́:rd] 상을 주다

Question 09 refers to the following survey.

The goal of Wellness Hotel is to make our facilities the most respected and popular in Thailand. Please help us to do this by filling out this questionnaire.

	Excellent	Fair	Poor
Helpfulness of staff	✓		
Condition of rooms			✓
Quality of food		✓	

Comments or suggestions: I have noticed that your facilities are not maintained very well. The paint is chipping and the floors are dirty.

09 What is the purpose of the survey?

(A) To get guests' opinions of the facility
(B) To select a proper service provider
(C) To ask for business advice

Question 10 refers to the following invitation.

You are invited to the grand opening celebration of Honest Angie's Furniture on February 1. Bring this invitation for a special preview of our wide variety of home and office furniture, from traditional handcrafted cabinets to contemporary computer desks. The event will be held from 6:30 P.M. to 9 P.M. for invited guests only. As a special gift to our valued customers, Honest Angie's is offering a 20 percent discount on any purchase made at the party. Please confirm your attendance in advance.

10 What will be offered to attendees to the event?

(A) A special price
(B) Free delivery
(C) A handmade basket

VOCABULARY

09 goal [goul] 목표 respected [rispéktid] 훌륭한, 높이 평가되는 maintain [meintéin] 유지하다 chip [tʃip] 떨어져 나가다 advice [ədváis] 조언, 충고

10 grand opening 대규모 개점 preview [príːvjùː] 사전 관람, 미리 보기 variety [vəráiəti] 다양 traditional [trədíʃənl] 고풍의, 전통의 handcrafted [hǽndkræftid] 수제의 contemporary [kəntémpərèri] 현대의, 같은 시대의 valued [vǽljuːd] 귀중한 offer [ɔ́ːfər] 제공하다 confirm [kənfə́ːrm] 확정하다 in advance 미리

Questions 11-12 refer to the following schedule.

Denham Music Festival

April 5 - 7
Denham Public Park
Sponsored by Blake Culture Foundation

April 5, Friday 7 P.M. - 9 P.M.	String Quartet in D Minor, Mozart Orion String Quartet
April 6, Saturday 7 P.M. - 8 P.M.	The Voices of Africa - Drums and Dancing Oubekou Percussion Group
April 7, Sunday 5 P.M. - 6 P.M.	The Healing Effect of Music Samuel Doyle Professor of Contemporary Music, Denham University *Through this lecture, you will learn how to use music to relieve stress.
April 7, Sunday 7:30 P.M. - 8:30 P.M.	Jazz night George and Friends

All the events will be held outside on a stage specially set up in Denham Public Park. In the event of rain, the festival will be postponed. For further information, contact event organizer Sue Hayes at 555-5698.

11 What will Mr. Doyle do at the event?

(A) Conduct an orchestra
(B) Play jazz music
(C) Give a lecture
(D) Introduce performers

12 What will happen if the weather is bad?

(A) The event will be held at another time.
(B) The festival will be canceled.
(C) The concert will be held indoors.
(D) The activity will continue as scheduled.

정답 p.395 해석·해설 p.475

VOCABULARY

11 **sponsor**[spɑ́:nsər] 후원하다 **foundation**[faundéiʃən] 재단, 설립 **percussion**[pərkʌ́ʃən] 타악기 **healing**[hí:liŋ] 치료의, 치료하는
12 **contemporary**[kəntémpərèri] 현대의, 같은 시대의 **relieve**[rilí:v] (고통·긴장 등을) 풀게 하다, 경감하다 **postpone**[poustpóun] 연기하다 **cancel**[kǽnsəl] 취소하다 **indoors**[indɔ́:rz] 실내에서

3주 1일

Hackers TOEIC Start Reading

Grammar Part 5, 6

[동사구] 능동태와 수동태

01 능동태와 수동태 구별
02 수동태의 짝 표현

Vocabulary Part 5, 6

명사 어휘(1)

Reading Part 7

기사 (Article&Review)

[동사구] 능동태와 수동태

기초문법과 놀기

능동태와 수동태란?

철수가 풍선을 터뜨렸다. (능동태)　　　풍선이 터졌다. (수동태)

'철수가 풍선을 **터뜨렸다**'라는 문장처럼 주어가 행위의 주체가 되는 것을 **능동태**라고 하고, 두 번째 문장 '풍선이 **터졌다**'처럼 주어가 다른 대상으로부터 행위를 당하는 것을 **수동태**라고 합니다.

수동태는 어떻게 생겼나요?

수동태의 기본 형태는 'be동사+p.p.(과거분사)'입니다. 여기서 be동사는 주어의 수와 시제에 따라 형태가 달라집니다.

현재 수동형 과거 수동형 미래 수동형	am/is/are+p.p. was/were+p.p. will be+p.p.	is founded 설립된다 was founded 설립되었다 will be founded 설립될 것이다
현재진행 수동형 과거진행 수동형	am/is/are+being+p.p. was/were+being+p.p.	is being developed 개발되는 중이다 was being developed 개발되는 중이었다
현재완료 수동형 과거완료 수동형 미래완료 수동형	have/has+been+p.p. had+been+p.p. will have been+p.p.	have been delivered 배송되었다 had been delivered 배송되었었다 will have been delivered 배송될 것이다

The organization / was founded / in 2004. 그 단체는 / 설립되었다 / 2004년에
(was founded: be동사+p.p.)

Check Up

다음 빈칸에 알맞은 것은 무엇일까요?

The factory ________ by a hurricane. 그 공장은 허리케인에 의해 붕괴되었다.

A. was destroy　　　B. was destroyed

→ 공장이 허리케인에 의해 붕괴된 것이므로 수동형인 'be동사+p.p.'가 와야 해요.　[정답 B]

능동태 문장을 수동태 문장으로 어떻게 바꾸나요?

능동태 문장의 목적어는 수동태 문장에서 주어가 되고, 능동태 문장의 주어는 수동태 문장에서 보통 'by+목적격'으로 바뀝니다. 수동태 문장으로 바꿀 때, 동사는 반드시 목적어가 있는 타동사여야 합니다.

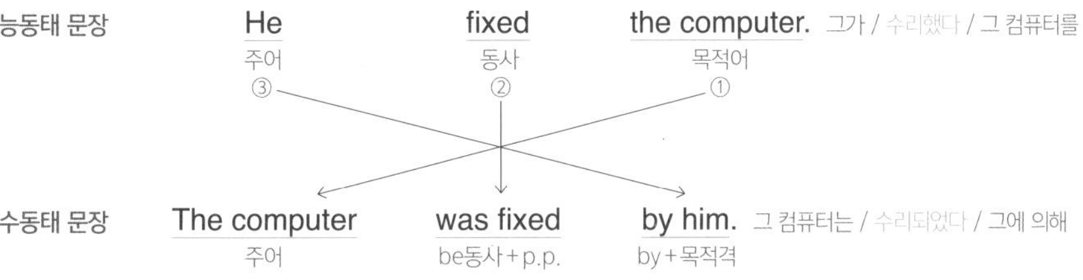

① 목적어 the computer가 주어 자리로 온다.
② 동사 fixed를 주어의 수와 시제에 맞게 was fixed로 바꾼다.
③ 주어 He를 'by+목적격'인 by him으로 바꾼다.

Check Up

다음 빈칸에 알맞은 것은 무엇일까요?

능동태 문장 She implemented the new policy. 그녀는 새 정책을 실행했다.

수동태 문장 The new policy was implemented by ________. 새 정책이 그녀에 의해 실행되었다.

A. her B. she

→ 능동태 문장에서의 주어 She가 수동태 문장에서는 'by+목적격'으로 바뀌어야 해요. [정답 A]

01 | 능동태와 수동태 구별

그 동상은 10년 전에 (세웠다, 세워졌다).

능동의 의미인 **세웠다**가 아닌 수동의 의미인 **세워졌다**를 쓰는 것이 자연스럽지요? 영어에서도 능동태와 수동태를 구별해서 써야 합니다. 어떻게 구별하는지 한번 살펴 볼까요?

POINT 1 능동태와 수동태 구별 방법

동사 자리에 능동태가 오느냐 수동태가 오느냐는 동사 뒤의 목적어 유무에 따라 결정됩니다. 동사 뒤에 **목적어가 있으면 능동태**, 동사 뒤에 **목적어가 없으면 수동태**가 옵니다.

능동태 He / (~~was checked~~, checked) / the guest list. 그는 / 확인했다 / 손님 명단을
수동태(×) 능동태(O) 목적어

Mr. James / (~~is insisted~~, insists) / that he is innocent. Mr. James는 / 주장한다 / 그가 무죄라는 것을
수동태(×) 능동태(O) 목적어

수동태 The investigation / (~~conducted~~, was conducted) / by Ms. Murphy.
능동태(×) 수동태(O) 그 조사는 / 이루어졌다 / Ms. Murphy에 의해

The résumé / (~~should submit~~, should be submitted) / within a week.
능동태(×) 수동태(O) 이력서는 / 제출되어야 한다 / 일주일 내로

연습 문제 다음 괄호 안에 있는 것 중 적절한 것을 고르세요.

01 Some appliances will (be repaired, repair) for free.

02 We would like to (express, be expressed) gratitude to our loyal customers.

03 The CEO (was paid, paid) a bonus to the employees at the end of the quarter.

04 Scientists (argue, are argued) that greenhouse gas emissions are a major cause of global warming.

05 The company (interested, is interested) in developing a good relationship with its new partner.

06 The process of filling prescriptions should (revise, be revised) to prevent mistakes.

보기 중 빈칸에 가장 적절한 것을 고르세요.

07 The personnel manager must ------- job applications before making a decision.

(A) evaluable (B) evaluation
(C) evaluate (D) be evaluated

08 The airline industry ------- by a government body before 1979.

(A) regulates (B) regulation
(C) was regulated (D) was regulating

09 The company's future sales may ------- by the growth of its competitors.

(A) affecting (B) be affected
(C) be affecting (D) affect

10 The finance manager ------- that the company spent too much money on office equipment.

(A) is concluded (B) concluded
(C) to conclude (D) conclusion

정답 p.396 해석·해설 p.479

VOCABULARY

01 appliance[əpláiəns] 가전 제품 for free 무료로 02 gratitude[grǽtətjù:d] 감사 loyal customer 단골 손님
03 quarter[kwɔ́:rtər] 분기 04 greenhouse gas 온실 가스 emission[imíʃən] 배출 global warming 지구 온난화
05 develop[divéləp] 발전시키다 relationship[riléiʃənʃìp] 관계 partner[pá:rtnər] 제휴업체
06 process[prá:ses] 과정 fill a prescription 약을 조제하다 prevent[privént] 막다, 예방하다 07 personnel[pə̀:rsənél] 인사부
08 body[bá:di] 기관, 단체 09 growth[grouθ] 성장 competitor[kəmpétətər] 경쟁업체, 경쟁자
10 spend A on B A를 B에 쓰다 equipment[ikwípmənt] 장비

02 수동태의 짝 표현

나는 중국 서커스단 묘기에 깜짝 놀랐다.

놀라다라는 수동 표현과 함께 **~에**를 썼습니다. 영어에서는 여러 가지 전치사와 함께 수동 표현을 씁니다. 어떤 전치사와 함께 쓰는지 한번 살펴 볼까요?

1 by가 아닌 다른 전치사와 함께 쓰는 수동태 표현

전치사 in과 함께 쓰는 수동태 표현

be engaged in ~에 종사하다, 관여하다 be interested in ~에 관심이 있다 be involved in ~에 관련되다

John / is engaged in / cancer research. John은 / 종사한다 / 암 연구에

He / was involved in / the incident. 그는 / 관련되었다 / 그 사건에

전치사 to와 함께 쓰는 수동태 표현

be dedicated to ~에 헌신하다 be exposed to ~에 노출되다 be related to ~과 관계가 있다

The secret / was exposed to / the media. 비밀이 / 노출되었다 / 대중매체에

The work environment / is related to / productivity. 근무 환경은 / 관계가 있다 / 생산성과

전치사 at과 함께 쓰는 수동태 표현

be surprised at ~에 놀라다 be shocked at ~에 충격을 받다 be frightened at ~에 놀라다

We / were surprised at / his behavior. 우리는 / 놀랐다 / 그의 행동에

The writer / was shocked at / the criticism. 그 작가는 / 충격을 받았다 / 비평에

전치사 with와 함께 쓰는 수동태 표현

be (dis)satisfied with ~에 (불)만족하다 be pleased with ~에 기뻐하다 be equipped with ~을 갖추고 있다

We / are pleased with / the recent sales increase. 우리는 / 기쁘다 / 최근 판매 증가에

Each room / is equipped with / basic furniture. 각 방은 / 갖추고 있다 / 기본 가구를

다음 괄호 안에 있는 것 중 적절한 것을 고르세요.

01 The Direct-Help Organization is dedicated (to, at) assisting people in need.

02 The firm is engaged (in, for) buying and selling real estate.

03 New car models are equipped (by, with) anti-theft locks and air bags.

04 The development team was (pleased, pleasing) with the performance of the new diesel engine.

보기 중 빈칸에 가장 적절한 것을 고르세요.

05 People living near manufacturing plants are exposed ------- various pollutants.

(A) to (B) by
(C) for (D) at

06 Many health problems are ------- to a lack of exercise.

(A) relate (B) relating
(C) related (D) relation

Questions 07-09 refer to the following article.

Customers flying in economy class can now enjoy even greater comfort on all of Bobkin Airlines' domestic flights. Newly redesigned seats -------(07) passengers to recline without disturbing other travelers. Most airline customers -------(08) with the renovation, according to a spokesman. -------(09). The new seats will be available on international flights beginning in December.

07 (A) are allowed (B) to allow
(C) allowing (D) allow

08 (A) are satisfied (B) are satisfying
(C) satisfied (D) satisfying

09 (A) He says that even more planes will be renovated as a result.
(B) Moreover, the seats are five percent wider.
(C) Initially, the changes affect only business class passengers.
(D) The airline will be announcing several new destinations.

정답 p.396 해석·해설 p.480

VOCABULARY

01 organization[ɔ̀:rgənizéiʃən] 재단, 단체 assist[əsíst] 돕다, 원조하다 in need 어려움에 처한 02 firm[fə:rm] 회사 real estate 부동산
03 anti-theft 도난 방지의 lock[lɑk] 장치, 자물쇠 04 performance[pərfɔ́:rməns] 성능, 실행
05 manufacturing plant 제조 공장 various[vɛ́əriəs] 다양한 pollutant[pəlú:tnt] 오염 물질 06 lack[læk] 부족
07~09 economy class 일반석 recline[rikláin] 등받이를 뒤로 넘기다 disturb[distə́:rb] 방해하다 airline[ɛ́ərlàin] 항공사 spokesman[spóuksmən] 대변인 renovate[rénəvèit] 개조하다 affect[əfékt] 영향을 미치다 passenger[pǽsəndʒər] 승객 destination[dèstənéiʃən] 행선지

Vocabulary
Part 5,6

명사 어휘(1)

유명 백화점, 이래도 되나?

Luxury 백화점 대표자께,

안녕하세요, 전 지방에 거주하는 학생입니다. 세일을 하지 않기로 유명한 귀 백화점에서 예외(exception)를 두어 할인(discount) 행사를 연다는 소식을 접하고, 차로 2시간 거리에 거주함에도 불구하고 백화점을 찾았습니다. 역시 명성대로 언론에서 극찬할 만한 최신 시설(facility)을 갖춘데다, 화려한 분위기를 풍기고 있었지만 몇 가지 불만 사항(complaint)이 있어 제 의견(feedback)을 전달하고자 이 글을 씁니다.

먼저 이런 대대적인 할인 행사를 개최하실 때에는 소비자들이 몰려들 것을 예상하고, 물건 부족으로 인한 불편(inconvenience)을 겪지 않도록 편의를 제공할 책임이 있다고 생각합니다. 하지만 원하는 물건이 이미 동이 나 구입할 수가 없더군요. 게다가 몇 가지 품목만 할인이 되었고, 배송 서비스도 엉망진창이었습니다. 이에 신속한 개선을 촉구하는 바입니다.

필수 어휘 리스트

- **exception** 예외
  Everyone, without exception, worked hard.
  모든 사람들은 **예외** 없이 열심히 일했다.
- **discount** 할인
  The store offers clients a 5 percent discount.
  그 가게는 고객들에게 5퍼센트의 **할인**을 제공한다.
- **facility** 시설
  The hotel has conference facilities.
  그 호텔에는 회의 **시설**이 있다.
- **complaint** 불만 사항, 불평
  Clients should address their complaints to the manager.
  고객들은 관리자에게 그들의 **불만 사항**을 제기해야 한다.
- **feedback** 의견
  Interns learn best through feedback from coworkers.
  인턴들은 동료들의 **의견**을 통해 가장 많이 배운다.
- **inconvenience** 불편
  We apologize for the inconvenience.
  불편에 대해 사과드립니다.
- **feasibility** (실행) 가능성
  TryCorp is studying the feasibility of expanding into Asia.
  TryCorp사는 아시아로의 확장 **가능성**을 검토하고 있다.
- **application** 지원서, 신청
  Each application has been carefully reviewed.
  각각의 **지원서**는 신중히 검토되었다.
- **competition** 경쟁
  Small coffee shops face a lot of competition.
  작은 커피숍들은 치열한 **경쟁**에 직면한다.
- **beneficiary** 수혜자, 수령인
  Car manufacturers are the main beneficiaries of the trade agreement.
  자동차 제조사들이 그 무역 협정의 주요 **수혜자**이다.

다음 괄호 안에 있는 것 중 적절한 것을 고르세요.

01 There is no (inconvenience, collection, exception) to this rule.

02 Ms. Lewis received positive (feedback, process, objection) after the conference.

03 Clients make frequent (reminders, thoughts, complaints) about late arrival of the products.

04 AvCo will assess the (attention, feasibility, complaint) of the venture's business model.

보기 중 빈칸에 가장 적절한 것을 고르세요.

05 High Airlines is giving conference attendees a ------- on economy class tickets.

(A) discount (B) feedback
(C) reference (D) request

06 Ms. Teng submitted her ------- for a market analyst position online.

(A) exception (B) application
(C) industry (D) rivalry

Questions 07-09 refer to the following letter.

Dear Mr. Myerson,

We are sorry to inform you that the large toy soldiers sold at AllToys.com are temporarily unavailable. The manufacturer that makes these toys has moved its -------(07) and has yet to start production. We apologize for any -------(08) this may cause you. We will let you know when they are available. -------(09).

07 (A) priorities (B) responsibilities
(C) facilities (D) categories

08 (A) income (B) inconvenience
(C) inconsistency (D) incentive

09 (A) In the meantime, we thank you for your patience.
(B) We will return to normal production soon.
(C) See the attached tracking number.
(D) Please consider this alternate arrangement.

정답 p.396 해석·해설 p.481

VOCABULARY

01 rule [ru:l] 규칙 02 receive [risí:v] 받다 positive [pá:zətiv] 긍정적인 conference [ká:nfərəns] 회의
03 frequent [frí:kwənt] 자주 있는, 빈번한 arrival [əráivəl] 도착 04 assess [əsés] 평가하다
05 attendee [ətendí:] 참석자 economy class (여객기의) 일반석, 보통석 06 submit [səbmít] 제출하다
07 inform [infɔ́:rm] 알리다 temporarily [tèmpərérəli] 일시적으로 manufacturer [mæ̀njufǽktʃərər] 제조업체 have yet to 아직 ~하지 않았다
09 production [prədʌ́kʃən] 생산 apologize [əpá:lədʒàiz] 사과하다 cause [kɔ:z] 초래하다, 유발하다 in the meantime 그동안
patience [péiʃəns] 인내심 alternate [ɔ́:ltərnèit] 교체되는 arrangement [əréindʒmənt] 계획, 준비

Reading Part 7

기사 (Article&Review)

파트 7에 나오는 기사는 국가 산업 경제, 기업 동향, 환경 보존, 에너지 절약 등과 관련된 내용을 다룹니다. 또한 영화나 공연 소식, 식당 평가 등의 일상 생활과 관련된 흥미 있는 내용도 다룹니다.

빈출 질문 유형과 공략법

기사에서는 기사의 주제와 목적, 기사에서 언급된 특정 세부 내용, 그리고 기사의 전체 내용과 각 보기의 사실 여부를 묻는 문제가 자주 출제됩니다.

기사의 주제와 목적을 묻는 질문

질문의 예 What is the purpose of the article? 이 기사의 목적은 무엇인가?
What is the article mainly about? 기사는 주로 무엇에 대한 것인가?

공략법 기사의 주제와 목적은 주로 지문의 앞부분에서 언급됩니다.
주제/목적 찾기 문제 유형이므로 지문의 앞부분에서 정답의 단서를 찾습니다.

기사에서 언급된 특정 세부 내용을 묻는 질문

질문의 예 According to the article, what will happen in 10 years?
기사에 따르면, 10년 후에 무엇이 일어날 것인가?
What is NOT mentioned as an advantage of recruiting online?
온라인 채용의 장점으로 언급되지 않은 것은?

공략법 질문에서 언급된 특정 사실을 키워드로 하여 지문에서 관련 내용을 찾아야 합니다.
육하원칙 문제와 NOT/TRUE 문제 유형이므로 질문의 키워드를 지문에서 찾아 그 주변에서 정답의 단서를 찾습니다.

기사를 전체적으로 읽으면서 각 보기의 사실 여부를 확인해야 하는 질문

질문의 예 What is mentioned in the article? 기사에서 언급된 것은?
What is NOT indicated in the article? 기사에서 언급되지 않은 것은?

공략법 각 보기에서 키워드를 결정하여 지문에서 관련 내용을 찾아야 합니다.
NOT/TRUE 문제 유형이므로 각 보기와 지문의 내용을 대조하면서 NOT 질문인 경우에는 일치하지 않는 것을, TRUE 질문인 경우에는 일치하는 것을 선택합니다.

경제 기사에 자주 등장하는 표현

analyst 분석가	bankruptcy 파산	capital 자본	competitive 경쟁력 있는
interest rate 이자율	financial crisis 재정 위기	fiscal year 회계 연도	flourish 번창하다
headquarters 본부, 본사	legal 법적인	M&A (merger and acquisition) 기업 인수 합병	
monopoly 독점	net profit 순이익	productivity 생산성	recession 일시적 불경기
shareholder 주주	stock market 증권 시장	subsidiary company 자회사	predict 예측하다

비법 적용하기

1-3번은 다음 기사에 관한 문제입니다.

상승하는 난방비

바로 지난주에, [1]에너지 관리국은 난방비가 급격하게 상승할 것이라고 발표했다.
난방비 상승에 영향을 준 요인들로는 [3]국제 유가 상승, 그리고 기상 통보에 따르면 작년보다 올해 기온이 더 낮을 것이라는 사실이 있다. 또한, [3]멕시코만의 원유 생산이 지난 허리케인으로 인해 야기된 피해로부터 복구되지 않았다. [2]전문가들은 열이 빠져 나가지 않도록 문과 창문을 닫아 두라고 조언했다.

1. 기사는 주로 무엇에 대한 것인가?
   (A) 상승하는 난방비
   (B) 상승하는 생활 수준
2. 전문가들은 무엇을 하라고 충고하는가?
   (A) 더 많은 옷을 입어라
   (B) 문과 창문을 닫아라
3. 기사에서 언급되지 않은 것은?
   (A) 국제 유가가 상승했다.
   (B) 멕시코만의 원유 생산이 중단됐다.

Questions 1-3 refer to the following article.

Heating Bills to Go Up

Just last week, [1]the Energy Bureau announced that heating costs will rise dramatically. — 주제
The factors influencing the rise in heating costs are [3]the increase in international oil prices and the fact that temperatures will be lower this year than last year according to weather reports. Also, [3]the Gulf of Mexico's oil production has not yet recovered from the damage caused by the last hurricane. [2]Experts have advised keeping doors and windows closed to prevent heat from escaping. — 세부 사항

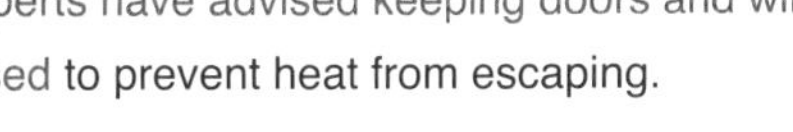

1. What is the article mainly about? (about → 주제)
   (A) Rising heating costs
   (B) Increasing living standards
2. What do experts advise people to do? (experts advise → 키워드)
   (A) Wear more clothing
   (B) Shut doors and windows
3. What is NOT indicated in the article? (NOT indicated → 키워드)
   (A) International oil prices have risen.
   (B) Oil production in the Gulf of Mexico has stopped.

해설 1. 질문의 'about'이라는 말을 통하여 기사의 주제를 묻는 문제임을 알 수 있습니다. 따라서 지문의 앞부분에서 정답의 단서를 찾습니다. 'the Energy Bureau announced that heating costs will rise dramatically'라고 한 다음, 난방비 상승 원인에 대한 구체적인 내용을 언급하였으므로, (A) Rising heating costs가 정답입니다.

2. 질문의 키워드 'experts advise'를 통하여 특정 사실을 묻는 문제임을 알 수 있습니다. 질문의 키워드인 'experts advise'를 지문에서 찾아 그 주변에서 정답의 단서를 확인합니다. 'Experts have advised keeping doors and windows closed'라고 하였으므로, (B) Shut doors and windows가 정답입니다.

3. 지문 전체를 읽으면서 각 보기의 사실 여부를 확인해야 하는 문제이므로 각 보기와 지문의 내용을 대조합니다. (A)는 'the increase in international oil prices'에서 확인할 수 있습니다. (B)는 'the Gulf of Mexico's oil production has not yet recovered from the damage'라는 내용은 있지만 멕시코만의 원유 생산이 중단되었는지는 언급되지 않았으므로, (B) Oil production in the Gulf of Mexico has stopped가 정답입니다.

paraphrase 연습 주어진 문장과 가장 가까운 의미를 만드는 것을 찾아보세요.

01 The warehouse can be leased for a maximum of one year.

= One year is the longest period of time that someone can _________ the storehouse.

(A) buy (B) rent

02 Detailed instructions are provided with all of our electronic appliances.

= Each electronic appliance comes with a list of _________.

(A) directions (B) cares

03 People can learn about employment opportunities from city hall's career office.

= Information about job _________ can be found at city hall.

(A) descriptions (B) openings

04 People who own lots of shares have the right to vote for the board of directors.

= The board of directors is elected by the _________ shareholders.

(A) major (B) critical

VOCABULARY

01 **warehouse**[wέərhàus] 창고 **lease**[li:s] 임대하다 **maximum**[mǽksəməm] 최대 **storehouse**[stɔ́:rhàus] 창고
02 **instruction**[instrʌ́kʃən] 사용 설명서 **appliance**[əpláiəns] 전기 제품 **come with** ~이 딸려 있다 **list**[list] 목록 **direction**[dirékʃən] 사용법
03 **employment**[implɔ́imənt] 취업 **opportunity**[ɑ̀:pərtjú:nəti] 기회 **description**[diskrípʃən] 설명 **opening**[óupəniŋ] 빈 자리
04 **share**[ʃæər] 주식, 지분 **right**[rait] 권리 **vote**[vout] 투표하다 **the board of directors** 이사회 **elect**[ilékt] 선출하다, 선거하다 **shareholder**[ʃέərhòuldər] 주주 **major**[méidʒər] 큰, 보다 많은 **critical**[krítikəl] 중요한, 결정적인

05 IM Soft will launch a new game on May 4.

(A) The new game will be released on May 4.

(B) IM Soft will establish a new office on May 4.

06 The costs for the trip need to be paid at least one week prior to departure.

(A) Travelers should confirm their reservation seven days before departure.

(B) Payment is due seven days before travel.

07 The center is offering a class to help people improve their ability to communicate.

(A) People who communicate well are asked to join the center's course.

(B) Participants in the center's course will enhance their communication skills.

08 One way to reach a customer service representative is to press one during your call.

(A) Callers who push one will be connected to the customer service department.

(B) By leaving their numbers, callers can be reached by a customer service department.

VOCABULARY

05 **launch** [lɔ:ntʃ] (신제품·상품 등을) 시장에 출시하다 **release** [rilí:s] 공개하다, 발매하다 **establish** [istǽbliʃ] 설립하다, 창립하다

06 **prior to** ~ 전에 **departure** [dipá:rtʃər] 출발 **confirm** [kənfə́:rm] 확인하다 **due** [dju:] 지불 기일이 된

07 **improve** [imprú:v] 향상시키다 **ability** [əbíləti] 능력 **communicate** [kəmjú:nəkèit] 의사소통하다 **participant** [pɑ:rtísəpənt] 참가자 **enhance** [inhǽns] 향상시키다, 강화하다 **skill** [skil] 기술, 숙련

08 **customer service representative** 고객 서비스 상담원 **press** [pres] 누르다 **connect** [kənékt] 연결하다 **customer service department** 고객 서비스 부서

Question 09 refers to the following article.

Most people interested in opening a hotel face tough challenges. The hospitality industry is dominated by established international brand names with enormous operating budgets, which are difficult to compete with for independent companies. Hotel industry leader James Wellington advises hopeful hoteliers that their dreams can come true if they target a niche market and concentrate on distinguishing themselves from their competitors.

09 What is mentioned as a difficulty when starting a new hotel?

(A) Managing a large operating budget
(B) Competing with well-known rivals
(C) Establishing it as an international brand

Question 10 refers to the following review.

Visitors to Lorenzo's Restaurant in Palm Springs are never disappointed. From the décor to the menu, every detail has been carefully considered. The extensive menu includes Italian and French dishes, as well as the unique creations of the owner, Chef Paolo. The restaurant specializes in pastas, but features some steaks as well. Lunch is offered at 15 percent off the regular price. Take advantage of this offer and try the delicate risotto or potato gratin for lunch.

10 What is NOT indicated about the restaurant?

(A) The chef owns it.
(B) Customers can enjoy lunch at reduced prices.
(C) It offers a special menu every day.

VOCABULARY

09 face [feis] 직면하다 hospitality industry (호텔·식당업 등의) 서비스 산업 dominate [dɑ́:mənèit] 지배하다
established [istǽbliʃt] 정평이 나 있는, 확립된 operating budget 경영 자본, 운영 예산 compete [kəmpí:t] 경쟁하다
independent [ìndipéndənt] 독자적인 niche market 틈새 시장 concentrate on ~에 집중하다
distinguish A from B A를 B로부터 두드러지게 하다

10 consider [kənsídər] 고려하다 specialize [spéʃəlàiz] 전문으로 하다 feature [fí:tʃər] 특색으로 삼다 take advantage of ~을 이용하다
delicate [délikət] 맛있는

Questions 11-12 refer to the following article.

Want top marks when it comes to employee morale? There are many different methods to motivate a group or individual workers. While increased pay is often the primary motivator, there are others, such as promotions and memberships at fitness clubs. So it is important for employers to establish a rewards program. This will ensure employee loyalty and dedication to the company.

Another way to motivate employees is to build workers' self-esteem. Compliments at staff meetings are a good example. By providing positive recognition, an employer will be able to reinforce the practices that he or she wants the staff to continue.

In most occupations, workers list "interesting work" as the most important factor in job motivation. If leaders allow their workers to use their time and resources to take on new challenges, the results can be very rewarding for all.

11 What is the article mainly about?

(A) How to evaluate employee performance
(B) How to build a good reputation
(C) How to create a warm office atmosphere
(D) How to motivate employees

12 What is indicated in the article?

(A) Employers should provide employees with educational programs.
(B) Employers have to evaluate their rewards programs regularly.
(C) Employees are inspired by interesting tasks.
(D) Employees tend to think of job training as boring.

정답 p.396 해석·해설 p.482

VOCABULARY

11~12 morale [mərǽl] 사기 method [méθəd] 방법 motivate [móutəveit] ~에게 동기를 부여하다 primary [práimeri] 주된, 주요한 promotion [prəmóuʃən] 승진 establish [istǽbliʃ] 수립하다, (제도를) 제정하다 loyalty [lɔ́iəlti] 충성 self-esteem 자부심 compliment [kɑ́:mpləmənt] 칭찬 recognition [rèkəgníʃən] 인정, 표창 reinforce [rì:infɔ́:rs] 강화하다 practice [prǽktis] 업무 occupation [ɑ̀:kjupéiʃən] 직업 evaluate [ivǽljuèit] 평가하다 performance [pərfɔ́:rməns] 성과, 성적 atmosphere [ǽtməsfìər] 분위기, 환경 inspire [inspáiər] 동기를 부여하다, 영감을 주다 tend to ~하는 경향이 있다

3주 2일

Hackers TOEIC Start Reading

Grammar Part 5, 6

[동사구] 가정법

01 가정법 과거
02 가정법 과거완료
03 가정법 미래

Vocabulary Part 5, 6

명사 어휘(2)

Reading Part 7

메시지 대화문 (Text Message Chain)

[동사구] 가정법

기초문법과 놀기

가정법이란?

**내가 키가 크다면,
농구 선수가 될 수 있을 텐데.**

'내가 키가 크다면, 농구 선수가 될 수 있을 텐데.'는 현재는 키가 작지만 키가 크다면 농구 선수가 될 것이라는 사실을 상상하여 말하고 있습니다. 이처럼 사실과 반대되는 것을 가정하거나 상상하여 표현하는 것을 **가정법**이라고 합니다.

가정법의 종류는?

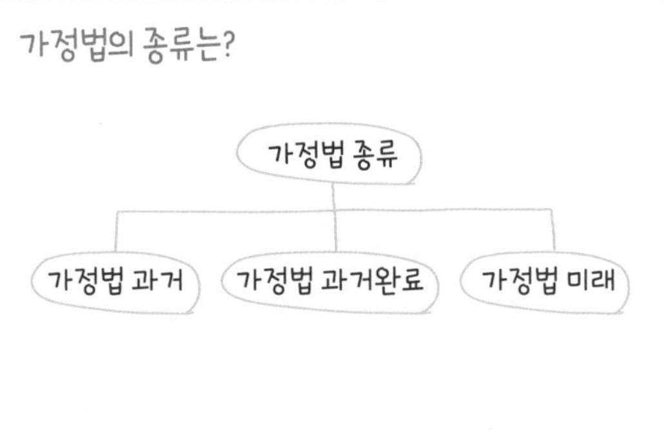

가정법 과거가 무엇인가요?

'그 컴퓨터가 더 싸다면, 오늘 컴퓨터를 살 텐데.'라는 말은 현재 상황에 대한 안타까움이나 우려를 나타낸 것입니다. 이와 같이 현재 상황을 반대로 가정하여 표현할 때 쓰는 것을 가정법 과거라고 합니다.

If / the computer / were / cheaper, / I / would buy / one / today.
만약 / 그 컴퓨터가 / 더 싸다면 / 내가 / 살 텐데 / 하나를 / 오늘

→ 현재 그 컴퓨터가 싸지 않아서 살 수 없다는 의미

Check Up

다음 문장의 의미로 알맞은 것은 무엇일까요?

If the weather were good, they would go on a picnic. 날씨가 좋다면, 그들은 소풍을 갈 텐데.

A. 날씨가 좋다. **B.** 날씨가 나쁘다.

→ 가정법 과거는 현재 사실을 반대로 표현하는 것이므로 '날씨가 나쁘다'가 정답이에요. [정답 B]

가정법 과거완료가 무엇인가요?

'그때 내가 전화번호를 남겼더라면, 그가 전화했을 텐데.'라는 말은 지난 시간에 대한 아쉬움이나 후회를 나타낸 것입니다. 이와 같이 과거에 이미 일어났던 일을 반대로 가정하여 표현할 때 쓰는 것을 가정법 과거완료라고 합니다.

If / I / had left / a phone number, / he / would have called / me.
만약 / 내가 / 남겼다면 / 전화번호를 / 그가 / 전화했을 텐데 / 나에게

→ 과거에 그에게 전화번호를 남기지 않아 그가 전화하지 않았다는 의미

Check Up

다음 문장의 의미로 알맞은 것은 무엇일까요?

If Jane had known the financial risks, she would not have signed the deal.
Jane이 재정적 위험성을 알았더라면, 그녀는 그 계약서에 서명하지 않았을 텐데.

A. Jane은 재정적 위험성을 알았다.　　B. Jane은 재정적 위험성을 몰랐다.

→ 가정법 과거완료는 과거 사실을 반대로 가정하여 표현하는 것이므로 'Jane은 재정적 위험성을 몰랐다'가 정답이에요. [정답 B]

가정법 미래가 무엇인가요?

'혹시 다시 태어난다면, 너와 결혼할 텐데.'라는 말은 이루어지기 어려운 미래의 일을 가정하여 말한 것입니다. 이와 같이 실현 가능성이 희박한 일을 표현하거나 현재나 미래의 일에 대해 강한 의심을 나타낼 때 쓰는 것을 가정법 미래라고 합니다.

If / I / should be born / again, / I / will marry / you / again. 만약 / 내가 / 태어난다면 / 다시 / 나는 / 결혼할 텐데 / 너와 / 다시

→ 미래에 다시 태어날 가능성이 거의 없지만 혹 그런 일이 일어난다면 너와 다시 결혼하고 싶다는 의미

Check Up

다음 문장의 의미로 알맞은 것은 무엇일까요?

If the budget should increase, we will buy more office furniture.
혹시라도 예산이 늘어나면, 우리는 사무실 가구를 더 살 텐데.

A. 예산이 늘어나지 않을 것이다.　　B. 예산이 반드시 늘어날 것이다.

→ 가정법 미래는 현재나 미래의 일에 대해 강한 의심을 나타날 때 쓰므로 '예산이 늘어나지 않을 것이다'가 정답이에요. [정답 A]

01 가정법 과거

만약 그녀가 일을 적당히 한다면, 인생을 더 즐길 수 있을 텐데.

그녀가 일을 너무 많이 하기 때문에 인생을 즐길 수 없다는 말입니다. 영어에서는 현재 사실을 반대로 가정할 때 어떻게 표현하는지 한번 살펴 볼까요?

POINT 1 가정법 과거

가정법 과거는 **현재 사실과 반대로 가정**하여 **현재 상황에 대한 안타까움이나 우려를 표현**할 때 씁니다. 이때 해석은 **만일 ~라면 ~할 텐데**라고 합니다.

If + 주어 + **동사의 과거형(be동사는 were)** ~, 주어 + **would(could, might) + 동사원형** ~.
만일 ~라면, ~할 텐데

If I were rich, / I / could help / the poor. 만일 내가 부자라면 / 나는 / 도울 수 있을 텐데 / 가난한 사람들을
→ 현재 부자가 아니어서 도울 수 없는 상황에 대한 안타까움을 표현하기 위해 가정법 과거를 썼습니다.

If I had a membership card, / I / would get / a discount. 만일 회원 카드가 있다면 / 나는 / 받을 텐데 / 할인을
→ 현재 회원 카드를 갖고 있지 않아서 할인을 받을 수 없는 상황에 대한 안타까움을 표현하기 위해 가정법 과거를 썼습니다.

POINT 2 If가 생략된 가정법 과거

가정법 과거에서 **If가 생략**되고 **be동사의 과거형 were가 앞으로** 온 형태의 가정법 문장이 있으므로 주의해야 합니다.

가정법 과거	If I were in your place, I would sell that house. (I: 주어, were: 동사)
↓ If 생략 ↓	
동사+주어	Were I in your place, I would sell that house. 내가 네 입장이라면, 그 집을 팔 텐데. (Were: 동사, I: 주어)

Were Jane not lazy, / she / (get, could get) / a job. Jane이 게으르지 않다면 / 그녀는 / 구할 수 있을 텐데 / 일자리를
→ 가정법 과거 문장 If Jane were not lazy, she could get a job에서 If가 생략되고 동사 were가 앞으로 온 형태의 가정법 과거 문장이므로 get이 아닌 'could+동사원형'인 could get이 와야 합니다.

연습 문제 다음 괄호 안에 있는 것 중 적절한 것을 고르세요.

01 If we had more vehicles, we (could reduce, reduced) delivery times.

02 If our employees had more experience, their work (would be, have been) better.

03 (Were, Are) the facilities repaired, we could meet management's demands.

04 If a bigger budget were available, we (continued, would continue) developing the software.

05 (Were, Had) I not busy, I would accept your invitation.

06 If Jeff were less busy, he (may complete, might complete) the project on time.

보기 중 빈칸에 가장 적절한 것을 고르세요.

07 ------- of the new apartment buildings is expected to end sometime in the next six months.

(A) Renovate (B) Renovation
(C) Renovates (D) Renovated

08 If the staff members knew that there were relevant records, they ------- the research more efficiently.

(A) conduct
(B) conducted
(C) could conduct
(D) could have conducted

09 Since the start of the month, nearly half of the company's departments ------- their performance evaluations.

(A) finish (B) will finish
(C) finishes (D) have finished

10 Were the budget approved, we ------- a fax machine for the staff room.

(A) would purchase
(B) will purchase
(C) purchasing
(D) purchase

정답 p.396 해석·해설 p.486

VOCABULARY

01 vehicle [víːikl] 차량, 차 delivery [dilívəri] 배송 03 facility [fəsíləti] 시설 repair [ripέər] 수리하다 demand [dimǽnd] 요구
04 budget [bʌ́dʒit] 예산 develop [divéləp] 개발하다 05 accept [æksépt] 받아들이다 invitation [ìnvətéiʃən] 초대
06 on time 제시간에, 정각에 07 expect [ikspékt] 예상하다
08 relevant [réləvənt] 관련된 record [rékərd] 기록 efficiently [ifíʃəntli] 효율적으로
09 performance evaluation 실적 평가 10 approve [əprúːv] 승인하다, 허가하다 staff room 직원실

02 가정법 과거완료

만약 내가 그 전철을 탔었더라면, 지각하지 않았을 텐데.

과거에 전철을 못 타서 지각했다는 말입니다. 영어에서는 과거 사실을 반대로 가정할 때 어떻게 표현하는지 한번 살펴볼까요?

1 가정법 과거완료

가정법 과거완료는 지난 **시간에 대한 아쉬움이나 후회를 표현**할 때 씁니다. 이때 해석은 **~했었더라면 ~했을 텐데**라고 합니다.

If + 주어 + **had + p.p.** ~, 주어 + **would(could, might) + have + p.p.** ~.
~했었더라면, ~했을 텐데

If we had followed his advice, / we / would not have failed. 우리가 그의 조언을 따랐더라면 / 우리는 / 실패하지 않았을 텐데
→ 과거에 그의 조언을 따르지 않은 것에 대한 아쉬움이나 후회를 표현하기 위해 가정법 과거완료를 썼습니다.

If I had arrived earlier, / I / could have rescued / her. 내가 더 일찍 도착했었더라면 / 나는 / 구할 수 있었을 텐데 / 그녀를
→ 과거에 일찍 도착하지 않은 것에 대한 아쉬움이나 후회를 표현하기 위해 가정법 과거완료를 썼습니다.

2 If가 생략된 가정법 과거완료

가정법 과거완료에서 **If가 생략**되고 **동사 had가 앞으로** 온 형태의 가정법 문장이 있으므로 주의해야 합니다.

가정법 과거완료	If she had notified us sooner, we would have registered for the class. (she: 주어, had notified: 동사)
↓ If 생략 ↓	
동사+주어	Had she notified us sooner, we would have registered for the class. (Had: 동사, she: 주어) 그녀가 우리에게 좀 더 일찍 알렸더라면, 우리는 그 수업에 등록했을 텐데.

Had we lowered our bid, / we / (~~could win~~, could have won) / the contract.
우리가 입찰가를 낮추었더라면 / 우리는 / 따낼 수 있었을 텐데 / 그 계약을
→ 가정법 과거완료 문장 If we had lowered our bid, we could have won the contract에서 If가 생략되고 동사 had가 앞으로 온 형태의 가정법 과거완료 문장이므로 could win이 아니라 'could+have+p.p.'인 could have won이 와야 합니다.

연습 문제 다음 괄호 안에 있는 것 중 적절한 것을 고르세요.

01 If she had earned a degree in law, she (had gotten, would have gotten) the position.

02 (Had, Could) it not been for her support, we would not have finished the report.

03 Mr. Holt would not have received a warning letter if he (has paid, had paid) the bill.

04 If the weather had been fine, the company (would go, would have gone) on the scheduled outing.

05 Had demand been higher, the factory (would have increased, can increase) production.

06 If Chris had been more dedicated, he (would have become, would become) a team leader.

실전 문제 보기 중 빈칸에 가장 적절한 것을 고르세요.

07 If rental fees had been cheaper in the city center, the company would not ------- to the suburbs.

(A) moved
(B) be moved
(C) has moved
(D) have moved

08 This year's business seminar ------- elementary investments.

(A) involves
(B) involving
(C) is involved
(D) to involve

09 If the interest rates for loans -------, our enterprise would have considered expanding its facilities.

(A) fall
(B) fell
(C) had fallen
(D) be fallen

10 If the train had traveled a little faster, it ------- the station on time.

(A) reaches
(B) reached
(C) would reach
(D) would have reached

정답 p.396 해석·해설 p.487

VOCABULARY

01 earn a degree 학위를 취득하다 position [pəzíʃən] 일자리, 직장 02 support [səpɔ́:rt] 도움, 지원, 후원
03 warning letter 경고장 04 outing [áutiŋ] 야유회, 소풍 05 demand [dimǽnd] 수요 production [prədʌ́kʃən] 생산량
06 dedicated [dédikèitid] 열성적인, 헌신적인 07 rental [réntl] 임대의 suburb [sʌ́bə:rb] 교외, 시외
08 elementary [èləméntəri] 기초의, 입문의 investment [invéstmənt] 투자
09 interest rate 이자율 loan [loun] 대출 enterprise [éntərpràiz] 기업 expand [ikspǽnd] 확장하다

Grammar
Part 5,6

03 | 가정법 미래

복권에 당첨된다면, 세계 일주를 할 텐데.

미래에 일어날 가능성이 적은 일을 가정해 보는 문장입니다. 영어에서는 미래에 있음직한 일이나 실현 가능성이 희박한 일을 가정할 때 어떻게 표현하는지 한번 살펴 볼까요?

POINT 1 가정법 미래

가정법 미래는 **미래에 있음직한 일을 염려하거나 대비**하기 위하여, 또는 **일어날 가능성이 적거나 거의 없는 미래의 상황을 가정**할 때 씁니다. 이때 해석은 **혹시라도 ~한다면 ~할 텐데**라고 합니다.

If + 주어 + **should** + 동사원형 ~, 주어 + **will(can, may, should)** + 동사원형 ~.
혹시라도 ~한다면, ~할 텐데

If John should call, / I / will take / a message / for you.
혹시라도 John이 전화한다면 / 내가 / 받아 놓을 텐데 / 메시지를 / 너 대신
→ 미래에 있음직한 일을 염려하거나 대비하기 위해 가정법 미래를 썼습니다.

If I should fail the exam, / my mother / will be disappointed.
혹시라도 내가 그 시험에 떨어지면 / 어머니께서 / 실망하실 텐데
→ 미래에 일어날 가능성이 적거나 거의 없는 상황을 가정하기 위해 가정법 미래를 썼습니다.

POINT 2 If가 생략된 가정법 미래

가정법 미래에서 **If가 생략**되고 **should가 앞으로** 온 형태의 가정법 문장이 있으므로 주의해야 합니다.

가정법 미래	If time(주어) should allow(동사), I will see you tomorrow.
↓ If 생략 ↓	
동사+주어	Should(동사) time(주어) allow, I will see you tomorrow. 혹시라도 시간이 허락한다면, 나는 내일 너를 만날 텐데.

Should she come back to me, / I / (~~propose~~, will propose) / to her.
혹시라도 그녀가 내게 돌아온다면 / 나는 / 청혼할 텐데 / 그녀에게
→ 가정법 미래 문장 If she should come back to me, I will propose to her에서 If가 생략되고 should가 앞으로 온 형태의 가정법 미래 문장이므로 propose가 아닌 '조동사+동사원형'인 will propose가 와야 합니다.

다음 괄호 안에 있는 것 중 적절한 것을 고르세요.

01 If the situation should get worse, the CEO (restructures, will restructure) the company.

02 If the funds should allow it, we (may buy, bought) one more photocopier.

03 (Could, Should) the shipment be delayed, we will deliver your order at no cost.

04 If you should continue subscribing to our magazine, we (offer, can offer) a 15 percent discount.

보기 중 빈칸에 가장 적절한 것을 고르세요.

05 If the value of stocks should decrease, new companies ------- bankrupt.

(A) go (B) goes
(C) went (D) will go

06 If it should rain tomorrow, the organizing committee ------- the outdoor activities.

(A) postpone
(B) postpones
(C) will postpone
(D) would have postponed

Questions 07-09 refer to the following announcement.

Staff members may now access the fitness center on the second floor free of charge. -------(07). Based on the employee survey we conducted last month, few of you are interested in aerobics. Therefore, if you were to take these classes, you -------(08) to pay for them yourself. If more of you had shown interest, we -------(09) that they be included in our corporate membership package.

07 (A) It will be closed for the next six weeks.
(B) Memberships are available at a discount.
(C) You can request a pass from human resources.
(D) Some of you are unable to use this facility.

08 (A) needed
(B) would need
(C) need
(D) would have needed

09 (A) would have insisted
(B) had been insisted
(C) would insist
(D) insisted

정답 p.396 해석·해설 p.488

VOCABULARY

01 situation[sìtʃuéiʃən] 상황 03 shipment[ʃípmənt] 발송 at no cost 무료로 04 subscribe[səbskráib] 구독하다
05 value[vǽljuː] 가격, 가치 stock[stɑːk] 주식 bankrupt[bǽŋkrʌpt] 파산한 06 organizing committee 조직 위원회
07 access[ǽkses] 출입하다, 이용하다 fitness center 피트니스 센터 free of charge 무료로 survey[sə́ːrvei] 설문 조사
09 conduct[kəndʌ́kt] 실시하다 interested[íntərəstid] 관심이 있는 corporate[kɔ́ːrpərət] 회사의, 기업의 insist[insíst] 주장하다

명사 어휘(2)

집중 교육의 효과

어느 마을에 학교가 하나 있었다. 이 학교는 **노력**(effort)은 많이 하지만 영어를 못하는 아이들의 비율이 높았다.

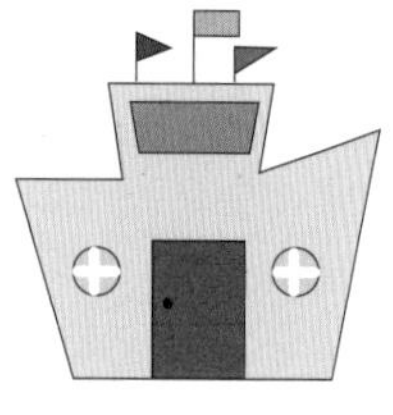

이 학교 교장 선생님의 주된 **관심**(concern)은 아이들의 성적 향상이었고, 급기야는 아이들의 영어 실력을 높이는 **방법**(method)을 제시하는 선생님에게 **장려금**(incentive)을 주겠다고 선언하기에 이르렀다.

이때 **의무감**(obligation)에 불탄 한 선생님이 간단한 그림 게임을 통해 아이들의 참여를 유도하는 방법으로 아이들의 영어 실력을 높이겠노라 호언장담했다. 2개월 간의 집중 교육이 진행되었고, 그 **결과**(result)를 교장 선생님께 보여줄 때가 왔다. 두 명이 한 조가 되어, 한 사람이 과일이 그려진 카드를 보여주면 다른 사람이 과일 이름을 맞추는 게임이었다. 한 학생이 포도 그림을 보고 apple이라고 답했고, 수박 그림을 보고 piano라고 답했다.

그 모습을 지켜보던 교장 선생님 왈,

"브라보! 역시 집중 교육이 효과가 있다니깐!"

필수 어휘 리스트

- **effort** 노력
  Mr. Lu is making an effort to expand his customer base.
  Mr. Lu는 그의 고객층을 확대하기 위해 **노력**하고 있다.
- **concern** 관심(사), 염려, 문의 사항
  The manager's main concern is the quality of the product.
  관리자의 주된 **관심사**는 제품의 질이다.
- **method** 방법, 수단
  A presentation is a method of providing information.
  프레젠테이션은 정보를 제공하는 한 **방법**이다.
- **incentive** 장려금
  Companies offer incentives to attract employees.
  회사들은 직원을 유치하기 위해 **장려금**을 제공한다.
- **obligation** 의무(감)
  Factories have an obligation to protect the environment.
  공장들은 환경을 보호할 **의무**가 있다.
- **result** 결과
  The results of the tests will be kept confidential.
  시험 **결과**는 비밀에 부쳐질 것입니다.
- **representative** 대표자, 대리 직원
  The representative attended the annual conference.
  그 **대표자**는 연례 회의에 참석했다.
- **acquisition** 인수, 매입
  Magnum Logistics announced the acquisition of two new warehouses.
  Magnum Logistics사는 새로운 창고 두 개의 **인수**를 발표했다.
- **achievement** 업적, 성취
  Graduating from Belleville University was Flora's greatest achievement.
  Belleville 대학교를 졸업한 것은 Flora의 가장 큰 **업적**이었다.
- **inspection** 점검, 시찰
  At 2:00 P.M., the factory inspection will begin.
  오후 2시에 공장 **점검**이 시작될 것이다.

문제 다음 괄호 안에 있는 것 중 적절한 것을 고르세요.

01 Respondents will receive the (results, chances, proportions) of the survey before July.

02 Mr. Scott made a great (effort, result, process) on his last case.

03 The university offers an alternative (method, effort, solution) of course registration.

04 The government offers (obligations, incentives, complaints) to companies that hire disabled workers.

실전 문제 보기 중 빈칸에 가장 적절한 것을 고르세요.

05 SNF Steel's $300 million ------- of Morris Electric was announced last month.

(A) inspection (B) acquisition
(C) suspension (D) experiment

06 All working citizens have an ------- to pay taxes to the government.

(A) obligation (B) effort
(C) indication (D) exception

Questions 07-09 refer to the following information.

Hartman Electronics offers 24-hour technical assistance to all customers. To take advantage of this free service, dial 555-0991 to speak to one of our -------(07). We can provide over-the-phone assistance with installation, troubleshooting, and questions about product warranties. No matter what your -------(08), we guarantee a solution. -------(09). To schedule a repair visit, please go to www.hartman.com.

07 (A) sections (B) followers
(C) companions (D) representatives

08 (A) interest (B) mission
(C) concern (D) responsibility

09 (A) All our products are assembled with care.
(B) We can even send a technician to your home.
(C) Consult the user's manual for valuable information.
(D) We promise to beat our competitors' prices.

정답 p.396 해석·해설 p.489

VOCABULARY

01 respondent[rispɑ́:ndənt] 응답자 03 alternative[ɔ:ltə́:rnətiv] 대체 가능한, 대신의 registration [rèdʒistréiʃən] 등록
04 disabled[diséibld] 장애의 06 citizen[sítəzən] 시민
07 technical assistance 기술 지원 installation[ìnstəléiʃən] 설치 troubleshooting[trʌ́blʃù:tiŋ] 고장 수리
09 product warranty 제품 보증서 guarantee[gæ̀rəntí:] 보장하다 repair visit 방문 수리 assemble[əsémbl] 만들다
technician[tekníʃən] 기술자 consult[kənsʌ́lt] 참고하다 user's manual 사용 설명서 beat[bi:t] 능가하다

메시지 대화문 (Text Message Chain)

파트 7에 나오는 메시지 대화문은 크게 두 사람이 대화를 나누는 대화문과 세 사람 이상이 대화를 나누는 대화문이 출제됩니다. 메시지 대화문에는 사내 행사나 근무 일정을 논의하는 직원 간의 대화 등 회사 생활 관련 내용이나 할인 정보나 지역 행사에 대한 이웃 간의 대화 등 일상 생활 관련 내용이 출제됩니다.

빈출 질문 유형과 공략법

메시지 대화문에서는 메시지를 보낸 목적, 메시지에 나타난 특정 세부 내용, 메시지에서 특정 문구가 쓰인 의도를 묻는 문제가 자주 출제됩니다.

메시지를 보낸 목적을 묻는 질문

질문의 예 Why did Mr. Adam contact Ms. Christine? Mr. Adam은 왜 Ms. Christine에게 연락했는가?

공략법 메시지를 보낸 목적은 주로 지문의 앞부분에서 언급됩니다.
주제/목적 찾기 문제 유형이므로 지문의 앞부분에서 정답의 단서를 찾되, 특히 대화를 시작한 사람의 메시지를 주의 깊게 읽습니다.

메시지에 언급된 특정 세부 내용에 관한 질문

질문의 예 Who is unavailable to come to the event? 그 행사에 참여하지 못하는 사람은 누구인가?
What is true about Mr. Jones? Mr. Jones에 대해 사실인 것은 무엇인가?

공략법 질문에 언급된 키워드를 바탕으로 지문에서 관련 내용을 찾아야 합니다.
육하원칙이나 NOT/TRUE 문제 유형이므로 질문의 키워드를 지문에서 찾아 그 주변에서 정답의 단서를 찾습니다.

메시지에서 특정 문구가 쓰인 의도를 묻는 질문

질문의 예 At 2:17 P.M., what does Ms. Harwood mean when she writes, "Of course"?
오후 2시 17분에, Ms. Harwood가 "Of course"라고 썼을 때 그녀가 의도한 것은?

공략법 질문에 언급된 인용구를 지문에서 찾아 주변 문맥을 파악해야 합니다.
의도 파악 문제 유형이므로 질문의 인용구가 언급되어 있는 부분을 지문에서 찾아 그 주변에서 정답의 단서를 찾습니다.

비법 적용하기

1-3번은 다음 메시지 대화문에 관한 문제입니다.

Mike Baker 오전 9:37
Wendy, 제가 지금 교통 체증에 갇혀 있어서, [1]회의에 20분 정도 늦을 것 같아요.

Wendy Lee 오전 9:39
알겠어요. [2]제가 고객분께 알릴게요. 그녀는 오전 10시에 이곳에 도착할 거라고 방금 제게 전화했어요. 그밖에 제가 해드릴 일이 있을까요?

Mike Baker 오전 9:42
[3]대회의실에 노트북과 프로젝터를 설치해 줄 수 있나요?

Wendy Lee 오전 9:43
[3]이미 했어요. 곧 뵐게요.

1. Mr. Baker는 왜 Ms. Lee에게 연락했는가?
   (A) 그의 회의 시간을 확인해달라고 그녀에게 요청하기 위해
   (B) 그의 지연된 도착에 대해 그녀에게 알리기 위해
2. Ms. Lee에 대해 사실인 것은?
   (A) 오늘 아침에 고객과 이야기했다.
   (B) 동료의 사무실에 갈 것이다.
3. 오전 9시 43분에, Ms. Lee가 "Already done"이라고 썼을 때 그녀가 의도한 것은?
   (A) 몇몇 고객들과 만났다.
   (B) 몇몇 장비를 설치했다.

Questions 1-3 refer to the following text message chain.

Mike Baker 9:37 A.M.
Wendy, I'm stuck in a traffic jam right now, so [1]I'm going to be about 20 minutes late for the meeting.

메시지를 보낸 목적

Wendy Lee 9:39 A.M.
OK. [2]I'll let our client know. She just called me to say she'll be here at 10 A.M. Is there anything else you need me to do?

Mike Baker 9:42 A.M.
[3]Could you set up the laptop and projector in the main conference room?

Wendy Lee 9:43 A.M.
[3]Already done. See you soon.

세부 내용

1. Why did Mr. Baker contact Ms. Lee? (키워드)
   (A) To ask her to confirm his meeting time
   (B) To notify her about his delayed arrival
2. What is true about Ms. Lee? (키워드)
   (A) She spoke to a client this morning.
   (B) She will go to a coworker's office.
3. At 9:43 A.M., what does Ms. Lee mean when she writes, "Already done"? (인용구)
   (A) She has met with some clients.
   (B) She has set up some equipment.

해설
1. 질문의 키워드 'Why ~ contact'를 통하여 메시지를 보낸 목적을 묻는 문제임을 알 수 있습니다. 따라서 지문의 앞부분에서 단서를 찾습니다. 'I'm going to be about 20 minutes late for the meeting'이라고 하였으므로, (B) To notify her about his delayed arrival이 정답입니다.
2. 질문의 키워드 'Ms. Lee'를 통하여 메시지에 언급된 특정 세부 내용을 묻는 문제임을 알 수 있습니다. 질문의 키워드인 'Ms. Lee'를 메시지에서 찾아 그 주변에서 정답의 단서를 확인합니다. Ms. Lee가 보낸 메시지 중 'I'll let our client know. She just called me to say she'll be here at 10 A.M.'에서 고객이 오전 10시에 도착할 것이라고 방금 Ms. Lee에게 전화로 알렸음을 알 수 있습니다. 따라서 (A) She spoke to a client this morning이 정답입니다.
3. 질문의 'what does Ms. Lee mean when she writes'라는 말을 통해 의도 파악 문제임을 알 수 있습니다. 묻고 있는 인용어구 'Already done'을 확인한 뒤 주변 문맥을 확인합니다. 'Could you set up the laptop and projector ~?'에서 Mr. Baker가 노트북과 프로젝터를 설치해 줄 수 있는 지 묻자 Ms. Lee가 'Already done.'(이미 했어요)이라고 한 것을 통해 그녀가 몇몇 장비를 설치했음을 알 수 있습니다. 따라서 (B) She has set up some equipment가 정답입니다.

paraphrase 연습 주어진 문장과 가장 가까운 의미를 만드는 것을 찾아보세요.

01 The secretary reminded Mr. Blank of the banquet.

= The secretary brought the event to Mr. Blank's ________.

(A) mind (B) attention

02 We let our workers vary the time when they begin or end work.

= We allow our employees to work ________ hours.

(A) flexible (B) extended

03 Ms. Gould has been promoted to human resources manager.

= The new ________ of the personnel department is Ms. Gould.

(A) top (B) head

04 The musicians to play at the event have not been determined.

= The performers for the event have not been ________.

(A) decided (B) contacted

VOCABULARY

01 secretary[sékrətèri] 비서 remind[rimáind] 상기시키다 banquet[bǽŋkwit] 연회
bring A to one's attention A를 ~에게 알리다, 상기시키다 mind[maind] 정신, 생각
02 vary[vɛ́əri] 바꾸다, 변경하다 allow[əláu] 허락하다 flexible[fléksəbl] 융통성 있는, 탄력적인 extended[iksténdid] 연장한
03 promote[prəmóut] 승진시키다 human resources 인사부, 인적 자원 personnel department 인사부
04 determine[ditə́:rmin] 결정하다 decide[disáid] 결정하다 contact[ká:ntækt] 연락하다

05 The decision to expand overseas was approved by the board.

(A) The board voted on the proposal while meeting abroad.

(B) The proposed expansion plans were passed by the board.

06 Ms. Harrison is a real estate agent in the Hartford community.

(A) Ms. Harrison helps people find places to live in Hartford.

(B) Ms. Harrison has purchased a number of houses in Hartford.

07 If the replacement parts are not available, I would like a full refund on my purchase.

(A) I would like my money back should you not have the necessary parts.

(B) As the pieces I purchased do not satisfy me, I am requesting a refund.

08 Mr. Chen was hired to replace Ms. Lee, the former director of the overseas division.

(A) Mr. Chen will succeed the previous director of the overseas division.

(B) Ms. Lee hired Mr. Chen to be the new director of the department.

VOCABULARY

05 **expand** [ikspǽnd] 확장하다 **board** [bɔ́:rd] 위원회 **vote** [vout] 투표하다 **proposal** [prəpóusəl] 제안, 건의
06 **real estate agent** 부동산 중개업자 **purchase** [pə́:rtʃəs] 구매하다, 구입하다 **a number of** 많은
07 **replacement** [ripléismənt] 교체, 교환 **refund** [rí:fʌ̀nd] 환불 **necessary** [nésəsèri] 필요한 **satisfy** [sǽtisfài] 만족시키다
08 **hire** [háiər] 고용하다 **replace** [ripléis] 대신하다, ~의 후임자가 되다 **former** [fɔ́:rmər] 전임의, 전의 **overseas division** 해외 영업부
succeed [səksí:d] 뒤를 잇다, 후임자가 되다 **previous** [prí:viəs] 이전의, 앞의

Question 09 refers to the following text message chain.

Aaron Owen Should I do an inventory count of the new books when I come in for the evening shift?	5:04 P.M.
Jeff Clayton Don't worry about that. I already did it. I need a hand moving them to the basement storage area, though.	5:05 P.M.
Aaron Owen Oh, OK. I'll come to work 20 minutes early, and we'll get it done then.	5:08 P.M.

09 Why did Mr. Clayton ask Mr. Owen for help?

(A) To make a list of merchandise
(B) To relocate some items
(C) To put some products on display

Question 10 refers to the following text message chain.

Jenna Jackson I invited our new neighbors, Ted and Eleanor, for dinner at my place on Saturday night. I thought you might like to join us. It will be at 7:30.	8:20 P.M.
Lars Sorenson I'd love to come. Can I bring dessert? My apple cake is delicious.	8:23 P.M.
Jenna Jackson That would be perfect. Ted and Eleanor said they'd bring some wine.	8:24 P.M.

10 At 8:24 P.M., what does Ms. Jackson mean when she writes, "That would be perfect"?

(A) She will be free to meet with the new neighbors on Saturday.
(B) She appreciates Mr. Sorenson's offer.
(C) She has tried Mr. Sorenson's food before.

VOCABULARY

09 **inventory**[ínvəntɔ̀:ri] 재고, 물품 목록 **shift**[ʃift] 교대 근무; 옮기다, 이동하다 **need a hand** 도움이 필요하다 **basement**[béismənt] 지하 **storage**[stɔ́:ridʒ] 창고, 저장고

10 **invite**[inváit] 초대하다 **neighbor**[néibər] 이웃 **place**[pleis] 집, 장소 **appreciate**[əprí:ʃièit] 환영하다, 고마워하다

Questions 11-12 refer to the following online chat discussion.

Lily Fisher I'm going to Vine Office Supplies today. Do you need anything?	[9:15 A.M.]
Jimmy Schmidt I don't, but Joseph said something about returning some ink cartridges.	[9:16 A.M.]
Joseph Jones That's right. I got the wrong ones for my printer and need to return them.	[9:19 A.M.]
Lily Fisher I can do that for you. Do you need different ones?	[9:21 A.M.]
Joseph Jones No. I just need a refund. I can bring them by your office during my break.	[9:24 A.M.]
Lily Fisher I'm leaving the building at 11:30, so come before then.	[9:25 A.M.]
Joseph Jones I usually have a break at 10:30. I'll come by then. Thanks!	[9:27 A.M.]
Lily Fisher Not a problem. See you soon.	[9:28 A.M.]

11 At 9:21 A.M., what does Ms. Fisher mean when she writes, "I can do that for you"?

(A) She will meet Mr. Jones at his office.
(B) She will make a purchase for a colleague.
(C) She will take some ink cartridges to a store.
(D) She will check if some items are in stock.

12 What is indicated about Ms. Fisher?

(A) She plans to run an errand before noon.
(B) She frequently visits Vine Office Supplies.
(C) She is in charge of employee supplies.
(D) Her purchases will be paid for in cash.

정답 p.396 해석·해설 p.490

VOCABULARY

11 return[ritə́:rn] 반품하다, 반납하다 make a purchase 구매를 하다 colleague[kɑ́:li:g] 동료 in stock 재고가 있는
~
12 run an errand 심부름을 하다, 대신 일을 하다 be in charge of ~을 담당하다

3주 3일

Hackers TOEIC Start Reading

Grammar Part 5, 6

[준동사구] to 부정사

01 to 부정사 자리
02 to 부정사 역할
03 to 부정사를 필요로 하는 동사들

Vocabulary Part 5, 6

명사 어휘(3)

Reading Part 7

광고 (Advertisement)

[준동사구] to 부정사

기초문법과 놀기

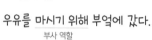

to 부정사란?

우유를 마시는 것은 몸에 좋다.
명사 역할

나는 마실 우유가 있다.
형용사 역할

우유를 마시기 위해 부엌에 갔다.
부사 역할

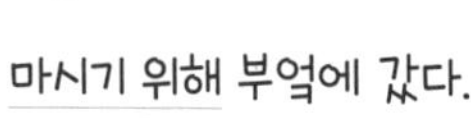

우리말에서 동사 '마시다'가 '마시는 것', '마실', '마시기 위해' 등으로 바뀌어 문장에서 여러 역할을 할 수 있습니다. 영어에서는 동사 앞에 to가 붙어 문장 속에서 여러 역할(명사, 형용사, 부사)을 하는데, 이를 **to 부정사**라고 합니다.

to 부정사의 역할은?

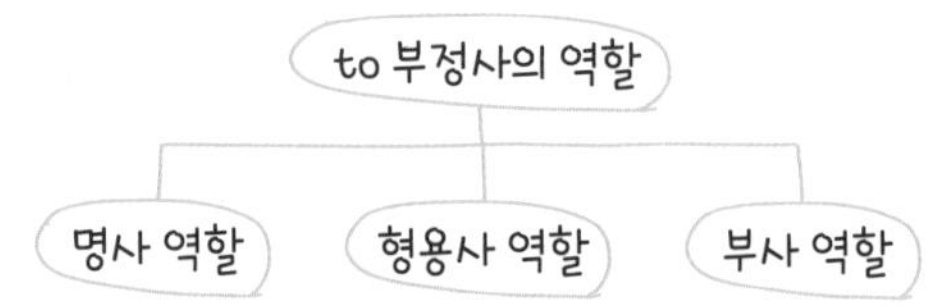

to 부정사는 어떤 형태를 가지고 있나요?

to 부정사의 형태는 'to+동사원형'입니다.

I / want / to discuss / the production schedule. 나는 / 원한다 / 논의하기를 / 생산 일정을
to+동사원형

Check Up

다음 동사를 to 부정사로 바꾸어 보세요.

Mr. Jordan stayed in Tokyo ________ (attend) the convention. Mr. Jordan은 회의에 참석하기 위해 도쿄에 머물렀다.

→ to 부정사의 형태는 'to+동사원형'이에요. [정답 to attend]

to 부정사는 동사의 성질을 가지고 있나요?

네, to 부정사는 문장에서 동사의 기능을 하지는 않지만, 동사의 성질을 그대로 가지고 있습니다. 그래서 to 부정사를 동사에 준한다는 의미로 동명사, 분사와 함께 준동사라고 부릅니다. 예를 들어, to promote trade처럼 to 부정사 뒤에 목적어나 보어를 가질 수 있고 to work abroad처럼 부사의 꾸밈을 받기도 합니다.

Korea and China / signed / an agreement / to promote / trade. 한국과 중국은 / 서명했다 / 협약에 / 촉진하는 / 무역을
(to promote: to 부정사, trade: 목적어)

Many employees / hope / to work / abroad. 많은 직원들은 / 바란다 / 일하기를 / 외국에서
(to work: to 부정사, abroad: 부사)

Check Up

다음 밑줄 친 것 중 to 부정사는 무엇일까요?

Some customers called(A) us to complain(B) about the poor service.
몇몇 고객들이 형편없는 서비스에 대해 불평하기 위해 우리에게 전화를 했다.

→ to 부정사는 동사처럼 뒤에 목적어가 오기도 하지만 문장에서 동사의 기능을 하지 않아요. [정답 B]

to 부정사의 '의미상의 주어'라는 말이 있던데, 무엇인가요?

'그 문제는 우리가 풀기 어렵다'라는 문장에서 주어는 '그 문제(the problem)'이지만 '푸는(to solve)' 사람은 '우리(us)'입니다. 이와 같이 주어는 아니지만 to 부정사를 행하는 주체를 to 부정사의 '의미상의 주어'라고 합니다. 의미상의 주어는 'for+목적격' 형태로 to 부정사 앞에 옵니다.

The problem / is / difficult / for us / to solve. 그 문제는 / 어렵다 / 우리가 / 풀기
(for us: 의미상의 주어)

Check Up

다음 빈칸에 들어갈 알맞은 말은 무엇일까요?

It is critical ________ to understand the staff's difficulties. 그가 직원들의 고충을 이해하는 것이 중요하다.

A. for him B. for his

→ 빈칸은 to understand의 의미상의 주어 자리로 'for+목적격' 형태가 와야 해요. [정답 A]

01 | to 부정사 자리

이번 크리스마스에 산타를 만나는 것이 내 소원이다.

동사 **만나다**에 **~것**이 붙어 **산타를 만나는 것**이라는 긴말 덩어리가 주어 자리에 왔습니다. 영어에서는 동사 앞에 to가 붙는 to 부정사가 문장의 다양한 자리에 올 수 있습니다. to 부정사는 문장의 어디에 오는지 한번 살펴 볼까요?

POINT 1 to 부정사가 오는 자리

to 부정사는 문장에서 **주어, 목적어, 보어, 수식어 자리**에 옵니다.

주어 자리 To become an architect / is / my goal. 건축가가 되는 것이 / 나의 목표이다
(To become an architect: 주어)

목적어 자리 I / want / to become an architect. 나는 / 원한다 / 건축가가 되기를
(to become an architect: 목적어)

보어 자리 My dream / is / to become an architect. 내 꿈은 / 건축가가 되는 것이다
(to become an architect: 보어)

수식어 자리 I / have studied / to become an architect. 나는 / 공부해 왔다 / 건축가가 되기 위해
(to become an architect: 수식어)

POINT 2 to 부정사 자리에 올 수 없는 것

to 부정사가 와야 하는 자리에 **동사**나 **명사**는 올 수 없습니다.

He / decided / (~~accept~~, to accept) / the position. 그는 / 결정했다 / 받아들이기로 / 그 직책을
(accept: 동사(×) to accept: to 부정사(○))

→ to 부정사가 와야 하는 목적어 자리에 동사는 올 수 없습니다.

Economics / is / a complicated topic / (~~explanation~~, to explain). 경제학은 / 복잡한 주제다 / 설명하기에
(explanation: 명사(×) to explain: to 부정사(○))

→ to 부정사가 와야 하는 수식어 자리에 명사는 올 수 없습니다.

연습 문제 다음 괄호 안에 있는 것 중 적절한 것을 고르세요.

01 We hope (gain, to gain) a greater market share.

02 Our goal is (to attract, attraction) more customers.

03 Simon's hope was (to open, open) his own restaurant.

04 I am writing (inquire, to inquire) whether my order was shipped.

05 She is beginning (prepare, to prepare) the company's anniversary celebration.

06 We will need (to enhance, enhancement) the security of our Web site.

보기 중 빈칸에 가장 적절한 것을 고르세요.

07 The board members unanimously agreed ------- Mr. Weber's suggestion.

(A) accept (B) to accept
(C) accepted (D) acceptance

08 One way to boost profits is ------- the cost of production.

(A) reduced (B) reduces
(C) to reduce (D) reduction

09 Some residents wish ------- their phone numbers after they move.

(A) to keep (B) keep
(C) kept (D) keeper

10 If the candidate had been more experienced, Ms. Davis ------- hiring him.

(A) consider
(B) considered
(C) will consider
(D) would have considered

정답 p.396 해석·해설 p.494

VOCABULARY

01 market share 시장 점유율 02 goal [goul] 목표 customer [kʌ́stəmər] 고객
04 whether [wéðər] ~인지 아닌지 ship [ʃip] 발송하다, 수송하다 05 anniversary [æ̀nəvə́:rsəri] 기념일 celebration [sèləbréiʃən] 축하(연)
06 security [sikjúərəti] 보안, 안전 07 board [bɔ:rd] 이사회 unanimously [ju:nǽnəməsli] 만장일치로 suggestion [səgdʒéstʃən] 제안
08 boost [bu:st] 증대하다, 인상하다 profit [prá:fit] 이익 production [prədʌ́kʃən] 생산, 제조 09 resident [rézədənt] 거주자
10 candidate [kǽndidèit] 지원자 experienced [ikspíəriənst] 경험 있는, 노련한

02 | to 부정사 역할

이른 아침인데도 산에 가는 사람들이 많다. 모두 산에 가기 위해 일찍 일어난 모양이다.

간다라는 동사에 **~하는**이나 **~하기 위해**가 붙어 문장 안에서 다양한 역할을 할 수 있습니다. 영어에서는 동사 앞에 to가 붙어 문장 속에서 다양한 역할을 합니다. 어떤 역할을 하는지 한번 살펴 볼까요?

POINT 1 명사 역할

to 부정사는 명사처럼 문장에서 **주어, 목적어, 보어 역할**을 하며, **~하기, ~하는 것**으로 해석합니다.

주어 역할 To arrive on time / is / very important. 정시에 도착하는 것은 / 매우 중요하다
(To arrive on time: 주어)

목적어 역할 Jennifer / refused / to change her opinion. Jennifer는 / 거부했다 / 그녀의 의견을 바꾸기를
(to change her opinion: 목적어)

보어 역할 Her goal / is / to hand in reports this week. 그녀의 목표는 / 이번 주에 보고서를 제출하는 것이다
(to hand in reports this week: 보어)

POINT 2 형용사 역할

to 부정사는 형용사처럼 **명사 뒤**에서 **명사를 수식**해 주며, **~해야 할, ~할**로 해석합니다.

명사 수식 Ms. Akashi / has / an urgent meeting / to attend. Ms. Akashi는 / 있다 / 긴급 회의가 / 참석해야 할
(meeting: 명사 ↑ to attend)

POINT 3 부사 역할

to 부정사는 부사처럼 **문장의 앞**이나 **동사 뒤**에서 **문장이나 동사를 수식**해주며, **~하기 위해서**로 해석합니다.

문장 수식 To buy supplies, / we / need / approval / from the director.
(To buy supplies → we / need / approval / from the director: 문장)
물품을 구매하기 위해서 / 우리는 / 필요하다 / 승인이 / 이사의

동사 수식 Susan / exercises / to maintain good health. Susan은 / 운동한다 / 좋은 건강을 유지하기 위해서
(exercises: 동사 ↑ to maintain good health)

다음 괄호 안에 있는 것 중 적절한 것을 고르세요.

01 Many people prefer (invest, to invest) in the information technology industry.

02 (To update, Update) our Web site is my main responsibility.

03 Our policy is (donation, to donate) money to charities every year.

04 He has a presentation (to make, make) on sales strategies.

05 (To protect, Protection) your skin, you should use UltraCare sunblock.

06 She called (to reschedule, reschedule) her appointment with Mr. Lee.

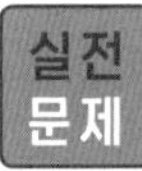

보기 중 빈칸에 가장 적절한 것을 고르세요.

07 ------- the facilities before the upcoming event, the firm required several staff members to work overtime.

(A) To inspect (B) Inspected
(C) Inspection (D) Inspect

08 Every company has an obligation ------- its workers with a safe and healthy work atmosphere.

(A) provide (B) provides
(C) provision (D) to provide

09 The meeting's purpose is ------- improvements to employee benefits.

(A) discuss (B) will discuss
(C) discussion (D) to discuss

10 Mr. Yoon checked several Web sites ------- for a used digital camera.

(A) of looking (B) to look
(C) look (D) looks

정답 p.396 해석·해설 p.495

VOCABULARY

01 prefer [prifə́:r] 선호하다 industry [índəstri] 산업 02 main [méin] 주요한 responsibility [rispɑ̀:nsəbíləti] 책무
03 policy [pɑ́:ləsi] 정책 charity [tʃǽrəti] 자선 단체 04 presentation [prì:zentéiʃən] 발표 sales [seilz] 판매의 strategy [strǽtədʒi] 전략
05 skin [skin] 피부 sunblock [sʌ́nblɑ̀:k] 자외선 차단 크림 06 appointment [əpɔ́intmənt] 약속
07 facility [fəsíləti] 시설 upcoming [ʌ́pkʌ̀miŋ] 다가오는 firm [fə:rm] 회사 work overtime 초과 근무하다
08 obligation [ɑ̀:bləgéiʃən] 의무 atmosphere [ǽtməsfìer] 환경, 분위기
09 purpose [pə́:rpəs] 목적 improvement [imprú:vmənt] 개선점 benefit [bénəfit] 혜택, 이익
10 used [ju:zd] 중고의, 사용된

03 | to 부정사를 필요로 하는 동사들

I decided (to study, studying) everyday.

괄호 안에는 decide의 목적어로 to 부정사 **to study**를 써야 합니다. 이처럼 뒤에 to 부정사를 취하는 동사는 어떤 것들이 있는지 한번 살펴 볼까요?

POINT 1 동사+to 부정사

to 부정사를 목적어로 취하는 특정 동사들을 주의해서 알아 둡니다.

agree 동의하다	hope 희망하다	promise 약속하다
choose 선택하다	learn 배우다	refuse 거부하다
decide 결심하다	offer 제안하다	want 원하다
fail 실패하다	plan 계획하다	wish 바라다

The congressmen / agreed / to aid small enterprises. 국회 의원들은 / 동의했다 / 소규모 사업체를 돕는 것에

Some people / refuse / to pay their income taxes. 몇몇 사람들은 / 거부한다 / 소득세를 내는 것을

The supplier / offered / to send samples. 그 공급업체는 / 제안했다 / 샘플을 보내줄 것을

POINT 2 동사+목적어+to 부정사

to 부정사를 목적격 보어로 취하는 특정 동사들을 주의해서 알아 둡니다.

ask 요청하다	invite 초대하다	remind 상기시키다
encourage 장려하다	permit/allow 허락하다	want 원하다
force 강요하다	persuade 설득하다	warn 경고하다

The manager / encouraged / us (목적어) / to think creatively. 그 부장은 / 장려했다 / 우리가 / 창의적으로 생각하는 것을

He / wants / Susie (목적어) / to correct the errors in his report. 그는 / 원한다 / Susie가 / 그의 보고서에서 틀린 부분을 고치는 것을

The guard / allowed / me (목적어) / to enter the building. 그 경비원은 / 허락했다 / 내가 / 그 건물로 들어가는 것을

연습 문제 다음 괄호 안에 있는 것 중 적절한 것을 고르세요.

01 The presenter asked attendees (to set, setting) yearly goals.

02 Bigtown Incorporated permits employees (transferring, to transfer) to other branches.

03 The corporation wishes (relocating, to relocate) outside of New York.

04 The manager promised (to lower, lowering) the sales quota for new dealers.

실전 문제 보기 중 빈칸에 가장 적절한 것을 고르세요.

05 We'd like to remind you ------- the device with caution.

(A) handling (B) handled
(C) handle (D) to handle

06 The team failed ------- the project, so they did not receive bonuses.

(A) complete (B) to complete
(C) completes (D) completed

Questions 07-09 refer to the following memo.

Renovation work -------(07) the appearance of the lobby will be performed from June 5 to 8. On these dates, the building's main entrance will be blocked off, and employees will access the office through the door at the back of the building. Security personnel will be positioned at this entrance. -------(08). If you are meeting clients during this period, please ask them -------(09) this door as well.

07 (A) will improve (B) improves
(C) to improve (D) improved

08 (A) It will be accessible to only a few employees.
(B) They will prevent anyone from entering the building.
(C) Let me know if you can provide assistance.
(D) You should show them your staff ID.

09 (A) using (B) to use
(C) is using (D) use

정답 p.396 해석·해설 p.496

VOCABULARY

01 presenter[prizéntər] 발표자 attendee[ətendíː] 참석자 yearly[jíərli] 연간의 02 permit[pəːrmít] 허락하다 branch[bræntʃ] 지점
03 corporation[kɔ̀ːrpəréiʃən] 회사 04 sales quota 판매 할당량 dealer[díːlər] 판매업자, 거래자
05 device[diváis] 장치 caution[kɔ́ːʃən] 조심 06 fail[feil] 실패하다 receive[risíːv] 받다
07 renovation[renəvéiʃən] 보수, 수리 appearance[əpíərəns] 외관, 출연 perform[pərfɔ́ːrm] 수행하다 block[blɑːk] 차단하다, 막다
09 access[ǽkses] 출입하다, 이용하다 security personnel 보안 요원들 position[pəzíʃən] 배치하다 entrance[éntrəns] 출입구

명사 어휘(3)

개념 상실한 애인 포획 허가 사항 공고

건강한 관계 유지에 관한 법률 제1조 1항 1호에 의거, 개념 상실한 애인 포획을 허가하였기에 다음과 같이 공고합니다.

1. 포획 대상

· 연애 기간(duration) 동안 끊임없이 한눈을 판 자

· 경제적 안정의 밑거름이 되는 전문 지식(expertise) 축적을 거부한 자

· 커플 공동의 이익(profit)에 위배되는 행동을 한 자

· 그 밖의 일탈 행동으로 커플 생활에 결함(defect)을 낸 동시에 풍파를 불러일으킨 자

2. 포획 방법

'미남·미녀 선발 대회 초대권(invitation)'을 봉투에 익명으로 넣어 미끼를 던져 현장 포착 (이에 응할 시 다른 사람에게 쉽게 눈 돌릴 수 있음을 나타내는 지표가 됨)

3. 포획 시 주의 사항

· 무개념 애인 보호 및 포획에 관한 법률 준수

· 애인의 도주를 대비해 반드시 경찰에 협조 요청(request) 후 포획

필수 어휘 리스트

- **duration** (지속) 기간
  The medication reduces the duration of the illness.
  그 약은 병의 **지속 기간**을 줄인다.

- **expertise** 전문 지식
  The company offers clients its expertise and experience.
  그 회사는 고객들에게 **전문 지식**과 경험을 제공한다.

- **profit** 이익, 수익, 이윤
  Corporations increase profits by reducing operating costs.
  기업들은 운영비를 줄여 **이익**을 높인다.

- **defect** 결함
  The products were returned due to minor defects.
  제품들이 사소한 **결함** 때문에 반품되었다.

- **invitation** 초대(권)
  I will not be able to accept your invitation.
  귀하의 **초대**에 응하지 못할 것 같습니다.

- **request** 요청, 신청
  All requests for leave must be submitted in writing.
  모든 휴가 **요청**은 서면으로 제출되어야 한다.

- **location** 지점, 위치
  The new model is available at all our locations.
  새로운 모델은 저희의 모든 **지점**에서 구할 수 있습니다.

- **procedure** 절차, 순서
  The writer described her research procedure.
  저자는 그녀의 연구 **절차**를 설명했다.

- **disruption** 혼란, 중단
  Arriving late will likely cause a disruption.
  늦게 도착하는 것은 **혼란**을 야기할 가능성이 있다.

- **product** 제품
  A lot of customers reviewed the product.
  많은 고객들이 그 **제품**을 논평했다.

다음 괄호 안에 있는 것 중 적절한 것을 고르세요.

01 The company needs a consultant with (inquiry, expertise, defects) in accounting.

02 Many small businesses fail to make a (duration, profit, treatment) during their first year.

03 Some headphones were recalled due to a manufacturing (disruption, defect, permit).

04 Mr. Yu's real estate agent helped him find a good (repair, location, invitation) for his office.

보기 중 빈칸에 가장 적절한 것을 고르세요.

05 The event organizers sent Mr. Roberts an ------- to attend the regional conference.

(A) expression (B) invitation
(C) indicator (D) application

06 ------- for additional copies of manuals should be addressed to the Service Center.

(A) Requests (B) Developments
(C) Retirements (D) Facilities

Questions 07-09 refer to the following information.

The examination will begin promptly at 2:00 P.M. All test-takers are expected to arrive on time. For the -------(07) of the test, latecomers will not be allowed to enter. To avoid -------(08) while a test is ongoing, all personal items must be left in a storage locker outside the examination room. -------(09). Anyone caught in violation will be ejected. For other important rules and guidelines, please listen to your testing administrator.

07 (A) event (B) duration
(C) absence (D) presence

08 (A) grief (B) complaint
(C) clutter (D) disruption

09 (A) Results will be posted in the hallway.
(B) Follow the exit signs posted on the wall.
(C) These items may be accessed during breaks only.
(D) Very few people pass the test each year.

정답 p.396 해석·해설 p.497

VOCABULARY

01 consultant[kənsʌ́ltənt] 상담가 accounting[əkáuntiŋ] 회계 03 recall[rikɔ́:l] 회수하다 manufacturing[mæ̀njufǽktʃəriŋ] 제조상의
04 real estate agent 부동산 중개인 05 regional conference 지역 회의 06 additional[ədíʃənl] 추가적인 address[ədrés] 신청하다
07 promptly[prá:mptli] 지체 없이 on time 제시간에 ongoing[ɔ́ngòuiŋ] 진행 중인 violation[vàiəléiʃən] 위반 eject[idʒékt] 쫓아내다
09 administrator[ədmínistrèitər] 관리자 hallway[hɔ́:lwèi] 복도 exit[égzit] 출구 access[ǽkses] 이용하다 break[bréik] 쉬는 시간

Reading
Part 7

광고 (Advertisement)

파트 7에 나오는 광고는 크게 사람을 찾는 구인 광고와 제품을 홍보하는 상품 광고가 출제됩니다. 구인 광고는 레스토랑 지배인, 비서, 사무 보조자 등을 모집하는 내용을 다룹니다. 제품 광고는 생활 용품, 멤버십, 주택 임대, 호텔, 식당 등을 광고하는 내용이 출제됩니다.

빈출 질문 유형과 공략법

광고에서는 광고의 목적, 광고한 직책/제품, 광고의 대상, 광고주 등에 대해 주로 묻습니다. 구인 광고에서는 자격 요건, 지원 방법 등을 묻고, 제품 광고에서는 제품이나 서비스의 특징 및 장점 등을 묻는 문제가 자주 출제됩니다.

광고의 목적·광고한 직책/제품을 묻는 질문

질문의 예 What is the purpose of the advertisement? 광고의 목적은 무엇인가?
What position is being advertised? 어떤 직책이 광고되고 있는가?
What is being advertised? 광고되고 있는 것은 무엇인가?

공략법 광고의 주제나 모집 직책, 광고 제품은 주로 지문의 앞부분에서 언급됩니다.
주제/목적 찾기 문제 유형이므로 지문의 앞부분에서 정답의 단서를 찾습니다.

구인 광고에서 자격 요건 및 지원 방법 등을 묻는 질문

질문의 예 What is NOT a requirement for the position? 이 직책의 자격 요건이 아닌 것은 무엇인가?
How can people apply for the position? 사람들이 이 직책에 어떻게 지원할 수 있는가?

공략법 자격 요건은 지문의 중반에서, 지원 방법은 주로 지문의 끝부분에서 언급됩니다.
육하원칙이나 NOT/TRUE 문제 유형이므로 질문의 키워드를 파악한 후, 지문의 중반이나 끝부분에서 정답의 단서를 찾습니다.

제품 광고에서 제품이나 서비스의 특징 및 장점 등을 묻는 질문

질문의 예 What is NOT mentioned as a feature of the service? 서비스의 특징으로 언급되지 않은 것은 무엇인가?
What is an advantage of the product? 제품의 장점은 무엇인가?

공략법 제품이나 서비스의 특징은 주로 지문의 중반에서 언급됩니다.
육하원칙이나 NOT/TRUE 문제 유형이므로 질문의 키워드를 파악한 후, 지문의 중반에서 정답의 단서를 찾습니다.

자격 요건과 관련하여 자주 등장하는 표현

requirement 자격 요건 qualification 자격, 능력 a successful candidate 합격할 가능성이 높은 지원자
bachelor's degree 학사 학위 proficiency in(= fluency in) 능숙한 ~ 실력 experience in a related field 관련 분야에서의 경력
knowledge of ~에 대한 지식 bilingual in French and English 프랑스어와 영어 모두 자유롭게 구사할 수 있는
computer literate 컴퓨터를 잘 다루는; 컴퓨터를 잘 다루는 사람 social skills 사교 능력

비법 적용하기

1-3번은 다음 광고에 관한 문제입니다.

[1]World Wide Merchandising사는 개인 비서를 구하고 있습니다.

직무 설명:
- 회사 임원 스케줄 관리
- 회사 고객을 맞이하기 위한 준비

[2]자격:
- 4년제 대학 학위
- 기본 비즈니스 소프트웨어를 다룰 수 있는 능력

[3]지원 방법:
10월 24일까지 여러분의 이력서를 recruit@worldwide.com으로 보내세요.

1. 어떤 종류의 직책이 광고되고 있는가?
   (A) 비서
   (B) 운전사

2. 직책 자격 요건으로 언급되지 않은 것은 무엇인가?
   (A) 학위
   (B) 운전 면허

3. 직책에 어떻게 지원할 수 있는가?
   (A) 전화로
   (B) 이메일로

Questions 1-3 refer to the following advertisement.

[1]World Wide Merchandising is looking for a personal assistant. — 모집 직책

Job description:
- Manages the schedules of company executives
- Makes arrangements to receive company guests

— 직무 사항

[2]Qualifications:
- A four-year university degree
- Skills in basic business software

— 자격 요건

[3]How to apply:
Send your résumé to recruit@worldwide.com by October 24. — 지원 방법

1. What kind of position is being advertised? (position → 키워드)
   (A) Assistant
   (B) Driver

2. What is NOT mentioned as a job requirement? (job requirement → 키워드)
   (A) A diploma
   (B) A driver's license

3. How can one apply for the position? (How, apply → 키워드)
   (A) By phone
   (B) By e-mail

해설

1. 질문의 키워드 'position'을 통하여 구인 광고의 모집 직책을 묻는 문제임을 알 수 있습니다. 따라서 지문의 앞부분에서 단서를 찾습니다. 'World Wide Merchandising is looking for a personal assistant.'라고 하였으므로, (A) Assistant가 정답입니다.
2. 질문의 키워드 'job requirement'를 통하여 자격 요건을 묻는 문제임을 알 수 있습니다. 질문의 키워드인 'job requirement'가 지문의 중반에서 'Qualifications'로 paraphrase되었으므로 그 주변의 내용과 각 보기를 하나씩 대조합니다. (A)는 'A four-year university degree'에서 확인할 수 있습니다. 운전 면허에 대한 언급은 하지 않았으므로, (B) A driver's license가 정답입니다.
3. 질문의 키워드 'How ~ apply'를 통하여 지원하는 방법을 묻는 문제임을 알 수 있습니다. 질문의 키워드인 'How ~ apply'가 지문의 끝 부분에서 'How to apply'로 paraphrase되었으므로 그 주변에서 정답의 단서를 확인합니다. 지문에서 'Send your résumé to recruit@worldwide.com'이라고 하였으므로, (B) By e-mail이 정답입니다.

주어진 문장과 가장 가까운 의미를 만드는 것을 찾아보세요.

01 Please make checks payable to Union Atlantic.

= Checks should be _________ to Union Atlantic.

(A) reviewed (B) addressed

02 Now that we have the extra funds, the project seems feasible.

= As we have received financing, it is _________ to start the project.

(A) possible (B) effective

03 Take the amount of money we have into consideration when purchasing new computers.

= When ordering new computers, please keep our _________ in mind.

(A) budget (B) bonus

04 If the past-due charges are not paid, we will suspend your credit card account.

= If your bill is not paid, service will be _________.

(A) interrupted (B) activated

VOCABULARY

01 **check**[tʃek] 수표 **payable**[péiəbl] 지불해야 할 **review**[rivjúː] 검토하다 **address**[ədrés] (편지·소포 등을) ~ 앞으로 하다

02 **now that** ~이므로 **extra**[ékstrə] 여분의 **fund**[fʌnd] 자금 **seem**[siːm] ~처럼 보이다 **feasible**[fíːzəbl] 실행할 수 있는 **financing**[fáinænsiŋ] 자금 조달 **effective**[iféktiv] 효과적인

03 **take A into consideration** A를 고려하다 **keep in mind** 염두하다, 기억하다 **budget**[bʌ́dʒit] 예산

04 **past-due charge** 연체료 **suspend**[səspénd] (일시) 중지하다 **interrupt**[ìntərʌ́pt] 중단하다 **activate**[ǽktəvèit] 활동적으로 하다

05 Customers who pay their bills online will receive a five percent discount off the total.

(A) Early payment will result in a partial fee reduction.

(B) To save money, pay your bills on the Internet.

06 Customers with no outstanding payments will get complimentary repair services.

(A) Free repairs are given to customers who do not owe money.

(B) Customers who make their payments on time can receive on-site repair service.

07 To get a free quote for our services, click here and fill in the appropriate information.

(A) Complete the form to get an estimate at no charge.

(B) We will be glad to visit and give you a free estimate.

08 An additional $100 will be added to your bill for the hotel's daily breakfast plan.

(A) You must deposit $100 in order to receive a meal.

(B) You will be charged extra money for a meal plan.

VOCABULARY

05 partial [pɑ́:rʃəl] 부분적인 reduction [ridʌ́kʃən] 할인

06 outstanding [autstǽndiŋ] 미결제의 complimentary [kɑ̀:mpləméntəri] 무료의, 칭찬하는 repair [ripέər] 수리 owe [ou] 지불할 의무가 있다 on time 제때에, 제시간에 on-site repair service 출장 수리 서비스

07 quote [kwout] 견적 fill in 기입하다 appropriate [əpróuprièit] 알맞은, 적절한 estimate [éstəmət] 견적 at no charge 무료로

08 additional [ədíʃənl] 추가의 add [æd] 더하다, 추가하다 deposit [dipɑ́:zit] 보증금으로 내다

Question 09 refers to the following advertisement.

Smith Falls apartment units have two spacious bedrooms, a sunny living room, bathrooms with a tub and a shower, and a fully-equipped kitchen. Our amenities include a swimming pool, a fitness center and a laundry room. There is plenty of parking nearby. The maintenance costs of the complex are included in the rent. In order to become a tenant, a $2,000 security deposit and recommendation from a previous landlord are required.

09 What is being advertised?

(A) A parking area
(B) An apartment complex
(C) A business space

Question 10 refers to the following advertisement.

Alfredo's, western Canada's favorite Italian restaurant chain, is looking for regional managers to help with its expansion into two new provinces. All regional managers will be based at our corporate headquarters in Calgary, but will be asked to travel extensively throughout the country. Qualified applicants must be proficient in both English and French and understand the market differences among the various regions of Canada. Candidates with work experience in the hospitality industry are preferred.

10 What is a requirement for the position?

(A) A sense of hospitality
(B) Proof of residence in Calgary
(C) Fluency in two languages

VOCABULARY

09 **equip** [ikwíp] 갖추어 주다 **amenity** [əménəti] 편의 시설 **maintenance** [méintənəns] 보수 관리 **rent** [rent] 임대료 **tenant** [ténənt] 세입자 **security deposit** 보증금 **recommendation** [rèkəmendéiʃən] 추천서 **landlord** [lǽndlɔ̀:rd] 집주인

10 **regional** [rí:dʒənl] 지역의 **expansion** [ikspǽnʃən] 확장 **base** [beis] ~에 본거지를 두다 **headquarters** [hédkwɔ̀:rtərz] 본점, 본사 **extensively** [iksténsivli] 광범위하게, 널리 **qualified** [kwɑ́:ləfàid] 자격 있는, 적임의 **proficient** [prəfíʃənt] 능숙한, 숙달한 **hospitality industry** 서비스업 **preferred** [prifə́:rd] 우선의, 선취권 있는 **proof** [pru:f] 증명(서), 증거 **residence** [rézədəns] 거주 **fluency** [flú:ənsi] 유창(함)

Questions 11-12 refer to the following advertisement.

Brightside Seniors' Center: Help Wanted

The Brightside Seniors' Center in Portland, Oregon is now accepting applications for care aides. Six positions will be available starting on March 1, and one week of training will be provided. Candidates should be state-certified care professionals with at least two years of previous experience.

Successful applicants will receive an hourly wage, full medical benefits, paid leave, and an annual bonus. Successful candidates will be required to assist with the daily activities and care of our residents.

Those interested in one of the positions may request application forms by sending an e-mail to Carl Yeates in our administration department at carlyeates@brightsideseniors.com.

11 What is NOT true about the Brightside Seniors' Center?

(A) It requires certification from applicants.
(B) It plans to pay care aides by the hour.
(C) It gives staff incentive pay twice a year.
(D) It will train new employees for a week.

12 How can candidates apply for a position?

(A) By speaking to Carl Yeates
(B) By requesting forms by e-mail
(C) By visiting an administrative department
(D) By uploading résumés to a Web site

정답 p.396 해석·해설 p.498

VOCABULARY

11~12 aid[eid] 도우미 certified[sə́:rtəfàid] 공인의, 보증된 successful applicant 합격자 hourly wage 시간급 paid leave 유급 휴가 resident[rézədnt] 거주자 administration[ədmìnistréiʃən] 관리 certification[sə̀:rtəfikéiʃən] 자격증 incentive[inséntiv] 장려금

3주 4일

Hackers TOEIC Start Reading

Grammar Part 5, 6

[준동사구] 동명사

01 동명사의 자리와 역할
02 동명사를 필요로 하는 동사들
03 동명사를 포함하는 표현들

Vocabulary Part 5, 6

명사 어휘(4)

Reading Part 7

공고/안내문
(Notice&Announcement/Information)

[준동사구] 동명사

기초문법과 놀기

동명사란?

나는 책 읽기를 좋아한다.
명사 역할

우리말에서 동사 '읽다'가 '읽기', '읽는 것'으로 바뀌어 문장에서 명사 역할을 할 수 있습니다. 영어에서는 동사 뒤에 ing가 붙어 문장 속에서 명사 역할을 하는데, 이를 **동명사**라고 합니다.

동명사의 역할은?

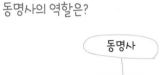

동명사
명사 역할

동명사는 **어떤 형태**를 가지고 있나요?

동명사의 형태는 '동사원형+ing'입니다.

Ms. Holly / postponed / completing the papers. Ms. Holly는 / 연기했다 / 서류 작성하는 것을
동사원형+ing

Check Up

다음 동사를 동명사로 바꾸어 보세요.

She finished ________ (send) out the invitations. 그녀는 초대장 보내는 것을 끝마쳤다.

→ 동명사의 형태는 '동사원형+ing'예요. [정답 sending]

동명사는 명사 역할을 한다는데, 명사와는 어떻게 다른가요?

동명사는 목적어를 가질 수 있지만, 명사는 목적어를 가질 수 없습니다. 또한 동명사 앞에는 관사를 쓸 수 없지만, 명사 앞에는 관사를 쓸 수 있습니다.

	동명사	명사
목적어	○	×
관사	×	○

She / stopped / collecting comic books. 그녀는 / 그만두었다 / 만화책을 수집하는 것을
(collecting: 동명사, comic books: 목적어)

We / went to a park / after lunch. 우리는 / 공원에 갔다 / 점심 식사 후
(a: 관사, park: 명사)

Check Up

다음 빈칸에 들어갈 알맞은 것은 무엇일까요?

Many workers enjoy ______ the leadership training program. 많은 직원들은 리더십 교육 프로그램에 참여하는 것을 즐긴다.

A. attendance B. attending

→ 뒤에 목적어 the leadership training program이 있으므로 빈칸에는 목적어를 가질 수 있는 동명사가 와야 해요. [정답 B]

그럼 동명사는 동사의 성질을 가지고 있나요?

네, 동명사는 문장에서 동사의 기능을 하지는 않지만 to 부정사처럼 동사의 성질을 그대로 가지고 있습니다. 그래서 동명사를 동사에 준한다는 의미로, to 부정사, 분사와 함께 준동사라고 부릅니다. improving health care처럼 동명사 뒤에 목적어나 보어를 가질 수 있고, exercising regularly처럼 부사의 꾸밈을 받기도 합니다.

We / should consider / improving health care. 우리는 / 고려해야 한다 / 의료 서비스를 향상시키는 것을
(improving: 동명사, health care: 목적어)

Exercising regularly / is / important. 규칙적으로 운동하는 것은 / 중요하다
(Exercising: 동명사, regularly: 부사)

Check Up

다음 밑줄 친 것 중 동명사는 무엇일까요?

Our company considered reducing the number of paid holidays. 우리 회사는 유급 휴가 일수를 줄이는 것을 고려했다.
(considered: A, reducing: B)

→ 동명사 뒤에는 동사처럼 목적어가 올 수 있지만 문장에서 동사의 기능을 하지 않아요. [정답 B]

01 | 동명사의 자리와 역할

나는 비행기를 타는 것을 좋아한다.

동사 **타다**에 **~하는 것**이 붙어 **비행기를 타는 것**이라는 긴말 덩어리가 목적어 자리에 왔습니다. 영어에서는 동사 뒤에 ing가 붙은 동명사가 문장의 다양한 자리에 올 수 있습니다. 동명사는 문장의 어디에 오는지 한번 살펴 볼까요?

POINT 1 동명사가 오는 자리

동명사는 명사 역할을 하므로 명사처럼 **~하기, ~하는 것**으로 해석되며 문장에서 **주어, 목적어, 보어 자리와 전치사의 바로 뒤**에 옵니다.

주어 자리 Playing the guitar / is / one of my hobbies. 기타를 연주하는 것은 / 나의 취미 중 하나이다
(Playing the guitar: 주어)

목적어 자리 I / like / getting up early in the morning. 나는 / 좋아한다 / 아침 일찍 일어나는 것을
(getting up early in the morning: 목적어)

보어 자리 My main interest / is / writing poetry. 나의 주된 관심사는 / 시를 쓰는 것이다
(writing poetry: 보어)

전치사 뒤 Lauren / left / without saying a word. Lauren은 / 떠났다 / 한마디 말도 없이
(without: 전치사)

POINT 2 동명사 자리에 올 수 없는 것

동명사가 와야 하는 주어, 목적어, 보어 자리에 **동사**나 **명사**는 올 수 없습니다.

(~~Create~~, Creating) a successful advertisement / is / difficult. 성공적인 광고를 제작하는 것은 / 어렵다
(Create: 동사(×), Creating: 동명사(O))

→ 동명사가 와야 하는 주어 자리에 동사는 올 수 없습니다.

동명사가 와야 하는 전치사 바로 뒷자리에 **동사**나 **to 부정사**는 올 수 없습니다.

The owner / cared / about (~~to improve~~, improving) service. 주인은 / 관심을 가졌다 / 서비스를 개선하는 것에
(about: 전치사, to improve: to 부정사(×), improving: 동명사(O))

→ 동명사가 와야 하는 전치사 바로 뒷자리에 to 부정사는 올 수 없습니다.

연습 문제 다음 괄호 안에 있는 것 중 적절한 것을 고르세요.

01 Neil Incorporated has begun (produce, producing) memory chips.

02 Stress can prevent one from (sleeping, slept) well.

03 Our first priority is (confirm, confirming) all our hotel reservations.

04 (Read, Reading) the instructions on the package is essential.

05 We stopped (developing, develop) alternative fuels due to financial difficulties.

06 You should look around before (joining, to join) a health club.

실전 문제 보기 중 빈칸에 가장 적절한 것을 고르세요.

07 ------- a speech several times before a ceremony is necessary.

(A) Practice (B) Practices
(C) Practiced (D) Practicing

08 The Cohen Company started ------- wallpaper with floral designs last year.

(A) making (B) make
(C) made (D) of making

09 The accounting department may ------- receipts to verify expenses.

(A) requesting (B) to request
(C) request (D) be requested

10 Competitiveness is maintained by ------- the skills of the employees.

(A) upgrading (B) upgrade
(C) to upgrade (D) upgraded

정답 p.396 해석·해설 p.502

VOCABULARY

02 prevent [privént] 방해하다, 예방하다 03 first priority 최우선 사항, 최우선 reservation [rèzərvéiʃən] 예약
04 instruction [instrʌ́kʃən] 설명(서) package [pǽkidʒ] 포장, 소포 essential [isénʃəl] 필수적인
05 alternative fuel 대체 연료 financial [fainǽnʃəl] 재정의 06 look around 둘러보다
07 speech [spiːtʃ] 연설 ceremony [sérəmòuni] 의식 necessary [nésəsèri] 필요한
08 wallpaper [wɔ́ːlpèipər] 벽지 floral [flɔ́ːrəl] 꽃무늬의, 꽃의
09 accounting department 회계부 receipt [risíːt] 영수증 verify [vérəfài] 증명하다 expense [ikspéns] 지출, 비용
10 competitiveness [kəmpétətivnis] 경쟁력 maintain [meintéin] 유지하다

02 동명사를 필요로 하는 동사들

I enjoy (to listen, listening) to music.

괄호 안에는 enjoy의 목적어로 동명사 **listening**을 써야 합니다. 이처럼 뒤에 동명사를 취하는 동사는 어떤 것들이 있는지 한번 살펴 볼까요?

POINT 1 동사+동명사

동명사만을 목적어로 취하는 특정 동사들을 주의해서 알아 둡니다.

avoid 피하다	enjoy 즐기다	postpone 연기하다
consider 고려하다	finish 끝내다	recommend 추천하다
deny 부인하다	give up 포기하다	suggest 제안하다

The entrepreneur / considered / buying the hotel. 그 사업가는 / 고려했다 / 그 호텔을 매입하는 것을

Teenagers / enjoy / listening to music / online. 십 대들은 / 즐긴다 / 음악 듣는 것을 / 온라인으로

POINT 2 동사+동명사/to 부정사

동명사와 to 부정사를 모두 목적어로 취하는 특정 동사들을 주의해서 알아 둡니다.

attempt 시도하다	hate 싫어하다	love 사랑하다
begin 시작하다	intend 의도하다	prefer 선호하다
continue 계속하다	like 좋아하다	start 시작하다

They / continued / producing textiles. 그들은 / 계속했다 / 직물을 생산하는 것을

= They / continued / to produce textiles.

다음 괄호 안에 있는 것 중 적절한 것을 고르세요.

01 I personally prefer (take, taking) public transportation to work.

02 The company denied (using, to use) any questionable ingredients.

03 The government attempted (to stop, stop) oil exploration.

04 Ms. Rho asked her attorney to finish (reviewing, to review) the contract by tomorrow.

05 Avoid (to expose, exposing) the disc to direct light, as this may damage it.

06 The CEO enjoys (talking, to talk) with each staff member in the department.

보기 중 빈칸에 가장 적절한 것을 고르세요.

07 Mr. Robinson asked us ------- the date for the welcoming banquet.

(A) verifying (B) verified
(C) verify (D) to verify

08 We strongly recommend ------- rooms more than eight weeks in advance during the busy summer months.

(A) books (B) to book
(C) booking (D) be booked

09 The marketing manager suggested ------- the logo to enhance the image of the company.

(A) change (B) changing
(C) to change (D) of changing

10 Toby Electronics requests that customers postpone ------- GXT 250 laptops until the technical issues are resolved.

(A) purchase (B) purchased
(C) purchasing (D) to purchase

정답 p.396 해석·해설 p.503

VOCABULARY

01 personally [pə́:rsənəli] 개인적으로 public transportation 대중교통
02 questionable [kwéstʃənəbl] 미심쩍은, 수상쩍은 ingredient [ingrí:diənt] 재료
03 government [gʌ́vərnmənt] 정부 attempt [ətémpt] 시도하다 oil exploration 석유 탐사
04 attorney [ətə́:rni] 변호사 contract [kɑ́:ntrækt] 계약서
05 expose [ikspóuz] 노출하다 direct light 직사 광선 damage [dǽmidʒ] 손상시키다
07 banquet [bǽŋkwit] 만찬, 연회 08 in advance 미리, 사전에 09 enhance [inhǽns] 높이다, 강화하다
10 postpone [poustpóun] 연기하다 resolve [rizɑ́:lv] 해결하다

03 동명사를 포함하는 표현들

I am used to (drive, driving).

be used to라는 표현은 동명사와 함께 쓰이기 때문에 **driving**을 써야 합니다. 이와 같이 동명사를 포함하는 특정한 표현으로 어떤 것들이 있는지 한번 살펴 볼까요?

1 동명사의 관용 표현

동명사를 포함하는 특정 표현을 알아 둡니다.

It is no use -ing ~해도 소용없다
be busy -ing ~하느라 바쁘다
be capable of -ing ~할 능력이 있다
be worth -ing ~할 만한 가치가 있다
have difficulty (in) -ing ~하는 데 어려움을 겪다
feel like -ing ~하고 싶다
go -ing ~하러 가다
keep (on) -ing 계속 ~하다
on -ing ~하자마자
spend + 시간/돈 + -ing ~하는 데 시간/돈을 쓰다

I / feel like / having pizza. 나는 / 싶다 / 피자를 먹고

I / had difficulty / communicating in English. 나는 / 어려움을 겪었다 / 영어로 의사소통하는 데

We / spent / a lot of time / collecting information. 우리는 / 썼다 / 많은 시간을 / 정보를 수집하는 데

2 '전치사 to+동명사' 표현

'전치사 to+동명사'를 포함하는 특정 표현을 알아 둡니다. 이때, 전치사 to를 to 부정사의 to로 착각하여 동사원형을 쓰지 않도록 주의합니다.

be committed to -ing ~에 전념하다
be devoted to -ing ~에 헌신하다
be used to -ing ~에 익숙하다
contribute to -ing ~에 공헌하다
look forward to -ing ~을 기대하다
object to -ing ~에 반대하다

I / look forward / to meeting you. 저는 / 기대하고 있습니다 / 당신을 만나는 것을

The employees / are used / to handling complaints. 그 직원들은 / 익숙하다 / 불만 사항을 다루는 것에

The farmers / objected / to lowering trade barriers. 그 농부들은 / 반대했다 / 무역 장벽을 낮추는 것에

연습 문제 다음 괄호 안에 있는 것 중 적절한 것을 고르세요.

01 Mr. Jenkins will be busy (contacting, to contact) his foreign clients this afternoon.

02 The new Greek restaurant is worth (to try, trying).

03 Every company division will contribute to (improve, improving) productivity.

04 The firm spends a lot of money (advertising, advertisement) new goods.

실전 문제 보기 중 빈칸에 가장 적절한 것을 고르세요.

05 The government is committed to ------- natural resources.

(A) preserving (B) preserve
(C) preserved (D) preservation

06 The factory is capable of ------- up to 5,000 units a day with the new equipment.

(A) produced (B) production
(C) be producing (D) producing

Questions 07-09 refer to the following e-mail.

From: Ricardo Castillo <rcastillo@daltonco.com>
To: Gabrielle Fields <gfields@secplus.com>

Dear Mr. Fields,

This is in reply to your request for information on investment agencies. There are a few agencies in Connecticut that have excellent reputations. However, I would like to recommend ------- (07) the Catalonia Foreign Investment Agency. It was involved in ------- (08) a $400 million investment project last year. ------- (09). I can send it to you if you need it.

07 (A) hire (B) hires
(C) hiring (D) to hire

08 (A) secure (B) secured
(C) to secure (D) securing

09 (A) I have a detailed report on the project.
(B) Manufacturers require a lot of capital.
(C) The economy is predicted to improve next year.
(D) The minimum investment is $400,000.

정답 p.396 해석·해설 p.504

VOCABULARY

01 foreign[fɔ́:rən] 외국의, 해외의 03 division[divíʒən] 부서 productivity[pròudʌktívəti] 생산성
04 firm[fə:rm] 회사 goods[gudz] 상품 05 government[gʌ́vərnmənt] 정부 natural resources 천연 자원
07 ~ 09 in reply to ~에 답하여 investment[invéstmənt] 투자 agency[éidʒənsi] 기관 reputation[rèpjutéiʃən] 평판, 명성
recommend[rèkəménd] 추천하다, 권하다 involve in ~에 관여하다 detailed[ditéild] 상세한
manufacturer[mæ̀njufǽktʃərər] 제조업자 economy[ikɑ́:nəmi] 경제 predict[pridíkt] 예상하다

Vocabulary
Part 5,6

명사 어휘(4)

신입사원의 인기 비결

한 해외 영업팀은 김부장의 감독하에 3년을 지냈다.
supervision

김부장은 지위에 걸맞게 해외 시장에 대한 지식이 풍부할 뿐만 아
position knowledge
니라, 회의에서도 요점만 콕콕 집어 마무리 요약 정리도 잘 해주었다.

자~ 오늘 점심은 내가 쏜다.
골라봐~ 난 짜장.
두 글자 음식이 맛있는 거 알지?

김부장은 다 좋은데 중화요리 전문점에 가면 사원들에게 음식을 고를 기회를 주지 않고 '짬뽕'이나 '짜장'만 먹으라고 하는 것이 흠이었다. 사원들 사이에서는 다른 선택권이
option
없어 그저 부장의 비위를 맞추며 골라주는 음식을 먹는 것이 관례로
practice
자리잡고 있었다.

그러던 중 신입사원이 입사해 함께 점심을 먹으러 갔고, 그날부로 그 신입사원의 인기가 치솟았다.
popularity

필수 어휘 리스트

- **supervision** 감독
  The department is under the supervision of Mr. Hart.
  그 부서는 Mr. Hart의 **감독**하에 있다.
- **position** 지위, 직위
  Ms. Nash is suitable for the sales position.
  Ms. Nash는 영업**직**에 어울린다.
- **knowledge** 지식
  The manager has a broad knowledge of accounting.
  그 관리자는 회계에 폭넓은 **지식**을 갖고 있다.
- **option** 선택권
  Clients have the option of paying by check or credit card.
  고객들은 수표와 신용 카드 중 지불 수단 **선택권**이 있다.
- **practice** 관례, 관행
  Sending workers overseas is becoming a common practice.
  노동자 해외 파견은 일반적인 **관례**가 되고 있다.
- **popularity** 인기
  Chinese products are gaining popularity.
  중국 제품이 **인기**를 얻고 있다.
- **receipt** 영수증
  The receipt shows a discount was applied.
  그 **영수증**은 할인이 적용되었음을 보여준다.
- **recognition** 인정, 인식
  Volunteers received recognition for their work.
  자원봉사자들은 그들의 일에 대해 **인정**을 받았다.
- **subscription** 구독, 구독료
  The magazine subscription has expired.
  잡지 **구독**이 만료되었다.
- **prediction** 예측, 예보
  Financial predictions are based on market research.
  금융 **예측**은 시장 조사에 근거를 두고 있다.

문제 다음 괄호 안에 있는 것 중 적절한 것을 고르세요.

01 Customers can exchange items if they present the original (option, stock, receipt).

02 Ms. Roy was promoted in (recognition, practice, collection) of her success.

03 The hotel is gaining (participation, discount, popularity) because of its facilities.

04 Mr. Dyen will keep his (arrangement, position, region) as a manager for now.

보기 중 빈칸에 가장 적절한 것을 고르세요.

05 Customers have the ------- of canceling an order at any time.

(A) summary (B) option
(C) exception (D) expertise

06 Changing the locks frequently is a highly recommended -------.

(A) report (B) point
(C) spot (D) practice

Questions 07-09 refer to the following memo.

I am pleased to announce that Mary Murphy has been promoted to manager of the sales department. She will start her new position on May 15. A team of overseas sales staff has been under Ms. Murphy's -------(07) over the past five years. During this period, she has gained extensive -------(08) of the industry. -------(09). We are confident that our business will continue to grow with Ms. Murphy in charge of the department.

07 (A) attendance (B) supervision
(C) recommendation (D) intelligence

08 (A) knowledge (B) opinion
(C) standard (D) obligation

09 (A) The sales department has a new opening.
(B) Join me in welcoming our newest employee.
(C) This makes her ideally suited for the position.
(D) The job is expected to be filled soon.

정답 p.396 해석·해설 p.505

VOCABULARY

02 promote [prəmóut] 승진하다 03 facility [fəsíləti] 시설 04 keep [ki:p] 지키다
05 customer [kʌ́stəmər] 고객 cancel [kǽnsəl] 취소하다
06 lock [lɑk] 자물쇠 frequently [frí:kwəntli] 자주 highly [háili] 매우 recommend [rèkəménd] 권장하다
07 pleased [pli:zd] 기쁜 announce [ənáuns] 발표하다 department [dipɑ́:rtmənt] 부서
09 position [pəzíʃən] 직책, 지위 extensive [iksténsiv] 해박한 confident [kɑ́nfədənt] 확신하다 ideally [aidí:əli] 더할 나위 없이 suited [sú:tid] 적합한 fill [fil] 채우다

Reading
Part 7

공고/안내문 (Notice&Announcement/Information)

파트 7에 나오는 공고/안내문은 교환 및 환불 규정 공지, 호텔 및 시설 이용 안내 등 실생활에서 접할 수 있는 내용을 다룹니다. 또한 회사의 새로운 방침 공지, 새로운 프로그램 사용법 안내 등 회사 생활 관련 내용도 출제됩니다.

빈출 질문 유형과 공략법

공고/안내문에서는 공고나 안내문의 목적 또는 대상, 공고나 안내문의 특정 날짜와 관련된 내용, 공고나 안내문을 읽는 사람에게 요청하는 사항을 묻는 문제가 자주 출제됩니다.

공고나 안내문의 목적·대상을 묻는 질문

질문의 예 What is the purpose of the information? 안내문의 목적은 무엇인가?
For whom is the notice most likely intended? 공고는 누구를 대상으로 할 것 같은가?

공략법 공고나 안내문의 목적이나 대상은 주로 지문의 앞부분에서 언급됩니다.
목적은 주제/목적 찾기 문제 유형이므로 지문의 앞부분에서 정답의 단서를 찾고, 대상은 지문 전체 추론 문제 유형이므로 지문 전체에서 정답의 단서를 찾아 유추하되, 특히 지문의 앞부분을 주의 깊게 읽습니다.

공고나 안내문의 특정 날짜와 관련된 내용을 묻는 질문

질문의 예 What will happen on September 5? 9월 5일에 무엇이 일어날 것인가?
What is the main purpose of the ceremony on August 17?
8월 17일에 있을 의식의 주목적은 무엇인가?

공략법 공고나 안내문의 특정 날짜와 관련된 내용은 주로 지문의 중반에서 언급됩니다.
육하원칙 문제 유형이므로 질문의 날짜를 키워드로 하여 지문의 중반에서 정답의 단서를 찾습니다.

공고나 안내문을 읽는 사람에게 요청하는 사항을 묻는 질문

질문의 예 What are customers urged to do? 고객들은 무엇을 하도록 권고되는가?
What should people with questions do? 질문이 있는 사람들은 무엇을 해야 하는가?

공략법 공고나 안내문의 요청 사항은 주로 지문의 끝부분에서 언급됩니다.
주로 육하원칙 문제와 NOT/TRUE 문제 유형으로 출제되므로 질문의 키워드를 지문의 끝부분에서 찾은 다음, 주변의 내용을 토대로 정답의 단서를 찾습니다.

공고/안내문에 자주 등장하는 표현

· 교환 및 환불 규정: refund 환불 check 점검, 수표 exchange 교환하다 policy 정책, 방침
· 호텔 및 시설이용: accommodation 숙박 시설 make a reservation(= book) 예약하다 cancellation 취소
confirmation 확인 A card must be presented when ~할 때 반드시 카드를 제시해야 합니다
· 회사 생활: procedure 절차, 방법 accomplish 완수하다, 성취하다 set out 시작하다, 착수하다

비법 적용하기

1-3번은 다음 공고에 관한 문제입니다.

지역 회의 공고

[1]스프링필드시는 도시에 살고 있는 주민들과 함께 공개 토론회를 열 것입니다. 회의는 1월 8일 금요일 저녁 7시에 스프링필드 초등학교 강당에서 열릴 예정입니다. [1]지역 주민들은 쓰레기 처리장의 장단점에 대해 토론할 수 있을 것입니다. [2]토론 결과는 1월 10일에 시의 웹사이트에서 제공될 것입니다. [3]문의 사항이 있으시면 스프링필드 시청 환경부에 555-2833으로 전화하십시오.

1. 공고는 누구를 대상으로 할 것 같은가?
   (A) 지역 주민들
   (B) 시 근무자들
2. 1월 10일에 무엇이 일어날 것인가?
   (A) 쓰레기 처리장 공사가 시작될 것이다.
   (B) 회의 결과가 발표될 것이다.
3. 질문이 있는 사람들은 무엇을 해야 하는가?
   (A) 시청을 방문한다
   (B) 전화한다

Questions 1-3 refer to the following notice.

Regional Meeting Notice

[1]Springfield will be holding an open forum with people living in the city. The meeting will be held at the Springfield Elementary School auditorium on Friday, January 8 at 7 P.M. [1]Members of the community will be able to debate the pros and cons of the disposal site. [2]The results of the debate will be presented on the city's Web site on January 10. [3]If you have any inquiries, please call Springfield city's Ministry of Environment at 555-2833.

— 목적 / 날짜, 시간, 장소 / 요청 사항

1. For whom is the notice most likely intended? (지문의 대상)
   (A) Local residents
   (B) City workers
2. What will happen on January 10? (키워드)
   (A) The construction of the disposal site will begin.
   (B) Results of the meeting will be posted.
3. What should people with questions do? (키워드)
   (A) Visit the city hall
   (B) Make a phone call

해설 1. 질문의 'For whom ~ intended'를 통해 공고의 대상을 묻는 문제임을 알 수 있습니다. 대상을 묻는 추론 문제이므로 지문 전체에서 정답의 단서를 찾아 유추하되, 특히 지문의 앞부분을 주의 깊게 읽어야 합니다. 'Springfield will be holding an open forum with people living in the city.'와 'Members of the community'를 통하여 스프링필드시에서 지역 주민들을 대상으로 낸 공고임을 알 수 있습니다. 따라서 (A) Local residents가 정답입니다.

2. 질문의 키워드 'January 10'를 통하여 특정 날짜와 관련된 내용을 묻는 문제임을 알 수 있습니다. 질문의 키워드인 'January 10'를 지문의 중반에서 찾아 그 주변에서 정답의 단서를 확인합니다. 'The results of the debate will be presented ~ on January 10.'라고 하였으므로 (B) Results of the meeting will be posted가 정답입니다.

3. 질문의 키워드 'with questions'를 통하여 요청하는 사항을 묻는 문제임을 알 수 있습니다. 따라서 지문의 끝부분에서 정답의 단서를 찾습니다. 'If you have any inquiries, please call ~ at 555-2833'라고 하였으므로, (B) Make a phone call이 정답입니다. 질문의 키워드인 'with questions'가 'have any inquiries'로 paraphrase되었습니다.

paraphrase 연습 주어진 문장과 가장 가까운 의미를 만드는 것을 찾아보세요.

01 All the buses will depart at the exact time noted in the timetable.

= Every vehicle will leave _________ as scheduled.

(A) appropriately (B) promptly

02 This program is designed to protect the nation's natural resources.

= This program is an effort to _________ the state's natural resources.

(A) preserve (B) purchase

03 The camera was so complicated to use that many customers complained.

= Many customers were dissatisfied because the camera was too _________.

(A) complex (B) content

04 The conference coordinator had to switch a speaker due to a late arrival.

= A _________ of speakers was made because someone arrived late.

(A) transformation (B) change

VOCABULARY

01 depart [dipá:rt] 출발하다 timetable [táimtèibl] 시간표 appropriately [əpróupriətli] 적절하게 promptly [prá:mptli] 정확히
02 design [dizáin] 계획하다 natural resources 천연 자원 state [steit] 국가 preserve [prizə́:rv] 보존하다
03 complicated [ká:mpləkèitid] 복잡한 complain [kəmpléin] 불평하다 dissatisfied [dissǽtisfàid] 불만스러운
complex [ká:mpleks] 복잡한
04 coordinator [kouɔ́:rdənèitər] 진행자 switch [switʃ] 교체하다 arrival [əráivəl] 도착 transformation [trænsfərméiʃən] 변형

05 The weather caused the team to fall behind schedule and miss construction deadlines.

(A) Extra time was given due to the expansion of the project.

(B) The project was delayed because of the weather.

06 An excursion to the historic site is included in the conference program.

(A) A tour is provided for participants of the conference.

(B) The conference is designed for members of historical associations.

07 The department manager will give instructions to new employees about their jobs.

(A) The new staff members will be informed of their tasks by the department head.

(B) Each department supervisor will give a talk on duties related to the new project.

08 A ceremony was held last year to celebrate the official opening of the Daily Vitamins.

(A) The Daily Vitamins held a ceremony to celebrate its one-year anniversary.

(B) The foundation of the Daily Vitamins in the previous year was marked by a special event.

VOCABULARY

05 fall behind 뒤처지다, 뒤지다 miss [mis] (약속, 의무) 지키지 못하다 construction [kənstrʌ́kʃən] 공사, 건설 deadline [dédlàin] 마감일 expansion [ikspǽnʃən] 확장 delay [diléi] 연기하다

06 excursion [ikskə́:rʒən] 관람 여행, 유람 historic site 역사 유적지 include [inklú:d] 포함하다 association [əsòusiéiʃən] 단체, 협회

07 instruction [instrʌ́kʃən] 교육 task [tæsk] 일, 직무 duty [djú:ti] 업무, 의무 related [riléitid] 관련된

08 celebrate [séləbrèit] 축하하다 official [əfíʃəl] 공식의 anniversary [æ̀nəvə́:rsəri] 기념일 foundation [faundéiʃən] 창립, 기초 previous year 작년 mark [mɑ:rk] 기념하다, 기록하다

Question 09 refers to the following announcement.

> The 23rd Annual Battleford Science Fair is in need of volunteers. The fair, which draws over 3,000 students, parents, and industry leaders from Riedel County each year, will take place at Riedel University from May 1 to 7. Some volunteers will organize the awards ceremony. Others will be responsible for selling snacks and beverages. If you are interested in helping out, contact Bob Marshall, the Battleford Science Fair coordinator, for further information.

09 What is the purpose of the announcement?

(A) To recruit volunteers for a science fair
(B) To provide directions to an awards ceremony
(C) To attract students to an event

Question 10 refers to the following information.

> This pass allows the holder to use the Bayside Aquarium parking area for one day. The pass should be displayed on the vehicle's dashboard while in the parking lot. Any vehicle without a pass will be towed at the owner's expense. Please note that the parking area closes 45 minutes after the aquarium shuts, and all vehicles must be removed by that time. Also, all passes must be given to the parking attendant upon leaving.

10 What will happen to visitors if they do not have a pass?

(A) They will have to pay for parking.
(B) Their cars will be removed.
(C) They will not be admitted to the aquarium.

VOCABULARY

09 **volunteer**[vɑ̀:ləntíər] 자원봉사자; 자원 봉사하다 **fair**[fɛər] 박람회 **draw**[drɔ:] (손님을) 끌다
take place 개최되다, 일어나다 **organize**[ɔ́:rgənàiz] 준비하다, 정리하다 **award**[əwɔ́:rd] 상 **be responsible for** ~의 책임을 지다
beverage[bévəridʒ] 음료 **contact**[kɑ́:ntækt] 연락하다 **coordinator**[kouɔ́:rdənèitər] 진행자, 코디네이터 **recruit**[rikrú:t] 모집하다

10 **allow**[əláu] 허락하다 **holder**[hóuldər] 소지인 **display**[displéi] 보여주다, 진열하다 **dashboard**[dǽʃbɔ́:rd] (자동차) 계기판
parking lot 주차장 **tow**[tou] 견인하다, 끌다 **at one's expense** ~의 비용으로, 자비로 **upon -ing** ~할 때
admit[ədmít] (입장을) 허가하다, 허락하다

Questions 11-12 refer to the following notice.

Belhaven is pleased to provide on-site classes from Harvey University for our staff. Until now, our company has supported staff who take courses on the university campus. However, management believes that it will be more beneficial to bring the classes to the company. This will save time by reducing unnecessary commuting. Half of the enrollment fee will be paid by the company, and university credit will be given upon completion of each course.

Class	Time	Classroom
Introduction to Accounting	Mon, Fri 6:00 P.M. - 8:00 P.M.	Room 202
Introduction to Marketing	Tue, Thurs 6:00 P.M. - 9:00 P.M.	Room 202
Business Administration	Mon, Wed 6:00 P.M. - 8:00 P.M.	Room 203

If you are interested in taking a class, please download a registration form from the human resources department's Web site. Further instructions are displayed on the bulletin board.

11 What is NOT a feature of the company's on-site classes?

(A) They will award university credit.
(B) They will save staff time by minimizing travel time.
(C) They will be available at no charge.
(D) They will be run by a university.

12 What should employees do if they are interested in attending a class?

(A) Call the human resources department
(B) Ask for their supervisors' approval
(C) Contact the university
(D) Obtain a document

정답 p.396 해석·해설 p.506

VOCABULARY

11-12 pleased [plí:zd] 기쁜 support [səpɔ́:rt] 지원하다, 후원하다 beneficial [bènəfíʃəl] 유익한
reduce [ridjú:s] 줄이다 commuting [kəmjú:tiŋ] 통근 enrollment fee 등록금 credit [krédit] 학점, 이수 단위
completion [kəmplí:ʃən] 수료 accounting [əkáuntiŋ] 회계 administration [ædmìnəstréiʃən] 경영, 행정
take a class 수업을 듣다 registration [rèdʒistréiʃən] 등록 human resources department 인사부 display [displéi] 게시하다, 보여주다
bulletin board 게시판 minimize [mínəmàiz] 최소화하다 run [rʌn] 운영하다 approval [əprú:vəl] 승인 obtain [əbtéin] 얻다, 획득하다

3주 5일

Hackers TOEIC Start Reading

Grammar Part 5, 6

[준동사구] 분사

01 분사의 자리와 역할
02 분사구문
03 현재분사와 과거분사

Vocabulary Part 5, 6

형용사 어휘(1)

Reading Part 7

회람 (Memo)

[준동사구] 분사

기초문법과 놀기

분사란?

잠자는 토끼
형용사 역할

'잠자는'은 토끼가 잠자고 있는 동작의 의미를 담고 있습니다. 이처럼 동사의 성격을 갖고 있지만 뒤에 온 명사를 수식하는 형용사 역할을 하는 것을 **분사**라고 합니다.

분사의 역할은?

분사는 **어떤 형태**를 가지고 있나요?

분사에는 현재분사와 과거분사가 있는데 이 둘은 다른 형태를 갖습니다. 능동의 의미를 나타낼 때 쓰는 현재분사는 '동사원형+ing'이고 수동의 의미를 나타낼 때 쓰는 과거분사는 '동사원형+ed'입니다.

현재분사	동사원형 + ing	~한(능동)
과거분사	동사원형 + ed / 불규칙 형태	~된(수동)

It / was / an exciting trip. 그것은 / 흥미진진한 여행이었다
현재분사(능동의 의미)

He / removed / the broken glass. 그는 / 치웠다 / 깨진 유리잔을
과거분사(수동의 의미)

Check Up

둘 중 맞는 것은 무엇일까요?

The firm postponed (plan, planned) wage increases. 회사는 계획된 임금 인상을 연기했다.

→ 수동의 의미를 나타낼 때는 과거분사(동사원형+ed)를 써요. [정답 planned]

분사는 동사의 성질을 가지고 있나요?

네, 분사는 문장에서 동사의 기능을 하지는 않지만 to 부정사나 동명사처럼 동사의 성질을 그대로 가지고 있습니다. 그래서 분사를 동사에 준한다는 의미로, to 부정사, 동명사와 함께 준동사라고 부릅니다. 따라서 taking pictures처럼 바로 뒤에 목적어나 보어가 올 수 있고, announced yesterday처럼 부사의 꾸밈을 받기도 합니다.

I / know / the woman / taking pictures. 나는 / 안다 / 그 여자를 / 사진을 찍고 있는
(taking: 분사, pictures: 목적어)

The news / announced yesterday / surprised / us. 뉴스는 / 어제 발표된 / 놀라게 했다 / 우리를
(announced: 분사, yesterday: 부사)

Check Up

다음 밑줄 친 부분 중 분사는 어느 것일까요?

The man driving(A) the red car almost hit(B) the passerby. 빨간 차를 운전하는 남자가 행인을 칠 뻔했다.

→ 분사 뒤에는 동사처럼 목적어가 올 수 있지만 문장에서 동사의 기능을 하지 않아요. [정답 A]

분사구문이 무엇인가요?

분사를 이용해서 부사절을 간단한 구로 만든 것을 분사구문이라고 합니다. 분사구문은 '부사구'의 역할을 하며 문장의 앞이나 뒤에 옵니다.

Renovated in 2006, / the gallery / continues / to add / new exhibit rooms.
(Renovated in 2006: 분사구문)
2006년에 개조된 후 / 그 미술관은 / 계속한다 / 증축하는 것을 / 새 전시실들을

Check Up

둘 중 맞는 것은 무엇일까요?

(Work, Working) in China, she gained knowledge of the Asian market.
중국에서 일하는 동안, 그녀는 아시아 시장에 관한 지식을 쌓았다.

→ 분사구문은 주로 문장의 앞이나 뒤에 오며, 분사를 이용해서 만들어요. [정답 Working]

01 분사의 자리와 역할

잠자는 고양이를 건드리지 마.

동사 **잠자다** 뒤에 **~하는**이 붙어 뒤에 나온 명사 **고양이**를 꾸미는 형용사 역할을 합니다. 영어에서는 동사 뒤에 **ing**나 **ed**가 붙은 분사가 형용사 역할을 할 수 있습니다. 분사는 문장의 어디에 오는지 한번 살펴 볼까요?

1 분사가 오는 자리

분사는 형용사 역할을 하므로 형용사처럼 **명사 앞**이나 **보어** 자리에 옵니다.

명사 앞 It / was / surprising news. 그것은 / 놀라운 소식이었다
(news: 명사)

Ms. Anderson / categorized / the collected data. Ms. Anderson은 / 분류했다 / 수집된 자료를
(data: 명사)

보어 자리 The export sales / from last year / were / satisfying. 수출 기록은 / 지난해의 / 만족스럽다
(satisfying: 보어)

명사 뒤 Staff / working at the factory / wear / masks. 직원들은 / 공장에서 근무하는 / 쓴다 / 마스크를
(Staff: 명사)

2 분사 자리에 올 수 없는 것

분사가 와야 하는 자리에 **동사**나 **명사**는 올 수 없습니다.

(~~Repeat~~, Repeated) mistakes / are unacceptable / here. 반복된 실수들은 / 용납되지 않는다 / 여기서
(Repeat: 동사(×), Repeated: 분사(O), mistakes: 명사)

→ 분사가 와야 하는 명사 앞자리에 동사는 올 수 없습니다.

People / (~~usage~~, using) the airline / have complained / about the prices.
(People: 명사, usage: 명사(×), using: 분사(O))
사람들은 / 항공사를 이용하는 / 불평해 왔다 / 요금에 대해

→ 분사가 와야 하는 명사 뒷자리에 명사는 올 수 없습니다.

 다음 괄호 안에 있는 것 중 적절한 것을 고르세요.

01 The hotels (locate, located) in Miami are famous for their beautiful beaches.

02 Monte Motor is the (leading, lead) company in the automobile industry.

03 We will receive a (decrease, decreased) bonus this year.

04 The bank provides help for depositors (try, trying) to save money.

05 Ms. Jones is looking for highly (motivate, motivated) workers.

06 He got a call (inquiring, inquiry) about flights to Japan.

 보기 중 빈칸에 가장 적절한 것을 고르세요.

07 Construction has started on a bridge ------- the cities of Freeport and Gardenia.

(A) connecting (B) will connect
(C) connect (D) have connected

08 The organization accepted full responsibility for the damages ------- by its members.

(A) causes (B) has caused
(C) caused (D) cause

09 Mr. Chang is traveling around Paris ------- some of the most famous museums in the world.

(A) visit (B) to visit
(C) visitor (D) visited

10 Each employee should carefully study the materials ------- out at the beginning of the workshop.

(A) will give (B) gave
(C) given (D) give

정답 p.396 해석·해설 p.510

VOCABULARY

02 automobile [ɔ́:təməbì:l] 자동차 industry [índəstri] 업계, 산업 03 receive [risí:v] 받다 04 depositor [dipɑ́:zitər] (은행의) 예금자
05 look for ~을 찾다 highly [háili] 매우 06 get a call 전화 받다 flight [flait] 항공편, 비행
07 construction [kənstrʌ́kʃən] 공사 bridge [bridʒ] 다리
08 organization [ɔ̀:rgənizéiʃən] 단체 accept [æksépt] 받아들이다 responsibility [rispɑ̀:nsəbíləti] 책임 damage [dǽmidʒ] 손해, 손상
10 carefully [kέərfəli] 주의 깊게, 조심스럽게 material [mətíəriəl] 자료

02 분사구문

여자친구가 나를 기다리는 동안에, 그녀는 빵을 먹었다. = 나를 기다리면서, 여자친구는 빵을 먹었다.

두 문장에서 중복되는 부분을 없애고 간단히 표현했습니다. 영어에서는 중복되는 부분을 없애고 간단히 표현할 때 분사구문을 쓸 수 있습니다. 자세히 살펴 볼까요?

POINT 1 분사구문의 형태

분사구문은 **(접속사+) 분사**의 형태입니다. 이것은 **부사절 접속사+주어+동사~**로 되어 있는 부사절을 축약하여 **(접속사+) 분사**의 형태로 바꾼 것입니다.

부사절 접속사 While 생략 (단, 접속사를 생략했을 때 의미가 모호해질 경우에는 접속사를 그대로 남겨둔다.)	~~While~~ I ate lunch, I watched TV.
↓	
부사절 주어 I 생략 (부사절의 주어와 주절의 주어와 일치하므로)	~~While~~ ~~I~~ ate lunch, I watched TV. → Eating
↓	
부사절 동사의 원형에 -ing	Eating lunch, I watched TV. 점심을 먹으면서 나는 TV를 봤다.

~~If~~ ~~you~~ turn left, / you / will find / the post office.
→ Turning

⇨ Turning left, / you / will find / the post office. 왼쪽으로 돌면 / 당신은 / 발견할 것이다 / 우체국을

~~Because~~ ~~I~~ felt tired, / I / went / home / early.
→ Feeling

⇨ Feeling tired, / I / went / home / early. 피곤해서 / 나는 / 갔다 / 집에 / 일찍

POINT 2 분사구문 자리에 올 수 없는 것

분사구문의 분사가 와야 하는 자리에 **동사**나 **명사**는 올 수 없습니다.

(~~Drive~~, Driving) down the road, / I / found / a nice café. 길 아래쪽으로 운전하면서 / 나는 / 발견했다 / 좋은 카페를
동사(×) 분사(○)

→ While I drove down the road가 분사구문 Driving down the road로 바뀌었습니다.

(~~Disappointment~~, Disappointed) with the merger, / Mr. Kane / quit. 합병에 실망해서 / Mr. Kane은 / 사직했다
명사(×) 분사(○)

→ Because Mr. Kane was disappointed with the merger가 분사구문 Disappointed with the merger로 바뀌었습니다.

연습 문제 다음 괄호 안에 있는 것 중 적절한 것을 고르세요.

01 When (fill, filling) out the survey, you do not need to answer all the questions.

02 (Got, Getting) good reviews, the product is in high demand.

03 When (face, faced) with a problem, he always finds a solution.

04 (Damaged, Damage) by the hurricane, the building had to be renovated.

05 (Taking, Took) responsibility for the failure of the promotion, the manager stepped down.

06 Unless (direction, directed) by your doctor, do not take any other medication.

보기 중 빈칸에 가장 적절한 것을 고르세요.

07 After ------- a joint venture business, Mr. Simon met with some interested investors.

(A) organizing (B) organize
(C) was organized (D) organization

08 ------- adequately, new employees will be able to successfully perform their duties.

(A) Train (B) To train
(C) Trained (D) Trainer

09 Michael is considering ------- the football team next school year.

(A) to join (B) join
(C) joining (D) joined

10 Before ------- as a caterer, Janet was employed as a restaurant chef for many years.

(A) work (B) working
(C) worked (D) works

정답 p.396 해석·해설 p.511

VOCABULARY

01 survey [sə́:rvei] 설문지, 조사 02 review [rivjú:] 평가, 비평 demand [dimǽnd] 수요 03 solution [səlú:ʃən] 해결책
04 hurricane [hə́:rəkèin] 허리케인 renovate [rénəvèit] 수리하다
05 responsibility [rispɑ̀:nsəbíləti] 책임 failure [féiljər] 실패 promotion [prəmóuʃən] 판촉 행사, 승진 step down 사직하다
06 take [teik] 복용하다 medication [mèdəkéiʃən] 약물
07 joint venture 합작 기업 interested [íntərəstid] 관심 있는, 흥미 있는 investor [invéstər] 투자가
08 adequately [ǽdikwitli] 충분히, 적절히 be able to ~할 수 있다 perform [pərfɔ́:rm] 수행하다 duty [djú:ti] 직무, 임무, 의무
09 consider [kənsídər] 고려하다 10 caterer [kéitərər] (행사의) 음식 공급자 employ [implɔ́i] 고용하다 chef [ʃef] 요리사

Grammar
Part 5,6

03 현재분사와 과거분사

기뻐하는 엄마, 엄마를 기쁘게 하는 성적표

기뻐하는과 **기쁘게 하는**은 둘 다 '기뻐하다'라는 동사에서 나온 것이지만 뒤에 붙은 말에 따라 의미가 달라집니다. 영어에서 동사 뒤에 ing가 붙느냐 ed가 붙느냐에 따라 능동 혹은 수동의 의미로 해석됩니다.

POINT 1 현재분사와 과거분사 구별

분사가 **능동의 의미**인 **~한**이라고 해석되는 경우에는 **현재분사**를, **수동의 의미**인 **~된**이라고 해석되는 경우에는 **과거분사**를 씁니다.

The man / (~~delivered~~, delivering) her note / is / Mr. Smith. 남자는 / 그녀의 메시지를 전달한 / Mr. Smith이다
과거분사(×) 현재분사(O)

→ '그녀의 메시지를 전달한 남자'에서 '전달한'이 능동의 의미인 '~한'으로 해석되므로 현재분사가 와야 합니다.

The people / (~~inviting~~, invited) to the party / are / my coworkers. 사람들은 / 파티에 초대된 / 나의 동료들이다
현재분사(×) 과거분사(O)

→ '파티에 초대된 사람들'에서 '초대된'이 수동의 의미인 '~된'으로 해석되므로 과거분사가 와야 합니다.

현재분사 뒤에는 **목적어**가 올 수 있지만, 과거분사 뒤에는 목적어가 올 수 없습니다. 따라서 뒤에 목적어가 나온 경우에는 반드시 현재분사가 와야 합니다.

The staff / (~~attended~~, attending) the conference / seemed / bored. 직원들은 / 회의에 참석한 / 보였다 / 지루해
과거분사(×) 현재분사(O) 목적어

A copy of the contract / (~~attaching~~, attached) to this letter / should be kept.
현재분사(×) 과거분사(O)
계약서 사본은 / 이 편지에 첨부된 / 보관되어야 한다

다음 괄호 안에 있는 것 중 적절한 것을 고르세요.

01 Ms. Holly reread the (edited, editing) annual reports.

02 Board members visited the recently (bought, buying) property on Fifth Avenue.

03 The number of staff members (agreed, agreeing) to do volunteer work has been growing every year.

04 The flight (left, leaving) Auckland for New York was delayed due to mechanical problems.

보기 중 빈칸에 가장 적절한 것을 고르세요.

05 The company spokesperson read from a ------- statement.

(A) preparation (B) preparing
(C) prepared (D) prepare

06 There are no ------- seats at the conference, so attendees may sit wherever they like.

(A) assign (B) assigned
(C) assigning (D) assignment

Questions 07-09 refer to the following notice.

> Dartmouth Electric Co. encourages its customers to conserve electricity. Our Web site now includes a Save Energy section -------(07) tips for reducing energy use. Answering a -------(08) online questionnaire will provide insight into your consumption habits. -------(09). Visitors can read about hundreds of new products designed to use less electricity. We hope this information will be useful to you.

07 (A) offers (B) will offer
(C) offering (D) offered

08 (A) detail (B) detailed
(C) detailing (D) details

09 (A) Paying your bill online has never been easier.
(B) The site also includes a list of energy efficient appliances.
(C) Visit our site to learn more about this offer.
(D) For service requests, contact customer support.

정답 p.396 해석·해설 p.512

VOCABULARY

02 board [bɔːrd] 이사회 recently [ríːsntli] 최근에 property [prάːpərti] 부동산, 자산
03 volunteer [vὰːləntíər] 자원의 04 delay [diléi] 연착하다, 연기하다 due to ~ 때문에 mechanical [məkǽnikəl] 기계의
05 spokesperson [spóukspə̀ːrsn] 대변인 statement [stéitmənt] 성명서, 진술서
06 conference [kάːnfərəns] 회의 attendee [ətendíː] 참석자
07 conserve [kənsə́ːrv] (자원) 절약하다, 보존하다 electricity [ilektrísəti] 전기 section [sékʃən] 섹션, 분야 questionnaire [kwèstʃənέər] 설문
~09 insight [ínsàit] 통찰력 consumption [kənsʌ́mpʃən] 소비 habit [hǽbit] 습관 efficient [ifíʃənt] 효율적인
appliance [əpláiəns] 가전제품 customer [kʌ́stəmər] 고객

형용사 어휘(1)

황당 뉴스 - 결함 있는 상사 퇴치맨 등장

부하 직원에게 어이없는 요구를 하는 결함 있는(defective) 상사를 퇴치해 주는 전례 없는 사람이 등장해 화제다.

한때 전도유망한(promising) 회사에 임시(temporary) 직원으로 입사해 평범한(common) 시민의 삶을 살았던 이모 씨는 "재직 중 상사와 다른(different) 의견을 주장했다는 이유로 끊임없는(continuous) 괴롭힘을 당하면서 불안한 나날을 보내다 반강제적으로 회사를 그만두게 되었다"고 진술하며 이 길로 들어선 이유를 밝혔다.

이모 씨에게 상사 퇴치를 의뢰했던 사람들은 이모 씨가 사회 정의 실현을 위해 무상으로 서비스를 제공하고 있다며 열렬한 지지를 보내고 있다.

필수 어휘 리스트

- **defective** 결함 있는
  Please contact us if the merchandise is defective.
  제품에 결함이 있으면 연락주세요.
- **promising** 전도유망한
  The company's prospects are promising.
  회사의 장래가 전도유망하다.
- **temporary** 임시의
  Manufacturers hire temporary workers in the summer.
  제조업체들은 여름에 임시 직원을 고용한다.
- **common** 평범한, 일반적인
  Exchanging gifts is a common business practice.
  선물 교환은 평범한 사업상 관행이다.
- **different** 다른
  The employees expressed different views.
  직원들은 다른 관점들을 표명했다.
- **continuous** 끊임없는
  Thank you for your continuous support.
  끊임없는 후원에 감사드립니다.
- **enthusiastic** 열광적인, 열렬한
  Enthusiastic fans are in line to purchase tickets.
  열광적인 팬들은 표를 구매하기 위해 줄 서 있다.
- **professional** 전문적인, 직업의
  A professional photographer took the picture.
  전문적인 사진사가 그 사진을 찍었다.
- **qualified** 자격(증)이 있는
  Bing Co. is looking for a qualified accountant.
  Bing사는 자격증이 있는 회계사를 찾고 있다.
- **residential** 주거의
  Real estate costs in residential areas are high.
  주거 지역의 부동산 가격은 높다.

문제 다음 괄호 안에 있는 것 중 적절한 것을 고르세요.

01 The staff members had (temporary, different, protective) opinions on the matter.

02 Coaches say that the athlete is (common, protective, promising) as the next record-breaking sprinter.

03 The crowd at the trade show was (defective, enthusiastic, common) about the new product.

04 The store accepts returns of (critical, defective, promising) items.

보기 중 빈칸에 가장 적절한 것을 고르세요.

05 The company maintains a ------- image by having a dress code.

(A) negligible (B) defective
(C) vacant (D) professional

06 The hurricane victims will stay in ------- housing until they can be relocated.

(A) minor (B) demanding
(C) extensive (D) temporary

Questions 07-09 refer to the following memo.

From: Rachel Weiss, Director of Operations
To: All store managers

In our type of business, it is quite -------(07) for customers to complain about poor service. For this reason, company executives wish for all store managers to attend a series of seminars about how to improve in this area. We hope to promote -------(08) learning among each and every member of Harvey's Department Store, so these seminars will be held regularly at the company's training facility. -------(09). Please note that attendance is mandatory.

07 (A) insecure (B) common
(C) difficult (D) necessary

08 (A) original (B) experimental
(C) continuous (D) remarkable

09 (A) Stores should be kept clean at all times.
(B) This will make it easier for customers to shop.
(C) Try these techniques at our next sale event.
(D) The first one is scheduled for June 20.

정답 p.396 해석·해설 p.513

VOCABULARY

02 record-breaking 전례 없는, 기록을 깨트린 04 accept[æksépt] 받아들이다 return[ritə́:rn] 반품; 돌려주다
05 maintain[meintéin] 유지하다
06 victim[víktim] 피해자 housing[háuziŋ] 피난처, 주택 relocate[rì:loukéit] 이전하다, 재배치하다
07 ~ 09 complain about ~에 대해 항의하다 for this reason 이런 이유 때문에 executive[igzékjutiv] 경영진; 실행의 a series of 일련의 promote[prəmóut] 장려하다, 촉진하다, 홍보하다 regularly[régjulərli] 주기적으로 mandatory[mǽndətɔ̀:ri] 의무적인 at all times 항상 technique[tekní:k] 기법 sale[seil] 세일, 판매 schedule[skédʒu:l] 예정하다

회람 (Memo)

파트 7에 나오는 회람은 회의 장소 변경, 업무 규정, 인사 이동, 사무실 이전 등 회사 관련 내용을 다룹니다. 이메일과 비슷한 형식을 지니고 있지만, 서론 없이 요점만 다루고 있습니다.

빈출 질문 유형과 공략법

회람에서는 회람의 주제와 목적, 회람의 특정 세부 내용, 회람과 관련한 문의 방법 등의 문제가 자주 출제됩니다.

회람의 주제와 목적을 묻는 질문

질문의 예 What is the memo about? 회람은 무엇에 대한 것인가?
What is the purpose of the memo? 회람의 목적은 무엇인가?

공략법 회람의 주제와 목적은 주로 지문의 앞부분에서 언급됩니다.
주제/목적 찾기 문제 유형이므로 지문의 앞부분에서 정답의 단서를 찾습니다. 특별히 회람의 제목을 나타내는 Subject: 나 Re: 다음에서 주제나 목적이 자주 언급됩니다.

회람의 특정 세부 내용에 관한 질문

질문의 예 Which branch does Mr. Carol work at? Mr. Carol은 어느 지점에서 일하는가?
What will take place on October 10? 10월 10일에 무엇이 일어날 것인가?

공략법 회람의 특정 세부 내용은 주로 지문의 중반에서 언급됩니다.
육하원칙 문제 유형으로 출제되므로 질문의 키워드를 지문의 중반에서 찾은 다음, 주변의 내용을 토대로 정답의 단서를 찾습니다.

회람과 관련한 문의 방법에 관한 질문

질문의 예 Who should be contacted for more information? 더 많은 정보를 얻으려면 누구에게 연락해야 하는가?
What should people who have questions do? 질문이 있는 사람은 무엇을 해야 하는가?

공략법 회람에 대해 문의하는 방법은 주로 지문의 끝부분에서 언급됩니다.
육하원칙 문제 유형으로 출제되므로 질문의 키워드를 지문의 끝부분에서 찾은 다음, 주변의 내용을 토대로 정답의 단서를 찾습니다.

토익에서 자주 다루는 회람 주제

To announce a resignation 퇴임을 알리기 위해
To announce staff changes 인사 변동 사항을 알리기 위해
To congratulate an employee on a promotion 승진한 직원을 축하하기 위해
To inform staff of maintenance activities 직원들에게 시설 보수 관리에 대해 알리기 위해
To request cooperation for a cleaning operation 청소 작업과 관련하여 협조를 구하기 위해
To remind employees about a company policy 직원들에게 회사 정책을 상기시키기 위해

비법 적용하기

1-3번은 다음 회람에 관한 문제입니다.	**Questions 1-3 refer to the following memo.**	
수신: 마케팅 부서 직원들	To: Marketing Department staff	받는 사람
발신: Kate Brown, 마케팅 부서	From: Kate Brown, Marketing Department	보내는 사람
회신: 행사 초대	Re: Event Invitation	제목
10월 31일 금요일에 퇴임할 예정인 Mr. Jackson을 위한 [1]송별회에 여러분을 초대합니다. [2]Mr. Jackson은 회사에 입사한 이래로 지난 15년간 충실한 직원이었습니다.	[1]This is to invite you to a farewell party for Mr. Jackson, who is retiring on Friday, October 31. [2]Mr. Jackson has been a loyal employee for the past 15 years since he joined the company.	주제 및 목적 / 세부 내용
[3]이 행사와 관련하여 질문 또는 좋은 아이디어가 있다면, 내선번호 117로 저에게 전화주시기 바랍니다.	[3]If you have any questions or good ideas about this event, please call me at extension 117.	문의 방법
1. 회람은 무엇에 대한 것인가? (A) 우수 직원 포상 (B) 직원을 위한 송별회	1. What is the memo about? (about → 주제) (A) Rewarding an excellent staff member (B) A farewell party for a staff member	
2. Mr. Jackson은 회사에서 얼마나 오래 근무했는가? (A) 10년 (B) 15년	2. How long has Mr. Jackson worked for the company? (Mr. Jackson → 키워드) (A) 10 years (B) 15 years	
3. 질문이 있는 사람은 무엇을 해야 하는가? (A) 전화를 한다 (B) Kate Brown을 방문한다	3. What should people who have questions do? (have questions → 키워드) (A) Make a phone call (B) Visit Kate Brown	

해설 1. 질문의 'about'이라는 말을 통하여 회람의 주제를 묻는 문제임을 알 수 있습니다. 따라서 지문의 앞부분에서 정답의 단서를 찾습니다. 'This is to invite you to a farewell party'라고 하였으므로, (B) A farewell party for a staff member가 정답입니다.

2. 질문의 키워드 'Mr. Jackson'을 통하여 회람의 특정 세부 내용에 관한 문제임을 알 수 있습니다. 질문의 키워드인 'Mr. Jackson'을 지문의 중반에서 찾아 그 주변에서 정답의 단서를 확인합니다. 'Mr. Jackson has been a loyal employee for the past 15 years'에서 Mr. Jackson이 지난 15년 동안 회사에서 근무해왔음을 알 수 있습니다. 따라서 (B) 15 years가 정답입니다.

3. 질문의 키워드 'have questions'를 통하여 회람에 대해 문의하는 방법을 묻는 문제임을 알 수 있습니다. 질문의 키워드인 'questions'를 지문의 끝부분에서 찾아 그 주변에서 정답의 단서를 확인합니다. 'If you have any questions ~, please call me at extension 117.'에서 질문이 있으면 전화를 해야 함을 알 수 있습니다. 따라서 (A) Make a phone call이 정답입니다.

paraphrase 연습 주어진 문장과 가장 가까운 의미를 만드는 것을 찾아보세요.

01 Your responses on the questionnaire are private.

= The information you give in the survey will remain _________.

(A) confidential (B) unchanged

02 The car is in good shape considering it is secondhand.

= This used car is in very good _________.

(A) condition (B) service

03 This month's issue will be your last, unless you extend your contract.

= Your subscription will end this month if you do not _________ it.

(A) regain (B) renew

04 Due to higher prices for raw materials, we decided to substitute nylon for silk.

= Nylon _________ silk because nylon is much more affordable.

(A) replaced (B) advanced

VOCABULARY

01 response [rispá:ns] 응답 private [práivət] 비밀의 remain [riméin] ~으로 남다 confidential [kà:nfədénʃəl] 기밀의
02 in good shape 상태가 좋은 considering [kənsídəriŋ] ~을 고려하면 secondhand [sékəndhǽnd] 중고의
03 issue [íʃu:] 호 contract [ká:ntrækt] 계약 subscription [səbskrípʃən] 구독 regain [rigéin] 되찾다 renew [rinjú:] 갱신하다
04 raw material 원료, 소재 substitute A for B B를 A로 대체하다 affordable [əfɔ́:rdəbl] (가격 등이) 알맞은 replace [ripléis] 대신하다, 바꾸다 advance [ædvǽns] 진보하다

05 As my job involves frequent business trips, I plan to stay at your hotel often.

(A) I may become a regular customer because I travel for work often.

(B) The reason I stay at your hotel regularly is that I am always satisfied with its service.

06 To provide better service, we ask patrons to fill out a customer satisfaction survey.

(A) The questionnaire is designed to determine which services are preferred by customers.

(B) Customers are invited to complete a survey to help us improve service.

07 The construction company believed that District D was a good site for industrial plants.

(A) The builder thought District D was a suitable location to construct industrial factories.

(B) The developer began to build several industrial plants in District D.

08 The award is known as the Bell Award, in honor of the man who founded Bell Industries.

(A) Bell named the award after founding the company.

(B) The Bell Award was named after the company's founder.

VOCABULARY

05 **frequent**[fríːkwənt] 잦은, 빈번한 **regularly**[régjulərli] 정기적으로 **satisfied**[sǽtisfàid] 만족한
06 **patron**[péitrən] 단골 고객 **fill out** 작성하다 **determine**[ditə́ːrmin] 결정하다 **prefer**[prifə́ːr] 선호하다 **invite**[inváit] 부탁하다, 청하다
07 **construction company** 건설회사 **industrial**[indʌ́striəl] 산업용의 **suitable**[súːtəbl] 적절한 **developer**[divéləpər] 개발업자
08 **in honor of** ~에 경의를 표하여 **found**[faund] 설립하다 **name after** ~의 이름을 따서 명명하다

Question 09 refers to the following memo.

> To: All staff members
>
> The company has decided to change our spending policy. Office operating costs must be kept to a minimum. This is because the recent economic downturn has led to much lower profits this year. All departments are encouraged to find ways to reduce spending. At the next staff meeting, we would like a representative from each department to present cost-cutting suggestions.

09 What is the purpose of the memo?

(A) To notify employees of a staff meeting
(B) To inform employees of a new company policy
(C) To report the annual profits of the company

Question 10 refers to the following memo.

> To: The staff of Weston Clarkson Incorporated
>
> I am pleased to announce the promotion of Edmund Park from regional sales manager to the vice-president of marketing. Mr. Park has been with our company for the past 25 years. He started as a student intern and worked his way up in the company. In his role as a sales manager, Mr. Park has proved his talents by improving sales by 27 percent. We are excited to see what his leadership and ideas will bring to our overseas marketing department.

10 What is NOT mentioned about Edmund Park?

(A) He joined the company as a student.
(B) He was successful as a sales manager.
(C) He has been working in foreign countries.

VOCABULARY

09 spending [spéndiŋ] 지출 policy [pá:ləsi] 방침, 정책 operating costs 운영비, 경영비 keep A to a minimum A를 최소한도로 유지하다 downturn [dáuntə̀:rn] 침체 profit [prá:fit] 수익, 이익 encourage [inkə́:ridʒ] 장려하다 cost-cutting 비용 절감의 annual [ǽnjuəl] 연간, 연례의

10 promotion [prəmóuʃən] 승진 regional [rí:dʒənl] 지역의 vice-president 부사장 work one's way 애써 나아가다 role [roul] 역할 prove [pru:v] 증명하다 talent [tǽlənt] 재능, 소질 improve [imprú:v] 증진하다 overseas [óuvərsì:z] 해외의 join the company 입사하다 foreign [fɔ́:rən] 외국의

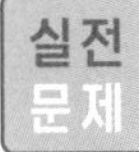

Questions 11-12 refer to the following memo.

From: Joe Hawkins, Building Maintenance Department
To: All staff
Subject: Building Renovation

The Banner Building, which contains our employee gym, will be renovated.

The work will be performed in two phases. Phase 1 will begin on the first of July and be completed in October. It will include the demolition of the old front wall of the building and the erection of a glass wall. Phase 2 will take place from November through January of next year. The work involves remodeling the fitness center, employee lounge, and cafeteria.

During the renovation period, the staff is asked to use the Sun Fitness Center, located on Maple Street. The full cost of memberships, including locker rental, will be covered by the company. We are sorry for any inconvenience this may cause.

11 Why was the memo written?

(A) To notify employees of a change in health benefits
(B) To request funds for the renovation project
(C) To invite people to register for the company gym
(D) To inform staff of a plan to remodel

12 What will NOT be affected by Phase 2?

(A) The gym
(B) The staff lounge
(C) The building wall
(D) The cafeteria

정답 p.396 해석·해설 p.514

VOCABULARY

11~12 **maintenance**[méintənəns] (건물) 관리, 정비 **renovation**[renəvéiʃən] 보수, 수리 **contain**[kəntéin] 포함하다 **renovate**[rénəvèit] 보수하다, 개조하다 **perform**[pərfɔ́:rm] 수행하다 **phase**[feiz] 단계 **include**[inklú:d] 포함하다 **demolition**[dèməlíʃən] 철거, 파괴 **erection**[irékʃən] 건설, 건립 **take place** 일어나다 **involve**[invá:lv] 포함하다 **remodel**[ri:má:dl] 개조하다 **lounge**[laundʒ] 휴게실 **period**[píəriəd] 기간 **locate**[lóukeit] ~에 위치하다 **cover**[kʌ́vər] 보상하다 **inconvenience**[ìnkənví:njəns] 불편 **cause**[kɔ:z] 초래하다, 야기시키다 **notify**[nóutəfài] 알리다 **benefit**[bénəfit] 복리 후생, 혜택 **fund**[fʌnd] 자금 **register**[rédʒistər] 등록하다

4주 1일

Hackers TOEIC Start Reading

Grammar Part 5, 6

[절] 명사절

01 명사절 자리
02 명사절 접속사

Vocabulary Part 5, 6

형용사 어휘(2)

Reading Part 7

이메일(편지) 연계 지문

[절] 명사절

기초문법과 놀기

명사절이란?

나는 지구가 둥글다는 것을 알고 있다.
명사절

'지구가 둥글다는 것'이라는 절이 '나는 알고 있다'라는 문장에 포함되어 목적어 자리에 왔습니다. 이와 같이 명사가 와야 하는 자리에 온 절을 **명사절**이라고 합니다.

명사절은 어떤 형태를 가지고 있나요?

명사절의 형태는 '명사절 접속사+주어+동사 ~'입니다.

We / want / to know / if you are okay. 우리는 / 원한다 / 알기를 / 네가 괜찮은지
명사절 접속사(if)+주어(you)+동사(are) ~=명사절

Check Up

다음 중 명사절은 무엇일까요?

Mr. Morrison is not sure if he will get a job. Mr. Morrison은 그가 직장을 구할 것인지 확신하지 못한다.
A B

→ '명사절 접속사+주어+동사 ~'로 이루어진 절이 명사절이에요. [정답 B]

명사절을 이끄는 접속사에는 어떤 것이 있나요?

명사절을 이끄는 접속사는 의미에 따라 크게 세 가지로 나뉩니다.

명사절 접속사	의미
that	~라는 것
whether / if	~인지 아닌지
의문사	who 누가 ~하는지 / when 언제 ~하는지 / where 어디서 ~하는지 / what 무엇이(을) ~하는지 / which 어느 것이(을) ~하는지 / why 왜 ~하는지 / how 어떻게 ~하는지

It / is / certain / that he is competent. 확실하다 / 그가 유능하다는 것은
명사절 접속사

We / wondered / why she did not come. 우리는 / 궁금했다 / 왜 그녀가 안 왔는지
명사절 접속사

Check Up

다음 중 알맞은 명사절 접속사는 무엇일까요?

The point is (whether, who) the new advertisement will attract customers.
요점은 새 광고가 고객들을 끌어모을지 아닐지이다.

→ '~인지 아닌지'로 해석되는 명사절 접속사가 들어가야 문장이 자연스러워요. [정답 whether]

Grammar
Part 5,6

01 | 명사절 자리

모두 내가 귀엽다는 것을 알고 있다.

내가 귀엽다는 것이라는 명사절이 목적어 자리에 왔습니다. 영어에서 이러한 명사절이 어디에 오는지 한번 살펴 볼까요?

POINT 1 명사절이 오는 자리

명사절은 문장에서 명사 역할을 하므로 명사처럼 **주어, 목적어, 보어 자리**와 **전치사 뒤**에 옵니다.

주어 자리 When he will come back / is / uncertain. 그가 언제 돌아올 것인지는 / 확실하지 않다
(When he will come back: 주어)

목적어 자리 Our staff members / know / that Mr. Ju cares about them. 우리 직원들은 / 안다 / Mr. Ju가 그들을 걱정한다는 것을
(that Mr. Ju cares about them: 목적어)

보어 자리 The question / is / who will do it. 문제는 / 누가 그것을 할 것이냐이다
(who will do it: 보어)

전치사 뒤 I / am thinking / about what he said. 나는 / 생각하고 있다 / 그가 말한 것에 대해
(about: 전치사)

POINT 2 명사절 접속사 자리에 올 수 없는 것

명사절을 이끄는 명사절 접속사 자리에 **대명사**나 **전치사**는 올 수 없습니다.

Two factors / account for / (it, why) sales were up in June. 두 요인들이 / 설명한다 / 왜 6월에 매출액이 늘었는지
(it: 대명사(×), why: 접속사(○))

→ 전치사 뒤에 온 절을 이끄는 명사절 접속사 자리에 대명사는 올 수 없습니다.

The hotel guests / complained / (~~about~~, that) the rooms were cold. 호텔 투숙객들은 / 불평했다 / 방이 추웠던 것을
(about: 전치사(×), that: 접속사(○))

→ 목적어 자리에 온 절을 이끄는 명사절 접속사 자리에 전치사는 올 수 없습니다.

연습 문제 다음 괄호 안에 있는 것 중 적절한 것을 고르세요.

01 (That, It) the meeting was scheduled for Saturday is disappointing.

02 The conclusion is (around, that) a good company creates a supportive environment for its staff.

03 We talked about (who, them) will participate in the seminar.

04 (About, Why) it took over 30 workers to finish the project is unclear.

05 Employees need to understand (what, on) their responsibilities are.

06 The article states (that, this) the current economic situation is getting worse.

실전 문제 보기 중 빈칸에 가장 적절한 것을 고르세요.

07 Mr. Moresby received an e-mail ------- him to give a speech at the Remond Hotel.

(A) invites (B) invitation
(C) invited (D) inviting

08 Ms. Zarba argued ------- higher spending on advertising can create a favorable consumer attitude toward the product.

(A) of (B) that
(C) it (D) about

09 Please remember ------- the vacation policy has been changed this year.

(A) concerning (B) that
(C) about (D) them

10 A book on American corporations ------- next year by Merit Publishers.

(A) publishing (B) to publish
(C) will publish (D) will be published

정답 p.397 해석·해설 p.518

VOCABULARY

01 schedule [skédʒu:l] 예정하다 disappointing [dìsəpɔ́intiŋ] 실망스러운
02 conclusion [kənklú:ʒən] 결론 create [kriéit] 만들다 supportive [səpɔ́:rtiv] 격려하는, 협력적인 environment [inváiərənmənt] 환경
03 participate [pɑ:rtísəpèit] 참석하다 05 responsibility [rispɑ̀:nsəbíləti] 책무, 책임
06 article [ɑ́:rtikl] 기사 state [steit] 보도하다, 진술하다 current [kɔ́:rənt] 현재의 economic situation 경제 상황 get worse 나빠지다
07 receive [risí:v] 받다 speech [spi:tʃ] 연설
08 argue [ɑ́:rgju:] 주장하다 spending [spéndiŋ] 지출 favorable [féivərəbl] 우호적인, 호의적인 attitude [ǽtitjù:d] 태도
09 policy [pɑ́:ləsi] 정책 10 corporation [kɔ̀:rpəréiʃən] 기업 publisher [pʌ́bliʃər] 출판사

02 명사절 접속사

I cannot believe (that, if) he is only 14.

괄호 안에는 우리말 **~인지 아닌지**로 해석되는 **if**가 아니라 **~라는 것**으로 해석되는 **that**을 써야 문장이 자연스럽지요? 이처럼 명사절 접속사는 문맥에 맞게 선택해야 합니다. 자세히 살펴 볼까요?

POINT 1 that

명사절 접속사 **that**이 이끄는 명사절은 **확실한 사실**을 전달할 때 쓰며 **~라는 것**이라고 해석됩니다.

That he drew the picture / is / unbelievable. 그가 그 그림을 그렸다는 것이 / 믿기지 않는다
확실한 사실(그가 그 그림을 그렸다는 것)

I / knew / that he was a lawyer. 나는 / 알았다 / 그가 변호사였다는 것을
확실한 사실(그가 변호사였다는 것)

POINT 2 if / whether

명사절 접속사 **if**나 **whether**가 이끄는 명사절은 **불확실한 사실**을 전달할 때 쓰며 **~인지 아닌지**라고 해석됩니다.

I / do not know / if she ordered it. 나는 / 모른다 / 그녀가 그것을 주문했는지 아닌지를
불확실한 사실(그녀가 그것을 주문했는지 아닌지)

Whether he will agree / is / another question. 그가 동의할지 안 할지는 / 다른 문제이다
불확실한 사실(그가 동의할지 안 할지)

POINT 3 의문사

명사절 접속사 **who, when, where, what, which, why, how**와 같은 의문사가 이끄는 명사절은 각각 **누가/언제/어디서/무엇이(을)/어느 것이(을)/왜/어떻게 ~하는지**라고 해석됩니다.

Who invented the product / is / unknown. 누가 그 제품을 발명했는지는 / 알려져 있지 않다

I / wonder / when the class starts. 나는 / 궁금하다 / 언제 수업이 시작하는지

He / told / me / how he succeeded. 그는 / 말해주었다 / 내게 / 그가 어떻게 성공했는지

연습 문제 다음 괄호 안에 있는 것 중 적절한 것을 고르세요.

01 (That, Where) Laura won the competition is incredible.

02 We will find out soon (whether, who) the new business is profitable.

03 Please note (that, what) the order may take several days to process.

04 We would like to know (why, when) the test results will be ready.

실전 문제 보기 중 빈칸에 가장 적절한 것을 고르세요.

05 Clients understand ------- they should contact the service department to solve any problems.

(A) that (B) who
(C) about (D) it

06 The organizers have not decided ------- they will hold the next annual meeting.

(A) who (B) where
(C) what (D) over

Questions 07-09 refer to the following article.

This June, economic growth in New York was the highest in 10 years. -------(07) this change was at all influenced by recent development projects is still uncertain. However, what is clear is -------(08) the number of tourists visiting the city has risen sharply. -------(09). This is because the city has increased the amount it spends to promote its tourist attractions abroad. Read more about this topic in our business section.

07 (A) While (B) What
(C) Because (D) Whether

08 (A) on (B) that
(C) about (D) this

09 (A) Analysts predict that this trend will continue.
(B) Many shopkeepers were visibly disappointed.
(C) Its construction will start later this week.
(D) The mayor is proposing an emergency plan.

정답 p.397 해석·해설 p.519

VOCABULARY

01 competition[kὰ:mpətíʃən] 대회 incredible[inkrédəbl] 놀라운, 훌륭한 02 find out 알다 profitable[prά:fitəbl] 이익이 되는
03 note[nout] 유념하다 process[prά:ses] 처리하다 05 solve[sα:lv] 해결하다
06 organizer[ɔ́:rgənὰizər] 주최자 annual[ǽnjuəl] 연례의, 1년의
07 development[divéləpmənt] 개발 project[prά:dʒekt] 사업 uncertain[ʌnsə́:rtn] 불확실한 tourist[túərist] 관광객
09 amount[əmáunt] 금액, 액수 promote[prəmóut] 홍보하다 predict[pridíkt] 예측하다 trend[trend] 추세 visibly[vízəbli] 눈에 띄게 emergency[imə́:rdʒənsi] 비상, 응급

Vocabulary
Part 5,6

형용사 어휘(2)

잔소리 폭격기 이부장 파견 보내기

발신: 인사 부장

수신: 전체 직원

많은 직원들이 편견 없는 **진실한**(sincere) 눈으로 이부장을 바라보려 노력했지만, **연례**(annual) 행사로 그쳤던 이부장의 잔소리 폭격이 걷잡을 수 없이 **빠른**(rapid) 속도로 늘고 있습니다. 매일 어떤 잔소리를 들을지 우려하는 직원들의 목소리가 높아지고 있음에도, 현존하는 규정으로는 이부장을 제어할 방법이 없어, 회사가 개입하기에 이르렀습니다.

다음 주 월요일부터 한 달간 이부장을 현장 업무에 파견할 예정입니다. 이는 한 달 동안 직원들이 보다 편안한 환경에서 근무할 수 있도록 하기 위함입니다. 하지만 이러한 **임시**(tentative) 대책이 문제를 해결하기에는 부족하다고 느끼는 분들이 있으리라 생각되므로, 전 직원에게 언제든지 **사용할 수 있는**(available) **편리한**(convenient) 귀마개를 제공하겠습니다. 파견 업무를 끝내고 돌아온 이부장의 잔소리가 여전할 경우, 나누어 드린 귀마개를 몰래 착용하시기 바랍니다.

필수 어휘 리스트

- **sincere** 진실한, 진심 어린
  A sincere apology was offered for the delay.
  지연에 대해 **진실한** 사과를 받았다.
- **annual** 연례의
  The annual meeting is held in January.
  연례 회의는 1월에 열린다.
- **rapid** 빠른
  The mobile phone industry is growing at a rapid rate.
  휴대전화 산업은 **빠른** 속도로 성장하고 있다.
- **tentative** 임시의, 잠정적인
  A tentative schedule for the new project will be handed out tomorrow.
  새로운 프로젝트의 **임시** 일정은 내일 배포될 것이다.
- **available** 이용(사용)할 수 있는
  Light refreshments will be available after the meeting.
  회의 후 가벼운 다과를 **이용하실 수 있**을 것입니다.
- **convenient** 편리한
  Online shopping is convenient for busy people.
  온라인 쇼핑은 바쁜 사람들에게 **편리하**다.
- **accurate** 정확한
  Advertisements should provide accurate product information.
  광고는 **정확한** 제품 정보를 제공해야 한다.
- **specific** 구체적인, 명확한
  Instructions need to be very specific to be effective.
  사용 설명서는 효과가 있으려면 매우 **구체적이**어야 한다.
- **suitable** 적격의, 적당한
  Suitable candidates were called for interviews.
  적격의 후보자들에게는 인터뷰가 요청되었다.
- **commercial** 상업적인
  These photos are not available for commercial use.
  그 사진들은 **상업적인** 용도로는 사용할 수 없다.

다음 괄호 안에 있는 것 중 적절한 것을 고르세요.

01 Individuals should provide (annual, qualified, accurate) contact information on packages.

02 The manager expressed her (accurate, critical, sincere) thanks to the volunteers.

03 The food industry is currently expanding at a (convenient, powerful, rapid) rate.

04 (Specific, Available, Fortunate) skills, like adaptability, are valuable in the workplace.

보기 중 빈칸에 가장 적절한 것을 고르세요.

05 Living in the downtown area is ------- for those working in the city, but it is expensive.

(A) sophisticated (B) protective
(C) convenient (D) accurate

06 The CEO is required to attend an ------- meeting to determine ways to achieve yearly goals.

(A) optional (B) annual
(C) existing (D) apparent

Questions 07-09 refer to the following notice.

Some of the music data on our Web site was lost during a system crash. While we get our server back online, our technicians are working on a -------(07) solution that may allow you to access your data shortly. We will notify you when your music is -------(08) at our Web site once more. As compensation, we will send a $20 coupon to all our subscribers today. -------(09). Please accept our apologies.

07 (A) gradual (B) consecutive
(C) tentative (D) preventive

08 (A) available (B) effective
(C) defective (D) potential

09 (A) Your order will be restored in a moment.
(B) You can use it with your next music purchase.
(C) Bring your device to one of our repair centers.
(D) Your complaint was received by our department.

정답 p.397 해석·해설 p.520

VOCABULARY

01 individual [indəvídʒuəl] 사람, 개인 provide [prəváid] 제공하다 contact information 연락처 02 express [iksprés] 표하다, 나타내다
03 expand [ikspǽnd] 확장하다 rate [reit] 속도, 비율 04 adaptability [ədæ̀ptəbíləti] 적응력 valuable [vǽljuəbl] 매우 유용한, 가치가 큰
05 downtown area 도심 지역 expensive [ikspénsiv] 비싼 06 determine [ditə́:rmin] 결정하다 achieve [ətʃí:v] 달성하다
07 crash [kræʃ] (시스템의) 고장 shortly [ʃɔ́:rtli] 즉시, 곧 notify [nóutəfài] 통지하다 compensation [kɑ:mpənséiʃən] 보상
09 subscriber [səbskráibər] 구독자 accept [æksépt] 받다, 받아들이다 apology [əpɑ́:lədʒi] 사과 restore [ristɔ́:r] 복구하다
purchase [pə́:rtʃəs] 구매 device [diváis] 기기 complaint [kəmpléint] 항의

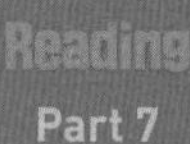

이메일(편지) 연계 지문

파트 7에 나오는 연계 지문은 지문이 두 개 또는 세 개 연계되어 출제됩니다. 이메일(편지) 연계 지문은 첫 번째 지문으로 이메일이나 편지가 나오고, 두 번째나 세 번째 지문으로 또 다른 이메일이나 편지, 양식, 광고 등이 연계된 지문입니다.

연계 상황 엿보기

1. 이메일(편지) 연계 지문은 다음과 같이 두 개 또는 세 개의 지문이 연계됩니다.

두 개짜리 연계지문

이메일&양식	공연 일정 변경 안내 이메일과 변경된 공연 일정표
편지&이메일	강연자를 초청하는 편지와 그에 대한 답변 이메일

세 개짜리 연계지문

이메일&양식&편지	제품 배송 관련 항의 이메일, 상품 주문서와 그에 대한 답신

2. 정답의 단서를 지문 두 개에서 찾아야 하는 연계 문제는 이메일(편지) 연계 지문에서 다음과 같이 출제됩니다.

연계 문제의 예

지문 1 **이메일**	Paul이 빅토리아시에 있는 아파트를 구하기 위해 부동산 업자에게 보내는 문의 이메일
지문 2 **광고**	Queenstown에 위치해 있는 Sky 아파트와 빅토리아 시내에 위치해 있는 Rose 아파트에 대한 부동산 임대 광고
지문 3 **양식**	부동산 업자의 고객 상담 일정표

연계 질문　Paul이 관심을 가질 만한 아파트는 무엇인가?

정답　Rose 아파트

연계 문제 비법 공략하기

STEP 1 **질문의 키워드를 확인한다!**

질문을 읽고 질문의 키워드를 확인합니다.

STEP 2 **연계된 정답의 단서를 찾는다!**

질문의 키워드가 어느 지문에 있는지 확인합니다. 해당 지문에서 질문의 키워드를 찾고 그 주변에서 첫 번째 단서를 찾습니다. 정답을 선택하기에 단서가 부족할 경우, 연계 문제일 가능성이 높으므로 다른 지문에서 두 번째 단서를 찾습니다. 첫 번째 단서와 연계된 내용이 있을 만한 지문을 먼저 확인합니다.

STEP 3 **연계된 두 개의 단서를 종합하여 정답을 선택한다!**

첫 번째 단서와 두 번째 단서의 내용을 종합하여 paraphrase가 제대로 된 보기를 정답으로 선택합니다.

비법 적용하기

1번은 다음 편지와 이메일에 관한 문제입니다.

Mr. Lane께,

귀하의 사무실 임대차 계약이 7월 1일에 만료된다는 점을 유의해주십시오. 앞으로 2년 더 그것을 연장하시면, 현재의 계약 조건은 유지될 것입니다. 이번 달 말까지 귀하의 결정을 제게 이메일로 보내주십시오.

Rodney Blake, 건물 관리자, CS 타워

수신: Rodney Blake <rbla@cs.co.uk>
발신: David Lane <d.lane@bdgres.co.uk>

Mr. Blake께,

저는 임대차 계약을 연장하기로 결정했습니다. 귀하께서 편하시다면 저는 6월 2일 정오쯤에 계약서에 서명할 시간이 있습니다. 저에게 알려주세요.

David Lane

1. 사무실 임대차 계약에 대해 암시되는 것은?
   (A) 일 년의 기간 동안 연장될 것이다.
   (B) 이전과 동일한 조건을 가질 것이다.

Question 1 refers to the following letter and e-mail.

Dear Mr. Lane,

Please note that your office lease expires on July 1. If you extend it for another two years, the terms of the current agreement will be maintained. Please e-mail me your decision by the end of the month. → STEP 2 첫 번째 단서 찾기

Rodney Blake, Building Manager, CS Towers

To: Rodney Blake <rbla@cs.co.uk>
From: David Lane <d.lane@bdgres.co.uk>

Dear Mr. Blake,

I've decided to extend the lease. I'm available on June 2 around noon to sign the contract if that is convenient for you. Please let me know. → STEP 2 두 번째 단서 찾기

David Lane

1. What is suggested about the office lease? (키워드) → STEP 1 키워드 파악하기
   (A) It will be extended for a period of one year.
   (B) It will have the same conditions as before. → STEP 3 두 단서 종합하여 정답 선택하기

해설 **STEP 1** 질문을 읽고 질문의 키워드인 'office lease'를 확인합니다.

STEP 2 질문의 키워드인 'office lease'가 언급된 편지에서 첫 번째 단서를 확인합니다. 'If you extend it for another two years, the terms of the current agreement will be maintained.'에서 임대차 계약을 2년 더 연장하면 현재 계약 조건이 유지될 것이라는 첫 번째 단서를 찾을 수 있습니다. 편지에서 임대차 계약을 연장할지 알 수 없으므로 정답을 선택하기에는 단서가 부족합니다. 따라서 이메일에서 두 번째 단서를 찾아야 합니다. 'I've decided to extend the lease.'에서 임대차 계약을 연장하기로 결정했다는 두 번째 단서를 찾을 수 있습니다.

STEP 3 두 단서를 종합하면, 임대차 계약이 이전과 동일한 조건을 가질 것임을 추측할 수 있습니다. 따라서 정답은 (B) It will have the same conditions as before입니다.

paraphrase 연습 주어진 문장과 가장 가까운 의미를 만드는 것을 찾아보세요.

01 The decision has drawn criticism from many employees.

= Many of the workers ________ of the decision.

(A) disapproved (B) determined

02 The fee for the books is almost four weeks overdue.

= Payment is about a month ________.

(A) late (B) away

03 The identification card will be valid for one year from the date of issue.

(A) ID cards will be issued to those who have worked for a year.

(B) The ID is effective for 12 months from the day it was released.

04 One of the reasons for the hotel's closure is its low occupancy rate.

(A) The number of guests was insufficient for the hotel to remain in business.

(B) Business guests found the hotel inadequate for their needs.

VOCABULARY

01 draw[drɔ:] 가져오다 criticism[krítəsìzm] 비난, 비평 disapprove[dìsəprú:v] 찬성하지 않다, 비난하다 determine[ditə́:rmin] 결정하다
02 overdue[òuvərdjú:] 지불 기한이 넘은
03 valid[vǽlid] 유효한 issue[íʃu:] 발급, 발행; 발행하다 effective[iféktiv] 유효한 release[rilí:s] 발급하다
04 occupancy rate (호텔) 투숙률 the number of ~의 수 insufficient[ìnsəfíʃənt] 불충분한 remain[riméin] 계속 ~이다, 남다 inadequate[inǽdikwət] 부적합한, 불충분한

Questions 05-06 refer to the following e-mail and Web page.

To: Jim Bard <jbard@workspace.com>
From: Sandra Porter <sporter@quicken.com>
Subject: Work Space Package

Dear Mr. Bard,

Thank you for showing me around the Work Space facility yesterday. It was quite impressive. I have decided to register for one of the packages you offer. I will need to use a private meeting room for a few hours each month, but a reserved desk won't be necessary. Could you let me know if a parking spot is included in the fee? Thank you.

Sandra Porter

www.workspace.com/about

With locations in urban areas across the country, Work Space provides access to affordable and innovative work areas. Our buildings are open 24 hours per day and have free Wi-Fi. We are currently offering three monthly packages:

Blue Package	Green Package	Red Package
• Access to our shared work areas	• Access to our shared work areas • Use of a private meeting room (four hours per month)	• Access to our shared work areas • A dedicated desk that will not be used by anyone else • Use of a private meeting room (eight hours per month)

For information about pricing, click here.

05 Which monthly package will Ms. Porter most likely sign up for?

(A) Blue Package
(B) Green Package
(C) Red Package

06 What is NOT true about Work Space?

(A) It has branches in multiple cities.
(B) It provides complimentary Internet access.
(C) It offers reserved parking for clients.

VOCABULARY

05 show around ~을 둘러보도록 안내하다, 구경시켜 주다 facility[fəsíləti] 시설 impressive[imprésiv] 인상적인 register for ~에 등록하다

06 necessary[nésəsèri] 필요한 urban[ə́ːrbən] 도시의 access[ǽkses] 이용 (권리) affordable[əfɔ́ːrdəbl] (가격이) 저렴한, 알맞은 innovative[ínəvèitiv] 혁신적인 dedicated[dédikeitid] 전용의, 헌신적인 pricing[práisiŋ] 가격 책정 multiple[mʌ́ltəpl] 여러, 다수의 complimentary[kɑ̀mpləméntəri] 무료의, 칭찬하는

Questions 07-11 refer to the following e-mails.

From: Richard King, Morris Electronics <rking@melectronics.com>
To: Linda Watson, Brooks Textiles <lindawatz@brookstextiles.com>
Subject: Waterproof jackets

Dear Ms. Watson,
I am looking for a firm to supply 500 waterproof jackets for our staff. I saw your textile exhibit at the Atlanta Textile Convention this February and thought your award-winning items would fit our needs. The items will be presented as gifts for our 30th anniversary on May 12. They need to arrive at our company by May 9 because they are scheduled to be distributed at a company outing on May 10. The order needs to be handled promptly since we have only one week left. Could you send your latest catalog, textile samples, and a per unit price quote today? Thank you.

From: Linda Watson, Brooks Textiles <lindawatz@brookstextiles.com>
To: Richard King, Morris Electronics <rking@melectronics.com>
Subject: Textile description

Dear Mr. King,
Thank you for your interest in our company. I have listed the main features of each material in this e-mail. Normally delivery takes about two weeks, but we can meet your order request for a nominal additional cost. I would like to bring our catalogs and samples to your office to discuss your order further. If this would be convenient for you, please call me to set a meeting time.

WELL-TEX
Windproof and extremely durable. Machine-washable and waterproof.

Ventos
A robust and heavyweight fabric. This is used by the Scottish Antarctic Survey Team.

FEEL-TEX
A polyester fleece that is soft, light, and warm. It dries quickly.

07 What is the main purpose of Mr. King's e-mail?

(A) To announce the company's anniversary
(B) To recognize dedicated staff
(C) To initiate a business deal
(D) To request participation in an exhibition

08 What will happen on May 10?

(A) The new branch office will open.
(B) The jackets will be picked up from the supplier.
(C) The staff will gather for an event.
(D) The prize winner will be announced.

09 What does Ms. Watson offer to do?

(A) Send catalogs and samples by courier
(B) Explain about her products in person
(C) Provide overnight delivery to meet the deadline
(D) Give a discount on bulk orders

10 Why will Mr. King most likely pay an extra fee?

(A) The order amount is smaller than usual.
(B) The merchandise will be delivered by hand.
(C) The items are made from an extra-light material.
(D) The jackets should be delivered within a shorter time period.

11 What is NOT indicated about WELL-TEX?

(A) It lasts a long time.
(B) It is easy to clean.
(C) It is resistant to wind.
(D) It is smooth.

VOCABULARY

07~11 waterproof[wɔ́:tərprù:f] 방수의 look for ~을 찾다 textile[tékstail] 직물 exhibit[igzíbit] 전시(회) award-winning 상을 받은 fit[fit] ~에 적합하다 distribute[distríbju:t] 나눠주다 handle[hǽndl] 처리하다 promptly[prá:mptli] 신속히, 즉시 feature[fí:tʃər] 특징 nominal[ná:mənl] 아주 적은, 약간의 convenient[kənví:njənt] 편리한 windproof[wíndprù:f] 방풍의 durable[djúərəbl] 내구성이 강한, 오래 견디는 robust[roubʌ́st] 튼튼한 fabric[fǽbrik] 직물 recognize[rékəgnàiz] 표창하다 dedicated[dédikèitid] 헌신적인 initiate[iníʃièit] 시작하다 gather[gǽðər] 모이다 courier[kə́:riər] 속달, 급사 in person 직접, 본인이 bulk order 대량 주문 last[læst] 오래 가다 resistant[rizístənt] 저항력이 있는

실전 문제

Questions 12-16 refer to the following letter, Web page, and receipt.

Arden University Online
Professional Education Courses

September 10

Robert Foster
Account Executive
Killian Industries
1244 Center St, Lansing, MI 48906

Dear Mr. Foster,

Thank you for your interest in Arden University Online, Michigan's leading provider of professional education courses. Unfortunately, we are unable to accommodate your request to join one of the classes as the registration period has ended for the Fall-Winter semester. However, the class you inquired about, International Logistics, will be offered again by the same lecturer next semester.

To locate the course schedule and sign up for next semester, visit www.ardenonline.com. If there is anything else I can help you with, please contact me at (517)555-1309, extension 401.

Sharon Wesley
Student Coordinator

Arden University Online
www.ardenonline.com

HOME | ABOUT | ACADEMICS | CONTACT

Professional Education Courses in International Business
Spring-Summer Semester

Course Code	Course Description	Lecturer	Dates	Course Fees*
BSG	Global Business Strategy	Luis Rodriguez	March 16 to April 28	$450
ILL	International Logistics	Tory Mitchell	March 18 to April 29	$475
IMP	International Marketing	Sandy Berkman	March 17 to April 30	$425
ITP	International Trade and Policy	Judith O'Connor	June 18 to July 30	$325

* Inclusive of course materials.

Payment instructions: Please pay at least four weeks before the start of a class. We accept all forms of payment except personal checks. If you require an official receipt for the purpose of reimbursement, please indicate this on the form before submitting payment.

Back | Next

Arden University Online
4421 Hagadorn Rd, East Lansing, MI 48823 I Tel (517)555-1309

OFFICIAL RECEIPT

February 11

Paid by: Robert Foster
Address: Killian Industries, 1244 Center St, Lansing, MI 48906

All fees have been received. Thank you!

Course Code	Description	Price
ITP	International Trade and Policy	$325.00
ILL	International Logistics	$475.00
	Sub-total	$800.00
	Discounts	$0.00
	Total	$800.00

12 What is one purpose of the letter?

(A) To invite a participant to a seminar
(B) To confirm that a payment has been received
(C) To inform an applicant that a deadline has passed
(D) To apologize for being unable to attend an event

13 Who most likely is Ms. Berkman?

(A) An administrator for Arden University
(B) An executive for an industrial company
(C) An instructor for online education courses
(D) An expert on international business strategies

14 Whose class did Mr. Foster originally inquire about?

(A) Luis Rodriguez's
(B) Tory Mitchell's
(C) Sandy Berkman's
(D) Judith O'Connor's

15 What is indicated about the courses Mr. Foster enrolled in?

(A) They are taught by the same instructor.
(B) They finish on different dates.
(C) They cannot be taken online.
(D) They are not popular with students.

16 What is true about Arden University Online?

(A) It offers discounts to students enrolling in multiple courses.
(B) It requires that tuition be submitted a month in advance.
(C) It automatically sends receipts to e-mail accounts.
(D) It accepts checks from corporate clients only.

정답 p.397 해석·해설 p.521

VOCABULARY

12~16 course[kɔ́:rs] 강좌 executive[igzékjutiv] 이사, 경영진 leading[lí:diŋ] 선두의 accommodate[əkámədèit] 수용하다 semester[siméstər] 학기 inquire[inkwáiər] 문의하다, 묻다 logistics[loudʒístiks] 물류 lecturer[léktʃərər] 강사 extension[iksténʃən] 내선 번호, 연장 inclusive[inklú:siv] 포함한 reimbursement[rì:imbə́:rsmənt] 상환, 환불 apologize[əpá:lədʒàiz] 사과하다 administrator[ædmínistrèitər] 관리자 enroll[inróul] 등록하다 tuition[tju:íʃən] 수업료

4주 2일

Hackers TOEIC Start Reading

Grammar Part 5, 6

[절] 부사절

01 부사절 자리
02 부사절 접속사

Vocabulary Part 5, 6

형용사 어휘(3)

Reading Part 7

양식 연계 지문

[절] 부사절

기초문법과 놀기

부사절이란?

브라운이라는 작가가 유명해서 그 소설은 많이 팔렸다.
부사절

문장에서 주절은 '그 소설은 많이 팔렸다'입니다. 앞에 있는 '브라운이라는 작가가 유명하다'는 종속절로 그 소설이 많이 팔린 이유를 나타내는 문장입니다. 이와 같이 주절을 수식하여 이유, 조건, 시간 등의 부가적인 정보를 제공해주는 절을 **부사절**이라고 합니다.

부사절은 어떤 형태를 가지고 있나요?

부사절의 형태는 '부사절 접속사+주어+동사 ~'입니다.

Mr. Parker / did not attend / the meeting / because he had another appointment.
부사절 접속사(because)+주어(he)+동사(had) ~=부사절
Mr. Parker는 / 참석하지 않았다 / 회의에 / 다른 약속이 있었기 때문에

Check Up

다음 중 부사절은 무엇일까요?

They will invest in stocks because the current market is favorable.
A: They will invest in stocks
B: because the current market is favorable

현재 시장이 유리한 상태이기 때문에 그들은 주식에 투자할 것이다.

→ '부사절 접속사+주어+동사 ~'로 이루어진 절이 부사절이에요. [정답 B]

부사절을 이끄는 접속사에는 어떤 것들이 있나요?

부사절 접속사는 그 의미에 따라 크게 시간 접속사, 조건 접속사, 양보 접속사, 이유 접속사로 나뉩니다.

종류	부사절 접속사
시간	until ~할 때까지 before ~하기 전 after ~한 후에 when ~할 때 since ~한 이래로 while ~하는 동안
조건	if 만약 ~라면 unless 만약 ~이 아니라면 as long as ~하는 한 in case ~의 경우에도 once 일단 ~하면
양보	although 비록 ~이지만 even though 비록 ~이지만 even if 비록 ~할지라도 while ~한 반면에
이유	because ~이기 때문에 since ~이기 때문에

We / drank / coffee / before the seminar started. 우리는 / 마셨다 / 커피를 / 세미나가 시작하기 전에
부사절 접속사(시간)

Although Joe had not finished his work, / he / went / home. 비록 Joe는 일을 끝마치지 않았지만 / 그는 / 갔다 / 집에
부사절 접속사(양보)

Check Up

자연스러운 문장이 되도록 연결하세요.

1. He set up a business 그는 사업을 시작했다
2. Please call me 제게 전화주세요

A. if you are interested. 만약 관심이 있다면
B. when he lived in America. 그가 미국에 살 때

→ '그는 사업을 시작했다'는 '그가 미국에 살 때'와, '제게 전화주세요'는 '만약 관심이 있다면'과의 연결이 자연스러워요.

[정답 1. B, 2. A]

01 부사절 자리

내가 역에 도착하자마자 기차가 출발했다.

내가 역에 도착하자마자라는 부사절이 문장 앞에 왔습니다. 영어에서 이러한 부사절이 어디에 오는지 한번 살펴 볼까요?

POINT 1 부사절이 오는 자리

부사절은 문장에서 **주절의 앞이나 뒤**에 옵니다. 주절의 앞에 올 때는 부사절 뒤에 쉼표(,)를 반드시 붙여야 합니다.

주절 앞 [If you have any questions], / please contact / me. 질문이 있으시면 / 연락해주세요 / 제게

주절 뒤 He / set / the alarm / [before he went to bed]. 그는 / 맞췄다 / 알람을 / 잠자리에 들기 전에

POINT 2 부사절 접속사 자리에 올 수 없는 것

부사절을 이끄는 부사절 접속사 자리에 **전치사**는 올 수 없습니다. 접속사와 유사한 의미를 가진 전치사를 부사절 접속사 자리에 쓰지 않도록 주의합니다.

의미	부사절 접속사	전치사
~하는 동안	while	during, for
비록 ~이지만	although, even though	in spite of, despite
~ 때문에	because, since	because of, due to

Ms. Lee / called / me / [(~~during~~, while) I was at the meeting]. Ms. Lee가 / 전화했다 / 나에게 / 내가 회의하는 동안
전치사(×) 부사절 접속사(○)

→ 주절 뒤에 온 절을 이끄는 부사절 접속사 자리에 전치사는 올 수 없습니다.

[(~~Due to~~, Because) oil prices rose], / our profits / dropped. 유가가 상승했기 때문에 / 우리 수익이 / 하락했다
전치사(×) 부사절 접속사(○)

→ 주절 앞에 온 절을 이끄는 부사절 접속사 자리에 전치사는 올 수 없습니다.

부사절을 이끄는 부사절 접속사 자리에 **부사**는 올 수 없습니다.

[(~~Only~~, When) we work as a team], / our productivity / grows. 우리가 팀으로 일할 때 / 우리의 생산성은 / 증가한다
부사(×) 부사절 접속사(○)

→ 주절 앞에 온 절을 이끄는 부사절 접속사 자리에 부사는 올 수 없습니다.

연습 문제 다음 괄호 안에 있는 것 중 적절한 것을 고르세요.

01 (If, Still) funding is approved, the information campaign will be extended.

02 Dennis had worked at DIC Productions (by, before) he went to study abroad.

03 (Although, Despite) the lawyer is inexperienced, he has won several important cases.

04 Please call Mr. Harris (if, with) you experience problems with your heater.

05 The manager studied the electronics market (while, during) her stay in Rome.

06 Sue made a reservation (because, because of) she wanted to get a good seat.

보기 중 빈칸에 가장 적절한 것을 고르세요.

07 The company will produce a second edition ------- the first one sells well.

(A) if (B) there
(C) to (D) then

08 ------- you sign the document, you should carefully review the details of the contract.

(A) Next (B) Where
(C) Before (D) Finally

09 The document has to be revised ------- it contains incorrect information.

(A) anyway (B) because
(C) with (D) due to

10 The newly ------- plant will employ more than 300 local people.

(A) build (B) built
(C) building (D) to build

정답 p.397 해석·해설 p.530

VOCABULARY

01 funding [fʌ́ndiŋ] 재정 지원 approve [əprúːv] 승인하다 extend [iksténd] 연장하다
03 inexperienced [ìnikspíəriənst] 경험이 없는 case [keis] 소송, 사건 04 problem with ~에 대한 문제
05 electronics [ilektrɑ́ːniks] 전자 기기, 전자 공학 06 reservation [rèzərvéiʃən] 예약 07 edition [idíʃən] 판
08 review [rivjúː] 검토하다 detail [díːteil] 세부 사항 contract [kɑ́ːntrækt] 계약서, 계약
09 revise [riváiz] 수정하다, 개정하다 contain [kíntéin] 포함하다 incorrect [ìnkərékt] 부정확한
10 plant [plænt] 공장 employ [implɔ́i] 고용하다

Grammar
Part 5,6

02 | 부사절 접속사

(Although, When) Andy needed a break, he continued working.

괄호 안에는 우리말 **~할 때**로 해석되는 **When**이 아니라 **비록 ~이지만**으로 해석되는 **Although**를 써야 문장이 자연스럽지요? 이처럼 부사절 접속사는 문맥에 맞게 선택해야 합니다. 자세히 살펴 볼까요?

POINT 1 시간 접속사

부사절을 **~할 때/~할 때까지**와 같이 **시간**의 의미로 해석하는 것이 자연스러울 때, 부사절 접속사 **until/before/after/when/since/while/once** 등을 씁니다.

Lucas / waited / for her / [(if, until) the restaurant closed]. Lucas는 / 기다렸다 / 그녀를 / 식당이 문을 닫을 때까지
→ '식당이 문을 닫는다면'보다는 '식당이 문을 닫을 때까지'로 해석하는 것이 자연스러우므로 until이 와야 합니다.

POINT 2 조건 접속사

부사절을 **~한다면/~하지 않는다면**과 같이 **조건**의 의미로 해석하는 것이 자연스러울 때, 부사절 접속사 **if/unless/as long as** 등을 씁니다.

We / will not go / [(~~while~~, if) the weather is bad]. 우리는 / 가지 않을 것이다 / 날씨가 나쁘다면
→ 부사절을 '날씨가 나쁜 반면'보다는 '날씨가 나쁘다면'으로 해석하는 것이 자연스러우므로 if가 와야 합니다.

POINT 3 양보 접속사

부사절을 **비록 ~일지라도/~하는 반면**과 같이 **주절과 상반**되는 의미로 해석하는 것이 자연스러울 때, 부사절 접속사 **although/even though/even if/while** 등을 씁니다.

I / exercise / regularly / [(~~because~~, although) I am busy]. 나는 / 운동한다 / 정기적으로 / 비록 바쁠지라도
→ 부사절을 '바쁘기 때문에'보다는 '비록 바쁠지라도'로 해석하는 것이 자연스러우므로 although가 와야 합니다.

POINT 4 이유 접속사

부사절을 **~ 때문에/~해서**와 같이 **원인, 이유**의 의미로 해석하는 것이 자연스러울 때, 부사절 접속사 **because/since** 등을 씁니다.

[(~~After~~, Since) he likes meeting people], / Jim / is / in sales. 사람들을 만나는 것을 좋아하기 때문에 / Jim은 / 영업직에 있다
→ 부사절을 '사람들을 만나는 걸 좋아한 후에'보다는 '사람들을 만나는 걸 좋아하기 때문에'로 해석하는 것이 자연스러우므로 Since가 와야 합니다.

다음 괄호 안에 있는 것 중 적절한 것을 고르세요.

01 We will hold the workshop (if, while) more than 10 employees register.

02 Mr. Evans will not attend the seminar (after, even if) he has the time.

03 The assembly line was stopped (because, although) a machine broke down.

04 (Before, Unless) Ms. Murphy made a decision, she talked with a financial consultant.

보기 중 빈칸에 가장 적절한 것을 고르세요.

05 ------- the new machine is expected to increase production, it will not be enough to meet the overall demand.

(A) Because of (B) As long as
(C) While (D) However

06 The manager will receive a bonus ------- she obtains a contract with Roald Enterprises.

(A) until (B) since
(C) before (D) if

Questions 07-09 refer to the following e-mail.

> Your order has not yet been sent ------- (07) we are unable to process your payment using the credit card information you provided. Please visit our Web site to check that all the information you supplied is correct. We will keep your order ------- (08) you contact us. ------- (09). These include bank transfer and payment through our mobile app.

07 (A) unless (B) because
(C) although (D) before

08 (A) even if (B) when
(C) by (D) until

09 (A) Make a selection from one of the following.
(B) Alternate payment options are possible as well.
(C) Please be patient while a replacement is found.
(D) Feel free to go online to track your purchase.

정답 p.397 해석·해설 p.531

VOCABULARY

01 register[rédʒistər] 등록하다 02 attend[əténd] 참석하다 03 assembly line 조립 라인 break down 고장 나다
04 decision[disíʒən] 결정, 결심 consultant[kənsʌ́ltənt] 고문 05 expect[ikspékt] 기대하다 overall[óuvərɔ̀:l] 전반적인, 전체의
06 contract[kɑ́:ntrækt] 계약 enterprise[éntərpràiz] 기업
07 process[prɑ́:ses] 처리하다 payment[péimənt] 지불 supply[səplái] 제공하다 selection[silékʃən] 선택
09 alternate[ɔ́:ltərnèit] 대안의 replacement[ripléismənt] 대체물, 후임자 track[træk] 추적하다

형용사 어휘(3)

과장님, 과장님, 우리 과장님

우리 과장님께서는 경제와 회계에 폭넓은(broad) 지식을 보유하고 계실 뿐 아니라 정의롭기까지 하다. 우리가 부당한 일을 당하면, 두 팔을 걷어 붙이고 직접 나서서 해결해 주신다.

과장님,
자판기가 동전을
먹었어요~
잠깐만 기다려봐.
에잇!!
과장님
입사 2주차

민감한(sensitive) 내용을 담은 기밀(confidential)문서도 알아서 처리해주실 뿐만 아니라, 과장님이 처리하는 일들은 항상 깔끔하게 해결되어 우리에게 완전한(complete) 만족을 준다.

근무 환경이 지금처럼 즐거운(pleasant) 것은 여러 방면에서 상당한 노력을 해 주신 과장님 덕분이었기에 과장님의 최근(recent) 조기 퇴직 발표는 우리에게 큰 슬픔으로 다가왔다.

필수 어휘 리스트

- **broad** 폭넓은, 광범위한
  Mr. Wehn has a broad knowledge of finance.
  Mr. Wehn은 금융에 **폭넓은** 지식을 가지고 있다.
- **sensitive** 민감한
  Sensitive information should be handled with care.
  민감한 정보는 조심히 다루어져야 한다.
- **confidential** 기밀의
  Confidential documents must be disposed of properly.
  기밀문서는 적절하게 처리되어야 한다.
- **complete** 완전한, 완료된
  We guarantee your complete satisfaction with our products.
  저희 제품에 **완전한** 만족을 보장합니다.
- **pleasant** 즐거운
  Cortex provides a pleasant working environment.
  Cortex사는 **즐거운** 업무 환경을 제공한다.
- **recent** 최근의
  Recent press releases by Henex can be found online.
  Henex사의 **최근** 언론 보도는 온라인에서 찾으실 수 있습니다.
- **previous** 이전의
  The sales are slightly higher this month than the previous one.
  이번 달 매출은 **이전** 달보다 조금 더 높다.
- **moderate** 약간의, 보통의
  Tourism has experienced a moderate increase.
  관광 산업은 **약간의** 성장을 경험했다.
- **outstanding** 두드러진, 현저한
  Profits were outstanding this quarter.
  이번 분기의 수익은 **두드러졌**다.
- **affordable** 저렴한, 가격 등이 알맞은
  Heliox phones are both affordable and reliable.
  Heliox 전화기는 **저렴하**고 신뢰성이 높다.

연습 문제 다음 괄호 안에 있는 것 중 적절한 것을 고르세요.

01 (Narrow, Moderate, Previous) film releases have not attracted as many moviegoers.

02 Everyone congratulated Mr. Park on his (modern, late, recent) promotion.

03 Mr. Chase's office was of a (moderate, sensitive, remote) size.

04 A (recent, pleasant, broad) work atmosphere improves employees' performance.

실전 문제 보기 중 빈칸에 가장 적절한 것을 고르세요.

05 Management expects applicants to have a ------- knowledge of economics.

(A) high (B) large
(C) thick (D) broad

06 Once the order is -------, the items will be shipped to the customer.

(A) entire (B) accurate
(C) whole (D) complete

Questions 07-09 refer to the following memo.

From: Olivia Johnson
To: All staff

This memo is to remind everyone about how vital it is that we protect our customers' -------(07) information. Appropriate security measures must be taken when handling all -------(08) data. -------(09). If you do not have a copy, you can download it from the company intranet.

07 (A) confidential (B) familiar
(C) trusted (D) unprecedented

08 (A) apprehensive (B) competitive
(C) sincere (D) sensitive

09 (A) We intend to revise our privacy policy.
(B) Your swift responses have been noted.
(C) These are listed in the training manual.
(D) Sign at the bottom to indicate your agreement.

정답 p.397 해석·해설 p.532

VOCABULARY

01 release[rilí:s] (영화) 개봉작; 풀어주다 02 congratulate[kəngrǽtʃulèit] 축하하다 promotion[prəmóuʃən] 승진
03 office[ɔ́:fis] 사무실, 근무처 04 atmosphere[ǽtməsfìər] 환경, 분위기
05 management[mǽnidʒmənt] 경영진 06 order[ɔ́:rdər] 주문 ship[ʃip] 배송하다
07 remind[rimáind] 상기시키다 vital[váitl] 중요한 appropriate[əpróupriət] 적절한 security[sikjúərəti] 보안
09 handle[hǽndl] 다루다, 처리하다 intranet[íntrənèt] 내부 전산망 intend[inténd] ~하려고 생각하다
revise[riváiz] 변경하다 swift[swíft] 신속한 agreement[əgrí:mənt] 동의

Reading
Part 7

양식 연계 지문

파트 7에 나오는 연계 지문은 지문이 두 개 또는 세 개 연계되어 출제됩니다. 양식 연계 지문은 첫 번째 지문으로 양식이 나오고, 두 번째 또는 세 번째 지문으로 이메일, 기사, 공고 등이 연계된 지문입니다.

연계 상황 엿보기

1. 양식 연계 지문은 다음과 같이 두 개 또는 세 개의 지문이 연계됩니다.

두 개짜리 연계지문

송장&이메일 주문한 물건에 대한 송장과 그에 대한 문의 이메일

초대장&편지 행사 초대장과 그에 대한 답변 편지

세 개짜리 연계지문

일정표&기사&공고 버스 시간표와 지역 행사에 대한 기사와 시간표 변경 공지

2. 정답의 단서를 지문 두 개에서 찾아야 하는 연계 문제는 양식 연계 지문에서 다음과 같이 출제됩니다.

연계 문제의 예

지문 1 **설문지** 고객이 호텔 서비스에 관해 작성한 설문지(룸서비스가 제때에 이루어지지 않았다는 고객의 의견)

지문 2 **이메일** 고객이 겪었던 불편함에 대해 사과 드리고, 고객의 불만을 해당 직원에게 전달하여 시정을 요구했다는 호텔 매니저의 이메일

연계 질문 호텔 매니저는 직원에게 어떤 불만을 전달하였는가?

정답 룸서비스가 제시간에 이루어지지 않은 것

연계 문제 비법 공략하기

STEP 1 질문의 키워드를 확인한다!

질문을 읽고 질문의 키워드를 확인합니다.

STEP 2 연계된 정답의 단서를 찾는다!

질문의 키워드가 어느 지문에 있는지 확인합니다. 해당 지문에서 질문의 키워드를 찾고 그 주변에서 첫 번째 단서를 찾습니다. 정답을 선택하기에 단서가 부족할 경우, 연계 문제일 가능성이 높으므로 다른 지문에서 두 번째 단서를 찾습니다. 첫 번째 단서와 연계된 내용이 있을 만한 지문을 먼저 확인합니다.

STEP 3 연계된 두 개의 단서를 종합하여 정답을 선택한다!

첫 번째 단서와 두 번째 단서의 내용을 종합하여 paraphrase가 제대로 된 보기를 정답으로 선택합니다.

비법 적용하기

1번은 다음 표와 편지에 관한 문제입니다.

직원 이름	내선번호
David	200-109
Peter	200-114
Maria	300-117
Brad	300-110

인사부 담당자께,

제가 다른 층으로 이동했음을 알리기 위해 이 편지를 씁니다. Maria가 3개월의 휴가를 떠나 있는 동안, 제가 그녀의 사무실과 내선번호를 사용하고 있습니다. 그런데 직원들과 고객들에게 이 변동 사실이 알려지지 않아 하루에 평균 15통이 넘는 Maria를 찾는 전화를 받고 있습니다. 제게 새로운 내선번호를 지정해 주시면 대단히 감사하겠습니다.

Adam

1. Adam의 현재 내선번호는 무엇인가?
(A) 300-117
(B) 200-109

Question 1 refers to the following chart and letter.

Staff name	Extension number
David	200-109
Peter	200-114
Maria	300-117
Brad	300-110

STEP 2
두 번째 단서 찾기

Dear personnel manager,

I am writing this letter to inform you that I have moved to a different floor. While Maria is on a three-month leave, I am using her office and extension number. However, the staff members and customers were not informed of this change, so I receive an average of 15 calls a day asking for Maria. If you can give me a new extension number, I would really appreciate it.

STEP 2
첫 번째 단서 찾기

Adam

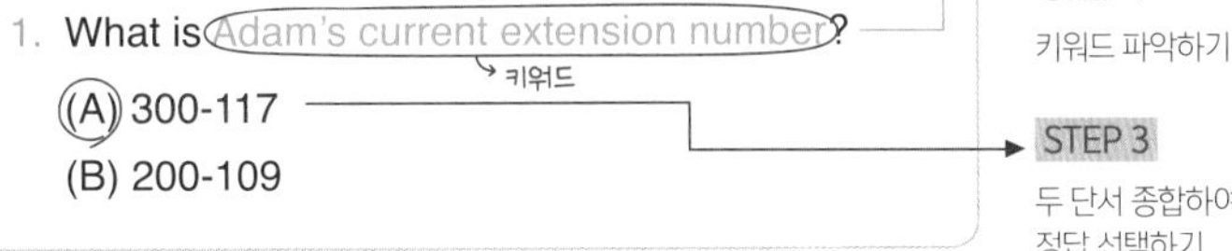

1. What is Adam's current extension number?
(A) 300-117
(B) 200-109

해설 **STEP 1** 질문을 읽고 질문의 키워드 'Adam's current extension number'를 확인합니다. What is ~ number를 통해 육하원칙 문제임을 파악할 수 있습니다.

STEP 2 질문의 키워드 'Adam's current extension number'가 언급된 편지에서 첫 번째 단서를 찾습니다. 편지를 보낸 사람이 Adam이고, 'While Maria is on a three-month leave, I am using her office and extension number.'라고 하였으므로 Adam이 Maria의 내선번호를 사용하고 있다는 첫 번째 단서를 찾을 수 있습니다. 편지에는 내선번호가 언급되어 있지 않아 정답을 선택하기에는 단서가 부족합니다. 따라서 표에서 두 번째 단서를 찾아야 합니다. 표에서 Maria의 내선번호가 300-117임을 확인할 수 있습니다.

STEP 3 Adam이 Maria의 내선번호를 사용하고 있다는 첫 번째 단서와 Maria의 내선번호가 300-117이라는 두 번째 단서를 종합할 때 Adam의 현재 내선번호가 300-117임을 알 수 있습니다. 따라서 (A) 300-117이 정답입니다.

paraphrase 연습 주어진 문장과 가장 가까운 의미를 만드는 것을 찾아보세요.

01 Travelers are not allowed to smoke on flights.

= Passengers are ________ from smoking while on the plane.

(A) prohibited (B) suffering

02 Letters to the newspaper must include the writer's name in order to be printed.

= ________ submissions will be rejected.

(A) Unanimous (B) Anonymous

03 Only authorized personnel are permitted to enter classified areas.

(A) Only the personnel department can approve access to the restricted sections.

(B) Only approved staff members have access to restricted sections.

04 Equipped with state-of-the-art machines, the company decided to reduce its workforce.

(A) Some workers lost their jobs after equipment improvements were made.

(B) Equipped with up-to-date machines, some workers are making changes.

VOCABULARY

01 allow[əláu] 허용하다 flight[flait] 비행기 prohibit[prouhíbit] 금지하다 suffer[sʌ́fər] 고통을 겪다
02 submission[səbmíʃən] 제출 reject[ridʒékt] 거부하다, 거절하다 unanimous[ju:nǽnəməs] 만장일치의 anonymous[ənɑ́:nəməs] 익명의
03 authorized[ɔ́:θəràizd] 허가를 받은 permit[pərmít] 허락하다 classified[klǽsəfàid] 기밀의 approve[əprú:v] 승인하다 access[ǽkses] 출입, 접근 restricted[ristríktid] 제한된
04 equipped with ~을 갖춘 state-of-the-art 최첨단의 workforce[wə́:rkfɔ̀:rs] 노동력 up-to-date 최신의

Question 05 refers to the following schedule and letter.

Flight Information for April 25

Scheduled Time		From	To	Airline
Departure	Arrival			
06:20	08:30	London	Berlin	Majesty Air, MA3829
12:20	14:30	London	Berlin	Majesty Air, MA3835
14:00	16:10	London	Cologne	Deutche Air, DA3825
16:35	18:45	London	Cologne	Deutche Air, DA3836

Dear Mr. Watson,

I found a few flight possibilities for the conference in Berlin. You suggested we fly to Cologne because it is cheaper. But then we would have to take a train to Berlin, which would take more time. Also, leaving in the morning might be better because we would have some free time to take a city tour before the conference starts. Have a look at the flights and let me know what you think.

Regards,
Anton Steele

05 Which flight would Anton most likely prefer?

(A) MA3829
(B) MA3835
(C) DA3836

VOCABULARY

05 flight[flait] 항공편 scheduled[skédʒuːld] 예정된 departure[dipáːrtʃər] 출발 arrival[əráivəl] 도착 airline[ɛ́ərlàin] 항공사 possibility[pàːsəbíləti] 가능성 conference[káːnfərəns] 회의 suggest[səgdʒést] 제안하다 cheap[tʃiːp] 저렴한 take a train 기차를 타다 take time 시간이 걸리다 have time to ~할 시간이 있다 prefer[prifə́ːr] 선호하다

Questions 06-10 refer to the following list and e-mail.

Publications Listing

Maron Publications
14 Leixlep Lane
Botany Town Center, Auckland

Publications	**Price**
The *Encyclopedia of Gardening*	$66.00 / postage: $4.00
Studies in New Zealand Garden History edited by Patricia Jones	$22.00 / postage: $4.00
Set of all available back issues of *New Zealand Garden History* - (Volumes 1-13)	$65.00 / postage: $12.00
Individual back issues of *New Zealand Garden History*	$5.50 / postage: $4.00
Planting the Nation - Volume One	$15.00 / postage: $4.00
Planting the Nation - Volume Two	$20.00 / postage: $4.00
Planting the Nation	$35.00
* Order both volumes at the same time and save on postage	postage for two volumes ordered together: $6.00
Set of booklets about *Historic New Zealand Gardens*, complete with color photos and plant lists (12 releases)	$11.00 / postage: $4.00

From: Donna Martin <donm@gardenqueen.com>
To: Christine Garcia <cgarcia@neatmail.com>
Re: Planting the Nation

Dear Christine,

Welcome to the neighborhood! I had a great time at your house-warming party yesterday. Here is some information about the gardening books I mentioned. I bought both volumes of *Planting the Nation* at the same time last spring, from Maron Publications. I was very impressed with the contents of the books. The set has thousands of plant listings as well as maps of the nation's climate zones and soil types. Since you are new to the Auckland area, these maps will be helpful to you when selecting plants. The guide to plant diseases is also very useful. The set is quite comprehensive and covers nearly everything you need to know to take care of your new garden.

06 Who is Patricia Jones?

(A) The author of a book series
(B) A writer for a magazine
(C) The editor of a publication
(D) A professor of history

07 Why did Ms. Martin write the e-mail?

(A) To order extra copies of a gardening journal
(B) To conduct research for a gardening book
(C) To recommend a publication to her neighbor
(D) To express thanks for an invitation to a party

08 How much did Ms. Martin pay to ship her order?

(A) $4.00
(B) $8.00
(C) $6.00
(D) $12.00

09 What is suggested about Ms. Garcia in the e-mail?

(A) She needs a street map for Auckland.
(B) She does not have gardening experience.
(C) She recently moved to Auckland.
(D) She wants to open a flower shop in the future.

10 What is NOT included in *Planting the Nation*?

(A) Climate information
(B) Plant diseases details
(C) Soil descriptions
(D) Resource directories

VOCABULARY

06–10 publication [pʌ̀bləkéiʃən] 출판물, 출판 encyclopedia [insàikləpí:diə] 백과사전 back issue 과월호 volume [vá:lju:m] 권 postage [póustidʒ] 우편요금 neighborhood [néibərhùd] 이웃, 지역 impress [imprés] 감명을 주다 content [ká:ntent] 내용 climate [kláimit] 기후 soil [sɔil] 토양 disease [dizí:z] 병 comprehensive [kà:mprihénsiv] 포괄적인 cover [kʌ́vər] 다루다, 포함하다 recommend [rèkəménd] 추천하다 express [iksprés] 표현하다 description [diskrípʃən] 설명, 기술 resource [rí:sɔ:rs] 자원, 원천 directory [diréktəri] 목록, 주소 성명록

Questions 11-15 refer to the following form, notice, and online review.

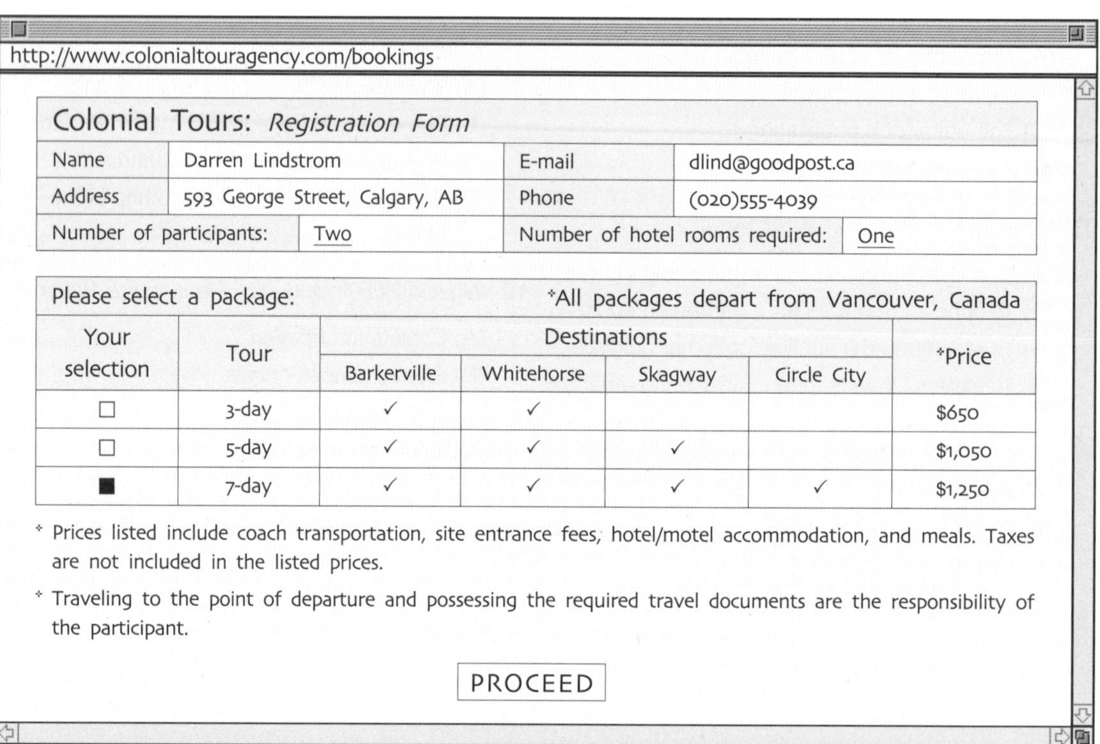

http://www.colonialtouragency.com/bookings

Colonial Tours: *Registration Form*

Name	Darren Lindstrom	E-mail	dlind@goodpost.ca
Address	593 George Street, Calgary, AB	Phone	(020)555-4039
Number of participants:	Two	Number of hotel rooms required:	One

Please select a package: *All packages depart from Vancouver, Canada

Your selection	Tour	Destinations				*Price
		Barkerville	Whitehorse	Skagway	Circle City	
□	3-day	✓	✓			$650
□	5-day	✓	✓	✓		$1,050
■	7-day	✓	✓	✓	✓	$1,250

* Prices listed include coach transportation, site entrance fees, hotel/motel accommodation, and meals. Taxes are not included in the listed prices.
* Traveling to the point of departure and possessing the required travel documents are the responsibility of the participant.

PROCEED

IMPORTANT NOTICE:

Participants on tours with stops in Skagway or Circle City will be required to go through border security checks upon entering the United States and when returning to Canada. Due to increased security measures, these passengers will need to bring valid passports. All participants will be required to fill out immigration cards, which will be provided by tour guides prior to arrival. At the border, please bring your passport and completed cards to an inspection counter at the customs and immigration office.

http://www.tourtravelreviews.co.ca/reviews/colonialtouragency/review114

TRAVEL TOUR REVIEW: Colonial Tour Agency

MEMBER: Elizabeth Lindstrom **RATING:** ★★★★☆

My husband Darren and I started a tour of historic gold rush towns conducted by this company on November 4. Overall, the stops, scenery, activities, and guides were all amazing. We definitely took a lot of pictures! The one drawback was the length of time spent riding the bus. The coach comes equipped with a restroom, and refreshments were available, but stops for breaks were infrequent. I was very happy with the accommodations we were provided with. And I would absolutely recommend Colonial Tours to others.

11 What is NOT included with the agency's fees?

(A) Meals
(B) Accommodations
(C) Airline tickets
(D) Entrance fees

12 What is the notice mainly about?

(A) Requirements for crossing a border
(B) Tips to make travel more convenient
(C) Details on additional tour stops
(D) New tour safety measures

13 What is indicated about Colonial Tours?

(A) Its tour prices on the Web page include taxes.
(B) Its five-day tour participants may need passports.
(C) Its regional tours may last two weeks.
(D) Its fees must be paid by credit card.

14 What did Elizabeth Lindstrom do on November 4?

(A) Paid $1,050 to the Colonial Tour Agency
(B) Purchased tickets for three different tours
(C) Made reservations at a hotel
(D) Began a one-week trip to historic sites

15 What is indicated about Ms. Lindstrom?

(A) She was dissatisfied with the condition of coaches.
(B) She was impressed with the accommodations.
(C) She was unable to take enough pictures.
(D) She took a tour based on a friend's suggestion.

정답 p.397 해석·해설 p.533

VOCABULARY

11~15 **registration** [rèdʒistréiʃən] 등록 **participant** [pɑːrtísəpənt] 참가자 **depart** [dipɑ́ːrt] 출발하다 **destination** [dèstənéiʃən] 목적지 **coach** [kóutʃ] 대형 버스 **site** [sàit] 유적지 **accommodation** [əkɑ̀ːmədéiʃən] 숙박 시설 **tax** [tǽks] 세금 **responsibility** [rispɑ̀ːnsəbíləti] 의무 **border** [bɔ́ːrdər] 국경, 경계선 **security** [sikjúərəti] 보안 **measure** [méʒər] 조치, 수단 **valid** [vǽlid] 유효한 **passport** [pǽspɔːrt] 여권 **immigration** [ìməgréiʃən] 입국 **prior to** ~ 전에 **inspection** [inspékʃən] 검사 **custom** [kʌ́stəm] 통관, 세관 **historic** [histɔ́ːrik] 역사적인 **scenery** [síːnəri] 경치 **definitely** [défənitli] 정말, 명확히 **drawback** [drɔ́ːbæ̀k] 문제점 **refreshment** [rifréʃmənt] 가벼운 식사 **infrequent** [infríːkwənt] 드문 **regional** [ríːdʒənl] 지역의 **dissatisfied** [dissǽtisfàid] 불만스러운

4주 3일

Hackers TOEIC Start Reading

Grammar Part 5, 6

[절] 형용사절

01 형용사절 자리
02 관계대명사

Vocabulary Part 5, 6

부사 어휘(1)

Reading Part 7

기사 연계 지문

[절] 형용사절

기초 문법과 놀기

형용사절이란?

내가 좋아하는 친구
형용사절

'내가 좋아하다'가 명사 '친구'를 꾸며주고 있습니다. '내가 좋아하는'과 같이 명사를 꾸며주는 절을 **형용사절**이라고 합니다.

형용사절은 어떤 형태를 가지고 있나요?

형용사절의 형태는 '형용사절 접속사+(주어)+동사 ~'입니다. 형용사절은 관계절로, 형용사절 접속사는 관계대명사라고 부르기도 합니다.

He / is / a film director / who is famous for his use of special effects. 그는 / 영화 감독이다 / 특수 효과 사용으로 유명한
관계대명사(who) + 동사(is) ~ = 형용사절

Check Up

다음 중 형용사절은 무엇일까요?

I have a friend who is interested in advertising. 나는 광고업에 관심 있는 친구가 있다.
A: I have a friend
B: who is interested in advertising.

→ '관계대명사+(주어)+동사 ~'로 이루어진 절이 형용사절이에요. [정답 B]

관계대명사에는 어떤 것들이 있나요?

관계대명사에는 who, which, that 등이 있습니다. 앞에 나온 명사가 사람, 사물인지, 형용사절 내에서 주격, 목적격, 소유격으로 쓰이는지에 따라 각각 다른 관계대명사가 쓰입니다.

격 / 수식 받는 명사	주격	목적격	소유격
사람	who	who/whom	whose
사물, 동물	which	which	whose/of which
사람, 사물, 동물	that	that	-

Diana / mentioned / a former colleague / who quit his job last year.
명사(사람) 관계대명사(주격)
Diana는 / 언급했다 / 옛날 동료를 / 작년에 직장을 그만 둔

Check Up

다음 빈칸에 알맞은 관계대명사는 무엇일까요?

The manager is looking at the chart ________ shows the volume of sales.
그 부장은 판매량을 보여주는 도표를 보고 있다.

A. which B. who

→ 앞에 나온 명사 chart가 사물이고 빈칸은 형용사절 내에서 주격이에요. [정답 A]

그럼 형용사절은 어떻게 만드나요?

두 문장에서 공통되는 명사 중 하나를 관계대명사로 바꿔 한 문장으로 만들 수 있습니다. 이때 관계대명사는 두 문장을 연결하는 접속사 역할과 동시에 두 번째 문장의 대명사를 대신하는 역할을 합니다.

I have a dog. + It is cute. 나는 강아지를 가지고 있다. + 그것은 귀엽다.
(두 문장에서 dog와 It은 같은 대상이다.)

I have a dog which is cute. 나는 귀여운 강아지를 가지고 있다.
명사 관계대명사
(두 문장을 연결하면서 대명사 It을 대신하는 관계대명사로 바꾼다.)

Check Up

둘 중 맞는 것은 무엇일까요?

We will conduct a regular inspection (they, which) is a part of quality control.
우리는 품질 관리의 한 과정인 정기 점검을 실행할 것이다.

→ 두 문장을 하나로 연결하는 접속사 역할과 동시에 대명사 역할을 할 수 있는 관계대명사가 와야 해요. [정답 which]

01 | 형용사절 자리

내가 배운 악기는 바이올린이다.

내가 배운이라는 형용사절이 명사인 **악기** 앞에 왔습니다. 영어에서 이러한 형용사절이 어디에 오는지 한번 살펴 볼까요?

1 형용사절이 오는 자리

형용사절(=관계절)은 **명사 뒤**에 옵니다.

The man / [who gave the speech] / is / my boss. 그 남자는 / 연설을 한 / 내 상사이다
명사 ↑

I / found / some errors / in the report / [which he wrote]. 나는 / 발견했다 / 몇 가지 오류를 / 보고서에서 / 그가 쓴
명사 ↑

Ashley / showed / me / the letter / [that she received]. Ashley는 / 보여줬다 / 내게 / 편지를 / 그녀가 받은
명사 ↑

2 관계대명사 자리에 올 수 없는 것

형용사절을 이끄는 관계대명사 자리에 **대명사**는 올 수 없습니다.

Patients / [(~~they~~, who) want to see a doctor] / should wait. 환자들은 / 진찰을 받길 원하는 / 기다려야 한다
명사 대명사(×) 관계대명사(O)

→ 명사 Patients를 뒤에서 수식하는 형용사절을 이끄는 관계대명사 자리에 대명사는 올 수 없습니다.

연습 문제 다음 괄호 안에 있는 것 중 적절한 것을 고르세요.

01 Randy Hayes' book (which, it) covers international banking, is a bestseller.

02 Warehouse workers stocked the items (these, that) are popular in stores.

03 The consultant (who, he) gave us advice will visit the office tomorrow.

04 Employees will receive a report (that, they) describes their work performance.

05 The head office must hire someone (this, who) can upgrade its accounting software.

06 The report includes the sales figures (those, that) we corrected today.

보기 중 빈칸에 가장 적절한 것을 고르세요.

07 Shoppers ------- present a coupon can get a 20 percent discount.

(A) who (B) they
(C) there (D) when

08 If the lawyer had had time, she ------- the contents of the document.

(A) verify
(B) will verify
(C) would verify
(D) would have verified

09 The concert was held in the theater where the orchestra first -------.

(A) performing (B) performed
(C) to perform (D) performance

10 The company will move into a new office building ------- Atlanta Builders constructed.

(A) they (B) it
(C) which (D) those

정답 p.397 해석·해설 p.541

VOCABULARY

01 cover[kʌ́vər] 다루다 02 warehouse[wɛ́ərhàus] 창고 stock[stɑk] 비축하다 popular[pɑ́:pjulər] 인기 있는
03 consultant[kənsʌ́ltənt] 상담가 advice[ædváis] 조언, 충고 04 performance[pərfɔ́:rməns] 성과, 성적
05 hire[háiər] 고용하다 accounting[əkáuntiŋ] 회계
06 include[inklú:d] 포함하다 sales figure 판매 수치 correct[kərékt] 고치다, 정정하다 07 present[prizént] 제출하다, 주다
08 content[kɑ́:ntent] 내용 10 move[mu:v] 이사하다 construct[kənstrʌ́kt] 건설하다

Grammar
Part 5,6

02 | 관계대명사

I met the man (who, which) had a tattoo.

앞에 사람명사 man이 있고, 형용사절 내에서 주어 역할을 하므로 관계대명사 **who**가 옵니다. 이처럼 앞에 나온 명사의 종류와 형용사절 내에서의 역할에 따라 각각 다른 관계대명사를 선택해야 합니다. 자세히 살펴 볼까요?

POINT 1 who / which 구별

형용사절 앞에 나온 명사가 **사람**일 때는 관계대명사 **who**, **사물**일 때는 **which**가 옵니다.

Guests / [(~~which~~, who) came to the party] / brought / food. 손님들은 / 파티에 온 / 가져왔다 / 음식을
사람

I / lost / the watch / [(~~who~~, which) I bought yesterday]. 나는 / 잃어 버렸다 / 시계를 / 어제 산
사물

POINT 2 주격 / 목적격 / 소유격 구별

형용사절 안에 **주어가 없으면** 주격 관계대명사 **who/which/that**을 씁니다.

People / [who register today] / will receive / a 20 percent discount.
사람들은 / 오늘 등록하는 / 받을 것이다 / 20퍼센트 할인을

→ 형용사절 내에 주어가 없으므로 주격 관계대명사 who가 왔습니다.

형용사절 안에 **목적어가 없으면** 목적격 관계대명사 **whom/which/that**을 쓰며, 이때 목적격 관계대명사는 생략 가능합니다.

He / is / the dealer / [(whom) I met at the conference]. 그는 / 중개상이다 / 내가 회의에서 만난
→ 형용사절 내에 목적어가 없으므로 목적격 관계대명사 whom이 왔습니다.

This / is / the list / [(which) the customer requested]. 이것은 / 목록표이다 / 그 손님이 요구한
→ 형용사절 내에 목적어가 없으므로 목적격 관계대명사 which가 왔습니다.

바로 **뒤에 명사**가 오고 ~**의**로 해석되면 소유격 관계대명사 **whose**를 씁니다.

I / rented / a house / [(whose) roof was blue]. 나는 / 임차했다 / 집을 / 그것의 지붕이 파란색인
→ 관계대명사 바로 뒤에 명사 roof가 왔고 관계대명사가 형용사절 안에서 '~의'로 해석되므로 소유격 관계대명사 whose가 왔습니다.

연습 문제 다음 괄호 안에 있는 것 중 적절한 것을 고르세요.

01 The company is producing a new tire (who, which) is extremely durable.

02 This organization is hiring a staff member (whom, whose) responsibilities will include fundraising.

03 The second edition (who, which) will be available soon has an additional chapter.

04 Writers (whose, who) work is admired internationally usually write about universal subjects.

실전 문제 보기 중 빈칸에 가장 적절한 것을 고르세요.

05 The automobile dealers recommend a compact car for anyone ------- is buying one for the first time.

(A) when (B) what
(C) which (D) who

06 The secretary printed some invitations ------- he will send tomorrow.

(A) which (B) who
(C) whose (D) what

Questions 07-09 refer to the following article.

Mongoose Publishing has announced the release of a newly rediscovered book called *Lost Wind*, by Rosa Channing. The book, -------(07) paints an accurate picture of life in the 1890s, was originally published in 1901. It tells the story of a family -------(08) lived in Virginia during America's "Gilded Age." The book has had mixed reviews so far. -------(09). Avid readers will surely want a copy on their shelves.

07 (A) whatever (B) this
(C) what (D) which

08 (A) who (B) these
(C) whose (D) they

09 (A) Nevertheless, it has received widespread critical acclaim.
(B) Therefore, a new edition will soon be available.
(C) However, its historic value makes it a fascinating read.
(D) Meanwhile, the book has been edited several times.

정답 p.397 해석·해설 p.542

VOCABULARY

01 extremely [ikstríːmli] 매우 durable [djúərəbl] 튼튼한, 오래 견디는 03 edition [idíʃən] 판(版) additional [ədíʃənl] 추가의
04 admire [ædmáiər] 높이 평가하다 internationally [ìntərnǽʃənəli] 국제적으로 universal [jùːnəvə́ːrsəl] 보편적인
05 automobile [ɔ́ːtəməbìːl] 자동차의; 자동차 recommend [rèkəménd] 추천하다 06 invitation [ìnvətéiʃən] 초대장
07 announce [ənáuns] 발표하다 release [rilíːs] 발간; 발매하다 paint a picture of ~을 묘사하다 accurate [ǽkjurət] 정확한
09 avid [ǽvid] 열렬한 surely [ʃúərli] 분명히 critical [krítikəl] 비평(가)의 acclaim [əkléim] 절찬, 갈채; 갈채하다 historic [histɔ́ːrik] 역사적인 fascinating [fǽsənèitiŋ] 매혹적인

부사 어휘(1)

헌지 운동령 선포

보건복지부는 전국민 건강 검진을 실시한 결과, 낙관적이라고 믿었던 국민의 건강이 위험 수준에 도달했음을 **공식적으로**(officially) 발표했다.

조사에 따르면 100kg이 채 되지 않는 마른 사람들이 **현저하게**(markedly) 증가했다고 한다. 이들의 특징은 물만 마셔도 배가 부르다고 하는 것이다. 콩 한쪽이라도 서로 먼저 먹으려고 달려 들어야 마땅한데, 자발적으로 서로 먹으라고 권하는 **대단히**(unusually) 특이한 행동까지 취한다고 한다.

풍요를 중시하는 이 시대에 100kg 이하의 마른 사람들을 그대로 방치해서는 안 된다는 일념하에 전국에 "헌지 운동*"을 실시하게 되었다.

헌지 운동에 참여하는 사람들에게는 지방 500mg당 무료 영화표를 한 장씩 나누어 준다. 보건복지부 장관은 전 국민이 **협력하여**(cooperatively) 하나 되는 모습을 보여야 할 때라고 당부했다. 이 헌지 운동은 13일 오전 7시 **정각에**(promptly) 전국적으로 **동시에**(simultaneously) 시행할 예정이다.

* 헌지(獻脂) 운동: 건강한 사람이 자기 지방(fat)을 다른 사람에게 무료로 제공하는 일. 과거 피를 제공하는 일로 유명했던 '헌혈 운동'에서 유래한 것으로 지방을 기증하여 모든 이의 통통한 행복을 꾀하기 위해 시작된 운동

필수 어휘 리스트

- **officially** 공식적으로
  The seminar will officially begin on June 1.
  세미나는 6월 1일에 **공식적으로** 시작할 것이다.
- **markedly** 현저하게
  The city's population has increased markedly.
  도시의 인구는 **현저하게** 증가했다.
- **unusually** 대단히, 비정상적으로
  The office was unusually busy during the holidays.
  사무실은 연휴 동안 **대단히** 바빴다.
- **cooperatively** 협력하여
  The team worked cooperatively to resolve the issue.
  그 팀은 문제를 해결하기 위해 **협력하여** 일했다.
- **promptly** 정확히 제시간에, 즉시
  The session will begin promptly at 2 P.M.
  그 회의는 오후 2시 **정각에** 시작할 것이다.
- **simultaneously** 동시에
  Mr. Mago ran the studies simultaneously.
  Mr. Mago는 연구들을 **동시에** 진행했다.
- **considerably** 상당히, 꽤
  Len Co.'s profits have increased considerably this year.
  올해 Len사의 수익은 **상당히** 증가했다.
- **exclusively** 독점적으로
  That brand is exclusively available at Sims Co.
  그 브랜드는 Sims사에서만 **독점적으로** 이용할 수 있습니다.
- **historically** 역사적으로
  The war documentary was historically accurate.
  그 전쟁 다큐멘터리는 **역사적으로** 정확했다.
- **accordingly** 그에 따라서
  Cheap oil has caused airlines to adjust ticket prices accordingly.
  저렴한 석유는 항공사가 **그에 따라서** 표 가격을 조정하도록 만들었다.

문제 다음 괄호 안에 있는 것 중 적절한 것을 고르세요.

01 Oil prices increased (hesitantly, importantly, markedly) two years ago.

02 The two companies worked (initially, cooperatively, fairly) to find a mutually beneficial solution.

03 Mr. Thomas is working (promptly, orderly, considerably) longer hours these days.

04 The hotel caters (intensely, subsequently, exclusively) to business travelers.

보기 중 빈칸에 가장 적절한 것을 고르세요.

05 The *New Chinese Financial Newspaper* will be released ------- in Singapore and Taiwan.

(A) typically (B) stringently
(C) conveniently (D) simultaneously

06 The country suffered an ------- high unemployment rate for years.

(A) optionally (B) effectively
(C) unusually (D) indifferently

Questions 07-09 refer to the following advertisement.

Welcome to the Grand Opening of the Lake Park Plaza!

Please join us as we celebrate our Grand Opening on Friday, March 16 at 1:30 P.M. The Lake Park Plaza shopping center will -------(07) open for business with a ribbon cutting ceremony. The event will be followed by a party which will begin -------(08) at 2:00 P.M. The event is free and open to the public. -------(09). Please consider taking public transportation.

07 (A) normally (B) officially
(C) presently (D) recently

08 (A) instantly (B) usually
(C) promptly (D) ultimately

09 (A) The ongoing sale ends this weekend.
(B) Lake Park is home to 50,000 residents.
(C) A large crowd is expected.
(D) The president will give a speech after the party.

정답 p.397 해석·해설 p.543

VOCABULARY

02 mutually[mjúːtʃuəli] 상호 간에, 서로 beneficial[bènəfíʃəl] 이로운 solution[səlúːʃən] 해결책
03 these days (과거와 비교해서) 요즘에는 04 cater[kéitər] (사업으로 행사에) 음식을 공급하다
06 suffer[sʌ́fər] (고통 등을) 겪다 unemployment rate 실업률 for years 수년간
07 grand opening 개점 celebrate[séləbrèit] 기념하다 ribbon cutting 개관식의 public[pʌ́blik] 대중
09 ongoing[əngóuiŋ] 진행 중의 resident[rézədnt] 주민, 거주자 president[prézədənt] 회장, 대통령

Reading
Part 7

기사 연계 지문

파트 7에 나오는 연계 지문은 지문이 두 개 또는 세 개 연계되어 출제됩니다. 기사 연계 지문은 첫 번째 지문으로 기사가 나오고, 두 번째나 세 번째 지문으로 이메일이나 편지, 양식, 공고 등이 연계된 지문입니다.

연계 상황 엿보기

1. 기사 연계 지문은 다음과 같이 두 개 또는 세 개의 지문이 연계됩니다.

두 개짜리 연계지문

기사&이메일 　기업 합병에 대한 기사와 내용 정정 요청 이메일

기사&양식 　책의 출간 기사와 독자 리뷰

세 개짜리 연계지문

기사&양식&공고 　신제품을 소개하는 기사와 상품 후기와 제품 환불 관련 공고

2. 정답의 단서를 지문 두 개에서 찾아야 하는 연계 문제는 기사 연계 지문에서 다음과 같이 출제됩니다.

연계 문제의 예

지문 1 **기사** 　S사가 구매 포인트를 모으면 인기 제품과 교환할 수 있는 판촉 행사를 하고 있지만, 대부분의 사람들이 최고 인기 상품을 위해 5,000포인트가 될 때까지 포인트를 교환하지 않고 있다는 내용의 기사

지문 2 **양식** 　S사 구매 포인트별 교환 가능 제품 리스트: 5,000포인트 – 자전거

지문 3 **공고** 　포인트 정책이 변경되어 6개월이 지나면 포인트가 소멸되므로 빨리 포인트를 교환하라는 S사의 공고

연계 질문 　고객들이 가장 관심을 가지고 있는 제품은 무엇인가?

정답 　자전거

연계 문제 비법 공략하기

STEP 1 **질문의 키워드를 확인한다!**

질문을 읽고 질문의 키워드를 확인합니다.

STEP 2 **연계된 정답의 단서를 찾는다!**

질문의 키워드가 어느 지문에 있는지 확인합니다. 해당 지문에서 질문의 키워드를 찾고 그 주변에서 첫 번째 단서를 찾습니다. 정답을 선택하기에 단서가 부족할 경우, 연계 문제일 가능성이 높으므로 다른 지문에서 두 번째 단서를 찾습니다. 첫 번째 단서와 연계된 내용이 있을 만한 지문을 먼저 확인합니다.

STEP 3 **연계된 두 개의 단서를 종합하여 정답을 선택한다!**

첫 번째 단서와 두 번째 단서의 내용을 종합하여 paraphrase가 제대로 된 보기를 정답으로 선택합니다.

비법 적용하기

1번은 다음 기사, 초대장과 이메일에 관한 문제입니다.

시 의회가 계획을 발표하다
Bellton시 의회는 Gunderson가에 있는 오래된 우체국의 재개발 계획을 승인했다. 건물은 도시의 새로운 공공 미술 회관이 될 것이다.

당신의 참석을 환영합니다···

10월 29일 금요일 오후 5시에 Bellton시의 미술 회관 준공식···. Gunderson가 403번지에 오셔서 시설을 둘러보세요. info@belltonart.com으로 이메일을 보내 참석을 확정해주세요.

수신: <info@belltonart.com>
발신: Aaron Taylor <artay@multimail.com>
제목: 확정

관련자분께,

초대해 주셔서 감사합니다. 저는 이번 주 금요일 행사 참석을 확정하고 싶습니다.

Aaron Taylor

1. Mr. Taylor는 금요일에 무엇을 할 것인가?
(A) 준공식에 참석할 것이다.
(B) 주차 공간을 검사할 것이다.

Question 1 refers to the following article, invitation, and e-mail.

City Council Announces Project
The Bellton City Council approved plans for the redevelopment of the old post office on Gunderson Avenue. The building will become the city's new public art center.

We welcome you to attend...

...the inauguration of the Bellton City Art Center on Friday, October 29 at 5 P.M. Join us at 403 Gunderson Avenue to tour the facilities. Please confirm attendance by e-mailing info@belltonart.com.

→ STEP 2 두 번째 단서 찾기

TO: <info@belltonart.com>
FROM: Aaron Taylor <artay@multimail.com>
SUBJECT: Confirmation

To Whom It May Concern,

Thank you for the invitation. I would like to confirm my attendance for this Friday's event.

→ STEP 2 첫 번째 단서 찾기

Aaron Taylor

1. What will Mr. Taylor do on Friday? (키워드)
(A) He will attend an inauguration.
(B) He will inspect a parking space.

→ STEP 1 키워드 파악하기
→ STEP 3 두 단서 종합하여 정답 선택하기

해설 **STEP 1** 질문을 읽고 질문의 키워드인 'Mr. Taylor'와 'Friday'를 확인합니다.

STEP 2 질문의 키워드인 'Mr. Taylor'와 'Friday'가 언급된 이메일에서 첫 번째 단서를 찾습니다. 'I would like to confirm my attendance for this Friday's event.'에서 Mr. Taylor가 금요일 행사 참석을 확정했다는 첫 번째 단서를 찾을 수 있습니다. 보기와 관련된 내용이 없으므로 금요일 행사가 무엇인지 확인할 수 있을 만한 지문인 초대장에서 두 번째 단서를 찾아야 합니다. 'the inauguration of the Bellton City Art Center on Friday, October 29 at 5 P.M.'에서 금요일 행사는 준공식이라는 두 번째 단서를 찾을 수 있습니다.

STEP 3 두 단서를 종합하면, Mr. Taylor는 금요일에 준공식에 참석할 것임을 알 수 있습니다. 따라서 정답은 (A) He will attend an inauguration입니다.

paraphrase 연습 주어진 문장과 가장 가까운 의미를 만드는 것을 찾아보세요.

01 Applicants must be bilingual in order to be eligible for the position.

= To ________ for the job, you need to know more than one language.

(A) promote (B) qualify

02 We offer discounts for purchases of large quantities.

= Customers who buy in ________ will save money.

(A) bulk (B) size

03 We treat our customers as individuals and meet their specific needs.

(A) Our services are customized.

(B) We offer a 100 percent customer satisfaction guarantee.

04 Advances in computer technology have improved the accuracy of modern weather forecasts.

(A) Weather forecasting was not possible before the invention of computers.

(B) Weather predictions have become more reliable due to better technology.

VOCABULARY

01 bilingual [bailíŋgwəl] 2개 국어를 하는 eligible [élidʒəbl] 적격의 promote [prəmóut] 승진시키다 qualify [kwá:ləfài] 적임이다
02 quantity [kwá:ntəti] 양 in bulk 대량으로
03 treat [tri:t] 대하다 individual [ìndəvídʒuəl] 개별의, 개인 meet [mi:t] 충족시키다 specific [spisífik] 특정한
customize [kʌ́stəmàiz] 주문에 응하여 만들다 satisfaction [sæ̀tisfǽkʃən] 만족 guarantee [gæ̀rəntí:] 보장, 보증
04 advance [ædvʌ́ns] 진보 accuracy [ǽkjurəsi] 정확성 forecast [fɔ́:rkæ̀st] 예보, 예상 invention [invénʃən] 발명
prediction [pridíkʃən] 예보 reliable [riláiəbl] 신뢰성이 높은

Questions 05-06 refer to the following article, e-mail, and advertisement.

Prescott Shopping Center Expansion Nears Completion

An additional wing at the downtown mall, which started being built on March 12, will be finished this summer. On the day of the grand opening, a food court, a cinema, and 18 small shops will be unveiled. An aquarium will open later, on September 1. The addition will increase the facility's size by 30 percent.

To: Dennis Rhodes <drhodes@prescottdaily.com>
From: Karen Hirsch <khirsh@grababite.com>
Subject: Advertisement
Date: June 11

I submitted an advertisement regarding my new business earlier this week. However, my co-owner and I have changed our minds about opening at 11:30 A.M. We've decided that since we're in the Prescott Shopping Center, it makes sense to open at the same time it does so we can offer breakfast. Can you make that change to my advertisement before it is printed?

Thanks!

Karen Hirsch

OPENING SOON! *Grab-A-Bite... Healthy Fast Food.*

If you're headed to the grand opening of Prescott Shopping Center's new wing on June 26, drop by Grab-A-Bite, the fast food restaurant for health-conscious diners! Enjoy our breakfast items from 9 -11:30 A.M. and our regular menu until 8 P.M.

05 What is indicated about Karen Hirsch?

(A) She is the sole owner of a restaurant chain.
(B) She plans to open a business downtown.
(C) She sent an advertisement to the wrong person.

06 When will a new cinema open in Prescott Shopping Center?

(A) On March 12
(B) On June 26
(C) On September 1

VOCABULARY

05 expansion [ikspǽnʃən] 확장 additional [ədíʃənl] 추가의 wing [wiŋ] 건물 unveil [ʌnvéil] 공개하다 facility [fəsíləti] 시설
~
06 submit [səbmít] 제출하다 co-owner 공동소유자 healthy [hélθi] 건강한 health-conscious 건강을 고려하는
diner [dáinər] (식당에서 식사하는) 손님 regular [régjulər] 일반적인 sole [soul] 단독의, 유일한

Questions 07-11 refer to the following article and letter.

With the successful opening of Footloose Shoes stores in Philadelphia and New Jersey last year, the company has decided to expand into Seattle, Portland, and San Francisco. The new stores are under construction and will be completed in three months. They are projected to open within the year.

The company first began operations seven years ago as a small boutique store located in New York. It quickly gained a reputation for high-quality, stylish products. Although the company initially produced and sold only women's shoes, two years after opening, the decision was made to move into men's shoes. This proved to be a big success, and soon after, men's shoes accounted for over 70 percent of the company's total sales. However, in conjunction with the upcoming expansion, the company will be launching a new line of women's shoes to boost sales.

Dear Ms. Gomez,

The directors of Footloose Shoes would like to take this opportunity to thank you for your years of service to the company. In fact, your involvement in the opening of the Philadelphia branch played an important role in the success of the company.

We would like you to manage the new store in San Francisco for about a year. You would be in charge of dealing with any problems connected to the opening of the new store.

By the end of the year, our plans to expand into Europe will be completed. If the branch is successful, you would most likely be appointed regional manager for our European stores. As regional manager, you would be responsible for all aspects of our European operation. We look forward to achieving success with you in the future. Please call me to discuss this further.

Nicolas Nelson

07 Why was the article written?

(A) To provide details on a product line
(B) To give information about a retail chain
(C) To promote an upcoming sale
(D) To announce corporate restructuring

08 When was Footloose Shoes founded?

(A) Last month
(B) Last year
(C) Two years ago
(D) Seven years ago

09 What is NOT mentioned as part of the company's plans for the current year?

(A) The release of a new product line
(B) The opening of new shops
(C) An expansion into menswear
(D) The construction of several stores

10 What did Ms. Gomez do last year?

(A) She participated in the establishment of the company.
(B) She assisted with opening a store in Philadelphia.
(C) She worked for another corporation in New Jersey.
(D) She traveled throughout Europe.

11 In the letter, the word "role" in paragraph 1, line 3 is closest in meaning to

(A) character
(B) part
(C) job
(D) category

VOCABULARY

07 ~ 11 expand[ikspǽnd] 확장하다, 넓히다 under construction 공사 중인 project[prɑ́:dʒekt] 계획하다 operation[ɑ̀:pəréiʃən] 사업; 경영
gain[gein] 얻다 reputation[rèpjutéiʃən] 명성, 평판 initially[iníʃəli] 처음에 account for 차지하다
in conjunction with ~과 함께 launch[lɔ:ntʃ] 출시하다, 착수하다 boost[bu:st] 증가하다, 증대시키다 involvement[invɑ́:lvmənt] 참여, 연루
in charge of ~을 담당하는 deal with 처리하다 connected[kənéktid] 관계가 있는 appoint[əpɔ́int] 지명하다
aspect[ǽspekt] 측면, 양상 release[rilí:s] 출시, 발매 establishment[istǽbliʃmənt] 설립 assist[əsíst] 돕다, 원조하다

Questions 12-16 refer to the following article, e-mail, and Web page.

June 15—The Old Town Eatery, a popular local restaurant, is open to the public once again. The restaurant closed on May 31 because the owner, John Harris, chose to relocate. When asked the reason for his decision, Mr. Harris said, "Our old spot was difficult for tourists to find, but our current site on Redmond Street is near a popular art museum, so that won't be a problem anymore." To celebrate the move, the Old Town Eatery will be offering some specials for the rest of the month. Pizza will be discounted on Mondays, seafood on Wednesdays, pasta on Thursdays, and steaks on Saturdays.

From: Alice Walker <a.walker@wilson.com>
To: Brett Hopkins <b.hopkins@wilson.com>
Date: June 17
Subject: Company dinner

Dear Mr. Hopkins,

I just wanted to update you about the company dinner next week. It will be held at the Old Town Eatery on June 23. The restaurant recently moved to a building on the same street as our office, so it is very convenient. There will be 15 staff members attending, including all of the employees transferring to the new branch in Chicago that will open on July 25. The only thing I haven't decided on is whether we should get a private room. They have several available rooms at the Old Town Eatery, but there is a $100 additional cost. As that would put us over our budget for the event, I thought I should get your approval first.

Sincerely,

Alice Walker
Personnel Manager
Wilson Accounting

https://www.foodcritic.com

HOME	**REVIEWS**	ABOUT	CONTACT

Old Town Eatery

Reviewed by: Alice Walker

Rating: ★★★★☆ (4 out of 5 stars)

I participated in a company dinner at the Old Town Eatery on June 23, and I was very impressed. The food was excellent. We ordered several pasta dishes because they were on special that night, and they were all delicious. In addition, the staff was very welcoming. The owner of the restaurant even came to check if everything was satisfactory. My only complaint is that the air conditioner in the private room we used was not working properly. As a result, many of us felt uncomfortable.

12 What is the article mainly about?

(A) The new owner of a business
(B) The reopening of a restaurant
(C) The popularity of an establishment
(D) The recent expansion of a chain

13 What does Mr. Harris suggest about the site on Redmond Street?

(A) It is next to a large food market.
(B) It is in the city's business district.
(C) It is near a visitor's center.
(D) It is close to a tourist attraction.

14 When did Ms. Walker and her colleagues have dinner at the Old Town Eatery?

(A) On Monday
(B) On Wednesday
(C) On Thursday
(D) On Saturday

15 What will most likely happen on July 25?

(A) An office will move to another location.
(B) Additional staff members will be hired.
(C) A branch will begin operations.
(D) Some employees will receive training.

16 What is true about Ms. Walker?

(A) She was not satisfied with the company dinner.
(B) She had to change the date of a reservation.
(C) She did not meet the owner of the Old Town Eatery.
(D) She paid a $100 additional charge.

정답 p.397 해석·해설 p.544

VOCABULARY

12~16 **popular**[pápjulər] 인기 있는 **public**[pʌ́blik] 사람들, 대중 **relocate**[rilóukèit] 이전하다, 이동하다 **spot**[spɑ:t] 자리, 장소 **site**[sait] 장소, 현장 **celebrate**[séləbrèit] 축하하다, 기념하다 **offer**[ɔ́:fər] 제공하다, 제안하다 **special**[spéʃəl] 특선, 특별가 **convenient**[kənví:njənt] 편리한 **transfer**[trænsfə́:r] 전근 가다, 옮기다 **available**[əvéiləbl] 이용 가능한, 사용 가능한 **budget**[bʌ́dʒit] 예산 **approval**[əprú:vəl] 승인 **personnel**[pə̀:rsənél] 인사부 **complaint**[kəmpléint] 불평, 항의 **properly**[prápərli] 제대로, 적절히 **owner**[óunər] 주인, 소유주 **business**[bíznis] 사업체, 사업 **establishment**[istǽbliʃmənt] 시설, 기관 **recent**[rí:snt] 최근의 **expansion**[ikspǽnʃən] 확장, 확대 **district**[dístrikt] 지역 **visitor's center** 방문객 안내소 **tourist attraction** 관광 명소 **additional**[ədíʃənl] 추가의 **operation**[ɑ̀pəréiʃən] 운영, 경영 **charge**[tʃɑ:rdʒ] 요금

4주 4일

Hackers TOEIC Start Reading

Grammar Part 5, 6

[특수구문] 비교 구문

01 비교급
02 최상급

Vocabulary Part 5, 6

부사 어휘(2)

Reading Part 7

광고 연계 지문

[특수구문] 비교 구문

기초문법과 놀기

비교 구문이란?

너는 나보다 키가 크다.
비교
우리 중에서 네가 제일 크다.
비교

'너는 나보다 키가 크다' 혹은 '우리 중에서 네가 제일 크다'와 같이 두 가지 혹은 세 가지 이상의 대상을 서로 견주어 비교하는 구문을 **비교 구문**이라고 합니다.

비교 구문의 종류는?

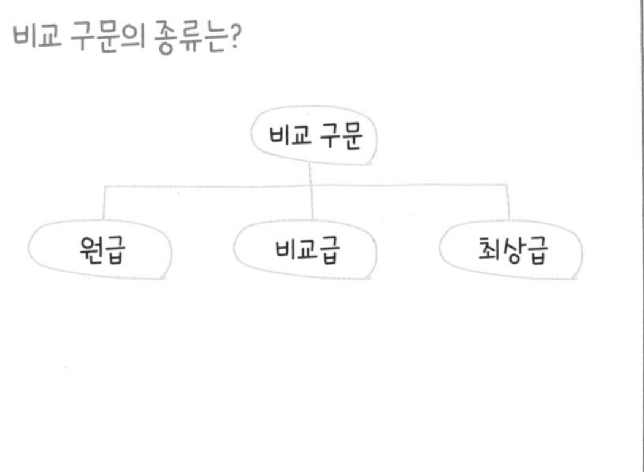

비교 구문에는 어떤 것들이 있나요?

비교 구문에는 비교하는 두 대상이 같을 때 쓰는 원급 구문, 두 개의 비교 대상 중 하나가 더 우월할 때 쓰는 비교급 구문, 그리고 셋 이상의 비교 대상 중 하나가 가장 뛰어날 때 쓰는 최상급 구문이 있습니다. (토익에서는 주로 비교급 구문과 최상급 구문이 문제로 출제됩니다.)

원급 구문	as 원급 as	as large as
비교급 구문	비교급 + than	larger than
최상급 구문	the + 최상급 (단, 부사의 최상급 앞에는 보통 the를 쓰지 않는다.)	the largest

Seoul / is / larger / than Busan. 서울은 / 더 크다 / 부산보다

Seoul / is / the largest city / in Korea. 서울은 / 가장 큰 도시다 / 한국에서

Check Up

다음 중 비교급 구문은 어느 것일까요?

A. This chair is comfortable. 이 의자는 편하다.

B. This chair is more comfortable than the old one. 이 의자는 예전 것보다 더 편하다.

→ 두 대상을 비교하는 것이 비교급 구문이에요. [정답 B]

비교급과 **최상급**은 어떻게 만드나요?

비교급과 최상급은 형용사와 부사의 형태를 변화시켜서 만드는데, 여기에도 규칙 변화와 불규칙 변화가 있습니다.

규칙 변화			
비교급	1음절	(e)r을 붙인다.	fast → faster
	2음절 이상	앞에 more를 붙인다	diligent → more diligent
최상급	1음절	(e)st를 붙인다.	fast → fastest
	2음절 이상	앞에 most를 붙인다.	diligent → most diligent

불규칙 변화				
원급		비교급		최상급
good/well(좋은/잘)	–	better	–	best
bad(나쁜)	–	worse	–	worst
many/much(많은)	–	more	–	most
little(적은)	–	less	–	least

A train / is / faster / than a bus. 기차는 / 더 빠르다 / 버스보다

Max / is / the most diligent worker / in the office. Max는 / 가장 부지런한 직원이다 / 사무실에서

Her ideas / are / better / than mine. 그녀의 아이디어가 / 더 좋다 / 내 것보다

It / was / the worst food / that I have ever eaten. 그것은 / 최악의 음식이었다 / 이제껏 내가 먹어 본

Check Up

다음 중 맞는 것은 어느 것일까요?

My colleague can speak Spanish ______ than Mr. Anderson. 내 동료가 Mr. Anderson보다 스페인어를 더 잘 한다.

A. weller B. better

→ 원급 well의 비교급은 불규칙 변화예요. [정답 B]

01 비교급

제주도는 독도보다 더 크다.

~보다 더라는 것은 둘 이상의 대상을 비교할 때 사용하는 표현입니다. 영어에는 어떤 비교급 표현들이 있는지 한번 살펴볼까요?

1 비교급+than

비교급 구문에서는 **형용사/부사의 비교급+than**을 씁니다. 따라서 문장에 **than**이 나오면 **앞에 형용사/부사는 비교급**이 와야 합니다.

Plastics / are / (~~light~~, lighter) / than metals. 플라스틱은 / 더 가볍다 / 금속보다
원급(×) 비교급(O)

She / speaks / (~~clearly~~, more clearly) / than others. 그녀는 / 말한다 / 더 명확하게 / 다른 사람들보다
원급(×) 비교급(O)

2 비교급이 포함된 표현

비교급이 포함된 표현을 알아둡니다.

the + 비교급 ~, the + 비교급 –	~하면 할수록 더 –하다
the + 비교급 + of the two	둘 중 더 ~한

The more / you learn, / (~~the wise~~, the wiser) / you can become. 더 많이 / 배울수록 / 더 현명해질 / 수 있다

Patrick / is / (~~the tall~~, the taller) of the two. Patrick은 / 둘 중 키가 더 크다

3 비교급 강조

훨씬이라는 의미로 비교급을 강조하는 부사에는 **much, even, still, far**가 있습니다.

Our delivery services / are / much quicker / than those of other companies.
비교급
우리 배송 서비스는 / 훨씬 더 빠르다 / 타 업체들보다

The hotel / is / far cheaper / than we expected. 그 호텔은 / 훨씬 더 저렴하다 / 우리가 예상했던 것보다
비교급

연습 문제 다음 괄호 안에 있는 것 중 적절한 것을 고르세요.

01 Morning classes are (little, less) crowded than evening ones.

02 This system is (very, much) more sophisticated than the old one.

03 Using public transportation is far (fast, faster) than driving a car.

04 The desk job is the (safe, safer) of the two jobs Mr. Pryce is considering.

05 The (more, most) prepared the staff is, the more quickly the evaluation can be completed.

06 Experience can help you communicate (skillfully, more skillfully) than having a lot of knowledge.

보기 중 빈칸에 가장 적절한 것을 고르세요.

07 ------- the session lasts, the more exhausted the attendees will be.

(A) The longer (B) Longer
(C) The longest (D) If longer

08 Small music devices are available ------- today than they were a decade ago.

(A) more readily (B) readily
(C) most readily (D) readiest

09 The economy is currently much ------- than it was five years ago.

(A) steady (B) steadier
(C) steadiest (D) steadiness

10 The ------- of the two places will be selected as the new location for the company.

(A) much (B) fine
(C) better (D) more

정답 p.397 해석·해설 p.553

VOCABULARY

01 **crowded** [kráudid] 붐비는, 만원의 02 **sophisticated** [səfístəkèitid] 정교한 03 **public transportation** 대중교통
04 **consider** [kənsídər] 고려하다 05 **evaluation** [ivæ̀ljuéiʃən] 평가 **complete** [kəmplí:t] 끝내다, 완료하다
06 **experience** [ikspíəriəns] 경험 **communicate** [kəmjú:nəkèit] 의사소통하다 **knowledge** [ná:lidʒ] 지식
07 **session** [séʃən] 회의 **last** [læst] 지속하다, 계속하다 **exhausted** [igzɔ́:stid] 지친 **attendee** [ətendí:] 참석자
08 **device** [diváis] 장치, 고안품 **decade** [dékeid] 10년 09 **currently** [kɔ́:rəntli] 현재 10 **select** [silékt] 선택하다

02 최상급

그 스포츠카는 내가 본 차 중 가장 멋있었다.

가장은 여러 대상들 중 최고임을 나타낼 때 사용하는 표현입니다. 영어에는 어떤 최상급 표현이 있는지 한번 살펴 볼까요?

POINT 1 the + 최상급 + of ~ / in ~ / that절

최상급 구문에서는 **the + 형용사/부사의 최상급 + of ~/in ~/that절**을 씁니다.

He / is / the (~~more intelligent~~, most intelligent) student / of all my classmates.
비교급(×) 최상급(○)
그는 / 가장 똑똑한 학생이다 / 나의 반 친구들 중

It / is / the (~~taller~~, tallest) building / in the city. 그것은 / 가장 높은 빌딩이다 / 그 도시에서
비교급(×) 최상급(○)

This / is / the (~~more heavily~~, most heavily) researched article / that I have ever read.
비교급(×) 최상급(○)
이것은 / 가장 깊이 조사된 기사이다 / 이제껏 내가 읽어 본

POINT 2 최상급이 포함된 표현

최상급이 포함된 표현을 알아둡니다.

one of the 최상급 + 복수 명사	가장 ~한 사람/것 중 하나
the + 서수 + 최상급	몇 번째로 가장 ~한

She / is / one of the (~~richer~~, richest) people / in this town. 그녀는 / 가장 부유한 사람 중 하나이다 / 이 동네에서
비교급(×) 최상급(○)

Busan / is / the second (~~larger~~, largest) city / in Korea. 부산은 / 두 번째로 가장 큰 도시이다 / 한국에서
비교급(×) 최상급(○)

연습 문제 다음 괄호 안에 있는 것 중 적절한 것을 고르세요.

01 Porcot Systems provides the (finer, finest) services of any company in the industry.

02 The city of Gimpo has the nation's (second, secondly) busiest airport.

03 Shanghai has become the (most, more) advanced city in China.

04 FunTravel Company offers customers the (wider, widest) selection of accommodations in Asia.

보기 중 빈칸에 가장 적절한 것을 고르세요.

05 Plastic is one of the ------- widely used materials in the electronics industry.

(A) more (B) most
(C) much (D) such

06 Of all the types of transportation available, the bus is the ------- way to reach the downtown area.

(A) more cheaply (B) most cheaply
(C) cheapest (D) cheap

Questions 07-09 refer to the following article.

The Baltimore city government is planning to revise existing regulations for small businesses. At present, the city charges small business owners one of the -------(07) tax rates in the country. In addition, its requirements for opening a business are among the most -------(08). As a result, the city council is considering a proposal that would reduce tax rates and make small business loans more accessible. -------(09). A final decision on the proposal is expected to be announced in June.

07 (A) high (B) highly
(C) higher (D) highest

08 (A) restrict (B) restricts
(C) restrictive (D) restrictively

09 (A) Income taxes are due in the middle of April.
(B) The council welcomes the mayor's proposal.
(C) These changes are currently being discussed.
(D) Business owners may apply for reduced rates.

정답 p.397 해석·해설 p.554

VOCABULARY

01 provide [prəváid] 제공하다 02 nation [néiʃən] 국가 03 advanced [ædvǽnst] 발전한
04 customer [kʌ́stəmər] 고객 selection [silékʃən] 선택(권) accommodations [əkɑ́:mədèiʃənz] 숙박 시설
05 widely [wáidli] 널리 material [mətíəriəl] 재료 electronics [ilektrɑ́:niks] 전자 기기, 전자 공학
06 transportation [træ̀nspərtéiʃən] 운송 수단 downtown [dáuntàun] 시내에
07~09 revise [riváiz] 개정하다 regulation [règjuléiʃən] 법규 charge [tʃɑ:rdʒ] 부과하다 tax rate 세율 requirement [rikwáiərmənt] 요구 사항 open a business 개업하다 city council 시 의회 proposal [prəpóuzəl] 계획 loan [loun] 대출 income [ínkʌm] 소득 mayor [méiər] 시장 owner [óunər] 주인 apply [əplái] 신청하다

부사 어휘(2)

대한민국 돼지 교육 헌장

우리 돼지들은 인간의 복을 기원해주고 그 배에 항상(consistently) 기름칠을 해주는 숭고한 업적을 이뤄왔다. 조상들의 빛난 얼을 되살려, 안으로는 효과적으로 먹고 자며 밖으로는 자주(frequently) 미소 짓는 연습을 하여 죽어서도 고사상에 활짝 핀 미소로 성공과 복을 기원하는 우리의 가치는 드높게 평가받아야 할 것이다.

이에 우리의 나아갈 바를 밝혀 교육의 지표로 삼는다. 다른 동물과 태생은 같으나 '복돼지'라 불리는 우리들은 그들과는 차별된 지위를 지닌 동물임을 널리 알리고, 여물통 옆에 편리하게(conveniently) 자리잡고 누워 약간의 운동도 하지 않고 먹는 것에 전념해야 한다. 불필요하게 움직여 근육을 키우지 않으며, 오로지(solely) 먹고 자는 것을 반복해 고기의 육질을 최상급으로 유지한다.

삼겹의 지방층을 가지고 태어난 하류층 돼지들은 삼겹이 오겹이 되는 그날까지 배터지게 먹어 일시적으로(temporarily)나마 사겹에 이르는 영광을 누릴 수 있어야 한다. 우리의 부단한 노력을 바탕으로 인간이 점점 더 발전함을 깨닫고, 현재(currently) 누리는 위상을 천세까지 이어갈 수 있도록 부단히 노력해야 할 것이다.

필수 어휘 리스트

- **consistently** 항상, 끊임없이
  Verco consistently provides excellent service.
  Verco사는 **항상** 훌륭한 서비스를 제공한다.
- **frequently** 자주
  To ensure safety, inspect equipment frequently.
  안전 보장을 위해 장비를 **자주** 점검하세요.
- **conveniently** 편리하게
  The hotel is conveniently located near the train station.
  그 호텔은 기차역 근처에 **편리하게** 위치하고 있다.
- **solely** 오로지
  The department is focused solely on research.
  그 부서는 **오로지** 연구에 중점을 둔다.
- **temporarily** 일시적으로
  The Web site is temporarily unavailable.
  그 웹사이트는 **일시적으로** 이용이 불가능하다.
- **currently** 현재
  The Gaha Art Center is currently closed.
  Gaha 아트 센터는 **현재** 문을 닫았다.
- **patiently** 참을성 있게, 끈기 있게
  Bank customers were waiting in line patiently.
  은행 고객들은 **참을성 있게** 줄 서서 기다리고 있었다.
- **formerly** 이전에, 먼저
  Mr. Andrews was formerly self-employed.
  Mr. Andrews는 **이전에** 자영업을 했다.
- **occasionally** 가끔, 때때로
  Before changing providers, Internet connection was occasionally lost.
  공급업체를 바꾸기 전에 **가끔** 인터넷 접속이 끊겼다.
- **securely** 안전하게, 확실히
  Transactions can be carried out securely online.
  거래는 온라인에서 **안전하게** 수행될 수 있다.

연습 문제 다음 괄호 안에 있는 것 중 적절한 것을 고르세요.

01 The resort is (tightly, temporarily, efficiently) closed for the winter.

02 The service agent (patiently, currently, slightly) handled the client's complaint.

03 Passwords should be changed (lately, clearly, frequently) to prevent unauthorized access.

04 Videos on the Web site are (currently, slightly, rapidly) unavailable in some regions.

보기 중 빈칸에 가장 적절한 것을 고르세요.

05 Shareholders should not rely ------- on the fund's investment adviser for assistance.

(A) kindly (B) solely
(C) formerly (D) nearly

06 Hundreds of vehicles were recalled as their doors did not close -------.

(A) arguably (B) skillfully
(C) securely (D) mindfully

Questions 07-09 refer to the following advertisement.

Alpha Auto Repair has served Tokyo motorists for over 20 years. ---07--- located near subway stations in the city center, we have strived to maintain a high level of customer satisfaction since our opening. We have ---08--- equipped our facility with the latest high-tech machines in order to provide the best repair jobs in the city. Our services are reasonably priced as well. ---09---. You'll be surprised to find it quite affordable!

07 (A) Similarly (B) Quickly
(C) Conveniently (D) Busily

08 (A) lively (B) exactly
(C) fairly (D) consistently

09 (A) Cars that are properly maintained last longer.
(B) Moving around is easy at all hours of the day.
(C) Bring your car to our shop for a free estimate.
(D) We sell more cars than our closest competitor.

정답 p.397 해석·해설 p.555

VOCABULARY

02 agent[éidʒənt] 직원, 대리인 handle[hǽndl] (상황·사람·직업·감정을) 처리하다, 다루다
03 prevent[privént] 막다, 방지하다 unauthorized[ʌnɔ́:θəraizd] 승인되지 않은, 권한이 없는 access[ǽkses] 접근
05 shareholder[ʃέərhòuldər] 주주 rely on ~에 의존하다 fund[fʌnd] 기금 investment[invéstmənt] 투자 assistance[əsístəns] 도움, 원조
06 vehicle[ví:ikl] 차량, 탈 것 recall[rikɔ́:l] (하자가 있는 제품을) 회수하다, 기억해 내다
07 locate[lóukeit] ~에 위치하다 strive[straiv] 노력하다 maintain[meintéin] 유지하다, 관리하다 satisfaction[sæ̀tisfǽkʃən] 만족
~09 equip with ~을 갖추고 있다 latest[léitist] 최신의 reasonably[rí:zənəbli] 합리적으로 affordable[əfɔ́:rdəbl] 알맞은
properly[prά:pərli] 제대로 last[læst] 오래가다, 지속되다 estimate[éstəmeit] 견적 competitor[kəmpétətər] 경쟁사

4주 1일 4주 2일 4주 3일 4주 4일 4주 5일 해커스 토익 스타트 Reading

광고 연계 지문

파트 7에 나오는 연계 지문은 지문이 두 개 또는 세 개 연계되어 출제됩니다. 광고 연계 지문은 첫 번째 지문으로 광고가 나오고, 두 번째나 세 번째 지문으로 이메일, 양식, 기사 등이 연계된 지문입니다.

연계 상황 엿보기

1. 광고 연계 지문은 다음과 같이 두 개 또는 세 개의 지문이 연계됩니다.

두 개짜리 연계지문

광고&이메일　구인 광고와 지원 이메일

광고&양식　호텔 광고와 이용 후기

세 개짜리 연계지문

광고&양식&이메일　상품 광고와 상품 홍보 웹페이지와 구매 문의 이메일

2. 정답의 단서를 지문 두 개에서 찾아야 하는 연계 문제는 광고 연계 지문에서 다음과 같이 출제됩니다.

연계 문제의 예

지문 1 **광고**　다양한 사무용 가구를 판매하고 있으며, 3일 이내의 빠른 배송을 보장한다는 내용의 광고

지문 2 **이메일**　컴퓨터 책상을 구입하였는데 일주일 넘게 배송이 지연되었고, 원래 주문했던 것과 다른 디자인의 물건이 배송되었다는 항의 이메일

연계 질문　이메일에서 광고의 어떤 사항이 논쟁되고 있는가?

정답　빠른 배송

연계 문제 비법 공략하기

STEP 1 질문의 키워드를 확인한다!

질문을 읽고 질문의 키워드를 확인합니다.

STEP 2 연계된 정답의 단서를 찾는다!

질문의 키워드가 어느 지문에 있는지 확인합니다. 해당 지문에서 질문의 키워드를 찾고 그 주변에서 첫 번째 단서를 찾습니다. 정답을 선택하기에 단서가 부족할 경우, 연계 문제일 가능성이 높으므로 다른 지문에서 두 번째 단서를 찾습니다. 첫 번째 단서와 연계된 내용이 있을 만한 지문을 먼저 확인합니다.

STEP 3 연계된 두 개의 단서를 종합하여 정답을 선택한다!

첫 번째 단서와 두 번째 단서의 내용을 종합하여 paraphrase가 제대로 된 보기를 정답으로 선택합니다.

비법 적용하기

1번은 다음 광고와 편지에 관한 문제입니다.

Shilton 호텔
올 여름, Shilton 호텔은 특별 할인 패키지를 제공합니다. 저렴한 가격에 다양한 편의 서비스를 누리실 수 있는 기회를 놓치지 마세요!

<특별 할인 패키지>
· 숙박 · 조식, 석식 · 스노클링

<패키지 가격>
· 2박 300달러 · 3박 575달러
· 4박 850달러 · 5박 1,100달러

담당자분께,
저는 Shilton 호텔에서 3박용 특별 할인 패키지에 대해 지불했으며, 저는 제가 받은 서비스에 불만족스러웠습니다. 광고는 투숙객들이 편리함을 누릴 수 있다고 했지만, 저는 Shilton 호텔에서 불편함 밖에 느끼지 못했습니다. 따라서, 저는 전액 환불을 요구하는 바입니다.

Sarah Taylor

1. Sarah에게 패키지 이용료로 얼마가 청구되었는가?
(A) 300달러
(B) 575달러

Question 1 refers to the following advertisement and letter.

Shilton Hotel
This summer, Shilton Hotel is offering specially discounted packages. Don't miss the chance to enjoy a variety of convenient services at a low price!

<Specially discounted packages>
· accommodations · breakfast, dinner · snorkeling

<Package prices> → STEP 2 두 번째 단서 찾기
· 2 nights $300 · 3 nights $575
· 4 nights $850 · 5 nights $1,100

To Whom It May Concern,
I paid for the specially discounted package at Shilton Hotel for three nights, and I was dissatisfied with the service that I received. Although the advertisement stated that guests can enjoy convenience, I only felt discomfort at Shilton Hotel. Therefore, I am requesting a full refund. → STEP 2 첫 번째 단서 찾기

Sarah Taylor

1. How much was Sarah charged for her package? → STEP 1 키워드 파악하기
(키워드)
(A) $300
(B) $575 → STEP 3 두 단서 종합하여 정답 선택하기

해설 **STEP 1** 질문을 읽고 질문의 키워드인 'Sarah'와 'package'를 확인합니다. How much ~ charged를 통해 육하원칙 문제임을 파악할 수 있습니다.

STEP 2 질문의 키워드인 'Sarah'와 'package'가 언급된 편지에서 첫 번째 단서를 찾습니다. 'I paid for the specially discounted package at Shilton Hotel for three nights'에서 Sarah가 3박용 특별 할인 패키지 가격을 지불했다는 첫 번째 단서를 찾을 수 있습니다. 패키지 이용료의 금액을 묻고 있으므로 정답을 선택하기에는 단서가 부족합니다. 따라서 광고에서 두 번째 단서를 찾아야 합니다. 광고에서 'Package prices'라는 말을 찾을 수 있는데, 여기서 첫 번째 단서 'three nights'와 연계된 두 번째 단서로 '3 nights $575'를 찾을 수 있습니다.

STEP 3 Sarah가 3박용 특가 할인 패키지를 이용했다는 첫 번째 단서와 3박 패키지 가격이 575달러라는 두 번째 단서를 종합할 때, Sarah에게 청구된 패키지 이용료가 575달러임을 알 수 있습니다. 따라서 (B) $575가 정답입니다.

주어진 문장과 가장 가까운 의미를 만드는 것을 찾아보세요.

01 It would be best to delay investing until we know the long-term effects of the merger.

= I recommend ________ investment until we have a clear idea of the merger's results.

(A) investigating (B) postponing

02 The restaurant was threatened with closure because it was not clean enough.

= The restaurant was warned to improve its poor ________.

(A) sanitation (B) ventilation

03 A power failure at the production facility has caused serious delays.

(A) Serious failures by those who have power caused major production delays.

(B) Production was significantly delayed due to the interruption of electric power.

04 Following the merger, there will be restructuring at all of the company's locations.

(A) The company will undergo reorganization after the merger.

(B) The merger will result in the closure of some of the company's branches.

VOCABULARY

01 delay [diléi] 연기하다 long-term 장기의 merger [mə́:rdʒər] 합병 investment [invéstmənt] 투자
investigate [invéstəgèit] 조사하다 postpone [poustpóun] 연기하다

02 threaten [θrétn] 위협하다 sanitation [sæ̀nətéiʃən] 위생 설비, 공중 위생 ventilation [vèntəléiʃən] 통풍, 환기

03 power failure 정전 significantly [signífikəntli] 상당히 interruption [ìntərʌ́pʃən] 중단

04 restructure [rì:strʌ́ktʃər] 재편성하다, 개혁하다 undergo [ʌ̀ndərgóu] 겪다, 경험하다 reorganization [ri:ɔ̀:rgənaizéiʃən] 개편, 개혁

Question 05 refers to the following advertisement and e-mail.

Fisher Peak Resort

Get away from the city for a peaceful stay at Fisher Peak Resort. Located in the Rocky Mountains in Canada, the resort offers a variety of accommodations:

· Two-bedroom cabins (up to 6 guests)
· Single-bedroom cabins (up to 3 guests)
· Two-bed hotel rooms (4 guests)
· Single-bed hotel rooms (2 guests)

In addition, enjoy meals in our restaurants and take advantage of our pool and sports facility!
Call 555-0099 to make a booking.

To: <customerservice@fisherpeak.ca>
From: Marvin Glick <marving@trvmail.com>

To Whom It May Concern,

My family recently stayed at your facility from June 24 to 26. Five of us visited, and we really enjoyed our stay. However, I received my credit card bill this morning and noticed that I was charged for a room which accommodates two guests only. Could you please check your records? I believe an error has been made. Please let me know.

Regards,
Marvin Glick

---

05 Where did Mr. Glick most likely stay?

(A) In a single-bedroom cabin
(B) In a two-bedroom cabin
(C) In a two-bed hotel room

VOCABULARY

05 peaceful [píːsfəl] 평온한 locate [lóukeit] 위치하다 accommodation [əkɑ̀ːmədéiʃən] 숙박 시설 cabin [kǽbin] 통나무집 take advantage of ~을 이용하다 facility [fəsíləti] 시설 make a booking 예약을 하다 recently [ríːsntli] 최근에 charge for ~에 대한 요금을 청구하다 error [érər] 오류, 실수

Questions 06 -10 refer to the following advertisement and letter.

Employment Opportunities

The Federal Housing Institute (FHI) is seeking a full-time research associate. FHI is an independent research institute dedicated to housing and community development issues.

Responsibilities of the position:
- Conducting research on FHI projects including data analysis and field investigations
- Preparing progress reports for the members of the FHI board, investors, and others
- Representing FHI at meetings and conferences

The successful candidate should possess a master's degree in city planning, and at least two years of professional experience in a related field is required. A key competency for the position is an ability to speak persuasively to diverse audiences. The applicant should thus have public speaking experience or equivalent qualifications. Frequent travel and public speaking to policy makers is necessary.

Salary will be commensurate with qualifications and experience. Please send a cover letter and résumé to: The Federal Housing Institute, 220 Westlake Ave., Seattle, WA 98121.

Federal Housing Institute

220 Westlake Ave.
Seattle, WA 98121

Dear Madam or Sir,

I am writing in regard to the job opening for a research associate. I have a master's degree in city planning along with additional training in public speaking. I have a year of experience in the field working for the Freeland City Planning Commission. My responsibilities included conducting research for projects. Details are in the enclosed copy of my résumé.

I live in Seattle, so I am available to meet you at any time for an interview. Should you have any additional questions, or if you require any other information, please do not hesitate to contact me at mcooper@chillmail.com.

Sincerely,
Margaret Cooper

06 Who posted the advertisement?

(A) A construction company
(B) A real estate agency
(C) A research organization
(D) A city's department

07 What is NOT mentioned as a requirement for the job?

(A) A graduate degree
(B) Related experience
(C) A willingness to travel
(D) Computer literacy

08 What does the advertisement suggest?

(A) FHI raises funds for urban development.
(B) Pay depends on the background of the applicant.
(C) The job involves contributions to a periodical.
(D) FHI is going to expand its research division.

09 Why will Ms. Cooper NOT be considered for the position?

(A) She does not have the required education.
(B) She has insufficient experience.
(C) She does not live in the area.
(D) She forgot to send a document.

10 How can Ms. Cooper be contacted for further information?

(A) By phone
(B) By fax
(C) By e-mail
(D) By letter

VOCABULARY

06~10 seek[si:k] 찾다, 추구하다 full-time 정규직의, 전임의 independent[ìndipéndənt] 독립한 dedicated to ~에 전념한 housing[háuziŋ] 주택 analysis[ənǽləsis] 분석 field[fi:ld] (건축이나 생산 활동 따위의) 현장 investigation[invèstəgéiʃən] 조사 prepare[pripέər] 준비하다 progress[prá:grəs] 진행, 진보 possess[pəzés] 소지하다 master's degree 석사 학위 city planning 도시 계획 competency[ká:mpətənsi] 역량, 능력 persuasively[pərswéisivli] 설득력 있게 diverse[divə́:rs] 다양한 equivalent[ikwívələnt] 동등한, 상응하는 qualification[kwà:ləfikéiʃən] 자격 commensurate with ~에 비례한 in regard to ~과 관련하여 commission[kəmíʃən] 위원회 responsibility[rispà:nsəbíləti] 직무, 책임 conduct[ká:ndʌkt] 수행하다 enclose[enklóuz] 동봉하다 hesitate[hézətèit] 주저하다 literacy[lítərəsi] 능력, 지식 urban[ə́:rbən] 도시의 contribution[kà:ntrəbjú:ʃən] 투고, 기부 periodical[pìəriá:dikəl] 정기 간행물

Questions 11-15 refer to the following advertisement, e-mail, and form.

HAMILTON REALTY

CEDAR GROVE OPEN HOUSE

Come to Hamilton Realty's open house at Cedar Grove in Meridian, Idaho's fastest growing city, now ready for viewing! Designed and built by McMillan and Co., Cedar Grove is a family-friendly housing development that features 2-, 3-, and 4-bedroom homes ranging in price from $120,000 to $310,000. Cedar Grove is near schools, parks, supermarkets, and more. Plus, it's only a 30-minute car ride from Boise along Highway 26, making it ideal for commuters who work in the city.

So come see our model homes on May 18 and 19. For further inquiries, please call Hamilton Realty at 555-4901 or visit www.cedarhomes.com/openhouse.

To: Dana Scott <dscott@jmail.com>
From: Todd Eccles <todde@proline.com>
Subject: Open House

Hi Dana

I came across a newspaper advertisement for an open house in Meridian and I thought I'd send it to you, since I know you're looking for a house in my neighborhood. It's in a residential community called Cedar Grove and I saw two or three homes you would love. It has some 4-bedroom units, which I believe is the size you're looking for. Best of all, the homes are all within your budget. The open house is this weekend and the community is just off Highway 26.

In case you're interested, here's a link to more information: www.cedarhomes.com/openhouse.

Todd

OPEN HOUSE SIGN IN

Name: Dana Scott
Phone: 555-4092
Address: 52 Wilmington Drive
E-mail: dscott@jmail.com
City: Boise State: ID ZIP: 83704

Please describe your current needs:

- ____ Need to buy now
- __X__ Plan to buy within a year
- ____ Want to buy a rental property
- ____ Not seriously looking to buy

How did you hear about Cedar Grove's open house?

- ____ TV/online Advertising
- ____ Print Advertising
- ____ Real Estate Agency
- __X__ Other (Provide short explanation):
  I was informed about the event by a colleague who lives in the area.

11 What is the purpose of the advertisement?

(A) To publicize a single home for sale
(B) To reveal plans to build a housing development
(C) To invite potential buyers to a viewing
(D) To announce a change in home prices

12 What can be inferred about Ms. Scott?

(A) She wants a house within walking distance of her workplace.
(B) She can afford to spend $310,000 on a new home.
(C) She is hoping to move to Meridian before the end of May.
(D) She wants Mr. Eccles to accompany her to an open house.

13 How many bedrooms is Ms. Scott looking for in a house?

(A) Two
(B) Three
(C) Four
(D) Five

14 What is indicated about Cedar Grove?

(A) It will construct additional units in the future.
(B) It is renting out some of its properties.
(C) It used several marketing methods.
(D) It will show homes every weekend.

15 Who most likely is Todd Eccles?

(A) A real estate agent
(B) A coworker of Ms. Scott
(C) A sales agent for Cedar Grove
(D) A promotional event planner

정답 p.397 해석·해설 p.556

VOCABULARY

11~15 realty[rí:əlti] 부동산 open house 공개일 family-friendly 가정 친화적인 highway[háiwèi] 고속도로 commuter[kəmjú:tər] 통근자 inquiry[inkwáiəri] 문의 neighborhood[néibərhùd] 지역, 이웃 residential[rèzədénʃəl] 주거의 within budget 예산의 범위 안에서 current[kə́:rənt] 현재의 property[prápərti] 부동산 seriously[síəriəsli] 진지하게 advertising[ǽdvərtàiziŋ] 광고 colleague[kɑ:li:g] 동료 publicize[pʌ́bləsàiz] 광고하다 reveal[riví:l] 알리다, 밝히다 potential[pəténʃəl] 잠재적인 afford[əfɔ́:rd] ~할 수 있다 accompany[əkʌmpəni] 동행하다 promotional[prəmóuʃənl] 판촉의

4주 5일

Hackers TOEIC Start Reading

Grammar Part 5, 6

[특수구문] 병치/도치

01 병치
02 도치

Vocabulary Part 5, 6

부사 어휘(3)

Reading Part 7

공고 연계 지문

[특수구문] 병치/도치

기초문법과 놀기

병치란?

따뜻하고 맛있는 코코아
(형용사 / 형용사)

'따뜻한 코코아'와 '맛있는 코코아'는 연결어 '그리고'를 이용해서 '따뜻하고 맛있는 코코아'라고 말할 수 있습니다. 두 가지 요소가 연결어로 이어질 때는 '따뜻한(형용사)'과 '맛있는(형용사)'처럼 연결어 앞뒤가 서로 균형을 이루어야 하는데, 이를 **병치**라고 합니다.

도치란?

I am never bored. 나는 전혀 지루하지 않다.

Never am I bored. 전혀 나는 지루하지 않다.

기본적으로 '주어+동사 ~'의 어순을 취하는 영어에서는 never와 같은 특정어구가 앞으로 나오면 주어, 동사의 순서가 바뀌는데 이를 **도치**라고 합니다.

병치는 어떤 연결어를 쓸 때 일어나나요?

병치는 등위접속사와 상관접속사로 연결할 때 일어납니다. 이때, 연결된 항목들은 동일한 형태를 띄어야 합니다.

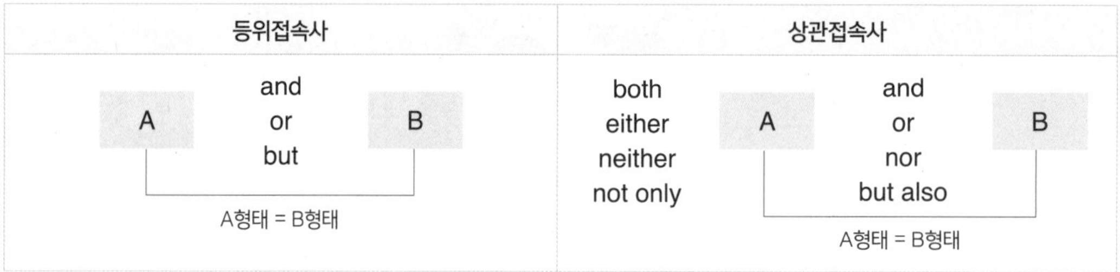

등위접속사	상관접속사
A and / or / but B A형태 = B형태	both / either / neither / not only A and / or / nor / but also B A형태 = B형태

He / is / smart and kind. 그는 / 영리하고 친절하다
(smart: 형용사, kind: 형용사)

She / either buys or sells / the used cars. 그녀는 / 사거나 판다 / 중고차를
(buys: 동사, sells: 동사)

Check Up

다음 빈칸에 들어갈 알맞은 것은 무엇일까요?

Ms. Holt gave an interesting and ________ speech. Ms. Holt는 재미있고 유익한 연설을 했다.

A. informative 유익한　　B. information 정보

→ 등위접속사로 연결된 두 항목은 형태가 같아야 하므로 and 앞에 형용사가 있으면 뒤에도 형용사가 와야 해요. [정답 A]

도치는 언제, 어떻게 일어나나요?

도치는 강조하고자 하는 말이 문장 앞으로 나올 때 일어나며, 이때 주어와 동사의 순서가 바뀌게 됩니다. 그러나 동사에 be/have/조동사가 있는 경우와 일반동사가 있는 경우에 도치 후에 각각의 동사 형태가 달라지므로 주의해야 합니다.

be/have/조동사가 있는 경우

be/have/조동사가 있을 때는 be/have/조동사가 주어 앞으로 옵니다.

Timothy / was / rarely / pleased. Timothy는 / 좀처럼 ~한 적이 없었다 / 기쁜
주어 be동사

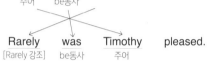

Rarely was Timothy pleased.
[Rarely 강조] be동사 주어

일반동사가 있는 경우

일반동사가 있을 때는 do동사(do, does, did)가 주어 앞으로 옵니다.

She / never thought / of it. 그녀는 / 생각한 적이 없다 / 그것에 대해
주어 부정어 일반동사(과거)

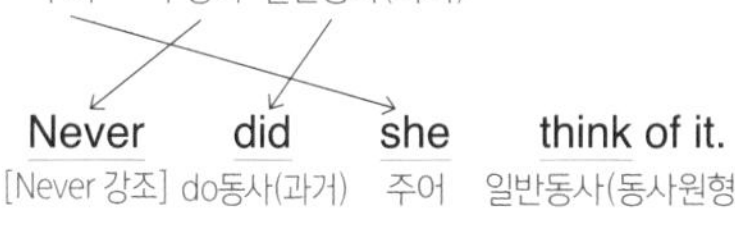

Never did she think of it.
[Never 강조] do동사(과거) 주어 일반동사(동사원형)

Check Up

둘 중 맞는 것은 무엇일까요?

I never received enough incentives. 나는 한 번도 충분한 격려금을 받아 본 적이 없다.

⇨ Never (did, am) I receive enough incentives.

→ 일반동사가 있을 때 도치가 일어나면 do동사가 주어 앞으로 와요. [정답 did]

Grammar Part 5,6

01 | 병치

스크루지의 생활 신조는 근검과 절약이다.

~과라는 연결어 앞뒤로 각각 **근검**과 **절약**이라는 명사가 와서 병치를 이루고 있습니다. 병치에 대해 자세히 살펴 볼까요?

POINT 1 품사 병치

병치 구문에서는 같은 품사끼리 연결해야 합니다. 즉 **명사-명사, 동사-동사, 형용사-형용사, 부사-부사**끼리 연결해야 합니다.

명사 The employees / get / both a bonus and benefits. 그 직원들은 / 받는다 / 보너스와 수당 둘 다
(a bonus: 명사, benefits: 명사)

동사 We / can / send a letter or call you. 우리는 / 할 수 있다 / 편지를 보내거나 너에게 전화를
(send: 동사, call: 동사)

형용사 The new machine / is / neither efficient nor fast. 그 새 기계는 / 효율적이지도 빠르지도 않다
(efficient: 형용사, fast: 형용사)

부사 He / edited / the letter / quickly and correctly. 그는 / 교정했다 / 그 편지를 / 빠르고 정확하게
(quickly: 부사, correctly: 부사)

POINT 2 구조 병치

병치 구문에서는 같은 구조끼리 연결해야 합니다. 즉 **동명사-동명사, 부정사-부정사, 전치사구-전치사구, 명사절-명사절**로 연결해야 합니다.

동명사 She / is responsible for / not only analyzing data but also reviewing reports.
(analyzing data: 동명사, reviewing reports: 동명사)
그녀는 / 책임을 맡고 있다 / 데이터를 분석하는 것뿐 아니라 보고서를 검토하는 것도

부정사 The team / needs / to work overtime or to ask for an extension.
(to work overtime: 부정사, to ask for an extension: 부정사)
그 팀은 / 필요가 있다 / 추가 근무를 하거나 기한 연장을 요구할

전치사구 The meeting / will be held / either in the morning or at night.
(in the morning: 전치사구, at night: 전치사구)
회의는 / 열릴 것이다 / 아침에 또는 밤에

명사절 He / remembered / what he did and why he did it.
(what he did: 명사절, why he did it: 명사절)
그는 / 기억했다 / 그가 무엇을 했고 왜 했는지

연습 문제 다음 괄호 안에 있는 것 중 적절한 것을 고르세요.

01 The company will develop and (distribute, distribution) free antivirus software.

02 We provide our customers with (satisfactory, satisfaction) and value.

03 Applicants should have demonstrated either experience or (know, knowledge) in this area.

04 Companies cut down on costs by moving their plants abroad and (hiring, hire) cheap foreign labor.

05 The plan will be redesigned both to shorten project duration and (to simplify, simplifying) implementation.

06 The support department was asked to create an easy but (accurate, accurately) model of the data.

실전 문제 보기 중 빈칸에 가장 적절한 것을 고르세요.

07 To apply for this job, please send a résumé that summarizes your ------- and skills.

(A) educate (B) educated
(C) education (D) educational

08 Without supporting evidence, the test results will be seen as not only incomplete but also -------.

(A) questions (B) questionable
(C) questionably (D) questioning

09 The housekeeper's tasks include both ------- the rooms and changing the bed sheets.

(A) to clean (B) cleaning
(C) cleaned (D) cleanness

10 To cut back on travel time and -------- money on gas, many people use public transportation.

(A) to save (B) saving
(C) savings (D) saved

정답 p.397 해석·해설 p.564

VOCABULARY

01 antivirus [æntiváirəs] 바이러스 퇴치용인 02 provide A with B A에게 B를 제공하다 value [vǽlju:] 가치, 가격
03 demonstrate [démənstrèit] 증명하다, 설명하다 experience [ikspíəriəns] 경력, 경험 04 plant [plænt] 공장 labor [léibər] 노동(자)
05 redesign [rì:dizáin] 재계획하다 shorten [ʃɔ́:rtn] 단축하다, 줄이다 duration [djuréiʃən] 기간 implementation [ìmpləməntéiʃən] 실행, 이행
06 support department 지원부 model [má:dl] 견본
07 apply [əplái] 지원하다 résumé [rézumèi] 이력서 summarize [sʌ́məràiz] 요약하다 skill [skil] 기술
08 incomplete [ìnkəmplí:t] 미완성의 09 task [tæsk] 업무, 임무, 의무 include [inklú:d] 포함하다
10 cut back on ~을 줄이다 public transportation 대중교통

02 도치

그녀의 큰 눈을 절대로 잊지 못할 것이다. 절대로 그녀의 큰 눈을 잊지 못할 것이다.

부정의 의미를 나타내는 부사 **절대로**를 앞으로 이동시켜도 우리말에서는 도치가 일어나지 않지만, 영어는 도치가 일어납니다. 어떤 것들이 앞으로 올 때 도치가 일어나는지 한번 살펴 볼까요?

POINT 1 도치가 일어나는 경우

부정의 의미를 나타내는 부사 **never, neither, hardly, seldom, rarely, little** 등을 강조하기 위해 문장의 맨 앞으로 보내는 경우, 도치가 일어납니다.

I / had never seen / such a great view. 나는 / 본 적이 없었다 / 그런 멋진 광경을

⇨ Never / had I seen / such a great view.

→ 부정의 의미를 나타내는 부사 Never(~한 적이 없다)가 문장의 맨 앞에 오면 주어 I와 동사 had의 위치가 바뀌는 도치가 일어납니다.

only + 부사를 강조하기 위해 문장의 맨 앞으로 보내는 경우, 도치가 일어납니다.

The manager / only recently / heard / the news. 그 관리자는 / 최근에서야 / 들었다 / 그 소식을

⇨ Only recently / did the manager hear / the news.

→ Only를 동반한 부사 recently가 문장의 맨 앞에 오면 주어 The manager와 동사 heard의 위치가 바뀌는 도치가 일어납니다. 이때, 일반동사 heard를 대신하는 조동사 did가 앞으로 가고, 뒤에는 동사원형 hear로 바뀌게 됩니다.

POINT 2 do + 주어 + 동사원형, have + 주어 + p.p.(과거분사형)

도치된 문장에서 **do**가 앞에 있으면 뒤에 **동사원형**이 나와야 하고, **have**가 앞에 있으면 뒤에 **과거분사형**이 나와야 합니다.

Seldom / does Diana (~~delays~~, delay) / doing her work. 좀처럼 ~않다 / Diana가 미루다 / 그녀의 일을
3인칭 동사(×) 동사원형(○)

Rarely / has the economic situation (~~be~~, been) / better. 좀처럼 ~않다 / 경제적 상황이 / 좋아지다
동사원형(×) 과거분사형(○)

연습 문제 다음 괄호 안에 있는 것 중 적절한 것을 고르세요.

01 (Ever, Rarely) has the price of gasoline been higher than it is now.

02 Only recently (have, do) nutrition studies revealed the benefits of eating eggs every day.

03 Hardly did financial experts (predict, predicted) the sudden changes in the stock market.

04 Never (has, did) the company suffered such a sharp downturn.

실전 문제 보기 중 빈칸에 가장 적절한 것을 고르세요.

05 Ms. Jefferson will not attend the meeting and ------- will Mr. Thomson.

(A) however (B) neither
(C) either (D) also

06 Never did Phil's disability ------- his ability to get his job done.

(A) affecting (B) to affect
(C) affected (D) affect

Questions 07-09 refer to the following article.

Change in Leadership at Pillar Motors

Janet Larson will be Pillar Motors' new CEO. The company will either hold a press conference or -------(07) a written statement with more information next week. There is much optimism about this decision. When making the initial announcement, the spokesperson said, "-------(08) has an individual been so well suited for a position." -------(09). This is because Ms. Larson spent over 20 years as the company's vice president.

07 (A) issue (B) issued
(C) has issued (D) will issue

08 (A) Never (B) Because
(C) In order that (D) Until

09 (A) She will likely require extensive training.
(B) Her assignment will possibly be confirmed later.
(C) Other candidates are still being considered.
(D) Her promotion was also widely expected.

정답 p.397 해석·해설 p.565

VOCABULARY

02 nutrition [nju:tríʃən] 영양학 reveal [riví:l] 밝히다 03 stock market 주식 시장 04 downturn [dáuntə̀:rn] 침체, 하강
07 leadership [lídərʃip] 대표직, 지도부 press conference 기자 회견 statement [stéitmənt] 성명서, 진술서
09 optimism [á:ptəmìzm] 낙관론 initial [iníʃəl] 처음의 announcement [ənáunsmənt] 발표, 공지
spokesperson [spóukspə̀:rsn] 대변인 individual [ìndəvídʒuəl] 개인, 개별의 suit [su:t] (~에게) 적합하다, 어울리다
vice president 부사장

부사 어휘(3)

건강한 신체를 위해 지켜야 할 규칙 4가지

1. 하루에 필요한 영양소를 골고루 챙겨 먹는다. 물은 **특히**(particularly) 충분한 양을 마신다.

2. 매일 **규칙적으로**(regularly) 운동하는 것을 게을리하지 않는다.

3. 처음부터 무리하지 않는다. **쉽게**(easily) 할 수 있는 운동부터 시작해야 부담이 없다.

4. 올바른 운동 자세를 **주의 깊게**(carefully) 확인하여 **효율적으로**(efficiently) 운동한다.

평상시 식생활 관리와 운동을 **합리적으로**(reasonably) 병행하면 건강이 **서서히**(gradually) 좋아질 것이니, 하루 이틀 운동하고 건강해지지 않는다고 초조해 말고 꾸준히 운동하라. 건강한 신체에 건강한 정신이 깃들기 마련이다.

필수 어휘 리스트

- **particularly** 특히
  Mr. Diaz particularly excels at public speaking.
  Mr. Diaz는 **특히** 연설을 뛰어나게 잘한다.

- **regularly** 규칙적으로, 정기적으로
  The Web site should be upgraded regularly.
  웹사이트는 **규칙적으로** 업그레이드 되어야 한다.

- **easily** 쉽게, 용이하게
  Quen Inc.'s new machinery is easily operated.
  Quen사의 새 기계는 **쉽게** 작동된다.

- **carefully** 주의 깊게
  Ms. Hall read the contract carefully.
  Ms. Hall은 **주의 깊게** 계약서를 읽었다.

- **efficiently** 효율적으로
  Computers allow us to plan efficiently.
  컴퓨터는 우리가 **효율적으로** 계획을 짤 수 있도록 해준다.

- **reasonably** 합리적으로
  Our coworkers are reasonably paid.
  우리 직원들은 **합리적으로** 급료를 받는다.

- **gradually** 점진적으로, 서서히
  Workers are gradually adjusting to the merger.
  노동자들은 **점진적으로** 합병에 적응하고 있다.

- **dramatically** 극적으로
  The price of oil will increase dramatically.
  유가는 **극적으로** 상승할 것이다.

- **mutually** 서로, 상호 간에
  The solutions were mutually acceptable.
  해결책은 **서로** 만족할 만한 것이었다.

- **shortly** 얼마 안 되어, 곧
  Ms. Donne found a job shortly after graduating.
  Ms. Donne은 졸업 후 **얼마 안 되어** 직장을 얻었다.

다음 괄호 안에 있는 것 중 적절한 것을 고르세요.

01 The orchestra performs concerts (regularly, reasonably, fairly) throughout the year.

02 Editors check files (dramatically, subtly, carefully) to ensure there are no errors.

03 The number of clients has grown (politely, dramatically, carefully) in the last few years.

04 The rooms at the new hotel are (initially, reasonably, solely) priced.

보기 중 빈칸에 가장 적절한 것을 고르세요.

05 The lawyers proposed a ------- agreeable settlement between the company and its employees.

(A) conveniently (B) mutually
(C) regularly (D) precisely

06 With the economy ------- improving, employment is increasing.

(A) exceedingly (B) shortly
(C) commonly (D) gradually

Questions 07-09 refer to the following advertisement.

The Nova E7 smartphone has been redesigned with the frequent user in mind. Thinner and wider, it nonetheless fits -------(07) in your hand. Its larger screen is designed for optimal viewing, while the enhanced interface makes your favorite apps more accessible. And, because the operating system runs more -------(08), you can enjoy up to 23 hours of battery life on a single charge. -------(09). We guarantee you will love it.

07 (A) nearly (B) actually
(C) easily (D) relatively

08 (A) commonly (B) efficiently
(C) significantly (D) temporarily

09 (A) You can also pay in installments.
(B) Try one today at your nearest retailer.
(C) Nine out of ten consumers agree.
(D) Regular call charges may apply.

정답 p.397 해석·해설 p.566

VOCABULARY

01 perform [pərfɔ́:rm] 공연하다, 행하다 throughout [θru:áut] 내내, ~동안 죽, 도처에 02 ensure [inʃúər] 확실하게 하다
05 propose [prəpóuz] 제안하다 agreeable [əgrí:əbl] 마음에 드는 settlement [sétlmənt] 해결책
06 economy [ikɑ́:nəmi] 경제, 경기 improve [imprú:v] 개선되다, 나아지다 employment [implɔ́imənt] 고용, 취업, 직장
07 redesign [rì:dizáin] 다시 디자인하다 frequent [frí:kwənt] 상습적인, 빈번한 optimal [ɑ́:ptəməl] 최적의 enhance [inhǽns] 향상시키다
09 charge [tʃɑ:rdʒ] 충전 guarantee [gæ̀rəntí:] 보장하다 installment [instɔ́:lmənt] 분납 retailer [rí:teilər] 대리점, 소매상
consumer [kənsú:mər] 고객 regular [régjulər] 정상의

Reading
Part 7

공고 연계 지문

파트 7에 나오는 연계 지문은 지문이 두 개 또는 세 개 연계되어 출제됩니다. 공고 연계 지문은 첫 번째 지문으로 공고가 나오고, 두 번째나 세 번째 지문으로 이메일이나 편지, 양식 등이 연계된 지문입니다.

연계 상황 엿보기

1. 공고 연계 지문은 다음과 같이 두 개 또는 세 개의 지문이 연계됩니다.

두 개짜리 연계지문

공고&편지	대회 공고문과 수상자 안내 편지
공고&양식	세미나 개최 공고와 세미나 발표 신청서

세 개짜리 연계지문

공고&이메일&양식	수업료 할인 규정 공고와 수업 신청 이메일과 수업료 영수증

2. 정답의 단서를 지문 두 개에서 찾아야 하는 연계 문제는 공고 연계 지문에서 다음과 같이 출제됩니다.

연계 문제의 예

지문 1 **공고**	통신 발전에 대한 논문을 모집하고 있다는 공고
지문 2 **이메일**	편집국장에게 논문을 보냈는데 아무런 소식이 없어 궁금하다는 내용으로 Michael이 작성한 문의 이메일
지문 3 **편지**	Michael의 논문이 수상작으로 선정되었다는 편집국장 Robert Brown의 편지

연계 질문	Michael은 누구에게 문서를 보냈는가?
정답	Robert Brown

연계 문제 비법 공략하기

STEP 1 질문의 키워드를 확인한다!

질문을 읽고 질문의 키워드를 확인합니다.

STEP 2 연계된 정답의 단서를 찾는다!

질문의 키워드가 어느 지문에 있는지 확인합니다. 해당 지문에서 질문의 키워드를 찾고 그 주변에서 첫 번째 단서를 찾습니다. 정답을 선택하기에 단서가 부족할 경우, 연계 문제일 가능성이 높으므로 다른 지문에서 두 번째 단서를 찾습니다. 첫 번째 단서와 연계된 내용이 있을 만한 지문을 먼저 확인합니다.

STEP 3 연계된 두 개의 단서를 종합하여 정답을 선택한다!

첫 번째 단서와 두 번째 단서의 내용을 종합하여 paraphrase가 제대로 된 보기를 정답으로 선택합니다.

비법 적용하기

1번은 다음 공고, 이메일, 일정에 관한 문제입니다.

공고

7월 18일부로, 회사의 모든 이메일 주소는 "@knassoc.com" 대신 "@kninvest.com"이 뒤에 붙을 것입니다. 고객들에게 이를 알리십시오.

수신: Kelvin Vernon <kvern@mntbrokers.com>
발신: Lily Tang <lilta@kninvest.com>
날짜: 7월 19일

제 새로운 이메일 주소는 위와 같습니다. 더 이상 lilta@knassoc.com이 아닙니다. 당신의 조사에 대한 보고서를 이 새로운 주소로 다시 보내주시겠어요? 감사합니다!

Lily Tang 드림

미팅 일정

오후 1시 Kelvin Vernon의 볼리비아 자원 보고서 검토
오후 2시 투자 옵션 논의
참고: 보고서를 받지 못했을 경우, Lily Tang에게 한 부 요청해 주세요.

1. Mr. Vernon에 대해 암시된 것은 무엇인가?
(A) 그의 이메일 주소가 7월 18일에 변경되었다.
(B) 이전에 볼리비아의 자원에 대한 파일을 다른 이메일 주소로 보냈다.

Question 1 refers to the following notice, e-mail, and schedule.

NOTICE

As of July 18, all company e-mail addresses will contain the suffix "@kninvest.com" instead of "@knassoc.com." Please inform clients accordingly.

TO: Kelvin Vernon <kvern@mntbrokers.com>
FROM: Lily Tang <lilta@kninvest.com>
DATE: July 19

Above is my new e-mail address. It is no longer lilta@knassoc.com. Could you resend the report on your research to this new address? Thanks! → STEP 2 두 번째 단서 찾기

Regards, Lily Tang

Meeting Schedule

1 P.M. Review Bolivian resources report from Kelvin Vernon
2 P.M. Discuss investing options
Note: If you did not receive the report, please contact Lily Tang for a copy. → STEP 2 첫 번째 단서 찾기

1. What is suggested about Mr. Vernon? → STEP 1 키워드 파악하기 (키워드: Mr. Vernon)
(A) His e-mail address was changed on July 18.
(B) He previously sent a file on Bolivian resources to another e-mail address. → STEP 3 두 단서 종합하여 정답 선택하기

해설 **STEP 1** 질문을 읽고 질문의 키워드인 'Mr. Vernon'을 확인합니다. suggested라는 말을 통해 추론 문제임을 파악할 수 있습니다.

STEP 2 질문의 키워드인 'Mr. Vernon'이 언급된 일정표에서 첫 번째 단서를 확인합니다. 'Review Bolivian resources report from Kelvin Vernon'과 'If you did not receive the report, please contact Lily Tang for a copy.'에서 볼리비아의 자원에 대한 Mr. Vernon의 보고서를 Lily Tang이 가지고 있음을 알 수 있습니다. (B)와 관련된 내용이지만 이전에 다른 이메일 주소로 파일을 보냈는지 알 수 없으므로, 이전에 보낸 보고서에 대해 언급되었을 만한 지문인 이메일에서 단서를 찾아야 합니다. 'Could you resend the report on your research to this new address?'에서 Lily Tang이 Mr. Vernon에게 보고서를 새로운 주소로 다시 보내달라고 요청하고 있음을 알 수 있습니다.

STEP 3 두 단서를 종합하면, Mr. Vernon은 이전에 볼리비아의 자원에 대한 파일을 새로운 주소가 아닌 다른 이메일 주소로 보냈음을 추측할 수 있습니다. 따라서 정답은 (B) He previously sent a file on Bolivian resources to another e-mail address입니다.

주어진 문장과 가장 가까운 의미를 만드는 것을 찾아보세요.

01 Applicants must have special knowledge of the word processing program.

= __________ in word processing software is required.

(A) Interest (B) Expertise

02 Please phone ahead in order to book an appointment.

= To __________ a date and time, you should call in advance.

(A) schedule (B) check

03 Unauthorized vehicles will be towed at the owner's expense.

(A) One needs to pay a fee when parking.

(B) One needs to get permission to park a car.

04 Please put lab coats in the box marked "Protective clothing" when you leave the lab.

(A) Workers are asked to put protective clothing in the designated box.

(B) All lab clothing must be marked as protective in order to be worn in the lab.

VOCABULARY

01 **knowledge** [nά:lidʒ] 지식 **expertise** [èkspərtí:z] 전문적 지식(기술)

03 **unauthorized** [ʌnɔ́:θəraizd] 승인이 없는, 권한이 없는 **tow** [tou] (차를) 견인하다, 끌어당기다 **at one's expense** ~의 비용으로, 자비로 **permission** [pərmíʃən] 허가

04 **mark** [mɑ:rk] 표시하다 **protective** [prətéktiv] 보호하는 **designated** [dézignèitid] 지정된

Questions 05-06 refer to the following notice, letter and report.

NOTICE: All staff
Bolton Towers will introduce new security measures on April 1. All Gable-Ways employees must visit the security office on the first floor by March 25 to have their photos taken for new ID badges. They will be distributed on March 31. Contact Mason Patterson at mapa@bttowers.com if you have questions.

April 1

Dear Mr. Patterson,

This morning, my new security badge would not unlock the office doors. I think the card reader is defective. My staff and I had to temporarily relocate to the conference room next to our office to do our work. Could you send Mr. Jensen up from the security office to see what the problem is?

Thanks!
Helena Ames, Gable-Ways Incorporated, Office Manager

Work Report

Technician: Ned Jensen	**Status:** Completed
Date: April 1	**Location:** 12th Floor
Complaint: Card reader not working	
Report: After examining the device, I noticed that an internal mechanism was defective. This was causing the reader to malfunction.	**Action Taken:** I replaced the faulty mechanism and inspected the overall unit for additional defects and damage.

05 What can be inferred about Ms. Ames?

(A) She will transfer to another department.
(B) She visited a security office before April 1.
(C) She was not informed of the new security measures.

06 What is true about the conference room?

(A) It is located on the 12th floor.
(B) It is kept locked at all times.
(C) It has an emergency exit.

VOCABULARY

05 introduce[ìntrədjú:s] 도입하다 security[sikjúərəti] 보안 measure[méʒər] 조치 employee[implɔ́ii:] 직원
06 badge[bǽdʒ] 신분증 distribute[distríbju:t] 배부하다 defective[diféktiv] 결함이 있는 internal[intə́:rnl] 내부의 mechanism[mékənìzm] 기계 malfunction[mælfʌ́ŋkʃən] 오작동하다 replace[ripléis] 교체하다

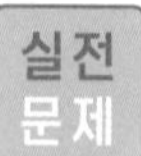

Questions 07-11 refer to the following announcement and e-mail.

Photography Contest

The National Association of Environmental Protection will hold a photography contest to promote the conservation of wildlife and the habitats critical to its survival. The photographs will be judged on technical excellence and originality. All photographers, professionals or amateurs of any age, may enter. Color and black-and-white prints of up to 8x10 inches may be submitted. Anonymous submissions will not be accepted.

The National Association of Environmental Protection will not return any photograph unless a self-addressed, stamped envelope of the appropriate size for the print is included with the submission. If the print has not been reclaimed after a period of three months, the photograph will be considered the property of the National Association of Environmental Protection.

To: The National Association of Environmental Protection
<naep@environmentalpro.com>
From: Kevin Clark <kevclark@artphotomail.com>
Re: Submitted photos

To Whom It May Concern,

I was a contestant in your organization's photo contest in April. Although I did not win the prize, the contest was a valuable experience since it gave me a chance to learn how to take nature shots. However, I entered several submissions and have not received them back. I'd like to know what happened to my items. I sent a check to cover the costs of return shipping along with a note to ask for their return. But it has been two months since the contest ended, and they still haven't been returned. I hope you will look into this matter for me. I look forward to hearing from you.

Sincerely,
Kevin Clark

07 What contest requirement is mentioned?

(A) Contestants must indicate their names.
(B) Only color photos are considered.
(C) The photographers should be amateurs.
(D) The submissions need to be original copies.

08 What most likely is the subject of the contest?

(A) Greenhouses
(B) City views
(C) Portraits
(D) Wild animals

09 What is indicated about the event?

(A) It is sponsored by national companies.
(B) It is open to participants of all ages.
(C) It offers cash prizes to winners.
(D) It takes place once a year.

10 What is the purpose of the e-mail?

(A) To inquire about some photographs
(B) To ask about some judging criteria
(C) To show gratitude for an experience
(D) To find out the name of a contest winner

11 Why were the submissions most likely not sent back to Mr. Clark?

(A) He did not pay the entry fee.
(B) He did not include an envelope.
(C) He did not win a prize.
(D) He did not want to pick them up.

VOCABULARY

07~11 **environmental** [invàirənméntl] 환경의 **promote** [prəmóut] 장려하다 **conservation** [kà:nsərvéiʃən] 보존 **wildlife** [wáildlàif] 야생 동물 **habitat** [hǽbitæ̀t] 서식지 **critical** [krítikəl] 중요한 **judge** [dʒʌdʒ] 심사하다 **originality** [ərídʒənǽləti] 독창성 **up to** ~까지 **submit** [səbmít] 제출하다 **anonymous** [ənɑ́:nəməs] 익명의 **self-addressed stamped envelope** 자신의 주소를 쓰고 우표를 붙인 반송용 봉투 **appropriate** [əpróupriə̀it] 알맞은, 적절한 **reclaim** [rikléim] 되찾다, (소유물 등의) 반환을 요구하다 **consider** [kənsídər] 간주하다, ~으로 여기다 **property** [prɑ́:pərti] 소유물, 재산 **contestant** [kəntéstənt] 참가자, 경기자 **valuable** [vǽljuəbl] 귀중한, 소중한 **cover** [kʌ́vər] (요금 따위를) 충분히 치르다, 감당하다 **greenhouse** [grí:nhàus] 온실 **view** [vju:] 풍경, 전망 **portrait** [pɔ́:rtrit] 인물 사진, 초상화 **wild animal** 야생 동물 **sponsor** [spɑ́:nsər] 후원하다 **cash prize** 상금 **take place** 개최되다 **criteria** [kraitíəriə] 기준, 척도 **pick up** 되찾다, 손에 넣다

Questions 12-16 refer to the following announcement, e-mail and form.

ANNOUNCEMENT: Looking for Harvest Festival Participants!

The Cowansville City Harvest Festival is fast approaching on November 8 and 9, and we are looking for vendors to participate in the event! Whether you serve food*, or sell handicrafts, artwork, or other local products, we can accommodate your needs.

Participation fees are $100 for one day or $180 for two days. Electricity and Internet access is available to all vendors for free, and booths, lighting, and partitions can be rented at reasonable rates. Registering in advance is recommended. You may do so at Cowansville City Hall or by signing up at www.cowansville.gov/events/harvestfestival.

*In accordance with state laws, it is mandatory for food vendors to list all ingredients as well as accurate nutritional facts on product packaging.

To: Christie Fuller <chrful@anymail.com>
From: Daniella Bing <danbing@expressgo.com>
Subject: Harvest festival
Date: October 12

Christie,

I got your message about the announcement you saw for the harvest festival. I agree with you and think we should participate. I suggest we let Rachel Kim run the bakery while we're at the event on Saturday, and we're closed anyway on Sunday. As for products, I also agree that we need to keep our selection small and bake just a few of our most popular types of cupcakes and cookies. We can talk about that more tomorrow at work.

Daniella

https://www.cowansville.gov/events/harvestfestival/registration

Name	Christie Fuller	Company/business	Farina Baked Goods
Phone	555-4093	E-mail	chrful@anymail.com
Mobile	555-9384	Address	493 Juniper Street, Cowansville

Please click on the appropriate boxes:

I wish to participate on (☐ Saturday, ☐ Sunday, ■ both days).

I require the following rentals: ■ A booth at $75 per day, ☐ A lighting system at $25 per day, ☐ Partition walls at $50 per day, ■ Internet access

REGISTER

12 What is the purpose of the announcement?

(A) To attract visitors to an upcoming celebration
(B) To encourage vendors to take part in an event
(C) To promote products made by local craftspeople
(D) To notify residents of some event fee changes

13 In the announcement, the word "mandatory" in paragraph 3, line 1 is closest in meaning to

(A) arranged
(B) deliberate
(C) necessary
(D) compelling

14 What is suggested about Ms. Kim?

(A) She will be in charge of a business on November 8.
(B) She can work at the shop on Sundays.
(C) She will help out at a booth on November 9.
(D) She participated in the city's event last year.

15 What is most likely true about Farina Baked Goods?

(A) It will sell cookies at a festival.
(B) It is organizing an event to promote its products.
(C) It is owned by more than three people.
(D) It will distribute free samples to a number of people.

16 How much will Ms. Fuller have to pay in participation fees?

(A) $75
(B) $100
(C) $150
(D) $180

정답 p.397 해석·해설 p.567

VOCABULARY

12~16 harvest[hɑ́:rvist] 추수 participant[pɑ:rtísəpənt] 참가자 approach[əpróutʃ] 다가오다 vendor[véndər] 노점상 participate[pɑ:rtísəpèit] 참여하다 handicraft[hǽndikræ̀ft] 수공예품 accommodate[əkɑ̀:mədèit] 수용하다, 협조하다 electricity[ilektrísəti] 전기 booth[bú:θ] 부스, 점포 partition[pɑ:rtíʃən] 칸막이 reasonable[rí:zənəbl] 합리적인 slot[slɑ:t] 자리 recommend[rèkəménd] 권장하다 in accordance with ~에 따라 accurate[ǽkjurət] 정확한 nutritional[nju:tríʃənl] 영양의 run[rʌn] 운영하다 appropriate[əpróupriət] 알맞은 celebration[sèləbréiʃən] 축하 행사 take part in 참가하다 craftspeople[krǽftspì:pl] 장인 resident[rézədnt] 거주자 deliberate[dilíbərət] 신중한 compelling[kəmpéliŋ] 위압적인

동사의 불규칙 변화

동사원형	과거	과거분사
become ~이 되다	became	become
begin 시작하다	began	begun
break 깨다	broke	broken
bring 가져오다	brought	brought
build 짓다	built	built
buy 사다	bought	bought
catch 잡다	caught	caught
choose 선택하다	chose	chosen
cost (비용이) 들다	cost	cost
deal 다루다	dealt	dealt
drink 마시다	drank	drunk
eat 먹다	ate	eaten
fall 떨어지다	fell	fallen
feel 느끼다	felt	felt
find 발견하다	found	found
fly 날다	flew	flown
forbid 금지하다	forbad(e)	forbidden
forget 잊다	forgot	forgotten
forgive 용서하다	forgave	forgiven
give 주다	gave	given
grow 자라다	grew	grown
hear 듣다	heard	heard
hide 숨다	hid	hidden
hold 들다, 개최하다	held	held
keep 유지하다	kept	kept
know 알다	knew	known
lead 이끌다	led	led
leave 떠나다	left	left
lose 잃다	lost	lost
read 읽다	read	read
ride 타다	rode	ridden
rise 오르다	rose	risen
seek 찾다	sought	sought
sell 팔다	sold	sold
send 보내다	sent	sent
sit 앉다	sat	sat
speak 말하다	spoke	spoken
spend 소비하다	spent	spent
stand 서다	stood	stood
tell 말하다	told	told
throw 던지다	threw	thrown
understand 이해하다	understood	understood
wear 입다	wore	worn
win 이기다	won	won
withdraw 인출하다	withdrew	withdrawn
write 쓰다	wrote	written

점수 환산표

아래는 별책에 수록된 실전모의고사를 위한 점수 환산표입니다. 문제 풀이 후, 정답 개수를 세어 자신의 토익 리딩 점수를 예상해봅니다.

정답 수	리딩 점수	정답 수	리딩 점수	정답 수	리딩 점수
100	495	66	305	32	125
99	495	65	300	31	120
98	495	64	295	30	115
97	485	63	290	29	110
96	480	62	280	28	105
95	475	61	275	27	100
94	470	60	270	26	95
93	465	59	265	25	90
92	460	58	260	24	85
91	450	57	255	23	80
90	445	56	250	22	75
89	440	55	245	21	70
88	435	54	240	20	70
87	430	53	235	19	65
86	420	52	230	18	60
85	415	51	220	17	60
84	410	50	215	16	55
83	405	49	210	15	50
82	400	48	205	14	45
81	390	47	200	13	40
80	385	46	195	12	35
79	380	45	190	11	30
78	375	44	185	10	30
77	370	43	180	9	25
76	360	42	175	8	20
75	355	41	170	7	20
74	350	40	165	6	15
73	345	39	160	5	15
72	340	38	155	4	10
71	335	37	150	3	5
70	330	36	145	2	5
69	320	35	140	1	5
68	315	34	135	0	5
67	310	33	130		

※ 점수 환산표는 해커스토익 사이트 유저 데이터를 근거로 제작되었으며, 주기적으로 업데이트되고 있습니다. 해커스토익 사이트(Hackers.co.kr)에서 최신 경향을 반영하여 업데이트된 점수환산기를 이용하실 수 있습니다. (토익 > 토익게시판 > 토익점수환산기)

HACKERS 기초 문법·어휘·독해 4주 완성

해커스 토익 스타트 Reading

David Cho

초보를 위한 토익 입문서

최신개정판

—정답·해석·해설—

해설집

HACKERS

해커스 토익 스타트 Reading

최신개정판

초보를 위한 토익 입문서

— 정답·해석·해설 —

해설집

해커스 어학연구소

1주 1일

[문장구조] 주어/동사

01 주어 자리
01 Registration 02 cost 03 To receive 04 Drinking
05 strategy 06 competition 07 (C) 08 (A) 09 (A) 10 (C)

02 동사 자리
01 require 02 should organize 03 purchased
04 can help 05 (A) 06 (C) 07 (D) 08 (B) 09 (C)

전치사 어구

01 in 02 in 03 at 04 from 05 (B) 06 (B) 07 (B) 08 (C) 09 (C)

알맞은 문장 고르기 문제

01 (A) 02 (C) 03 (C) 04 (B) 05 (A) 06 (C) 07 (A) 08 (C)
09 (D) 10 (C) 11 (D) 12 (B)

1주 2일

[문장구조] 목적어/보어/수식어

01 목적어 자리
01 problem 02 agreement 03 to shop 04 resignation
05 launching 06 delivery 07 (B) 08 (D) 09 (A) 10 (A)

02 보어 자리
01 spacious 02 popular 03 transferable 04 applicant
05 advisable 06 manager 07 (D) 08 (C) 09 (C) 10 (A)

03 수식어 자리
01 Despite the bad weather 02 without the approval of the owner 03 Because of a technical problem
04 who was in charge of the company's campaign
05 seeking refunds 06 to analyze the impact of higher interest rates 07 (B) 08 (A) 09 (D)

형용사어구

01 to 02 aware 03 responsible 04 for 05 (B) 06 (B)
07 (B) 08 (A) 09 (B)

주제/목적 찾기 문제

01 (B) 02 (A) 03 (B) 04 (A) 05 (B) 06 (A) 07 (A) 08 (A)
09 (B) 10 (C) 11 (B)

1주 3일

[품사] 명사

01 명사 자리
01 security 02 growth 03 profit 04 technician
05 identification 06 criticism 07 (B) 08 (A) 09 (D) 10 (A)

02 가산명사와 불가산명사
01 access 02 equipment 03 advice 04 a month
05 luggage 06 discounts 07 (D) 08 (A) 09 (B) 10 (D)

03 명사 앞의 수량 표현
01 candidates 02 Several 03 Some 04 much 05 (A)
06 (C) 07 (B) 08 (A) 09 (D)

동사 어구

01 out 02 of 03 contributed 04 provides 05 (A) 06 (C)
07 (D) 08 (A) 09 (C)

육하원칙 문제

01 (A) 02 (B) 03 (B) 04 (A) 05 (B) 06 (A) 07 (A) 08 (A)
09 (C) 10 (A) 11 (C) 12 (D)

1주 4일

[품사] 대명사

01 인칭대명사
01 They 02 his 03 ours 04 us 05 themselves 06 their
07 (B) 08 (D) 09 (A) 10 (D)

02 지시대명사
01 Those 02 this 03 that 04 That 05 those 06 These
07 (A) 08 (D) 09 (C) 10 (B)

03 부정대명사
01 The other 02 other 03 Some 04 another
05 the others 06 The other 07 (B) 08 (C) 09 (D) 10 (C)

04 대명사와 명사의 일치
01 her 02 their 03 them 04 themselves 05 (B) 06 (D)
07 (A) 08 (B) 09 (B)

명사 어구

01 productivity 02 allowance 03 compliance 04 survey
05 (B) 06 (A) 07 (A) 08 (C) 09 (B)

NOT/TRUE 문제

01 (A) 02 (A) 03 (B) 04 (B) 05 (A) 06 (B) 07 (A) 08 (A)
09 (C) 10 (A) 11 (B) 12 (B)

1주 5일

[품사] 형용사/부사

01 형용사 자리
01 constructive 02 Successful 03 quick 04 specific
05 ideal 06 sure 07 (D) 08 (D) 09 (C) 10 (A)

02 부사 자리
01 usually 02 eventually 03 mistakenly 04 relatively
05 correctly 06 regularly 07 (D) 08 (A) 09 (D) 10 (B)

03 혼동하기 쉬운 형용사/부사
01 closely 02 reliable 03 Nearly 04 responsible 05 (B)
06 (A) 07 (B) 08 (C) 09 (B)

짝을 이루는 표현

01 demand 02 Prospective 03 highly 04 extended 05 (D)
06 (B) 07 (A) 08 (C) 09 (C)

추론 문제

01 (B) 02 (A) 03 (A) 04 (B) 05 (A) 06 (B) 07 (A) 08 (A)
09 (C) 10 (A) 11 (A) 12 (B)

2주 1일

[품사] 전치사

01 전치사 자리
01 pressure 02 regulations 03 suggestion
04 carelessness 05 pleasure 06 order 07 (C) 08 (D)
09 (A) 10 (B)

02 시간 전치사
01 on 02 for 03 by 04 at 05 on 06 in 07 (C) 08 (B)
09 (B) 10 (D)

03 장소 전치사
01 on 02 at 03 in 04 in 05 at 06 between 07 (C)
08 (B) 09 (A) 10 (D)

04 방향 전치사
01 along 02 out of 03 across 04 through 05 (A)
06 (C) 07 (D) 08 (C) 09 (C)

동사 어휘(1)

01 reviewed 02 developed 03 confirm 04 hire 05 (C)
06 (B) 07 (C) 08 (D) 09 (D)

의도 파악 문제

01 (B) 02 (A) 03 (B) 04 (A) 05 (A) 06 (A) 07 (B) 08 (A)
09 (C) 10 (C) 11 (B) 12 (B)

2주 2일

[품사] 접속사

01 등위접속사와 상관접속사
01 or 02 both 03 but 04 but 05 yet 06 or 07 (B)
08 (B) 09 (A) 10 (C)

02 종속접속사
01 because 02 Although 03 which 04 Whether 05 (D)
06 (B) 07 (C) 08 (B) 09 (B)

동사 어휘(2)

01 presented 02 accelerated 03 expect
04 accommodate 05 (B) 06 (B) 07 (D) 08 (A) 09 (A)

문장 위치 찾기 문제

01 (B) 02 (A) 03 (B) 04 (B) 05 (B) 06 (A) 07 (A) 08 (A)
09 (B) 10 (B) 11 (C) 12 (D)

2주 3일

[동사구] 동사의 형태와 종류

01 동사의 형태
01 pay 02 provided 03 asking 04 announced
05 predict 06 attend 07 (B) 08 (D) 09 (C) 10 (B)

02 자동사와 타동사
01 care for 02 objected 03 approach 04 accompany
05 (C) 06 (D) 07 (C) 08 (A) 09 (C)

동사 어휘(3)

01 represent 02 avoid 03 anticipates 04 obtain 05 (D)
06 (C) 07 (C) 08 (B) 09 (D)

동의어 문제

01 (A) 02 (B) 03 (A) 04 (A) 05 (B) 06 (A) 07 (B) 08 (A)
09 (B) 10 (C) 11 (B) 12 (D)

2주 4일

[동사구] 수일치

01 단수 주어와 단수 동사의 수일치
01 is 02 has 03 is 04 contains 05 was 06 wants
07 (B) 08 (D) 09 (A) 10 (A)

02 복수 주어와 복수 동사의 수일치
01 have 02 instruct 03 were 04 plan 05 provide
06 are 07 (C) 08 (D) 09 (B) 10 (A)

03 주의해야 할 주어와 동사의 수일치
01 are 02 refuse 03 has 04 know 05 (C) 06 (D)
07 (A) 08 (B) 09 (A)

동사 어휘(4)

01 affect 02 described 03 changed 04 indicate 05 (A)
06 (B) 07 (C) 08 (C) 09 (A)

이메일/편지 (E-mail/Letter)

01 (B) 02 (A) 03 (B) 04 (A) 05 (A) 06 (B) 07 (B) 08 (A)
09 (B) 10 (C) 11 (D) 12 (A)

2주 5일

[동사구] 시제

01 현재/과거/미래
01 finished 02 announce 03 will convene 04 went
05 will leave 06 met 07 (A) 08 (C) 09 (C) 10 (B)

02 현재진행/과거진행/미래진행
01 is preparing 02 was attending 03 will be beginning
04 was working 05 is returning 06 will be making
07 (D) 08 (D) 09 (C) 10 (C)

03 현재완료/과거완료/미래완료
01 will have appointed 02 had already gone
03 has increased 04 has fallen 05 (B) 06 (D) 07 (D)
08 (C) 09 (C)

동사 어휘(5)

01 considered 02 attract 03 associated 04 contains 05 (D)
06 (C) 07 (B) 08 (D) 09 (D)

양식 (Form)

01 (B) 02 (A) 03 (B) 04 (A) 05 (A) 06 (B) 07 (B) 08 (A)
09 (A) 10 (A) 11 (C) 12 (A)

3주 1일

[동사구] 능동태와 수동태

01 능동태와 수동태 구별
01 be repaired 02 express 03 paid 04 argue
05 is interested 06 be revised 07 (C) 08 (C) 09 (B) 10 (B)

02 수동태의 짝 표현
01 to 02 in 03 with 04 pleased 05 (A) 06 (C) 07 (D)
08 (A) 09 (A)

명사 어휘(1)

01 exception 02 feedback 03 complaints 04 feasibility
05 (A) 06 (B) 07 (C) 08 (B) 09 (A)

기사 (Article/Review)

01 (B) 02 (A) 03 (B) 04 (A) 05 (A) 06 (B) 07 (B) 08 (A)
09 (B) 10 (C) 11 (D) 12 (C)

3주 2일

[동사구] 가정법

01 가정법 과거
01 could reduce 02 would be 03 Were
04 would continue 05 Were 06 might complete 07 (B)
08 (C) 09 (D) 10 (A)

02 가정법 과거완료
01 would have gotten 02 Had 03 had paid
04 would have gone 05 would have increased
06 would have become 07 (D) 08 (A) 09 (C) 10 (D)

03 가정법 미래
01 will restructure 02 may buy 03 Should 04 can offer
05 (D) 06 (C) 07 (C) 08 (B) 09 (A)

명사 어휘(2)

01 results 02 effort 03 method 04 incentives
05 (B) 06 (A) 07 (D) 08 (C) 09 (B)

메시지 대화문 (Text Message Chain)

01 (B) 02 (A) 03 (B) 04 (A) 05 (B) 06 (A) 07 (A) 08 (A)
09 (B) 10 (B) 11 (C) 12 (A)

3주 3일

[준동사구] to 부정사

01 to 부정사 자리
01 to gain 02 to attract 03 to open 04 to inquire
05 to prepare 06 to enhance 07 (B) 08 (C) 09 (A) 10 (D)

02 to 부정사 역할
01 to invest 02 To update 03 to donate 04 to make
05 To protect 06 to reschedule 07 (A) 08 (D) 09 (D) 10 (B)

03 to 부정사를 필요로 하는 동사들
01 to set 02 to transfer 03 to relocate 04 to lower
05 (D) 06 (B) 07 (C) 08 (D) 09 (B)

명사 어휘(3)

01 expertise 02 profit 03 defect 04 location 05 (B)
06 (A) 07 (B) 08 (D) 09 (C)

광고 (Advertisement)

01 (B) 02 (A) 03 (A) 04 (A) 05 (B) 06 (A) 07 (A) 08 (B)
09 (B) 10 (C) 11 (C) 12 (B)

3주 4일

[준동사구] 동명사

01 동명사 자리와 역할
01 producing 02 sleeping 03 confirming 04 Reading
05 developing 06 joining 07 (D) 08 (A) 09 (C) 10 (A)

02 동명사를 필요로 하는 동사들
01 taking 02 using 03 to stop 04 reviewing
05 exposing 06 talking 07 (D) 08 (C) 09 (B) 10 (C)

03 동명사를 포함하는 표현들
01 contacting 02 trying 03 improving 04 advertising
05 (A) 06 (D) 07 (C) 08 (D) 09 (A)

명사 어휘(4)

01 receipt 02 recognition 03 popularity 04 position
05 (B) 06 (D) 07 (B) 08 (A) 09 (C)

공고/안내문 (Notice&Announcement/Information)

01 (B) 02 (A) 03 (A) 04 (B) 05 (B) 06 (A) 07 (A) 08 (B)
09 (A) 10 (B) 11 (C) 12 (D)

3주 5일

[준동사구] 분사

01 분사의 자리와 역할
01 located 02 leading 03 decreased 04 trying
05 motivated 06 inquiring 07 (A) 08 (C) 09 (B) 10 (C)

02 분사구문
01 filling 02 Getting 03 faced 04 Damaged 05 Taking
06 directed 07 (A) 08 (C) 09 (C) 10 (B)

03 현재분사와 과거분사
01 edited 02 bought 03 agreeing 04 leaving 05 (C)
06 (B) 07 (C) 08 (B) 09 (B)

형용사 어휘(1)

01 different 02 promising 03 enthusiastic 04 defective
05 (D) 06 (D) 07 (B) 08 (C) 09 (D)

회람 (Memo)

01 (A) 02 (A) 03 (B) 04 (A) 05 (A) 06 (B) 07 (A) 08 (B)
09 (B) 10 (C) 11 (D) 12 (C)

4주 1일

[절] 명사절

01 명사절 자리

01 That 02 that 03 who 04 Why 05 what 06 that
07 (D) 08 (B) 09 (B) 10 (D)

02 명사절 접속사

01 That 02 whether 03 that 04 when 05 (A) 06 (B)
07 (D) 08 (B) 09 (A)

형용사 어휘(2)

01 accurate 02 sincere 03 rapid 04 Specific 05 (C)
06 (B) 07 (C) 08 (A) 09 (B)

이메일(편지) 연계 지문

01 (A) 02 (A) 03 (B) 04 (A) 05 (B) 06 (C) 07 (C) 08 (C)
09 (B) 10 (D) 11 (D) 12 (C) 13 (C) 14 (B) 15 (B) 16 (B)

4주 2일

[절] 부사절

01 부사절 자리

01 If 02 before 03 Although 04 if 05 during
06 because 07 (A) 08 (C) 09 (B) 10 (B)

02 부사절 접속사

01 if 02 even if 03 because 04 Before 05 (C) 06 (D)
07 (B) 08 (D) 09 (B)

형용사 어휘(3)

01 Previous 02 recent 03 moderate 04 pleasant
05 (D) 06 (D) 07 (A) 08 (D) 09 (C)

양식 연계 지문

01 (A) 02 (B) 03 (B) 04 (A) 05 (A) 06 (C) 07 (C) 08 (C)
09 (C) 10 (D) 11 (C) 12 (A) 13 (B) 14 (D) 15 (B)

4주 3일

[절] 형용사절

01 형용사절 자리

01 which 02 that 03 who 04 that 05 who 06 that
07 (A) 08 (D) 09 (B) 10 (C)

02 관계대명사

01 which 02 whose 03 which 04 whose 05 (D) 06 (A)
07 (D) 08 (A) 09 (C)

부사 어휘(1)

01 markedly 02 cooperatively 03 considerably
04 exclusively 05 (D) 06 (C) 07 (B) 08 (C) 09 (C)

기사 연계 지문

01 (B) 02 (A) 03 (A) 04 (B) 05 (B) 06 (B) 07 (B) 08 (D)
09 (C) 10 (B) 11 (B) 12 (B) 13 (D) 14 (C) 15 (C) 16 (D)

4주 4일

[특수구문] 비교 구문

01 비교급

01 less 02 much 03 faster 04 safer 05 more
06 more skillfully 07 (A) 08 (A) 09 (B) 10 (C)

02 최상급

01 finest 02 second 03 most 04 widest 05 (B) 06 (C)
07 (D) 08 (C) 09 (C)

부사 어휘(2)

01 temporarily 02 patiently 03 frequently 04 currently
05 (B) 06 (C) 07 (C) 08 (D) 09 (C)

광고 연계 지문

01 (B) 02 (A) 03 (B) 04 (A) 05 (B) 06 (C) 07 (D) 08 (B)
09 (B) 10 (C) 11 (C) 12 (B) 13 (C) 14 (C) 15 (B)

4주 5일

[특수구문] 병치/도치

01 병치

01 distribute 02 satisfaction 03 knowledge 04 hiring
05 to simplify 06 accurate 07 (C) 08 (B) 09 (B) 10 (A)

02 도치

01 Rarely 02 have 03 predict 04 has 05 (B) 06 (D)
07 (A) 08 (A) 09 (D)

부사 어휘(3)

01 regularly 02 carefully 03 dramatically 04 reasonably
05 (B) 06 (D) 07 (C) 08 (B) 09 (B)

공고 연계 지문

01 (B) 02 (A) 03 (B) 04 (A) 05 (B) 06 (A) 07 (A) 08 (D)
09 (B) 10 (A) 11 (B) 12 (B) 13 (C) 14 (A) 15 (A) 16 (D)

[문장구조] 주어/동사

01 주어 자리

p.39

01 Registration / begins at 7 A.M. 등록은 / 오전 7시에 시작한다
명사

02 The cost of housing / rose dramatically last year. 주택 가격이 / 작년에 급격히 올랐다
명사

03 To receive the Nobel Prize / is / the dream of many scientists. 노벨상을 받는 것은 / 많은 과학자들의 꿈이다
to 부정사

04 Drinking enough water / is / important. 충분한 물을 마시는 것은 / 중요하다
동명사

05 Their strategy / is / to target business people. 그들의 전략은 / 사업가들을 겨냥하는 것이다
명사

06 The competition / is / still in the planning stage. 그 시합은 / 아직 기획 단계에 있다
명사

07 The prevention of accidents / should take / priority / in the workplace.
사고 예방은 / 여겨져야 한다 / 최우선으로 / 작업장에서
명사

작업장에서는 사고 예방이 최우선으로 여겨져야 한다.

주어 자리 문제
문장에 주어 자리가 비어 있습니다. 보기 중 주어 자리에 올 수 있는 것은 명사인 (C) prevention(예방)입니다. 동사인 (A) prevent(예방하다), (B) prevented와 형용사인 (D) preventive(예방을 위한)는 주어 자리에 올 수 없습니다.

08 The construction of a hospital wing / will make / room / for more patients.
병동 건설은 / 만들 것이다 / 공간을 / 더 많은 환자들을 위한
명사

병동 건설은 더 많은 환자들을 위한 공간을 만들 것이다.

주어 자리 문제
문장의 주어 자리가 비어 있습니다. 보기 중 주어 자리에 올 수 있는 것은 명사인 (A) construction(건설)입니다. 동사인 (B) construct(건설하다), (C) constructed와 형용사 (D) constructive(건설적인)는 주어 자리에 올 수 없습니다.

09 Participants / should submit / their evaluations / of the new hair dryer / before leaving.
참가자들은 / 제출해야 한다 / 그들의 평가서를 / 새로운 헤어 드라이기에 대한 / 떠나기 전에
명사

참가자들은 떠나기 전에 새 헤어 드라이기에 대한 평가서를 제출해야 한다.

주어 자리 문제
문장에 주어 자리가 비어 있습니다. 보기 중 주어 자리에 올 수 있는 것은 명사인 (A) Participants(참가자들)입니다. 동사인 (B) Participates, (C) Participate(참가하다)와 형용사인 (D) Participatory(참가의)는 주어 자리에 올 수 없습니다.

10 Because of the financial manager's poor performance, / the director / dismissed / him.
재정 담당자의 낮은 실적 때문에 / 이사는 / 해고했다 / 그를
명사

재정 담당자의 낮은 실적 때문에 이사는 그를 해고했다.

주어 자리 문제
문장에 주어 자리가 비어 있습니다. 보기 중 주어 자리에 올 수 있는 것은 명사인 (C) director(이사)입니다. 동사인 (A) direct(지시하다), (D) directed와 부사인 (B) directly(곧바로)는 주어 자리에 올 수 없습니다.

02 동사 자리

01 These positions / require / extensive experience. 이 직책들은 / 요구한다 / 폭넓은 경험을
↳ 동사

02 All employees / should organize / their own weekly schedules. 모든 직원들은 / 계획해야 한다 / 그들 자신의 주간 일정을
↳ 조동사 + 동사

03 Mr. Lee / purchased / new office furniture. Mr. Lee는 / 구입했다 / 새 사무용 가구를
↳ 동사

04 Dialogue / can help / people / to resolve problems. 대화는 / 도울 수 있다 / 사람들이 / 문제들을 해결하도록
↳ 조동사 + 동사

05 The conference / will conclude / with a speech / by the company's president.
그 회의는 / 끝날 것이다 / 연설로 / 회장에 의한
↳ 조동사 + 동사

그 회의는 회장의 연설로 끝날 것이다.

동사 자리 문제
주어 The conference 다음에 동사 자리가 비어 있습니다. 보기 중 동사 자리에 올 수 있는 것은 '조동사 + 동사'인 (A) will conclude(끝날 것이다)입니다. 명사인 (B) conclusion(결론), '동사 + ing'인 (C) concluding과 'to + 동사'인 (D) to conclude는 동사 자리에 올 수 없습니다.

06 The members of the personnel department / reviewed / every applicant's file.
인사부의 직원들은 / 검토했다 / 모든 지원자들의 서류를
↳ 동사

인사부 직원들은 모든 지원자들의 서류를 검토했다.

동사 자리 문제
주어 The members of the personnel department 다음에 동사 자리가 비어 있습니다. 보기 중 동사 자리에 올 수 있는 것은 동사인 (C) reviewed입니다. 'to + 동사'인 (A) to review, '동사 + ing'인 (B) reviewing과 명사인 (D) reviewer(비평가)는 동사 자리에 올 수 없습니다.

07 ~ 09

Questions 07-09 refer to the following memo.
↳ 회람에 관한 지문

FROM: Elliot Adams

TO: James Taylor

A client 07 will visit / our office / on Monday / at 10 A.M. / I would like / you / to attend a meeting / with him / at 11:30 A.M. / to discuss / his project. A detailed 08 explanation / of the project / will be sent / to you / tomorrow. I would like / to go over it / with you / Friday morning. 09 Please review / the material / before then. If you have any questions, / let me know / as soon as possible.

(07 will visit: 조동사 + 동사 / 08 explanation: 명사)

한 고객이 방문할 것입니다 / 우리의 사무실을 / 월요일에 / 오전 10시에 / 저는 원합니다 / 귀하께서 / 회의에 참석하시기를 / 그와 함께 / 오전 11시 30분에 / 논의하기 위해서 / 그의 프로젝트를 / 상세한 설명이 / 프로젝트에 대한 / 보내질 것입니다 / 귀하께 / 내일 / 저는 원합니다 / 그것을 점검하기를 / 귀하와 함께 / 금요일 아침에 / 검토해 주시기 바랍니다 / 자료를 / 그 전에 / 어떤 질문이라도 있으시면 / 저에게 알려 주십시오 / 가능한 한 빨리

07-09번은 다음 회람에 관한 문제입니다.

발신: Elliot Adams
수신: James Taylor

한 고객이 우리 사무실을 월요일 오전 10시에 방문할 것입니다. 저는 귀하께서 그의 프로젝트를 논의하기 위해 오전 11시 30분에 그와 함께 회의에 참석하시기를 바랍니다. 프로젝트에 대한 상세한 설명이 내일 귀하께 보내질 것입니다. 저는 금요일 아침에 귀하와 함께 그것을 점검하고 싶습니다. 자료를 그 전에 검토해 주시기 바랍니다. 어떤 질문이라도 있으시면 가능한 한 빨리 저에게 알려 주시기 바랍니다.

07 동사 자리 문제
주어 A client 다음에 동사 자리가 비어 있습니다. 보기 중에 동사 자리에 올 수 있는 것은 '조동사 + 동사'인 (D) will visit(방문할 것이다)입니다. 명사인 (A) visitor(방문자), '동사 + ing'인 (B) visiting과 'to + 동사'인 (C) to visit은 동사 자리에 올 수 없습니다.

08 주어 자리 문제
문장에 주어 자리가 비어 있습니다. 보기 중 주어 자리에 올 수 있는 것은 명사인 (B) explanation(설명)입니다. 형용사인 (A) explainable(설명할 수 있는)과 동사인 (C) explains, (D) explain(설명하다)은 주어 자리에 올 수 없습니다.

09 알맞은 문장 고르기 문제
빈칸에 들어갈 알맞은 문장을 고르는 문제이므로 빈칸의 주변 문맥을 파악합니다. 앞 문장 'I would like to go over it with you Friday morning.'에서 금요일 아침에 함께 프로젝트에 대한 상세한 설명을 점검하고 싶다고 했으므로 빈칸에는 자료를 그 전에 검토해 주기 바란다는 내용이 들어가야 함을 알 수 있습니다. 따라서 (C) Please review the material before then이 정답입니다. (보기 해석 p. 576)

전치사 어구

p.43

01 The labor strike / has been in effect / for two days. 노동쟁의는 / 시행 중이었다 / 이틀 동안
시행 중인

02 Please describe / the problem / in detail. 설명해주세요 / 문제를 / 상세하게
상세하게

03 All staff / must carry / their ID cards / at all times. 전 직원은 / 반드시 소지해야 한다 / 그들의 신분증을 / 항상
항상

04 Aside from / a minor error / on the first page, / the report / is ready / for publication.
제외하고
제외하고 / 작은 오류를 / 첫 페이지에 있는 / 보고서는 / 준비가 되었다 / 발행할

05 Despite the bad weather, / the plane / landed / on schedule.
악천후에도 불구하고 / 비행기는 / 도착했다 / 예정대로
on schedule 예정대로

악천후에도 불구하고, 비행기는 예정대로 도착했다.

'악천후에도 불구하고, 비행기는 ___ 도착했다'는 문맥에 적합하면서, 빈칸 앞의 on과 함께 쓰여 '예정대로'라는 의미를 만드는 어휘는 (B) schedule(예정)입니다. (A) appointment(약속), (C) condition(상태), (D) request(요청)는 문맥에 적합하지 않습니다.

06 The candidate / did not get / the job / as a result of / his inexperience.
그 지원자는 / 얻지 못했다 / 그 일자리를 / ~으로 인해 / 그의 경험 부족
as a result of ~으로 인해, ~의 결과로

그 지원자는 경험 부족으로 인해 그 일자리를 얻지 못했다.

'경험 부족으로 ___ 일자리를 얻지 못했다'는 문맥에 적합하면서, 빈칸 앞의 as a, 빈칸 뒤의 of와 함께 쓰여 '~으로 인해'라는 의미를 만드는 어휘는 (B) result(결과)입니다. (A) charge(요금), (C) feedback(의견), (D) point(특징)는 문맥에 적합하지 않습니다.

07 ~ 09

Questions 07-09 refer to the following advertisement.
광고에 관한 지문

The Shine Beach Hotel / is the place to stay / if you plan to take a vacation /
Shine Beach 호텔은 / 머물 장소입니다 / 만약 휴가를 보낼 계획을 하신다면

in the sunny Bahamas! We offer / a continental breakfast / to all our guests /
햇빛이 찬란한 바하마에서 / 저희는 제공합니다 / 유럽식 아침 식사를 / 저희 모든 고객에게

at no 07 cost. Laundry, dry cleaning, and airport pickup / are provided /
무료로 / 세탁, 드라이클리닝, 그리고 공항 픽업이 / 제공됩니다

upon 08 request. Please consult our Web site / for a full list of the services /
요청하시면 / 저희 웹사이트를 참고하세요 / 서비스의 전체 목록을 보시려면

we offer / in addition to information / on room vacancies and prices.
저희가 제공하는 / 정보 외에 / 빈방과 가격에 대한

09 It also lists / weekly special rates. To make a booking, / please fill out
또한 이것은 표시합니다 / 매주 특별 할인 요금을 / 예약을 하기 위해서는

our online reservation form / or call 555-3409.
저희의 온라인 예약 양식을 기입해 주세요 / 또는 555-3409로 전화 주세요

at no cost 무료로
upon request 요청하면

07-09번은 다음 광고에 관한 문제입니다.

햇빛이 찬란한 바하마에서 휴가를 보낼 계획이시라면 Shine Beach 호텔에서 머무세요! 저희는 모든 고객에게 무료로 유럽식 아침 식사를 제공합니다. 요청하시면, 세탁, 드라이클리닝, 공항 픽업이 제공됩니다. 빈방과 가격에 대한 정보 외에 저희가 제공하는 서비스 전체 목록을 보시려면 웹사이트를 참고하세요. 또한 이것은 매주 특별 할인 요금을 표시합니다. 예약을 하기 위해서는 온라인 예약 양식을 기입해 주시거나 555-3409로 전화 주세요.

07 '모든 고객에게 ___로 유럽식 아침 식사를 제공한다'는 문맥에 적합하면서, 빈칸 앞의 at no와 함께 쓰여 '무료로'라는 의미를 만드는 어휘는 (B) cost(값)입니다. (A) delay(지연), (C) regard(관심), (D) allowance(비용)는 문맥에 적합하지 않습니다.

08 '___하시면 세탁, 드라이클리닝, 공항 픽업이 제공된다'는 문맥에 적합하면서, 빈칸 앞의 upon과 함께 쓰여 '요청하면'이라는 의미를 만드는 어휘는 (C) request(요청)입니다. (A) respect(존경), (B) removal(제거), (D) requirement(필요조건)는 문맥에 적합하지 않습니다.

09 빈칸에 들어갈 알맞은 문장을 고르는 문제이므로 빈칸의 주변 문맥을 파악합니다. 앞 문장 'Please consult our Web site for a full list of the services we offer ~ vacancies and prices.'에서 더 많은 정보를 원하면 웹사이트를 참고하라고 했으므로 빈칸에는 웹사이트에서 매주 특별 할인 요금을 표시한다는 내용이 들어가야 함을 알 수 있습니다. 따라서 (C) It also lists weekly special rates가 정답입니다. (보기 해석 p. 576)

알맞은 문장 고르기 문제

p.46

01 **Question 01 refers to the following advertisement.**
광고에 관한 지문

Devlin Realty has a conveniently-located office / suitable for five people /
Devlin 부동산은 편리하게 위치한 사무실을 가지고 있습니다 5명에게 적합한

on the second floor of Merrimack Tower. It comes furnished with / a
Merrimack 타워의 2층에 이곳에는 설치되어 있습니다

telephone connection as well as high-speed Internet / and includes / access
고속 인터넷뿐만 아니라 전화 연결이 그리고 포함합니다

to the building's facilities. These include / meeting rooms, a fitness center,
건물의 시설들의 이용을 이것은 포함합니다 회의실, 피트니스 센터, 라운지를

and a lounge. Contact Chris Albini at 555-2091 / to learn more.
555-2091로 Chris Albini에게 연락하십시오 더 알기 위해

01번은 다음 광고에 관한 문제입니다.

Devlin 부동산은 Merrimack 타워 2층에 5명에게 적합한 편리하게 위치한 사무실을 가지고 있습니다. 이곳에는 고속 인터넷뿐만 아니라 전화 연결이 설치되어 있으며 건물의 시설들의 이용을 포함하고 있습니다. 이것은 회의실, 피트니스 센터, 라운지를 포함합니다. 더 알기 위해서는 555-2091로 Chris Albini에게 연락하십시오.

알맞은 문장 고르기 문제
빈칸에 들어갈 알맞은 문장을 고르는 문제이므로 빈칸의 주변 문맥을 파악합니다. 앞 문장 'It ~ includes access to the building's facilities.'에서 건물의 시설들의 이용을 포함한다고 했으므로 빈칸에는 이것들은 회의실, 피트니스 센터, 라운지를 포함한다는 내용이 들어가야 함을 알 수 있습니다. 따라서 (A) These include meeting rooms, a fitness center, and a lounge가 정답입니다. (보기 해석 p. 576)

02 **Question 02 refers to the following information.**
안내문에 관한 지문

The Stanford Art Museum will hold / its annual fund-raising banquet / on
Stanford 미술관은 열 것입니다 연례 기금 모금 만찬을

May 17 / at the Hathaway Hotel. Thomas Markel, the hotel's head chef, /
5월 17일에 Hathaway 호텔에서 호텔의 수셰프인 Thomas Markel이

will prepare a four-course dinner / for the event. Vegetarian options will
네 코스짜리 저녁을 준비할 것입니다 그 행사를 위해 채식주의자를 위한 옵션이

be available. In addition, / there will be / a performance by the Myer Jazz
이용 가능할 것입니다 게다가 있을 것입니다 Myer Jazz Combo의 공연이

Combo / and speeches by several prominent artists. To order tickets, /
그리고 몇몇 저명한 예술가들의 연설이 티켓을 주문하기 위해

please visit www.stanfordart.com.
www.stanfordart.com을 방문해 주십시오

02번은 다음 안내문에 관한 문제입니다.

Stanford 미술관은 Hathaway 호텔에서 5월 17일에 연례 기금 모금 만찬을 열 것입니다. 호텔의 수셰프인 Thomas Markel이 그 행사를 위해 네 코스짜리 저녁을 준비할 것입니다. 채식주의자를 위한 옵션이 이용 가능할 것입니다. 게다가, Myer Jazz Combo의 공연과 몇몇 저명한 예술가들의 연설이 있을 것입니다. 티켓을 주문하기 위해서는 www.stanfordart.com을 방문해 주십시오.

알맞은 문장 고르기 문제
빈칸에 들어갈 알맞은 문장을 고르는 문제이므로 빈칸의 주변 문맥을 파악합니다. 앞 문장 'Thomas Markel, the hotel's head chef, will prepare a four-course dinner for the event.'에서 호텔의 수셰프인 Thomas Markel이 행사를 위해 네 코스짜리 저녁을 준비할 것이라고 했으므로 빈칸에는 저녁과 관련된 내용이 들어가야 함을 알 수 있습니다. 따라서 (C) Vegetarian options will be available이 정답입니다.
(보기 해석 p. 576)

03 **Question 03 refers to the following information.**

↳ 안내문에 관한 지문

No matter your skill level, / SMP College has a course for you. Whether
당신의 숙련 정도가 어떻든 간에 SMP 대학에는 당신을 위한 강의가 있습니다

you hope to gain job qualifications / or progress in your current career, /
당신이 직업의 자격 요건을 얻고 싶든 혹은 현재 직종에서 진전하고 싶든

we'll do our best / to accommodate your busy schedules. Our courses
우리는 최선을 다할 것입니다 귀하의 바쁜 일정에 맞추기 위해 우리의 강의는

are designed / to be convenient and flexible. All of our programs / are
계획되었습니다 편리하고 융통성 있도록 우리의 모든 과정은

available / at SMP College campuses / across the country, / and classes
수강할 수 있습니다 SMP 대학 캠퍼스에서 전국의 그리고 강의는

take place four times a day, / so you can choose / when you'd like to
하루에 네 번 있습니다 그래서 당신은 선택할 수 있습니다 오고 싶은 때를

come. Visit www.smpcollege.com and learn more.
www.smpcollege.com을 방문하여 더 자세한 사항을 확인하십시오

03번은 다음 안내문에 관한 문제입니다.

당신의 숙련 정도가 어떻든 간에, SMP 대학에는 당신을 위한 강의가 있습니다. 직업의 자격 요건을 얻고 싶든, 현재 직종에서 진전하고 싶든, 우리는 당신의 바쁜 일정에 맞추기 위해 최선을 다할 것입니다. 강의는 편리하고 융통성 있도록 계획되었습니다. 모든 과정은 전국의 SMP 대학 캠퍼스에서 수강할 수 있으며, 강의는 하루에 네 번 개최되기 때문에, 당신은 당신이 오고 싶은 때를 선택할 수 있습니다. www.smpcollege.com을 방문하여 더 자세한 사항을 확인하십시오.

알맞은 문장 고르기 문제

빈칸에 들어갈 알맞은 문장을 고르는 문제이므로 빈칸의 주변 문맥을 파악합니다. 뒤 문장 'All of our programs are available at SMP College campuses across the country ~ like to come.'에서 SMP 대학의 모든 과정은 전국의 SMP 대학 캠퍼스에서 수강할 수 있으며, 강의는 하루에 네 번 진행되기 때문에, 오고 싶은 날을 선택할 수 있다고 했으므로 빈칸에는 강의가 편리하고 융통성 있도록 계획되었다는 내용이 들어가야 함을 알 수 있습니다. 따라서 (C) Our courses are designed to be convenient and flexible이 정답입니다. (보기 해석 p. 576)

04 **Question 04 refers to the following information.**

↳ 안내문에 관한 지문

The Levin Museum of Modern Art welcomes visitors to / its sculpture
Levin 현대 미술관은 방문객들을 맞이합니다 조각상 공원으로

garden. Guests are free to take pictures, relax on benches, and walk
손님들은 사진을 촬영하고, 벤치에서 쉬고 표시된 길을 따라 걸을 수 있습니다

along the marked paths. However, / certain behaviors are not acceptable.
하지만 특정 행동은 용인되지 않습니다

These include touching the art, picking flowers, and smoking. Those
이는 작품을 만지고, 꽃을 꺾거나, 흡연하는 것을 포함합니다

who arrive on bicycles / will be asked to leave them at the bike rack / by the
자전거를 타고 오시는 분들은 자전거 고정대에 이를 두고 오도록 요청을 받을 것입니다 입구

entrance. Lockers are available to rent / in the main building of the museum /
근처에 있는 사물함은 대여 가능합니다 박물관 본관에서

for those wishing to store personal items.
개인 물품을 보관하고자 하는 분들을 위해

04번은 다음 안내문에 관한 문제입니다.

Levin 현대 미술관은 조각상 공원으로 방문객들을 맞이합니다. 손님들은 사진을 촬영하고, 벤치에서 쉬고, 표시된 길을 따라 걸을 수 있습니다. 하지만, 특정 행동은 용인되지 않습니다. 이는 작품을 만지고, 꽃을 꺾거나, 흡연하는 것을 포함합니다. 자전거를 타고 오시는 분들은 입구 근처에 있는 자전거 고정대에 이를 두고 오시기를 요청드립니다. 개인 물품을 보관하고자 하는 분들을 위해 사물함은 박물관 본관에서 대여 가능합니다.

알맞은 문장 고르기 문제

빈칸에 들어갈 알맞은 문장을 고르는 문제이므로 빈칸의 주변 문맥을 파악합니다. 뒤 문장 'These include touching the art, picking flowers, and smoking.'에서 이는 작품을 만지고, 꽃을 꺾거나, 흡연하는 것을 포함한다고 했으므로 빈칸에는 이와 같은 특정 행동은 용인되지 않는다는 내용이 들어가야 함을 알 수 있습니다. 따라서 (B) However, certain behaviors are not acceptable이 정답입니다. (보기 해석 p. 576)

05 ~ 08

Questions 05-08 refer to the following announcement.
공고에 관한 지문

The 05 management of our company / has decided to make the following adjustments / to the leave policy. First, / staff members / will no longer be required / to submit a written request. Instead, / they will be able to complete / an online form / on the human resources department's Web site. Second, / the amount of notice required to take leave / will be reduced / in 06 response to employee feedback. Under the current policy, / a request must be submitted / nine days prior to the first day of leave. However, / only five days' notice / will be necessary / under the revised policy. 07 Both of these changes / will take effect / on June 21.

명사 / 우리 회사의 경영진은 / 다음과 같은 조정을 하기로 결정했습니다 / 휴가 정책에 / 첫째로 / 직원들은 / 더 이상 요구되지 않을 것입니다 / 서면 신청서를 제출하도록 / 대신에 / 그들은 작성할 수 있을 것입니다 / 온라인 양식을 / 인사부의 웹사이트에서 / 둘째로 / 휴가를 가기 위해 요구되는 통지 기한이 / 줄어들 것입니다 / 직원 의견에 부응하여 / 현 정책에 따르면 / 신청서는 제출되어야 합니다 / 휴가 첫날의 9일 전에 / 하지만 / 단 5일 전의 통지가 / 필요할 것입니다 / 수정된 정책에 따르면 / 이 두 변화 모두 / 시행될 것입니다 / 6월 21일에

Please note that / supervisors will still ask for medical certificates / from employees who take leave due to illness. Some staff members / 08 have inquired about whether this requirement can be eliminated, / but it is necessary / to limit the number of unexpected absences.

유의하시기 바랍니다 / 관리자들이 여전히 진단서를 요청할 것이라는 점에 / 병으로 인한 휴가를 가는 직원들에게 / 몇몇 직원들이 / 조동사 + 동사 / 이 요건이 없어질 수 있는지 문의했습니다 / 하지만 그것은 필수적입니다 / 예기치 않은 결근 일수를 제한하기 위해

in response to ~에 부응하여

05-08번은 다음 공고에 관한 문제입니다.

우리 회사의 경영진은 휴가 정책에 다음과 같은 조정을 하기로 결정했습니다. 첫째로, 직원들은 더 이상 서면 신청서를 제출하도록 요구되지 않을 것입니다. 대신에, 인사부의 웹사이트에서 온라인 양식을 작성할 수 있을 것입니다. 둘째로, 휴가를 가기 위해 요구되는 통지 기한이 직원 의견에 부응하여 줄어들 것입니다. 현 정책에 따르면, 신청서는 휴가 첫날의 9일 전에 제출되어야 합니다. 하지만, 수정된 정책에 따르면 단 5일 전의 통지가 필요할 것입니다. 이 두 변화 모두 6월 21일에 시행될 것입니다.

병으로 인한 휴가를 가는 직원들에게는 관리자들이 여전히 진단서를 요청할 것이라는 점에 유의하시기 바랍니다. 몇몇 직원들이 이 요건이 없어질 수 있는지 문의했지만, 예기치 않은 결근 일수를 제한하기 위해 그것은 필수적입니다.

05 주어 자리 문제

문장에 주어 자리가 비어 있습니다. 보기 중 주어 자리에 올 수 있는 것은 명사 (A) management(경영진)입니다. 동사인 (B) manage(관리하다), (C) managed와 형용사인 (D) managerial(관리의)은 주어 자리에 올 수 없습니다.

06 전치사 어구 문제

'휴가를 가기 위해 요구되는 통지 기한이 직원 의견에 ___ 줄어들 것이다'는 문맥에 적합하면서, 빈칸 앞의 in과 뒤의 to와 함께 쓰여 '~에 부응하여'라는 의미를 만드는 어휘는 (C) response(부응, 반응)입니다. (A) process(과정), (B) appreciation(감사), (D) expansion(확장)은 문맥에 적합하지 않습니다.

07 알맞은 문장 고르기 문제

빈칸에 들어갈 알맞은 문장을 고르는 문제이므로 빈칸의 주변 문맥을 파악합니다. 앞부분에서 직원들이 기존의 서면 신청서 대신 인사부의 웹사이트에서 온라인 양식을 작성할 수 있을 것이라고 했고, 앞 문장 'only five days' notice will be necessary under the revised policy'에서 수정된 정책에 따르면 단 5일 전의 통지가 필요할 것이라고 했으므로 빈칸에는 이 두 변화가 시행되는 시점에 대한 내용이 들어가야 함을 알 수 있습니다. 따라서 (A) Both of these changes will take effect on June 21가 정답입니다. (보기 해석 p. 576)

08 동사 자리 문제

주어 Some staff members 다음에 동사 자리가 비어 있습니다. 보기 중 동사 자리에 올 수 있는 것은 '조동사+동사'인 (C) have inquired(문의했다)입니다. 'to+동사'인 (A) to inquire, 명사인 (B) inquiry(문의, 질문), '동사+ing'인 (D) inquiring은 동사 자리에 올 수 없습니다.

09 ~ 12 **Questions 09-12 refer to the following letter.**
편지에 관한 지문

Dear Ms. King,

Please accept my apologies / for the delay / that you **09** have experienced
제 사과를 받아 주십시오 지연에 대해 귀하께서 주문과 관련해 겪으신 조동사+동사

with your order. Unfortunately, / the first **10** edition of *The Collected*
공교롭게도 *The Collected Works of Architect James Naismith*의 초판은 명사

Works of Architect James Naismith / that you ordered / is not available.
귀하께서 주문하신 구할 수 없습니다

In fact, / the book is entirely out of print. **11** I would be happy to process a
사실 그 책은 전부 절판되었습니다 귀하를 위해 환불을 해드리겠습니다

refund for you / if you wish. We can reimburse your credit card account /
귀하께서 원하신다면 귀하의 신용카드로 환불해드릴 수 있습니다

within three weeks.
3주 이내에

Alternatively, / I can send you a copy of a similar book / on Mr. Naismith /
그렇지 않으면 비슷한 책 한 권을 보내드릴 수 있습니다 Mr. Naismith의

12 at no additional cost. We will even cover the shipping charges. Please
추가 비용 없이 저희는 심지어 배송료도 부담할 것입니다

advise me of your preference / by sending an e-mail to
귀하가 선호하시는 것을 알려 주십시오 저에게 이메일을 보냄으로써

s.wilson@scrantonarchpress.com. Thank you.
s.wilson@scrantonarchpress.com으로 감사합니다

Steve Wilson

at no additional cost 추가 비용 없이

09-12번은 다음 편지에 관한 문제입니다.

Ms. King께,

귀하께서 주문과 관련해 겪으신 지연에 대해 제 사과를 받아 주십시오. 공교롭게도, 귀하께서 주문하신 *The Collected Works of Architect James Naismith*의 초판은 구할 수 없습니다. 사실, 그 책은 전부 절판되었습니다. 귀하께서 원하신다면 귀하를 위해 환불을 해드리겠습니다. 3주 이내에 귀하의 신용카드로 환불해드릴 수 있습니다.

그렇지 않으면, Mr. Naismith의 비슷한 책 한 권을 추가 비용 없이 보내드릴 수 있습니다. 저희는 심지어 배송료도 부담할 것입니다. s.wilson@scrantonarchpress.com으로 저에게 이메일을 보내 귀하가 선호하시는 것을 알려 주십시오. 감사합니다.

Steve Wilson

09 동사 자리 문제

'that절의 주어 you 다음에 동사 자리가 비어 있습니다. 보기 중에 동사 자리에 올 수 있는 것은 '조동사+동사'인 (D) have experienced(겪다, 경험하다)입니다. 형용사인 (A) experimental(실험의), '동사+ing'인 (B) experiencing, 'to+동사'인 (C) to experience는 동사 자리에 올 수 없습니다.

10 주어 자리 문제

문장의 주어 자리가 비어 있습니다. 보기 중 주어 자리에 올 수 있는 것은 명사인 (C) edition(판)입니다. 동사인 (A) edit(편집하다)과 (D) edited, 형용사인 (B) editable(편집 가능한)은 주어 자리에 올 수 없습니다.

11 알맞은 문장 고르기 문제

빈칸에 들어갈 알맞은 문장을 고르는 문제이므로 빈칸의 주변 문맥을 파악합니다. 뒤 문장 'We can reimburse your credit card account within three weeks.'에서 3주 이내에 귀하의 신용카드로 환불을 해줄 수 있다고 했으므로 빈칸에는 원한다면 환불을 해주겠다는 내용이 들어가야 함을 알 수 있습니다. 따라서 (D) I would be happy to process a refund for you if you wish가 정답입니다. (보기 해석 p. 576)

12 전치사 어구 문제

'그렇지 않으면, Mr. Naismith의 비슷한 책 한 권을 ___ 보내줄 수 있다'는 문맥에 적합한 어휘는 (B) at no additional cost(추가 비용 없이)입니다. (A) by mistake(실수로), (C) upon receipt(수령 즉시), (D) in other words(다시 말해서)는 문맥에 적합하지 않습니다.

[문장구조] 목적어/보어/수식어

01 목적어 자리

p.55

01 He / reported / the problem / to the administrator. 그는 / 보고했다 / 그 문제를 / 이사에게
(problem → 명사)

02 We / signed / an agreement / with a foreign company. 우리는 / 서명했다 / 계약서에 / 외국 회사와의
(agreement → 명사)

03 Many young consumers / prefer / to shop online. 많은 젊은 소비자들은 / 선호한다 / 온라인 쇼핑하는 것을
(to shop → to 부정사)

04 The labor union / demanded / the resignation / of the president. 노동 조합은 / 요구했다 / 사퇴를 / 회장의
(resignation → 명사)

05 Mr. Kato / considered / launching a campaign / to promote the new product. Mr. Kato는 / 고려했다 / 캠페인을 시작하는 것을 / 신제품을 홍보하기 위해서
(launching → 동명사)

06 Flyaway Service / guarantees / delivery / within three days. Flyaway Service사는 / 보장한다 / 배송을 / 3일 이내에
(delivery → 명사)

07 The event organizer / will arrange / the reception / according to the host's requests.
행사 조직자는 / 준비할 것이다 / 환영회를 / 주최자의 요구 사항에 따라
(reception → 명사)

행사 조직자는 주최자의 요구 사항에 따라 환영회를 준비할 것이다.

목적어 자리 문제

동사 will arrange 다음에 목적어 자리가 비어 있습니다. 보기 중 목적어 자리에 올 수 있는 것은 명사인 (B) reception(환영회)입니다. 동사인 (A) received, 형용사인 (C) receptive(수용하는), 부사인 (D) receptively(잘 받아들여)는 목적어 자리에 올 수 없습니다.

08 Some employees / have / the benefit / of working / from home.
일부 직원들은 / 가지고 있다 / 혜택을 / 일하는 것에 대한 / 집에서
(benefit → 명사)

일부 직원들은 자택에서 일하는 것에 대한 혜택을 가지고 있다.

목적어 자리 문제

동사 have 다음에 목적어 자리가 비어 있습니다. 보기 중 목적어 자리에 올 수 있는 것은 명사인 (D) benefit(혜택)입니다. 동사인 (A) benefited, 부사인 (B) beneficially(유익하게)와 형용사인 (C) beneficial(유익한)은 목적어 자리에 올 수 없습니다.

09 The proper utilization / of equipment / can prevent / workers / from being injured.
알맞은 사용은 / 장비의 / 예방할 수 있다 / 근로자들을 / 부상당하는 것으로부터
(utilization → 명사)

장비의 알맞은 사용은 근로자들이 부상당하는 것을 예방할 수 있다.

주어 자리 문제

문장에 주어 자리가 비어 있습니다. 보기 중 주어 자리에 올 수 있는 것은 명사인 (A) utilization(사용)입니다. 동사인 (B) utilize(사용하다), (C) utilizes와 (D) utilized는 주어 자리에 올 수 없습니다.

10 Mr. Hornby / immediately / recognized / the difference / between the two camera models.
Mr. Hornby는 / 즉시 / 알아보았다 / 차이점을 / 두 가지의 카메라 모델 사이의
(difference → 명사)

Mr. Hornby는 두 가지 카메라 모델 간의 차이점을 즉시 알아보았다.

목적어 자리 문제

동사 recognized 다음에 목적어 자리가 비어 있습니다. 보기 중 목적어 자리에 올 수 있는 것은 명사인 (A) difference(차이점)입니다. 동사인 (B) differ(다르다)와 (D) differs, 형용사인 (C) different(다른)는 목적어 자리에 올 수 없습니다.

02 보어 자리

p.57

01 Our renovated offices / are / spacious / and have / high ceilings.
→ 형용사
우리의 개조된 사무실은 / 넓찍하다 / 그리고 가지고 있다 / 높은 천장을

02 Impressive performances / made / the play / popular. 인상적인 연기는 / 만들었다 / 그 연극을 / 유명하게
→ 형용사

03 Airplane tickets / are not / transferable / to other individuals. 비행기 표는 / 양도될 수 없다 / 다른 사람들에게
→ 형용사

04 We / consider / Ms. Elson / a qualified applicant. 우리는 / 여긴다 / Ms. Elson을 / 적임인 지원자로
→ 명사

05 It / is / advisable / to obtain / a second opinion / before / you / make / an investment.
→ 형용사
현명하다 / 얻는 것이 / 다른 사람의 조언을 / ~하기 전에 / 당신이 / 하다 / 투자를

06 Jack / is / a manager / of the human resources department. Jack은 / 부장이다 / 인사부의
→ 명사

07 The tour / was / a big disappointment / to the travelers / who signed up for it.
그 여행은 / 큰 실망이었다 / 여행자들에게 / 그것을 신청한
→ 명사

그 여행은 신청한 여행자들에게 큰 실망이었다.

보어 자리 문제
주어 The tour와 동사 was는 있지만, be동사 뒤에서 주어를 보충 설명해주는 보어 자리가 비어 있습니다. 보기 중 보어 자리에 올 수 있는 것은 명사인 (D) disappointment(실망)입니다. '동사+ing'형인 (A) disappointing, 부사인 (B) disappointedly(실망해서)와 동사인 (C) disappoint(실망시키다)는 보어 자리에 올 수 없습니다.

08 Researchers / found / the recycling system / effective / in reducing / garbage.
연구원들은 / 발견했다 / 재활용 시스템이 / 효과적인 / 줄이는 데 / 쓰레기를
→ 형용사

연구원들은 재활용 시스템이 쓰레기를 줄이는 데 효과적이라는 것을 발견했다.

보어 자리 문제
목적어 the recycling system을 보충 설명해주는 보어 자리가 비어 있습니다. 보기 중 보어 자리에 올 수 있는 것은 형용사인 (C) effective(효과적인)입니다. 명사 또는 동사인 (A) effect(효과; 초래하다), (B) effects와 부사인 (D) effectively(효과적으로)는 보어 자리에 올 수 없습니다. 참고로, (A)나 (B)가 명사로 쓰일 때 보어 자리에 올 수 있지만 '재활용 시스템이 효과 발견했다'라는 어색한 의미가 되므로 답이 될 수 없습니다.

09 Steven Williams / was / a market analyst / for KMN Incorporated.
Steven Williams는 / 시장 분석가였다 / KMN사의
→ 명사

Steven Williams는 KMN사의 시장 분석가였다.

보어 자리 문제
주어 Steven Williams와 동사 was는 있지만, be동사 뒤에서 주어를 보충 설명해주는 보어 자리가 비어 있습니다. 보기 중 보어 자리에 올 수 있는 것은 명사인 (C) analyst(분석가)입니다. 동사인 (A) analyze(분석하다)와 (B) analyzes는 보어 자리에 올 수 없습니다.

10 State governments and local citizens / have been / cooperative / in developing and financing / educational programs.
주 정부와 지역 주민들은 / 협조적이었다 / 개발하고 자금을 조달하는 데 / 교육 프로그램을
→ 형용사

주 정부와 지역 주민들은 교육 프로그램을 개발하고 자금을 조달하는 데 협조적이었다.

보어 자리 문제
주어 State governments and local citizens와 동사 have been은 있지만, be동사 뒤에서 주어를 보충 설명해주는 보어 자리가 비어 있습니다. 보기 중 보어 자리에 올 수 있는 것은 형용사인 (A) cooperative(협조적인)입니다. 동사인 (B) cooperate(협력하다), (C) cooperated와 부사인 (D) cooperatively(협조적으로)는 보어 자리에 올 수 없습니다.

01 [Despite the bad weather], the event / continued. 궂은 날씨에도 불구하고 / 행사는 / 계속되었다
주어 동사

02 Tenants / cannot renovate / the apartments / [without the approval of the owner].
주어 동사 목적어
세입자들은 / 개조할 수 없다 / 아파트를 / 주인의 허가 없이

03 [Because of a technical problem], we / postponed / the performance. 기술적인 문제 때문에 / 우리는 / 연기했다 / 공연을
주어 동사 목적어

04 I / met / Mr. Downes, / [who was in charge of the company's campaign].
주어 동사 목적어
나는 / 만났다 / Mr. Downes를 / 회사의 캠페인을 담당했던 사람인

05 Customers / [seeking refunds] / should present / a receipt. 고객들은 / 환불을 원하는 / 제시해야 한다 / 영수증을
주어 동사 목적어

06 Economic experts / met / [to analyze the impact of higher interest rates].
주어 동사
경제 전문가들은 / 만났다 / 더 높은 이자율의 영향을 분석하기 위해

07 ~ 09

Questions 07-09 refer to the following article.
기사에 관한 지문

PRESS CONFERENCE / ON HALPERT-MENDOLSON MERGER
기자 회견 HALPERT-MENDOLSON사 합병에 관한

The Halpert Software Company / held a press conference / last week / to
Halpert 소프트웨어사는 기자 회견을 열었다 지난주에
announce / its merger / with Mendolson Associates. Halpert Software / is
발표하기 위해 합병을 Mendolson Associates사와의 Halpert 소프트웨어사는
proposing / an innovative 07 system / for restructuring / the two companies.
제안하고 있다 혁신적인 시스템을 명사 재편성하기 위한 두 회사를
This new venture / is expected / to be 08 profitable / because it will increase /
이 새로운 사업은 기대된다 수익성이 있을 것으로 형용사 그것이 증대시킬 것이기 때문에
cost efficiency. 09 Executives / are confident / that / the plan / will succeed.
비용 효율을 경영진들은 확신한다 ~라고 그 계획이 성공할 것이다
However, / some of the shareholders / have expressed concerns / that the
하지만 몇몇 주주들은 우려를 나타냈다
merger will cause / a short-term drop / in product output.
합병이 야기할 것이라는 단기적인 하락을 제품 생산량의

07-09번은 다음 기사에 관한 문제입니다.

HALPERT-MENDOLSON사 합병에 관한 기자 회견

Halpert 소프트웨어사는 Mendolson Associates사와의 합병을 발표하기 위해 지난주에 기자 회견을 열었다. Halpert 소프트웨어사는 두 회사를 재편성하기 위한 혁신적인 시스템을 제안하고 있다. 이 새로운 사업은 비용 효율을 증대시킬 것이기 때문에 수익성이 있을 것으로 기대된다. 경영진들은 그 계획이 성공할 것이라고 확신한다. 하지만, 몇몇 주주들은 합병이 제품 생산량의 단기적인 하락을 야기할 것이라는 우려를 나타냈다.

07 목적어 자리 문제

동사인 is proposing 다음에 목적어 자리가 비어 있습니다. 보기 중 목적어 자리에 올 수 있는 것은 명사인 (B) system(시스템)입니다. 형용사인 (A) systematic(체계적인)과 동사인 (C) systematize(체계화하다), 부사인 (D) systematically(조직적으로)는 목적어 자리에 올 수 없습니다.

08 보어 자리 문제

주어 This new venture와 동사 is expected는 있지만, to be 뒤에서 주어를 보충 설명해주는 보어 자리가 비어 있습니다. 보기 중 보어 자리에 올 수 있는 것은 형용사인 (A) profitable(수익성이 있는)입니다. 부사인 (B) profitably(이익이 되게)와 동사인 (C) profited, 명사 또는 동사인 (D) profit(이익; 이익을 얻다)은 보어 자리에 올 수 없습니다. 참고로, (D)가 명사로 쓰일 때 보어 자리에 올 수 있지만 '새로운 사업은 이익이 기대된다'라는 어색한 의미가 되므로 답이 될 수 없습니다.

09 알맞은 문장 고르기 문제

빈칸에 들어갈 알맞은 문장을 고르는 문제이므로 빈칸의 주변 문맥을 파악합니다. 뒤 문장 'However, some of the shareholders have expressed concerns'에서 하지만, 몇몇 주주들은 우려를 나타냈다고 했으므로 빈칸에는 그 계획이 성공할 것이라고 확신한다는 내용이 들어가야 함을 알 수 있습니다. 따라서 (D) Executives are confident that the plan will succeed가 정답입니다. (보기 해석 p. 576)

01 Sales representatives / are responsive to / buyers' requests. 영업 직원들은 / 대응한다 / 구매자들의 요구에
~에 대응하다

02 The staff / should be aware of / the policy changes. 직원들은 / 알고 있어야 한다 / 정책 변화를
~을 알다

03 The marketing team / is responsible for / advertising products. 마케팅팀은 / 할 책임이 있다 / 제품 광고를
~할 책임이 있다

04 Mergers / can be advantageous for / stockholders. 합병은 / 이로울 수 있다 / 주주들에게
~에 이롭다

05 Mr. Stevens / was very concerned about / attending / the annual conference / alone.
Mr. Stevens는 / ~에 대해 매우 걱정했다 / 참석하는 것 / 연례 회의에 / 혼자서

be concerned about ~에 대해 걱정하다

Mr. Stevens는 연례 회의에 혼자 참석하는 것에 대해 매우 걱정했다.

'연례 회의에 혼자 참석하는 것에 대해 __했다'는 문맥에 적합하면서, 빈칸 앞뒤의 was __ about과 함께 쓰여 '~에 대해 걱정하다'라는 의미를 만드는 어휘는 (B) concerned(걱정스러운)입니다. (A) recognized(알려진), (C) allowed(허가 받은), (D) acquainted(알고 있는)는 문맥에 적합하지 않습니다.

06 BNH Inc. / is located at / 55 Glenn Road / in the CT Building.
BNH사는 / ~에 위치해 있다 / Glenn가 55번지 / CT건물 안에

be located at ~ 위치해 있다

BNH사는 Glenn가 55번지 CT건물 안에 위치해 있다.

'BNH사는 Glenn가 55번지 CT건물 안에 __ 있다'는 문맥에 적합하면서, 빈칸 앞뒤의 is __ at과 함께 쓰여 '~에 위치해 있다'라는 의미를 만드는 어휘는 (B) located(위치한)입니다. (A) motivated(자극 받은), (C) dedicated(헌신적인), (D) expected(예상되는)는 문맥에 적합하지 않습니다.

07 ~ 09

Questions 07-09 refer to the following announcement.
↳ 공고에 관한 지문

We are certain / that if every employee / is 07 dedicated to / satisfying customers' needs, / Fan Clothing / will develop a fine reputation. To motivate staff members / to improve customer service even more, / each employee / will be 08 eligible for / monthly cash incentives. 09 Staff could receive / up to $500 / as a bonus. A memo with details on this incentive / will be distributed / shortly.

우리는 확신합니다 / 만약 전 직원이 ~라면 / ~에 전념하다 / 만족시키는 것 / 고객의 요구를 / Fan Clothing사가 / 우수한 명성을 만들어 낼 것입니다 / 유발하기 위해 / 직원들의 동기를 / 고객 서비스를 더욱 개선하도록 / 각 직원들은 / 자격이 있을 것입니다 / 매월 현금 장려금을 받을 / 직원들은 받을 수 있습니다 / 500달러까지 / 보너스로 / 장려금에 대한 세부 사항이 적힌 회람은 / 배포될 것입니다 / 곧

be dedicated to ~에 전념하다
be eligible for ~할 자격이 있다

07-09번은 다음 공고에 관한 문제입니다.

전 직원이 고객의 요구를 만족시키는 데에 전념한다면, Fan Clothing사는 분명 우수한 명성을 얻을 것입니다. 고객 서비스를 더욱 개선할 수 있도록 직원들의 동기 유발을 위해, 각 직원은 매월 현금 장려금을 받을 자격이 있을 것입니다. 직원들은 보너스로 500달러까지 받을 수 있습니다. 장려금에 대한 세부 사항이 적힌 회람은 곧 배포될 것입니다.

07 '고객의 요구를 만족시키는 데에 __한다면 우수한 명성을 얻을 것이다'는 문맥에 적합하면서, 빈칸 앞뒤의 is __ to와 함께 쓰여 '~에 전념하다'라는 의미를 만드는 어휘는 (B) dedicated(전념한)입니다. (A) diversified(다양한), (C) extended(연장된), (D) obtained(획득한)는 문맥에 적합하지 않습니다.

08 '각 직원들은 매월 현금 장려금을 받을 __이다'는 문맥에 적합하면서, 빈칸 앞뒤의 be __ for와 함께 쓰여 '~할 자격이 있다'는 의미를 만드는 어휘는 (A) eligible(자격이 있는)입니다. (B) capable(유능한), (C) responsible(책임이 있는), (D) comparable(비교되는)은 문맥에 적합하지 않습니다.

09 빈칸에 들어갈 알맞은 문장을 고르는 문제이므로 빈칸의 주변 문맥을 파악합니다. 뒤 문장 'A memo with details on this incentive will be distributed shortly.'에서 이 장려금에 대한 세부 사항이 적힌 회람은 곧 배포될 것이라고 했으므로 빈칸에는 직원들은 보너스로 500달러까지 받을 수 있다는 내용이 들어가야 함을 알 수 있습니다. 따라서 (B) Staff could receive up to $500 as a bonus가 정답입니다.
(보기 해석 p. 576)

주제/목적 찾기 문제

p.64

01 The manager / has asked / me / to set up / the workshop.
부장은 / 요청했다 / 나에게 / 준비하는 것을 / 워크숍을

= The manager / requested / me / to organize / the event.
부장은 / 요청했다 / 내가 / 준비하는 것을 / 행사를

부장은 내게 워크숍 준비를 요청했다.
= 부장은 내가 행사를 준비하는 것을 요청했다.

set up(준비하다)과 비슷한 의미를 지닌 (B) organize(준비하다)가 빈칸에 적합합니다.

02 The delivery charges / to our customers / should be kept / to a minimum.
배송비는 / 우리의 고객들에게 / 유지되어야 한다 / 최저로

= Delivery costs / should be / as low as possible / for our customers.
배송비는 / 되어야 한다 / 가능한 한 낮게 / 우리 고객들을 위해

배송비는 고객들에게 최저로 유지되어야 한다.
= 배송비는 고객들을 위해 가능한 한 낮아야 한다.

charges ~ kept to a minimum(비용이 최저로 유지되다)과 비슷한 의미를 지닌 (A) low(낮은)가 빈칸에 적합합니다.

03 Fusion Café's distinct dishes / have made / the restaurant / famous / in town.
Fusion Café의 독특한 요리는 / 만들었다 / 레스토랑을 / 유명하게 / 시내에서

= The unique menu / at the restaurant / is / why it / is / so popular.
독특한 메뉴는 / 레스토랑에서 / 그것이 ~한 이유이다 / 매우 인기 있다

Fusion Café의 독특한 요리는 그 레스토랑을 시내에서 유명하게 했다.
= 그 레스토랑의 독특한 메뉴는 그곳이 인기 있는 이유이다.

distinct(독특한)와 비슷한 의미를 지닌 (B) unique(독특한)가 빈칸에 적합합니다.

04 FIC Shipping / designed / a new system / to trace / all of its packages.
FIC Shipping사는 / 만들었다 / 새로운 시스템을 / 추적하기 위하여 / 모든 배송품들을

= FIC Shipping / developed / a way / to keep track / of the location of its packages.
FIC Shipping사는 / 개발했다 / 방법을 / 추적하는 / 위치를 / 배송품의

FIC Shipping사는 모든 배송품을 추적하기 위해 새로운 시스템을 만들었다.
= FIC Shipping사는 배송품의 위치를 추적하는 방법을 개발했다.

to trace all of its packages(모든 배송품을 추적하기)와 비슷한 의미를 지닌 (A) location(위치)이 빈칸에 적합합니다.

05	Conference fees / are due / when you register. 회의 참가비는 지불해야 합니다 당신이 등록할 때 (A) The registration fee / must be paid / before the start / of the conference. 등록비가 지불되어야 합니다 시작 전에 회의의 (B) Payment / must be made / at the time of registration. 지불이 이루어져야 합니다 등록할 때	등록할 때 회의 참가비를 지불해야 합니다. (A) 등록비는 회의 시작 전에 지불되어야 합니다. (B) 등록할 때 지불해야 합니다.

fees are due를 Payment must be made로, when을 at the time of로 paraphrase하여 그 의미가 가까운 (B)가 정답입니다. 주어진 문장에서 회의 전에 등록비를 지불해야 한다는 언급은 하지 않았으므로 (A)는 오답입니다.

06	The concert / is open / to the public, / and people / will be seated / in the order / they / arrive. 콘서트는 개방되어있다 대중에게 그리고 사람들은 착석할 것이다 순서대로 그들이 도착하는 (A) Seats at the concert / will be assigned / on a first-come, first-served basis. 콘서트의 좌석들은 할당될 것이다 선착순으로 (B) Advance reservations / are required / to arrange / a seat / for the concert. 사전 예약이 요구된다 배정하기 위해 좌석을 콘서트의	콘서트는 대중에게 개방되어있고, 사람들은 도착한 순서대로 착석할 것이다. (A) 콘서트 좌석은 선착순으로 할당될 것이다. (B) 콘서트 좌석을 배정 받으려면 사전 예약을 해야 한다.

in the order they arrive를 on a first-come, first-served basis로 paraphrase하여 그 의미가 가까운 (A)가 정답입니다. 주어진 문장에서 사전 예약에 관한 언급은 하지 않았으므로 (B)는 오답입니다.

07	At least / one year of related experience / is required / for the position. 최소 1년의 관련 경력이 요구됩니다 그 직위에 (A) Prior experience / in a relevant field / is / necessary. 경력이 관련 분야에서의 필요합니다 (B) Applicants / with a degree in a related subject / are preferred. 지원자들이 관련 학위가 있는 우대됩니다	최소 1년의 관련 경력이 그 직위에 요구됩니다. (A) 관련 분야에서의 경력이 필요합니다. (B) 관련 학위가 있는 지원자들을 우대합니다.

one year of related experience를 Prior experience in a relevant field로 paraphrase하여 그 의미가 가까운 (A)가 정답입니다. 주어진 문장에서 관련 학위에 대한 언급은 하지 않았으므로 (B)는 오답입니다.

08	KitchenArt appliances / are / popular / because of their easy-to-grip handles. KitchenArt사 가전 제품은 인기가 있다 잡기 쉬운 손잡이 때문에 (A) Customers / prefer / KitchenArt products / as they / can be held / with ease. 고객들은 선호한다 KitchenArt사의 제품을 그것들이 ~이므로 쥐여질 수 있다 쉽게 (B) KitchenArt / makes / products / with strong handles. KitchenArt사는 만든다 제품들을 튼튼한 손잡이를 가진	KitchenArt사 가전 제품은 잡기 쉬운 손잡이 때문에 인기가 있다. (A) 고객들은 KitchenArt사 제품을 쉽게 잡을 수 있으므로 선호한다. (B) KitchenArt사는 튼튼한 손잡이를 가진 제품들을 만든다.

appliances를 products로, easy-to-grip을 can be held with ease로 paraphrase하여 그 의미가 가까운 (A)가 정답입니다. 주어진 문장에서 제품의 튼튼한 손잡이에 대한 언급은 하지 않았으므로 (B)는 오답입니다.

09 **Question 09 refers to the following letter.**
↳ 편지에 관한 지문

The Lansdowne Community Center would like to thank you / for your
Lansdowne 지역 센터는 귀하께 감사드리고 싶습니다
generous gift / of $1,000. As you requested, / your donation will be used /
귀하의 후한 선물에 1,000달러의 귀하께서 요청하셨듯이 귀하의 기부금은 사용될 것입니다
to create an after-school sports program / for teenagers. Together with
방과 후 스포츠 프로그램을 만드는 데 10대들을 위한
citizens like you, / we have been providing the neighborhood / with
귀하와 같은 시민들과 함께 저희는 이웃에게 제공해 왔습니다
excellent recreational programs / for the past 25 years. Your sponsorship /
우수한 레크리에이션 프로그램들을 지난 25년 동안 귀하의 후원은
enables us / to offer many services / and helps / ensure a bright future /
저희를 가능하게 합니다 많은 서비스를 제공하도록 그리고 도와줍니다 밝은 미래를 보장하는 데
for our city.
우리 시의

09번은 다음 편지에 관한 문제입니다.

저희 Lansdowne 지역 센터는 귀하께서 보내주신 1,000달러의 후한 후원금에 대해 감사드립니다. 요청하신 바와 같이 귀하의 기부금은 10대를 위한 방과 후 스포츠 프로그램을 개설하는 데 사용할 것입니다. 귀하와 같은 시민들과 함께, 저희는 지난 25년간 이 지역 주민에게 우수한 레크리에이션 프로그램을 제공해 왔습니다. 귀하의 후원은 저희가 많은 서비스를 제공할 수 있게 해주고 우리 시의 밝은 미래를 보장하는 데 도움이 됩니다.

Why was the letter written?
↳ 목적
(A) To request funding for community programs
(B) To express gratitude to a donor for financial support
(C) To provide instructions to a sponsor

편지는 왜 쓰였는가?
(A) 지역 사회 프로그램을 위한 자금을 요청하기 위해
(B) 후원자에게 재정 지원에 대한 감사를 표하기 위해
(C) 후원자에게 설명을 제공하기 위해

주제/목적 찾기 문제

지문의 목적은 대부분 지문의 앞부분에서 언급되므로 앞부분에서 단서를 찾습니다. 'The Lansdowne Community Center would like to thank you for your generous gift of $1,000.'에서 1,000달러의 후원금에 대해 감사하다고 말하고 있습니다. 따라서 (B) To express gratitude to a donor for financial support가 정답입니다. thank를 express gratitude로, gift of $1,000를 financial support로 paraphrase하였습니다.

10 **Question 10 refers to the following advertisement.**
↳ 광고에 관한 지문

The Eastwood Hotel is seeking / a full-time chef / to start on
Eastwood 호텔은 찾고 있습니다 전임 주방장을
November 1. We would like him or her to join the kitchen team / at our
11월 1일에 시작할 우리는 주방장이 조리팀에 합류하기를 원합니다
new location / in Hong Kong. Applicants must have graduated / from a
새 지점에 홍콩의 지원자는 졸업해야만 합니다
licensed culinary institute / and have a strong background / in Chinese
인증 받은 요리 학원을 그리고 탄탄한 경력을 지녀야 합니다 중화요리에
cuisine. A minimum of five years' experience / in the field / is preferred.
최소 5년의 경력이 해당 분야에서 우대됩니다
Applicants will also need to prepare / several sample dishes /
지원자들은 또한 준비할 필요가 있습니다 몇 가지 견본 요리를
for the final interview. Salary and benefits are negotiable.
최종 면접을 위해 급여와 복리 후생은 협의 가능합니다

10번은 다음 광고에 관한 문제입니다.

Eastwood 호텔에서 11월 1일부터 일을 시작할 전임 주방장을 찾고 있습니다. 주방장이 홍콩 새 지점의 조리팀에 합류해 주셨으면 합니다. 지원자는 인증 받은 요리 학원을 졸업하고, 중화요리에 탄탄한 경력이 있어야 합니다. 이 분야에서 최소 5년의 경력을 지닌 지원자를 우대합니다. 지원자들은 최종 면접에서 몇 가지 견본 요리를 준비해야 합니다. 급여와 복리 후생은 협의 가능합니다.

What is the purpose of the advertisement?
↳ 목적
(A) To advertise the opening of a new branch
(B) To promote a new cookbook
(C) To announce a job opening

광고의 목적은 무엇인가?
(A) 새 지점의 개업을 광고하기 위해
(B) 새로운 요리책을 홍보하기 위해
(C) 일자리를 공고하기 위해

주제/목적 찾기 문제

지문의 목적은 대부분 지문의 앞부분에서 언급되므로 앞부분에서 단서를 찾습니다. 'The Eastwood Hotel is seeking a full-time chef'에서 전임 주방장을 찾고 있다고 말하고 있습니다. 따라서 (C) To announce a job opening이 정답입니다. seeking a chef를 a job opening으로 paraphrase하였습니다.

11 **Question 11 refers to the following memo.**

↳ 회람에 관한 지문

To: All staff

From: Brian Bean, Manager of the human resources department

Subject: Regulations for leave of absence

I am pleased / to announce / that we have 50 new employees / this month.
저는 기쁩니다 공지하는 것이 우리가 50명의 신입 사원을 맞이하게 되었음을 이번 달에

In light of this, / it seems like a good time / to review the leave policy.
이러한 점을 고려해서 적절한 시기인 것 같습니다 휴가 정책을 검토하기에

Annual leave can be used / for vacation or personal reasons.
연차 휴가는 사용될 수 있습니다 휴가나 개인적인 이유로

Employees should request leave / from their supervisor / in advance.
직원들은 휴가를 신청해야 합니다 상관으로부터 미리

Employees with fewer than 3 years of service / receive 7 days of annual
근무 기간이 3년 미만인 직원들은 7일의 연차 휴가를 받습니다

leave. Staff with 3 to 14 years' service / get 10 days. Employees who
3년에서 14년 근무한 직원들은 10일을 받습니다

have served 15 or more years / get 13 days of annual leave.
15년 이상 근무한 직원들은 13일의 연차 휴가를 받습니다

If you need further information / regarding this policy, / please consult /
만약 추가 정보가 필요하면 이 정책에 관해서 찾아보십시오

the employee manual.
직원 안내서를

11번은 다음 회람에 관한 문제입니다.

수신: 전 직원
발신: Brian Bean, 인사부장
제목: 휴가 규정

이번 달에 50명의 신입 사원을 맞이하게 되었음을 공지하게 되어 기쁘게 생각합니다. 이런 상황을 고려해 볼 때, 휴가 정책을 검토하기에 적절한 시기인 것 같습니다. 연차 휴가는 휴가나 개인 사정으로 사용할 수 있습니다. 직원들은 미리 상관에게 휴가를 신청해야 합니다. 근무 기간이 3년 미만인 직원들은 7일의 연차 휴가를 받습니다. 3년에서 14년 동안 근무한 직원들은 10일을 받습니다. 15년 이상 근무한 직원들은 13일의 연차 휴가를 받습니다.

이 정책과 관련하여 추가 정보가 필요하면 직원 안내서를 찾아보십시오.

What is the memo mainly about?
↳ 주제

(A) The hiring process
(B) The vacation policy
(C) The benefits package
(D) The new employees

회람은 주로 무엇에 대한 것인가?

(A) 고용 절차
(B) 휴가 정책
(C) 복리 후생 제도
(D) 신입 사원

주제/목적 찾기 문제

지문의 주제는 대부분 앞부분에서 언급되므로 앞부분에서 단서를 찾습니다. 'it seems like a good time to review the leave policy'에서 휴가 정책을 검토한다고 말하고 있으므로, (B) The vacation policy가 정답입니다. the leave policy를 The vacation policy로 paraphrase하였습니다.

[품사] 명사

01 명사 자리

p.73

01 Our company / strengthened / security / by hiring more guards. 우리 회사는 / 강화했다 / 보안을 / 더 많은 경비원을 고용하여
↳ 목적어 자리

02 The growth / of the information technology market / was / larger / than expected.
↳ 관사 뒤, 주어 자리
성장은 / 정보 기술 시장의 / 더 컸다 / 기대했던 것보다

03 Oil companies / earned / a profit / during the last quarter. 석유 회사들은 / 창출했다 / 이익을 / 지난 분기 동안
↳ 관사 뒤, 목적어 자리

04 There / will be / a technician / to repair / the faulty equipment. 기술자가 있을 것이다 / 수리하기 위한 / 결함이 있는 장비를
↳ 관사 뒤, 보어 자리

05 Thomas / has to show / his identification / to enter / the laboratory.
↳ 소유격 뒤, 목적어 자리
Thomas는 / 보여줘야 한다 / 그의 신분증을 / 들어가기 위해 / 실험실에

06 The movie / drew / widespread criticism. 그 영화는 / 끌어냈다 / 광범위한 비판을
↳ 형용사 뒤, 목적어 자리

07 The company / needs / a summary / of recent comments / from its product users.
그 회사는 / 필요하다 / 요약이 / 최근 평가의 / 제품 사용자들로부터
↳ 관사 뒤, 목적어 자리

그 회사는 제품 사용자들의 최근 평가를 요약한 것이 필요하다.

명사 자리 문제
빈칸은 관사 a 뒤에 있고, 문장에서 목적어 자리이므로 명사가 와야 하는 자리입니다. 따라서 명사인 (B) summary(요약)가 정답입니다. 동사인 (A) summarize(요약하다), (C) summarizes, (D) summarized는 명사 자리에 올 수 없습니다.

08 He / immediately / rejected / the ideas / submitted / by the committee.
그는 / 바로 / 거절했다 / 그 의견들을 / 제시된 / 위원회에 의해
↳ 동사 자리

그는 위원회가 제시한 의견들을 바로 거절했다.

동사 자리 문제
주어 He 다음에 동사 자리가 비어 있습니다. 보기 중 동사 자리에 올 수 있는 것은 동사인 (A) rejected(거절했다)입니다. '동사+ing'인 (B) rejecting, 명사인 (C) rejection(거절), 'to+동사'인 (D) to reject는 동사 자리에 올 수 없습니다. 참고로, immediately처럼 부사가 주어와 동사 사이에 나오는 경우가 많은데 이때는 부사를 빼고 주어와 동사를 찾도록 합니다.

09 The loan application / was given / final approval / by the bank.
그 대출 신청서는 / 받았다 / 최종 승인을 / 은행으로부터
↳ 형용사 뒤, 목적어 자리

그 대출 신청서는 은행으로부터 최종 승인을 받았다.

명사 자리 문제
빈칸은 형용사 final(최종의) 뒤에 있고, 동사 was given(받았다)의 목적어 자리이므로 명사가 와야 하는 자리입니다. 따라서 명사인 (D) approval(승인)이 정답입니다. 동사인 (A) approved와 (C) approve(승인하다)는 명사 자리에 올 수 없습니다.

10 As soon as / an evaluation / of the budget / is completed, / the report / will be reviewed / by the board of directors.
~하자마자 / 평가가 / 예산에 대한 / 완료되다 / 그 보고서가 / 검토될 것이다 / 이사회에 의해
↳ 관사 뒤, 주어 자리

예산에 대한 평가가 완료되자마자, 이사회가 그 보고서를 검토할 것이다.

명사 자리 문제
빈칸은 관사 an 뒤에 있고, 문장에서 주어 자리이므로 명사가 와야 하는 자리입니다. 따라서 명사인 (A) evaluation(평가)이 정답입니다. 동사인 (B) evaluate(평가하다)와 형용사인 (C) evaluative(평가하는)는 명사 자리에 올 수 없습니다.

01 Diana / obtained / access / to the classified files. Diana는 / 얻었다 / 접근 권한을 / 기밀 문서에 대해
↳ 불가산명사

02 The supplier / offers / many different types / of equipment. 그 공급업체는 / 제공한다 / 많은 다양한 종류를 / 장비의
↳ 불가산명사

03 Mr. Anderson / received / some advice / from his coworkers. Mr. Anderson은 / 받았다 / 몇 가지 충고를 / 그의 동료들로부터
↳ 불가산명사

04 Jennifer / will stay / in Hong Kong / for a month / to hire / more engineers.
↳ a/an + 가산명사 Jennifer는 / 머무를 것이다 / 홍콩에 / 한 달간 / 고용하기 위해 / 더 많은 기술자들을

05 He / reported / his missing luggage / to an airline official. 그는 / 알렸다 / 그의 잃어버린 수하물을 / 항공사 관계자에게
↳ 불가산명사

06 The store / will provide / discounts / on selected items / starting next week.
↳ 가산명사 + (e)s 그 상점은 / 제공할 것이다 / 할인을 / 선택된 품목들에 대해 / 다음 주부터

07 The researchers / must check / the references / of the recently published study.
연구원들은 / 반드시 확인해야 한다 / 참고 문헌들을 / 최근에 발표된 연구의
↳ 관사 뒤, 목적어 자리

연구원들은 최근에 발표된 연구의 참고 문헌들을 반드시 확인해야 한다.

명사 자리 문제

빈칸은 관사 the 뒤에 있고, 동사 check(확인하다)의 목적어 자리이므로 명사가 와야 하는 자리입니다. 따라서 명사인 (D) references(참고 문헌)가 정답입니다. 동사인 (A) refer(언급하다)와 형용사 (B) referenced(참조되는), (C) referential(참고의)은 명사 자리에 올 수 없습니다.

08 The director / has asked / us / to send / monthly statements / to Ms. Shriver / in the finance department.
그 이사는 / 요청했다 / 우리에게 / 발송하도록 / 월별 명세서들을 / Ms. Shriver에게 / 재무부에 있는
↳ 가산명사 + (e)s

그 이사는 우리에게 재무부의 Ms. Shriver에게 월별 명세서들을 발송하도록 요청했다.

가산명사와 불가산명사 구별 문제

형용사 monthly(매달의) 뒤에 올 수 있는 것은 명사이므로 명사인 (A) statements 또는 (B) statement가 빈칸에 와야 합니다. statement(명세서)는 가산명사이므로 단수일 때는 앞에 관사 a를 쓰고, 복수일 때는 명사 뒤에 (e)s를 붙여야 합니다. 앞에 관사가 없으므로, 복수형인 (A)가 정답입니다.

09 Customers / who signed up / for a free trial / should make a request / for necessary information.
고객들은 / 등록한 / 무료 체험에 / 요청해야 한다 / 필요한 정보를
↳ 불가산명사

무료 체험에 등록한 고객들은 필요한 정보를 요청해야 한다.

가산명사와 불가산명사 구별 문제

형용사 necessary(필요한) 뒤에 올 수 있는 것은 명사이므로 명사인 (B) information 또는 (D) informations가 빈칸에 와야 합니다. information(정보)은 불가산명사이므로 앞에 관사 an을 쓰거나, 뒤에 (e)s를 붙이면 안 됩니다. 따라서 뒤에 (e)s가 붙지 않은 (B)가 정답입니다.

10 Representatives / of the labor union / met / with management / to discuss / the contract / for the next year.
대표자들은 / 노동 조합의 / 만났다 / 경영진과 / 논의하기 위해 / 계약을 / 내년의
↳ 가산명사 + (e)s

노동 조합 대표들은 내년 계약을 논의하기 위해 경영진을 만났다.

가산명사와 불가산명사 구별 문제

문장에서 주어 자리에 올 수 있는 것은 명사이므로 명사인 (C) Representative 또는 (D) Representatives가 빈칸에 와야 합니다. Representative(대표자)는 가산명사이므로 단수일 때는 앞에 관사 a를 쓰고, 복수일 때는 명사 뒤에 (e)s를 붙여야 합니다. 앞에 관사가 없으므로, 복수형인 (D)가 정답입니다. 참고로, representative는 -tive로 끝나서 명사가 아닌 것처럼 보이지만, 토익에 자주 등장하는 명사이므로 반드시 기억해 둡니다.

03 명사 앞의 수량 표현

01 The committee / interviewed / one of the candidates / this morning. 위원회는 / 면접했다 / 지원자들 중 한 명을 / 오늘 아침에
→ one of the + 복수 가산명사

02 Several calculators / were found / to be defective. 몇몇 계산기는 / 발견되었다 / 결함이 있는 것으로
→ Several + 복수 가산명사

03 Some staff members / will attend / the seminar / tomorrow. 몇몇 직원들은 / 참석할 것이다 / 세미나에 / 내일
→ Some + 복수 가산명사

04 The policy change / caused / much debate. 정책 변화는 / 야기했다 / 많은 논쟁을
→ much + 불가산명사

05 Recent studies / have found / that there are / a number of reasons / why customers prefer / placing orders online.
최근 연구는 / 알아냈다 / 있다는 것을 / 많은 이유들이 / 왜 고객들이 선호하는지 / 온라인으로 주문하는 것을
→ a number of + 복수 가산명사

고객들이 온라인 구매를 선호하는 데에는 많은 이유들이 있다는 것이 최근 연구에서 밝혀졌다.

수량 표현에 맞는 명사 넣기 문제
빈칸 앞에 온 a number of(많은)는 복수 가산명사 앞에 쓰는 수량 표현입니다. 따라서 복수 명사인 (A) reasons(이유들)가 와야 합니다.

06 Most franchises / comply / with strict rules / on structure and operations.
대부분의 체인점들은 / 따른다 / 엄격한 규칙을 / 구조와 운영에 대한
→ Most + 복수 가산명사

대부분의 체인점들은 구조와 운영에 대한 엄격한 규칙을 따른다.

명사 앞에 오는 수량 표현 넣기 문제
빈칸 다음에 복수 명사 franchises(체인점들)가 있으므로 복수 가산명사와 함께 쓸 수 있는 수량 표현 (C) Most(대부분의)가 와야 합니다. (A) Another(또 다른)는 단수 가산명사 앞에 쓰는 수량 표현이고, (B) Much(많은)와 (D) Little(거의 없는)은 불가산명사 앞에만 쓰는 수량 표현입니다.

07~09

Questions 07-09 refer to the following memo.
→ 회람에 관한 지문

From: Julie Gould, Training Manager
To: All Employees

As we discussed, / you will be attending / a training program / conducted / by one of our instructors. At the end of the program, / I would like / you / to submit / a report / describing what you've learned. This / will be required of / 07 all participants. Additionally, / you / will be asked / to assess / the instructor's 08 performance. Detailed feedback / is vital / to improving / the program's effectiveness. 09 Therefore, / please be as thorough as possible. Both documents / should be submitted / by the end of the day.

논의하였듯이 / 여러분은 참가할 것입니다 / 교육 과정에 / 시행되는 / 우리의 강사 중 한 명에 의해 / 과정 끝에 / 저는 원합니다 / 여러분이 / 제출하기를 / 보고서를 / 여러분이 배운 것을 기술하는 / 이것은 / 요구될 것입니다 / 모든 참가자들에게 / 또한 / 여러분은 / 요청받을 것입니다 / 평가하도록 / 강사의 성과를 / 구체적인 피드백은 / 중요합니다 / 향상시키는 데 / 프로그램의 효과를 / 그러므로 / 가능한 한 꼼꼼하게 해 주세요 / 두 서류는 / 제출되어야 합니다 / 그날까지

→ all + 복수 가산명사
→ 소유격 뒤, 목적어 자리

07-09번은 다음 회람에 관한 문제입니다.

발신: Julie Gould, 교육 담당자
수신: 전 직원

논의하였듯이, 여러분은 우리의 강사 중 한 명이 진행하는 교육 과정에 참가할 것입니다. 저는 여러분이 교육 과정 끝에 배운 것을 기술하는 보고서를 제출하기를 바랍니다. 이것은 모든 참가자에게 요구될 것입니다. 또한 여러분은 강사의 성과를 평가하도록 요청받을 것입니다. 구체적인 피드백은 프로그램의 효과를 향상시키는 데 중요합니다. 그러므로, 가능한 한 꼼꼼하게 해주세요. 두 서류는 그날까지 제출되어야만 합니다.

07 명사 앞에 오는 수량 표현 넣기 문제
빈칸 다음에 복수 명사 participants(참가자들)가 있으므로 복수 가산명사와 함께 쓸 수 있는 수량 표현 (B) all(모든)이 와야 합니다. (A) another(또 다른), (C) every(모든), (D) each(각각의)는 단수 가산명사와 함께 쓰는 수량 표현입니다.

08 명사 자리 문제
빈칸은 소유격 the instructor's 뒤에 있고, 동사 assess(평가하다)의 목적어 자리이므로 명사가 와야 하는 자리입니다. 따라서 명사인 (A) performance(성과)가 정답입니다. 동사인 (B) perform(수행하다), (C) performed와 형용사인 (D) performable(수행할 수 있는)은 명사 자리에 올 수 없습니다.

09 알맞은 문장 고르기 문제
빈칸에 들어갈 알맞은 문장을 고르는 문제이므로 빈칸의 주변 문맥을 파악합니다. 앞 문장 'Detailed feedback is vital ~ effectiveness.'에서 구체적인 피드백이 중요하다고 했으므로 빈칸에는 가능한 한 꼼꼼하게 작성해 달라는 내용이 들어가야 함을 알 수 있습니다. 따라서 (D) Therefore, please be as thorough as possible이 정답입니다. (보기 해석 p. 576)

01 More medical trials / must be carried out / before / the results / are conclusive.
~을 수행하다
더 많은 의료 실험이 / 수행되어야 한다 / ~ 전에 / 결과가 / 확실해지기

02 Office workers / should dispose / of confidential papers / properly. 사무실 직원들은 / 처리해야 한다 / 기밀 문서를 / 적절히
~을 처리하다, 처분하다

03 Upgraded facilities / have contributed / to the company's success. 성능이 향상된 시설들은 / 기여했다 / 회사의 성공에
~에 기여하다, 공헌하다

04 The hotel / provides / guests / with a complimentary breakfast. 호텔은 / 제공한다 / 손님들에게 / 무료 아침 식사를
A에게 B를 제공하다(provide A with B)

05 Car emissions / account for / 40 percent / of the air pollution / in the city.
자동차 배기 가스는 / 차지한다 / 40퍼센트를 / 대기 오염의 / 시내에서
account for (~의 비율을) 차지하다

자동차 배기 가스는 시내 대기 오염의 40퍼센트를 차지한다.

'배기 가스는 대기 오염의 40퍼센트를 ___한다'는 문맥에 적합하면서, 빈칸 뒤의 for와 함께 쓰여 '(~의 비율을) 차지하다'라는 의미를 만드는 어휘는 (A) account(차지하다)입니다. (B) take(가지다), (C) defeat(패배시키다), (D) care(돌보다)는 문맥에 적합하지 않습니다.

06 Having specialized in marketing, / Ms. Li / is qualified / for the job.
마케팅을 전문적으로 한 / Ms. Li는 / ~할 자격이 있다 / 그 일을
specialize in ~을 전문적으로 하다

마케팅을 전문적으로 한 Ms. Li는 그 일을 할 자격이 있다.

'마케팅을 ___ 한 Ms. Li는 그 일을 할 자격이 있다'는 문맥에 적합하면서, 빈칸 뒤의 in과 함께 쓰여 '~을 전문적으로 하다'라는 의미를 만드는 어휘는 specialize(전문적으로 하다)의 p.p.인 (C) specialized입니다. (A)의 accept(수락하다), (B)의 recognize(인식하다), (D)의 interest(관심을 끌다)는 문맥에 적합하지 않습니다.

07~09

Questions 07-09 refer to the following article. 기사에 관한 지문

Beginning next month, / Sonic Motors / will **07** equip / its newest vehicles with
다음 달부터 / Sonic Motors사는 / 갖추게 할 것이다 / 그것의 최신 자동차에

advanced computer modules. Cars with this device / will be able to provide /
고급 컴퓨터 모듈을 / 이 장치가 있는 자동차는 / 제공할 수 있을 것이다

navigational aid / and perform / self-diagnostic checks. Current owners /
길 안내를 / 그리고 수행할 수 있을 것이다 / 자가 진단 검사를 / 현재 소유주들은

may take **08** advantage of / the new technology / as well. According to Ms.
~을 이용할 수 있다 / 새로운 기술을 / 또한

Brenda O'Delle, / the head of public relations at Sonic, / the module / can be
Ms. Brenda O'Delle에 의하면 / Sonic의 홍보부 부장인 / 그 모듈은

installed / in a number of older cars / as well. **09** The list of upgradable models /
설치될 수 있다 / 일부 구형 자동차에서 / 또한 / 업그레이드될 수 있는 모델의 목록은

is available / at www.sonicars.com.
열람 가능하다 / www.sonicars.com에서

equip A with B A에 B를 갖추다
take advantage of ~을 이용하다

07-09번은 다음 기사에 관한 문제입니다.

다음 달부터 Sonic Motors사는 최신 자동차에 고급 컴퓨터 모듈을 갖출 것이다. 이 장치가 있는 자동차는 길 안내를 제공하고 자가 진단 검사를 수행할 수 있을 것이다. 현재 소유주들 또한 새로운 기술을 이용할 수 있다. Sonic의 홍보부 부장인 Ms. Brenda O'Delle에 의하면 그 모듈은 일부 구형 자동차에서도 설치될 수 있다. 업그레이드될 수 있는 모델의 목록은 www.sonicars.com에서 열람 가능하다.

07 '최신 자동차에 고급 컴퓨터 모듈을 ___ 것이다'라는 문맥에 적합하면서, with와 함께 쓰여 '~을 갖추다'는 의미를 만드는 어휘는 (D) equip(갖추다)입니다. (A) concern(걱정하다), (B) work(일하다), (C) collaborate(협력하다)는 문맥에 적합하지 않습니다.

08 '현재 소유주들 또한 새로운 기술을 ___ 수 있습니다'라는 문맥에 적합하면서, 빈칸 앞뒤의 take ___ of와 함께 쓰여 '~을 이용하다'라는 의미를 만드는 어휘는 (A) advantage(이점)입니다. (B) benefit(이익)은 'benefit from(~로부터 이득을 얻다)'의 형태로 자주 출제됩니다. (C) improvement(개선), (D) usage(사용법)는 문맥에 적합하지 않습니다.

09 빈칸에 들어갈 알맞은 문장을 고르는 문제이므로 빈칸의 주변 문맥을 파악합니다. 앞 문장 'the module can be installed in a number of older cars as well'에서 고급 컴퓨터 모듈은 일부 구형 자동차에서도 설치될 수 있다고 했으므로 빈칸에는 업그레이드될 수 있는 모델의 목록에 대한 내용이 들어가야 함을 알 수 있습니다. 따라서 (C) The list of upgradable models is available at www.sonicars.com이 정답입니다. (보기 해석 p. 576)

육하원칙 문제

p.82

01 The machinery / at our plant / is too old / for us / to remain / competitive.
기계들은 / 우리 공장의 / 너무 낡았다 / 우리가 / 유지하기에는 / 경쟁력을

= We / have / outdated equipment / compared / to other companies.
우리는 가지고 있다 / 구식 장비를 / 비교했을 때 / 다른 기업들과

우리 공장의 기계들은 경쟁력을 유지하기에는 너무 낡았다.
= 다른 기업들과 비교했을 때 우리는 구식 장비를 가지고 있다.

too old(너무 낡은)와 비슷한 의미를 지닌 (A) outdated(구식의)가 빈칸에 적합합니다.

02 Yearly pay raises / will be determined / after the employee evaluations.
연봉 인상은 / 결정될 것이다 / 직원 평가 후에

= Employee performance / will be assessed / to decide / on salary increases.
직원의 실적은 / 평가될 것이다 / 결정하기 위해 / 임금 인상에 대해

연봉 인상은 직원 평가 후에 결정될 것이다.
= 임금 인상에 대해 결정하기 위해 직원들의 실적은 평가될 것이다.

evaluations(평가)와 비슷한 의미를 지닌 (B) assessed(평가되다)가 빈칸에 적합합니다.

03 The hotel / announced / that it / will reopen / its newly improved restaurant / next month.
그 호텔은 / 발표했다 / 그것이 ~라는 것 / 다시 열 것이다 / 새롭게 개선된 레스토랑을 / 다음 달에

= The hotel / will reopen / its renovated facility / in the coming month.
그 호텔은 / 다시 열 것이다 / 개조된 시설을 / 다가오는 달에

그 호텔은 다음 달에 새롭게 개선된 레스토랑을 다시 열 것이라고 발표했다.
= 그 호텔은 개조된 시설을 다음 달에 다시 열 것이다.

newly improved(새롭게 개선된)와 비슷한 의미를 지닌 (B) renovated(개조된)가 빈칸에 적합합니다.

04 According to / yesterday's report, / the sales department / reached / its quarterly sales target.
~에 따르면 / 어제 보고서 / 영업부는 / 달성했다 / 분기 판매 목표를

= The sales goal / was met / last quarter.
판매 목표가 / 충족되었다 / 지난 분기에

어제 보고서에 따르면, 영업부는 분기 판매 목표를 달성했다.
= 지난 분기에 판매 목표를 충족했다.

reached(달성했다)와 비슷한 의미를 지닌 (A) met(충족되다)이 빈칸에 적합합니다.

05 Children / under 10 / must be accompanied / by a parent.
어린이들은 10세 이하의 동반되어야 한다 부모에 의해

(A) Seven-year-old children / will not be charged / admission.
7세 아이들은 부과받지 않을 것이다 입장료를

(B) Seven-year-old children / will be admitted / only if / they / are with an adult.
7세 아이들은 입장이 허가될 것이다 ~의 경우에 한해서 그들이 성인과 함께하다

10세 이하의 어린이들은 부모가 동반해야 한다.
(A) 7세 아이들에게는 입장료가 부과되지 않을 것이다.
(B) 7세 아이들은 성인과 함께 있는 경우에만 입장할 수 있을 것이다.

Children under 10을 Seven-year-old children으로, accompanied by a parent를 with an adult로 paraphrase하여 그 의미가 가까운 (B)가 정답입니다. 주어진 문장에서 입장료에 대한 언급은 하지 않았으므로 (A)는 오답입니다.

06 Only candidates / who have passed / the written exam / will be contacted.
지원자들만이 통과한 필기 시험을 연락 받을 것이다

(A) Not / all of the job applicants / will be interviewed.
아니다 모든 취업 지원자들이 면접을 받을 것이다

(B) Candidates / need / to confirm / the date and time / of the interview.
지원자들은 필요가 있다 확인할 날짜와 시간을 면접의

필기 시험을 통과한 지원자들만 연락을 받을 것이다.
(A) 모든 구직자들이 면접을 보게 되는 것은 아니다.
(B) 지원자들은 면접 날짜와 시간을 확인할 필요가 있다.

주어진 문장에서 필기 시험을 통과한 지원자들만 연락을 받을 것이라고 했으므로 모든 지원자들이 면접을 보게 되는 것이 아님을 알 수 있습니다. 따라서 이와 가까운 의미를 지닌 (A)가 정답입니다. candidates를 job applicants로 paraphrase하였습니다. 주어진 문장에서 면접 날짜와 시간에 대한 언급은 하지 않았으므로 (B)는 오답입니다.

07 The management / has not found / a suitable person / to take over / Mr. Watson's position.
경영진은 찾지 못했다 적임자를 인계할 Mr. Watson의 자리를

(A) The replacement / for Mr. Watson / has yet / to be appointed.
후임자는 Mr. Watson의 아직 ~않았다 임명되지

(B) The appointment / of Mr. Watson / has yet / to be confirmed.
임명은 Mr. Watson의 아직 ~않았다 승인되지

경영진은 Mr. Watson의 자리를 인계할 적임자를 찾지 못했다.
(A) Mr. Watson의 후임자는 아직 임명되지 않았다.
(B) Mr. Watson의 임명은 아직 승인되지 않았다.

take over Mr. Watson's position을 The replacement for Mr. Watson으로 paraphrase하여 그 의미가 가까운 (A)가 정답입니다. 주어진 문장에서 Mr. Watson의 임명에 대한 언급은 하지 않았으므로 (B)는 오답입니다.

08 Room service / delivered / my breakfast / late / five times / during my six-day stay.
룸서비스는 배달했습니다 저의 아침 식사를 늦게 다섯 번 6일간 머무는 동안

(A) I / did not receive / most of my morning meals / on time.
저는 받지 못했습니다 대부분의 아침 식사를 제시간에

(B) I / received / the wrong order / five times / during my stay.
저는 받았습니다 잘못된 주문을 다섯 번 머무는 동안

6일간 머무는 동안 룸서비스는 제 아침 식사를 다섯 번 늦게 배달했습니다.
(A) 저는 대부분의 아침 식사를 제시간에 받지 못했습니다.
(B) 저는 머무는 동안 다섯 번이나 잘못된 주문을 받았습니다.

delivered late를 did not receive ~ on time으로, breakfast를 morning meals로, five times during my six-day stay를 most of로 paraphrase하여 그 의미가 가까운 (A)가 정답입니다. 주어진 문장에서 잘못된 주문에 대한 언급은 하지 않았으므로 (B)는 오답입니다.

09 **Question 09 refers to the following announcement.** (공고에 관한 지문)

Due to the very large number of participants / who have registered / for the Independent Businesswomen's Conference, / the venue has been changed. In order to accommodate our large group of attendees, / we have moved the meeting / from the Moonlight Hotel to the Sunshine Coast Hotel's banquet room. The fee will remain the same / and includes a meal and entertainment / following our guest speaker's talk. Please be reminded / that the event will still start at 9:30 A.M.

매우 많은 참가자들의 수 때문에 / 등록한 / Independent Businesswomen 회의에 / 장소가 변경되었습니다 / 우리의 대규모 참가자들을 수용하기 위해서 / 우리는 회의를 옮겼습니다 / Moonlight 호텔에서 Sunshine Coast 호텔의 연회실로 / 참가비는 여전히 동일할 것입니다 / 그리고 식사와 연회를 포함합니다 / 우리 초청 연사의 강연에 이은 / 기억하시기 바랍니다 / 행사가 오전 9시 30분에 시작한다는 것을

09번은 다음 공고에 관한 문제입니다.

Independent Businesswomen 회의에 등록한 참가자 수가 매우 많아서 장소가 변경되었습니다. 대규모 참가자들을 수용하기 위해서 Moonlight 호텔에서 Sunshine Coast 호텔의 연회실로 회의를 옮겼습니다. 참가비는 여전히 동일할 것이고 초청 연사의 강연에 이은 식사와 연회 비용을 포함합니다. 행사는 오전 9시 30분에 시작한다는 점을 기억하시기 바랍니다.

What has been modified about the event? (키워드)

(A) The ticket price
(B) The time
(C) The location

행사에서 변경된 것은 무엇인가?

(A) 티켓 가격
(B) 시간
(C) 장소

육하원칙 문제

질문의 키워드 modified를 지문에서 changed로 paraphrase하였습니다. 'the venue has been changed'에서 회의 장소가 변경되었다고 말하고 있으므로, (C) The location이 정답입니다. venue를 location으로 paraphrase하였습니다.

10 **Question 10 refers to the following notice.** (공고에 관한 지문)

Customers will be given a refund / if the products are returned / within 14 days of purchase, / the price tag is attached, / and the original sales receipt is provided. The refund will be made in cash / regardless of the method of payment used. Customers may be asked / to provide an explanation / as to why they were dissatisfied / with their purchase. We may also request / that customers fill out / a short form.

고객들은 환불을 받을 것입니다 / 만일 제품이 반품된다면 / 구매한지 14일 이내에 / 가격표가 붙어 있다 / 그리고 원본 영수증이 제공된다 / 환불은 현금으로 이루어질 것입니다 / 사용한 지불 수단과 상관없이 / 고객들은 요청받을 수 있습니다 / 설명을 제공하도록 / 왜 불만족스러운지에 대해 / 구매품에 대해 / 또한 우리는 요청할 수 있습니다 / 고객들이 작성하도록 / 짧은 양식을

10번은 다음 공고에 관한 문제입니다.

만일 제품이 구매한지 14일 이내에 반품되고, 가격표가 붙어 있으며, 원본 영수증이 제공된다면, 환불받을 수 있습니다. 사용한 지불 수단과 상관없이 현금으로 환불해 드릴 것입니다. 고객들은 왜 구매품이 불만족스러운지 설명을 제공하도록 요청받을 수 있습니다. 또한, 저희 측에서 고객에게 간단한 양식을 작성해 달라고 요청할 수도 있습니다.

What form will refunds come in? (키워드)

(A) Cash
(B) Vouchers
(C) Store credits

어떤 형태로 환불금이 들어올 것인가?

(A) 현금
(B) 상품권
(C) 상점 포인트

육하원칙 문제

질문의 키워드인 refunds가 지문에서 그대로 언급되었으므로 그 주변에서 정답의 단서를 확인합니다. 'The refund will be made in cash'에서 현금으로 환불해 줄 것이라고 말하고 있으므로, (A) Cash가 정답입니다.

11 ~ 12 **Questions 11-12 refer to the following letter.**
↳ 편지에 관한 지문

May 17

Carol Burton
320 Kemmons Drive
Louisville, KY 40218

Dear Ms. Burton,

We would like to let our valuable customers know / that Morrison will be
우리는 우리의 소중한 고객들에게 알리고자 합니다 Morrison사가
marking its 20th anniversary / [11]on June 8. To thank our loyal customers /
20주년 기념일을 축하하게 될 것임을 6월 8일에 우리의 우수 고객들에게 감사를 전하기 위해
on this special occasion, / we will be offering [11]a 20 percent discount /
이 특별한 날에 우리는 20퍼센트 할인을 제공할 것입니다
on all goods / in our catalog. This offer is [11]available / for 30 days /
모든 상품에 대해 우리 카탈로그에 있는 이 할인은 이용 가능합니다 30일 동안
from our anniversary date. [12]The enclosed summer catalog / contains /
우리의 기념일로부터 동봉된 여름 카탈로그는 포함합니다
details about / a new line of refrigerators and air conditioners.
~에 대한 세부정보를 새로운 종류의 냉장고와 에어컨

If you have any questions, / please call Customer Service / at 555-6825.
만약 문의사항이 있으면 고객 서비스로 전화해 주십시오 555-6825로

Sincerely,
Sharon Kim
Sales Manager

11-12번은 다음 편지에 관한 문제입니다.

5월 17일

Carol Burton
Kemmons가 320번지
루이스빌, 켄터키주 40218

Ms. Burton께,

자사의 소중한 고객들에게 Morrison사가 6월 8일에 20주년 기념일을 축하하게 될 것임을 알리고자 합니다. 이 특별한 날에 우수 고객들에게 감사를 전하기 위해, 자사 카탈로그에 있는 모든 상품에 대해 20퍼센트의 할인을 제공할 것입니다. 이 할인은 자사의 기념일로부터 30일 동안 이용 가능합니다. 동봉된 여름 카탈로그에는 새로운 종류의 냉장고와 에어컨에 대한 세부정보가 포함되어 있습니다.

문의 사항이 있으면 고객 서비스 번호인 555-6825로 전화해 주시기 바랍니다.

Sharon Kim 드림
판매부장

11 What month does the offer end?
↳ 키워드

(A) May
(B) June
(C) July
(D) August

어느 달에 할인이 끝나는가?

(A) 5월
(B) 6월
(C) 7월
(D) 8월

육하원칙 문제

질문의 키워드인 offer가 지문에서 그대로 언급되었으므로 그 주변에서 정답의 단서를 확인합니다. 'on June 8 ~ a 20 percent discount ~ available for 30 days'에서 20퍼센트 할인이 자사의 기념일인 6월 8일로부터 30일 동안 이용 가능하다고 말하고 있으므로, (C) July가 정답입니다.

12 What products will customers see in the catalog?
↳ 키워드

(A) Clothing
(B) Vehicles
(C) Office furniture
(D) Home appliances

고객들은 어떤 제품을 카탈로그에서 볼 수 있는가?

(A) 의류
(B) 차량
(C) 사무 가구
(D) 가전제품

육하원칙 문제

질문의 키워드인 catalog가 지문에서 그대로 언급되었으므로 그 주변에서 정답의 단서를 확인합니다. 'The enclosed summer catalog contains ~ refrigerators and air conditioners.'에서 동봉된 여름 카탈로그에 새로운 종류의 냉장고와 에어컨이 포함되어 있다고 말하고 있으므로, (D) Home appliances가 정답입니다. refrigerators and air conditioners를 Home appliances로 paraphrase하였습니다.

[품사] 대명사

01 인칭대명사

p.91

01 They / are planning / to go on vacation / next Friday. 그들은 / 계획이다 / 휴가를 갈 / 다음 주 금요일에
주어 자리 - 주격

02 Mr. Ford / was / late / for his physical examination. Mr. Ford는 / 늦었다 / 그의 신체 검사에
명사 앞 - 소유격

03 We / would like to read / other book reviews / before we write / ours. 우리는 / 읽고 싶다 / 다른 서평들을 / 쓰기 전에 / 우리 것을
목적어 자리 - 소유대명사

04 Alice / assisted / us / with preparations / for the next seminar. Alice는 / 도와줬다 / 우리를 / 준비에 대해 / 다음 세미나를 위한
목적어 자리 - 목적격

05 The employees / dealt with / the problem / by themselves. 직원들은 / 처리했다 / 그 문제를 / 그들 스스로
by + 재귀대명사

06 Nurses / must check / on their patients / frequently. 간호사들은 / 확인해야 한다 / 그들의 환자를 / 수시로
명사 앞 - 소유격

07 Companies / should examine / the environmental effects / of their activities.
회사들은 / 검토해야 한다 / 환경적 영향을 / 그들의 활동의
명사 앞 - 소유격

회사들은 그들의 활동이 환경에 미치는 영향을 검토해야 한다.

격에 맞는 인칭대명사 넣기 문제
인칭대명사 중 명사 activities(활동) 앞에 오는 것은 소유격입니다. 따라서 보기 중 인칭대명사의 소유격인 (B) their(그들의)가 정답입니다.

08 A consultant / visited / the office / and gave / several recommendations / about our work system.
한 자문 위원이 / 방문했다 / 사무실을 / 그리고 주었다 / 몇몇 권고를 / 우리의 업무 시스템에 대한
several + 복수 가산명사

한 자문 위원이 사무실을 방문했고 우리의 업무 시스템에 대한 몇몇 권고를 주었다.

명사 자리 / 수량 표현에 맞는 명사 넣기 문제
빈칸은 동사 gave의 목적어 자리이므로 명사가 와야 하는 자리입니다. 따라서 빈칸에는 명사인 (C) recommendation(권고)과 (D) recommendations가 올 수 있습니다. 빈칸 앞에 온 several(몇몇의)은 복수 가산명사와 함께 쓰는 수량 표현이므로 복수 명사인 (D)가 정답입니다.

09 You / may order / office supplies / from this store's catalog.
당신은 / 주문할 수 있습니다 / 사무용품을 / 이 가게의 카탈로그에서
주어 자리 - 주격

당신은 이 가게의 카탈로그에서 사무용품을 주문할 수 있습니다.

격에 맞는 인칭대명사 넣기 문제
인칭대명사 중 주어 자리에 오는 것은 주격입니다. 따라서 보기 중 인칭대명사의 주격인 (A) You(당신은)가 정답입니다.

10 Ms. Thompson / told / the organizer / that she would do / all of the cooking / for the event / by herself.
Ms. Thompson은 / 말했다 / 주최자에게 / 그녀가 할 것이라고 / 모든 요리를 / 행사를 위한 / 그녀 혼자서
by + 재귀대명사

Ms. Thompson은 그녀 혼자서 행사를 위한 모든 요리를 할 것이라고 주최자에게 말했다.

재귀대명사 넣기 문제
전치사 by와 어울려 '혼자서'라는 의미의 특정 표현으로 쓰이는 것은 재귀대명사입니다. 따라서 (D) herself(그녀 자신)가 정답입니다.

01 Those analysts / predicted / slower economic growth. 저 분석가들은 / 예상했다 / 더 느린 경제 성장을
↳ Those + 복수 명사

02 There / are / three offices / on this floor. 3개의 사무실이 있다 / 이 층에
↳ this + 단수 명사

03 The cost of rent / is / higher / than that of electricity. 임대에 대한 비용이 / 더 높다 / 전기에 대한 것보다
↳ (= the cost)

04 That editor / got / an award / last year. 저 편집장이 / 받았다 / 상을 / 지난해에
↳ That + 단수 명사

05 These results / are / inconsistent / with those of previous studies. 이 결과들은 / 일치하지 않는다 / 이전 연구의 것들과
복수 명사 ↳ (= results)

06 These revisions / are / important / for the completion of the proposal. 이 수정 사항들은 / 중요하다 / 제안서를 완성하는 데
↳ These + 복수 명사

07 HT's sports bags / differ / from those of Star Track / in price and quality.
HT사의 스포츠 가방들은 (복수 명사) / 다르다 / Star Track사의 것들과 (↳ (= sports bags)) / 가격과 품질 면에서

HT사의 스포츠 가방들은 가격과 품질 면에서 Star Track사의 것들과는 다르다.

지시대명사 선택 문제
비교 대상이 되는 복수 명사 sports bags(스포츠 가방들)의 반복을 피하기 위해 복수 지시대명사가 와야 하므로 (A) those가 정답입니다. (B) these(이것들의)와 (C) this(이 ~)는 명사를 수식하는 지시형용사이고, (D) them(그들을)은 인칭대명사의 목적격입니다.

08 Our company / implemented / a program for structural reforms, / but / this plan / was / unsuccessful.
우리 회사는 / 실행했다 / 구조 개혁 프로그램을 / 그러나 / 이 계획은 (↳ this + 단수 명사) / 실패했다

우리 회사는 구조 개혁 프로그램을 실행했으나, 이 계획은 실패했다.

지시형용사 선택 문제
빈칸 뒤에 온 단수 명사 plan(계획)을 수식할 수 있는 지시형용사는 this 또는 that이므로, (D) this(이 ~)가 정답입니다. (A) those(저것들의)와 (C) these(이것들의)는 복수 명사를 수식하는 지시형용사이고, (B) they(그들은)는 인칭대명사의 주격입니다.

09 Our line of designer clothing / is / more expensive / than that of other brands.
우리 디자이너 의상은 (단수 명사) / 더 비싸다 / 다른 브랜드들의 것보다 (= line of designer clothing)

우리 디자이너 의상은 다른 브랜드의 것보다 더 비싸다.

지시대명사 선택 문제
비교 대상이 되는 단수 명사 line of designer clothing(디자이너 의상)의 반복을 피하기 위해 단수 지시대명사가 와야 하므로 (C) that이 정답입니다. (B) these는 복수 명사를 수식하는 지시형용사이고, (D) their(그들의)는 인칭대명사의 소유격입니다.

10 The salesman / sold / her / an additional water purifier / for $200.
그 영업 사원은 / 팔았다 / 그녀에게 (↳ 목적어 자리 - 목적격) / 추가의 정수기를 / 200달러에

그 영업 사원은 그녀에게 정수기를 200달러에 하나 더 팔았다.

격에 맞는 인칭대명사 넣기 문제
인칭대명사 중 동사 sold(팔았다)의 목적어 자리에 오는 것은 목적격입니다. 따라서 보기 중 인칭대명사의 목적격인 (B) her(그녀에게)가 정답입니다.

03 부정대명사

01 The other proposals / got / more support / from the board. 다른 제안서들은 / 받았다 / 더 많은 지원을 / 이사회로부터
The other + 복수 명사

02 Your personal information / will not be used / for other purposes. 여러분의 개인 정보는 / 사용되지 않을 것입니다 / 다른 목적으로
other + 복수 명사

03 Some English legal terms / are / difficult / to translate / into Korean. 몇몇 영어 법률 용어들은 / 어렵다 / 번역하는 것이 / 한국어로
긍정문

04 One worker / prefers / morning meetings, / while / another / favors / afternoon sessions.
(= another worker) 한 직원은 / 선호한다 / 오전 회의를 / 반면에 / 또 다른 직원은 / 선호한다 / 오후 회의를

05 One report / was / excellent, / but / the others / were / unsatisfactory.
(= the other reports) 한 보고서는 / 훌륭했다 / 그러나 / 다른 것들은 / 불만족스러웠다

06 The other presentation / on marketing strategies / will be given / tomorrow.
The other + 단수 명사 다른 발표는 / 마케팅 전략에 대한 / 있을 것입니다 / 내일

07 The interviewer / learned / that Mr. Sherman / had / some experience / in advertising and public relations.
그 면접관은 / 알았다 / Mr. Sherman이 ~라는 것 / 있었다 / 약간의 경험이 / 광고와 홍보에
긍정문

그 면접관은 Mr. Sherman이 광고와 홍보에 약간의 경험이 있음을 알았다.

부정형용사 선택 문제
'약간의 경험이 있다'는 뜻이 되어야 하므로 '몇몇의, 약간의'라는 의미를 가진 부정형용사 (B) some 또는 (C) any가 올 수 있습니다. 이 중, 긍정문에 쓸 수 있는 것은 (B) some(약간의)입니다.

08 To prevent / the loss of data, / all files / are copied / from one server to another / every 10 minutes.
예방하기 위해 / 자료의 손실을 / 모든 파일은 / 복사된다 / 한 서버에서 또 다른 하나로 / 10분마다
(= another server)

자료의 손실을 막기 위해 모든 파일은 한 서버에서 또 다른 서버로 10분마다 복사된다.

부정대명사 선택 문제
'한 서버에서 또 다른 서버'라는 뜻이 되어야 하므로 (C) another(또 다른 하나)가 정답입니다. (B) other는 '다른'이라는 의미의 형용사로 뒤에 복수 명사가 와야 합니다.

09 The legal department / supports / outsourcing, / but / the other departments / oppose / the idea.
법무 부서는 / 지지한다 / 외주 제작을 / 그러나 / 나머지 부서들은 / 반대한다 / 그 의견에
the other + 복수 명사

법무 부서는 외주 제작을 지지하지만, 나머지 부서들은 그 의견에 반대한다.

부정형용사 선택 문제
의미상 (B) another(또 다른 하나의)와 (D) the other(나머지의) 모두 가능합니다. 그러나 another와 the other가 명사를 수식하는 형용사로 쓰일 때 another 뒤에는 단수 명사만 오지만, the other 뒤에는 단수 명사와 복수 명사 모두 올 수 있습니다. 빈칸 뒤에 복수 명사 departments(부서들)가 있으므로 정답은 (D) the other(나머지의)입니다.

10 The CEO of the bankrupt Build Corporation / did not have / any management skills.
파산한 Build사의 최고 경영자는 / 없었다 / 약간의 경영 능력도
부정문

파산한 Build사의 최고 경영자는 약간의 경영 능력도 없었다.

부정형용사 선택 문제
'약간의 경영 능력'이라는 뜻이 되어야 하므로 '약간의, 몇몇의'라는 의미를 가진 부정형용사 (B) some 또는 (C) any가 올 수 있습니다. 이 중, 부정문에 쓸 수 있는 것은 (C) any(약간의)입니다.

04 대명사와 명사의 일치

p.97

01 Ms. Peck / announced / the new office procedures / to her team. Ms. Peck은 / 발표했다 / 새 사무 절차를 / 그녀의 팀에게
여성 (= Ms. Peck)

02 Many subscribers / renew / their magazine subscriptions. 많은 구독자들이 / 갱신한다 / 그들의 잡지 구독을
복수 (= subscribers)

03 The writer / received / the comments / and / will reply to / them. 그 작가는 / 받았다 / 비평들을 / 그리고 / 응답할 것이다 / 그것들에
복수 (= comments)

04 Mr. Vega and Mr. Rios / will speak / to the client / themselves. Mr. Vega와 Mr. Rios는 / 말할 것이다 / 고객에게 / 그들이 직접
복수 (= Mr. Vega and Mr. Rios)

05 Mr. White / worked / so much / that he / asked / management / for a salary increase.
Mr. White는 남성 근무했다 너무 많이 그는 요구했다 경영진에 임금 인상을 (= Mr. White)

Mr. White는 근무를 너무 많이 해서 경영진에게 임금 인상을 요구했다.

대명사와 명사의 성일치 문제
'Mr. White가 근무를 너무 많이 해서 그가 임금 인상을 요구한다'는 의미이므로 빈칸에 들어갈 대명사가 가리키는 것은 Mr. White입니다. 따라서 남성을 지칭하는 대명사 (B) he(그는)가 정답입니다.

06 Company representatives / spend / the whole day / answering their phones and e-mails.
회사 직원들은 복수 보낸다 하루 종일 그들의 (= Company representatives) 전화와 이메일에 응답하면서

회사 직원들은 하루 종일 그들의 전화와 이메일에 응답하면서 시간을 보낸다.

대명사와 명사의 수일치 문제
'회사 직원들이 그들의 전화와 이메일에 응답한다'는 의미이므로 빈칸에 들어갈 대명사가 가리키는 것은 Company representatives입니다. 명사가 복수이면 대명사도 복수여야 하므로 (D) their(그들의)가 정답입니다.

07~09

Questions 07-09 refer to the following memo.
회람에 관한 지문

The selection committee / recently / interviewed / a number of applicants / for the senior accountant position. Of those interviewed, / we believe that / Joseph Scott / is / best suited for the job. His accomplishments / at his former company / stand out / from 07 those of the other candidates. You might want / to have a chat / with 08 him / before the final decision is made, / so / I'm arranging a meeting / with him / next week. 09 Let me know / of a convenient time / for you. I / will make / all the necessary phone calls.

선발 위원회는 / 최근에 / 면접을 봤습니다 / 많은 지원자들 / 수석 회계사 자리에 지원한 / 면접을 본 지원자들 중 / 우리는 ~라고 생각합니다 / Joseph Scott이 / 그 직책에 가장 알맞다 / 그의 업적은 / 그의 전 직장에서의 / 두드러집니다 / 다른 지원자들의 것들보다 (복수 = accomplishments) / 당신은 원할지도 모릅니다 / 대화를 나눠 보기를 / 그와 (= Joseph Scott) / 최종 결정을 내리기 전에 / 그러므로 제가 만날 수 있는 자리를 마련할 것입니다 / 그와 함께 / 다음 주에 / 저에게 알려 주십시오 / 편한 시간을 / 당신에게 / 제가 하겠습니다 / 필요한 모든 연락은

07-09번은 다음 회람에 관한 문제입니다.

선발 위원회는 최근에 수석 회계사직에 지원한 다수의 지원자들 면접을 봤습니다. 면접을 본 지원자 중, Joseph Scott이 그 직책에 가장 알맞다고 생각합니다. 이전 직장에서의 그의 업적은 다른 지원자들의 것들보다 두드러집니다. 최종 결정을 내리기 전에 당신은 그와 대화를 나눠 보기를 원할 수도 있으므로 제가 다음 주에 그와 만날 수 있는 자리를 마련할 것입니다. 편하신 시간을 저에게 알려주시기 바랍니다. 필요한 모든 연락은 제가 하겠습니다.

07 지시대명사 선택 문제
비교 대상이 되는 복수 명사 accomplishments(업적)의 반복을 피하기 위해 복수 지시대명사가 와야 하므로, (A) those가 정답입니다. (C) that은 단수 명사의 반복을 피하기 위해 쓰는 지시대명사입니다.

08 대명사와 명사의 성일치 문제
앞 부분에서 Joseph Scott이라는 사람을 언급한 후, 빈칸이 있는 문장에서 '~와 대화를 나눠 보기를 원할지도 모른다'고 했으므로 문맥상 빈칸에 들어갈 목적격 대명사가 가리키는 것은 Joseph Scott입니다. 따라서 남성을 지칭하는 목적격 대명사 (B) him(그를)이 정답입니다.

09 알맞은 문장 고르기 문제
빈칸에 들어갈 알맞은 문장을 고르는 문제이므로 빈칸의 주변 문맥을 파악합니다. 앞 문장 'so I'm arranging a meeting with him next week'에서 다음 주에 Joseph Scott과 만날 수 있는 자리를 마련할 것이라고 했으므로 빈칸에는 편한 시간을 알려주기 바란다는 내용이 들어가야 함을 알 수 있습니다. 따라서 (B) Let me know of a convenient time for you가 정답입니다. (보기 해석 p. 576)

명사 어구

p.99

01 Modernizing / the department's equipment / will enhance / staff productivity.
직원 생산성 현대화하는 것은 / 부서의 장비를 / 높일 것이다 / 직원 생산성을

02 Baggage allowance / is limited / to two pieces / per passenger. 수하물 허용치는 / 제한되어 있다 / 두 개로 / 승객당
수하물 허용치

03 The manual / helps / to ensure / each staff member's compliance with vacation rules.
~에 대한 준수 매뉴얼은 / 돕는다 / 확실히 하는 것을 / 각각의 직원들의 휴가 방침에 대한 준수를

04 Mr. Lee / was asked to / fill in / a customer survey / after his purchase.
고객 여론 조사 Mr. Lee는 / 요청받았다 / 작성하도록 / 고객 여론 조사를 / 구매 후에

05 Museum admission fees / are discounted / for groups.
박물관 입장료는 할인된다 단체에 admission fee 입장료

박물관 입장료는 단체에 할인된다.

'박물관 ___는 단체에 할인된다'는 문맥에 적합하면서, 빈칸 앞의 admission과 함께 쓰여 '입장료'라는 의미를 만드는 어휘는 (B) fees(요금)입니다. (A)의 record(기록), (C)의 report(보고), (D)의 form(유형)은 문맥에 적합하지 않습니다.

06 Employees' attendance records / are included / in their performance evaluation.
직원들의 출근 기록은 포함된다 실적 평가에 attendance records 출근 기록

직원들의 출근 기록은 실적 평가에 포함된다.

'___ 기록이 실적 평가에 포함된다'는 문맥에 적합하면서, 빈칸 뒤의 records와 함께 쓰여 '출근 기록'이라는 의미를 만드는 어휘는 (A) attendance (출근)입니다. (B) maximum(최대), (C) interest(관심), (D) retirement(은퇴)는 문맥에 적합하지 않습니다.

07 ~ 09 **Questions 07-09 refer to the following letter.**
↳ 편지에 관한 지문

Dear Ms. Townsend,

I am writing / to tell you / how pleased we are / with the performance of
저는 쓰고 있습니다 귀하께 말씀 드리기 위해 우리가 얼마나 기쁜지 William의 실적에
William, / your former student. Thanks to / his **07** interest in statistics, / he
귀하의 옛 학생 덕분에 통계에 대한 그의 관심 그는
learned our work system / very quickly / and his keen sense of observation /
우리의 업무 시스템을 배웠습니다 매우 빨리 그리고 그의 예리한 관찰력은
helped us / to predict trade trends. In fact, / we have had / such **08** confidence
도움이 되었습니다 저희가 무역 동향을 예측하는 데 실제로 우리는 가지고 있습니다 엄청난 신임을
in William's abilities / that we are giving him / a full-time position /
William의 능력에 대한 그래서 우리는 그에게 제의할 것입니다 정규직을
next month. **09** He / will be / in the market analysis team. Thank you again /
다음 달에 그는 있을 것입니다 시장 분석팀에 다시 한 번 감사 드립니다
for recommending him / to the company.
그를 추천한 것에 대해 회사에

interest in ~에 대한 관심
confidence in ~에 대한 신임

07-09번은 다음 편지에 관한 문제입니다.

Ms. Townsend께,

저는 귀하께 우리가 귀하의 옛 학생인 William의 실적에 얼마나 기뻐하고 있는지를 말씀 드리기 위해 편지를 쓰고 있습니다. 통계에 대한 그의 관심 덕분에 그는 우리의 업무 시스템을 매우 빨리 배웠고 그의 예리한 관찰력은 저희가 무역 동향을 예측하는 데 도움이 되었습니다. 실제로, 우리는 William의 능력에 대해 엄청난 신임을 가지고 있어서 다음 달에 그에게 정규직을 제의할 것입니다. 그는 시장 분석팀에서 일할 것입니다. 회사에 그를 추천한 것에 대해 다시 한 번 감사 드립니다.

07 '통계에 대한 그의 ___ 덕분에 업무 시스템을 빨리 배웠다'는 문맥에 적합하면서, 빈칸 뒤의 in과 함께 쓰여 '~에 대한 관심'이라는 의미를 만드는 어휘는 (A) interest(관심)입니다. (B) request(요청), (C) question(질문), (D) reason(원인)은 문맥에 적합하지 않습니다.

08 'William의 능력에 대한 ___을 가지고 있다'는 문맥에 적합하면서, 빈칸 뒤의 in과 함께 쓰여 '~에 대한 신임'이라는 의미를 만드는 어휘는 (C) confidence(신임)입니다. (A) capacity(능력), (B) concern(우려), (D) notification(통지)은 문맥에 적합하지 않습니다.

09 빈칸에 들어갈 알맞은 문장을 고르는 문제이므로 빈칸의 주변 문맥을 파악합니다. 앞 문장 'we are giving him a full-time position next month'에서 다음 달에 그에게 정규직을 제의할 것이라고 했으므로 그는 시장 분석팀에서 일할 것이라는 내용이 들어가야 함을 알 수 있습니다. 따라서 (B) He will be in the market analysis team이 정답입니다. (보기 해석 p. 576)

NOT/TRUE 문제

p.102

01 The contract / must be signed / by both the tenant and the landlord.
계약서는 / 서명되어야 한다 / 세입자와 집주인 둘 다에 의해

= The building owner and the renter / both / need / to sign / the rental agreement.
건물 소유주와 임차인은 / 둘 다 / 필요가 있다 / 서명할 / 임대 계약서에

세입자와 집주인 모두 계약서에 서명해야 한다.
= 건물 소유주와 임차인 모두 임대 계약서에 서명해야 한다.

contract(계약서)와 비슷한 의미를 지닌 (A) agreement(계약서)가 빈칸에 적합합니다.

02 Candidates / for the summer internship / must submit / their applications / by June 30.
지원자들은 / 여름 인턴 과정을 위한 / 제출해야 한다 / 원서를 / 6월 30일까지

= The application deadline / for the summer internship / is / June 30.
원서 마감일은 / 여름 인턴 과정을 위한 / 6월 30일이다

여름 인턴 과정 지원자들은 원서를 6월 30일까지 제출해야 한다.
= 여름 인턴 과정 원서 마감일은 6월 30일이다.

must submit by ~(~까지 제출해야 한다)와 비슷한 의미를 지닌 (A) deadline(마감일)이 빈칸에 적합합니다.

03 Sale prices / are / valid / from this Friday / through next Thursday.
할인가는 / 유효하다 / 이번 주 금요일부터 / 다음 주 목요일까지

= The special discount offer / is / effective / for one week.
특별 할인은 / 유효하다 / 일주일 동안

이번 주 금요일부터 다음 주 목요일까지 할인가가 유효하다.
= 특별 할인은 일주일 동안 유효하다.

valid(유효한)와 비슷한 의미를 지닌 (B) effective(유효한)가 빈칸에 적합합니다.

04 A complimentary breakfast buffet / is / available / to all guests / until 10 A.M. / at the Bluesky Inn.
무료 아침 뷔페는 / 이용 가능하다 / 모든 투숙객들에게 / 오전 10시까지 / Bluesky 호텔에서

= The hotel / provides / free breakfast / until 10 A.M.
그 호텔은 / 제공한다 / 무료 아침을 / 오전 10시까지

Bluesky 호텔에서 모든 투숙객들은 오전 10시까지 무료 아침 뷔페를 이용할 수 있습니다.
= 그 호텔은 오전 10시까지 무료 아침을 제공합니다.

complimentary(무료의)와 비슷한 의미를 지닌 (B) free(무료의)가 빈칸에 적합합니다.

05 Workers / must wear / clothes / that are suitable / for the laboratory.
직원들은 입어야 합니다 옷을 적절한 실험실에

(A) Appropriate attire / must be worn / in the laboratory.
적절한 복장이 입혀져야 합니다 실험실에서

(B) People / are asked / to wear / comfortable clothes / in the laboratory.
사람들은 요청받습니다 입도록 편한 옷을 실험실에서

직원들은 실험실에 적절한 옷을 입어야 합니다.
(A) 실험실에서는 적절한 복장을 입어야 합니다.
(B) 사람들은 실험실에서 편한 옷을 입도록 요청받습니다.

clothes를 attire로, suitable을 Appropriate으로 paraphrase하여 그 의미가 가까운 (A)가 정답입니다. 주어진 문장에서 실험에 적합한 옷을 입어야 한다고 했으므로 편한 옷을 입어야 한다는 (B)는 오답입니다.

06 Successful applicants / should speak / a minimum of three languages.
합격한 지원자들은 구사해야 한다 최소 세 가지 언어를

(A) Candidates / who speak / three languages / will succeed / in the company.
지원자들은 구사하는 세 가지 언어를 성공할 것이다 회사에서

(B) Candidates / with fluency / in a variety of languages / will be hired.
지원자들은 유창함을 가진 다양한 언어에 고용될 것이다

합격한 지원자들은 최소 세 가지 언어를 구사해야 한다.
(A) 세 가지 언어를 구사하는 지원자들은 회사에서 성공할 것이다.
(B) 다양한 언어에 유창한 지원자들이 고용될 것이다.

Successful applicants를 Candidates will be hired로, speak a minimum of three languages를 fluency in a variety of languages로 paraphrase하여 그 의미가 가까운 (B)가 정답입니다. 주어진 문장에서 회사에서 성공할 것이라는 언급은 하지 않았으므로 (A)는 오답입니다.

07 Emporio's furniture / is handcrafted / and can be tailored / to suit / any office.
Emporio사의 가구는 수제품이다 그리고 맞춤 주문을 할 수 있다 어울리게 어느 사무실에도

(A) Emporio / specializes / in customized furnishings.
Emporio사는 전문으로 한다 주문 가구를

(B) Emporio's specialty / is / designing and decorating / offices.
Emporio사의 전문은 설계하는 것과 장식하는 것이다 사무실을

Emporio사의 가구는 수제품이고, 어느 사무실에도 어울리도록 맞춤 주문이 가능하다.
(A) Emporio사는 주문 가구를 전문으로 한다.
(B) Emporio사의 전문은 사무실 설계와 장식이다.

furniture를 furnishings로, tailored를 customized로 paraphrase하여 그 의미가 가까운 (A)가 정답입니다. 주어진 문장에서 사무실 설계와 장식에 대한 언급은 하지 않았으므로 (B)는 오답입니다.

08 Jan Pal's latest film / is / better / than his previous works, / from a technical perspective.
Jan Pal의 최신 영화는 더 낫다 그의 이전 작품들보다 기술적인 관점에서

(A) Jan Pal's newest movie / is / more technically accomplished.
Jan Pal의 최신 영화는 기술적으로 더욱 뛰어나다

(B) Jan Pal's most recent release / uses / more complex technology.
Jan Pal의 가장 최근 개봉 영화는 사용한다 더욱 복잡한 기술을

Jan Pal의 최신 영화는 기술적인 관점에서 이전의 작품들보다 더 낫다.
(A) Jan Pal의 최신 영화는 기술적으로 더욱 뛰어나다.
(B) Jan Pal의 가장 최근 개봉 영화는 더욱 복잡한 기술을 사용한다.

latest film을 newest movie로, better를 more accomplished로, technical perspective를 technically로 paraphrase하여 그 의미가 가까운 (A)가 정답입니다. 주어진 문장에서 복잡한 기술에 대한 언급은 하지 않았으므로 (B)는 오답입니다.

09 **Question 09 refers to the following information.**
→ 안내문에 관한 지문

In order to request / a Royal Bank credit card, / please fax / the
신청하기 위해서 Royal 은행의 신용카드를 팩스로 보내주시기 바랍니다
completed application form / along with the following information: /
완성된 신청서를 다음의 정보와 함께
proof of identification, / such as a copy of your driver's license, birth
신원 증명 서류 운전 면허증 사본, 출생 증명서나 사회 보장 카드와 같은
certificate, or social security card / and a recent bank statement.
그리고 최근 은행 예금 내역서를
Confirmation of your application / will be made / by e-mail / within two
당신의 신청 확인은 이루어질 것입니다 이메일로
business days / after all the required documents / have been received.
영업일 이틀 이내에 모든 필수 서류들이 ~한 후 수령되었다

09번은 다음 안내문에 관한 문제입니다.

Royal 은행의 신용카드를 신청하시려면, 다음 자료와 함께 작성하신 신청서를 팩스로 보내주시기 바랍니다: 운전 면허증 사본, 출생 증명서나 사회 보장 카드 같은 신원 증명 서류와 최근 은행 예금 내역서. 모든 구비 서류가 수령된 후 영업일 이틀 이내에 이메일로 신청 확인이 이루어질 것입니다.

What is NOT required to apply for a credit card?
→ 키워드

(A) A piece of identification
(B) A current financial statement
(C) Proof of employment

신용카드를 신청하기 위해 요구되지 않는 것은?

(A) 신분증
(B) 현재 재정 증명서
(C) 재직 증명서

NOT/TRUE 문제

질문의 키워드 apply for a credit card가 지문에서 request a ~ credit card로 paraphrase되었으므로 그 주변의 내용과 각 보기를 대조합니다. (A)는 지문에서 proof of identification으로, (B)는 a recent bank statement로 언급되었습니다. 재직 관련 서류에 대한 언급은 하지 않았으므로, (C) Proof of employment가 정답입니다.

10 **Question 10 refers to the following notice.**
→ 공고에 관한 지문

The Weldon University Library is open / to all staff and students / and is
Weldon 대학 도서관은 열려 있습니다 모든 직원과 학생들에게 그리고
accessible / with an active university identification card. Members of the
이용 가능합니다 유효한 대학 신분증과 함께 지역 사회 구성원들은
local community / may also use the university library. For an annual fee of
또한 대학 도서관을 이용할 수 있습니다 연회비 49달러로
$49, / residents will be issued a library card / that will allow them / to
거주자들은 도서관 카드가 지급될 것입니다 그들에게 허락해주는
borrow library materials / when presented. A charge of $1 per day / will be
도서관 자료를 빌리는 것을 제시하면 하루에 1달러의 요금이
imposed / on users who return materials late.
부과될 것입니다 자료를 늦게 반납하는 이용자에게

10번은 다음 공고에 관한 문제입니다.

Weldon 대학 도서관은 모든 직원과 학생들에게 열려 있으며, 유효한 대학 신분증을 제시하면 이용 가능합니다. 지역 사회 구성원들도 대학 도서관을 이용할 수 있습니다. 연회비 49달러로, 제시하면 도서관 자료를 빌릴 수 있는 도서관 카드가 거주자들에게 지급될 것입니다. 자료를 늦게 반납하는 이용자에게는 하루 1달러의 요금이 부과될 것입니다.

What is indicated about the library's policy?
→ 키워드

(A) It charges local residents a fee every year.
(B) It requires users to renew their cards each semester.
(C) It imposes a limit on the number of items borrowed.

도서관의 정책에 대해 언급된 것은?

(A) 지역 거주자들에게 매년 요금이 청구된다.
(B) 이용자들은 학기마다 카드를 갱신해야 한다.
(C) 빌릴 수 있는 자료의 수가 제한되어 있다.

NOT/TRUE 문제

지문 전체가 도서관 정책에 관한 내용이므로 각 보기와 관련된 내용을 지문에서 찾아 대조합니다. 지문의 'For an annual fee of $49, residents will be issued a library card'에서 지역 주민들은 49달러의 연회비를 지불해야 도서관 카드가 지급된다고 말하고 있으므로, (A) It charges local residents a fee every year가 정답입니다.

11 ~ 12

Question 11-12 refers to the following job advertisement.
↳ 광고에 관한 지문

11-12번은 다음 구인 광고에 관한 문제입니다.

HOME
ABOUT
LOCATIONS
PROMOTIONS
CAREERS
CONTACT

ASSISTANT STORE MANAGER: Brentwood

Finnegans Supermarkets / is in urgent need of / an
Finnegans 슈퍼마켓은 급히 필요로 합니다
assistant store manager / for its Brentwood location. To
보조 매장 매니저를 Brentwood 지점에서
be considered, / applicants will need / to have experience /
고려 대상이 되기 위해서 지원자들은 필요할 것입니다 경험이
managing and leading a team. This is not an office-based
팀을 관리하고 이끌어 본 이것은 사무실에 기반을 둔 관리직이 아니며
management role / and will require / that candidates /
요구할 것입니다 지원자들에게
interact with both team members and customers / on a
팀원과 고객 둘 다와 소통하는 것이
daily basis. [11]Responsibilities / include / supporting the
매일 책무는 포함합니다
store manager, / achieving sales targets, / training and
매장 매니저를 돕는 것 판매 목표액을 달성하는 것
managing staff, / and handling customer service issues.
직원을 훈련하고 관리하는 것 그리고 고객 서비스 문제를 해결하는 것
We offer / a competitive salary / and a full benefits package /
우리는 제공합니다 경쟁력 있는 급여와 종합 복리 후생 제도를
including medical, vision, and dental coverage. College
내과, 안과, 치과 진료를 포함하는 대졸자들이
graduates / are preferred. [12]To apply, / please send a
우대됩니다 지원하려면
résumé and references / to jobs@finneganssuper.com.
이력서와 증빙 서류를 보내주세요 jobs@finneganssuper.com으로

보조 매장 매니저: Brentwood

Finnegans 슈퍼마켓은 급히 Brentwood 지점의 보조 매장 매니저를 필요로 하고 있습니다. 고려 대상이 되기 위해서 지원자들은 팀을 관리하고 이끌어 본 경험이 필요할 것입니다. 이것은 사무실에 기반을 둔 관리직이 아니며 매일 팀원과 고객 둘 다와 소통하는 것이 요구될 것입니다. 책무는 매장 매니저를 돕는 것, 판매 목표액을 달성하는 것, 직원을 훈련하고 관리하는 것, 고객 서비스 문제를 해결하는 것을 포함합니다. 저희는 경쟁력 있는 급여와 내과, 안과, 치과 진료를 포함하는 종합 복리 후생 제도를 제공합니다. 대졸자들이 우대됩니다. 지원하려면 이력서와 증빙 서류를 jobs@finneganssuper.com으로 보내주세요.

11 What is NOT stated as a responsibility of the assistant store manager?
↳ 키워드
(A) Meeting set goals for earnings
(B) Opening and closing the store
(C) Dealing with customer complaints
(D) Providing training to employees

보조 매장 매니저의 책무로 언급되지 않은 것은?
(A) 수익 목표를 달성하는 것
(B) 매장을 열고 닫는 것
(C) 고객 불편사항을 처리하는 것
(D) 직원들에게 교육을 제공하는 것

NOT/TRUE 문제
질문의 키워드 responsibility가 지문에서 그대로 언급되었으므로 그 주변의 내용과 각 보기를 대조합니다. (A), (C)와 (D)는 'Responsibilities include ~ achieving sales targets, training and managing staff, and handling customer service issues'에서 확인할 수 있으므로 정답에서 제외합니다. 따라서 (B) Opening and closing the store가 정답입니다.

12 How should interested applicants proceed?
↳ 키워드
(A) By contacting a store manager
(B) By forwarding documents by e-mail
(C) By filling out an application form
(D) By sending college transcripts

관심이 있는 지원자들은 어떻게 지원해야 하는가?
(A) 매장 매니저에게 연락함으로써
(B) 이메일로 서류를 발송함으로써
(C) 지원 양식을 기입함으로써
(D) 대학 성적 증명서를 발송함으로써

육하원칙 문제
질문의 키워드인 proceed를 지문에서 apply로 paraphrase하였으므로 그 주변에서 정답의 단서를 확인합니다. 지문의 'To apply, please send a résumé and references to jobs@finneganssuper.com.'에서 지원하려면 이력서와 증빙 서류를 이메일로 발송하라고 말하고 있으므로, (B) By forwarding documents by e-mail이 정답입니다.

01 형용사 자리

p.111

01 Consumers / provide / constructive feedback / on our new product lines.
명사 앞
소비자들은 / 제공한다 / 건설적인 의견을 / 우리의 신제품에 대해

02 Successful candidates / require / excellent communication skills. 합격한 후보들은 / 필요로 한다 / 우수한 의사소통 능력을
명사 앞

03 The service / at the automobile repair center / is / quick. 서비스는 / 그 자동차 정비소의 / 빠르다
보어 자리

04 The applicants / were presented / with specific information / on what to submit.
명사 앞
지원자들은 / 받았다 / 구체적인 정보를 / 무엇을 제출해야 하는지에 대한

05 The Pinesville Resort / is / an ideal location / to spend a holiday. Pinesville 리조트는 / 이상적인 장소이다 / 휴가를 보내기에
명사 앞

06 Susan / is / not sure / if she will accept the position. Susan은 / 확실하지 않다 / 그녀가 그 직책을 수락할지
보어 자리

07 The advertising campaign / produced / a noticeable increase / in sales.
그 광고 캠페인은 / 낳았다 / 현저한 증가를 / 매출에
명사 앞

그 광고 캠페인은 매출에 현저한 증가를 낳았다.

형용사 자리 문제

명사 increase(증가) 앞에서 명사를 수식할 수 있는 것은 형용사입니다. 따라서 보기 중 형용사인 (D) noticeable(현저한)이 정답입니다. 명사 또는 동사인 (A) notice(주목; ~을 알아채다), (B) notices와 부사인 (C) noticeably(현저히)는 형용사 자리에 올 수 없습니다.

08 Tour participants / should bring / adequate cash / with them / for snacks and souvenirs.
여행 참가자들은 / 가져와야 한다 / 충분한 현금을 / 그들과 함께 / 간식과 기념품을 위해
명사 앞

여행 참가자들은 간식과 기념품을 위해 충분한 현금을 가져와야 한다.

형용사 자리 문제

명사 cash(현금) 앞에서 명사를 수식할 수 있는 것은 형용사입니다. 따라서 보기 중 형용사인 (D) adequate(충분한)가 정답입니다. 명사인 (A) adequacy(타당성), (C) adequateness(충분함)와 부사인 (B) adequately(충분히)는 형용사 자리에 올 수 없습니다.

09 My staff and I / would like to express / our gratitude / for all your hard work.
저희 직원과 저는 (복수) / 표현하고 싶습니다 / 저희의 감사를 (= My staff and I) / 여러분의 노고에

저희 직원과 저는 여러분의 노고에 감사를 표하고 싶습니다.

대명사와 명사의 수일치 문제

'저희 직원과 저는 감사를 표하고 싶다'는 의미이므로 빈칸에 들어갈 대명사가 가리키는 것은 My staff and I입니다. 나를 포함한 '우리'를 의미하는 복수 대명사는 (C) our(우리의)입니다.

10 The author / was / highly influential / to a lot of writers / starting out their careers.
그 저자는 / 매우 영향력이 있다 / 많은 작가들에게 / 경력을 쌓기 시작하는
보어 자리

그 저자는 경력을 쌓기 시작하는 많은 작가들에게 매우 영향력이 있다.

형용사 자리 문제

빈칸은 보어 자리이므로 형용사인 (A) influential(영향력 있는)이 와야 합니다. 부사인 (B) influentially(세력을 부려서)와 명사 또는 동사인 (C) influence(영향; 영향을 주다)와 (D) influences는 형용사 자리에 올 수 없습니다.

01 Ms. Byrd / usually makes / coffee / when she arrives / at the office. Ms. Byrd는 / 보통 만든다 / 커피를 / 도착했을 때 / 사무실에
↳ 동사 앞

02 The president / eventually decided / to close down / the old branch. 사장은 / 마침내 결정했다 / 폐점하기로 / 오래된 지점을
↳ 동사 앞

03 The parcel / was mistakenly sent / to the wrong address. 그 소포는 / 실수로 보내졌다 / 잘못된 주소로
↳ 동사 뒤

04 The unemployment rate / has been decreasing / relatively slowly. 실업률이 / 감소해 왔다 / 비교적 천천히
↳ 부사 앞

05 Applicants / must complete / these forms / correctly / in order to register.
↳ 동사 뒤 지원자들은 / 기입해야 한다 / 이 서식들을 / 정확하게 / 등록하기 위해

06 The CEO / flies overseas regularly / to check / on the company's branches.
↳ 동사 뒤 그 최고 경영자는 / 정기적으로 해외로 비행기를 타고 간다 / 확인하기 위해 / 회사의 지사들을

07 The Rubenstein Museum / will be finally ready / for its reopening / on August 3.
Rubenstein 박물관은 / 마침내 준비가 될 것이다 / 재개장을 위해 / 8월 3일에
↳ 형용사 앞

Rubenstein 박물관은 8월 3일의 재개장을 위해 마침내 준비가 될 것이다.

부사 자리 문제

형용사 ready(준비가 된) 앞에서 형용사를 수식할 수 있는 것은 부사입니다. 따라서 보기 중 부사인 (D) finally(마침내)가 정답입니다. 명사인 (A) finality(최종)와 형용사인 (B) final(마지막의)은 부사 자리에 올 수 없습니다.

08 All supervisors / in the company / agreed / that Mr. Yoshio / works / productively.
모든 관리자들은 / 회사에 있는 / 동의했다 / Mr. Yoshio가 ~라는 것 / 일한다 / 생산적으로
↳ 동사 뒤

회사의 모든 관리자들은 Mr. Yoshio가 생산적으로 일한다는 것에 동의했다.

부사 자리 문제

동사 works(일하다) 뒤에서 동사를 수식할 수 있는 것은 부사입니다. 따라서 보기 중 부사인 (A) productively(생산적으로)가 정답입니다. 형용사인 (B) productive(생산하는), 명사인 (C) productivity(생산성), (D) production(생산)은 부사 자리에 올 수 없습니다.

09 Consumer opinion / is becoming / an increasingly essential factor / in project planning.
소비자의 의견은 / 되고 있다 / 더욱더 필수적인 요소가 / 프로젝트 계획에서
↳ 형용사 앞

소비자의 의견은 프로젝트 계획에서 더욱더 필수적인 요소가 되고 있다.

부사 자리 문제

형용사 essential(필수의) 앞에서 형용사를 수식할 수 있는 것은 부사입니다. 따라서 보기 중 부사인 (D) increasingly(더욱더)가 정답입니다. 명사 또는 동사인 (A) increase(증가; 증가하다)와 형용사 또는 동사인 (B) increased(증가한; 증가했다)는 부사 자리에 올 수 없습니다.

10 Management / is satisfied / that it chose / the applicants / with the most desirable characteristics.
경영진은 / 만족한다 / 그것이 선택한 것에 / 그 지원자들을 / 가장 좋은 특징을 가진
↳ 명사 앞

경영진은 가장 좋은 특징을 가진 지원자들을 선택한 것에 만족한다.

형용사 자리 문제

명사 characteristics(특징) 앞에서 명사를 수식할 수 있는 것은 형용사입니다. 따라서 보기 중 형용사인 (B) desirable(좋은)이 정답입니다. 명사 또는 동사인 (C) desire(바람; 바라다)와 부사인 (D) desirably(바람직하게)는 형용사 자리에 올 수 없습니다.

01 The election / was closely observed / by the media. 그 선거는 / 면밀히 주시되었다 / 언론에 의해
↳ 면밀히, 자세히

02 The travel agency / offers / reliable service. 그 여행사는 / 제공한다 / 믿을 수 있는 서비스를
↳ 믿을 수 있는

03 Nearly / 70 percent of companies / say / that their business operations / are / profitable.
↳ 거의
거의 / 70퍼센트의 기업이 / 말한다 / 그들의 사업 운영이 / 수익성이 있다고

04 The pilot / is / responsible / for the safety of the passengers. 조종사는 / 책임이 있다 / 승객의 안전에
↳ 책임이 있는

05 The attached file / is / a list of distinguished professors / who will speak / at the seminar.
첨부된 파일은 / 저명한 교수들의 명단입니다 / 발표할 / 세미나에서
↳ 저명한

첨부된 파일은 세미나에서 발표할 저명한 교수들의 명단입니다.

혼동하기 쉬운 형용사 구별 문제

명사 professors(교수들) 앞에서 수식할 수 있는 것은 형용사이므로 (B) distinguished(저명한) 또는 (D) distinguishable(구별할 수 있는)이 와야 합니다. 문맥상 '저명한 교수들'이라는 의미가 '구별할 수 있는 교수들'보다 자연스러우므로 (B)가 정답입니다.

06 The presenter / gave / the international investors / a favorable impression / at the meeting.
그 발표자는 / 주었다 / 국제 투자자들에게 / 좋은 인상을 / 그 회의에서
↳ 좋은

그 발표자는 회의에서 국제 투자자들에게 좋은 인상을 주었다.

혼동하기 쉬운 형용사 구별 문제

명사 impression(인상) 앞에서 수식할 수 있는 것은 형용사이므로 (A) favorable(좋은) 또는 (B) favorite(아주 좋아하는)이 와야 합니다. 문맥상 '좋은 인상'이 '아주 좋아하는 인상'보다 자연스러우므로 (A)가 정답입니다.

07~09

Questions 07-09 refer to the following advertisement.
↳ 광고에 관한 지문

If you need advice / on managing your savings, / contact Investment Associates.
만약 귀하께서 조언이 필요하다면 / 귀하의 저금을 관리하는 것에 대해 / 투자 조합으로 연락 주십시오

Investment Associates / introduces / clients / to 07 professional consultants / in the fields of banking, investment, and finance.
투자 조합은 / 소개합니다 / 고객들을 / 전문 상담가에게 / 은행 업무, 투자 그리고 재정 분야에서
↳ 명사 앞

Our specialists / are 08 highly qualified / to guide you / through the investment strategies / that best suit / your particular needs.
저희의 전문가들은 / 매우 적격입니다 / 귀하께 조언하는 데 / 투자 전략을 통해 / 가장 적합한 / 귀하의 특별한 요구에
↳ 매우

Your initial consultation / with us / will be free. 09 This applies / whether you choose to use our services or not.
귀하의 첫 상담은 / 저희와 / 무료일 것입니다 / 이것은 적용됩니다 / 귀하께서 저희 서비스 사용을 선택하든 하지 않든

Contact us at 555-2091 / to set up an appointment.
555-2091로 연락 주세요 / 일정을 잡기 위해

07-09번은 다음 광고에 관한 문제입니다.

만약 저금을 관리하는 것에 대해 조언이 필요하다면, 투자 조합에 연락 주십시오. 투자 조합은 고객들을 은행 업무, 투자, 그리고 재정 분야의 전문 상담가에게 소개해 드립니다. 저희의 전문가들은 귀하의 특별한 요구에 가장 적합한 투자 전략을 활용하여 조언을 해드리는 데 매우 적격입니다. 저희와의 첫 상담은 무료일 것입니다. 이것은 귀하께서 서비스를 사용하시든 하시지 않든 적용됩니다. 일정을 잡기 위해 555-2091로 연락 주세요.

07 형용사 자리 문제

명사 consultants(상담가들) 앞에서 수식할 수 있는 것은 형용사입니다. 따라서 보기 중 형용사인 (B) professional(전문적인)이 정답입니다. 부사인 (A) professionally(전문적으로)는 형용사 자리에 올 수 없습니다.

08 혼동하기 쉬운 부사 구별 문제

형용사 qualified(적격인, 자격이 있는) 앞에서 형용사를 수식할 수 있는 것은 부사이므로 (A) high(높게) 또는 (C) highly(매우)가 와야 합니다. 그러나 '매우 적격인'이 '높게 적격인'보다 자연스러우므로 (C)가 정답입니다.

09 알맞은 문장 고르기 문제

빈칸에 들어갈 알맞은 문장을 고르는 문제이므로 빈칸의 주변 문맥을 파악합니다. 앞 문장 'Your initial consultation with us will be free.'에서 첫 상담은 무료일 것이라고 했으므로 빈칸에는 이것은 서비스를 사용하든 하지 않든 적용된다는 내용이 들어가야 함을 알 수 있습니다. 따라서 (B) This applies whether you choose to use our services or not이 정답입니다. (보기 해석 p. 577)

짝을 이루는 표현

p.117

01 The factory / was expanded / to meet the increased demand / for goods.
수요 증가 그 공장은 / 확장되었다 / 수요 증가를 충족시키기 위해 / 상품에 대한

02 Prospective employees / must satisfy / the requirement. 채용 후보자들은 / 충족시켜야 한다 / 필요조건을
채용 후보자

03 Both applicants / were considered / highly qualified / for the position.
충분히 자격을 갖춘 두 지원자들은 모두 / 여겨졌다 / 충분히 자격을 갖췄다고 / 그 일자리에

04 In December, / gift shops / will have / extended hours / for holiday shoppers.
연장된 영업 시간 12월에 / 선물 가게들은 / 가질 것이다 / 연장된 영업 시간을 / 휴일 쇼핑객들을 위해

05 The marketing conference / took place / at a hotel.
마케팅 학회는 자리했다 호텔에서 take place 자리하다

마케팅 학회는 호텔에서 자리했다.

'마케팅 학회는 호텔에서 __했다'는 문맥에 적합하면서, 빈칸 앞의 took과 함께 쓰여 '자리하다'라는 의미를 만드는 어휘는 (D) place(자리)입니다. (A) turn(차례), (B) notice(공고), (C) course(강좌)는 문맥에 적합하지 않습니다.

06 The chairman / informed / the directors / that he was taking early retirement.
그 위원장은 알렸다 이사들에게 그가 조기 은퇴할 것이라고 early retirement 조기 은퇴

그 위원장은 자신이 조기 은퇴할 것을 이사들에게 알렸다.

빈칸 뒤의 retirement와 짝 표현을 이루어 전체 문맥상 '조기 은퇴'라는 의미를 만드는 어휘는 (B) early(조기의)입니다. (A) prior(이전의), (C) successful(성공적인), (D) upcoming(다가오는)은 문맥에 적합하지 않습니다.

07 ~ 09 **Questions 07-09 refer to the following memo.**
회람에 관한 지문

From: Sam Parker, Regional Manager
To: Sales Staff

I would like to thank / all the members of the sales team / for your hard work.
감사 드리고 싶습니다 영업부 전 직원들에게 열심히 일해준 것에 대해
Your efforts / have been 07 extremely successful. Sales / generated /
여러분의 노력은 매우 성공적이었습니다 판매가 창출했습니다
over 40 percent more earnings / this quarter / than they did last quarter.
40퍼센트 더 많은 수익을 이번 분기에 지난 분기에 했던 것보다
As a result, / management / has decided / not to reduce staff / in the
결과적으로 경영진은 결정했습니다 직원들을 줄이지 않기로
08 foreseeable future. In addition, / we are increasing / the quarterly
가까운 미래에 게다가 우리는 증가시킬 것입니다 분기별
performance bonus / to $1,000. 09 This incentive / will be paid out / next
실적 보너스를 1,000달러로 이 장려금은 지급될 것입니다 다음 달에
month. Keep up the great work!
계속 열심히 일해주시기 바랍니다

extremely successful 매우 성공적인
in the foreseeable future 가까운 미래에

07-09번은 다음 회람에 관한 문제입니다.

발신: Sam Parker, 지역 매니저
수신: 영업부 직원

영업부 전 직원 여러분께서 열심히 일해주신 것에 대해 감사 드리고 싶습니다. 여러분의 노력은 매우 성공적이었습니다. 지난 분기에 비해 이번 분기 판매는 40퍼센트 더 많은 수익을 창출했습니다. 결과적으로 경영진은 가까운 미래에 직원들을 줄이지 않기로 결정했습니다. 게다가 분기별 실적 보너스를 1,000달러로 인상할 것입니다. 이 장려금은 다음 달에 지급될 것입니다. 계속 열심히 일해주시기 바랍니다!

07 빈칸 뒤의 successful과 짝 표현을 이루어 전체 문맥상 '매우 성공적인'이라는 의미를 만드는 어휘는 (A) extremely(매우)입니다. (B) exactly(정확히), (C) exclusively(독점적으로), (D) exaggeratedly(과장되게)는 문맥에 적합하지 않습니다.

08 빈칸 앞뒤의 'in the __ future'와 짝 표현을 이루어 전체 문맥상 '가까운 미래에'라는 의미를 만드는 어휘는 (C) foreseeable(예측 가능한)입니다. (A) regrettable(유감스러운), (B) investable(투자 가능한), (D) acceptable(용인되는)은 문맥에 적합하지 않습니다.

09 빈칸에 들어갈 알맞은 문장을 고르는 문제이므로 빈칸의 주변 문맥을 파악합니다. 앞 문장 'In addition, we are increasing the quarterly performance bonus to $1,000.'에서 게다가 분기별 실적 보너스를 1,000달러로 인상할 것이라고 했으므로 빈칸에는 이 장려금은 다음 달에 지급될 것이라는 내용이 들어가야 함을 알 수 있습니다. 따라서 (C) This incentive will be paid out next month가 정답입니다.
(보기 해석 p. 577)

추론 문제

p.120

01 The study / was interrupted / because of a lack of money.
그 연구는 / 중단되었다 / 돈 부족으로 인해

= The research / was put on hold / due to a shortage / of funds.
그 연구는 / 보류되었다 / 부족으로 인해 / 자금의

그 연구는 돈이 부족하여 중단되었다.
= 그 연구는 자금 부족으로 보류되었다.

money(돈)와 비슷한 의미를 지닌 (B) funds(자금)가 빈칸에 적합합니다.

02 Regular maintenance / can prolong / the life of your equipment.
정기적인 정비가 / 연장시킬 수 있다 / 당신의 장비의 수명을

= Inspecting equipment / regularly / can make / it / last / longer.
장비를 점검하는 것은 / 정기적으로 / 만들 수 있다 / 그것이 / 더 오래가도록

정기적인 점검으로 장비의 수명을 연장시킬 수 있다.
= 정기적으로 장비를 점검하면 더 오래 쓸 수 있다.

prolong(연장하다)과 비슷한 의미를 지닌 (A) last(오래가다)가 빈칸에 적합합니다.

03 The shopping mall / will provide / discounted children's wear / this weekend.
쇼핑몰은 / 제공할 것이다 / 할인된 아동복을 / 이번 주말에

= The store / will sell / children's wear / at reduced prices / this weekend.
상점은 / 팔 것이다 / 아동복을 / 할인한 가격으로 / 이번 주말에

쇼핑몰은 이번 주말에 할인된 아동복을 제공할 것이다.
= 상점은 이번 주말에 할인 가격으로 아동복을 팔 것이다.

discounted(할인된)와 비슷한 의미를 지닌 (A) reduced(할인한)가 빈칸에 적합합니다.

04 We / are excited / about working / with NeuTech / to develop / a word processing program.
우리는 / 기쁩니다 / 일하는 것에 대해 / NeuTech사와 함께 / 개발하기 위해 / 문서 작성 프로그램을

= We / look forward to / collaborating / with NeuTech / on our joint software project.
우리는 / 기대합니다 / 공동으로 일하는 것을 / NeuTech사와 / 우리 합작 소프트웨어 프로젝트에

문서 작성 프로그램을 개발하는 데 NeuTech사와 함께 일하게 되어 기쁩니다.
= 합작 소프트웨어 프로젝트에 NeuTech사와 공동으로 일하는 것을 기대합니다.

working with(함께 일하는 것)와 비슷한 의미를 지닌 (B) collaborating(공동으로 일하는 것)이 빈칸에 적합합니다.

05 A real estate agent / must prepare / the contracts / in duplicate.
부동산 중개인은 / 준비해야 한다 / 계약서를 / 두 부로

(A) Two copies of the contract / should be provided / by the agent.
계약서 두 부가 / 제공되어야 한다 / 중개인으로부터

(B) A real estate agent / should be present / when closing / a contract.
부동산 중개인이 / 참석해야 한다 / 체결할 때 / 계약을

부동산 중개인은 계약서를 두 부 준비해야 한다.
(A) 계약서 두 부가 중개인으로부터 제공되어야 한다.
(B) 계약을 체결할 때는 부동산 중개인이 참석해야 한다.

must prepare를 should be provided로, in duplicate를 Two copies로 paraphrase하여 그 의미가 가까운 (A)가 정답입니다. 주어진 문장에서 부동산 중개인의 참석에 대한 언급은 하지 않았으므로 (B)는 오답입니다.

06 Increasing health care costs / impose / a heavy burden / on patients.
증가하는 의료 보험료가 / 부과한다 / 무거운 부담을 / 환자들에게

(A) Most patients / are covered / by medical insurance.
대부분의 환자들은 / 보상받는다 / 의료 보험에 의해

(B) Patients / are put under pressure / by rising medical expenses.
환자들은 / 압력을 받는다 / 증가하는 의료 비용으로 인해

증가하는 의료 보험료는 환자들에게 무거운 부담을 준다.
(A) 대부분의 환자들은 의료 보험으로 보험 처리가 된다.
(B) 증가하는 의료비로 인해 환자들은 압력을 받는다.

Increasing health care costs를 rising medical expenses로, impose a burden을 put under pressure로 paraphrase하여 그 의미가 가까운 (B)가 정답입니다. 주어진 문장에서 보험 처리에 대한 언급은 하지 않았으므로 (A)는 오답입니다.

07 Tom McGuire / helped / open / new locations / for our company / in the Asian market.
Tom McGuire는 / 도왔다 / 여는 것을 / 새로운 지점을 / 우리 회사의 / 아시아 시장에서

(A) Mr. McGuire / has contributed / to the expansion / of our operations / in Asia.
Mr. McGuire는 / 기여했다 / 확장에 / 우리 사업의 / 아시아에서

(B) To meet / the market's demands, / Mr. McGuire / extended / the operating hours.
충족시키기 위해 / 시장의 수요를 / Mr. McGuire는 / 연장했다 / 운영 시간을

Tom McGuire는 아시아 시장에서 회사의 새 지점을 여는 것을 도왔다.
(A) Mr. McGuire는 아시아에서의 사업 확장에 기여했다.
(B) 시장의 수요를 맞추기 위해, Mr. McGuire는 운영 시간을 연장했다.

helped를 contributed로, open new locations를 expansion of operations로 paraphrase하여 그 의미가 가까운 (A)가 정답입니다. 주어진 문장에서 운영 시간 연장에 대한 언급은 하지 않았으므로 (B)는 오답입니다.

08 The hotel / is / popular / with tourists / because it / is / close / to the shopping district.
그 호텔은 / 인기 있다 / 관광객들에게 / 그것이 ~하기 때문에 / 가깝다 / 쇼핑 지역과

(A) Travelers / like / the hotel / because it / is / near the shopping area.
여행객들은 / 좋아한다 / 그 호텔을 / 그곳이 ~하기 때문에 / 쇼핑 지역과 가까운

(B) People / who shop in this neighborhood / like to stay / at nearby hotels.
사람들은 / 이 동네에서 쇼핑하는 / 머무는 것을 좋아한다 / 근처의 호텔들에

그 호텔은 쇼핑 지역과 가깝기 때문에 관광객들에게 인기가 있다.
(A) 여행객들은 그 호텔이 쇼핑 지역과 가깝기 때문에 그곳을 좋아한다.
(B) 이 동네에서 쇼핑하는 사람들은 근처의 호텔들에 묵는 것을 좋아한다.

tourists를 Travelers로, close를 near로 paraphrase하여 그 의미가 가까운 (A)가 정답입니다. 주어진 문장에서 이 동네에서 쇼핑하는 사람들이 주변 호텔에서 묵는 것에 대한 언급은 하지 않았으므로 (B)는 오답입니다.

09 **Question 09 refers to the following information.**
↳ 안내문에 관한 지문

All our telephones have a 90 day warranty. If any of our products has a
우리의 모든 전화기들은 90일간 품질 보증이 있습니다 우리의 어떠한 상품이라도 결함이 있으면

defect, / you can receive a free replacement / as long as you have the
당신은 무료로 교환을 받으실 수 있습니다 당신이 영수증 원본을 가지고 있는 한

original receipt. However, / machines damaged by improper use, /
하지만 부적절한 사용으로 인해 고장난 기계는

such as incorrect installation or water damage, / are not covered by
잘못된 설치나 물로 인한 고장과 같은 이 품질 보증에 의해 보상되지 않습니다

this guarantee. To request a replacement, / you must first e-mail us /
교환을 신청하기 위해서는 당신은 먼저 우리에게 이메일을 보내야 합니다

at the address / listed below. Once we have received the e-mail and
주소로 아래에 제시된 우리가 이메일과 결함이 있는 제품을 받으면

the defective product, / we will send you a replacement / at no charge.
당신에게 교환품을 보낼 것입니다 무료로

09번은 다음 안내문에 관한 문제입니다.

자사의 모든 전화기는 90일간 품질 보증이 됩니다. 영수증 원본을 갖고 계신 한, 어떠한 저희 상품이라도 결함이 있으면 무료 교환을 받으실 수 있습니다. 그러나, 설치를 잘못한 경우나 제품이 물에 젖는 경우처럼 사용상의 부주의로 인해 고장난 기계는 품질 보증을 받으실 수 없습니다. 교환을 신청하시려면 먼저 아래에 적힌 주소로 이메일을 보내셔야 합니다. 이메일과 불량품을 받고 난 후에 새 상품을 무료로 보내드리겠습니다.

For whom is the information most likely intended?
↳ 지문의 대상

(A) Employees of the manufacturer
(B) Telephone technicians
(C) Purchasers of phones

안내문은 누구를 대상으로 한 것 같은가?

(A) 제조업체 직원
(B) 전화 수리공
(C) 전화기 구매자

추론 문제

지문의 대상을 묻는 지문 전체 추론 문제이므로 지문 전체에서 정답의 단서를 찾습니다. 'All our telephones have a 90 day warranty.'에서 전화기에 대해 90일 동안 품질 보증을 해준다고 한 다음 불량 전화기를 무료 교환하는 방법을 알려주고 있습니다. 이를 바탕으로 전화기를 구입한 고객을 위한 지문임을 유추할 수 있습니다. 따라서 (C) Purchasers of phones가 정답입니다.

10 **Question 10 refers to the following memo.**
↳ 회람에 관한 지문

TO: Wesley Powell
FROM: Jane Durant
SUBJECT: Upcoming business trip

Thank you for agreeing / to take my place / at the conference in Las
동의해 주셔서 감사드립니다 저를 대신해 참석하는 것에 라스베이거스 회의에

Vegas. I think / you will benefit from attending this event. When
저는 생각합니다 당신이 이 행사를 참석하는 것으로부터 이득을 얻을 것이라고

I participated in previous years, / I met / many people from the industry /
제가 이전 해들에 참석했을 때 저는 만났습니다 업계의 많은 사람들을

who were helpful to my career. All the travel arrangements / are prepared /
제 직장 생활에 도움이 되었던 모든 여행 준비가 마련되었습니다

for you, / including accommodations. Your flight, car rental, and hotel /
당신을 위해 숙박 시설을 포함하여 당신의 항공편, 렌터카 그리고 호텔은

have all been paid for / in advance. If you have any extra business
모두 지불되었습니다 사전에 만약 업무상 추가 지출이 있으면

expenses, / please keep the receipts. You will be reimbursed.
영수증을 보관하십시오 당신은 상환받게 될 것입니다

10번은 다음 회람에 관한 문제입니다.

수신: Wesley Powell
발신: Jane Durant
제목: 다가오는 출장

저를 대신해 라스베이거스 회의에 참석하는 것에 동의해 주셔서 감사드립니다. 저는 당신이 이 행사를 참석하는 것으로부터 이득을 얻을 것이라고 생각합니다. 제가 이전에 참석했을 때, 제 직장 생활에 도움이 되었던 업계의 많은 사람들을 만났습니다. 숙박 시설을 포함해서 당신을 위해 모든 여행 준비가 되어 있습니다. 항공편, 렌터카, 그리고 호텔을 모두 사전에 지불했습니다. 만약 업무상 지출이 더 생기면 영수증을 보관하십시오. 상환받을 수 있습니다.

What is implied about the event in Las Vegas?
↳ 키워드

(A) It is a good place to form business relationships.
(B) It will be held for the first time.
(C) It requires paying a registration fee.

라스베이거스에서의 행사에 대해 암시되는 것은 무엇인가?

(A) 업무 상의 관계를 맺기에 좋은 곳이다.
(B) 처음으로 열리게 될 것이다.
(C) 등록비를 지불해야 한다.

추론 문제

질문의 키워드 event in Las Vegas와 관련된 세부 사항을 추론하는 문제이므로 이와 관련된 부분에서 정답의 단서를 찾습니다. 'When I participated in previous years, I met many people from the industry who were helpful to my career.'에서 이전에 라스베이거스 회의에 참석했을 때, 직장 생활에 도움이 되었던 업계의 많은 사람들을 만났다고 말하고 있습니다. 이를 바탕으로 라스베이거스 회의가 업무 상의 인맥을 맺기에 좋은 곳이라는 것을 유추할 수 있습니다. 따라서 (A) It is a good place to form business relationships가 정답입니다.

11~12 **Questions 11-12 refer to the following notice.**
↳ 공고에 관한 지문

We Care about Nature

[11]At the Blue Moon Hotel, / we care about nature. / Therefore, / [11]our
Blue Moon 호텔에서는 자연에 대해 신경 씁니다 그러므로 저희의
housekeeping staff / will only replace those towels / left on the bathroom
객실 관리 직원은 수건들만 교체할 것입니다 욕실 바닥에 놓여진
floor. Towels that have been hung up / will not be taken / for washing. We
걸려 있는 수건들은 가져가지 않을 것입니다 세탁을 위해
ask / that you do not leave clean towels on the floor.
요청드립니다 바닥에 깨끗한 수건들을 놔두지 않을 것을

Why is this important? / Washing towels unnecessarily / wastes water.
이것이 왜 중요할까요? 불필요하게 수건들을 세탁하는 것은 물을 낭비합니다
In addition, / it results in / large amounts of detergent polluting the ocean.
게다가 그것은 초래합니다 많은 양의 세제가 바다를 오염시키는 것을
[12]We know / you enjoy the view of our beautiful private beach / from our
저희는 알고 있습니다 여러분이 저희의 아름다운 전용 해변의 풍경을 즐긴다는 것을 저희 호텔에서
hotel, / so please do your part / to protect the environment.
그러니 여러분의 몫을 해주세요 환경을 보호하는 데

Thank you.

11-12번은 다음 공고에 관한 문제입니다.

저희는 자연에 대해 신경 씁니다

Blue Moon 호텔에서는 자연에 대해 신경 씁니다. 그러므로, 저희의 객실 관리 직원은 욕실 바닥에 놓여진 수건들만 교체할 것입니다. 걸려 있는 수건들은 세탁을 위해 가져가지 않을 것입니다. 바닥에 깨끗한 수건들을 놔두지 않을 것을 요청드립니다.

이것이 왜 중요할까요? 불필요하게 수건들을 세탁하는 것은 물을 낭비합니다. 게다가, 많은 양의 세제가 바다를 오염시키는 것을 초래합니다. 여러분이 호텔에서 저희의 아름다운 전용 해변의 풍경을 보는 것을 즐긴다는 것을 알고 있으니, 환경을 보호하는 데 여러분의 몫을 해주세요.

감사합니다.

11 Where would the notice most likely be found?
↳ 공고의 게시 장소

(A) In a guest room
(B) In a laundry room
(C) In a restaurant
(D) In a conference center

공고는 어디에서 볼 수 있을 것 같은가?

(A) 객실에서
(B) 세탁실에서
(C) 식당에서
(D) 회의장에서

추론 문제

공고를 볼 수 있을 것 같은 곳을 추론하는 문제이므로 지문 전체에서 정답의 단서를 확인합니다. 'At the Blue Moon Hotel'과 'our housekeeping staff will only replace those towels left on the bathroom floor'에서 호텔의 객실 관리 직원이 욕실 바닥에 놓여진 수건들만 교체할 것이라고 말하고 있습니다. 이를 바탕으로 객실에서 볼 수 있는 공고라는 것을 유추할 수 있습니다. 따라서 (A) In a guest room이 정답입니다.

12 What is suggested about the Blue Moon Hotel?
↳ 키워드

(A) It has hired additional cleaning staff.
(B) It is located close to a beach.
(C) It will host an environmental conference.
(D) It is open for only part of the year.

Blue Moon 호텔에 대해 암시되는 것은 무엇인가?

(A) 추가 청소 직원을 고용했다.
(B) 해변 가까이에 위치해 있다.
(C) 환경 회의를 개최할 것이다.
(D) 연중 일부 동안만 영업한다.

추론 문제

질문의 키워드 Blue Moon Hotel과 관련된 세부 사항을 추론하는 문제이므로 이와 관련된 부분에서 정답의 단서를 찾습니다. 'We know you enjoy the view of our beautiful private beach from our hotel'에서 고객들이 Blue Moon 호텔에서 아름다운 전용 해변의 풍경을 보는 것을 즐긴다는 것을 알고 있다고 말하고 있습니다. 이를 통해 호텔이 해변 가까이에 위치하고 있음을 유추할 수 있습니다. 따라서 (B) It is located close to a beach가 정답입니다.

01 전치사 자리

p.129

01 The news reporters / are / under pressure / to meet the deadline. 신문 기자들은 / 압력을 받고 있다 / 마감일을 맞추도록
명사

02 All accountants / must obtain / a license / in accordance with regulations.
명사 모든 회계사들은 / 취득해야 한다 / 자격증을 / 규정에 따라

03 At his doctor's suggestion, / Mr. Hammond / got / a complete health check.
명사 그의 주치의의 제안에 / Mr. Hammond는 / 받았다 / 종합 건강 검진을

04 The traffic accident / resulted / from her carelessness. 교통 사고는 / 결과로 일어났다 / 그녀의 부주의로 인한
명사

05 Ms. Anderson / went / to New York / last month / for pleasure. Ms. Anderson은 / 갔다 / 뉴욕으로 / 지난달에 / 놀러
명사

06 The automatic teller machine / in the lobby / was / out of order. 현금 자동 입출금기가 / 로비에 있는 / 고장 났다
명사

07 The newly hired workers / asked / Ms. Johnson / for instructions.
새롭게 고용된 직원들은 요청했다 Ms. Johnson에게 지시를 위해 명사

새롭게 고용된 직원들은 Ms. Johnson에게 지시를 요청했다.

전치사 뒤 채우기 문제
전치사 뒤에 올 수 있는 것은 명사나 대명사입니다. 따라서 보기 중 전치사 for 뒤에 올 수 있는 것은 명사인 (C) instructions(지시)입니다. 동사인 (A) instruct(지시하다), (B) instructed와 형용사인 (D) instructible(지시할 수 있는)은 전치사 뒤에 올 수 없습니다.

08 We / regretfully / inform / our subscribers / that *Kolins Press* will stop publishing / this month.
우리는 유감스럽게도 (동사 앞) 알립니다 우리의 구독자들에게 *Kolins*지는 출판을 중단할 것임을 이번 달로

유감스럽게도 *Kolins*지는 이번 달로 출판을 중단할 것임을 구독자 여러분에게 알려 드립니다.

부사 자리 문제
동사 inform(알리다) 앞에서 동사를 수식할 수 있는 것은 부사입니다. 따라서 보기 중 부사인 (D) regretfully(유감스럽게)가 정답입니다. 명사 또는 동사인 (A) regret(유감; 유감으로 생각하다)과 (B) regrets, 형용사인 (C) regrettable(유감스러운)은 부사 자리에 올 수 없습니다.

09 The factory / is / under construction / and / will be closed / for a few weeks.
공장은 공사 중이다 명사 그리고 닫힐 것이다 몇 주 동안

공장은 공사 중이고 몇 주 동안 문을 닫을 것이다.

전치사 뒤 채우기 문제
전치사 뒤에 올 수 있는 것은 명사나 대명사입니다. 따라서 보기 중 전치사 under 뒤에 올 수 있는 것은 명사인 (A) construction(공사)입니다. 동사 또는 형용사인 (B) constructed(공사했다; 조립된)와 동사인 (C) construct(공사하다), (D) constructs는 전치사 뒤에 올 수 없습니다

10 Without exception, / all Gainsborough Corporation workers / must attend / the summer training seminar.
예외 없이 명사 모든 Gainsborough사 직원들은 참석해야 한다 여름 교육 세미나에

예외 없이, 모든 Gainsborough사 직원들은 여름 교육 세미나에 참석해야 합니다.

전치사 뒤 채우기 문제
전치사 뒤에 올 수 있는 것은 명사나 대명사입니다. 따라서 보기 중 전치사 Without 뒤에 올 수 있는 것은 명사인 (B) exception(예외)입니다. 동사인 (A) except(제외하다), (C) excepts와 형용사인 (D) exceptional(예외적인)은 전치사 뒤에 올 수 없습니다.

02 시간 전치사

01 The construction / of the monument / is scheduled / to start / on February 5.
날짜 앞 공사는 / 그 기념비의 / 예정이다 / 시작할 / 2월 5일에

02 The coupons / for a free drink / are / valid / for a month. 쿠폰은 / 무료 음료의 / 유효하다 / 한 달 동안
기간(숫자) 앞

03 Employees / must sign up / for the workshop / by tomorrow. 직원들은 / 등록해야 한다 / 워크숍에 / 내일까지
마감이나 기한

04 We / will have / an orientation / for newcomers / at noon. 우리는 / 가질 것이다 / 오리엔테이션을 / 신입사원을 위한 / 정오에
시각·시점 앞

05 The Web site / will officially be launched / on New Year's Day. 그 웹사이트는 / 공식적으로 개시될 것이다 / 새해 첫날에
특정한 날 앞

06 The National Museum / will be closed / for renovation / in the summer. 국립 박물관은 / 휴관할 것이다 / 보수를 위해 / 여름에
계절 앞

07 The meeting / about new marketing strategies / will be held / at 11 A.M.
회의가 / 새 마케팅 전략에 관한 / 열릴 것이다 / 오전 11시에
시각·시점 앞

새 마케팅 전략에 관한 회의가 오전 11시에 열릴 것이다.

시간 전치사 at, on, in 구별하여 넣기 문제

빈칸 뒤에 시각을 나타내는 11 A.M.이 있으므로 시간 전치사 중 시각 앞에 쓰는 (C) at이 와야 합니다. (B) on은 날짜·요일·특정한 날 앞에 쓰고, (D) for는 며칠이나 몇 년 등과 같이 기간을 나타내는 숫자 앞에 씁니다.

08 Our staff members / worked / on the project / collaboratively.
우리 직원들은 / 수행했다 / 그 프로젝트를 / 서로 협력하여
동사 뒤

우리 직원들은 그 프로젝트를 서로 협력하여 수행했다.

부사 자리 문제

동사 worked(수행했다) 뒤에서 동사를 수식할 수 있는 것은 부사입니다. 따라서 보기 중 부사인 (B) collaboratively(서로 협력하여)가 정답입니다. 동사인 (A) collaborate(협력하다), 형용사인 (C) collaborative(협력하는), 명사인 (D) collaboration(협력)은 부사 자리에 올 수 없습니다.

09 All requests / for vacation time / must be presented / in writing / on June 15.
모든 요청은 / 휴가 기간에 대한 / 제출되어야 한다 / 서면으로 / 6월 15일에
날짜 앞

휴가 기간에 대한 모든 요청은 6월 15일에 서면으로 제출되어야 한다.

시간 전치사 at, on, in 구별하여 넣기 문제

빈칸 뒤에 날짜를 나타내는 June 15가 있으므로 시간 전치사 중 날짜 앞에 쓰는 (B) on이 와야 합니다. (A) at은 시각·시점 앞에, (C) in은 연도·월·계절 앞에, (D) for는 며칠이나 몇 년 등과 같이 기간을 나타내는 숫자 앞에 씁니다.

10 During her stay in Paris, / Ms. Lemet / supervised / the new branch office.
파리에서의 그녀의 체류 기간 동안 / Ms. Lemet은 / 감독했다 / 새 지사를
특정 기간 앞

그녀가 파리에 체류하는 동안, Ms. Lemet은 새 지사를 감독했다.

시간 전치사 for, during 구별하여 넣기 문제

빈칸 뒤에 특정 기간을 나타내는 표현 her stay(그녀의 체류 기간)가 있으므로 시간 전치사 중 휴가나 방학 등과 같이 특정 기간을 나타내는 표현 앞에 쓰는 (D) During(~ 동안에)이 와야 합니다. (A) For는 During과 의미는 같지만 며칠이나 몇 년 등과 같이 기간을 나타내는 숫자 앞에 씁니다.

03 장소 전치사

01 People / are not allowed / to sit / on the grass. 사람들은 / 허용되지 않는다 / 앉는 것이 / 잔디 위에
↳ 표면 위

02 Two vehicles / are waiting / at the traffic light. 두 대의 차가 / 기다리고 있다 / 신호등에서
↳ 특정 지점 앞

03 The official ceremony / will be held / in city hall. 공식 행사는 / 개최될 것이다 / 시청에서
↳ 공간 앞

04 Russia / is the largest country / in the world. 러시아는 / 가장 큰 나라이다 / 세계에서
↳ 공간 앞

05 The new department store / is located / at the corner of Potrero Avenue and Main Street.
↳ 특정 지점 앞 새 백화점은 / 위치해 있다 / Potrero가와 Main가의 모퉁이에

06 He / walked / between the two buildings / and came upon / a large square.
↳ 둘 사이 그는 / 걸었다 / 두 빌딩 사이를 / 그리고 이르렀다 / 커다란 광장에

07 There is optimism / among investors / regarding the state of the economy.
낙관론이 있다 / 투자자들 사이에 / 경제 상황에 대한
↳ 셋 이상 사이

투자자들 사이에 경제 상황에 대한 낙관론이 일고 있다.

장소 전치사 between, among 구별하여 넣기 문제
'투자자들 사이에'라는 의미가 되어야 하므로 '~ 사이에'로 해석되는 전치사 (A) between 또는 (C) among이 올 수 있습니다. 그러나 between은 둘 사이를 나타낼 때 쓰고, among은 셋 이상 사이를 나타낼 때 씁니다. 문제에서는 '두 명의 투자자'가 아닌 '여러 명의 투자자'를 의미하고 있으므로 (C)가 정답입니다.

08 The restaurant / offers / discounted meals / on Mother's Day.
그 음식점은 / 제공한다 / 할인된 음식을 / 어머니의 날에
↳ 특정한 날 앞

그 음식점은 어머니의 날에 식사를 할인해 준다.

시간 전치사 at, on, in 구별하여 넣기 문제
특정한 날을 나타내는 Mother's Day가 있으므로 시간 전치사 중 특정한 날 앞에 쓰는 (B) on이 와야 합니다. (A) at은 시각·시점 앞에, (C) in은 연도·월·계절 앞에, (D) by는 마감이나 기한을 나타내는 데 쓰입니다.

09 The company's barbecue party / will take place / in Hubbard Park.
회사의 바비큐 파티는 / 열릴 것이다 / Hubbard 공원에서
↳ 공간 앞

회사의 바비큐 파티는 Hubbard 공원에서 열릴 것이다.

장소 전치사 at, on, in 구별하여 넣기 문제
공간을 나타내는 Hubbard Park가 있으므로 장소 전치사 중 공간 앞에 쓰는 (A) in이 와야 합니다. (B) on은 표면 위에 있는 것을 나타내는 데 쓰입니다.

10 The post office / is conveniently located / between the bank and the subway station.
우체국은 / 편리하게 위치해 있다 / 은행과 지하철역 사이에
↳ 둘 사이

우체국은 은행과 지하철역 사이에 편리한 곳에 위치해 있다.

장소 전치사 between, among 구별하여 넣기 문제
'은행과 지하철역 사이에'라는 의미가 되어야 하므로 '~ 사이에'로 해석되는 전치사 (A) among 또는 (D) between이 올 수 있습니다. 그러나 between은 둘 사이를 나타낼 때 쓰고, among은 셋 이상 사이를 나타낼 때 씁니다. 문제에서는 은행과 지하철역이라는 정해진 둘 사이를 의미하고 있으므로 (D)가 정답입니다.

04 방향 전치사

01 Numerous parks / can be found / along this long road. 많은 공원들을 / 볼 수 있다 / 이 긴 도로를 따라
↳ ~을 따라

02 Ms. Jordan / took / some documents / out of her bag. Ms. Jordan은 / 꺼냈다 / 몇 개의 문서를 / 그녀의 가방 밖으로
↳ ~ 밖으로

03 His secretary / came running / across the street. 그의 비서는 / 달려왔다 / 길을 가로질러서
↳ ~을 가로질러

04 Water / flows / through this pipe. 물이 / 흐른다 / 이 관을 통해
↳ ~을 통하여

05 Mr. Huntington / will offer advice / to our managers / on how to increase sales.
Mr. Huntington은 / 조언을 해줄 것이다 / 우리의 매니저들에게 / 어떻게 매출을 증가시킬지에 대해
↳ to: ~에게, ~로

Mr. Huntington은 우리의 매니저들에게 매출을 증가시키는 방법에 관해 조언할 것이다.

방향 전치사 to 넣기 문제
'매니저들에게 조언을 하다'라는 의미가 되어야 하므로 '~에게'의 의미로 쓰이는 전치사 (A) to가 와야 합니다.

06 Visitors / who want to enjoy beautiful scenery / may drive / along the coast.
방문객들은 / 아름다운 풍경을 즐기기를 원하는 / 운전해도 됩니다 / 해안가를 따라
↳ along: ~을 따라

아름다운 풍경을 즐기고 싶은 방문객들은 해안가를 따라 운전해도 됩니다.

방향 전치사 along 넣기 문제
'해안가를 따라'라는 의미가 되어야 하므로 '~을 따라'의 의미로 쓰이는 전치사 (C) along이 와야 합니다.

07 ~ 09

Questions 07-09 refer to the following notice. (notice: 공고에 관한 지문)

A number of changes / in the Ohio branch of Arkon / have been made / in the past week. The branch / relocated / to a new building / 07 on April 18. Ms. Miller / will give you / the address and directions / to the new offices / as well as the telephone numbers / for the branch. Also, / their financial department / is / under different 08 management. Lastly, / current department head, Tom Holt, / will be leaving / next Friday. 09 He is retiring / after 25 years of service. Replacing him / will be Sarah Douglas.

많은 변화가 / Arkon사의 오하이오 지점에 / 일어났습니다 / 지난주에. 그 지점은 / 이전하였습니다 / 새 건물로 / 4월 18일에 (on: 날짜 앞). Ms. Miller는 / 알려 드릴 것입니다 / 주소와 위치를 / 새로운 사무실의 / 새 전화번호뿐만 아니라 ~도 / 지점의. 또한 / 그 지점의 재무부는 / 다른 경영진하에 있습니다 (management: 명사). 마지막으로 / 현재의 부서장, Tom Holt는 / 떠날 것입니다 / 다음 주 금요일에. 그는 퇴직할 것입니다 / 25년간의 근무 끝에. 그를 대신하는 것은 / Sarah Douglas일 것입니다.

07-09번은 다음 공고에 관한 문제입니다.

지난주에 Arkon사의 오하이오 지점에 많은 변화가 일어났습니다. 그 지점은 4월 18일에 새 건물로 이전하였습니다. Ms. Miller가 여러분에게 지점의 새 전화번호뿐만 아니라 새로운 사무실의 주소와 위치도 알려 드릴 것입니다. 또한, 그 지점의 재무부는 다른 경영진하에 있습니다. 마지막으로, 현 부서장, Tom Holt는, 다음 주 금요일에 떠날 것입니다. 그는 25년간의 근무 끝에 퇴직할 것입니다. 그의 자리는 Sarah Douglas가 대신할 것입니다.

07 시간 전치사 at, on, in 구별하여 넣기 문제
날짜를 나타내는 April 18가 있으므로 시간 전치사 중 날짜 앞에 쓰는 (D) on이 와야 합니다. (A) for는 며칠이나 몇 년 등과 같이 기간을 나타내는 숫자 앞에, (B) at은 시각·시점 앞에, 그리고 (C) in은 연도·월·계절 앞에 씁니다.

08 전치사 뒤 채우기 문제
전치사 뒤에 올 수 있는 것은 명사나 대명사입니다. 따라서 보기 중 전치사 under 뒤에 올 수 있는 것은 명사인 (C) management(경영진)입니다. 동사인 (A) manage(경영하다), (D) managed와 형용사인 (B) manageable(관리할 수 있는)은 전치사 뒤에 올 수 없습니다.

09 알맞은 문장 고르기 문제
빈칸에 들어갈 알맞은 문장을 고르는 문제이므로 빈칸의 주변 문맥을 파악합니다. 앞 문장 'Lastly, current department head, Tom Holt, will be leaving next Friday.'에서 마지막으로 현 부서장 Tom Holt는 다음 주 금요일에 떠날 것이라고 했으므로 빈칸에는 그가 25년간의 근무 끝에 퇴직할 것이라는 내용이 들어가야 함을 알 수 있습니다. 따라서 (C) He is retiring after 25 years of service가 정답입니다.
(보기 해석 p. 577)

동사 어휘(1)

p.137

01 The report / has been reviewed / by the supervisor. 보고서는 / 검토되었다 / 감독관에 의해
보고서를 검토하다(review the report)

02 The team / developed / the company's new manufacturing process. 그 팀은 / 개발했다 / 회사의 새로운 제조 과정을
새로운 과정을 개발하다(develop new process)

03 I / would like to confirm / my hotel booking. 나는 / 확인하고 싶다 / 내 호텔 예약을
호텔 예약을 확인하다(confirm one's hotel booking)

04 The corporation / will hire / an architect / to design the new headquarters.
건축가를 고용하다(hire an architect) 회사는 / 고용할 것이다 / 건축가를 / 새로운 본부를 설계하기 위해

05 Local donors / contributed $50,000 / to youth programs.
지역 기증자가 / 5만 달러를 기부했다 / 청소년대책사업에
contribute A to B A를 B에 기부하다

지역 기증자가 청소년대책사업에 5만 달러를 기부했다.

'지역 기증자가 청소년대책사업에 5만 달러를 ___했다'는 문맥에 적합한 어휘는 contribute(기부하다)의 과거형인 (C) contributed입니다. (A)의 request(요청하다), (B)의 consider(고려하다), (D)의 review(복습하다)는 문맥에 적합하지 않습니다.

06 An increasing number of people / use the Internet / to purchase books.
점점 더 많은 수의 사람들이 / 인터넷을 이용한다 / 책을 구입하는 데
purchase books 책을 구입하다

점점 더 많은 사람들이 책을 구입하는 데 인터넷을 이용한다.

'책을 ___하는 데 인터넷을 이용하다'라는 문맥에 적합한 어휘는 (B) purchase(구입하다)입니다. (A) secure(보호하다), (C) control(제어하다), (D) gather(모으다)는 문맥에 적합하지 않습니다.

07~09 **Questions 07-09 refer to the following e-mail.**
→ 이메일에 관한 지문

From: Lewis Gable, National Printers <lewisgable@natprinters.com>
To: Robin Lucas <roblucas@todaymail.com>
Re: Inquiry

Our technical staff / checked the printer / you sent us / and found / that it
저희 기술 직원이 / 프린터를 확인했습니다 / 귀하께서 보내주신 / 그리고 발견했습니다 / 그것이
was badly jammed. Because / your device / is still under warranty, / we /
종이가 심하게 걸렸다는 것을 / ~ 때문에 / 귀하의 장치가 / 여전히 보증 기간 중입니다 / 저희는
have decided / to temporarily 07 replace it / with a new one / while we make
결정했습니다 / 그것을 일시적으로 교체해 드리기로 / 새로운 것으로
the necessary repairs / to your old one. Please note / that there are methods
저희가 필요한 수리를 하는 동안 / 귀하의 오래된 장치에 / 유의하세요 / 활용할 수 있는 방법이 있다는 것을
you can use / to 08 prolong the life / of your printer / and prevent this from
수명을 연장하기 위해 / 귀하의 프린터의 / 그리고 이것이 다시 발생하는 것을 막기 위해
occurring again. 09 Review / the product handbook / for instructions. It /
확인하세요 / 제품 안내서를 / 설명을 위해 / 그것은
contains / all the information / you'll need to perform regular maintenance
포함합니다 / 모든 정보를 / 귀하께서 그것에 대한 정기적인 보수를 수행하는 데 필요한
on it / at home.
가정에서

replace A with B A를 B로 교체하다
prolong the life of ~의 수명을 연장하다

07-09번은 다음 이메일에 관한 문제입니다.

발신: Lewis Gable, National Printers사 <lewisgable@natprinters.com>
수신: Robin Lucas <roblucas@todaymail.com>
회신: 문의 사항

저희 기술부 직원이 귀하께서 보내신 프린터를 확인해 본 결과, 종이가 심하게 걸렸다는 것을 발견했습니다. 저희는 장치의 보증 기간이 아직 끝나지 않았기 때문에 오래된 프린터에 필요한 수리를 하는 동안 일시적으로 새로운 것으로 교체해 드리기로 결정했습니다. 프린터의 수명을 연장하고 이러한 일이 다시 발생하는 것을 방지하기 위해 귀하께서 활용할 수 있는 방법이 있다는 점에 유의하세요. 설명을 참고하기 위해 제품 안내서를 확인하세요. 그것은 가정에서 정기적인 보수 관리를 하는 데 필요한 모든 정보를 포함하고 있습니다.

07 '필요한 수리를 하는 동안 프린터를 일시적으로 새로운 것으로 ___하기로 결정했다'는 문맥에 적합한 어휘는 (C) replace(교체하다)입니다. (A) remove(제거하다), (B) remind(상기시키다), (D) reproduce(재생산하다)는 문맥에 적합하지 않습니다.

08 '프린터의 수명을 ___하기 위해 활용할 수 있는 방법이 있다는 점에 유의하세요'라는 문맥에 적합한 어휘는 (D) prolong(연장하다)입니다. (A) endure(견디다), (B) broaden(확대하다), (C) admit(인정하다)은 문맥에 적합하지 않습니다.

09 빈칸에 들어갈 알맞은 문장을 고르는 문제이므로 빈칸의 주변 문맥을 파악합니다. 뒤 문장 'It contains all the information ~ regular maintenance on it at home.'에서 그것은 정기적인 보수 관리를 하는 데 필요한 모든 정보를 포함하고 있다고 했으므로 빈칸에는 제품 안내서를 확인하라는 내용이 들어가야 함을 알 수 있습니다. 따라서 (D) Review the product handbook for instructions가 정답입니다.
(보기 해석 p. 577)

의도 파악 문제

p.140

01 We / assure / you / that your order / will arrive / within seven days.
우리는 보장합니다 당신에게 당신의 주문이 ~라는 것 도착할 것입니다 7일 이내에

= Delivery / is guaranteed / to take place / within a specific time.
배송이 보증됩니다 이루어질 것이 특정 기간 내에

7일 이내에 주문이 당신에게 도착할 것을 보장합니다.
= 특정 기간 내에 배송이 이루어질 것이 보증됩니다.

assure(보장하다)와 비슷한 의미를 지닌 (B) guaranteed(보증되다)가 빈칸에 적합합니다.

02 I / am sending / a copy / of your flight itinerary / with my letter.
저는 보냅니다 사본을 당신의 비행 일정의 편지와 함께

= Please find / the information / on your travel plans / enclosed.
확인하십시오 정보를 당신의 여행 계획에서 동봉된

편지와 함께 당신의 비행 일정 사본을 보냅니다.
= 동봉된 당신의 여행 계획에서 정보를 확인하십시오.

send ~ with my letter(편지와 함께 보내다)와 비슷한 의미를 지닌 (A) enclosed(동봉된)가 빈칸에 적합합니다.

03 I / have attached / the technical specifications / for the AC20 / to this e-mail.
저는 첨부했습니다 기술 설명서를 AC20에 대한 이 이메일에

= A list / of the product's details / is included / with the e-mail.
목록이 그 제품의 상세한 설명의 포함되어 있습니다 이메일에

이 이메일에 AC20의 기술 설명서를 첨부했습니다.
= 이메일에 제품에 대한 상세한 설명 목록이 포함되어 있습니다.

specifications(설명서)와 비슷한 의미를 지닌 (B) details(상세한 설명)가 빈칸에 적합합니다.

04 Thank / you / for finding / the data / that I asked / you / about.
감사합니다 당신에게 찾아 주셔서 자료를 제가 문의한 당신에게 ~에 대해

= I / appreciate / your taking the time / to locate / the requested information.
저는 감사 드립니다 당신이 시간을 내주셔서 찾는 데 요청했던 정보를

제가 당신에게 문의했던 자료를 찾아 주셔서 감사 드립니다.
= 제가 요청했던 정보를 찾는 데 시간을 할애해 주셔서 감사 드립니다.

finding(찾는 것)과 비슷한 의미를 지닌 (A) locate(찾아내다)가 빈칸에 적합합니다.

05 Schedule / your appointment / a week before / you / want / to have
예정해 놓으십시오 당신의 예약을 일주일 전에 당신이 원하는

your car checked.
당신의 자동차를 점검 받는 것을

(A) Appointments / for car maintenance / should be made / a week
예약은 자동차 정비를 위한 이루어져야 합니다

in advance.
일주일 전에

(B) You / should check / your car service appointment / one week
당신은 확인해야 합니다 당신의 자동차 서비스 예약을 일주일 전에

ahead of time.

당신의 자동차를 점검 받고 싶은 날로부터 일주일 전에 예약을 하십시오.

(A) 자동차 정비 예약은 일주일 전에 하셔야 합니다.

(B) 일주일 전에 당신의 자동차 서비스 예약을 확인하셔야 합니다.

Schedule appointment를 Appointments should be made로, before를 in advance로, checked를 maintenance로 paraphrase하여 그 의미가 가까운 (A)가 정답입니다. 주어진 문장에서 예약 확인에 대한 언급은 하지 않았으므로 (B)는 오답입니다.

06 Please give / me / information / about the conference facilities / at your
주시기 바랍니다 저에게 정보를 회의 시설에 대한 귀하의

hotel.
호텔의

(A) I / would like / some details / about the meeting rooms / at your hotel.
저는 원합니다 몇몇 세부 사항을 회의실에 대한 귀하의 호텔의

(B) I / want / to have / a meeting / about the services / available / at your
저는 원합니다 갖기를 회의를 서비스에 대하여 이용할 수 있는

hotel.
귀하의 호텔에서

귀하의 호텔 회의 시설에 대한 정보를 주시기 바랍니다.

(A) 귀하의 호텔 회의실에 대한 몇 가지 세부 사항을 알고 싶습니다.

(B) 귀하의 호텔에서 이용할 수 있는 서비스에 대하여 회의를 하고 싶습니다.

information을 details로, conference facilities를 meeting rooms로 paraphrase하여 그 의미가 가까운 (A)가 정답입니다. 주어진 문장에서 회의를 하고 싶다는 언급은 하지 않았으므로 (B)는 오답입니다.

07 The improper disposal / of motor oil / can contaminate / drinking water.
부적절한 처리는 엔진 오일의 오염시킬 수 있다 식수를

(A) Motor oil / must be disposed of / in specific areas.
엔진 오일은 처리되어야 한다 특정 구역에서

(B) Disposing of / motor oil / inappropriately / can pollute / drinking
처리하는 것은 엔진 오일을 부적절하게 오염시킬 수 있다

water.
식수를

엔진 오일의 부적절한 처리는 식수를 오염시킬 수 있다.

(A) 엔진 오일은 특정 구역에서 처리해야 한다.

(B) 엔진 오일을 부적절하게 처리하는 것은 식수를 오염시킬 수 있다.

The improper disposal of motor oil can contaminate를 Disposing of motor oil inappropriately can pollute로 paraphrase하여 그 의미가 가까운 (B)가 정답입니다. 주어진 문장에서 특정 구역에서 엔진 오일을 처리해야 한다는 언급은 하지 않았으므로 (A)는 오답입니다.

08 Mr. Singh / is in charge / of organizing / the reception / for the overseas
Mr. Singh은 담당하고 있다 준비하는 것을 환영회를 해외 투자자들을 위한

investors.

(A) Mr. Singh / has / the responsibility / of planning / a welcome party.
Mr. Singh은 갖고 있다 책임을 계획하는 것에 대한 환영회를

(B) Mr. Singh / is the receptionist / for the overseas branch.
Mr. Singh은 접수원이다 해외 지점의

Mr. Singh은 해외 투자자들을 위한 환영회 준비를 담당하고 있다.

(A) Mr. Singh은 환영회를 계획하는 것에 대해 책임을 갖고 있다.

(B) Mr. Singh은 해외 지점 접수원이다.

is in charge of organizing the reception을 has the responsibility of planning a welcome party로 paraphrase하여 그 의미가 가까운 (A)가 정답입니다. 주어진 문장에서 Mr. Singh이 해외 지점 접수원인지에 대한 언급은 하지 않았으므로 (B)는 오답입니다.

09 **Question 09 refers to the following online chat discussion.**
↳ 온라인 채팅 대화문에 관한 지문

Brad Richards 9:15 A.M.

Thank you for using / the Chicago Theater's online customer service application. How can I help you today?
이용해 주셔서 감사합니다 / 시카고 극장의 온라인 고객 서비스 애플리케이션을 / 오늘 무엇을 도와드릴까요?

Denise Holt 9:16 A.M.

I have tickets for a musical / on June 17. I'd like to return them / for a refund.
저는 뮤지컬 티켓을 가지고 있습니다 / 6월 17일의 / 저는 그것들을 반환하고 싶습니다 / 환불을 위해

Brad Richards 9:17 A.M.

I'm sorry. That is not possible. However, / you can exchange them / for tickets for another show.
죄송합니다 / 그것은 불가능합니다 / 하지만 / 당신은 그것들을 교환하실 수 있습니다 / 다른 공연 티켓으로

Denise Holt 9:18 A.M.

OK. I'll confirm my schedule and / get back to you.
알겠습니다 / 제 일정을 확인하고 / 나중에 다시 당신에게 연락하겠습니다

09번은 다음 온라인 채팅 대화문에 관한 문제입니다.

Brad Richards 오전 9:15
시카고 극장의 온라인 고객 서비스 애플리케이션을 이용해 주셔서 감사합니다. 오늘 무엇을 도와드릴까요?

Denise Holt 오전 9:16
저는 6월 17일 뮤지컬 티켓을 가지고 있습니다. 환불을 위해 그것들을 반환하고 싶습니다.

Brad Richards 오전 9:17
죄송합니다. 환불은 불가능합니다. 하지만, 그것들을 다른 공연 티켓으로 교환하실 수는 있습니다.

Denise Holt 오전 9:18
알겠습니다. 제 일정을 확인하고 나중에 다시 당신에게 연락하겠습니다.

At 9:17 A.M., what does Mr. Richards mean when he writes, "I'm sorry"?
↳ 인용구

(A) Ms. Holt has not reserved a ticket.
(B) Ms. Holt will not be able to watch a show.
(C) Ms. Holt cannot get her money back.

오전 9시 17분에, Mr. Richards가 "I'm sorry"라고 썼을 때 그가 의도한 것은?
(A) Ms. Holt는 티켓을 예약하지 않았다.
(B) Ms. Holt는 공연을 볼 수 없을 것이다.
(C) Ms. Holt는 그녀의 돈을 돌려받을 수 없다.

의도 파악 문제
Mr. Richards가 의도한 것을 묻는 문제이므로, 질문의 인용어구(I'm sorry)가 언급된 주변 문맥을 확인합니다. 'I'd like to return them for a refund.'에서 Ms. Holt가 환불을 위해 티켓을 반환하고 싶다고 하자 Mr. Richards가 'I'm sorry.'(죄송합니다)라고 한 것을 통해, Mr. Richards는 Ms. Holt가 돈을 돌려받을 수 없다고 한 것임을 알 수 있습니다. 따라서 (C) Ms. Holt cannot get her money back이 정답입니다.

10 **Question 10 refers to the following text message chain.**
↳ 메시지 대화문에 관한 지문

Tom Meadows 10:38 A.M.

Do you have any Meteor bicycles (model #39283) / left in stock? I have a customer / looking for one.
당신은 Meteor 자전거 (모델 번호 39283)를 갖고 있나요 / 재고에 남은 / 한 손님이 있어요 / 하나를 찾고 있는

Matt O'Rourke 10:43 A.M.

Yes, / we have two left. One in blue, / and the other in silver.
네 / 2개 남아있어요 / 하나는 파란색이고 / 다른 것은 은색이에요

Tom Meadows 10:49 A.M.

She's interested / in the silver one. Can I send / a staff member / by this afternoon / to get it?
그녀는 관심을 가졌어요 / 은색에 / 제가 보내도 될까요 / 직원 한 명을 / 오늘 오후까지 / 그것을 가지러

Matt O'Rourke 10:51 A.M.

Go right ahead. I'll have it ready to go / by 1 P.M.
그렇게 하세요 / 제가 그것을 가져갈 수 있게 준비해둘게요 / 오후 1시까지

10번은 다음 메시지 대화문에 관한 문제입니다.

Tom Meadows 오전 10:38
재고에 Meteor 자전거 (모델 번호 39283) 남는 것이 있나요? 손님이 하나를 찾고 있어요.

Matt O'Rourke 오전 10:43
네, 2개 남아있어요. 하나는 파란색이고, 다른 것은 은색이에요.

Tom Meadows 오전 10:49
그녀는 은색에 관심이 있어요. 그것을 가지러 직원 한 명을 오늘 오후에 보내도 될까요?

Matt O'Rourke 오전 10:51
그렇게 하세요. 가져가실 수 있게 오후 1시까지 그것을 준비해 둘게요.

At 10:51 A.M., what does Mr. O'Rourke mean when he writes "Go right ahead"?
↳ 인용구

(A) He is willing to let a customer test out a bicycle.

(B) He wants Mr. Meadows to make a purchase.

(C) He will allow an employee to pick up a product.

오전 10시 51분에, Mr. O'Rourke가 "Go right ahead"라고 썼을 때 그가 의도한 것은?

(A) 고객이 자전거를 시험해 보는 것을 흔쾌히 허용할 것이다.

(B) Mr. Meadows가 구매를 하기를 바란다.

(C) 직원이 제품을 가져갈 수 있도록 허락할 것이다.

의도 파악 문제

Mr. O'Rourke가 의도한 것을 묻는 문제이므로, 질문의 인용어구(Go right ahead)가 언급된 주변 문맥을 확인합니다. 'Can I send a staff member by this afternoon to get it?'에서 Tom Meadows가 오후에 직원이 그 제품을 가지러 가도 되냐고 물어보자 Mr. O'Rourke가 'Go right ahead.'(그렇게 하세요)라고 한 것을 통해, Mr. O'Rourke가 Tom Meadows의 직원이 제품을 가져가도록 허락할 것임을 알 수 있습니다. 따라서 (C) He will allow an employee to pick up a product가 정답입니다.

11 ~ 12

Questions 11-12 refer to the following text message chain.
↳ 메시지 대화문에 관한 지문

Teresa Osborne 1:56 P.M.

Hi, Mike. Have you selected a restaurant / for the company dinner / yet?
안녕하세요, Mike 식당을 선정했나요 회식을 위한 이미

Mike Perelli 1:58 P.M.

[11]I was thinking about Spato's. It's close to our office, / and [11]you mentioned before / that you enjoyed the food there.
Spato's를 생각하고 있었어요 저희 사무실과 가깝고 당신이 이전에 말했어요 그곳의 음식을 즐겼다고

Teresa Osborne 2:01 P.M.

[12]I'm not sure / if that restaurant is big enough, / though. Including the new staff members, / there will be over 40 people in our group.
저는 확신할 수 없어요 그 식당이 충분히 큰지 하지만 새로운 직원들을 포함해서 우리 단체에는 40명이 넘는 사람들이 있을 거예요

Mike Perelli 2:02 P.M.

Good point. I'll check some of the other restaurants / in the area.
좋은 지적이네요 몇몇 다른 식당을 확인해 볼게요 지역 내

Teresa Osborne 2:06 P.M.

OK. Will you be able to make a decision / by Friday?
알겠어요 당신은 결정을 내릴 수 있을까요 금요일까지

Mike Perelli 2:07 P.M.

Sure. I'll find a suitable place / and make a reservation / by then.
물론이죠 제가 적합한 장소를 찾아서 예약할게요 그때까지

11-12번은 다음 메시지 대화문에 관한 문제입니다.

Teresa Osborne 오후 1:56
안녕하세요, Mike. 회식을 위한 식당을 이미 선정했나요?

Mike Perelli 오후 1:58
Spato's를 생각하고 있었어요. 저희 사무실과 가깝고, 당신이 이전에 그곳의 음식을 즐겼다고 말했잖아요.

Teresa Osborne 오후 2:01
하지만, 저는 그 식당이 충분히 큰지 확신할 수 없어요. 새로운 직원들을 포함해서, 우리 단체에는 40명이 넘는 사람들이 있을 거예요.

Mike Perelli 오후 2:02
좋은 지적이네요. 지역 내 몇몇 다른 식당을 확인해 볼게요.

Teresa Osborne 오후 2:06
알겠어요. 금요일까지 결정을 내릴 수 있을까요?

Mike Perelli 오후 2:07
물론이죠. 적합한 장소를 찾아서 그때까지 예약할게요.

11 What is suggested about Ms. Osborne?
↳ 키워드

(A) She was hired recently.

(B) She has eaten at Spato's before.

(C) She is in charge of selecting a restaurant.

(D) She will pay for Mr. Perelli's dinner.

Ms. Osborne에 대해 암시되는 것은?

(A) 최근에 고용되었다.

(B) 이전에 Spato's에서 식사한 적이 있다.

(C) 식당 선정을 담당한다.

(D) Mr. Perelli의 저녁식사에 대한 비용을 지불할 것이다.

추론 문제

질문의 키워드 Ms. Osborne과 관련된 세부 사항을 추론하는 문제이므로 이와 관련된 부분에서 정답의 단서를 찾습니다. 'I was thinking about Spato's.'와 'you mentioned before that you enjoyed the food there'에서 Mr. Perelli가 회식 장소로 Spato's를 생각하고 있으며 Ms. Osborne이 이전에 그곳의 음식을 즐겼다고 말했었다고 말하고 있습니다. 이를 바탕으로 Ms. Osborne이 이전에 Spato's에서 식사한 적이 있다는 것을 유추할 수 있습니다. 따라서 (B) She has eaten at Spato's before가 정답입니다.

12 At 2:02 P.M., what does Mr. Perelli mean when he writes, "Good point"?
↳ 인용구

(A) He understands the reason for a schedule change.
(B) He accepts an objection to a venue choice.
(C) He realizes the importance of a company event.
(D) He agrees with a proposed dinner menu.

오후 2시 2분에, Mr. Perelli가 "Good point"라고 썼을 때 그가 의도한 것은?

(A) 일정 변경에 대한 이유를 이해한다.
(B) 장소 선정에 대한 이의를 받아들인다.
(C) 회사 행사의 중요성에 대해 안다.
(D) 제안된 저녁 메뉴에 동의한다.

의도 파악 문제

Mr. Perelli가 의도한 것을 묻는 문제이므로, 질문의 인용어구(Good point)가 언급된 주변 문맥을 확인합니다. 'I'm not sure if that restaurant is big enough'에서 Ms. Osborne이 Mr. Perelli가 정해둔 식당이 충분히 큰지 확신할 수 없다고 하자 Mr. Perelli가 'Good point.'(좋은 지적이네요)라고 한 것을 통해, Mr. Perelli가 장소 선정에 대한 이의를 받아들인 것임을 알 수 있습니다. 따라서 (B) He accepts an objection to a venue choice가 정답입니다.

[품사] 접속사

01 등위접속사와 상관접속사

p.149

01 You / may mail or fax / your résumé / to Mr. Blunt. 당신은 / 우편이나 팩스로 보내도 된다 / 당신의 이력서를 / Mr. Blunt에게
등위: 또는

02 The building / has / both an outdoor parking lot and an underground garage.
상관: both A and B
그 건물은 / 있다 / 옥외 주차장과 지하 차고 둘 다

03 He / made a request / for help / but / did not receive / any response.
등위: 그러나
그는 / 요청했다 / 도움을 / 그러나 / 받지 못했다 / 어떤 응답도

04 The logo / must be / not only distinctive but also professional-looking.
상관: not only A but also B
그 로고는 / 해야 한다 / 특색 있어야 할 뿐만 아니라 전문적으로 보여야

05 Participants / were told / to arrive / by noon, / yet / most of them / were late.
등위: 그러나
참가자들은 / 들었다 / 도착하라고 / 정오까지 / 그러나 / 대부분이 / 늦었다

06 The consultant / advised / the company / either to expand the factory or to hire more workers.
그 고문은 / 충고했다 / 그 회사에 / 공장을 확장하거나 직원을 더 고용하라고
상관: either A or B

07 Ms. Douglas / will help / customers / to create / an investment and a savings plan.
Ms. Douglas는 / 도울 것이다 / 고객들이 / 세우는 것을 / 투자와 저축 계획을
등위: 그리고

Ms. Douglas는 고객들이 투자와 저축 계획을 세우는 것을 도울 것이다.

등위접속사 넣기 문제
'투자와 저축 계획'이라는 의미가 되어야 하므로 등위접속사 (B) and(그리고)가 와야 합니다.

08 Applicants / are required to present / both a reference letter and a photocopy of their social security card.
지원자들은 / 제출하기를 요구받는다 / 추천서와 사회 보장 카드 사본 둘 다를
상관: both A and B

지원자들은 추천서와 사회 보장 카드 사본 둘 다를 제출해야 한다.

상관접속사 넣기 문제
상관접속사 and와 짝을 이루는 것은 (B) both입니다.

09 The Web site / is / most accessible / before 8 A.M. or after 5 P.M.
그 웹사이트는 / 가장 이용하기 좋다 / 오전 8시 전 또는 오후 5시 이후에
등위: 또는

그 웹사이트는 오전 8시 전 또는 오후 5시 이후에 접속하기 가장 좋다.

등위접속사 넣기 문제
'오전 8시 전 또는 오후 5시 이후'라는 의미가 되어야 하므로 등위접속사 (A) or(또는)가 와야 합니다.

10 Neither chatting online nor checking personal e-mails / is permitted / during working hours.
온라인 채팅을 하거나 개인 이메일을 확인하는 것 / 허락되지 않는다 / 근무 시간 중에
상관: neither A nor B

근무 시간 중에는 온라인 채팅을 하거나 개인 이메일을 확인하는 것 어느 것도 허용되지 않는다.

상관접속사 넣기 문제
상관접속사 Neither와 짝을 이루는 것은 (C) nor입니다.

02 종속접속사

p.151

01 We / discontinued / the construction / [because there was not enough funding].
부사절 접속사
우리는 / 중단했다 / 공사를 / 충분한 자금이 없었기 때문에

02 [Although the government tried to control fuel costs], / they / increased / significantly.
부사절 접속사
비록 정부가 연료비를 통제하려고 했지만 / 연료비는 / 올랐다 / 상당히

03 The team / conducted / a survey / [which assessed the market potential for diet food].
명사 / 형용사절 접속사
그 팀은 / 실시했다 / 설문 조사를 / 다이어트 식품의 시장 잠재력을 평가하는

04 [Whether Ms. Fletcher will give the presentation] / is / not certain. Ms. Fletcher가 발표할지는 / 확실하지 않다
명사절 접속사 / 주어

05 [Although managerial experience is helpful], / it / is not / a requirement.
부사절 접속사 / 비록 경영 경험이 유용하지만 / 그것은 / 아니다 / 자격 요건이

비록 경영 경험이 유용하지만, 자격 요건은 아니다.

부사절 접속사 넣기 문제

쉼표 뒤에 주절 it is not a requirement가 있고, 앞에는 접속사가 없는 절이 있습니다. 따라서 빈칸에는 절이 부사 역할을 하여 주절을 수식하도록 이끄는 부사절 접속사가 와야 합니다. 보기 중 부사절 접속사인 (D) Although(비록 ~이지만)가 정답입니다.

06 Profits / rose / not only because of an increase in sales, / but also because of a reduction in expenses.
수익은 / 증가했다 / 판매량의 증가 때문만이 아니라 / 경비 절감 때문에
상관접속사: not only A but also B

판매량의 증가 뿐만 아니라 경비 절감으로 인해서 수익이 증가했다.

상관접속사 넣기 문제

상관접속사 but also와 짝을 이루는 것은 not only이므로 not 다음 빈칸에는 (B) only가 와야 합니다. 이 경우 not이나 only를 단독으로 쓰지 않도록 주의합니다.

07~09

Questions 07-09 refer to the following e-mail.
이메일에 관한 지문

From: Lily Gilels <lilygilels@fundco.com>
To: Tyler Craig <tcraig@fundco.com>

I was just going over / the records / of the maintenance workers / hired last year.
저는 방금 검토하고 있었습니다 / 기록을 / 보수 관리 직원들의 / 작년에 고용된
They / are eligible / for various tax benefits / [07 because they have held their jobs / for over six months.] Also, / Mike Evans from the purchasing department said / that he would submit / the receipts / for his department's expenses / yesterday, / 08 yet / I have not received them. 09 Please remind him / that I am waiting for them. I need them urgently / for next quarter's budgetary estimate.
그들은 / 자격이 있습니다 / 다양한 세금 혜택에 대한 / 그들이 계속 일했기 때문에 / 6개월 넘게 / 그리고 / 구매부의 Mike Evans가 말했습니다 / 그가 제출할 것이라고 / 영수증을 / 그의 부서의 경비에 대한 / 어제 / 그러나 / 저는 그것들을 받지 못했습니다 / 그에게 상기시켜 주세요 / 제가 그것들을 기다리고 있다고 / 저는 그것들이 급히 필요합니다 / 다음 분기의 예산 견적을 위해서
부사절 접속사 / 등위접속사: 그러나

07-09번은 다음 이메일에 관한 문제입니다.

발신: Lily Gilels <lilygilels@fundco.com>
수신: Tyler Craig <tcraig@fundco.com>

저는 방금 작년에 고용된 보수 관리 직원들의 기록을 검토하고 있었습니다. 그들은 6개월 넘게 일했기 때문에 다양한 세금 혜택을 받을 자격이 있습니다. 그리고 구매부의 Mike Evans가 어제 그의 부서의 경비에 대한 영수증을 제출할 것이라고 했으나, 저는 그것들을 받지 못했습니다. 그에게 제가 그것들을 기다리고 있다고 상기시켜 주세요. 저는 다음 분기의 예산 견적을 위해 영수증이 급히 필요합니다.

07 부사절 접속사 넣기 문제

주절 They are eligible for various tax benefits가 있고, 빈칸 뒤에는 접속사가 없는 절이 있습니다. 따라서 빈칸에는 절이 부사 역할을 하여 주절을 수식하도록 이끄는 부사절 접속사가 와야 합니다. 보기 중 부사절 접속사인 (C) because(~이기 때문에)가 정답입니다.

08 등위접속사 넣기 문제

'어제 경비에 대한 영수증을 제출할 것이라고 했으나 받지 못했다'는 의미가 되어야 하므로 등위접속사 (B) yet(그러나)이 정답입니다.

09 알맞은 문장 고르기 문제

빈칸에 들어갈 알맞은 문장을 고르는 문제이므로 빈칸의 주변 문맥을 파악합니다. 앞 문장 'Mike Evans from the purchasing department said that he would submit the receipts ~, yet I have not received them'과 뒤 문장 'I need them urgently'에서 어제 Mike Evans가 영수증을 제출할 것이라고 했으나 받지 못했고, 그것들이 급히 필요하다고 했으므로 빈칸에는 그에게 자신이 그것들을 기다리고 있다고 상기시켜 달라는 내용이 들어가야 함을 알 수 있습니다. 따라서 (B) Please remind him that I am waiting for them이 정답입니다.

(보기 해석 p. 577)

동사 어휘(2)

p.153

01 An identification card / needs to be presented / to enter this building. 신분증이 / 제시되어야 한다 / 이 건물에 들어가려면
제시하다(present)

02 Luc Industries / accelerated / its production / in response to / high demand. Luc사는 / 가속화했다 / 생산을 / 대응하여 / 높은 수요에
생산을 가속화하다(accelerate production)

03 The employers / expect / workers / to be productive. 고용주들은 / 기대한다 / 직원들이 / 생산적일 것을
A가 B하기를 기대하다(expect A to B)

04 The hotel / has / a ballroom / that can accommodate / 80 people. 그 호텔은 / 있다 / 연회장이 / 수용할 수 있는 / 80명을
80명을 수용하다

05 Workers / will be trained / to operate / warehouse machinery.
직원들은 / 교육받을 것이다 / 가동시킬 수 있도록 / 창고 기계를
operate machinery 기계를 가동시키다

직원들은 창고 기계를 가동시킬 수 있도록 교육받을 것이다.

'직원들은 창고 기계를 ___ 수 있도록 교육받을 것이다'는 문맥에 적합한 어휘는 (B) operate(가동시키다)입니다. (A) attend(참가하다), (C) excuse(용서하다), (D) remind(상기하다)는 문맥에 적합하지 않습니다.

06 After the business seminar, / new staff members / will attend / a meeting / in the conference room.
경영 세미나 이후에 / 신입사원들은 / 참석할 것이다 / 회의에 / 회의실에서
attend a meeting 회의에 참석하다

경영 세미나 후에, 신입사원들은 회의실에서 있을 회의에 참석할 것이다.

'신입사원들은 회의에 ___할 것이다'는 문맥에 적합한 어휘는 (B) attend(참석하다)입니다. (A) continue(계속하다), (C) frequent(자주 다니다), (D) follow(따라가다)는 문맥에 적합하지 않습니다.

07~09 **Questions 07-09 refer to the following letter.**
편지에 관한 지문

Dear Mr. Martin,

Thank you for applying / to Ceco Systems. Ceco Systems / 07 offers / its workers / a professional and comfortable environment. Our company provides / competitive salaries and a benefits package / which 08 includes bonuses and medical coverage. In addition, / we are dedicated to providing parents / with the time they need. 09 Therefore, / we offer maternity leave / to all staff.

지원해 주셔서 감사합니다 / Ceco Systems사에 / Ceco Systems사는 / 제공합니다 / 직원들에게 / 전문적이고 편안한 환경을 / 저희 회사는 제공합니다 / 높은 급여와 복리 후생을 / 보너스와 의료 보험을 포함하는 / 게다가 / 우리는 부모에게 제공하는 데 힘씁니다 / 그들이 필요한 시간을 / 그러므로 / 저희는 출산 휴가를 제공합니다 / 모든 직원에게

offer A B A에게 B를 제공하다
include A and B A와 B를 포함하다

07-09번은 다음 편지에 관한 문제입니다.

Mr. Martin께,

Ceco Systems사에 지원해 주셔서 감사합니다. Ceco Systems사는 직원들에게 전문적이고 편안한 환경을 제공합니다. 저희 회사는 높은 급여와, 보너스 및 의료 보험을 포함하는 복리 후생을 제공합니다. 게다가, 저희 회사는 부모에게 필요한 시간을 제공하는 데 힘씁니다. 그러므로 저희는 모든 직원에게 출산 휴가를 제공합니다.

07 'Ceco Systems사는 직원들에게 전문적이고 편안한 환경을 ___한다'는 문맥에 적합한 어휘는 (D) offers(제공하다)입니다. (A)의 control(통제하다), (B)의 lead(이끌다), (C)의 invest(투자하다)는 문맥에 적합하지 않습니다.

08 '보너스 및 의료 보험을 ___하는 복리 후생을 제공하다'라는 문맥에 적합한 어휘는 (A) includes(포함하다)입니다. (B)의 donate(기부하다), (C)의 surround(~을 둘러싸다), (D)의 enroll(등록하다)은 문맥에 적합하지 않습니다.

09 빈칸에 들어갈 알맞은 문장을 고르는 문제이므로 빈칸의 주변 문맥을 파악합니다. 앞 문장 'we are dedicated to providing parents with the time they need'에서 자사는 부모에게 필요한 시간을 제공하는 데 힘쓴다고 했으므로 빈칸에는 그러므로 모든 직원에게 출산 휴가를 제공한다는 내용이 들어가야 함을 알 수 있습니다. 따라서 (A) Therefore, we offer maternity leave to all staff가 정답입니다. (보기 해석 p. 577)

문장 위치 찾기 문제

p.156

01 The Internet / is / an inexpensive means / of advertising.
인터넷은 저렴한 수단이다 광고의

= Online advertising / is / a low-cost way / to promote / your business.
온라인 광고는 비용이 적게 드는 방법이다 홍보하기에 당신의 사업을

인터넷은 저렴한 광고 수단이다.
= 온라인 광고는 비용이 적게 드는 사업 홍보 방법이다.

inexpensive(저렴한)와 비슷한 의미를 지닌 (B) low-cost(비용이 적게 드는)가 빈칸에 적합합니다.

02 All of our monitors / are guaranteed / to last / more than 10 years.
우리의 모든 모니터는 보장된다 오래 쓰이는 것이 10년 이상

= Our displays / are / well-made / and extremely durable.
우리 모니터는 잘 만들어졌다 그리고 매우 내구성이 있다

우리의 모든 모니터는 10년 이상 사용이 보장됩니다.
= 우리 모니터는 잘 만들어졌고 내구성이 매우 뛰어납니다.

last more than 10 years(10년 이상 오래 쓰이다)와 비슷한 의미를 지닌 (A) durable(내구성이 있는)이 빈칸에 적합합니다.

03 To make up / for the drop / in profits, / the company / fired / 30 workers / last quarter.
만회하기 위해서 감소를 수익의 회사는 해고했다 30명의 직원을 지난 분기에

= The company / dismissed / many / employees / last quarter.
회사는 해고했다 많은 직원들을 지난 분기에

수익 감소를 만회하기 위해 회사는 지난 분기에 직원 30명을 해고했다.
= 지난 분기에 회사는 많은 직원들을 해고했다.

fired(해고했다)와 비슷한 의미를 지닌 (B) dismissed(해고했다)가 빈칸에 적합합니다.

04 We / are seeking / applicants / who have acquired / broad experience / in the service industry.
우리는 찾고 있습니다 지원자들을 얻은 광범위한 경험을 서비스 업계에서

= Those / who have extensive experience / in the hospitality industry / will be welcomed.
사람들은 폭넓은 경험이 있는 서비스업에서 환영받을 것입니다

서비스 업계에서 광범위한 경험을 쌓은 지원자들을 찾고 있습니다.
= 서비스업에 폭넓은 경험이 있는 분들을 환영합니다.

broad(광범위한)와 비슷한 의미를 지닌 (B) extensive(폭넓은)가 빈칸에 적합합니다.

05 We / offer / the most competitive prices / in the automobile industry.
우리는 제공합니다 가장 경쟁력 있는 가격을 자동차 업계에서

(A) We / provide / high-quality / and low-priced / transport service.
우리는 제공합니다 고품질의 그리고 낮은 가격의 운송 서비스를

Ⓑ Compared / to most car companies, / our prices / are / quite low.
비교했을 때 대부분의 자동차 회사들과 우리의 가격은 상당히 낮습니다

우리는 자동차 업계에서 가장 경쟁력 있는 가격을 제공합니다.

(A) 우리는 고품질의 저가 운송 서비스를 제공합니다.

Ⓑ 대부분의 자동차 회사들과 비교했을 때 우리의 가격은 상당히 낮습니다.

competitive prices를 prices are quite low로, automobile industry를 car companies로 paraphrase하여 그 의미가 가까운 (B)가 정답입니다. 주어진 문장에서 고품질과 운송 서비스에 대한 언급은 하지 않았으므로 (A)는 오답입니다.

06 The product / will be sold / across the country / on October 15.
그 제품은 팔리게 될 것이다 전국적으로 10월 15일에

Ⓐ The product / will be available / nationally / in the middle of October.
그 제품은 이용 가능할 것이다 전국적으로 10월 중순에

(B) By the second week of October, / the product / will be sold out.
10월 둘째 주쯤이면 그 제품은 품절될 것이다

그 제품은 10월 15일에 전국적으로 팔리게 될 것이다.

Ⓐ 그 제품은 10월 중순에 전국에서 구할 수 있을 것이다.

(B) 10월 둘째 주쯤이면 그 제품은 품절될 것이다.

sold across the country를 available nationally로, October 15를 middle of October로 paraphrase하여 그 의미가 가까운 (A)가 정답입니다. 주어진 문장에서 제품이 품절될 것이라는 언급은 하지 않았으므로 (B)는 오답입니다.

07 Researchers / will primarily work / in the office, / but some fieldwork / will be required.
연구원들은 주로 일할 것이다 사무실에서 그러나 약간의 현장 조사가 요구된다

Ⓐ Researchers / have to work / outside / of the office / at times.
연구원들은 일을 해야 한다 밖에서 사무실의 때때로

(B) Researchers / are required / to do / fieldwork / after completing / their office work.
연구원들은 요구된다 하는 것이 현장 조사를 끝마친 후에 사무실 업무를

연구원들은 주로 사무실에서 일하지만 얼마간 현장 조사를 해야 한다.

Ⓐ 연구원들은 때때로 사무실 밖에서 일을 해야 한다.

(B) 연구원들은 사무실 업무를 마친 후 현장 조사를 해야 한다.

fieldwork를 work outside of the office로 paraphrase하여 그 의미가 가까운 (A)가 정답입니다. 주어진 문장에서 현장 조사가 사무실 업무 후에 이루어 진다는 언급은 하지 않았으므로 (B)는 오답입니다.

08 S-Mart stores / will now be open / 24 hours a day / in order to better serve / our customers.
S-Mart 가게는 이제 열 것이다 하루 24시간 더 나은 편의를 제공하기 위해 고객들에게

Ⓐ To improve service, / S-Mart / will be open / around the clock.
서비스를 향상시키기 위해 S-Mart는 열 것이다 24시간 내내

(B) Poor service / has led / S-Mart / to extend / its hours.
불친절한 서비스는 이르게 했다 S-Mart가 연장하는 것에 영업 시간을

S-Mart 가게는 고객들에게 더 나은 편의를 제공하기 위해 이제 하루 24시간 열 것이다.

Ⓐ 서비스 향상을 위해 S-Mart는 24시간 내내 열 것이다.

(B) 불친절한 서비스로 인해 S-Mart는 영업 시간을 연장하였다.

24 hours a day를 around the clock으로, better serve를 improve service로 paraphrase하여 그 의미가 가까운 (A)가 정답입니다. 주어진 문장에서 불친절한 서비스에 대한 언급은 하지 않았으므로 (B)는 오답입니다.

09 **Question 09 refers to the following notice.**
↳ 공고에 관한 지문

NOTICE: All Users of Harbor Crest Subway System

Please note that / ticket counters / at subway stations / will now only be
유의하시기 바랍니다 매표소는 지하철역의 이제 오직 개방될 것이라는 점을
open / to the public / from 9 A.M. through 5 P.M. — [1] —. Outside of these hours, /
대중에게 오전 9시부터 오후 5시까지 이 시간 외에는
passengers may purchase tickets / from fare machines / set up in the
승객들은 표를 구매할 수 있습니다 요금 기계에서 역 안에 설치된
stations. — [2] —. Should the assistance of staff be required / during these
혹시라도 직원의 도움이 필요하시면 이 시간 동안
times, / passengers may speak / to ticket inspectors / located at platform
승객들은 말씀하시면 됩니다 검표 승무원에게 승강장 입구에 있는
entrances. — [3] —. If you are unable to locate personnel, / simply dial /
만약 직원을 찾을 수 없으시다면 간단히 전화 걸어 주세요
our helpline at 555-4004.
저희의 전화 상담 서비스인 555-4004로

09번은 다음 공고에 관한 문제입니다.

공고: Harbor Crest 지하철 시스템의 모든 이용자들께

지하철역의 매표소는 이제 오전 9시부터 오후 5시까지만 대중에게 개방될 것이라는 점을 유의하시기 바랍니다. — [1] —. 이 시간 외에는, 승객들은 역 안에 설치된 요금 기계에서 표를 구매할 수 있습니다. — [2] —. 이 시간 동안, 혹시라도 직원의 도움이 필요하신 승객께서는 승강장 입구에 있는 검표 승무원에게 말씀하시면 됩니다. — [3] —. 만약 직원을 찾을 수 없으시다면, 간단히 전화 상담 서비스인 555-4004로 전화 주십시오.

In which of the positions marked [1], [2], and [3] does the following sentence best belong?

"Daily, monthly and yearly passes can also be renewed by using the devices."

(A) [1]
(B) [2]
(C) [3]

[1], [2], [3]으로 표시된 위치 중, 다음 문장이 들어갈 곳으로 가장 적절한 것은?

"또한, 일간, 월간, 연간 탑승권도 이 장치를 이용하여 갱신할 수 있습니다."

(A) [1]
(B) [2]
(C) [3]

문장 위치 찾기 문제

지문의 흐름상 주어진 문장이 들어가기에 가장 적절한 곳을 고르는 문제입니다. 'Daily ~ passes can also be renewed by using the devices.'에서 이 장치를 이용하여 일간 ~ 탑승권도 갱신할 수 있다고 했으므로, 주어진 문장 앞에 '이 장치'에 대한 내용이 와야 함을 알 수 있습니다. [2]의 앞 문장인 'Outside of these hours, passengers may purchase tickets from fare machines set up in the stations.'에서 역 안에 설치된 요금 기계에서 표를 구매할 수 있다고 했으므로, [2]에 주어진 문장이 들어가면 요금 기계를 설명하고, 이 기계를 이용하면 탑승권을 갱신할 수도 있다는 문맥으로 자연스럽게 연결됩니다. 따라서 (B) [2]가 정답입니다.

10 **Question 10 refers to the following advertisement.**
↳ 광고에 관한 지문

Three-Bedroom Apartment for Rent

This spacious unit in the newly constructed Coleman Tower / is ideal for a
새로 건설된 Coleman 타워의 이 넓은 집은 가족에게 이상적입니다
family. — [1] —. The building is conveniently located / across the street
건물은 편리하게 위치해 있습니다 길 바로 맞은편에
from Waterside Park / and next to Hillcrest Elementary School.
Waterside 공원의 그리고 Hillcrest 초등학교 옆에
The cost of the apartment is $3,680 per month. — [2] —. Please note
아파트의 비용은 한 달에 3,680달러입니다 유의하시기 바랍니다
that / a 12-month lease agreement must be signed. — [3] —. To view the
12개월짜리 임대차 계약서가 서명되어야 한다는 점을 아파트를 둘러보시려면
apartment, / call 555-0393.
555-0393으로 전화하십시오

10번은 다음 광고에 관한 문제입니다.

침실 세 개짜리 아파트 임대

새로 건설된 Coleman 타워의 이 넓은 집은 가족에게 이상적입니다. — [1] —. 건물은 Waterside 공원의 길 바로 맞은편과 Hillcrest 초등학교 옆에 편리하게 위치해 있습니다. 아파트의 비용은 한 달에 3,680달러입니다. — [2] —. 12개월짜리 임대차 계약서에 서명하셔야 한다는 점을 유의하시기 바랍니다. — [3] —. 아파트를 둘러보시려면, 555-0393으로 전화하십시오.

In which of the positions marked [1], [2], and [3] does the following sentence best belong?

"This includes all utility and maintenance fees."

(A) [1]
Ⓑ [2]
(C) [3]

[1], [2], [3]으로 표시된 위치 중, 다음 문장이 들어갈 곳으로 가장 적절한 것은?

"이것은 모든 공공요금과 관리비를 포함합니다."

(A) [1]
Ⓑ [2]
(C) [3]

문장 위치 찾기 문제

지문의 흐름상 주어진 문장이 들어가기에 가장 적절한 곳을 고르는 문제입니다. 'This includes all utility and maintenance fees.'에서 이것은 모든 공공요금과 관리비를 포함한다고 했으므로, 주어진 문장 앞에 '이것'에 대한 내용이 와야 함을 알 수 있습니다. [2]의 앞 문장인 'The cost of the apartment is $3,680 per month.'에서 아파트의 비용은 한 달에 3,680달러라고 했으므로, [2]에 주어진 문장이 들어가면 아파트의 비용은 한 달에 3,680달러이고, 이 비용은 모든 공공요금과 관리비를 포함한다는 문맥으로 자연스럽게 연결됩니다. 따라서 (B) [2]가 정답입니다.

11~12

Questions 11-12 refer to the following article. ↳ 기사에 관한 지문

Fulton Supermarket Chain Expands

May 14—London-based Fulton Supermarkets / will open / six new
5월 14일—런던에 근거지를 둔 Fulton 슈퍼마켓은 / 열 것이다 / 6개의 새로운

locations / throughout the country. — [1] —. At a recent press conference, /
지점을 / 전국적으로 / 최근 기자 회견에서

CEO Brad Wilton discussed the plan. "[11]Having worked at Fulton
최고경영자 Brad Wilton은 그 계획을 이야기했다 / Fulton 슈퍼마켓에서 일해왔으므로

Supermarkets / for 30 years, / I'm proud of its tradition of excellence,"/
30년 동안 / 저는 그것의 탁월한 전통이 자랑스럽습니다

he said. — [2] —. "[11]When I took over as CEO two months ago, /
그는 말했다 / 제가 두 달 전에 최고경영자 자리를 맡았을 때

I decided to bring our great stores / to other parts of the country."
저는 저희의 훌륭한 상점들을 가져 가기로 결정했습니다 / 국내의 다른 지역들로

The first new branch / will be located / in Manchester. — [3] —. [12]Over 70
최초의 새 지점은 / 위치할 것이다 / 맨체스터에 / 70개가 넘는

new positions / are expected to be created / at this store. — [4] —.
새로운 일자리가 / 만들어질 것으로 예상된다 / 이 상점에서

11-12번은 다음 기사에 관한 문제입니다.

Fulton 슈퍼마켓 체인이 확장하다

5월 14일—런던에 근거지를 둔 Fulton 슈퍼마켓은 전국적으로 6개의 새로운 지점을 열 것이다. — [1] —. 최근 기자 회견에서, 최고경영자 Brad Wilton은 그 계획을 이야기했다. "Fulton 슈퍼마켓에서 30년 동안 일해왔으므로, 저는 그것의 탁월한 전통이 자랑스럽습니다."라고 그는 말했다. — [2] —. "제가 두 달 전에 최고경영자 자리를 맡았을 때, 저는 저희의 훌륭한 상점들을 국내 다른 지역들로 가져 가기로 결정했습니다."

최초의 새 지점은 맨체스터에 위치할 것이다. — [3] —. 이 상점에서 70개가 넘는 새로운 일자리가 만들어질 것으로 예상된다. — [4] —.

11 What is suggested about Brad Wilton? ↳ 키워드

(A) He founded a business three decades ago.
(B) He will begin working at a Manchester branch.
Ⓒ He was recently promoted to a new position.
(D) He is currently employed by a media company.

Brad Wilton에 대해 암시되는 것은?

(A) 그는 30년 전에 사업체를 설립했다.
(B) 그는 맨체스터 지점에서 근무를 시작할 것이다.
Ⓒ 그는 최근에 새로운 직위로 승진했다.
(D) 그는 현재 미디어 회사에 고용되어 있다.

추론 문제

질문의 키워드 Brad Wilton과 관련된 세부 사항을 추론하는 문제이므로 이와 관련된 부분에서 정답의 단서를 찾습니다. 'Having worked at Fulton Supermarkets for 30 years'와 'When I took over as CEO two months ago'에서 Brad Wilton이 Fulton 슈퍼마켓에서 30년 동안 일해왔고 두 달 전에 최고경영자 자리를 맡았다고 말하고 있습니다. 이를 바탕으로 Brad Wilton이 최근에 새로운 직위로 승진했다는 것을 유추할 수 있습니다. 따라서 (C) He was recently promoted to a new position이 정답입니다.

12 In which of the positions marked [1], [2], [3] and [4] does the following sentence best belong?

"The company anticipates that all will be filled by local hires."

(A) [1]
(B) [2]
(C) [3]
(D) [4]

[1], [2], [3], [4]로 표시된 위치 중, 다음 문장이 들어갈 곳으로 가장 적절한 것은?

"모두 현지 신입 사원으로 채워질 것으로 회사는 예상한다."

(A) [1]
(B) [2]
(C) [3]
(D) [4]

문장 위치 찾기 문제

지문의 흐름상 주어진 문장이 들어가기에 가장 적절한 곳을 고르는 문제입니다. 'The company anticipates that all will be filled by local hires.'에서 모두 현지 신입 사원으로 채워질 것으로 회사는 예상한다고 했으므로, 주어진 문장 앞에 '모두'에 대한 내용이 와야 함을 알 수 있습니다. [4]의 앞 문장인 'Over 70 new positions are expected to be created at this store.'에서 이 상점에서 70개가 넘는 새로운 일자리가 만들어질 것으로 예상된다고 했으므로, [4]에 주어진 문장이 들어가면 이 상점에서 70개가 넘는 새로운 일자리가 만들어질 것으로 예상되며 새로운 일자리 모두 현지 신입 사원으로 채워질 것으로 회사는 예상한다는 문맥으로 자연스럽게 연결됩니다. 따라서 (D) [4]가 정답입니다.

[동사구] 동사의 형태와 종류

01 동사의 형태

p.165

01 We / should pay / this bill / by next week. 우리는 / 지불해야 한다 / 이 청구서를 / 다음 주까지
→ 조동사 뒤

02 We / have provided / financial services / since 2000. 우리는 / 제공해 왔다 / 금융 서비스를 / 2000년 이래로
→ have동사 뒤

03 The senior accountant / is asking / for a higher salary. 수석 회계사는 / 요구하고 있다 / 더 높은 연봉을
→ be동사 뒤

04 It / was announced / today / that the CEO / has resigned. 발표됐다 / 오늘 / 최고 경영자가 / 사임했다고
→ be동사 뒤

05 No one / can predict / the stock market. 아무도 ~없다 / 예측할 수 있다 / 주식 시장을
→ 조동사 뒤

06 Our company / will attend / the National Business Convention. 우리 회사는 / 참가할 것이다 / 전국 비지니스 컨벤션에
→ 조동사 뒤

07 The employee cafeteria / serves / excellent meals / at reasonable prices.
직원 구내 식당은 / 제공한다 / 훌륭한 식사를 / 적당한 가격에
→ 3인칭 단수 주어 뒤

직원 구내 식당은 적당한 값에 훌륭한 식사를 제공한다.

3인칭 단수 주어 뒤에 3인칭 단수형 넣기 문제
3인칭 단수 주어 The employee cafeteria가 있으므로 동사는 반드시 3인칭 단수형이 와야 합니다. 따라서 보기 중 3인칭 단수형인 (B) serves (제공하다)가 정답입니다.

08 Visitors to the Web site / must enter / their username and password / to download documents.
웹사이트의 방문자들은 / 입력해야 한다 / 그들의 사용자명과 비밀번호를 / 문서를 다운로드하기 위해
→ 조동사 뒤

웹사이트 방문자들은 문서를 다운로드하기 위해 사용자명과 비밀번호를 반드시 입력해야 합니다.

조동사 뒤에 동사원형 넣기 문제
조동사 must가 있으므로 뒤에는 반드시 동사원형이 와야 합니다. 따라서 보기 중 동사원형인 (D) enter(입력하다)가 정답입니다.

09 New equipment / was used / to improve / the quality / of the company's products.
새 장비는 / 사용되었다 / 향상시키기 위해 / 품질을 / 회사의 제품들의
→ be동사 뒤

회사 제품들의 품질을 향상시키기 위해 새 장비가 사용되었다.

be동사 뒤에 과거분사형 넣기 문제
be동사 was가 있으므로 뒤에는 동사의 현재분사형이나 과거분사형이 와야 합니다. 따라서 보기 중 과거분사형인 (C) used가 정답입니다.

10 Several newspapers / have criticized / the company's decision / to build a factory / abroad / in order to reduce costs.
몇몇 신문사들은 / 비난했다 / 그 회사의 결정을 / 공장을 세우는 / 해외에 / 비용을 줄이기 위해
→ have동사 뒤

몇몇 신문사가 비용을 절감하기 위해 해외에 공장을 세우기로 한 그 회사의 결정을 비난했다.

have동사 뒤에 과거분사형 넣기 문제
have동사가 있으므로 뒤에는 동사의 과거분사형이 와야 합니다. 따라서 보기 중 과거분사형인 (B) criticized가 정답입니다.

01 This Web site / gives information / on how to care for pets. 이 웹사이트는 / 정보를 제공한다 / 어떻게 애완동물을 돌봐야 하는지
↳ 자동사 + 전치사 + 목적어

02 The client / objected to / the changes / in the new contract. 그 고객은 / 반대했다 / 변경 사항에 / 새로운 계약의
↳ 자동사 + 전치사 + 목적어

03 Staff members / approach / their supervisors / when they have questions.
↳ 타동사 + 목적어
직원들은 / 간다 / 그들의 상사에게 / 질문이 있을 때

04 Larry Burke / will accompany / Mr. Rogers / to the negotiations. Larry Burke는 / 동반할 것이다 / Mr. Rogers를 / 협상에
↳ 타동사 + 목적어

05 The company / wants / the warehouse personnel / to account for / the missing inventory.
그 회사는 / 원한다 / 창고 직원이 / 설명하기를 / 분실된 재고품에 대해
↳ 자동사 + 전치사 + 목적어

그 회사는 창고 직원이 분실된 재고품에 대해 설명하기를 원한다.

자동사와 타동사 구별 문제

'분실된 재고품에 대해 설명하기를 원하다'라는 의미가 자연스러우므로 빈칸에는 '설명하다'라는 뜻의 동사인 (C) account 또는 (D) explain이 올 수 있습니다. 그러나 전치사 for가 있으므로 '자동사 + 전치사' 형태로 뒤에 목적어 the missing inventory를 취하는 자동사 (C)가 와야 합니다. 타동사 (D)는 전치사 없이 목적어가 바로 옵니다.

06 At the meeting, / the manager / will deal with / the problem of improper use / of company telephones.
회의에서 / 그 경영자는 / 다룰 것이다 / 부적절한 사용의 문제를 / 회사 전화의
↳ 자동사 + 전치사 + 목적어

그 경영자는 회의에서 사내 전화의 부적절한 사용 문제를 다룰 것이다.

자동사와 타동사 구별 문제

'부적절한 사용 문제를 확인할 것이다/다룰 것이다'라는 의미가 모두 자연스러우므로 (B) check(확인하다) 또는 (D) deal(다루다)이 올 수 있습니다. 그러나 전치사 with가 있으므로 '자동사 + 전치사' 형태로 뒤에 목적어 the problem을 취하는 자동사 (D)가 와야 합니다. 타동사 (B)는 전치사 없이 목적어가 바로 옵니다.

07~09 **Questions 07-09 refer to the following memo.**
↳ 회람에 관한 지문

I am surprised / that only 20 percent of the staff / have signed up / for the Leadership Training Seminar. I expected / more interest. Our keynote speaker, / Harry Smith, / will 07 talk / about creative thinking / and the session / will be a great start to the seminar. I am aware / that the director / has not 08 made / the training / compulsory. Still, / it is a good opportunity / to prepare our key employees / for managerial positions. 09 Also, / it would definitely benefit / them / to participate. Please encourage / the staff / to register.

저는 놀랐습니다 / 직원의 20퍼센트만이 ~라는 것 / 등록했다 / 리더십 훈련 세미나에 / 저는 기대했습니다 / 더 많은 관심을 / 우리의 기조 연설자 / Harry Smith씨가 / 이야기할 것입니다 / 창조적인 사고에 대해 / 그리고 이 강의가 / 세미나의 좋은 시작이 될 것입니다 / 저는 알고 있습니다 / 책임자가 / 정하지 않았습니다 / 이 훈련을 / 필수로 / 하지만 / 이것은 좋은 기회입니다 / 우리의 핵심 직원들을 준비하게 하는 데 / 관리직을 위해 / 또한 / 틀림없이 유익할 것입니다 / 그들에게 / 참가하는 것이 / 부디 권장해주세요 / 직원들이 / 등록하도록
(07: 자동사 + 전치사 + 목적어; 08: have동사 뒤)

07-09번은 다음 회람에 관한 문제입니다.

저는 리더십 훈련 세미나에 직원의 20퍼센트만이 등록했다는 것에 꽤 놀랐습니다. 저는 더 많은 관심을 기대했습니다. 우리의 기조 연설자 Harry Smith씨는 창조적인 사고에 대해 이야기할 것이고 이 강의가 이번 세미나의 좋은 시작이 될 것이라고 믿습니다. 책임자가 이 훈련을 필수로 정하지는 않았다는 것을 알고 있습니다. 하지만 이것은 우리의 핵심 직원들이 관리직을 위해 준비하게 하는 데 좋은 기회입니다. 또한 참가하는 것은 그들에게 틀림없이 유익할 것입니다. 부디 직원들이 등록하도록 권장해주세요.

07 자동사와 타동사 구별 문제

'창조적인 사고에 대해 이야기할 것이다'라는 의미가 자연스러우므로 빈칸에는 '이야기하다'라는 뜻의 동사인 (A) discuss 또는 (C) talk가 올 수 있습니다. 그러나 전치사 about이 있으므로 '자동사 + 전치사' 형태로 뒤에 목적어 creative thinking을 취하는 자동사 (C)가 와야 합니다. 타동사 (A)는 전치사 없이 목적어가 바로 옵니다.

08 have동사 뒤에 과거분사형 넣기 문제

have동사 has가 있으므로 뒤에는 동사의 과거분사형이 와야 합니다. 따라서 보기 중 과거분사형인 (A) made가 정답입니다.

09 알맞은 문장 고르기 문제

빈칸에 들어갈 알맞은 문장을 고르는 문제이므로 빈칸의 주변 문맥을 파악합니다. 앞 문장 'it is a good opportunity to prepare our key employees for managerial positions'에서 이것은 핵심 직원들을 관리직에 준비시키는 데 좋은 기회라고 했으므로 빈칸에는 세미나에 참가하는 것은 직원들에게 틀림없이 유익할 것이라는 내용이 들어가야 함을 알 수 있습니다. 따라서 (C) Also, it would definitely benefit them to participate가 정답입니다. (보기 해석 p. 577)

동사 어휘(3)

p.169

01 Laptop computers / represent / a significant advance / in technology. 휴대용 컴퓨터는 / 나타낸다 / 상당한 진보를 / 기술의
상당한 진보를 나타내다

02 Necessary measures / were taken / to avoid / further project delays.
지연을 피하다(avoid delays) 필요한 조치가 / 취해졌다 / 피하기 위해 / 추가 프로젝트 지연을

03 The company / anticipates / a 10 percent decrease / in production. 그 회사는 / 예상한다 / 10퍼센트 감소를 / 생산에서
생산 감소를 예상하다(anticipate decrease in production)

04 Employees / should obtain / permission / to take leave. 직원들은 / 받아야 한다 / 허가를 / 휴가를 가려면
허가 받다

05 Meteorologists / have predicted / that very little snow / will fall / this year.
기상학자들은 / 예측했다 / 매우 적은 눈이 / 내릴 것이라고 / 올해
predict snow 눈을 예측하다

기상학자들은 올해 매우 적은 눈이 내릴 것이라고 예측했다.

'기상학자들은 올해 매우 적은 눈이 내릴 것이라고 ___했다'는 문맥에 적합한 어휘는 predict(예측하다)의 과거형인 (D) predicted입니다. (A)의 target(목표하다), (B)의 represent(대표하다), (C)의 assign(맡기다)은 문맥에 적합하지 않습니다.

06 The press release / was published / on the corporate Web site.
보도 자료가 / 공개되었다 / 기업 웹사이트에
be published on ~에 공개되다

보도 자료가 기업 웹사이트에 공개되었다.

'보도 자료가 기업 웹사이트에 ___되었다'는 문맥에 적합한 어휘는 publish(공개하다)의 과거형인 (C) published입니다. (A)의 represent(대표하다), (B)의 possess(소유하다), (D)의 satisfy(만족하다)는 문맥에 적합하지 않습니다.

07 ~ 09 **Questions 07-09 refer to the following information.**
information → 안내문에 관한 지문

Guidelines for Credit Card Subscribers!

We want to **07** remind / all our customers / that the Credit Card division
저희는 상기시켜 드리고 싶습니다 / 모든 고객께 / 신용카드 부서가 요청한다는 것을
requires / all subscribers to report changes / to their address and telephone
모든 가입자들이 변경 사항을 보고할 것을 / 그들의 주소와 전화번호에 대한
number. You can **08** notify us / of your new information / in person / or by
저희에게 통지하실 수 있습니다 / 귀하의 변경된 정보는 / 직접 방문하셔서
calling 555-6453 / during work hours. **09** Please make sure to report / any
혹은 555-6453으로 전화하셔서 / 업무 시간 중에 / 반드시 보고해 주세요
changes immediately. We are not liable / for any problems / that may result
어떠한 변화라도 즉시 / 저희는 법적 책임이 없습니다 / 어떠한 문제도
from incorrect personal information.
부정확한 개인 정보로 인해 발생할 수 있는

remind A that ~ A에게 ~을 상기시키다
notify A of B A에게 B를 통지하다

07-09번은 다음 안내문에 관한 문제입니다.

신용카드 가입자들을 위한 지침!

신용카드 부서에서 모든 가입자들이 주소와 전화번호에 대한 변경 사항을 보고하도록 요청하고 있음을 모든 고객께 상기시켜 드리고자 합니다. 변경된 정보는 업무 시간 중에 직접 방문하시거나 555-6453으로 전화하셔서 통지하실 수 있습니다. 반드시 어떠한 변화라도 즉시 보고해 주세요. 저희는 부정확한 개인 정보로 인해 발생할 수 있는 어떠한 문제에도 법적 책임이 없습니다.

07 '가입자들이 변경 사항을 보고하도록 요청하고 있음을 모든 고객께 ___하고 싶다'는 문맥에 적합한 어휘는 (C) remind(상기시키다)입니다. (A) afford(여유가 되다), (B) support(지지하다), (D) present(제시하다)는 문맥에 적합하지 않습니다.

08 '변경된 정보는 업무 시간 중에 직접 방문하거나 전화하여 ___ 수 있다'는 문맥에 적합한 어휘는 (B) notify(통지하다)입니다. (A) apply(지원하다), (C) obtain(획득하다), (D) negotiate(협상하다)는 문맥에 적합하지 않습니다.

09 빈칸에 들어갈 알맞은 문장을 고르는 문제이므로 빈칸의 주변 문맥을 파악합니다. 뒤 문장 'We are not liable for any problems that may result from incorrect personal information.'에서 부정확한 개인 정보로 인해 발생할 수 있는 어떠한 문제에도 법적 책임이 없다고 했으므로 빈칸에는 반드시 어떠한 변화라도 즉시 보고해 달라는 내용이 들어가야 함을 알 수 있습니다. 따라서 (D) Please make sure to report any changes immediately가 정답입니다. (보기 해석 p. 577)

동의어 문제

p.172

01 As requested, / the swimming pool / will remain open / for three extra hours.
요청한 대로 / 수영장은 / 열려 있을 것이다 / 추가 세 시간 동안

= The request / to extend / the pool's hours of operation / has been approved.
요청이 / 연장하자는 / 수영장의 운영 시간을 / 승인되었다

요청한 대로 수영장은 세 시간 더 열릴 것이다.
= 수영장 운영 시간 연장에 대한 요청이 승인되었다.

extra(추가의, 여분의)와 비슷한 의미를 지닌 (A) extend(연장하다)가 빈칸에 적합합니다.

02 Preregistration / is required / to secure / a place / in the lecture course.
사전 등록이 / 필요합니다 / 확보하기 위해서 / 자리를 / 강의에서

= You / need / to sign up / in advance / to ensure / a seat / in the lecture.
당신은 / 필요합니다 / 등록하는 것이 / 미리 / 확보하기 위해 / 좌석을 / 강의에서

강의 자리를 확보하기 위해서 사전 등록이 필요합니다.
= 강의 좌석을 확보하기 위해 미리 등록해야 합니다.

Preregistration(사전 등록)과 비슷한 의미를 지닌 sign up in advance(미리 등록하다)가 되어야 하므로 (B) in advance(미리)가 빈칸에 적합합니다.

03 If you / have / a question, / please ask / a salesperson.
만약 / 있다면 / 질문이 / 물어보십시오 / 판매원에게

= All inquiries / should be directed / to one of the sales representatives.
모든 질문은 / 보내져야 합니다 / 판매 사원 중 한 명에게

질문이 있으시면 판매원에게 물어보십시오.
= 모든 질문은 판매 사원 중 한 명에게 하십시오.

question(질문)과 비슷한 의미를 지닌 (A) inquiries(질문)가 빈칸에 적합합니다.

04 Led / by Mr. Collins, / the seminar / on safety procedures / at the factory / will be held / this Friday.
이끌어진 / Mr. Collins에 의해 / 그 세미나는 / 안전 수칙에 대한 / 공장에서의 / 열릴 것이다 / 이번 금요일에

= Mr. Collins / will conduct / the seminar / on the proper use / of machinery.
Mr. Collins는 / 이끌 것이다 / 세미나를 / 알맞은 사용법에 대한 / 기계의

Mr. Collins가 이끄는 공장 안전 수칙에 관한 세미나는 이번 금요일에 열릴 것이다.
= Mr. Collins는 기계의 알맞은 사용법에 관한 세미나를 이끌 것이다.

led(이끌어진)와 비슷한 의미를 지닌 (A) conduct(이끌다)가 빈칸에 적합합니다.

05 A ban / on this movie / is / in effect / from February 14 / until further notice.
금지는 이 영화에 대한 효력이 있다 2월 14일부터 추후 공지가 있을 때까지

(A) It / is / illegal / to watch / the movie / until February 14.
불법이다 보는 것은 그 영화를 2월 14일까지

Ⓑ A ban of indefinite duration / has been placed / on this film.
무기한 상영 금지가 내려졌다 이 영화에

이 영화에 대한 상영 금지는 2월 14일부터 추후 공지가 있을 때까지 유효하다.

(A) 2월 14일까지 그 영화를 관람하는 것은 불법이다.

Ⓑ 이 영화에 무기한 상영 금지가 내려졌다.

until further notice를 indefinite duration으로 paraphrase하여 그 의미가 가까운 (B)가 정답입니다. 주어진 문장에서 2월 14일부터 그 영화를 볼 수 없다고 하였으므로 2월 14일까지 그 영화를 보는 것이 불법이라고 말하고 있는 (A)는 오답입니다.

06 A schedule / of the week's events / is / available / to conference attendees / on the Web site.
일정은 그 주 행사의 이용할 수 있습니다 회의 참석자들에게 웹사이트에서

Ⓐ A conference program / can be found / on the Web site.
회의 일정은 찾을 수 있습니다 웹사이트에서

(B) Attendees / may sign up / for events / on the conference Web site.
참석자들은 등록할 수 있습니다 행사에 회의 웹사이트에서

회의 참석자들은 그 주의 행사 일정을 웹사이트에서 확인할 수 있습니다.

Ⓐ 회의 일정은 웹사이트에서 찾을 수 있습니다.

(B) 참석자들은 회의 웹사이트에서 행사에 등록을 할 수 있습니다.

schedule을 program으로, available을 can be found로 paraphrase하여 그 의미가 가까운 (A)가 정답입니다. 주어진 문장에서 행사 등록에 대한 언급은 하지 않았으므로 (B)는 오답입니다.

07 Due to a server update, / there will be an interruption / in online services.
서버 업데이트 때문에 중단이 있을 예정이다 온라인 서비스에

(A) Due to a server error, / the online system / requires / updating.
서버 고장 때문에 온라인 시스템은 필요로 한다 업데이트를

Ⓑ A service disruption / is expected / while our system / is being updated.
서비스 중단이 예상된다 우리 시스템이 ~하는 동안 업데이트 되다

서버 업데이트로 인해 온라인 서비스가 중단될 것이다.

(A) 서버 고장 때문에 온라인 시스템 업데이트가 필요하다.

Ⓑ 시스템을 업데이트하는 동안 서비스 중단이 예상된다.

interruption을 disruption으로 paraphrase하여 그 의미가 가까운 (B)가 정답입니다. 주어진 문장에서 서버 고장에 대한 언급은 하지 않았으므로 (A)는 오답입니다.

08 A $50 nonrefundable deposit / is required / to make / a reservation / at our hotel.
환불되지 않는 보증금 50달러가 요구됩니다 하려면 예약을 저희 호텔에서

Ⓐ Customers / will not get / their deposit / back / if they / cancel / their reservations.
손님들은 받지 못할 것입니다 그들의 보증금을 돌려 그들이 ~한다면 취소합니다 그들의 예약을

(B) Customers / must pay / a penalty of $50 / when they / cancel / their reservations.
손님들은 지불해야 합니다 50달러의 벌금을 그들이 ~할 때 취소합니다 그들의 예약을

저희 호텔 예약 시 환불되지 않는 보증금 50달러가 요구됩니다.

Ⓐ 예약을 취소한다면 손님들은 보증금을 돌려 받지 못할 것입니다.

(B) 예약 취소 시 손님들은 50달러의 벌금을 지불해야 합니다.

nonrefundable deposit을 not get deposit back으로 paraphrase하여 그 의미가 가까운 (A)가 정답입니다. 주어진 문장에서 벌금에 대한 언급은 하지 않았으므로 (B)는 오답입니다.

09 **Question 09 refers to the following memo.**
↳ 회람에 관한 지문

This memo is to inform everyone / that my office has been changed to
이 회람은 모든 분들께 알리기 위한 것입니다 제 사무실이 221호로 변경되었다는 것을

room 221, / formerly Ms. Brown's workspace. Ms. Brown has been
전에 Ms. Brown의 사무실인 Ms. Brown은 허가받았습니다

approved / for extended leave / and will be away for six months. I am taking
장기 휴가를 그리고 6개월 동안 자리를 비울 것입니다 저는 인계 받았습니다

over / her responsibilities and office / in the meantime. My telephone
그녀의 업무와 사무실을 그동안

number has also been changed, / but for the time being, / calls / made to
제 전화번호 역시 바뀌었습니다 하지만 당분간은 전화는

my old number / will be redirected to me / by the department secretary.
제 이전 번호로 걸려오는 제게 돌려질 것입니다 부서의 비서에 의해

Starting next week, / please call me / at extension 506.
다음 주부터는 제게 전화 주십시오 내선 번호 506번으로

09번은 다음 회람에 관한 문제입니다.

이 회람은 제 사무실이 전에 Ms. Brown의 사무실이었던 221호로 변경되었음을 모든 분들께 알려드리기 위한 것입니다. Ms. Brown은 장기 휴가를 허가받아 6개월 동안 자리를 비울 것입니다. 그동안 제가 그녀의 업무와 사무실을 인계 받게 되었습니다. 제 전화번호 역시 바뀌었습니다만, 당분간은 제 이전 번호로 걸려 오는 전화는 부서의 비서를 통해 제게 연결될 것입니다. 다음 주부터는 내선 번호 506번으로 전화해 주시기 바랍니다.

The word "extended" in line 2 is closest in meaning to
↳ 키워드

(A) offered
(B) prolonged
(C) unlimited

두 번째 줄의 단어 "extended"는 의미상 -와 가장 가깝다.

(A) 개설된
(B) 장기적인
(C) 무제한의

동의어 문제

질문의 "extended"를 지문의 두 번째 줄에서 찾습니다. extended가 포함된 문장 'Ms. Brown has been approved for extended leave'가 Ms. Brown이 장기 휴가를 허가받았다는 뜻이므로 extended는 '장기간에 걸친'이라는 의미로 사용되었습니다. 따라서 이와 의미가 가장 가까운 (B) prolonged(장기적인)가 정답입니다.

10 **Question 10 refers to the following letter.**
↳ 편지에 관한 지문

I am writing to thank Traveler's Companion / for its amazing service /
저는 Traveler's Companion사에게 감사드리고자 편지를 씁니다 놀랄 만한 서비스에 대해

and the superior quality of its products. Recently, / I ordered / several of
그리고 우수한 품질의 상품에 대해 최근에 저는 주문했습니다

your city guidebooks / to help me / plan a trip to Europe. My order / was
몇 개의 시내 관광 안내 책자를 저를 돕고자 유럽 여행을 계획하는 것에 제 주문품은

delivered promptly, / and I discovered / that your guidebooks are more
신속하게 배달되었고 그리고 저는 알게 되었습니다 당신의 관광 안내 책자가 더욱

useful and attractive / than I had expected. They not only cover all the
유용하고 흥미롭다는 것을 제가 예상했던 것보다 이 책들은 모든 유명한 관광 명소를 다루고

famous tourist spots / but also introduce some less popular places / that
있을 뿐만 아니라 덜 유명한 장소 또한 소개합니다

are worth visiting.
찾아가 볼 가치가 있는

10번은 다음 편지에 관한 문제입니다.

Traveler's Companion사의 놀라운 서비스와 양질의 상품에 대해 감사드리고자 이렇게 편지를 씁니다. 최근에 저는 유럽 여행 계획에 도움을 얻고자 시내 관광 안내 책자 몇 개를 주문했습니다. 제 주문품은 신속하게 배달되었고, 귀사의 관광 안내 책자가 제가 예상했던 것보다 더욱 유용하고 흥미롭다는 사실을 알게 되었습니다. 이 책들은 모든 유명 관광 명소를 다룰 뿐만 아니라 유명하지는 않지만 찾아가 볼 만한 장소 또한 소개하고 있습니다.

The word "cover" in line 4 is closest in meaning to
↳ 키워드

(A) protect
(B) hide
(C) include

네 번째 줄의 단어 "cover"는 의미상 -와 가장 가깝다.

(A) 보호하다
(B) 숨기다
(C) 포함하다

동의어 문제

질문의 "cover"를 지문의 네 번째 줄에서 찾습니다. cover가 포함된 문장 'They not only cover all the famous tourist spots'가 관광 안내 책자가 모든 유명 관광 명소를 다루고 있다는 뜻이므로 cover는 '다루다'라는 의미로 사용되었습니다. 따라서 이와 의미가 가장 가까운 (C) include(포함하다)가 정답입니다.

11 ~ 12

Questions 11-12 refer to the following notice.
↳ 공고에 관한 지문

Precautions for Laboratory Staff

There are potential health risks / to be aware of / when working in
잠재적인 건강의 위협이 있습니다 조심해야 하는 실험실에서 일할 때
laboratories / where infectious materials are handled or stored.
전염성이 있는 물질을 취급하거나 보관하는
[11]Employees are required / to practice caution / to protect themselves and
직원들은 요구됩니다 주의를 하도록 본인과 연구원들을 보호하기 위해
the researchers / they work with.
그들과 함께 일하는

To prevent your clothing / from becoming contaminated, / always wear a
당신의 옷을 막기 위해 오염되는 것으로부터 항상 보호 가운이나
protective gown or coat / in the laboratory. Never take personal items, /
상의를 착용하십시오 실험실에서 개인 소지품을 반입하지 마십시오
such as pens, pencils, combs, cosmetics, or handbags / into the
펜, 연필, 빗, 화장품이나 핸드백과 같은
laboratory. Leave them in the lockers / provided for your use / in the
실험실에 사물함에 남겨 두십시오 당신이 사용할 수 있도록 제공된
changing rooms.
탈의실에

[12]If your equipment malfunctions / or you spill a substance / that could be
만약 당신의 장비가 작동하지 않는다면 혹은 물질을 엎지른다면 전염성이 있을
infectious, / [12]report the incident / to your supervisor / at once. Do not
수도 있는 그 사건을 보고하십시오 상사에게 즉시
attempt to / perform the decontamination / yourself / if you are not sure / of
시도하지 마십시오 소독하려고 스스로 만약 당신이 확신이 없으면
the procedure.
절차에 대해

11-12번은 다음 공고에 관한 문제입니다.

실험실 직원을 위한 주의사항

전염성 물질을 취급하거나 보관하는 실험실에서 일할 때는 잠재적인 건강의 위협을 받을 가능성이 있습니다. 직원들은 함께 일하는 연구원들을 보호할 수 있도록 주의를 기울이시기 바랍니다.

옷이 오염되지 않도록 실험실에서는 항상 보호 가운이나 상의를 착용하십시오. 펜, 연필, 빗, 화장품이나 핸드백과 같은 개인 소지품을 실험실에 반입하지 마십시오. 소지품은 탈의실에 제공된 사물함에 보관하십시오.

만약 장비가 작동하지 않거나 전염성 있을 수도 있는 물질을 엎지른 경우에는 즉시 상사에게 사건을 보고하십시오. 절차를 잘 모른다면 본인 스스로 소독하려고 시도하지 마십시오.

11 The word "practice" in paragraph 1, line 2, is closest in meaning to
↳ 키워드

(A) handle
(B) use
(C) assign
(D) rehearse

1문단 두 번째 줄의 단어 "practice"는 의미상 -와 가장 가깝다.

(A) 다루다
(B) 행사하다
(C) 맡기다
(D) 연습하다

동의어 문제

질문의 "practice"를 지문의 1문단 두 번째 줄에서 찾습니다. practice가 포함된 문장 'Employees are required to practice caution'이 직원들은 주의를 실천해야 한다는 뜻이므로 practice는 '실천하다'라는 의미로 사용되었습니다. 따라서 이와 의미가 가장 가까운 (B) use(행사하다)가 정답입니다. use가 '사용하다' 이외에도 '행사하다'라는 의미로 쓰일 수도 있음에 주의해야 합니다.

12 What are employees expected to do if the equipment breaks down?
↳ 키워드

(A) Call the technical service center
(B) Decontaminate themselves
(C) Have an engineer look at it
(D) Report it to their supervisor

설비가 고장 나는 경우 직원들은 무엇을 해야 하는가?

(A) 기술 서비스 센터에 전화한다
(B) 자신을 소독한다
(C) 기술자가 검토하도록 한다
(D) 상사에게 보고한다

육하원칙 문제

질문의 키워드 breaks down이 지문에서 malfunctions로 paraphrase되었으므로 그 주변에서 정답의 단서를 확인합니다. 'If your equipment malfunctions ~ report the incident to your supervisor'에서 장비가 작동하지 않으면 상사에게 사건을 보고하라고 말하고 있으므로, 이를 그대로 사용한 (D) Report it to their supervisor가 정답입니다.

[동사구] 수일치

01 단수 주어와 단수 동사의 수일치

p.181

01 Holding the conference / in our hotel / (is) / advantageous / to your company.
동명사 / 단수 동사
회의를 개최하는 것이 / 우리 호텔에서 / 이롭다 / 귀사에

02 The requested document / (has) not yet arrived. 요청한 문서가 / 아직 도착하지 않았다
단수 가산명사 / 단수 동사

03 Access / to this file / (is) limited / to authorized personnel. 접근은 / 이 파일에 대한 / 한정된다 / 권한을 부여 받은 직원에게만
불가산명사 / 단수 동사

04 Each report / (contains) / information / on key economic indicators. 각각의 보고서는 / 포함한다 / 정보를 / 주요 경제 지표에 대한
Each + 단수 명사 / 단수 동사

05 That Mr. Smith was absent from work / (was) / surprising. Mr. Smith가 결근했다는 것은 / 놀라웠다
명사절 / 단수 동사

06 The editor / (wants) / to change / the layout / of the newspaper. 편집자는 / 원한다 / 바꾸기를 / 레이아웃을 / 신문의
단수 가산명사 / 단수 동사

07 The Weidmark Company / (anticipates) / higher revenues / with its new marketing strategy.
Weidmark사는 (단수 가산명사) / 예상한다 (단수 동사) / 더 높은 수익을 / 새 마케팅 전략에 따른

Weidmark사는 새 마케팅 전략에 따른 더 높은 수익을 예상한다.

단수 주어와 단수 동사의 수일치 문제
주어 The Weidmark Company(Weidmark사)가 단수이므로 뒤에도 단수 동사 (B) anticipates(예상하다)가 와야 합니다.

08 Doing puzzles / (improves) / both the left and right side of the brain.
퍼즐 맞추기는 (동명사) / 발달시키다 (단수 동사) / 왼쪽과 오른쪽 뇌 모두

퍼즐 맞추기는 왼쪽과 오른쪽 뇌 모두 발달시킨다.

단수 주어와 단수 동사의 수일치 문제
'~하는 것'으로 해석되는 동명사는 단수 주어로 취급하므로 주어 Doing puzzles(퍼즐 맞추기) 다음에는 단수 동사 (D) improves(발달시키다)가 와야 합니다.

09 The board / may (approve) / the drug / after / extensive clinical trials / have been conducted.
위원회는 / 승인할 것이다 (조동사 뒤, 타동사 + 목적어) / 그 약을 / ~ 후에 / 대규모의 임상 실험이 / 행해지다

위원회는 대규모의 임상 실험을 한 후에 그 약을 승인할 것이다.

조동사 뒤에 동사원형 넣기/자동사와 타동사 구별 문제
조동사 may가 있으므로 뒤에는 반드시 동사원형이 와야 합니다. 따라서 보기 중 동사원형인 (A) approve(승인하다), (B) approve for, (D) approve with가 올 수 있습니다. 그러나 동사 approve는 타동사로 전치사 없이 목적어를 바로 취하므로 (A)가 정답입니다.

10 Every area manager / (is) required / to visit / all the offices / under his or her management / once a week.
모든 지역 매니저들은 (Every + 단수 명사) / 요구된다 (단수 동사) / 방문하는 것이 / 모든 사무실을 / 그 또는 그녀의 관리하에 있는 / 일주일에 한 번

모든 지역 매니저들은 그 또는 그녀의 관리하에 있는 모든 사무실을 일주일에 한 번 방문해야 한다.

단수 주어와 단수 동사의 수일치 문제
'every + 단수 명사'는 단수로 취급하므로 주어 Every area manager(모든 지역 매니저들) 다음에는 단수 동사 (A) is가 와야 합니다.

01 The applicants / have / plenty of experience / in foreign trade. 지원자들은 / 있다 / 많은 경험이 / 해외 무역에 있어
복수 가산명사 복수 동사

02 Many offices / instruct / employees / about what to do / in case of fire.
Many + 복수 명사 복수 동사
많은 회사가 / 교육한다 / 직원들을 / 무엇을 해야 할지 / 화재가 발생할 시에는

03 The survey forms / were not filled out / completely. 설문지가 / 기입되지 않았다 / 완전히
복수 가산명사 복수 동사

04 The headquarters and the branch office / plan / to reorganize / some divisions.
주어 and 주어 복수 동사
본사와 지사는 / 계획한다 / 개편하는 것을 / 몇몇 부서를

05 A few reports / provide / accurate data / on the current market. 몇몇 보고서는 / 제공한다 / 정확한 자료를 / 현 시장에 대한
A few + 복수 명사 복수 동사

06 Our facilities / are available / for family and company events / every weekend.
복수 가산명사 복수 동사
우리 시설은 / 이용될 수 있다 / 가족과 회사 행사를 위해 / 주말마다

07 The company and the striking workers / have agreed / to a settlement.
회사와 파업 중인 직원들은 합의했다 결정에
주어 and 주어 → 복수 동사

회사와 파업 중인 직원들은 결정에 합의했다.

복수 주어와 복수 동사의 수일치 문제
주어 The company and the striking workers(회사와 파업중인 직원들)가 복수이므로 복수 동사 (C) have agreed(합의했다)가 와야 합니다. (A) has agreed와 (B) agrees는 단수 동사입니다.

08 The cellphone charges / for local calls / are discounted / for the first month.
휴대 전화 요금은 시내 전화에 대한 할인이 된다 처음 한 달 동안
복수 가산명사 → 복수 동사

시내 전화에 대한 휴대 전화 요금은 처음 한 달 동안 할인된다.

복수 주어와 복수 동사의 수일치 문제
주어 The cellphone charges(휴대 전화 요금)가 복수이므로 복수 동사 (D) are가 와야 합니다. (A) has, (B) was, (C) is는 모두 단수 동사입니다.

09 The government / is taking / significant measures / to promote / the export of domestic goods.
정부는 취하고 있다 상당한 조치를 증진시키기 위해서 국내 상품의 수출을
→ 명사 앞

정부는 국내 상품의 수출을 증진시키기 위해서 상당한 조치를 취하고 있다.

형용사 자리 문제
명사 measures(조치) 앞에서 명사를 수식할 수 있는 것은 형용사입니다. 따라서 보기 중 형용사인 (B) significant(상당한)가 정답입니다. 동사인 (A) signify(~을 나타내다), 명사인 (C) significance(중요성), 부사인 (D) significantly(상당히)는 형용사 자리에 올 수 없습니다.

10 Several candidates / speak / at least two foreign languages / fluently.
몇몇 지원자들은 말한다 적어도 2개의 외국어를 유창하게
Several + 복수 명사 → 복수 동사

몇몇 지원자는 적어도 두 가지 외국어를 유창하게 구사한다.

복수 주어와 복수 동사의 수일치 문제
주어 Several candidates(몇몇 지원자들)가 복수이므로 복수 동사 (A) speak(말하다)가 와야 합니다. (B) speaks, (C) has spoken, (D) was spoken은 모두 단수 동사입니다.

03 주의해야 할 주어와 동사의 수일치

01 All of the old magazines / are available / at a discounted price. 오래된 잡지 모두 / 이용할 수 있다 / 할인된 가격에
All + of + the 복수 명사 → 복수 동사

02 Some of the executives / refuse / to reduce expenditures / on advertising.
Some + of + the 복수 명사 → 복수 동사
임원들 중 몇몇은 / 거부한다 / 지출을 줄이는 것을 / 광고에

03 The competition / [between low-cost airlines] / has increased. 경쟁이 / 저가 항공사 간의 / 증가했다
단수 명사 수식어 → 단수 동사

04 Senior employees / [in the workplace] / know little / about computers.
복수 명사 수식어 → 복수 동사
상급 직원들은 / 직장의 / 거의 알지 못한다 / 컴퓨터에 관해

05 The rest of the guests / [for the Best Employee Award] / are expected / to arrive / after 7 P.M.
나머지 손님들은 / 우수 직원 시상식의 / 예상된다 / 도착할 것으로 / 오후 7시 이후에
The rest + of + the 복수 명사 / 수식어 / → 복수 동사

우수 직원 시상식의 나머지 손님들은 오후 7시 이후에 도착할 것으로 예상된다.

주의해야 할 주어와 동사의 수일치 문제
'The rest of the 명사'에서 of the 뒤의 명사 guests(손님들)가 복수이므로 복수 주어로 취급되어 뒤에 복수 동사가 와야 합니다. 따라서 보기 중 복수 동사인 (C) are expected(예상된다)가 정답입니다. 명사 guests 뒤에 있는 for the Best Employee Award는 수식어로 주어와 동사의 수일치에 전혀 영향을 주지 않습니다.

06 Some of the pens / [in the shipment] / have / faulty parts.
몇 개의 펜은 / 수송품에 들어있는 / 있다 / 결함이 있는 부분이
Some + of + the 복수 명사 / 수식어 / → 복수 동사

수송품에 들어있던 몇 개의 펜은 결함이 있다.

주의해야 할 주어와 동사의 수일치 문제
'Some of the 명사'에서 of the 뒤의 명사 pens(펜들)가 복수이므로 복수 주어로 취급되어 뒤에 복수 동사가 와야 합니다. 따라서 보기 중 복수 동사인 (D) have(있다)가 정답입니다. 명사 pens 뒤에 있는 in the shipment는 수식어로 주어와 동사의 수일치에 전혀 영향을 주지 않습니다.

07 ~ 09

Questions 07-09 refer to the following letter. → 편지에 관한 지문

Dear Mr. Wilson,

We are pleased that / you are considering our hotel / for your company's Christmas party. 07 We have hosted / many similar events / in the past. In fact, / some of the firms / [in the area] / 08 have inquired already / about holding a year-end gathering here, / so / I suggest / you make a reservation quickly. Information / [about our facilities] / 09 is in the flyer / included with this letter. You can reach me / at 555-0938 / if you have any questions.

저희는 기쁩니다 / 당신이 저희 호텔을 고려하고 있어서 / 귀사의 / 크리스마스 파티를 위해 / 저희는 개최했습니다 / 많은 비슷한 행사를 / 과거에 / 실제로 / 몇몇 회사들이 (some + of + the 복수명사) / 지역 내에 (수식어) / 이미 문의했습니다 (→ 복수 동사) / 여기에서 연말 모임을 개최하는 것에 대해 / 그래서 / 추천합니다 / 빨리 예약하는 것을 / 정보는 (불가산명사) / 저희 시설에 대한 (수식어) / 전단지에 있습니다 (→ 단수 동사) / 이 편지에 동봉되어 있는 / 저에게 연락하시면 됩니다 / 555-0938로 / 문의 사항이 있으시면

07-09번은 다음 편지에 관한 문제입니다.

Mr. Wilson께,

당신이 귀사의 크리스마스 파티를 위해 저희 호텔을 고려하고 있어 기쁩니다. 저희는 과거에 많은 비슷한 행사를 개최했습니다. 실제로, 지역 내 몇몇 회사들이 여기에서 연말 모임을 개최하는 것에 대해 이미 문의했으므로, 빨리 예약하는 것을 추천합니다. 저희 시설에 대한 정보는 이 편지에 동봉되어 있는 전단지에 있습니다. 문의 사항이 있으시면 555-0938로 저에게 연락하시면 됩니다.

07 알맞은 문장 고르기 문제
빈칸에 들어갈 알맞은 문장을 고르는 문제이므로 빈칸의 주변 문맥을 파악합니다. 앞 문장 'We are pleased that you are considering our hotel for your company's Christmas party.'에서 귀사의 크리스마스 파티를 위해 저희 호텔을 고려하고 있어 기쁘다고 했으므로 빈칸에는 호텔이 과거에 많은 비슷한 행사를 개최했다는 내용이 들어가야 함을 알 수 있습니다. 따라서 (A) We have hosted many similar events in the past가 정답입니다. (보기 해석 p. 577)

08 주의해야 할 주어와 동사의 수일치 문제
'some of the 명사'에서 of the 뒤의 명사 firms(회사들)가 복수이므로 복수 주어로 취급되어 복수 동사가 와야 합니다. 따라서 보기 중 복수 동사인 (B) have inquired(문의했다)가 정답입니다. 명사 firms 뒤에 있는 in the area는 수식어로 수일치에 전혀 영향을 주지 않습니다.

09 주의해야 할 주어와 동사의 수일치 문제
주어 Information(정보)이 불가산명사이므로 단수 주어로 취급되어 뒤에 단수 동사가 와야 합니다. 보기 중 단수 동사인 (A) is가 정답입니다. 명사 Information 뒤에 있는 about our facilities는 수식어로 주어와 동사의 수일치에 전혀 영향을 주지 않습니다.

01 Higher fuel prices / will affect / the automobile industry. 더 높은 연료비는 / 영향을 미칠 것이다 / 자동차 산업에
산업에 영향을 미치다(affect industry)

02 Ms. Lowry / described / the policy changes / at the meeting. Ms. Lowry는 / 말로 설명했다 / 정책 변경을 / 회의에서
정책 변경을 말로 설명하다

03 We / changed / the name of our product / two years ago. 우리는 / 바꿨다 / 제품명을 / 2년 전에
이름을 바꾸다

04 Studies / indicate / that people learn more / through group activities.
연구 결과는 ~을 나타낸다
연구 결과는 / 나타낸다 / 사람들이 더 많이 배운다고 / 그룹 활동을 통해

05 Conducting market research / is essential / for entrepreneurs.
시장 조사를 수행하는 것은 / 필수적이다 / 사업가에게
conduct market research 시장 조사를 수행하다

시장 조사를 수행하는 것은 사업가에게 필수적이다.

'시장 조사를 __하는 것은 사업가에게 필수적이다'는 문맥에 적합한 어휘는 conduct(수행하다)의 -ing형인 (A) Conducting입니다. (B)의 Intend(의도하다), (C)의 Resolve(해결하다), (D)의 Surround(둘러싸다)는 문맥에 적합하지 않습니다.

06 An interview / was conducted / to evaluate the candidate's suitability / as a potential employee.
면접이 / 실시되었다 / 지원자의 적합성을 평가하기 위해 / 잠재 직원으로서
evaluate a candidate 지원자를 평가하다

잠재 직원으로서 지원자의 적합성을 평가하기 위해 면접이 실시되었다.

'지원자의 적합성을 __하기 위해 면접이 실시된다'는 문맥에 적합한 어휘는 (B) evaluate(평가하다)입니다. (A) object(반대하다), (C) challenge(도전하다), (D) alleviate(완화하다)는 문맥에 적합하지 않습니다.

07~09

Questions 07-09 refer to the following letter.
편지에 관한 지문

Dear valued Regent Furniture customers,

We are pleased / to 07 announce a year-end event / to be held / at all Regent Furniture outlets. All our stores will offer / a 25 percent discount / on all merchandise / starting on May 1! Find / collections of furniture, lighting, and other finely crafted products / for your home. Please do not hesitate to 08 contact us / for more information. The sale will last / for three weeks. 09 However, quantities are limited. So, / take advantage of those great deals / while stock is still available.

저희는 기쁩니다 / 연말 행사를 발표하게 되어 / 개최될 / 모든 Regent Furniture사 전문 매장에 / 저희 모든 매장은 제공할 것입니다 / 25퍼센트 할인을 / 모든 상품에 / 5월 1일부터 / 찾아보세요 / 가구, 조명, 그리고 다른 정교하게 제작된 제품 컬렉션을 / 귀하의 가정을 위한 / 주저 마시고 연락 주세요 / 더 많은 정보를 원하시면 / 할인 행사는 지속될 것입니다 / 3주 동안 / 하지만 수량이 한정적입니다 / 그러므로 / 이 엄청난 특가 판매를 이용하세요 / 재고가 아직 이용 가능한 동안

announce an event 행사를 발표하다
do not hesitate to contact 연락하는 것을 주저하지 마십시오

07-09번은 다음 편지에 관한 문제입니다.

소중한 Regent Furniture사 고객분들께,

저희는 모든 Regent Furniture사 전문 매장에서 개최될 연말 행사를 발표하게 되어 기쁩니다. 저희 모든 매장은 5월 1일부터 모든 상품에 25퍼센트 할인을 제공할 것입니다! 귀하의 가정을 위한 가구, 조명, 다른 정교하게 제작된 제품들의 컬렉션을 찾아보세요. 더 많은 정보를 원하시면 주저 마시고 연락 주세요. 할인 행사는 3주 동안 진행될 것입니다. 하지만 수량이 한정적입니다. 그러므로, 재고가 아직 있을 때 이 엄청난 특가 판매를 이용하세요.

07 '전문 매장에서 개최될 연말 행사를 __하게 되어 기쁘다'는 문맥에 적합한 어휘는 (C) announce(발표하다)입니다. (A) express(표현하다), (B) explain(설명하다), (D) answer(대답하다)는 문맥에 적합하지 않습니다.

08 '주저 마시고 __ 주세요'라는 문맥에 적합한 어휘는 (C) contact(연락하다)입니다. (A) advise(조언하다), (B) connect(연결하다), (D) approve(승인하다)는 문맥에 적합하지 않습니다.

09 빈칸에 들어갈 알맞은 문장을 고르는 문제이므로 빈칸의 주변 문맥을 파악합니다. 뒤 문장 'So, take advantage of these great deals while stock is still available.'에서 그러므로 재고가 아직 있을 때 이 엄청난 특가 판매를 이용하라고 했으므로 빈칸에는 수량이 한정적이라는 내용이 들어가야 함을 알 수 있습니다. 따라서 (A) However, quantities are limited가 정답입니다. (보기 해석 p. 577)

이메일/편지 (E-mail/Letter)

p.190

01 The hotel / has recently renovated / 100 guest suites.
그 호텔은 / 최근에 개조했다 / 100개의 스위트룸을

= Many guest suites / at the hotel / have recently been remodeled.
많은 스위트룸은 / 그 호텔의 / 최근에 개조되었다

그 호텔은 최근 100개의 스위트룸을 개조했다.
= 그 호텔의 많은 스위트룸이 최근에 개조되었다.

renovated(개조했다)와 비슷한 의미를 지닌 (B) remodeled(개조되었다)가 빈칸에 적합합니다.

02 The number of people / living in Harborfront / has grown / lately.
사람들의 수가 / Harborfront에 사는 / 증가했다 / 최근에

= Harborfront / has had a recent rise / in population.
Harborfront는 / 최근 증가했다 / 인구가

Harborfront에 사는 사람의 수가 최근 증가했다.
= Harborfront는 최근 인구가 증가했다.

'Harborfront에 사는 사람들의 수'라는 말은 Harborfront의 인구라는 의미이므로 (A) population(인구)이 빈칸에 적합합니다.

03 Cold weather / leads / to higher heating costs.
추운 날씨는 / 이르게 한다 / 더 높은 난방비로

= Heating costs / rise / as the temperature / outside / decreases.
난방비는 / 오른다 / 기온이 ~함에 따라 / 밖의 / 낮아지다

추운 날씨로 인해 난방비가 더 높아진다.
= 밖의 기온이 낮아지면 난방비가 오른다.

'더 높은 난방비로 이르게 한다'는 말은 난방비가 오른다는 의미이므로 (B) rise(오르다)가 빈칸에 적합합니다.

04 The dangers / of cigarettes / are emphasized / on the posters.
위험이 / 담배의 / 강조된다 / 포스터에

= The posted signs / warn / people / of the risk / of smoking.
게시된 표지판은 / 경고한다 / 사람들에게 / 위험성을 / 흡연의

포스터에서 담배의 위험성이 강조된다.
= 게시된 표지판은 사람들에게 흡연의 위험성을 경고한다.

dangers are emphasized(위험이 강조되다)와 비슷한 의미를 지닌 warn ~ of the risk(위험성을 경고하다)가 되어야 하므로 (A) warn(경고하다)이 빈칸에 적합합니다.

05 Caltrex / is best known / for its positive relationship / with its staff. Caltrex사는 가장 잘 알려져 있다 긍정적인 관계로 직원들과의 Ⓐ Caltrex / is / famous / for maintaining / good employee relations. Caltrex사는 유명하다 유지하는 것으로 좋은 직원 관계를 (B) Caltrex / is very satisfied / with its famous employees. Caltrex사는 매우 만족한다 유명한 직원들에	Caltrex사는 직원들과의 긍정적인 관계로 가장 잘 알려져 있다. Ⓐ Caltrex사는 좋은 직원 관계를 유지하는 것으로 유명하다. (B) Caltrex사는 유명한 직원들에 매우 만족한다.

best known을 famous로, positive relationship with its staff를 good employee relations로 paraphrase하여 그 의미가 가까운 (A)가 정답입니다. 주어진 문장에서 직원들이 유명하다는 언급은 하지 않았으므로 (B)는 오답입니다.

06 The Pearl Group / is headquartered / in Tokyo. Pearl Group사는 본사를 두고 있다 도쿄에 (A) The first branch office / of the Pearl Group / was established / in Tokyo. 첫 번째 지점은 Pearl Group사의 설립되었다 도쿄에 Ⓑ The main office / of the Pearl Group / is situated / in Tokyo. 본사는 Pearl Group사의 위치해 있다 도쿄에	Pearl Group사는 도쿄에 본사를 두고 있다. (A) Pearl Group사의 첫 번째 지점은 도쿄에 설립되었다. Ⓑ Pearl Group사의 본사는 도쿄에 위치해 있다.

headquartered를 main office로 paraphrase하여 그 의미가 가까운 (B)가 정답입니다. 주어진 문장에서 첫 번째 지점에 대한 언급은 하지 않았으므로 (A)는 오답입니다.

07 Economists / attributed / the economic recovery / to the state's lowering / of interest rates. 경제학자들은 돌렸다 경제 회복을 정부가 낮춘 덕으로 이자율을 (A) In response to the stronger economy, / the government / decided / to change / interest rates. 더욱 강세의 경제에 대응하여 정부는 결정했다 바꾸기로 이자율을 Ⓑ The economy / improved / because the government / reduced / interest rates. 경제가 향상되었다 정부가 ~때문에 낮추었다 이자율을	경제학자들은 경제 회복의 원인을 정부가 이자율을 낮춘 덕으로 돌렸다. (A) 성장하는 경제에 대응하여 정부는 이자율을 변경하기로 결정했다. Ⓑ 정부가 이자율을 낮추었기 때문에 경제가 좋아졌다.

attributed to를 because로, the economic recovery를 The economy improved로, lowering을 reduced로 paraphrase하여 그 의미가 가까운 (B)가 정답입니다. 주어진 문장에서 이자율을 낮추었기 때문에 경제가 회복한 것이라고 말하고 있으므로, 성장하는 경제로 인해 정부가 이자율을 변경했다고 말하고 있는 (A)는 오답입니다.

08 Costa Company / acquired / FNB / to strengthen / its position / in the educational software market. Costa사는 매입하였다 FNB사를 강화하기 위해 입지를 교육 소프트웨어 시장에서 Ⓐ FNB / was purchased / by Costa Company / to reinforce / its status / in the industry. FNB사는 매입되었다 Costa사에 의해 강화하기 위해서 위치를 그 업계에서 (B) Costa Company / bought / FNB / in order to be / the largest manufacturer / in the industry. Costa사는 매입했다 FNB사를 ~이기 위해 가장 큰 제조업체 업계에서	Costa사는 교육 소프트웨어 시장에서의 입지를 강화하기 위해 FNB사를 매입했다. Ⓐ Costa사는 업계에서의 위치를 강화하기 위해 FNB사를 매입했다. (B) Costa사는 업계에서 가장 큰 제조업체가 되기 위해 FNB사를 매입했다.

acquired를 purchased로, strengthen its position을 reinforce its status로, market을 industry로 paraphrase하여 그 의미가 가까운 (A)가 정답입니다. 주어진 문장에서 시장에서 회사의 입지를 강화하기 위한 것이라고 말하고 있으므로, 업계에서 가장 큰 업체가 되기 위한 것이라고 말하고 있는 (B)는 오답입니다.

09 **Question 09 refers to the following letter.**
↳ 편지에 관한 지문

Dear Ms. Jackson,

Our law firm has recently decided / to move / to a more spacious office /
저희 법률 회사는 최근에 결정했습니다 이전할 것을 더 넓은 사무실로
due to an increase in the number of employees / in the last year.
직원 수의 증가로 인해 지난해
Additional furniture, office supplies, and equipment are needed / for
추가적인 가구와 사무 용품 그리고 장비가 필요합니다
our new location. We were very satisfied / with the quality of goods
저희의 새로운 장소에 저희는 매우 만족했습니다 제품과 서비스의 품질에
and services / you provided in the past, / so we hope / you will help
귀사가 과거에 제공한 그래서 저희는 바랍니다 귀사에서 저희를 도와줄 것을
us / again. I have enclosed / a list of the items / needed. Please provide
다시 저는 동봉했습니다 물품들의 목록을 필요한 저희에게 제공해 주십시오
us / with a cost estimate.
비용 견적서를

09번은 다음 편지에 관한 문제입니다.

Ms. Jackson께,

저희 법률 회사는 지난해 직원 수가 증가하여 더 넓은 사무실로 이전하기로 최근에 결정했습니다. 새 사무실에 가구와 사무 용품, 그리고 장비가 추가로 필요합니다. 과거에 귀사에서 제공했던 제품과 서비스의 품질에 아주 만족했으므로 귀사에서 다시 도움을 주셨으면 합니다. 저는 필요한 물품들의 목록을 동봉했습니다. 저희에게 비용 견적서를 제공해 주십시오.

What is enclosed with the letter?
↳ 키워드
(A) A schedule
(B) A list of products
(C) A price quote

편지에 무엇이 동봉되었는가?
(A) 일정
(B) 제품 목록
(C) 비용 견적서

육하원칙 문제
질문의 키워드 enclosed가 지문의 끝 부분에서 그대로 언급되었으므로 그 주변에서 정답의 단서를 확인합니다. 'I have enclosed a list of the items needed.'에서 물품 목록이 동봉되었음을 알 수 있습니다. 따라서 (B) A list of products가 정답입니다.

10 **Question 10 refers to the following e-mail.**
↳ 이메일에 관한 지문

FROM: Christopher Knight, Personnel Manager <chrisknight@hbcompany.com>
TO: All staff
Subject: Confidential information policy

This e-mail is to notify staff / that all data / contained in the personnel
이 이메일은 직원들에게 통지하기 위함입니다 모든 데이터가 인사 정보 파일에 담긴
information files / is confidential. Only authorized executives / should
기밀이라는 것을 권한이 주어진 임원들에게만
have access / to these files. Reviewing or sharing any information / you
접근 권한이 있습니다 이 파일들에 대한 정보를 검토하는 것이나 공유하는 것은 당신이 알게 된
find / with a third party / is strictly forbidden / and could result in the
제삼자와 함께 엄격히 금지됩니다 그리고 정직을 초래할 수 있습니다
suspension of your employment. If you are given access / to these files /
만약 당신에게 접근 권한이 주어졌으면 파일에
by mistake, / please report it to the personnel department / immediately.
착오로 인사부에 보고하십시오 즉시

10번은 다음 이메일에 관한 문제입니다.

발신: Christopher Knight, 인사부장
<chrisknight@hbcompany.com>
수신: 전 직원
주제: 기밀 정보 방침

이 이메일은 인사 정보 파일에 담긴 모든 데이터가 기밀이라는 사실을 직원들에게 통지하기 위함입니다. 권한을 부여 받은 임원만 이 파일에 대한 접근 권한이 있습니다. 당신이 알게 된 정보를 제삼자와 검토하거나 공유하는 것은 엄격히 금지되며, 그 일로 인해 정직될 수도 있습니다. 만약 착오로 당신에게 이 파일들에 대한 접근 권한이 주어졌으면, 인사부에 즉시 보고하십시오.

What should staff do when they accidentally gain access to a confidential file?
↳ 키워드
(A) Contact the technician
(B) Send it to the supervisor
(C) Inform the personnel department

직원은 착오로 기밀 파일에 대한 접근 권한을 얻으면 무엇을 해야 하는가?
(A) 기술자에게 연락한다
(B) 상사에게 보낸다
(C) 인사부에 알린다

육하원칙 문제
질문의 키워드 accidentally가 지문에서 by mistake로 paraphrase되었으므로 그 주변에서 정답의 단서를 확인합니다. 'If you are given access to these files by mistake, please report it to the personnel department immediately.'에서 만약 착오로 파일에 대한 접근 권한을 받게 되면 인사부에 즉시 보고하라고 말하고 있습니다. 따라서 (C) Inform the personnel department가 정답입니다.

11 ~ 12

Questions 11-12 refer to the following letter.
↳ 편지에 관한 지문

Paul Jones
Viking Wireless
311 Lexington Ave
New York, NY 10017

Dear Mr. Jones,

Last month, / my cell phone bill was much higher / than usual.
지난달 제 휴대 전화 요금은 훨씬 더 높았습니다 평소보다
So I contacted the customer service department / to find out why.
그래서 저는 고객 서비스 부서에 연락했습니다 이유를 알아내기 위해
It turns out / that [11]there are many phone calls / on the bill / that I did
밝혀졌습니다 많은 통화가 있었음이 청구서에 제가 걸지 않은
not make. However, / customer service insists / that these calls
그러나 고객 서비스 측에서는 주장합니다 이 통화들이 이루어진
were made / from my cell phone.
것이라고 제 휴대 전화로

But / many of the calls were made / when I was out of the country.
하지만 이 통화 중 많은 부분은 이루어졌습니다 제가 해외에 있을 때
Enclosed is a copy of my plane ticket / to prove / that I was not in the
동봉된 것은 비행기 표 사본입니다 증명하기 위해 제가 국내에 없었다는 것을
country. I have also attached a copy of my recent bills / and highlighted
저는 또한 최근 고지서를 첨부했습니다 그리고 통화 내역을 표시했습니다
the calls / that I did not make.
제가 걸지 않은

[12]Please reimburse me / for the incorrect charges / and send a statement /
제게 상환해 주십시오 잘못된 요금을 그리고 고지서를 보내주십시오
that reflects the changes. Thank you for your attention / in this matter.
수정 사항을 반영하고 있는 관심을 가져주셔서 감사 드립니다 이 문제에

Regards,
Susan Hay

11-12번은 다음 편지에 관한 문제입니다.

Paul Jones
Viking Wireless사
렉싱턴가 311번지
뉴욕시, 뉴욕주 10017

Mr. Jones께,

지난달, 제 휴대 전화 요금은 평소보다 훨씬 더 높았습니다. 그래서 저는 그 이유를 알아내기 위해 고객 서비스 부서에 연락했습니다. 휴대 전화 청구서에 제가 걸지 않은 통화 내역이 많음이 밝혀졌습니다. 그러나 고객 서비스 측에서는 이 통화들이 제 휴대 전화로 이루어진 것이라고 주장합니다.

하지만 이 통화 중 많은 부분이 제가 해외에 있을 때 이루어졌습니다. 제가 국내에 없었다는 것을 증명하기 위해 제 비행기 표 사본을 동봉합니다. 또한 제가 걸지 않은 통화 내역을 표시한 최근 고지서도 첨부합니다.

잘못 부과된 요금을 상환해 주시고 수정 사항이 반영된 고지서를 보내 주십시오. 이 문제에 관심을 가져 주셔서 감사합니다.

Susan Hay 드림

11 What is the purpose of the letter?
↳ 목적
(A) To ask about a phone service plan
(B) To praise the customer service
(C) To exchange a defective phone
(D) To complain about a billing issue

편지의 목적은 무엇인가?
(A) 전화 요금제에 대해 문의하기 위해
(B) 고객 서비스에 대해 칭찬하기 위해
(C) 결함 있는 전화를 교환하기 위해
(D) 고지서 문제에 대해 불평하기 위해

주제/목적 찾기 문제

편지의 목적을 묻고 있으므로 지문의 앞부분에서 단서를 찾습니다. 'there are many phone calls ~ these calls were made from my cell phone.'에서 사용하지 않은 통화 요금이 청구되었다고 말하고 있으므로 불만을 제기하기 위한 편지임을 알 수 있습니다. 따라서 정답은 (D) To complain about a billing issue입니다.

12 What does Ms. Hay request the company to do?
↳ 키워드
(A) Refund the extra charges
(B) Change her service plan
(C) Contact the travel agency
(D) Update her subscription

Ms. Hay는 회사가 무엇을 해줄 것을 요청하는가?
(A) 추가로 부과된 요금을 환불해 줄 것
(B) 그녀의 요금제를 바꿔 줄 것
(C) 여행사에 연락을 취할 것
(D) 가입을 갱신할 것

육하원칙 문제

요청 사항을 묻고 있으므로 지문의 끝 부분에서 단서를 확인합니다. 'Please reimburse me ~ reflects the changes.'에서 잘못 부과된 요금을 상환하고, 수정 사항이 반영된 청구서를 보내달라고 말하고 있습니다. 따라서 정답은 (A) Refund the extra charges입니다. reimburse를 Refund로 paraphrase하였습니다.

[동사구] 시제

01 현재/과거/미래

p.199

01 Mr. Chen / finished / reviewing / the summary / yesterday. Mr. Chen은 / 끝냈다 / 검토하는 것을 / 요약본을 / 어제
→ 과거

02 We / announce / open positions / on employment Web sites / these days.
→ 현재
우리는 / 공고한다 / 빈 자리를 / 채용 웹사이트에 / 요즘에

03 The board / will convene / an executive session / tomorrow. 위원회는 / 소집할 것이다 / 간부 회의를 / 내일
→ 미래

04 Many workers / went / abroad / in 2003. 많은 노동자들이 / 갔다 / 해외로 / 2003년에
→ 과거

05 Next Tuesday, / the ship / will leave / the harbor / at 12 P.M. 다음 주 화요일에 / 그 배는 / 떠날 것이다 / 항구를 / 자정에
→ 미래

06 Ms. Cooper / met / one of her European clients / three days ago.
→ 과거
Ms. Cooper는 / 만났다 / 그녀의 유럽 고객 중 한 명을 / 3일 전에

07 The fitness center's facilities / include / a gym and tennis courts.
피트니스 센터의 시설들은 / 포함한다 / 체육관과 테니스 코트를
복수 가산명사 → 복수 동사

피트니스 센터의 시설들에는 체육관과 테니스 코트가 포함된다.

복수 주어와 복수 동사의 수일치 문제
주어 The fitness center's facilities(피트니스 센터의 시설들)가 복수이므로 복수 동사 (A) include(포함하다)가 와야 합니다.

08 The conference / created / opportunities / last week / for employees / to learn ideas and meet new people.
그 회의는 / 만들었다 / 기회를 / 지난주에 / 직원들을 위해 / 아이디어를 배우고 새로운 사람들을 만날 수 있는
→ 과거

회의는 지난주에 직원들에게 아이디어를 얻고 새로운 사람들을 만날 수 있는 기회를 만들었다.

시제 문제(과거)
과거 시점을 나타내는 표현 last week(지난주)가 있으므로 과거 시제 (C) created(만들었다)가 와야 합니다.

09 Some experts / predict / that urban areas / will hold / 98 percent of the world's population / by 2050.
몇몇 전문가들은 / 예측한다 / 도시 지역이 ~ 라고 / 수용할 것이다 / 전 세계 인구의 98퍼센트를 / 2050년까지
→ 미래

몇몇 전문가들은 2050년까지 도시가 전 세계 인구의 98퍼센트를 수용할 것이라고 예측한다.

시제 문제(미래)
미래 시점을 나타내는 표현 by 2050(2050년까지)가 있으므로 미래 시제 (C) will hold(수용할 것이다)가 와야 합니다.

10 Several computer manufacturers / will introduce / their new lines / in the next several months.
몇몇 컴퓨터 제조회사는 / 발표할 것이다 / 신제품 라인을 / 몇 달 내로
→ 미래

몇몇 컴퓨터 제조회사는 몇 달 내로 신제품 라인을 발표할 것이다.

시제 문제(미래)
미래 시점을 나타내는 표현 in the next several months(몇 달 내로)가 있으므로 미래 시제 (B) will introduce(발표할 것이다)가 와야 합니다.

02 현재진행 / 과거진행 / 미래진행

01 Ms. Tracy / is preparing / the annual report / now. Ms. Tracy는 / 준비하는 중이다 / 연례 보고서를 / 지금
→ 현재진행

02 Our CEO / was attending / the advertising workshop / yesterday. 우리의 최고 경영자는 / 참석 중이었다 / 광고 워크숍에 / 어제
→ 과거진행

03 Chris / will be beginning / his new position / as a division head / next week. Chris는 / 시작하고 있을 것이다 / 그의 새 직위를 / 부서장으로서의 / 다음 주에
→ 미래진행

04 She / was working / at Sonnenfeld Corporation / in 2001. 그녀는 / 일하고 있었다 / Sonnenfeld사에서 / 2001년에
→ 과거진행

05 Mr. McCain / is returning / to Korea / now. Mr. McCain은 / 돌아오는 중이다 / 한국으로 / 지금
→ 현재진행

06 We / will be making arrangements / for the trade conference / tomorrow. 우리는 / 준비하고 있을 것이다 / 무역 회의를 / 내일
→ 미래진행

07 Ms. Thomas / was participating / in the employee development session / yesterday.
Ms. Thomas는 / 참석하고 있었다 / 직원 개발 교육에 / 어제
→ 과거진행

Ms. Thomas는 어제 직원 개발 교육에 참석 중이었다.

시제 문제(과거진행)
과거 특정한 시점인 yesterday(어제)에 진행되고 있었던 일을 나타내고 있으므로 과거진행 시제 (D) was participating(참석하고 있었다)이 와야 합니다.

08 The manufacturer / is implementing / changes / to its billing procedures / now.
제조업자는 / 실행하는 중이다 / 변경을 / 청구 절차에 / 지금
→ 현재진행

제조업자는 지금 청구 절차 변경을 진행 중이다.

시제 문제(현재진행)
현재 시점인 now(지금)에 진행되고 있는 일을 나타내고 있으므로 현재진행 시제 (D) is implementing(실행하는 중이다)이 와야 합니다.

09 Wellton supermarket / will offer / its customers / a 20 percent discount / the following Monday.
Wellton 슈퍼마켓은 / 제공할 것이다 / 고객에게 / 20퍼센트 할인을 / 다음 주 월요일에
→ 미래

Wellton 슈퍼마켓은 고객에게 다음 주 월요일에 20퍼센트 할인을 제공할 것이다.

시제 문제(미래)
미래 시점을 나타내는 표현 the following Monday(다음 주 월요일)가 있으므로 미래 시제 (C) will offer(제공할 것이다)가 와야 합니다.

10 The manager / announced / that the company / will be promoting / the second edition of the cookbook / next month.
경영자는 / 발표했다 / 회사가 ~라는 것 / 홍보하고 있을 것이다 / 그 요리책의 두 번째 판을 / 다음 달에
→ 미래진행

경영자는 회사가 다음 달에 그 요리책의 두 번째 판을 홍보하고 있을 것이라고 발표했다.

시제 문제(미래진행)
미래 시점인 next month(다음 달)에 진행되고 있을 일을 나타내고 있으므로 미래진행 시제 (C) will be promoting(홍보하고 있을 것이다)이 와야 합니다.

01 Mr. Heath / will have appointed / Ron Barth / as a financial officer / by next May.
미래완료
Mr. Heath는 / 지목하게 될 것이다 / Ron Barth를 / 재무 관리인으로 / 내년 5월까지

02 Before the results came in, / she / had already gone. 결과가 나오기 전에 / 그녀는 / 벌써 가버렸다
과거완료

03 The price of gas / has increased / considerably / since 2000. 가스비가 / 올랐다 / 상당히 / 2000년 이래로
현재완료

04 The revenue of the company / has fallen / significantly / for two years. 회사의 수입이 / 떨어졌다 / 상당히 / 2년 동안
현재완료

05 The cost of living / in the country / has risen / by 17 percent / over the last 15 years.
생활비가 / 지방의 / 증가하였다 / 17퍼센트까지 / 지난 15년간
현재완료

지방의 생활비가 지난 15년간 17퍼센트 증가하였다.

시제 문제(현재완료)
현재완료 시제와 함께 쓰이는 표현 over the last 15 years(지난 15년간)가 있으므로 현재완료 시제 (B) has risen(증가하였다)이 와야 합니다.

06 Mr. Jantick / will have served in the military / for six months / by the end of the year.
Mr. Jantick은 / 군에서 복무하고 있을 것이다 / 6개월 동안 / 올해 말이면
미래완료

Mr. Jantick은 올해 말이면 6개월째 군에서 복무하고 있을 것이다.

시제 문제(미래완료)
미래완료 시제와 함께 쓰이는 표현 by the end of the year(올해 말이면)가 있으므로 미래완료 시제 (D) will have served(복무하고 있을 것이다)가 와야 합니다.

07 ~ 09

Questions 07-09 refer to the following advertisement.
광고에 관한 지문

Grover Investments / is looking for / a corporate trainer. The business training program / 07 has been / the most popular / of all the courses / we have offered / over the past two years. The qualified candidate / 08 will conduct / training programs / related to marketing strategies and management / starting next month. 09 A master's degree in business / is required / to apply. However, / candidates with more than five years of experience / will be considered / as well. If you have any questions, / please contact Mr. Barry / at 555-7800.

Grover Investments사는 / 찾고 있습니다 / 기업 교육 담당자를 / 경영 교육 프로그램은 / 가장 인기 있는 것이었습니다 / 모든 강좌 중에서 / 우리가 제공했던 / 지난 2년간 / 자격을 갖춘 지원자들은 / 수행할 것입니다 / 교육 프로그램을 / 마케팅 전략과 경영과 관련된 / 다음 달부터 시작하는 / 경영학 석사 학위가 / 요구됩니다 / 지원하는 데 / 하지만 / 5년 이상의 경력이 있는 지원자들은 / 고려될 것입니다 / 또한 / 만약 질문이 있으시면 / 연락하십시오 / Mr. Barry에게 / 555-7800으로

(07 현재완료, 08 미래)

07-09번은 다음 광고에 관한 문제입니다.

Grover Investments사는 기업 교육 담당자를 찾고 있습니다. 경영 교육 프로그램은 저희가 지난 2년간 제공했던 모든 강좌 중에서 가장 인기 있는 프로그램이었습니다. 자격을 갖춘 지원자는 다음 달부터 시작하는 마케팅 전략과 경영 관련 교육 프로그램을 수행할 것입니다. 지원하기 위해서는 경영학 석사 학위를 소지해야 합니다. 하지만 5년 이상의 경력이 있는 지원자들도 고려될 것입니다. 질문이 있으시면 555-7800으로 Mr. Barry에게 연락하십시오.

07 시제 문제(현재완료)
현재완료 시제와 함께 쓰이는 표현 over the past two years(지난 2년간)가 있으므로 현재완료 시제 (D) has been(~이었다)이 와야 합니다.

08 시제 문제(미래)
미래 시점을 나타내는 표현 next month(다음 달)가 있으므로 미래 시제 (C) will conduct(수행할 것이다)가 와야 합니다.

09 알맞은 문장 고르기 문제
빈칸에 들어갈 알맞은 문장을 고르는 문제이므로 빈칸의 주변 문맥을 파악합니다. 뒤 문장 'However, candidates with more than five years of experience will be considered as well.'에서 하지만 5년 이상의 경력이 있는 지원자들도 고려될 것이라고 했으므로 빈칸에는 지원하려면 경영학 석사 학위를 소지해야 한다는 내용이 들어가야 함을 알 수 있습니다. 따라서 (C) A master's degree in business is required to apply가 정답입니다. (보기 해석 p. 577)

동사 어휘(5)

p.205

01 The proposal / is being considered / but / may not be accepted. 제안은 / 고려되고 있다 / 하지만 / 받아들여지지 않을 수 있다
제안을 고려하다(consider a proposal)

02 Effective advertisements / attract / many new customers. 효과적인 광고는 / 유치한다 / 많은 신규 고객을
고객을 유치하다(attract customers)

03 Low productivity / is associated with / job dissatisfaction. 낮은 생산성은 / 관련이 있다 / 일에 대한 불만과
불만과 관련이 있다(associate with dissatisfaction)

04 The new building / contains / larger offices. 새 건물은 / 포함한다 / 더 큰 사무실을
사무실을 포함하다(contain offices)

05 A deposit of $50 / is required / to reserve seats / for the upcoming season.
보증금 50달러가 / 필요하다 / 좌석을 예약하기 위해서 / 다가오는 시즌에
reserve seats 좌석을 예약하다

다가오는 시즌에 좌석을 예약하려면 보증금 50달러가 필요하다.

'좌석을 __하려면 보증금이 필요하다'는 문맥에 적합한 어휘는 (D) reserve(예약하다)입니다. (A) respond(응답하다), (B) appoint(지명하다), (C) connect(연결하다)는 문맥에 적합하지 않습니다.

06 The annual meeting / proceeded / as planned / last month / without any interruption.
연례 회의는 / 진행되었다 / 계획대로 / 지난달에 / 어떤 방해도 받지 않고
proceeded the meeting 회의를 진행하다

지난달에 연례 회의는 어떤 방해도 받지 않고 계획대로 진행되었다.

'연례 회의는 계획대로 __'는 문맥에 적합한 어휘는 proceed(진행하다)의 과거형인 (C) proceeded입니다. (A)의 review(검토하다), (B)의 obtain(획득하다), (D)의 march(행진하다)는 문맥에 적합하지 않습니다.

07 ~ 09

Questions 07-09 refer to the following e-mail.
→ 이메일에 관한 지문

From: Royce Rogers <roycerogers@techstore.com>
To: Sandra Halpern <sanhalpern@worldcom.com>

Dear Ms. Halpern,

Due to defects / in the computer monitors / we ordered from your company, / we had to 07 handle numerous complaints / from Techstore customers. We think / that this problem could have been 08 prevented / if you had not sent us / faulty merchandise. Accordingly, / we believe / your company should compensate us / for our losses. 09 Therefore, / we expect a full refund / for the cost of the items. You can reach me / at 555-0398 / to discuss this matter.

결함으로 인해 / 컴퓨터 모니터들의 / 귀사로부터 주문한 / 저희는 수많은 불만 사항을 처리해야 했습니다 / Techstore 고객들로부터 / 저희는 생각합니다 / 이 문제는 막을 수 있었다고 / 귀사가 보내지 않았더라면 / 결함 있는 상품을 / 따라서 / 저희는 믿습니다 / 귀사가 저희에게 / 보상해야 한다고 / 저희의 손실에 대하여 / 그러므로 / 저희는 전액 환불을 요구합니다 / 물품의 비용에 대해 / 제게 연락하시면 됩니다 / 555-0398로 / 이 일에 대해 논의하시려면

handle complaints 불만 사항을 처리하다
prevent the problem 문제를 막다

07-09번은 다음 이메일에 관한 문제입니다.

발신: Royce Rogers <roycerogers@techstore.com>
수신: Sandra Halpern <sanhalpern@worldcom.com>

Ms. Halpern께,

귀사로부터 주문한 컴퓨터 모니터들의 결함으로 인해 저희는 Techstore 고객들로부터 수많은 불만 사항을 처리해야 했습니다. 저희는 귀사가 결함 있는 상품을 보내지 않았다면 이 문제를 막을 수 있었다고 생각합니다. 따라서 저희가 입은 손실에 대하여 귀사가 보상해야 한다고 생각합니다. 그러므로 저희는 물품 비용의 전액 환불을 요구합니다. 이 일에 대해 논의하시려면 555-0398로 제게 연락하시면 됩니다.

07 '고객들로부터 수많은 불만 사항을 __해야 했다'는 문맥에 적합한 어휘는 (B) handle(처리하다)입니다. (A) hold(잡다), (C) acquire(얻다), (D) remark(말하다)는 문맥에 적합하지 않습니다.

08 '결함 있는 상품을 보내지 않았다면 이 문제를 __ 수 있었다'는 문맥에 적합한 어휘는 prevent(막다)의 p.p.인 (D) prevented입니다. (A)의 protect(보호하다), (B)의 defend(방어하다, 옹호하다), (C)의 alter(변하다)는 문맥에 적합하지 않습니다.

09 빈칸에 들어갈 알맞은 문장을 고르는 문제이므로 빈칸의 주변 문맥을 파악합니다. 앞 문장 'we believe your company should compensate us for our losses'에서 손실에 대한 보상을 받아야 한다고 생각한다고 했으므로 빈칸에는 물품 비용의 전액 환불을 요구한다는 내용이 들어가야 함을 알 수 있습니다. 따라서 (D) Therefore, we expect a full refund for the cost of the items가 정답입니다. (보기 해석 p. 577)

양식 (Form)

p.208

01 We / are looking / to simplify / our ordering procedures.
우리는 목표로 삼고 있다 단순화하는 것을 우리의 주문 절차를

= We / are trying / to make / our ordering procedures / easier.
우리는 노력하고 있다 만들기 위해 우리의 주문 절차를 더 쉽게

우리는 주문 절차 단순화를 목표로 삼고 있다.
= 우리는 주문 절차를 더 쉽게 만들기 위해 노력하고 있다.

simplify(단순화하다)와 비슷한 의미를 지닌 (B) easier(더 쉽게)가 빈칸에 적합합니다.

02 It / would make / me / very happy / to take on / the project / you / proposed.
그것은 만들 것입니다 나를 매우 기쁘게 맡는 것이 프로젝트를 당신이 제안한

= I / will definitely accept / the assignment / that you suggested.
나는 확실히 수락할 것입니다 그 업무를 당신이 제안한

당신이 제안한 프로젝트를 맡게 되면 매우 기쁠 것 같습니다.
= 당신이 제안한 업무를 확실히 수락할 것입니다.

take on(맡다)과 비슷한 의미를 지닌 (A) accept(수락하다)가 빈칸에 적합합니다.

03 I / am writing / to debate / the claims / you / recently made / in your article.
저는 씁니다 논쟁하기 위해 주장을 당신이 최근에 만든 당신의 기사에서

= I / disagree / with some of the statements / made / in your article.
저는 의견이 다릅니다 몇 가지 주장에 대해 만들어진 당신의 기사에서

저는 당신이 최근 기사에서 한 주장에 대해 논쟁하기 위해 글을 씁니다.
= 저는 당신 기사의 몇 가지 주장과 의견이 다릅니다.

debate(논쟁하다)와 비슷한 의미를 지닌 (B) disagree(의견이 다르다)가 빈칸에 적합합니다.

04 The least amount / of time / needed / to complete / the project / is seven days.
가장 적은 양은 시간의 필요한 완료하기 위해 프로젝트를 7일이다

= In order to complete / the project, / we / will require / a minimum of one week.
완료하기 위해서 프로젝트를 우리는 필요할 것이다 최소 일주일이

프로젝트를 마치는 데 필요한 최단 기간은 7일이다.
= 프로젝트를 완료하기 위해서 우리는 최소 일주일이 필요할 것이다.

least(가장 적은)와 비슷한 의미를 지닌 (A) minimum(최소)이 빈칸에 적합합니다.

05 I / wanted / to thank / you / for meeting / with me / and letting / me / express / my thoughts.
저는 원합니다 감사 드리기를 당신에게 만나 주어서 저를 그리고 해 주어서 제가 표현할 수 있게 제 생각을

(A) I / appreciate / your giving / me / the time / to share / my ideas / with you.
저는 감사 드립니다 당신이 주어서 제게 시간을 함께 나눌 수 있는 제 생각을 당신과

(B) I would like / to express / my gratitude / for your ideas / suggested / at the meeting.
저는 하고 싶습니다 표현을 제 고마움을 당신의 의견에 제안된 회의에서

만나 뵙고 제 생각을 표현할 수 있게 해 주셔서 감사 드립니다.

(A) 제 생각을 나눌 수 있는 시간을 내주셔서 감사 드립니다.

(B) 회의에서 제안한 당신의 의견에 대해 감사한 마음을 표현하고 싶습니다.

thank를 appreciate로, express my thoughts를 share my ideas로 paraphrase하여 그 의미가 가까운 (A)가 정답입니다. 주어진 문장에서 당신의 의견에 대한 언급은 하지 않았으므로 (B)는 오답입니다.

06 It / is suggested / that the filters / be changed / at least / every four months.
권장된다 필터가 ~라는 것 교환되어야 한다 최소 4개월마다

(A) The four filters / need / to be replaced.
4개의 필터가 필요하다 교체되는 것이

(B) The filters / need / to be replaced / regularly.
필터는 필요하다 교체되는 것이 정기적으로

최소한 4개월마다 필터를 교환할 것을 권장한다.

(A) 4개의 필터가 교체되어야 한다.

(B) 필터는 정기적으로 교체되어야 한다.

changed를 replaced로, every four months를 regularly로 paraphrase하여 그 의미가 가까운 (B)가 정답입니다. 주어진 문장에서 교체해야 하는 필터의 개수에 대한 언급은 하지 않았으므로 (A)는 오답입니다.

07 If you / happen to lose / your card, / notify / our representative / at the toll-free number / listed.
만약 분실한다면 당신의 카드를 알리십시오 우리 직원에게 수신자 부담 전화번호로 적혀 있는

(A) The company / issues / a replacement card / at no cost.
그 회사는 지급합니다 교환 카드를 무료로

(B) When a card / is lost, / customers / should call / our office / at no charge.
카드가 ~할 때 분실됩니다 고객들은 전화해야 합니다 우리 사무실로 무료로

만약 카드를 분실하면 적혀 있는 수신자 부담 전화번호로 직원에게 알리십시오.

(A) 그 회사는 교환 카드를 무료로 지급해 줍니다.

(B) 카드를 분실했을 때 고객은 무료로 저희 사무실로 전화해야 합니다.

notify our representative at the toll-free number를 call our office at no charge로 paraphrase하여 그 의미가 가까운 (B)가 정답입니다. 주어진 문장에서 무료 교환 카드 지급에 관한 언급은 하지 않았으므로 (A)는 오답입니다.

08 We / are invited / to a welcome party / for recently hired employees.
우리는 초대받았습니다 환영회에 최근 고용된 직원들을 위한

(A) The event / is to honor / new staff members.
그 행사는 축하하기 위한 것입니다 새로 온 직원들을

(B) The event / is to reward / a group of employees.
그 행사는 상을 수여하기 위한 것입니다 직원들에게

우리는 신입사원을 위한 환영회에 초대 받았습니다.

(A) 그 행사는 신입사원을 축하하기 위한 것입니다.

(B) 그 행사는 직원들에게 상을 수여하기 위한 것입니다.

a welcome party를 The event로, recently hired employees를 new staff members로 paraphrase하여 그 의미가 가까운 (A)가 정답입니다. 주어진 문장에서 직원들에게 상을 수여한다는 언급은 하지 않았으므로 (B)는 오답입니다.

09 **Question 09 refers to the following survey.**
↳ 설문지에 관한 지문

The goal of Wellness Hotel / is to make our facilities / the most
Wellness 호텔의 목표는 우리 시설을 만드는 것 입니다

respected and popular / in Thailand. Please help us / to do this / by
가장 훌륭하고 인기 있는 태국에서 도와주십시오 이렇게 되도록

filling out this questionnaire.
이 설문지를 작성함으로써

	Excellent	Fair	Poor
Helpfulness of staff	V		
Condition of rooms			V
Quality of food		V	

Comments or suggestions: I have noticed / that your facilities are not
의견 혹은 제안 사항 저는 알아챘습니다 당신의 시설이 유지되고 있지 않다는 것을

maintained / very well. The paint is chipping / and the floors are dirty.
잘 페인트가 떨어지고 있습니다 그리고 바닥은 더럽습니다

09번은 다음 설문지에 관한 문제입니다.

Wellness 호텔의 목표는 우리의 시설을 태국에서 가장 훌륭하고 인기 있게 만드는 것입니다. 이런 시설이 될 수 있도록 이 설문지를 작성해 주시기 바랍니다.

	매우 우수	보통	미흡
직원의 도움	V		
객실 상태			V
음식의 질		V	

의견 혹은 제안 사항: 호텔 시설이 잘 유지되고 있지 않은 것 같습니다. 페인트가 벗겨지고 있고 바닥은 더럽습니다.

What is the purpose of the survey?
↳ 목적

(A) To get guests' opinions of the facility
(B) To select a proper service provider
(C) To ask for business advice

설문의 목적은 무엇인가?

(A) 시설에 대한 고객의 의견을 듣기 위해서
(B) 적합한 서비스 제공업체를 선정하기 위해서
(C) 경영에 대한 조언을 요청하기 위해서

주제/목적 찾기 문제

설문지의 목적은 지문의 앞부분에서 찾을 수 있습니다. 'The goal of Wellness Hotel is ~ by filling out this questionnaire.'에서 좋은 시설이 될 수 있도록 설문지를 작성해 달라고 말하고 있고, 표에 호텔에 대한 고객의 평이 나와 있음을 확인할 수 있습니다. 따라서 (A) To get guests' opinions of the facility가 정답입니다.

10 **Question 10 refers to the following invitation.**
↳ 초대장에 관한 지문

You are invited / to the grand opening celebration / of Honest Angie's
당신은 초대되었습니다 대규모 개점 축하 행사에 Honest Angie's 가구점의

Furniture / on February 1. Bring this invitation / for a special preview /
2월 1일에 이 초대장을 가져 오십시오 특별 사전 관람에

of our wide variety of home and office furniture, / from traditional
우리의 다양한 가정용과 사무용 가구의

handcrafted cabinets to contemporary computer desks. The event will
고풍스러운 수제 장식장에서 현대적인 컴퓨터 책상까지 이 행사는 열릴 것입니다

be held / from 6:30 P.M. to 9 P.M. / for invited guests / only. As a special
저녁 6시 30분부터 9시까지 초대된 고객들을 위해 오직

gift to our valued customers, / Honest Angie's is offering / a
우리 귀중한 고객들께 드리는 특별 선물로 Honest Angie's는 제공합니다

20 percent discount / on any purchase / made at the party. Please
20퍼센트 할인을 모든 구매에 대해 행사에서 이루어진

confirm your attendance / in advance.
당신의 참석 여부를 확정해 주시기 바랍니다 미리

10번은 다음 초대장에 관한 문제입니다.

귀하께서는 2월 1일 Honest Angie's 가구점의 대규모 개점 축하 행사에 초대되었습니다. 이 초대장을 지참하시고 고풍스러운 수제 장식장에서 현대적인 컴퓨터 책상까지 구비한 저희 다양한 가정용과 사무용 가구의 특별 사전 관람에 오시기 바랍니다. 행사는 저녁 6시 30분부터 9시까지 초대된 고객만을 위해 열릴 것입니다. 우수 고객들께 드리는 특별 선물로, Honest Angie's는 행사에서 구매하신 모든 품목을 20퍼센트 할인해 드립니다. 귀하의 참석 여부를 미리 확정해 주시기 바랍니다.

What will be offered to attendees to the event?
↳ 키워드

(A) A special price
(B) Free delivery
(C) A handmade basket

행사 참석자들에게 무엇이 제공될 것인가?

(A) 특별가
(B) 무료 배송
(C) 수제 바구니

육하원칙 문제

질문의 키워드 be offered가 지문에서 is offering으로 paraphrase되었으므로 그 주변에서 정답의 단서를 확인합니다. 'Honest Angie's is offering a 20 percent discount on any purchase made at the party'에서 행사에서 구매한 모든 품목을 20퍼센트 할인해 준다고 말하고 있습니다. 따라서 (A) A special price가 정답입니다.

11 ~ 12

Questions 11-12 refer to the following schedule.
↳ 일정표에 관한 지문

Denham Music Festival

April 5-7
Denham Public Park
Sponsored by Blake Culture Foundation

April 5, Friday 7 P.M. - 9 P.M.	String Quartet in D Minor, Mozart Orion String Quartet
April 6, Saturday 7 P.M. - 8 P.M.	The Voices of Africa - Drums and Dancing Oubekou Percussion Group
April 7, Sunday 5 P.M. - 6 P.M.	The Healing Effect of Music [11]Samuel Doyle Professor of Contemporary Music, Denham University [11]* Through this lecture, / you will learn / how to use music / to relieve stress. 이 강의를 통해 / 당신은 배울 것입니다 / 음악을 활용하는 방법을 / 스트레스를 풀기 위해
April 7, Sunday 7:30 P.M. - 8:30 P.M.	Jazz night George and Friends

All the events will be held outside / on a stage / specially set up / in Denham Public Park. [12]In the event of rain, / the festival will be postponed. For further information, / contact event organizer / Sue Hayes / at 555-5698.
모든 행사는 야외에서 열릴 것입니다 / 무대에서 / 특별히 설치된 / Denham 공원에 / 우천 시에는 / 축제가 연기될 것입니다 / 더 많은 정보를 원하시면 / 행사 주최 담당자에게 연락하십시오 / Sue Hayes인 / 555-5698로

11-12번은 다음 일정표에 관한 문제입니다.

Denham 음악 축제

4월 5일-7일
Denham 공공 공원
Blake 문화 재단 후원

4월 5일 금요일 오후 7시-9시	모차르트 D단조 현악 4중주 Orion 현악 4중주단
4월 6일 토요일 오후 7시-8시	아프리카의 소리 - 북과 춤 Oubekou 타악 연주단
4월 7일 일요일 오후 5시-6시	음악의 치료 효과 Samuel Doyle Denham 대학교 현대음악과 교수 * 이 강의를 통해 음악을 활용한 스트레스 해소법을 배우게 될 것입니다.
4월 7일 일요일 오후 7시반-8시반	재즈의 밤 George와 친구들

모든 행사는 Denham 공원에 특별히 마련된 야외 무대에서 이루어질 것입니다. 우천 시에는 축제가 연기될 것입니다. 더 많은 정보를 원하시면, 행사 주최 담당자인 Sue Hayes에게 555-5698로 연락하십시오.

11 What will Mr. Doyle do at the event?
↳ 키워드

(A) Conduct an orchestra
(B) Play jazz music
(C) Give a lecture
(D) Introduce performers

Mr. Doyle은 행사에서 무엇을 할 것인가?

(A) 오케스트라를 지휘한다
(B) 재즈 음악을 연주한다
(C) 강연을 한다
(D) 연주자를 소개한다

육하원칙 문제

질문의 키워드 Mr. Doyle이 지문에서 Samuel Doyle로 언급되었으므로 그 주변에서 정답의 단서를 찾습니다. 'Through this lecture ~ how to use music to relieve stress.'에서 Samuel Doyle이 음악을 활용한 스트레스 해소법에 대한 강의를 할 것이라고 말하고 있습니다. 따라서 (C) Give a lecture가 정답입니다.

12 What will happen if the weather is bad?
↳ 키워드

(A) The event will be held at another time.
(B) The festival will be canceled.
(C) The concert will be held indoors.
(D) The activity will continue as scheduled.

만약 날씨가 좋지 않다면 무엇이 일어날 것인가?

(A) 행사는 다음에 열릴 것이다.
(B) 축제가 취소될 것이다.
(C) 콘서트는 실내에서 열릴 것이다.
(D) 활동은 예정대로 진행될 것이다.

육하원칙 문제

질문의 키워드 the weather is bad가 지문에서 rain으로 paraphrase되었으므로 그 주변에서 정답의 단서를 찾습니다. 'In the event of rain, the festival will be postponed.'에서 우천 시 축제가 연기될 것이라고 말하고 있습니다. 따라서 (A) The event will be held at another time이 정답입니다. postponed를 held at another time으로 paraphrase하였습니다.

[동사구] 능동태와 수동태

01 능동태와 수동태 구별

p.217

01 Some appliances / will be repaired / for free. 일부 가전 제품은 / 수리될 것입니다 / 무료로
(be repaired → 수동태)

02 We / would like to / express / gratitude / to our loyal customers. 우리는 / 원합니다 / 표현하다 / 감사를 / 단골 손님들에게
(express → 능동태, gratitude 목적어)

03 The CEO / paid / a bonus / to the employees / at the end of the quarter. 최고 경영자는 / 지불했다 / 보너스를 / 직원들에게 / 분기 말에
(paid → 능동태, a bonus 목적어)

04 Scientists / argue / that greenhouse gas emissions / are / a major cause / of global warming. 과학자들은 / 주장한다 / 온실 가스 배출이 / 주요 원인이라고 / 지구 온난화의
(argue → 능동태, that ~ global warming 목적어)

05 The company / is interested / in developing / a good relationship / with its new partner. 그 회사는 / 관심이 있다 / 발전시키는 데 / 좋은 관계를 / 새로운 제휴업체와
(is interested → 수동태)

06 The process / of filling prescriptions / should be revised / to prevent / mistakes. 과정은 / 약을 조제하는 / 변경되어야 합니다 / 막기 위해 / 실수를
(be revised → 수동태)

07 The personnel manager / must evaluate / job applications / before making a decision.
인사부장은 / 평가해야만 합니다 / 입사 지원서를 (목적어) / 결정을 내리기 전에
(must evaluate → 조동사 + 동사원형, 능동태)

인사부장은 결정을 내리기 전에 입사 지원서를 평가해야 합니다.

조동사 뒤에 동사원형 넣기/능동태와 수동태 구별 문제
조동사 must가 있으므로 뒤에는 반드시 동사원형이 와야 합니다. 따라서 보기 중 동사원형인 (C) evaluate(평가하다) 또는 (D) be evaluated가 올 수 있습니다. 그러나 빈칸 뒤에 목적어 job applications가 있으므로 능동태인 (C)가 정답입니다.

08 The airline industry / was regulated / by a government body / before 1979.
항공 산업은 / 통제되었다 / 정부 기관에 의해 / 1979년 이전에
(was regulated → 수동태)

1979년 이전에 항공 산업은 정부 기관에 의해 통제되었다.

능동태와 수동태 구별 문제
주어 The airline industry 다음에 동사 자리가 비어 있습니다. 보기 중 동사 자리에 올 수 있는 것은 동사인 (A) regulates(통제하다), (C) was regulated, (D) was regulating입니다. 그러나 빈칸 뒤에 목적어가 없으므로 수동태인 (C)가 정답입니다.

09 The company's future sales / may be affected / by the growth / of its competitors.
회사의 장래 판매량은 / 영향을 받을지도 모른다 / 성장에 의해 / 경쟁업체들의
(may be affected → 조동사 + 동사원형, 수동태)

앞으로의 회사 판매량은 경쟁업체들의 성장에 영향을 받을지도 모른다.

조동사 뒤에 동사원형 넣기/능동태와 수동태 구별 문제
조동사 may가 있으므로 뒤에는 반드시 동사원형이 와야 합니다. 따라서 보기 중 동사원형인 (B) be affected, (C) be affecting 또는 (D) affect (~에 영향을 미치다)가 올 수 있습니다. 그러나 빈칸 뒤에 목적어가 없으므로 수동태인 (B)가 정답입니다.

10 The finance manager / concluded / that the company / spent / too much money / on office equipment.
재정 담당자는 / 결론지었다 / 회사가 / 썼다고 / 너무 많은 돈을 / 사무 장비에
(concluded → 능동태, that ~ equipment 목적어)

재정 담당자는 회사가 사무 장비에 너무 많은 돈을 썼다고 결론지었다.

능동태와 수동태 구별 문제
주어 The finance manager 다음에 동사 자리가 비어 있습니다. 보기 중 동사 자리에 올 수 있는 것은 동사인 (A) is concluded와 (B) concluded입니다. 그러나 빈칸 뒤에 목적어 that the company ~ equipment가 있으므로 능동태인 (B)가 정답입니다.

02 수동태의 짝 표현 p.219

01 The Direct-Help Organization / is dedicated to / assisting people in need.
↳ ~에 헌신하다
Direct-Help 재단은 / 헌신한다 / 어려움에 처한 사람들을 돕는 데

02 The firm / is engaged in / buying and selling / real estate. 그 회사는 / 관여한다 / 매매하는 데 / 부동산을
↳ ~에 관여하다

03 New car models / are equipped with / anti-theft locks and air bags. 신형 자동차 모델은 / 갖추고 있다 / 도난 방지 장치와 에어백을
↳ ~을 갖추고 있다

04 The development team / was pleased with / the performance of the new diesel engine.
↳ ~에 기뻐하다
개발팀은 / 기뻐했다 / 새 디젤 엔진의 성능에

05 People / living near manufacturing plants / are exposed to / various pollutants.
사람들은 / 제조 공장 근처에 사는 / 노출된다 / 다양한 / 오염 물질에
↳ ~에 노출되다

제조 공장 근처에 사는 사람들은 다양한 오염 물질에 노출된다.

수동태 표현 문제
'~에 노출되다'는 be exposed to이므로 빈칸에 들어갈 적절한 전치사는 (A) to입니다. 수동태 문장에서 전치사 by 외에 다른 전치사를 사용하는 표현이 많으므로 주의해야 합니다.

06 Many health problems / are related to / a lack of exercise.
많은 건강상의 문제는 / 관계가 있다 / 운동 부족
↳ ~와 관계가 있다

많은 건강 문제는 운동 부족과 관계가 있다.

수동태 표현 문제
'~와 관계가 있다'는 be related to이므로 빈칸에 들어갈 적절한 형태는 (C) related입니다. 수동태 문장에서 전치사 by 외에 다른 전치사를 사용하는 표현이 많으므로 주의해야 합니다.

07~09 **Questions 07-09 refer to the following article.**
↳ 기사에 관한 지문

Customers flying in economy class / can now enjoy / even greater comfort / on all of Bobkin Airlines' domestic flights. Newly redesigned seats / 07 allow passengers to recline / without disturbing other travelers. Most airline customers 08 are satisfied with the renovation, / according to a spokesman. 09 He says / that even more planes will be renovated / as a result. The new seats / will be available / on international flights / beginning in December.

일반석을 타는 고객들은 / 이제 즐길 수 있다 / 훨씬 더 편안함을 / 모든 Bobkin 항공사의 국내선에서 / 새롭게 재디자인된 좌석은 / 승객들이 등받이를 뒤로 넘기는 것을 가능하게 한다 (↳ 능동태, 목적어) / 다른 여행객들을 방해하지 않고 / 대부분의 항공사 고객들은 변화에 만족한다 (↳ ~에 만족하다) / 대변인에 따르면 / 그가 말하기를 / 더 많은 비행기들이 개조될 것이다 / 결과적으로 / 새로운 좌석은 / 이용 가능할 것이다 / 국제선에서 / 12월부터

07-09번은 다음 기사에 관한 문제입니다.

일반석을 타는 고객들은 이제 모든 Bobkin 항공사의 국내선에서 훨씬 더 편안함을 느낄 수 있다. 새롭게 재디자인된 좌석은 승객들이 다른 여행객들을 방해하지 않고 등받이를 뒤로 젖힐 수 있게 한다. 대변인에 따르면 대부분의 항공사 고객들은 변화에 만족한다. 그는 결과적으로 더 많은 비행기들이 개조될 것이라고 말한다. 새로운 좌석은 국제선에서 12월부터 이용 가능할 것이다.

07 능동태와 수동태 구별 문제
주어 Newly redesigned seats 다음에 동사 자리가 비어 있습니다. 보기 중 동사 자리에 올 수 있는 것은 동사인 (A) are allowed와 (D) allow(가능하게 하다)입니다. 그러나 빈칸 뒤에 목적어 passengers가 있으므로 능동태인 (D)가 정답입니다.

08 수동태 표현 문제
'~에 만족하다'는 be satisfied with이므로 빈칸에 들어갈 적절한 형태는 (A) are satisfied(만족하다)입니다. 수동태 문장에서 전치사 by 외에 다른 전치사를 사용하는 표현이 많으므로 주의해야 합니다.

09 알맞은 문장 고르기 문제
빈칸에 들어갈 알맞은 문장을 고르는 문제이므로 빈칸의 주변 문맥을 파악합니다. 뒤 문장 'The new seats will be available on international flights beginning in December.'에서 새로운 좌석은 국제선에서 12월부터 이용 가능할 것이라고 했으므로 빈칸에는 결과적으로 더 많은 비행기들이 개조될 것이라는 내용이 들어가야 함을 알 수 있습니다. 따라서 (A) He says that even more planes will be renovated as a result가 정답입니다. (보기 해석 p. 577)

p.221

01 There / is / no exception / to this rule. 예외는 없다 / 이 규칙에
예외가 없다

02 Ms. Lewis / received / positive feedback / after the conference. Ms. Lewis는 / 받았다 / 긍정적인 피드백을 / 회의 후에
피드백을 받다(receive feedback)

03 Clients / make frequent complaints / about late arrival / of the products. 고객들이 / 자주 불평한다 / 늦은 도착에 대해 / 제품의
불평하다(make complaints)

04 AvCo / will assess / the feasibility / of the venture's business model.
실행가능성을 평가하다
AvCo사는 / 평가할 것이다 / 실행가능성을 / 벤처기업의 사업모델의

05 High Airlines / is giving / conference attendees / a discount / on economy class tickets.
High 항공사는 / 제공하고 있다 / 회의 참석자들에게 / 할인을 / 일반석 티켓에 대한
give a discount 할인을 제공하다

High 항공사는 회의 참석자들에게 일반석 티켓을 할인해주고 있다.

'회의 참석자들에게 티켓에 대한 ___을 제공한다'는 문맥에 적합한 어휘는 (A) discount(할인)입니다. (B) feedback(의견), (C) reference(참고), (D) request(요청)는 문맥에 적합하지 않습니다.

06 Ms. Teng / submitted / her application / for a market analyst position online.
Ms. Teng은 / 제출했다 / 그녀의 지원서를 / 시장 분석가 직책을 위한 / 온라인으로
submit an application 지원서를 제출하다

Ms. Teng은 시장 분석가 직책을 얻기 위해 그녀의 지원서를 온라인으로 제출했다.

'Ms. Teng은 시장 분석가 직책을 얻기 위해 그녀의 ___를 온라인으로 제출했다'는 문맥에 적합한 어휘는 (B) application(지원서)입니다. (A) exception(예외), (C) industry(산업), (D) rivalry(경쟁)는 문맥에 적합하지 않습니다.

07 ~ 09 **Questions 07-09 refer to the following letter.**
→ 편지에 관한 지문

Dear Mr. Myerson,

We are sorry to inform you / that the large toy soldiers sold at AllToys.com / are temporarily unavailable. The manufacturer that makes these toys / has moved its **07** facilities / and has yet to start production. We apologize for any **08** inconvenience / this may cause you. We will let you know / when they are available. **09** In the meantime, / we thank you for your patience.

알려 드리게 되어 유감입니다 / AllToys.com에서 판매되었던 대형 장난감 병정들을 / 일시적으로 구입할 수 없음을 / 이 장난감들을 만드는 제조업체가 / 시설을 옮겼습니다 / 그리고 아직 생산을 시작하지 않았습니다 / 모든 불편에 대해 사과 드립니다 / 이번 일로 고객님께 초래된 / 알려 드리겠습니다 / 물건 구입이 가능해지면 / 그동안 / 당신의 인내심에 감사드립니다

move facilities 시설을 옮기다
we apologize for inconvenience 불편에 대해 사과 드립니다

07-09번은 다음 편지에 관한 문제입니다.

Mr. Myerson께,

AllToys.com에서 판매되었던 대형 장난감 병정들을 일시적으로 구입할 수 없음을 알려 드리게 되어 유감입니다. 이 장난감들을 만드는 제조업체가 시설을 이전하였고, 아직 생산을 시작하지 않았습니다. 이번 일로 초래된 모든 불편에 대해 사과 드립니다. 물건 구입이 가능해지면 알려 드리겠습니다. 그동안 기다려주시면 감사하겠습니다.

07 '제조업체가 ___을 이전하였고 아직 생산을 시작하지 않았다'는 문맥에 적합한 어휘는 (C) facilities(시설)입니다. (A)의 priority(우선해야 할 일), (B)의 responsibility(책임), (D)의 category(분류)는 문맥에 적합하지 않습니다.

08 '이번 일로 인해 겪으실 모든 ___에 대해 사과 드립니다'는 문맥에 적합한 어휘는 (B) inconvenience(불편)입니다. (A) income(수입), (C) inconsistency(불일치), (D) incentive(장려금)는 문맥에 적합하지 않습니다.

09 빈칸에 들어갈 알맞은 문장을 고르는 문제이므로 빈칸의 주변 문맥을 파악합니다. 앞 문장 'We will let you know when they are available.'에서 물건 구입이 가능해지면 알려 드리겠다고 했으므로 빈칸에는 그동안 기다려주면 감사하겠다는 내용이 들어가야 함을 알 수 있습니다. 따라서 (A) In the meantime, we thank you for your patience가 정답입니다. (보기 해석 p. 577)

p.224

01 The warehouse / can be leased / for a maximum of one year.
창고는 임대될 수 있다 최대 1년 동안

= One year / is / the longest period of time / that someone / can rent / the storehouse.
1년은 가장 긴 기간이다 누군가가 ~하는 것 임대할 수 있다 창고를

창고는 최대 1년 동안 임대될 수 있다.
= 창고를 임대할 수 있는 최장 기간은 1년이다.

leased(임대되다)와 비슷한 의미를 지닌 (B) rent(임대하다)가 빈칸에 적합합니다.

02 Detailed instructions / are provided / with all of our electronic appliances.
상세한 사용 설명서가 제공된다 우리의 모든 전자 제품에

= Each electronic appliance / comes with / a list / of directions.
각 전자 제품은 ~이 딸려있다 목록 사용법의

우리의 모든 전자 제품에는 상세한 사용 설명서가 제공된다.
= 각 전자 제품에는 사용법 목록이 딸려 있다.

instructions(사용 설명서)와 비슷한 의미를 지닌 a list of directions(사용법 목록)가 되어야 하므로 (A) directions(사용법)가 빈칸에 적합합니다.

03 People / can learn / about employment opportunities / from city hall's career office.
사람들은 알 수 있다 취업 기회에 대해 시청의 취업 사무실에서

= Information / about job openings / can be found / at city hall.
정보는 일자리에 대한 찾을 수 있다 시청에서

사람들은 시청의 취업 사무실에서 취업 기회에 대해 알 수 있다.
= 시청에서 일자리에 대한 정보를 찾을 수 있다.

employment opportunities(취업 기회)와 비슷한 의미를 지닌 job opening(일자리)이 되어야 하므로 (B) openings(빈 자리)가 빈칸에 적합합니다.

04 People / who own / lots of shares / have / the right / to vote / for the board of directors.
사람들은 소유하고 있는 많은 주식을 가지고 있다 권리를 투표할 수 있는 이사회를

= The board of directors / is elected / by the major shareholders.
이사회는 선출된다 대주주들에 의해서

많은 주식을 가지고 있는 사람들은 이사회를 투표로 뽑을 수 있는 권리를 가지고 있다.
= 이사회는 대주주들에 의해서 선출된다.

People who own lots of shares(많은 주식을 가지고 있는 사람들)와 비슷한 의미를 지닌 major shareholders(대주주들)가 되어야 하므로 (A) major(큰)가 빈칸에 적합합니다.

05 IM Soft / will launch / a new game / on May 4.
IM Soft사는 출시할 것이다 새로운 게임을 5월 4일에

(A) The new game / will be released / on May 4.
새로운 게임이 공개될 것이다 5월 4일에

(B) IM Soft / will establish / a new office / on May 4.
IM Soft사는 설립할 것이다 새로운 사무실을 5월 4일에

IM Soft사는 5월 4일에 새로운 게임을 출시할 것이다.
(A) 5월 4일에 새로운 게임이 공개될 것이다.
(B) IM Soft사는 5월 4일에 새로운 사무실을 열 것이다.

주어진 문장에서 IM Soft사가 새로운 게임을 출시할 것이라는 것은 즉, 새로운 게임이 공개될 것이라는 뜻이므로 launch를 be released로 paraphrase하여 그 의미가 가까운 (A)가 정답입니다. 주어진 문장에서 새로운 사무실 개업에 관한 언급은 하지 않았으므로 (B)는 오답입니다.

06 The costs / for the trip / need / to be paid / at least / one week prior to departure.
요금은 여행의 필요합니다 지불되어지는 것이 적어도 출발하기 일주일 전에

(A) Travelers / should confirm / their reservation / seven days / before departure.
여행객들은 확인해야 합니다 그들의 예약을 7일 출발 전에

(B) Payment / is due / seven days / before travel.
지불이 ~까지 치러져야 합니다 7일 여행 전에

적어도 출발 일주일 전에 여행 경비를 지불해야 합니다.
(A) 여행객들은 출발 7일 전에 예약을 확인해야 합니다.
(B) 여행 7일 전까지 요금을 지불해야 합니다.

The costs need to be paid를 Payment is due로, one week prior to departure를 seven days before travel로 paraphrase하여 그 의미가 가까운 (B)가 정답입니다. 주어진 문장에서 예약 확인에 대한 언급은 하지 않았으므로 (A)는 오답입니다.

07 The center / is offering / a class / to help / people / improve / their ability / to communicate.
그 센터는 제공한다 수업을 돕기 위해 사람들이 향상시키는 것을 그들의 능력을 의사소통하는

(A) People / who communicate well / are asked / to join / the center's course.
사람들은 의사소통을 잘하는 요구된다 참여하는 것이 센터의 수업을

(B) Participants / in the center's course / will enhance / their communication skills.
참가자들은 센터 수업의 향상시킬 것이다 그들의 의사소통 능력을

그 센터는 사람들의 의사소통 능력을 향상시키는 데 도움을 주기 위한 수업을 제공한다.
(A) 의사소통을 잘하는 사람들에게 센터 수업 참여가 요구된다.
(B) 센터 수업 참가자들은 의사소통 능력을 향상시킬 것이다.

class를 course로, people을 Participants로, improve ability to communicate를 enhance communication skills로 paraphrase하여 그 의미가 가까운 (B)가 정답입니다. 주어진 문장에서 의사소통 능력이 뛰어난 사람들에 대한 언급은 하지 않았으므로 (A)는 오답입니다.

08 One way / to reach / a customer service representative / is to press / one / during your call.
한 가지 방법은 연락할 고객 서비스 상담원과 누르는 것입니다 1번을 통화 중에

(A) Callers / who push / one / will be connected / to the customer service department.
발신자들은 누르는 1번을 연결될 것입니다 고객 서비스 부서로

(B) By leaving / their numbers, / callers / can be reached / by a customer service department.
남김으로써 그들의 번호를 발신자들은 연결될 수 있습니다 고객 서비스 부서에

고객 서비스 상담원과 연락할 수 있는 한 가지 방법은 통화 중에 1번을 누르는 것입니다.
(A) 1번을 누르는 발신자는 고객 서비스 부서와 연결될 것입니다.
(B) 번호를 남기면 발신자는 고객 서비스 부서와 연결될 수 있습니다.

reach를 be connected로, press를 push로 paraphrase하여 그 의미가 가까운 (A)가 정답입니다. 주어진 문장에서 번호를 남기는 것에 대한 언급은 하지 않았으므로 (B)는 오답입니다.

09

Question 09 refers to the following article.
↳ 기사에 관한 지문

Most people / interested in opening a hotel / face tough challenges.
대부분의 사람들은 호텔 창업에 관심이 있는 어려운 과제들에 직면한다

The hospitality industry is dominated / by established international
서비스 산업은 지배된다 정평이 나 있는 국제 브랜드에 의해

brand names / with enormous operating budgets, / which are difficult
거대한 경영 자본을 지닌 그래서 경쟁하는 것이 어렵다

to compete with / for independent companies. Hotel industry leader /
독자적인 기업으로서 호텔 업계의 선두주자인

James Wellington / advises hopeful hoteliers / that their dreams can
James Wellington은 장래가 촉망되는 호텔 경영자들에게 조언한다 그들의 꿈을 실현시킬 수 있다고

come true / if they target a niche market / and concentrate on
만약 그들이 틈새 시장을 공략한다면

distinguishing themselves / from their competitors.
그리고 자신들을 두드러지게 하는 데 집중한다면 그들의 경쟁자들로부터

09번은 다음 기사에 관한 문제입니다.

호텔 창업에 관심이 있는 대부분의 사람들은 어려운 과제에 직면한다. 서비스 산업은 거대 경영 자본을 지닌 유명 국제 브랜드가 지배하기 때문에 독자적인 기업으로서 그들과 경쟁하는 것은 어렵다. 호텔 업계의 선두주자인 James Wellington은 촉망 받는 호텔 경영자들에게 만약 그들이 틈새 시장을 공략하고 경쟁자들과 차별화하는 데 집중한다면 그들의 꿈을 실현시킬 수 있다고 조언한다.

What is mentioned as a difficulty when starting a new hotel?
↳ 키워드

(A) Managing a large operating budget
(B) Competing with well-known rivals
(C) Establishing it as an international brand

새로운 호텔 사업을 시작할 때 겪는 어려움으로 언급된 것은 무엇인가?

(A) 거대 경영 자본을 관리하는 것
(B) 유명한 경쟁자들과 경쟁하는 것
(C) 국제 브랜드로 자리잡는 것

NOT/TRUE 문제

질문의 키워드 difficulty, starting a new hotel이 지문에서 difficult와 opening a hotel face tough challenges로 언급되었으므로 그 주변의 내용과 각 보기를 대조합니다. 'The hospitality industry is dominated by established international brand names ~ which are difficult to compete with for independent companies.'에서 유명한 국제 브랜드와 경쟁하는 것이 어렵다고 말하고 있으므로, (B) Competing with well-known rivals가 정답입니다. established를 well-known으로 paraphrase하였습니다.

10

Question 10 refers to the following review.
↳ 평론에 관한 지문

Visitors to Lorenzo's Restaurant / in Palm Springs / are never
Lorenzo's 레스토랑 손님들은 Palm Springs에 있는

disappointed. From the décor to the menu, / every detail has been
절대 실망하지 않습니다 장식부터 메뉴까지 모든 세부 사항들이 신중히 고려되었습니다

carefully considered. The extensive menu includes Italian and French
다양한 메뉴에는 이탈리아와 프랑스 요리가 포함됩니다

dishes, / as well as the unique creations of the owner, / Chef Paolo. The
레스토랑 주인의 독특한 개발 음식뿐만 아니라 주방장 Paolo인

restaurant specializes in pastas, / but features some steaks as well.
레스토랑은 파스타를 전문으로 합니다 하지만 스테이크 요리 또한 특색으로 삼고 있습니다

Lunch is offered / at 15 percent off the regular price. Take advantage
점심이 제공됩니다 정가에서 15퍼센트 할인된 이 기회를 이용하십시오

of this offer / and try the delicate risotto or potato gratin / for lunch.
그리고 맛있는 리조또나 감자 그라탕을 시도해 보십시오 점심에

10번은 다음 평론에 관한 문제입니다.

Palm Springs에 위치한 Lorenzo's 레스토랑 손님들은 절대 실망하지 않습니다. 장식부터 메뉴까지 모든 세부 사항을 신중히 고려하였습니다. 다양한 메뉴에는 레스토랑 주인인 주방장 Paolo가 개발한 독특한 음식뿐만 아니라 이탈리아 음식과 프랑스 요리가 포함되어 있습니다. 이 레스토랑은 파스타를 전문으로 하고 있지만 스테이크 요리 또한 특별 메뉴입니다. 점심은 정가에서 15퍼센트 할인됩니다. 이 특가 제공을 이용하여 점심에 맛있는 리조또나 감자 그라탕을 드셔 보시기 바랍니다.

What is NOT indicated about the restaurant?
↳ 키워드

(A) The chef owns it.
(B) Customers can enjoy lunch at reduced prices.
(C) It offers a special menu every day.

레스토랑에 대해 언급되지 않은 것은 무엇인가?

(A) 주방장이 소유하고 있다.
(B) 손님들이 할인된 가격으로 점심을 즐길 수 있다.
(C) 특별 메뉴를 매일 제공한다.

NOT/TRUE 문제

지문 전체가 레스토랑에 관한 내용이므로 각 보기와 관련된 내용을 지문에서 찾아 대조합니다. (A)는 'the unique creations of the owner, Chef Paolo'에서, (B)는 'Lunch is offered at 15 percent off the regular price.'에서 확인할 수 있습니다. 지문에서 오늘의 특별 메뉴에 대한 언급은 하지 않았으므로, (C) It offers a special menu every day가 정답입니다.

11~12 **Questions 11-12 refer to the following article.**
기사에 관한 지문

[11]Want top marks / when it comes to employee morale? There are many
최고점을 원하십니까 직원의 사기에 있어서
different methods / to motivate a group or individual workers. While
여러 가지 다른 방법이 있습니다 그룹 혹은 개별 직원의 동기를 부여하는 데
increased pay is often the primary motivator, / there are others, /
급여 인상이 종종 주된 동기 부여가 되지만 다른 것들도 있습니다
such as promotions and memberships at fitness clubs. So it is important /
승진이나 헬스클럽 회원권 같은 그래서 중요합니다
for employers to establish a rewards program. This will ensure
고용주들이 보상 제도를 수립하는 것이
employee loyalty and dedication / to the company.
이것은 직원의 충성심과 헌신을 보장할 것입니다 회사에

Another way to motivate employees / is to build workers' self-esteem.
직원 동기를 유발하는 다른 방법은 직원에게 자부심을 심어주는 것입니다
Compliments at staff meetings / are a good example. By providing positive
직원 회의에서의 칭찬은 좋은 예가 될 수 있습니다 긍정적인 인정을 제공해줌으로써
recognition, / an employer will be able to reinforce the practices / that he or
고용주는 업무들을 강화할 수 있습니다
she wants the staff to continue.
고용주가 직원들이 계속 하기를 원하는

[12]In most occupations, / workers list "interesting work" / as the most
대부분의 직업에서 직원들은 "흥미로운 업무"를 꼽습니다
important factor in job motivation. If leaders allow their workers /
가장 중요한 업무 동기 부여 요소로 만약 지도자들이 직원들에게 허락한다면
to use their time and resources / to take on new challenges, / the
그들의 시간과 자원을 사용하는 것을 새로운 도전에 맞서기 위해
results can be very rewarding / for all.
그 결과는 매우 유익할 것입니다 모두에게

11-12번은 다음 기사에 관한 문제입니다.

직원 사기가 최고가 되기를 원하십니까? 그룹 혹은 개별적으로 동기를 부여할 수 있는 여러 가지 다른 방법이 있습니다. 급여 인상이 주된 동기 부여 요소인 경우가 많지만, 승진이나 헬스클럽 회원권 같은 다른 요소들도 있습니다. 그래서 고용주들이 보상 제도를 수립하는 것이 중요합니다. 이는 회사에 대한 직원들의 충성심과 헌신을 보장할 것입니다.

직원에게 동기를 부여할 수 있는 다른 방법은 직원의 자부심을 높여 주는 것입니다. 직원 회의에서 칭찬을 해 주는 것이 좋은 예입니다. 긍정적으로 인정을 해줌으로써 고용주들은 직원들이 계속 진행하기를 바라는 업무 활동을 강화시킬 수 있습니다.

대부분의 직업에서 직원들은 "흥미로운 업무"를 가장 중요한 업무 동기 부여 요소로 꼽습니다. 지도자들이 직원들로 하여금 도전적인 과제를 수행할 수 있도록 시간과 자원을 허락한다면, 그 결과는 모두에게 매우 유익할 것입니다.

11 What is the article mainly about?
주제
(A) How to evaluate employee performance
(B) How to build a good reputation
(C) How to create a warm office atmosphere
(D) How to motivate employees

기사는 주로 무엇에 대한 것인가?
(A) 직원 성과를 평가하는 방법
(B) 좋은 명성을 얻는 방법
(C) 따뜻한 사무실 분위기 조성 방법
(D) 직원 동기 부여 방법

주제/목적 찾기 문제

지문의 주제를 묻고 있으므로 지문의 앞부분에서 정답의 단서를 찾습니다. 'Want top marks when it comes to employee morale? There are many different methods to motivate a group or individual workers.'에서 직원의 동기를 부여하는 여러 가지 방법이 있다고 말하고, 뒤에 직원 동기 부여 방법에 대한 내용이 나옵니다. 따라서 (D) How to motivate employees가 정답입니다.

12 What is indicated in the article?
지문 전체 내용 파악
(A) Employers should provide employees with educational programs.
(B) Employers have to evaluate their rewards programs regularly.
(C) Employees are inspired by interesting tasks.
(D) Employees tend to think of job training as boring.

기사에서 언급된 것은 무엇인가?
(A) 고용주는 직원에게 교육 프로그램을 제공해야 한다.
(B) 고용주는 보상 제도를 정기적으로 평가해야 한다.
(C) 직원은 흥미로운 업무로 동기를 부여 받는다.
(D) 직원은 직업 훈련이 지루하다고 생각하는 경향이 있다.

NOT/TRUE 문제

기사에서 언급된 것을 묻고 있으므로 각 보기와 관련된 내용을 지문에서 찾아 대조합니다. 'In most occupations, workers list "interesting work" as the most important factor in job motivation.'에서 직원들이 흥미로운 업무가 가장 중요한 업무 동기 부여 요소라고 말하고 있습니다. 따라서 흥미로운 업무로 동기를 부여 받는다고 말하고 있는 (C) Employees are inspired by interesting tasks가 정답입니다. work를 tasks로 paraphrase하였습니다.

[동사구] 가정법

01 가정법 과거

p.233

01 If we had more vehicles, / we / could reduce / delivery times.
↳ 가정법 과거
만약 우리에게 차량이 좀 더 있다면 / 우리는 / 줄일 수 있을 텐데 / 배송 시간을

02 If our employees had more experience, / their work / would be / better.
가정법 과거
만약 우리 직원들이 경험이 좀 더 있다면 / 그들의 일이 / 좀 더 나을 텐데

03 Were the facilities repaired, / we / could meet / management's demands.
↳ If가 생략된 가정법 과거
만약 시설이 수리된다면 / 우리는 / 충족시킬 텐데 / 경영진의 요구를

04 If a bigger budget were available, / we / would continue / developing the software.
↳ 가정법 과거
만약 더 많은 예산을 쓸 수 있다면 / 우리는 / 계속할 수 있을 텐데 / 소프트웨어 개발을

05 Were I not busy, / I / would accept / your invitation.
내가 바쁘지 않다면 / 나는 / 받아들일 텐데 / 너의 초대를
↳ If가 생략된 가정법 과거

06 If Jeff were less busy, / he / might complete / the project / on time.
↳ 가정법 과거
만약 Jeff가 덜 바쁘면 / 그는 / 끝낼 수 있을 텐데 / 프로젝트를 / 제시간에

07 Renovation / of the new apartment buildings / is expected / to end / sometime / in the next six months.
보수는 ↳ 명사 / 새로운 아파트 건물의 / 예상된다 / 끝날 것으로 / 언젠가 / 다음 6개월 내에

새로운 아파트 건물의 보수는 6개월 내 언젠가에 끝날 것으로 예상된다.

주어 자리 문제
문장에 주어 자리가 비어 있습니다. 보기 중 주어 자리에 올 수 있는 것은 명사인 (B) Renovation(보수)입니다. 동사인 (A) Renovate(보수하다)와 (C) Renovates, 형용사인 (D) Renovated(혁신하는)는 주어 자리에 올 수 없습니다.

08 If the staff members / knew / that there were relevant records, / they / could conduct / the research / more efficiently.
만약 직원들이 ~라면 / 안다 / 관련 기록이 있다는 것을 / 그들은 / 수행할 텐데 ↳ 가정법 과거 / 그 연구를 / 좀 더 효율적으로

만약 직원들이 관련 기록이 있다는 것을 안다면, 그 연구를 좀 더 효율적으로 수행할 텐데.

가정법 과거 문제
If절에 동사 know의 과거형 knew가 왔으므로 주절에는 이와 짝을 이루어 가정법 과거를 만드는 'could + 동사원형'이 와야 합니다. 따라서 (C) could conduct가 정답입니다.

09 Since the start of the month, / nearly half of the company's departments / have finished / their performance evaluations.
이달 초 이래로 / 절반 가량의 회사 부서들이 / 마쳤다 ↳ 현재완료 / 그들의 실적 평가를

이달 초 이래로, 절반 가량의 회사 부서들이 실적 평가를 마쳤다.

시세 문세(현재완료)
현재완료 시제와 함께 쓰이는 표현 Since the start of the month(이달 초 이래로)가 있으므로 현재완료 시제 (D) have finished(마쳤다)가 와야 합니다.

10 Were the budget approved, / we / would purchase / a fax machine / for the staff room.
만약 예산이 승인된다면 / 우리는 / 구입할 텐데 ↳ If가 생략된 가정법 과거 / 팩스기를 / 직원실에

만약 예산이 승인된다면, 우리는 직원실용 팩스기를 구입할 텐데.

If가 생략된 가정법 과거 문제
If가 생략되고 be동사의 과거형 were가 앞으로 온 가정법 과거 문장입니다. 따라서 주절에도 이와 짝을 이루어 가정법 과거를 만드는 'would + 동사원형'이 와야 하므로 (A) would purchase가 정답입니다.

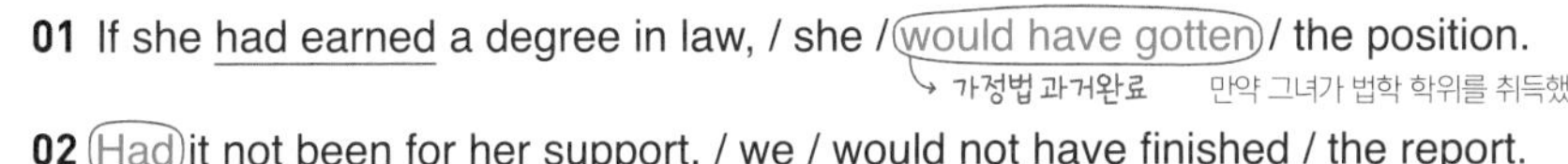

02 가정법 과거완료

p.235

01 If she had earned a degree in law, / she / (would have gotten) / the position.
→ 가정법 과거완료
만약 그녀가 법학 학위를 취득했었더라면 / 그녀는 / 얻었을 텐데 / 그 일자리를

02 (Had) it not been for her support, / we / would not have finished / the report.
→ If가 생략된 가정법 과거완료
만약 그녀의 도움이 없었더라면 / 우리는 / 끝낼 수 없었을 텐데 / 그 보고서를

03 Mr. Holt / would not have received / a warning letter / if he (had paid) the bill.
가정법 과거완료 ←
Mr. Holt는 / 받지 않았을 텐데 / 경고장을 / 만약 그가 요금을 지불했었더라면

04 If the weather had been fine, / the company / (would have gone) / on the scheduled outing.
→ 가정법 과거완료
만약 날씨가 좋았었더라면 / 회사는 / 갔을 텐데 / 예정된 야유회를

05 Had demand been higher, / the factory / (would have increased) / production.
→ If가 생략된 가정법 과거완료
만약 수요가 더 높았었더라면 / 공장은 / 늘렸을 텐데 / 생산량을

06 If Chris had been more dedicated, / he / (would have become) / a team leader.
→ 가정법 과거완료
만약 Chris가 일에 더 열성적이었더라면 / 그는 / 되었을 텐데 / 팀장이

07 If rental fees had been cheaper in the city center, / the company / would not (have moved) / to the suburbs.
만약 도시 중심부의 임대료가 더 저렴했었더라면 / 그 회사는 / 이사하지 않았을 텐데 (→ 가정법 과거완료) / 교외로

만약 도시 중심부의 임대료가 더 저렴했었더라면, 그 회사는 교외로 이사하지 않았을 텐데.

가정법 과거완료 문제

If절에 동사의 과거완료형 had been이 왔으므로 주절에는 이와 짝을 이루어 가정법 과거완료를 만드는 'would + have + p.p.'가 와야 합니다. 빈칸 앞에 조동사의 과거형인 would가 있으므로 (D) have moved가 정답입니다.

08 This year's business seminar / (involves) / elementary investments.
올해의 비즈니스 세미나는 / 포함한다 (→ 능동태) / 목적어 기초 투자를

올해 비즈니스 세미나는 기초 투자 과정을 포함한다.

능동태와 수동태 구별 문제

주어 This year's business seminar 다음에 동사 자리가 비어 있습니다. 보기 중 동사 자리에 올 수 있는 것은 동사인 (A) involves(포함하다)와 (C) is involved입니다. 그러나 빈칸 뒤에 목적어 elementary investments가 있으므로 능동태인 (A)가 정답입니다.

09 If the interest rates for loans (had fallen), / our enterprise / would have considered / expanding / its facilities.
만약 대출 이자율이 하락했었더라면 (→ 가정법 과거완료) / 우리 기업은 / 고려했을 텐데 / 확장하는 것을 / 시설을

만약 대출 이자율이 하락했었더라면, 우리 기업은 시설 확장을 고려했을 텐데.

가정법 과거완료 문제

주절에 'would + have + p.p.'인 would have considered가 왔으므로 If절에는 이와 짝을 이루어 가정법 과거완료를 만드는 'had + p.p.'가 와야 합니다. 따라서 (C) had fallen이 정답입니다.

10 If the train had traveled a little faster, / it / (would have reached) / the station / on time.
만약 기차가 조금 더 빨리 갔었더라면 / 그것은 / 도착했을 텐데 (→ 가정법 과거완료) / 역에 / 정시에

만약 기차가 조금 더 빨리 갔었더라면 역에 정시에 도착했을 텐데.

가정법 과거완료 문제

If절에 동사의 과거완료형 had traveled가 왔으므로 주절에는 이와 짝을 이루어 가정법 과거완료를 만드는 'would + have + p.p.'가 와야 합니다. 따라서 (D) would have reached가 정답입니다.

03 가정법 미래

p.237

01 If the situation should get worse, / the CEO / will restructure / the company.
가정법 미래 혹시라도 상황이 더 나빠지면 / 최고 경영자는 / 구조를 조정할 텐데 / 회사를

02 If the funds should allow it, / we / may buy / one more photocopier.
가정법 미래 혹시라도 자금이 허락한다면 / 우리는 / 살 텐데 / 복사기를 한 대 더

03 Should the shipment be delayed, / we / will deliver / your order / at no cost.
If가 생략된 가정법 미래 가정법 미래 혹시라도 발송이 지연된다면 / 우리는 / 배송할 텐데 / 주문 상품을 / 무료로

04 If you should continue / subscribing to our magazine, / we / can offer / a 15 percent discount.
혹시라도 당신이 계속한다면 / 잡지 구독을 / 우리는 / 제공할 텐데 / 15퍼센트 할인을

05 If the value of stocks should decrease, / new companies / will go / bankrupt.
혹시라도 주가가 하락한다면 / 신생 회사들은 / 될 텐데 (가정법 미래) / 파산 상태가

혹시라도 주가가 하락한다면, 신생 회사가 파산할 텐데.

가정법 미래 문제
If절에 should decrease가 왔으므로 주절에는 이와 짝을 이루어 가정법 미래를 만드는 'will + 동사원형'이 와야 합니다. 따라서 (D) will go가 정답입니다.

06 If it should rain tomorrow, / the organizing committee / will postpone / the outdoor activities.
혹시라도 내일 비가 온다면 / 조직 위원회는 / 연기할 텐데 (가정법 미래) / 야외 활동을

혹시라도 내일 비가 온다면, 조직 위원회는 야외 활동을 연기할 텐데.

가정법 미래 문제
If절에 should rain이 왔으므로 주절에는 이와 짝을 이루어 가정법 미래를 만드는 'will + 동사원형'이 와야 합니다. 따라서 (C) will postpone이 정답입니다.

07~09

Questions 07-09 refer to the following announcement. (공고에 관한 지문)

Staff members / may now access / the fitness center / on the second floor / free of charge. **07** You can request a pass / from human resources. Based on the employee survey / we conducted last month, / few of you / are interested in aerobics. Therefore, / if you were to take / these classes, / you **08** would need to pay / for them / yourself. If more of you / had shown interest, / we **09** would have insisted / that they be included / in our corporate membership package.

직원들은 / 이제 출입할 수 있습니다 / 피트니스 센터에 / 2층에 있는 / 무료로 / 여러분은 출입증을 요청하면 됩니다 / 인사부로부터 / 직원 설문 조사에 따르면 / 지난달에 저희가 실시한 / 여러분 중 소수만이 / 에어로빅에 관심이 있습니다 / 따라서 / 만약 여러분이 듣고자 한다면 / 이 수업들을 / 비용을 지불해야 합니다 (가정법 과거) / 그것들에 대해 / 직접 / 만약 여러분 중 더 많은 이들이 / 관심을 보였다면 / 저희는 / 주장했을 것입니다 (가정법 과거완료) / 그것들이 포함되어야 한다고 / 저희 회사 회원권 패키지에

07-09번은 다음 공고에 관한 문제입니다.

직원들은 이제 2층에 있는 피트니스 센터에 무료로 출입할 수 있습니다. 여러분은 인사부로부터 출입증을 요청하면 됩니다. 지난달에 저희가 실시한 직원 설문 조사에 따르면, 여러분 중 소수만이 에어로빅에 관심이 있습니다. 따라서, 만약 여러분이 이 수업들을 듣고자 한다면 그것들에 대해 직접 비용을 지불해야 합니다. 만약 여러분 중 더 많은 이들이 관심을 보였다면, 저희는 회사 회원권 패키지에 그 수업들이 포함되어야 한다고 주장했을 것입니다.

07 알맞은 문장 고르기 문제
빈칸에 들어갈 알맞은 문장을 고르는 문제이므로 빈칸의 주변 문맥을 파악합니다. 앞 문장 'Staff members may now access the fitness center on the second floor free of charge.'에서 직원들은 이제 2층에 있는 피트니스 센터에 무료로 출입할 수 있다고 했으므로 빈칸에는 인사부로부터 출입증을 요청하면 된다는 내용이 들어가야 함을 알 수 있습니다. 따라서 (C) You can request a pass from human resources가 정답입니다. (보기 해석 p. 577)

08 가정법 과거 문제
If절에 be동사의 과거형 were가 왔으므로 주절에는 이와 짝을 이루어 가정법 과거를 만드는 'would + 동사원형'이 와야 합니다. 따라서 (B) would need가 정답입니다.

09 가정법 과거완료 문제
If절에 동사의 과거완료형 had shown이 왔으므로 주절에는 이와 짝을 이루어 가정법 과거완료를 만드는 'would + have + p.p.'가 와야 합니다. 따라서 (A) would have insisted가 정답입니다.

명사 어휘(2)

p.239

01 Respondents / will receive / the results of the survey / before July. 응답자들은 / 받을 것이다 / 설문 조사 결과들을 / 7월 전에
설문 조사 결과(survey results)

02 Mr. Scott / made a great effort / on his last case. Mr. Scott은 / 많은 노력을 했다 / 그의 마지막 사건에
노력하다(make an effort)

03 The university / offers / an alternative method / of course registration. 그 대학은 / 제공한다 / 대체 가능한 수단을 / 수업 등록의
대체 가능한 수단

04 The government / offers / incentives / to companies / that hire disabled workers.
장려금을 제공하다
정부는 / 제공한다 / 장려금을 / 기업들에게 / 장애인 노동자들을 고용하는

05 SNF Steel's / $300 million acquisition / of Morris Electric / was announced / last month.
SNF Steel사의 / 3억 달러 매입은 / Morris Electric사의 / 발표되었다 / 지난달에
announce an acquisition 매입을 발표하다

SNF Steel사가 Morris Electric사를 3억 달러에 매입한 것은 지난달에 발표되었다.

'SNF Steel사가 Morris Electric사를 3억 달러에 ___한 것은 지난달에 발표되었다'는 문맥에 적합한 어휘는 (B) acquisition(매입)입니다. (A) inspection(검사), (C) suspension(중단), (D) experiment(실험)는 문맥에 적합하지 않습니다.

06 All working citizens / have an obligation / to pay taxes / to the government.
일하는 모든 시민들은 / 의무가 있다 / 세금을 지불할 / 정부에
have an obligation 의무가 있다

일하는 모든 시민들은 정부에 세금을 지불할 의무가 있다.

'일하는 모든 시민들은 정부에 세금을 지불할 ___가 있다'는 문맥에 적합한 어휘는 (A) obligation(의무)입니다. (B) effort(노력), (C) indication(지시), (D) exception(예외)은 문맥에 적합하지 않습니다.

07 ~ 09

Questions 07-09 refer to the following information.
↳ 안내문에 관한 지문

Hartman Electronics offers / 24-hour technical assistance / to all customers.
Hartman Electronics사는 제공합니다 / 24시간 기술 지원을 / 모든 고객들께
To take advantage of this free service, / dial 555-0991 / to speak to one of our 07 representatives.
이 무료 서비스를 이용하기 위해서는 / 555-0991로 전화 주세요 / 저희 대리 직원 중 한 명과 이야기하기 위해서
We can provide / over-the-phone assistance / with installation, troubleshooting, and questions about product warranties.
저희는 제공할 수 있습니다 / 전화 서비스를 / 설치, 고장 수리, 그리고 제품 보증서에 대한 질문에
No matter what your 08 concern, / we guarantee a solution.
당신의 걱정이 무엇이든 / 저희는 해결책을 보장합니다
09 We can even send a technician / to your home.
저희는 심지어 기술자를 보낼 수도 있습니다 / 당신의 집에
To schedule a repair visit, / please go to www.hartman.com.
방문 수리 일정을 잡으시려면 / www.hartman.com에 가세요

one of the representatives 대리 직원 중 한 명
no matter what your concern 당신의 걱정이 무엇이든

07-09번은 다음 안내문에 관한 문제입니다.

Hartman Electronics사는 모든 고객들께 24시간 기술 지원을 제공합니다. 이 무료 서비스를 이용하기 위해서는 555-0991로 전화하셔서 저희 대리 직원 중 한 명과 이야기하세요. 저희는 설치, 고장 수리, 제품 보증서에 관한 질문에 대해 전화 서비스를 제공할 수도 있습니다. 당신의 걱정이 무엇이든 저희는 해결책을 보장합니다. 저희는 심지어 당신의 집에 기술자를 보낼 수도 있습니다. 방문 수리 일정을 잡으시려면 www.hartman.com에 방문하세요.

07 '저희 ___ 중 한 명과 이야기하기 위해 전화를 주다'라는 문맥에 적합한 어휘는 (D) representatives(대리 직원)입니다. (A)의 section(부분), (B)의 follower(추종자), (C)의 companion(동반자)은 문맥에 적합하지 않습니다.

08 '당신의 ___이 무엇이든 해결책을 보장한다'라는 문맥에 적합한 어휘는 (C) concern(걱정)입니다. (A) interest(관심), (B) mission(임무), (D) responsibility(책임)는 문맥에 적합하지 않습니다.

09 빈칸에 들어갈 알맞은 문장을 고르는 문제이므로 빈칸의 주변 문맥을 파악합니다. 뒤 문장 'To schedule a repair visit, please go to www.hartman.com.'에서 방문 수리 일정을 잡으려면 www.hartman.com에 방문하라고 했으므로 빈칸에는 집으로 기술자를 보낼 수도 있다는 내용이 들어가야 함을 알 수 있습니다. 따라서 (B) We can even send a technician to your home이 정답입니다. (보기 해석 p. 577)

Reading Part 7

메시지 대화문 (Text Message Chain) 3주 2일

p.242

01 The secretary / reminded / Mr. Blank / of the banquet.
그 비서는 상기시켰다 Mr. Blank에게 연회에 대해

= The secretary / brought / the event / to Mr. Blank's attention.
그 비서는 가져왔다 행사를 Mr. Blank의 주의에

비서는 Mr. Blank에게 연회가 있다는 것을 상기시켜 주었다.
= 비서는 Mr. Blank에게 행사에 대해 알렸다.

remind(상기시키다)와 비슷한 의미를 지닌 표현은 bring A to one's attention(A를 ~에게 알리다, 상기시키다)이므로 빈칸에 적합한 것은 (B) attention(주의)입니다.

02 We / let / our workers / vary / the time / when they begin / or end / work.
우리는 허락한다 우리 직원들이 바꾸는 것을 시간을 그들이 시작할 때 혹은 끝내다 업무를

= We / allow / our employees / to work / flexible hours.
우리는 허락한다 직원들이 일하도록 자유 근무 시간제로

우리는 직원들이 업무를 시작하고 끝나는 시간을 변경하도록 해준다.
= 우리는 직원들이 자유 근무 시간제로 일하게 해준다.

hours(시간)와 함께 사용되어 vary the time(시간을 바꾸다)과 비슷한 의미를 전달할 수 있는 (A) flexible(융통성 있는)이 빈칸에 적합합니다.

03 Ms. Gould / has been promoted / to human resources manager.
Ms. Gould는 승진되었다 인사부장으로

= The new head / of the personnel department / is / Ms. Gould.
새로운 장은 인사부의 Ms. Gould이다

Ms. Gould는 인사부장으로 승진했다.
= 인사부의 새로운 부장은 Ms. Gould이다.

manager(부장)와 비슷한 의미를 지닌 (B) head(장, 우두머리)가 빈칸에 적합합니다.

04 The musicians / to play / at the event / have not been determined.
연주자들은 연주할 행사에서 결정되지 않았다

= The performers / for the event / have not been decided.
연주자들은 행사의 결정되지 않았다

행사에서 연주할 연주자들이 결정되지 않았다.
= 행사 연주자들이 결정되지 않았다.

determined(결정했다)와 비슷한 의미를 지닌 (A) decided(결정했다)가 빈칸에 적합합니다.

05 The decision / to expand / overseas / was approved / by the board.
결정은 확장하려는 해외로 승인되었다 위원회에 의해

(A) The board / voted / on the proposal / while meeting / abroad.
위원회는 투표했다 제안에 대해 만나는 동안에 해외에서

(B) The proposed expansion plans / were passed / by the board.
제안된 확장 계획은 통과되었다 위원회에 의해

위원회는 해외로 확장하려는 결정을 승인했다.

(A) 위원회는 해외에서 모였을 때 제안에 대한 투표를 했다.

(B) 제안된 확장 계획은 위원회에 의해 통과되었다.

The decision was approved를 The plans were passed로 paraphrase하여 그 의미가 가까운 (B)가 정답입니다. 주어진 문장에서 회의가 해외에서 이루어졌다는 언급은 하지 않았으므로 (A)는 오답입니다.

06 Ms. Harrison / is / a real estate agent / in the Hartford community.
Ms. Harrison은 부동산 중개업자이다 Hartford 지역 사회에서

(A) Ms. Harrison / helps / people / find / places / to live / in Hartford.
Ms. Harrison은 돕는다 사람들이 찾는 것을 장소를 거주할 Hartford에서

(B) Ms. Harrison / has purchased / a number of houses / in Hartford.
Ms. Harrison은 구매했다 많은 집을 Hartford에서

Ms. Harrison은 Hartford 지역의 부동산 중개업자이다.

(A) Ms. Harrison은 사람들이 Hartford에서 거주 장소를 찾는 것을 도와준다.

(B) Ms. Harrison은 Hartford에서 많은 주택을 구매했다.

부동산 중개업자는 사람들이 집과 같은 부동산을 매매할 때 도와주는 사람이므로 주어진 문장과 그 의미가 가까운 (A)가 정답입니다. real estate agent를 helps people find places to live로 paraphrase하였습니다. 주어진 문장에서 Ms. Harrison이 주택을 구매했는지에 대한 언급은 하지 않았으므로 (B)는 오답입니다.

07 If the replacement parts / are not available, / I / would like / a full refund / on my purchase.
교체 부품들이 ~한다면 이용할 수 없다 저는 원합니다 전액 환불을 제가 구입한 물건에 대해

(A) I would like / my money back / should you not have / the necessary parts.
저는 원합니다 돈을 되돌려 받기를 만약 당신이 가지고 있지 않다면 필요한 부품들을

(B) As the pieces / I / purchased / do not satisfy / me, / I / am requesting / a refund.
부품들이 ~이기 때문에 제가 구매한 만족시켜 주지 못하다 저를 저는 요구합니다 환불을

만약 교체 부품이 없다면, 제가 구입한 물건에 대한 전액 환불을 원합니다.

(A) 만약 필요 부품이 없다면, 돈을 돌려 받고 싶습니다.

(B) 제가 구입한 부품들이 만족스럽지 않기 때문에 환불을 요구하는 바입니다.

If the replacement parts are not available을 should you not have the necessary parts로, refund를 money back으로 paraphrase하여 그 의미가 가까운 (A)가 정답입니다. 주어진 문장에서 구입 만족도에 대한 언급은 하지 않았으므로 (B)는 오답입니다.

08 Mr. Chen / was hired / to replace / Ms. Lee, / the former director / of the overseas division.
Mr. Chen은 고용되었다 대신하기 위해 Ms. Lee를 전임 부서장인 해외 영업부의

(A) Mr. Chen / will succeed / the previous director / of the overseas division.
Mr. Chen은 뒤를 이을 것이다 이전 부서장을 해외 영업부의

(B) Ms. Lee / hired / Mr. Chen / to be the new director of the department.
Ms. Lee는 고용했다 Mr. Chen을 새로운 부서장으로

Mr. Chen은 해외 영업부의 전임 부서장인 Ms. Lee를 대신하기 위해 고용되었다.

(A) Mr. Chen은 이전 해외 영업 부서장의 뒤를 이을 것이다.

(B) Ms. Lee는 Mr. Chen을 새로운 부서장으로 고용하였다.

replace를 succeed로, former를 previous로 paraphrase하여 그 의미가 가까운 (A)가 정답입니다. 주어진 문장에서 Ms. Lee가 Mr. Chen을 고용했는지에 대한 언급은 하지 않았으므로 (B)는 오답입니다.

09

Question 09 refers to the following text message chain.
↳ 메시지 대화문에 관한 지문

Aaron Owen 5:04 P.M.

Should I do an inventory count / of the new books / when I come in /
재고 조사를 해야 할까요 신간 도서의 제가 갈 때

for the evening shift?
저녁 교대 근무를 위해

Jeff Clayton 5:05 P.M.

Don't worry about that. I already did it. I need a hand / moving them /
그건 걱정하지 않아도 돼요 제가 벌써 했어요 저는 도움이 필요해요 그것들을 옮기는 데

to the basement storage area, / though.
지하 창고로 그렇지만

Aaron Owen 5:08 P.M.

Oh, OK. / I'll come to work / 20 minutes early, / and we'll get it done / then.
아 알겠어요 제가 출근할게요 20분 일찍 그리고 그것을 끝내도록 해요 그때

09번은 다음 메시지 대화문에 관한 문제입니다.

Aaron Owen 오후 5:04
저녁 교대 근무를 갈 때 신간 도서의 재고 조사를 해야 할까요?

Jeff Clayton 오후 5:05
그건 걱정하지 않아도 돼요. 제가 벌써 했어요. 그렇지만, 그것들을 지하 창고로 옮기는 데 도움이 필요해요.

Aaron Owen 오후 5:08
아, 알겠어요. 20분 일찍 출근해서, 그때 끝내도록 해요.

Why did Mr. Clayton ask Mr. Owen for help?
↳ 키워드

(A) To make a list of merchandise
(B) To relocate some items
(C) To put some products on display

Mr. Clayton은 왜 Mr. Owen에게 도움을 요청했는가?

(A) 물품의 목록을 만들기 위해
(B) 몇몇 물품을 옮기기 위해
(C) 몇몇 물품을 전시하기 위해

육하원칙 문제

질문의 키워드인 ask ~ for help가 지문에서 I need a hand로 paraphrase되었으므로 그 주변에서 정답의 단서를 확인합니다. 'I need a hand moving them to the basement storage area, though.'에서 Mr. Clayton이 Mr. Owen에게 지하 창고로 그것들을 옮기는 데 도움이 필요하다고 말하고 있으므로, (B) To relocate some items가 정답입니다. moving을 relocate로 paraphrase하였습니다.

10

Question 10 refers to the following text message chain.
↳ 메시지 대화문에 관한 지문

Jenna Jackson 8:20 P.M.

I invited / our new neighbors, / Ted and Eleanor, / for dinner / at my place /
저는 초대했어요 우리의 새로운 이웃인 Ted와 Eleanor를 저녁 식사에 저희 집에서

on Saturday night. I thought / you might like to join us. It will be at 7:30.
토요일 밤에 저는 생각했어요 당신도 함께 하고 싶을 거라고 그것은 7시 30분에 있을 거예요

Lars Sorenson 8:23 P.M.

I'd love to come. Can I bring / dessert? My apple cake / is delicious.
저도 가고 싶어요 제가 가져가도 될까요 후식을 제 사과 케이크는 맛있어요

Jenna Jackson 8:24 P.M.

That would be perfect. Ted and Eleanor said / they'd bring / some wine.
더할 나위 없이 좋겠어요 Ted와 Eleanor는 말했어요 그들이 가져올 거라고 와인을

10번은 다음 메시지 대화문에 관한 문제입니다.

Jenna Jackson 오후 8:20
토요일 밤에 저희 집의 저녁 식사에 새로운 이웃인 Ted와 Eleanor를 초대했어요. 당신도 함께 하고 싶을 거라고 생각했어요. 저녁 식사는 7시 30분에 있을 거예요.

Lars Sorenson 오후 8:23
저도 가고 싶어요. 후식을 가져가도 될까요? 제 사과 케이크는 맛있어요.

Jenna Jackson 오후 8:24
더할 나위 없이 좋겠어요. Ted와 Eleanor는 와인을 가져온댔어요.

At 8:24 P.M., what does Ms. Jackson mean when she writes, "That would be perfect"?
↳ 인용구

(A) She will be free to meet with the new neighbors on Saturday.
(B) She appreciates Mr. Sorenson's offer.
(C) She has tried Mr. Sorenson's food before.

오후 8시 24분에, Ms. Jackson이 "That would be perfect"라고 썼을 때 그녀가 의도한 것은?

(A) 토요일에 새 이웃을 만날 시간이 있다.
(B) Mr. Sorenson의 제안을 환영한다.
(C) 이전에 Mr. Sorenson의 음식을 먹어 본 적이 있다.

의도 파악 문제

Ms. Jackson이 의도한 것을 묻는 문제이므로, 질문의 인용어구(That would be perfect)가 언급된 주변 문맥을 확인합니다. 'Can I bring dessert?'에서 Lars Sorenson이 후식을 가져가도 되냐고 물어보자 Ms. Jackson이 'That would be perfect.'(더할 나위 없이 좋겠어요)라고 한 것을 통해, Ms. Jackson이 Mr. Sorenson의 제안을 환영하는 것임을 알 수 있습니다. 따라서 (B) She appreciates Mr. Sorenson's offer가 정답입니다.

11~12 **Questions 11-12 refer to the following online chat discussion.**
↳ 온라인 채팅 대화문에 관한 지문

11-12번은 다음 온라인 채팅 대화문에 관한 문제입니다.

Lily Fisher [9:15 A.M.]
I'm going to Vine Office Supplies / today. Do you need anything?
저는 Vine 사무용품점에 갈 거예요 오늘 필요한 거 있으세요?

Jimmy Schmidt [9:16 A.M.]
I don't, / but Joseph said something / about returning some ink cartridges.
저는 없어요 그런데 Joseph은 무엇인가 말했어요 잉크 카트리지를 반품하는 것에 대해

Joseph Jones [9:19 A.M.]
That's right. I got the wrong ones / for my printer / and [11]need to return them.
맞아요 저는 맞지 않는 것들을 샀어요 제 프린터에 그리고 반품해야 해요

Lily Fisher [9:21 A.M.]
I can do that for you. Do you need / different ones?
제가 해드릴 수 있어요 당신은 필요한가요 다른 것이

Joseph Jones [9:24 A.M.]
No. I just need a refund. I can bring them / by your office / during my break.
아니요 저는 그냥 환불이 필요해요 저는 그것들을 가져갈 수 있어요 당신의 사무실에 제 휴식 시간 동안

Lily Fisher [9:25 A.M.]
[12]I'm leaving the building / at 11:30, / so come / before then.
저는 건물을 나설 거예요 11시 30분에 그러니까 오세요 그 전에

Joseph Jones [9:27 A.M.]
I usually have a break / at 10:30. I'll come by then. Thanks!
저는 주로 휴식을 가져요 10시 30분에 그때쯤 갈게요 고마워요

Lily Fisher [9:28 A.M.]
Not a problem. See you soon.
문제없어요 곧 봐요

Lily Fisher [오전 9:15]
저 오늘 Vine 사무용품점에 갈 거예요. 필요한 거 있으세요?

Jimmy Schmidt [오전 9:16]
저는 없는데 Joseph이 잉크 카트리지를 반품하는 것에 대해 무엇인가 말했어요.

Joseph Jones [오전 9:19]
맞아요. 저는 제 프린터에 맞지 않는 것들을 사서 반품해야 해요.

Lily Fisher [오전 9:21]
제가 해드릴 수 있어요. 다른 카트리지가 필요하신가요?

Joseph Jones [오전 9:24]
아니요. 그냥 환불이 필요해요. 제 휴식 시간에 그것들을 당신의 사무실에 가지고 갈 수 있어요.

Lily Fisher [오전 9:25]
저는 11시 30분에 건물을 나설 거니까, 그 전에 오세요.

Joseph Jones [오전 9:27]
저는 주로 10시 30분에 휴식을 가져요. 그때쯤 갈게요. 고마워요!

Lily Fisher [오전 9:28]
문제없어요. 곧 봐요.

11 At 9:21 A.M., what does Ms. Fisher mean when she writes, "I can do that for you"?
↳ 인용구

(A) She will meet Mr. Jones at his office.
(B) She will make a purchase for a colleague.
(C) She will take some ink cartridges to a store.
(D) She will check if some items are in stock.

오전 9시 21분에 Ms. Fisher가 "I can do that for you"라고 썼을 때 그녀가 의도한 것은?
(A) Mr. Jones를 그의 사무실에서 만날 것이다.
(B) 동료를 위해 구매를 할 것이다.
(C) 잉크 카트리지 몇 개를 가게로 가지고 갈 것이다.
(D) 몇몇 물품들이 재고가 있는지 확인할 것이다.

의도 파악 문제
Ms. Fisher가 의도한 것을 묻는 문제이므로, 질문의 인용어구(I can do that for you)가 언급된 주변 문맥을 확인합니다. 'need to return them'에서 Mr. Jones가 잉크 카트리지를 반품해야 한다고 하자 Ms. Fisher가 'I can do that for you.'(제가 해드릴 수 있어요)라고 한 것을 통해, Ms. Fisher가 잉크 카트리지를 가게로 가지고 갈 것임을 알 수 있습니다. 따라서 (C) She will take some ink cartridges to a store가 정답입니다.

12 What is indicated about Ms. Fisher?
↳ 키워드

(A) She plans to run an errand before noon.
(B) She frequently visits Vine Office Supplies.
(C) She is in charge of employee supplies.
(D) Her purchases will be paid for in cash.

Ms. Fisher에 대해 언급된 것은?
(A) 정오 전에 심부름을 할 계획이다.
(B) Vine 사무용품점을 자주 방문한다.
(C) 직원 비품을 담당하고 있다.
(D) 그녀의 구매는 현금으로 지급될 것이다.

NOT/TRUE 문제
질문의 키워드 Ms. Fisher에 대해 언급된 것이 무엇인지 묻고 있으므로 Ms. Fisher가 그대로 언급된 그 주변의 내용을 지문에서 찾아 대조합니다. 'I'm leaving the building at 11:30, so come before then.'에서 Ms. Fisher는 11시 30분에 건물을 나설 것이니 그 전에 오라고 말하고 있습니다. 따라서 (A) She plans to run an errand before noon이 정답입니다.

01 to 부정사 자리

p.251

01 We / hope / to gain / a greater market share. 우리는 / 바란다 / 얻기를 / 더 높은 시장 점유율을
목적어 자리

02 Our goal / is / to attract / more customers. 우리의 목표는 / 유치하는 것이다 / 더 많은 고객을
보어 자리

03 Simon's hope / was / to open / his own restaurant. Simon의 바람은 / 여는 것이었다 / 그 자신만의 음식점을
보어 자리

04 I / am writing / to inquire / whether my order was shipped. 나는 / 편지를 쓰고 있다 / 물어보기 위해 / 내 주문이 발송되었는지
수식어 자리

05 She / is beginning / to prepare / the company's anniversary celebration. 그녀는 / 시작하고 있다 / 준비를 / 회사의 기념일 축하연
목적어 자리

06 We / will need / to enhance / the security of our Web site. 우리는 / 필요할 것이다 / 강화하는 것이 / 우리 웹사이트의 보안을
목적어 자리

07 The board members / unanimously / agreed / to accept / Mr. Weber's suggestion.
이사회는 / 만장일치로 / 동의했다 / 수용하는 것을 / Mr. Weber의 제안을
목적어 자리

이사회는 Mr. Weber의 제안을 수용하는 것에 만장일치로 동의했다.

to 부정사 넣기 문제
주어 The board members와 동사 agreed 다음에 목적어 자리가 비어 있습니다. 따라서 동사 agreed의 목적어 역할을 하면서 뒤에 나온 Mr. Weber's suggestion을 목적어로 가질 수 있는 to 부정사 (B) to accept가 와야 합니다. 명사인 (D) acceptance(수락)도 목적어 자리에 올 수 있지만 다음에 또 다른 명사가 바로 올 수 없으므로 정답이 아닙니다.

08 One way / to boost profits / is / to reduce / the cost of production.
한 가지 방법 / 이익을 증대시키는 / 줄이는 것이다 / 생산비를
보어 자리

이익을 증대시키는 한 가지 방법은 생산비를 줄이는 것이다.

to 부정사 넣기 문제
주어 One way to boost profits와 동사 is 다음에 보어 자리가 비어 있습니다. 따라서 보어 자리에 올 수 있고 빈칸 뒤에 나온 the cost of production을 목적어로 가질 수 있는 to 부정사 (C) to reduce가 와야 합니다. 명사인 (D) reduction(감소)도 보어 자리에 올 수 있지만 다음에 또 다른 명사가 바로 올 수 없으므로 정답이 아닙니다.

09 Some residents / wish / to keep / their phone numbers / after they move.
몇몇 거주자들은 / 원한다 / 유지하기를 / 전화번호를 / 그들이 이사한 후에도
목적어 자리

몇몇 거주자들은 이사한 후에도 전화번호를 유지하기를 원한다.

to 부정사 넣기 문제
주어 Some residents와 동사 wish 다음에 목적어 자리가 비어 있습니다. 따라서 동사 wish의 목적어 역할을 하면서 뒤에 나온 their phone numbers를 목적어로 가질 수 있는 to 부정사 (A) to keep이 와야 합니다. 명사인 (D) keeper(관리인)도 목적어 자리에 올 수 있지만 다음에 또 다른 명사가 바로 올 수 없으므로 정답이 아닙니다.

10 If the candidate had been more experienced, / Ms. Davis / would have considered / hiring him.
만약 지원자가 경험이 좀 더 있었더라면 / Ms. Davis는 / 고려했었을 것이다 / 그를 채용하는 것을
가정법 과거완료

만약 지원자가 경험이 더 있었더라면, Ms. Davis는 그를 채용하는 것을 고려했었을 것이다.

가정법 과거완료 문제
If절에 동사의 과거완료형 had been이 왔으므로 주절에는 이와 짝을 이루어 가정법 과거완료를 만드는 'would + have + p.p.'가 와야 합니다. 따라서 (D) would have considered가 정답입니다.

02 to 부정사 역할

01 Many people / prefer / to invest / in the information technology industry.
목적어 역할 → 명사 역할
많은 사람이 / 선호한다 / 투자하는 것을 / 정보 기술 산업에

02 To update our Web site / is / my main responsibility. 우리 웹사이트를 업데이트하는 것이 / 내 주요 책무이다
주어 역할 → 명사 역할

03 Our policy / is / to donate money / to charities / every year. 우리의 정책은 / 돈을 기부하는 것이다 / 자선 단체에 / 매년
보어 역할 → 명사 역할

04 He / has a presentation / to make / on sales strategies. 그는 / 발표가 있다 / 해야 할 / 판매 전략에 관한
명사 수식 → 형용사 역할

05 To protect your skin, / you / should use / UltraCare sunblock.
문장 수식 → 부사 역할
피부를 보호하기 위해 / 여러분은 / 사용해야 합니다 / UltraCare 자외선 차단 크림을

06 She / called / to reschedule her appointment / with Mr. Lee. 그녀는 / 전화했다 / 약속을 변경하려고 / Mr. Lee와의
동사 수식 → 부사 역할

07 To inspect the facilities / before the upcoming event, / the firm / required / several staff members / to work overtime.
시설을 점검하기 위해 / 다가오는 행사 전에 / 그 회사는 / 요청했다 / 직원 몇 명에게 / 초과 근무를 하도록
문장 수식 → 부사 역할

다가오는 행사 전에 시설을 점검하기 위해, 그 회사는 직원 몇 명에게 초과 근무를 하도록 요청했다.

to 부정사 넣기 문제
빈칸에는 부사처럼 문장 앞에서 문장 전체를 수식하는 역할을 하는 to 부정사 (A) To inspect가 와야 합니다. to 부정사가 와야 하는 자리에 동사인 (B) Inspected, (D) Inspect(점검하다)나 명사인 (C) Inspection(점검)은 올 수 없습니다.

08 Every company / has an obligation / to provide its workers / with a safe and healthy work atmosphere.
모든 회사는 / 의무가 있다 / 직원들에게 제공할 / 안전하고 쾌적한 근무 환경을
명사 수식 → 형용사 역할

모든 회사는 직원들에게 안전하고 쾌적한 근무 환경을 제공할 의무가 있다.

to 부정사 넣기 문제
빈칸에는 형용사처럼 명사 obligation(의무) 뒤에서 명사를 수식하는 역할을 하는 to 부정사 (D) to provide가 와야 합니다. to 부정사가 와야 하는 자리에 동사인 (A) provide(제공하다), (B) provides나 명사인 (C) provision(제공)은 올 수 없습니다.

09 The meeting's purpose / is / to discuss improvements / to employee benefits.
그 회의의 목적은 / 개선점을 논의하는 것이다 / 직원 혜택에 대한
보어 역할 → 명사 역할

그 회의의 목적은 직원 혜택에 대한 개선점을 논의하는 것이다.

to 부정사 넣기 문제
빈칸에는 명사처럼 보어 역할을 하는 to 부정사 (D) to discuss가 와야 합니다. to 부정사가 와야 하는 자리에 동사인 (A) discuss(논의하다), (B) will discuss(논의할 것이다)나 명사인 (C) discussion(논의)은 올 수 없습니다.

10 Mr. Yoon / checked / several Web sites / to look for a used digital camera.
Mr. Yoon은 / 확인했다 / 몇몇 웹사이트를 / 중고 디지털 카메라를 찾기 위해서
동사 수식 → 부사 역할

Mr. Yoon은 중고 디지털 카메라를 찾기 위해 몇몇 웹사이트를 확인했다.

to 부정사 넣기 문제
빈칸에는 부사처럼 동사 checked(확인했다) 뒤에서 동사를 수식하는 역할을 하는 to 부정사 (B) to look이 와야 합니다. to 부정사가 와야 하는 자리에 동사인 (C) look(찾아보다), (D) looks는 올 수 없습니다.

03 to 부정사를 필요로 하는 동사들 p.255

01 The presenter / asked / attendees / to set yearly goals. 발표자는 / 요청했다 / 참석자들에게 / 연간 목표를 세울 것을
ask + 목적어 + to 부정사

02 Bigtown Incorporated / permits / employees / to transfer to other branches.
permit + 목적어 + to 부정사 Bigtown사는 / 허락한다 / 직원들이 / 다른 지점으로 옮기는 것을

03 The corporation / wishes / to relocate / outside of New York. 그 회사는 / 바란다 / 이전하기를 / 뉴욕 외곽으로
wish + to 부정사

04 The manager / promised / to lower the sales quota / for new dealers.
promise + to 부정사 관리자는 / 약속했다 / 판매 할당량을 줄이기로 / 새 판매업자들의

05

We'd like to remind / you / to handle the device / with caution. 우리는 상기시켜 드리고 싶습니다 여러분께 이 장치를 다루는 것을 조심스럽게 remind + 목적어 + to 부정사	우리는 여러분께 장치를 조심스럽게 다뤄야 함을 상기시켜 드립니다.

to 부정사 넣기 문제
목적어 바로 뒤에서 목적어를 보충 설명해 주는 목적격 보어 자리가 비어 있습니다. 이때 동사 remind(상기시키다)는 to 부정사를 목적격 보어로 취하는 동사입니다. 따라서 빈칸에는 to 부정사 (D) to handle이 와야 합니다.

06

The team / failed / to complete the project, / so / they / did not receive / bonuses. 그 팀은 실패했다 프로젝트를 완료하는 것을 그래서 그들은 받지 못했다 보너스를 fail + to 부정사	그 팀은 프로젝트를 완료하지 못해서 보너스를 받지 못했다.

to 부정사 넣기 문제
동사 failed 다음에 목적어 자리가 비어 있습니다. 이때 동사 fail(실패하다)은 to 부정사를 목적어로 취하는 동사입니다. 따라서 빈칸에는 to 부정사 (B) to complete가 와야 합니다.

07 ~ 09

Questions 07-09 refer to the following memo. 회람에 관한 지문 Renovation work / 07 to improve / the appearance of the lobby / will be performed / from June 5 to 8. On these dates, / the building's main entrance / will be blocked off, / and employees will access the office / through the door / at the back of the building. Security personnel / will be positioned / at this entrance. 08 You should show them / your staff ID. If you are meeting clients / during this period, / please ask them / 09 to use this door / as well. 보수 작업이 개선할 로비의 외관을 수행될 것입니다 / 명사 수식 → 형용사 역할 / 6월 5일부터 8일까지 이 날짜들에 건물의 정문은 / 차단될 것입니다 그리고 직원들은 사무실을 출입할 것입니다 문으로 / 건물 뒤쪽의 보안 요원들이 배치될 것입니다 / 이 출입구에 여러분은 그들에게 보여줘야 합니다 여러분의 직원 ID를 여러분이 / 고객들을 만난다면 이 기간 동안 그들에게 요청해 주십시오 이 문을 이용하라고 / ask + 목적어 + to 부정사 / 또한	07-09번은 다음 회람에 관한 문제입니다. 6월 5일부터 8일까지, 로비의 외관을 개선할 보수 작업이 수행될 것입니다. 이 날짜들에, 건물의 정문은 차단될 것이고, 직원들은 건물 뒤쪽의 문으로 사무실을 출입할 것입니다. 보안 요원들이 이 출입구에 배치될 것입니다. 여러분은 그들에게 여러분의 직원 ID를 보여줘야 합니다. 여러분이 이 기간 동안 고객들을 만난다면, 그들에게도 이 문을 이용해달라고 요청해 주십시오.

07 to 부정사 넣기 문제
빈칸에는 형용사처럼 명사 Renovation work(보수 작업) 뒤에서 명사를 수식하는 역할을 하는 to 부정사 (C) to improve가 와야 합니다. to 부정사가 와야 하는 자리에 동사인 (A) will improve, (B) improves(개선하다), (D) improved는 올 수 없습니다.

08 알맞은 문장 고르기 문제
빈칸에 들어갈 알맞은 문장을 고르는 문제이므로 빈칸의 주변 문맥을 파악합니다. 앞 문장 'Security personnel will be positioned at this entrance.'에서 보안 요원들이 이 출입구에 배치될 것이라고 했으므로 빈칸에는 그들에게 여러분의 직원 ID를 보여줘야 한다는 내용이 들어가야 함을 알 수 있습니다. 따라서 (D) You should show them your staff ID가 정답입니다. (보기 해석 p. 578)

09 to 부정사 넣기 문제
목적어 바로 뒤에서 목적어를 보충 설명해 주는 목적격 보어 자리가 비어 있습니다. 이때 동사 ask(요청하다)는 to 부정사를 목적격 보어로 취하는 동사입니다. 따라서 빈칸에는 to 부정사 (B) to use가 와야 합니다.

명사 어휘(3)

p.257

01 The company / needs / a consultant / with expertise / in accounting.
전문 지식을 갖춘 상담가
그 회사는 / 필요하다 / 상담가가 / 전문 지식을 갖춘 / 회계에 관한

02 Many small businesses / fail / to make a profit / during their first year.
이윤을 내다
많은 중소 기업들이 / 실패한다 / 이윤을 내는 데 / 첫 해 동안

03 Some headphones / were recalled / due to a manufacturing defect. 몇몇의 헤드폰은 / 회수되었다 / 제조상의 결함으로 인해
제조상의 결함

04 Mr. Yu's real estate agent / helped him / find a good location / for his office.
장소를 찾다(find a location)
Mr. Yu의 부동산 중개인은 / 그를 도와주었다 / 좋은 장소를 찾도록 / 그의 사무실을 위한

05 The event organizers / sent / Mr. Roberts / an invitation / to attend / the regional conference.
그 행사 주최자는 / 보냈다 / Mr. Roberts에게 / 초대장을 / 참석하도록 / 지역 회의에
send an invitation 초대장을 보내다

그 행사 주최자는 Mr. Roberts에게 지역 회의에 참석하도록 초대장을 보냈다.

'지역 회의에 참석하도록 ___을 보냈다'는 문맥에 적합한 어휘는 (B) invitation(초대장, 초대)입니다. (A) expression(표현), (C) indicator(지표), (D) application(지원서)은 문맥에 적합하지 않습니다.

06 Requests for additional copies of manuals / should be addressed / to the Service Center.
설명서에 대한 추가적인 부수 요청은 / 신청되어야 한다 / 서비스 센터에
request for ~ ~에 대한 요청

설명서에 대한 추가적인 부수 요청은 서비스 센터에 신청해야 한다.

'설명서에 대한 추가적인 부수 ___은 서비스 센터에 신청해야 한다'는 문맥에 적합한 어휘는 (A) Requests(요청)입니다. (B)의 Development(개발), (C)의 Retirement(은퇴), (D)의 Facility(시설)는 문맥에 적합하지 않습니다.

07 ~ 09

Questions 07-09 refer to the following information.
↳ 안내문에 관한 지문

The examination / will begin / promptly / at 2:00 P.M. All test-takers / are expected / to arrive / on time. For the 07 duration of the test, / latecomers / will not be allowed to enter. To avoid 08 disruption / while a test is ongoing, / all personal items must be left / in a storage locker / outside the examination room. 09 These items / may be accessed / during breaks only. Anyone caught in violation / will be ejected. For other important rules and guidelines, / please listen to your testing administrator.

시험이 / 시작할 것입니다 / 지체 없이 / 오후 2시에 / 모든 시험 응시자들은 / 요구됩니다 / 도착하기를 / 제시간에 / 시험 내내 / 지각생들은 / 들어오는 것이 허용되지 않을 것입니다 / 혼란을 피하기 위해 / 시험이 진행되는 동안 / 모든 개인 소지품은 두어져야 합니다 / 물품 보관함에 / 시험장 밖의 / 이 물품들은 / 이용될 수 있습니다 / 오직 쉬는 시간 동안에만 / 위반하여 걸리는 사람은 / 쫓겨날 것입니다 / 다른 중요한 규칙과 지침을 얻기 위해서는 / 시험 관리자의 말을 들으십시오

for the duration (~기간) 내내
avoid disruption 혼란을 피하다

07-09번은 다음 안내문에 관한 문제입니다.

시험은 오후 2시에 지체 없이 시작될 것입니다. 모든 시험 응시자들은 제시간에 도착해야 합니다. 시험 내내, 지각생들은 입실이 허용되지 않을 것입니다. 시험이 진행되는 동안, 혼란을 피하기 위해 모든 개인 소지품들은 시험장 밖의 물품 보관함에 두어져야 합니다. 이 물품들은 쉬는 시간 동안에만 이용될 수 있습니다. 이를 위반하여 적발되는 사람은 퇴실당할 것입니다. 다른 중요한 규칙과 지침을 얻기 위해서는 시험 관리자의 말을 들으십시오.

07 '시험 ___, 지각생들은 입실이 허용되지 않을 것이다'는 문맥에 적합한 어휘는 (B) duration(내내)입니다. (A) event(행사), (C) absence(결석), (D) presence(존재)는 문맥에 적합하지 않습니다.

08 '___을 피하기 위해 모든 개인 소지품들은 시험장 밖의 물품 보관함에 두어져야 한다'는 문맥에 적합한 어휘는 (D) disruption(혼란)입니다. (A) grief(슬픔), (B) complaint(불평), (C) clutter(난잡)는 문맥에 적합하지 않습니다.

09 빈칸에 들어갈 알맞은 문장을 고르는 문제이므로 빈칸의 주변 문맥을 파악합니다. 앞 문장 'all personal items must be left in a storage locker outside the examination room'에서 모든 개인 소지품들은 시험장 밖의 물품 보관함에 두어져야 한다고 했으므로 빈칸에는 이 물품들은 쉬는 시간 동안에만 이용될 수 있다는 내용이 들어가야 함을 알 수 있습니다. 따라서 (C) These items may be accessed during breaks only가 정답입니다. (보기 해석 p. 578)

광고 (Advertisement)

p.260

01	Please make / checks / payable / to Union Atlantic. 발행해 주십시오 / 수표를 / 지불되도록 / Union Atlantic사에게 = Checks / should be addressed / to Union Atlantic. 수표는 / 앞으로 되어져야 합니다 / Union Atlantic사	Union Atlantic사로 수표가 지불되도록 발행해 주십시오. = 수표는 Union Atlantic사 앞으로 발행되어야 합니다.

make payable to ~(~에게 지불되도록 하다)와 비슷한 의미를 지닌 (B) addressed(~ 앞으로 하다)가 빈칸에 적합합니다.

02	Now that / we / have / the extra funds, / the project / seems / feasible. ~이므로 / 우리는 / 있다 / 여분의 자금이 / 그 프로젝트는 / ~처럼 보인다 / 실행할 수 있는 = As we / have received / financing, / it / is / possible / to start / the project. 우리가 ~이므로 / 받았다 / 자금 조달을 / 그것은 / 가능하다 / 시작하는 것이 / 프로젝트를	여유 자금이 있으므로 프로젝트가 실현 가능해 보인다. = 자금 지원을 받았기 때문에 프로젝트를 시작하는 것이 가능하다.

feasible(실행할 수 있는)과 비슷한 의미를 지닌 (A) possible(가능한)이 빈칸에 적합합니다.

03	Take / the amount of money / we / have / into consideration / when purchasing / new computers. 하십시오 / 금액을 / 우리가 가지고 있는 / 고려를 / 구매할 때 / 새 컴퓨터를 = When ordering / new computers, / please keep / our budget / in mind. 주문할 때 / 새 컴퓨터를 / 하기 바랍니다 / 우리 예산을 / 염두에 둔	새 컴퓨터를 구매할 때 우리가 가지고 있는 금액을 고려하십시오. = 새 컴퓨터를 주문할 때 우리의 예산을 염두에 두기 바랍니다.

the amount of money we have(우리가 가지고 있는 금액)와 비슷한 의미를 지닌 (A) budget(예산)이 빈칸에 적합합니다.

04	If / the past-due charges / are not paid, / we / will suspend / your credit card account. 만약 / 연체료가 / 지불되지 않으면 / 우리는 / 중지할 것입니다 / 당신의 신용 카드 계좌를 = If / your bill / is not paid, / service / will be interrupted. 만약 / 당신의 청구서가 / 지불되지 않으면 / 서비스는 / 중단될 것입니다	만약 연체료를 지불하지 않으면 귀하의 신용 카드 계좌를 중지할 것입니다. = 만약 청구서의 요금을 지불하지 않는다면 서비스가 중단될 것입니다.

suspend(중지하다)와 비슷한 의미를 지닌 (A) interrupted(중단되다)가 빈칸에 적합합니다.

05 Customers / who pay / their bills / online / will receive / a five percent discount / off the total.
고객들은 지불하는 요금을 온라인으로 받을 것입니다 5퍼센트 할인을 총액에서

(A) Early payment / will result / in a partial fee reduction.
조기 지불은 결과를 낳을 것입니다 부분적인 요금 할인을

(B) To save / money, / pay / your bills / on the Internet.
절약하기 위해서 돈을 지불하십시오 당신의 요금을 인터넷으로

온라인으로 요금을 지불하는 고객들은 총액에서 5퍼센트 할인을 받을 것입니다.

(A) 조기 지불을 하시면 부분적인 요금 할인을 받을 수 있습니다.

(B) 돈을 절약하려면 인터넷으로 요금을 지불하십시오.

할인을 받으면 그만큼 돈이 절약된다는 의미이므로 주어진 문장과 그 의미가 가까운 (B)가 정답입니다. online을 Internet으로, receive a ~ discount를 save money로 paraphrase하였습니다. 주어진 문장에서 조기 지불에 대한 언급은 하지 않았으므로 (A)는 오답입니다.

06 Customers / with no outstanding payments / will get / complimentary repair services.
고객들은 미결제의 지불금이 없는 받을 것이다 무료 수리 서비스를

(A) Free repairs / are given / to customers / who do not owe / money.
무료 수리가 제공된다 고객들에게 지불할 의무가 없는 돈을

(B) Customers / who make / their payments / on time / can receive / on-site repair service.
고객들은 하는 그들의 지불을 제때에 받을 수 있다 출장 수리 서비스를

미납금이 없는 고객들은 무료 수리 서비스를 받을 것이다.

(A) 완불한 고객들에게 무료 수리가 제공된다.

(B) 제때에 납부하는 고객들은 출장 수리 서비스를 받을 수 있다.

with no outstanding payments를 do not owe money로, get complimentary repair services를 Free repairs are given으로 paraphrase하여 그 의미가 가까운 (A)가 정답입니다. 주어진 문장에서 출장 수리 서비스에 대한 언급은 하지 않았으므로 (B)는 오답입니다.

07 To get / a free quote / for our services, / click / here / and fill in / the appropriate information.
받기 위해서 무료 견적을 우리 서비스에 대한 클릭하십시오 여기를 그리고 기입하십시오 알맞은 정보를

(A) Complete / the form / to get / an estimate / at no charge.
완성하십시오 양식을 받기 위해 견적을 무료로

(B) We / will be glad / to visit / and give / you / a free estimate.
우리는 기쁠 것입니다 방문하게 되어 그리고 줄 수 있어 당신에게 무료 견적을

저희 서비스의 무료 견적을 받으시려면 이곳을 클릭하시고 알맞은 정보를 기입하십시오.

(A) 견적을 무료로 받으려면 이 양식을 완성하십시오.

(B) 우리는 기꺼이 방문하여 무료 견적을 내드리겠습니다.

free quote를 estimate at no charge로, fill in은 Complete로 paraphrase하여 그 의미가 가까운 (A)가 정답입니다. 주어진 문장에서 방문하여 무료 견적을 제공하겠다는 언급은 하지 않았으므로 (B)는 오답입니다.

08 An additional $100 / will be added / to your bill / for the hotel's daily breakfast plan.
추가 100달러가 더해질 것입니다 당신의 청구서에 호텔 조식에 대해서

(A) You / must deposit / $100 / in order to receive / a meal.
당신은 보증금으로 내야 합니다 100달러를 받기 위해서 식사를

(B) You / will be charged / extra money / for a meal plan.
당신에게 청구될 것입니다 추가 비용이 식사에 대한

호텔 조식에 대한 추가 100달러가 귀하의 청구서에 추가될 것입니다.

(A) 식사를 하시려면 귀하는 100달러의 보증금을 내야 합니다.

(B) 식사에 대한 추가 비용이 귀하에게 청구될 것입니다.

additional $100를 extra money로, added to bill을 charged로, breakfast를 meal로 paraphrase하여 그 의미가 가까운 (B)가 정답입니다. 주어진 문장에서 보증금을 내야 한다는 언급은 하지 않았으므로 (A)는 오답입니다.

09

Question 09 refers to the following advertisement.
↳ 광고에 관한 지문

Smith Falls apartment units have two spacious bedrooms, a sunny
Smith Falls 아파트에는 2개의 넓은 침실, 햇볕이 잘 드는 거실
living room, / bathrooms with a tub and a shower, / and a fully-equipped
욕조와 샤워기가 있는 욕실 그리고 완전히 설비된 부엌이 있습니다
kitchen. Our amenities include / a swimming pool, a fitness center, and
우리의 편의 시설은 포함합니다 수영장, 헬스클럽과 세탁실을
a laundry room. There is plenty of parking nearby. The maintenance
근처에 주차 장소도 충분합니다
costs of the complex / are included in the rent. In order to become a
아파트 단지의 관리비는 임대료에 포함되어 있습니다 세입자가 되기 위해서는
tenant, / a $2,000 security deposit / and recommendation / from a
2,000달러의 보증금 그리고 추천서가
previous landlord / are required.
이전 집주인으로부터의 요구됩니다

09번은 다음 광고에 관한 문제입니다.

Smith Falls 아파트는 넓은 침실 2개, 햇볕이 잘 드는 거실, 욕조와 샤워기가 있는 욕실과 완전히 설비된 부엌을 갖추고 있습니다. 편의 시설로는 수영장, 헬스클럽과 세탁실을 포함합니다. 근처에 주차 장소도 충분합니다. 아파트 단지의 관리비는 임대료에 포함되어 있습니다. 세입자가 되려면 보증금 2,000달러와 이전 집주인의 추천서가 필요합니다.

What is being advertised?
↳ 광고 주제

(A) A parking area
(B) An apartment complex
(C) A business space

광고되고 있는 것은 무엇인가?

(A) 주차 공간
(B) 아파트 단지
(C) 사무실

주제/목적 찾기 문제

무엇을 광고하고 있는지 묻고 있으므로 지문의 앞부분에서 단서를 찾습니다. 'Smith Falls apartment units have ~.'에서 Smith Falls 아파트에 관해 설명하고, 편의 시설 안내와 세입자가 되기 위한 방법에 대해 말하고 있습니다. 따라서 (B) An apartment complex가 정답입니다.

10

Question 10 refers to the following advertisement.
↳ 광고에 관한 지문

Alfredo's, / western Canada's favorite Italian restaurant chain, / is looking
Alfredo's는 캐나다 서부의 인기 있는 이탈리아 레스토랑 체인점인
for regional managers / to help with its expansion / into two new
지점장을 찾고 있습니다 사업 확장을 도와줄 두 곳의 새로운 주로의
provinces. All regional managers will be based / at our corporate
모든 지점장들은 본거지를 둘 것입니다 우리 회사 본점에
headquarters / in Calgary, / but will be asked / to travel extensively /
캘거리에 있는 그러나 요구될 것입니다 광범위하게 여행하는 것이
throughout the country. Qualified applicants must be proficient / in
전국적으로 자격을 갖춘 지원자들은 능숙해야 합니다
both English and French / and understand the market differences /
영어와 불어 둘 다에 그리고 시장의 차이점을 알고 있어야 합니다
among the various regions of Canada. Candidates / with work
캐나다의 다양한 지역 사이에 지원자들은 경력이 있는
experience / in the hospitality industry / are preferred.
서비스업에서의 우선됩니다

10번은 다음 광고에 관한 문제입니다.

캐나다 서부 지역에서 인기 있는 이탈리아 레스토랑 체인점인 Alfredo's에서 새로운 두 주로의 사업 확장에 기여할 지점장을 모집하고 있습니다. 모든 지점장들은 캘거리에 있는 본사에 본거지를 둘 것이나, 전국으로 광범위하게 출장을 다녀야만 합니다. 자격을 갖춘 지원자들은 영어와 불어 둘 다에 유창해야 하고, 캐나다의 다양한 지역 간의 시장 차이점을 알고 있어야 합니다. 서비스업에 경력이 있는 지원자들을 우대합니다.

What is a requirement for the position?
↳ 키워드

(A) A sense of hospitality
(B) Proof of residence in Calgary
(C) Fluency in two languages

직책의 자격 요건은 무엇인가?

(A) 친절함
(B) 캘거리 거주 증명서
(C) 2개 언어에의 유창함

육하원칙 문제

질문의 키워드인 requirement가 지문의 중반에서 Qualified applicants로 paraphrase되었으므로 그 주변에서 정답의 단서를 확인합니다. 'Qualified applicants must be proficient in both English and French'에서 자격을 갖춘 지원자들은 영어와 불어에 유창해야 한다고 말하고 있으므로, (C) Fluency in two languages가 정답입니다. proficient를 Fluency로, both English and French를 two languages로 paraphrase하였습니다.

11~12 **Questions 11-12 refer to the following advertisement.**
↳ 광고에 관한 지문

11-12번은 다음 광고에 관한 문제입니다.

Brightside Seniors' Center: Help Wanted

Brightside 노인복지관: 구인 광고

The Brightside Seniors' Center in Portland, Oregon / is now accepting
오리건주의 포틀랜드에 있는 Brightside 노인 복지관은 / 현재 지원서를 받고 있습니다
applications / for care aides. Six positions will be available / starting on
관리 도우미에 대한 / 6자리가 있을 예정이며 / 3월 1일부터
March 1, / and [11]one week of training / will be provided. [11]Candidates /
일주일간의 교육이 / 제공될 것입니다 / 후보자들은
should be state-certified care professionals / with at least two years of
국가 공인 간호 전문가여야 하며 / 최소 2년의 경력이 있어야 합니다
previous experience.

[11]Successful applicants / will receive / an hourly wage, / full medical
합격자들은 / 받을 것입니다 / 시간급 / 종합 의료 보험 제도
benefits, / paid leave, / and an annual bonus. Successful candidates / will
유급 휴가 / 그리고 연간 보너스를 / 합격자들은
be required / to assist with the daily activities / and care of our residents.
요구될 것입니다 / 일과 활동을 거들고 / 거주자들을 보살펴 주도록

[12]Those interested in one of the positions / may request application forms /
해당 직무에 관심이 있는 분들은 / 지원서 양식을 요청할 수 있습니다
by sending an e-mail / to Carl Yeates / in our administration department /
이메일을 보내서 / Carl Yeates에게 / 관리부서의
at carlyeates@brightsideseniors.com.
carlyeates@brightsideseniors.com으로

오리건주의 포틀랜드에 있는 Brightside 노인 복지관에서는 현재 관리 도우미 지원서를 받고 있습니다. 3월 1일부터 6자리가 있을 예정이며, 일주간의 교육이 제공될 것입니다. 후보자들은 국가 공인 간호 전문가여야 하며, 최소 2년의 경력이 있어야 합니다.

합격자들은 시간급, 종합 의료 보험 제도, 유급 휴가, 그리고 연간 보너스를 받게 될 것입니다. 합격자들은 일과 활동을 거들고 거주자들을 보살펴주어야 합니다.

해당 직무에 관심이 있는 분들은 관리 부서의 Carl Yeates에게 carlyeates@brightsideseniors.com으로 이메일을 보내어 지원서 양식을 요청할 수 있습니다.

11 What is NOT true about the Brightside Seniors' Center?
↳ 키워드

(A) It requires certification from applicants.
(B) It plans to pay care aides by the hour.
(C) It gives staff incentive pay twice a year.
(D) It will train new employees for a week.

Brightside 노인 복지관에 대한 사실이 아닌 것은?

(A) 지원자들에게 자격증을 요구한다.
(B) 관리 도우미들에게 급여를 시급으로 지급할 계획이다.
(C) 1년에 두 번 직원들에게 장려금을 지급한다.
(D) 일주일 동안 새로운 직원들을 교육할 예정이다.

NOT/TRUE 문제

지문에서 노인 복지관과 관련된 부분의 내용과 각 보기를 하나씩 대조합니다. (A)는 'Candidates should be state-certified care professionals'에서, (B)는 'Successful applicants will receive an hourly wage'에서 언급되었습니다. (C)는 'Successful applicants will receive ~ an annual bonus'에서 직원들에게 매년 연간 보너스를 지급한다고 말하고 있으므로 본문의 내용과 일치하지 않습니다. 따라서 (C) It gives staff incentive pay twice a year가 정답입니다. (D)는 'one week of training will be provided'에서 언급되었습니다. bonus를 incentive로 paraphrase하였습니다.

12 How can candidates apply for a position?
↳ 키워드

(A) By speaking to Carl Yeates
(B) By requesting forms by e-mail
(C) By visiting an administrative department
(D) By uploading résumés to a Web site

후보자들은 어떻게 직무에 지원할 수 있는가?

(A) Carl Yeates에게 말함으로써
(B) 이메일로 양식을 요청함으로써
(C) 관리부서를 방문함으로써
(D) 이력서를 웹사이트에 업로드함으로써

육하원칙 문제

질문의 키워드인 candidates가 지문에서 Those interested in one of the positions로 paraphrase되었으므로 그 주변에서 정답의 단서를 확인합니다. 'Those interested in one of the positions may request application forms by sending an e-mail'에서 해당 직무에 관심이 있는 사람은 이메일로 지원 양식을 요청하라고 말하고 있으므로, (B) By requesting forms by e-mail이 정답입니다.

[준동사구] 동명사

01 동명사의 자리와 역할

p.269

01 Neil Incorporated / has begun / producing / memory chips. Neil사는 / 시작했다 / 생산하는 것을 / 메모리 칩을
→ 목적어 자리

02 Stress / can prevent / one / from sleeping well. 스트레스는 / 방해할 수 있다 / 사람이 / 잠을 잘 자는 것을
→ 전치사 뒤

03 Our first priority / is / confirming / all our hotel reservations. 우리의 최우선 사항은 / 확인하는 것이다 / 우리의 모든 호텔 예약을
→ 보어 자리

04 Reading the instructions / on the package / is essential. 설명서를 읽는 것은 / 포장의 / 필수다
→ 주어 자리

05 We / stopped / developing / alternative fuels / due to financial difficulties. 우리는 / 그만뒀다 / 개발하는 것을 / 대체 연료를 / 재정적인 어려움 때문에
→ 목적어 자리

06 You / should look around / before joining / a health club. 당신은 / 둘러보아야 한다 / 가입하기 전에 / 헬스클럽에
→ 전치사 뒤

07 Practicing a speech / several times / before a ceremony / is / necessary.
연설을 연습하는 것이 / 여러 번 / 식전에 / 필요하다
→ 주어 자리

식전에 연설을 여러 번 연습하는 것이 필요하다.

동명사 넣기 문제
동사 is 앞에 있는 '___ a speech ~ a ceremony'는 주어 자리입니다. 보기 중 주어 자리에서 명사 역할을 할 수 있는 것은 동명사 (D) Practicing입니다. 동사인 (A) Practice(연습하다), (B) Practices, (C) Practiced는 주어 자리에 올 수 없습니다.

08 The Cohen Company / started / making wallpaper / with floral designs / last year.
Cohen사는 / 시작했다 / 벽지를 생산하는 것을 / 꽃무늬가 있는 / 작년에
→ 목적어 자리

Cohen사는 작년에 꽃무늬 벽지를 생산하기 시작했다.

동명사 넣기 문제
동사 started 뒤에 있는 '___ wallpaper'는 목적어 자리입니다. 보기 중 목적어 자리에서 명사 역할을 할 수 있는 것은 동명사 (A) making입니다. 동사인 (B) make(만들다), (C) made는 목적어 자리에 올 수 없습니다.

09 The accounting department / may request / receipts / to verify expenses.
회계부는 / 요구할 수도 있다 / 영수증을 / 지출을 증명할
조동사 + 동사원형

회계부는 지출을 증명할 영수증을 요구할 수도 있다.

조동사 뒤에 동사원형 넣기 문제/능동태와 수동태의 구별 문제
조동사 may가 있으므로 뒤에는 반드시 동사원형이 와야 합니다. 따라서 보기 중 동사원형인 (C) request(요구하다) 또는 (D) be requested가 올 수 있습니다. 그러나 빈칸 뒤에 목적어 receipts가 있으므로 능동태인 (C)가 정답입니다.

10 Competitiveness / is maintained / by upgrading / the skills of the employees.
경쟁력은 / 유지된다 / 향상시킴으로써 / 직원들의 능력을
전치사 뒤

직원들의 능력을 향상시킴으로써 경쟁력이 유지된다.

동명사 넣기 문제
전치사 by 뒤에는 동명사가 와야 하므로 동명사인 (A) upgrading이 정답입니다. 동사인 (B) upgrade(향상시키다), (D) upgraded와 to 부정사인 (C) to upgrade는 전치사 뒷자리에 올 수 없습니다.

02 동명사를 필요로 하는 동사들

p.271

01 I / personally / prefer / taking public transportation / to work. 나는 / 개인적으로 / 선호한다 / 대중교통을 이용하는 것을 / 출근할 때
prefer + 동명사/to 부정사

02 The company / denied / using / any questionable ingredients. 그 회사는 / 부인했다 / 사용한 것을 / 어떤 미심쩍은 재료들을
deny + 동명사

03 The government / attempted / to stop / oil exploration. 정부는 / 시도했다 / 금지하는 것을 / 석유 탐사를
attempt + 동명사/to 부정사

04 Ms. Rho / asked / her attorney / to finish / reviewing the contract / by tomorrow.
finish + 동명사 Ms. Rho는 / 요청했다 / 그녀의 변호사에게 / 끝내도록 / 계약서 검토하는 것을 / 내일까지

05 Avoid / exposing the disc / to direct light, / as this may damage it.
avoid + 동명사 피하십시오 / 디스크를 노출하는 것을 / 직사 광선에 / 디스크를 손상시킬 수 있으므로

06 The CEO / enjoys / talking / with each staff member / in the department.
enjoy + 동명사 최고 경영자는 / 즐긴다 / 이야기하는 것을 / 각 직원들과 / 부서의

07 Mr. Robinson / asked / us / to verify / the date / for the welcoming banquet.
Mr. Robinson은 / 요청했다 / 우리가 / 확인할 것을 / 날짜를 / 환영 만찬의
ask + 목적어 + to 부정사

Mr. Robinson은 우리가 환영 만찬 날짜를 확인할 것을 요청했다.

to 부정사 넣기 문제
목적어 바로 뒤에서 목적어를 보충 설명해 주는 목적격 보어 자리가 비어 있습니다. 이때 ask(요청하다)는 to 부정사를 목적격 보어로 취하는 동사입니다. 따라서 빈칸에는 to 부정사인 (D) to verify가 와야 합니다.

08 We / strongly / recommend / booking rooms / more than eight weeks / in advance / during the busy summer months.
우리는 / 강력히 / 권합니다 / 객실을 예약할 것을 / 8주 이상 / 미리 / 바쁜 여름 기간 동안
recommend + 동명사

여름 성수기에는 8주 전에 미리 객실을 예약할 것을 강력히 권합니다.

동명사 넣기 문제
동사인 recommend 다음에 목적어 자리가 비어 있습니다. 이때 recommend(권하다)는 동명사를 목적어로 취하는 동사입니다. 따라서 빈칸에는 동명사인 (C) booking이 와야 합니다.

09 The marketing manager / suggested / changing the logo / to enhance / the image of the company.
마케팅 부장은 / 제안했다 / 로고를 바꿀 것을 / 높이기 위해 / 회사의 이미지를
suggest + 동명사

마케팅 부장은 회사의 이미지를 높이기 위해 로고를 바꿀 것을 제안했다.

동명사 넣기 문제
동사인 suggested 다음에 목적어 자리가 비어 있습니다. 이때 suggest(제안하다)는 동명사를 목적어로 취하는 동사입니다. 따라서 빈칸에는 동명사인 (B) changing이 와야 합니다.

10 Toby Electronics / requests / that customers / postpone / purchasing GXT 250 laptops / until the technical issues / are resolved.
Toby 전자는 / 요청한다 / 고객들이 ~하는 것 / 연기하다 / GXT 250 노트북 컴퓨터를 구매하는 것을 / 기술적인 문제가 ~때까지 / 해결되다
postpone + 동명사

Toby 전자는 기술적인 문제가 해결될 때까지 고객들이 GXT 250 노트북 컴퓨터 구매를 연기하기를 요청한다.

동명사 넣기 문제
동사인 postpone 다음에 목적어 자리가 비어 있습니다. 이때 postpone(연기하다)은 동명사를 목적어로 취하는 동사입니다. 따라서 빈칸에는 동명사인 (C) purchasing이 와야 합니다.

03 동명사를 포함하는 표현들

p.273

01 Mr. Jenkins will be busy / contacting his foreign clients / this afternoon.
~하느라 바쁘다
Mr. Jenkins는 바쁠 것이다 / 그의 외국 고객들에게 연락하느라 / 오늘 오후에

02 The new Greek restaurant / is / worth trying. 새 그리스식 식당은 / 가볼 만한 가치가 있다
~할 만한 가치가 있다

03 Every company division / will contribute to / improving / productivity.
~에 공헌하다
회사의 모든 부서는 / 공헌할 것이다 / 증진시키는 데 / 생산성을

04 The firm / spends a lot of money / advertising / new goods. 회사는 / 많은 돈을 쓴다 / 광고하는 데 / 새 상품을
~하는 데 돈을 쓰다

05 The government / is / committed to / preserving / natural resources.
정부는 / 전념한다 / 보존하는 데 / 천연 자원을
(be committed to: ~에 전념하다)

정부는 천연 자원을 보존하는 데 전념한다.

동명사 넣기 문제
be committed to(~에 전념하다)의 to는 전치사이므로 뒤에 동명사 (A) preserving이 와야 합니다.

06 The factory / is / capable of / producing / up to 5,000 units a day / with the new equipment.
그 공장은 / 가능하다 / 생산하는 것이 / 하루에 5,000개까지 / 새로운 장비를 사용하여
(be capable of: ~할 능력이 있다)

그 공장은 새로운 장비를 이용하여 하루에 5,000개까지 생산하는 것이 가능하다.

동명사 넣기 문제
be capable of(~할 능력이 있다)의 of는 전치사이므로 뒤에 동명사 (D) producing이 와야 합니다.

07 ~ 09

Questions 07-09 refer to the following e-mail.
(e-mail: 이메일에 관한 지문)

From: Ricardo Castillo <rcastillo@daltonco.com>
To: Gabrielle Fields <gfields@secplus.com>

Dear Mr. Fields,

This is in reply to / your request for information / on investment agencies.
이것은 답변입니다 / 당신의 정보 요청에 대한 / 투자 기관에 관한

There are a few agencies / in Connecticut / that have excellent reputations.
몇 개의 기관이 있습니다 / 코네티컷에 / 우수한 평판이 있는

However, / I / would like to recommend / 07 hiring / the Catalonia Foreign Investment Agency.
그러나 / 저는 / 추천하고 싶습니다 / 고용하기를 (recommend + 동명사) / Catalonia 해외 투자 회사를

It was involved in / 08 securing / a $400 million investment project / last year.
그것은 관여했습니다 / 확보하는 데 (전치사 뒤) / 4억 달러의 투자 사업을 / 지난해에

09 I have / a detailed report / on the project.
저는 가지고 있습니다 / 상세한 보고서를 / 이 사업에 대한

I can send it / to you / if you need it.
저는 그것을 보내드릴 수 있어요 / 당신께 / 만약 당신이 필요하시다면

07-09번은 다음 이메일에 관한 문제입니다.

발신: Ricardo Castillo <rcastillo@daltonco.com>
수신: Gabrielle Fields <gfields@secplus.com>

Mr. Fields께,

투자 기관에 대해 요청하신 정보에 답변 드립니다. 코네티컷에는 평판이 우수한 기관이 몇 개 있습니다. 그러나 저는 Catalonia 해외 투자 회사를 고용하는 것을 추천합니다. 그곳은 작년에 4억 달러의 투자 사업을 확보하는 데 관여했습니다. 저는 이 사업에 대한 상세한 보고서를 가지고 있습니다. 만약 필요하시다면 그것을 보내드릴 수 있습니다.

07 동명사 넣기 문제
동사 recommend 다음에 목적어 자리가 비어 있습니다. 이때 recommend(추천하다, 권하다)는 동명사를 목적어로 취하는 동사입니다. 따라서 빈칸에는 동명사 (C) hiring이 와야 합니다.

08 동명사 넣기 문제
전치사 in 뒤에는 동명사가 와야 하므로 동명사인 (D) securing이 정답입니다. 동사인 (A) secure(확보하다), (B) secured와 to 부정사인 (C) to secure는 전치사 바로 뒷자리에 올 수 없습니다.

09 알맞은 문장 고르기 문제
빈칸에 들어갈 알맞은 문장을 고르는 문제이므로 빈칸의 주변 문맥을 파악합니다. 뒤 문장 'I can send it to you if you need it.'에서 만약 필요하다면 그것을 보내줄 수 있다고 했으므로 빈칸에는 이 사업에 대한 상세한 보고서를 가지고 있다는 내용이 들어가야 함을 알 수 있습니다. 따라서 (A) I have a detailed report on the project가 정답입니다. (보기 해석 p. 578)

명사 어휘(4)

p.275

01 Customers / can exchange items / if they present / the original receipt.
영수증을 제시하다(present the receipt) 고객들은 / 상품을 교환할 수 있다 / 만약 그들이 제시한다면 / 영수증 원본을

02 Ms. Roy / was promoted / in recognition / of her success. Ms. Roy는 / 승진되었다 / 인정하여 / 그녀의 성과를
~을 인정하여

03 The hotel / is gaining popularity / because of its facilities. 그 호텔은 / 인기를 얻고 있다 / 시설로 인해
인기를 얻다

04 Mr. Dyen / will keep / his position / as a manager / for now. Mr. Dyen은 / 지킬 것이다 / 그의 자리를 / 관리자로서 / 당분간은
~의 자리(지위)를 지키다

05 Customers / have the option / of canceling an order / at any time.
고객들은 선택권이 있다 주문을 취소할 언제든지
option of canceling an order 주문 취소권

고객들은 언제든지 주문을 취소할 선택권이 있다.

'고객들은 주문을 취소할 __이 있다'는 문맥에 적합한 어휘는 (B) option(선택권)입니다. (A) summary(요약), (C) exception(예외), (D) expertise(전문 지식)는 문맥에 적합하지 않습니다.

06 Changing the locks / frequently / is / a highly recommended practice.
자물쇠를 바꾸는 것은 자주 매우 권장되는 관행이다
recommended practice 권장되는 관행

자물쇠를 자주 바꾸는 것은 매우 권장되는 관행이다.

'자물쇠를 자주 바꾸는 것은 권장되는 __이다'는 문맥에 적합한 어휘는 (D) practice(관행)입니다. (A) report(보고), (B) point(요점), (C) spot (지점)은 문맥에 적합하지 않습니다.

07~09 **Questions 07-09 refer to the following memo.**
회람에 관한 지문

I am pleased to announce / that Mary Murphy has been promoted / to
발표하게 되어 기쁩니다 Mary Murphy가 승진되었음을

manager / of the sales department. She will start her new position /
부장으로 영업부의 그녀는 새로운 직책을 시작할 것입니다

on May 15. A team of overseas sales staff / has been under Ms. Murphy's
5월 15일에 해외 영업 직원들은 Ms. Murphy의 감독하에 있었습니다

07 supervision / over the past five years. During this period, / she has
지난 5년 동안 이 시기 동안 그녀는 쌓았습니다

gained / extensive 08 knowledge of the industry. 09 This makes her /
업계에 대한 해박한 지식을 이것이 그녀를 만듭니다

ideally suited / for the position. We are confident / that our business will
더할 나위 없이 적합하게 그 직책에 우리는 확신합니다 우리의 사업이

continue to grow / with Ms. Murphy in charge of the department.
계속해서 성장할 것이라고 Ms. Murphy가 그 부서를 담당하는 것과 함께

under one's supervision ~의 감독하에
extensive knowledge 해박한 지식

07-09번은 다음 회람에 관한 문제입니다.

Mary Murphy가 영업부장으로 승진했음을 발표하게 되어 기쁩니다. 그녀는 5월 15일에 새로운 직책을 수행하기 시작할 것입니다. 해외 영업 직원들은 지난 5년 동안 Ms. Murphy의 감독하에 있었습니다. 이 시기 동안, 그녀는 업계에 대한 해박한 지식을 쌓았습니다. 이 점이 그녀를 그 직책에 더할 나위 없이 적합하게 만듭니다. 우리는 Ms. Murphy가 영업부서를 담당하는 것과 함께 사업이 계속해서 성장할 것이라고 확신합니다.

07 '해외 영업 직원들이 Ms. Murphy의 __하에 있었다'는 문맥에 적합한 어휘는 (B) supervision(감독)입니다. (A) attendance(출석), (C) recommendation(추천), (D) intelligence(지능)는 문맥에 적합하지 않습니다.

08 '업계에 대한 해박한 __을 쌓았다'는 문맥에 적합한 어휘는 (A) knowledge(지식)입니다. (B) opinion(의견), (C) standard(기준), (D) obligation(의무)은 문맥에 적합하지 않습니다.

09 빈칸에 들어갈 알맞은 문장을 고르는 문제이므로 빈칸의 주변 문맥을 파악합니다. 앞 문장 'During this period, she has gained extensive knowledge of the industry.'에서 이 시기 동안, Ms. Murphy는 업계에 대한 해박한 지식을 쌓았다고 했으므로 빈칸에는 이 점이 그녀를 그 직책에 더할 나위 없이 적합하게 만든다는 내용이 들어가야 함을 알 수 있습니다. 따라서 (C) This makes her ideally suited for the position이 정답입니다. (보기 해석 p. 578)

p.278

01 All the buses / will depart / at the exact time / noted / in the timetable.
모든 버스는 출발할 것이다 정확한 시간에 기재된 시간표에

= Every vehicle / will leave / promptly / as scheduled.
모든 차량은 출발할 것이다 정확히 예정대로

모든 버스가 시간표에 기재된 정확한 시간에 출발할 것이다.
= 모든 차량은 예정대로 정확히 출발할 것이다.

exact time(정확한 시간)과 비슷한 의미를 지닌 (B) promptly(정확히)가 빈칸에 적합합니다.

02 This program / is designed / to protect / the nation's natural resources.
이 프로그램은 계획되었다 보호하기 위해 국가의 천연 자원을

= This program / is / an effort / to preserve / the state's natural resources.
이 프로그램은 노력이다 보존하기 위한 국가의 천연 자원을

이 프로그램은 국가의 천연 자원을 보호하기 위해 계획되었다.
= 이 프로그램은 국가의 천연 자원을 보존하려는 노력이다.

protect(보호하다)와 비슷한 의미를 지닌 (A) preserve(보존하다)가 빈칸에 적합합니다.

03 The camera / was / so complicated / to use / that many customers / complained.
그 카메라는 너무 복잡해서 사용하기에 많은 고객들이 불평했다

= Many customers / were dissatisfied / because the camera / was too complex.
많은 고객들이 불만스러웠다 그 카메라가 ~ 때문에 너무 복잡했다

그 카메라는 사용하기에 너무 복잡해서 많은 고객들이 불평했다.
= 많은 고객들이 그 카메라가 너무 복잡해서 불만을 토로했다.

complicated(복잡한)와 비슷한 의미를 지닌 (A) complex(복잡한)가 빈칸에 적합합니다.

04 The conference coordinator / had to switch / a speaker / due to a late arrival.
회의 진행자는 교체해야 했다 연설자를 늦은 도착 때문에

= A change / of speakers / was made / because someone / arrived / late.
변경이 연설자들의 이루어졌다 누군가가 ~ 때문에 도착했다 늦게

한 연설자가 지각해서 회의 진행자는 연설자를 교체해야 했다.
= 누군가가 늦게 도착해서 연설자들을 변경했다.

switch(교체하다)와 비슷한 의미를 지닌 (B) change(변경)가 빈칸에 적합합니다.

05 The weather / caused / the team / to fall behind / schedule / and miss / construction deadlines.
날씨는 원인을 제공했다 그 팀에게 뒤처지도록 일정에 그리고 지키지 못하도록 공사 마감일을

(A) Extra time / was given / due to the expansion of the project.
추가 시간이 주어졌다 프로젝트 확장 때문에

(B) The project / was delayed / because of the weather.
프로젝트가 연기되었다 날씨 때문에

날씨로 인해 그 팀은 일정에 뒤처지게 되었고 공사 마감일을 지키지 못했다.
(A) 프로젝트 확장으로 추가 시간이 주어졌다.
(B) 날씨 때문에 프로젝트가 연기되었다.

fall behind schedule을 delayed로 paraphrase하여 그 의미가 가까운 (B)가 정답입니다. 주어진 문장에서 프로젝트 확장에 대한 언급은 하지 않았으므로 (A)는 오답입니다.

06 An excursion / to the historic site / is included / in the conference program.
관람 여행 역사 유적지로의 포함되어 있다 학회 프로그램에

(A) A tour / is provided / for participants / of the conference.
관광이 제공된다 참가자들에게 학회의

(B) The conference / is designed / for members of historical associations.
학회는 계획되었다 역사 단체 회원들을 위해

학회 프로그램에 역사 유적지 관광이 포함되어 있다.
(A) 학회 참가자들에게 관광이 제공된다.
(B) 역사 단체 회원들을 위한 학회가 계획되었다.

excursion을 tour로, included를 provided로 paraphrase하여 그 의미가 가까운 (A)가 정답입니다. 주어진 문장에서 역사 유적지 관광은 언급했지만, 학회에 참석하는 단체가 역사 단체라는 언급은 하지 않았으므로 (B)는 오답입니다.

07 The department manager / will give / instructions / to new employees / about their jobs.
그 부서장은 줄 것이다 교육을 신입사원들에게 그들의 업무에 대해

(A) The new staff members / will be informed / of their tasks / by the department head.
새로운 직원들은 알게 될 것이다 그들의 일에 대해 부서장에 의해서

(B) Each department supervisor / will give / a talk / on duties / related / to the new project.
각 부서 감독자는 할 것이다 연설을 업무에 대해 관련된 새 프로젝트와

그 부서장은 신입사원들에게 업무에 대한 교육을 할 것이다.
(A) 부서장이 새로운 직원들에게 일에 대해 알려 줄 것이다.
(B) 각 부서 감독자는 새 프로젝트 관련 업무에 대한 연설을 할 것이다.

manager를 head로, employees를 staff members로, jobs를 tasks로 paraphrase하여 그 의미가 가까운 (A)가 정답입니다. 주어진 문장에서 새 프로젝트에 대한 언급은 하지 않았으므로 (B)는 오답입니다.

08 A ceremony / was held / last year / to celebrate / the official opening / of the Daily Vitamins.
기념식이 열렸다 작년에 축하하기 위해 공식 출범을 Daily Vitamins사의

(A) The Daily Vitamins / held / a ceremony / to celebrate / its one-year anniversary.
Daily Vitamins사는 열었다 기념식을 축하하기 위해 1주년 기념일을

(B) The foundation / of the Daily Vitamins / in the previous year / was marked / by a special event.
창립은 Daily Vitamins사의 작년에 기념되었다 특별한 행사로

Daily Vitamins사의 공식 출범을 축하하기 위해 기념식이 작년에 열렸다.
(A) Daily Vitamins사는 1주년 기념일을 축하하기 위해 기념식을 열었다.
(B) 작년 Daily Vitamins사의 창립이 특별 행사로 기념되었다.

ceremony를 special event로, last year를 previous year로, opening을 foundation으로 paraphrase하여 그 의미가 가까운 (B)가 정답입니다. 주어진 문장에서 기념식이 1주년 기념일이라는 언급은 하지 않았으므로 (A)는 오답입니다.

09 **Question 09 refers to the following announcement.**
공고에 관한 지문

The 23rd Annual Battleford Science Fair / is in need of volunteers. The fair, / which draws over 3,000 students, parents, and industry leaders / from Riedel County / each year, / will take place / at Riedel University / from May 1 to 7. Some volunteers / will organize / the awards ceremony. Others / will be responsible / for selling snacks and beverages. If you are interested / in helping out, / contact Bob Marshall, / the Battleford Science Fair coordinator, / for further information.

제23회 연례 Battleford 과학 박람회에 / 자원봉사자가 필요합니다 / 박람회는 / 3,000명 이상의 학생, 학부모, 그리고 업계 선두주자들을 끌어들이는 / Riedel군의 / 매년 / 개최될 것입니다 / Riedel 대학에서 / 5월 1일부터 7일까지 / 몇몇 자원봉사자들은 / 준비할 것입니다 / 시상식을 / 다른 자원봉사자들은 책임을 맡을 것입니다 / 간식과 음료를 판매하는 / 만약 당신이 관심이 있다면 / 돕는 데 / Bob Marshall에게 연락하십시오 / Battleford 과학 박람회 진행자인 / 더 자세한 정보에 대해서

09번은 다음 공고에 관한 문제입니다.

제23회 연례 Battleford 과학 박람회에서 자원봉사자가 필요합니다. 매년 3,000명이 넘는 Riedel군의 학생, 학부모, 그리고 업계 선두주자들을 유치하는 이 박람회는 5월 1일부터 7일까지 Riedel 대학에서 개최될 예정입니다. 몇몇 자원봉사자들은 시상식을 준비할 것입니다. 다른 자원봉사자들은 간식과 음료 판매를 맡을 것입니다. 돕는 데 관심이 있으시다면, 더 자세한 정보에 대해서는 Battleford 과학 박람회 진행자인 Bob Marshall에게 연락하시기 바랍니다.

What is the purpose of the announcement?
목적

(A) To recruit volunteers for a science fair
(B) To provide directions to an awards ceremony
(C) To attract students to an event

공고의 목적은 무엇인가?

(A) 과학 박람회 자원봉사자들을 모집하기 위해
(B) 시상식을 찾아가는 길 안내를 제공하기 위해
(C) 학생들을 행사로 끌어들이기 위해

주제/목적 찾기 문제
공고의 목적을 묻고 있으므로 지문 앞부분에서 단서를 찾습니다. 'The 23rd Annual Battleford Science Fair is in need of volunteers.'와 'If you are interested in helping out'에서 행사 준비에 필요한 자원봉사자들을 모집하고 있음을 알 수 있습니다. 따라서 (A) To recruit volunteers for a science fair가 정답입니다.

10 **Question 10 refers to the following information.**
안내문에 관한 지문

This pass allows the holder / to use the Bayside Aquarium parking area / for one day. The pass should be displayed / on the vehicle's dashboard / while in the parking lot. Any vehicle / without a pass / will be towed / at the owner's expense. Please note / that the parking area closes / 45 minutes after the aquarium shuts, / and all vehicles must be removed / by that time. Also, / all passes must be given / to the parking attendant / upon leaving.

이 통행증은 소지인에게 허락합니다 / Bayside 수족관 주차장을 이용하는 것을 / 하루 동안 / 통행증은 보여져야 합니다 / 차량의 계기판에 / 주차장에 있는 동안에 / 모든 차량은 / 통행증이 없는 / 견인될 것입니다 / 소유자의 비용으로 / 유의하시기 바랍니다 / 주차장이 폐쇄된다는 것을 / 수족관이 폐관하고 45분 후에 / 그리고 모든 차량은 빠져 나가야 한다는 것을 / 그 시간까지 / 또한 / 모든 통행증은 제출되어야 합니다 / 주차 요원에게 / 떠나실 때

10번은 다음 안내문에 관한 문제입니다.

이 통행증의 소지인은 Bayside 수족관 주차장을 하루 동안 이용할 수 있습니다. 주차하는 동안 이 통행증은 차량의 계기판에 놓여야 합니다. 통행증이 없는 모든 차량은 소유자의 비용 부담으로 견인될 것입니다. 주차장은 수족관 폐관 45분 후에 폐쇄되고, 모든 차량은 그 시간까지 빠져 나가야 한다는 점을 유의하시기 바랍니다. 또한 떠나실 때 모든 통행증을 주차 요원에게 제출해야 합니다.

What will happen to visitors if they do not have a pass?
키워드

(A) They will have to pay for parking.
(B) Their cars will be removed.
(C) They will not be admitted to the aquarium.

통행증이 없는 방문자들에게는 무슨 일이 일어날 것인가?

(A) 주차 요금을 내야 할 것이다.
(B) 차량이 견인될 것이다.
(C) 수족관 입장이 허가되지 않을 것이다.

육하원칙 문제
질문의 키워드 not have a pass가 지문에서 without a pass로 paraphrase되었으므로 그 주변에서 정답의 단서를 확인합니다. 'Any vehicle without a pass will be towed at the owner's expense.'에서 통행증이 없는 모든 차량은 소유자 비용 부담으로 견인될 것이라고 말하고 있습니다. 따라서 (B) Their cars will be removed가 정답입니다. towed를 removed로 paraphrase하였습니다.

11 ~ 12 **Questions 11-12 refer to the following notice.**

↳ 공고에 관한 지문

[11]Belhaven is pleased / to provide on-site classes / from Harvey
Belhaven사는 기쁩니다 사내 수업을 제공하는 것에 대해 Harvey 대학의

University / for our staff. Until now, / our company has supported staff /
우리 직원들을 위해 지금까지 우리 회사는 직원들을 지원해 왔습니다

who take courses / on the university campus. However, / management
수업을 듣는 대학 캠퍼스에서 하지만 경영진은 믿습니다

believes / that it will be more beneficial / to bring the classes to the
더욱 유익할 것이라고 수업을 회사로 가져 오는 것이

company. [11]This will save time / by reducing unnecessary commuting.
이것은 시간을 절약할 것입니다 불필요한 통근을 줄임으로써

[11]Half of the enrollment fee will be paid / by the company, / and
등록금의 반이 지불될 것입니다 회사에 의해

[11]university credit will be given / upon completion of each course.
그리고 대학 학점이 주어질 것입니다 각 수업을 수료할 때

Class	Time	Classroom
Introduction to Accounting	Mon, Fri 6:00 P.M. – 8:00 P.M.	Room 202
Introduction to Marketing	Tue, Thurs 6:00 P.M. – 9:00 P.M.	Room 202
Business Administration	Mon, Wed 6:00 P.M. – 8:00 P.M.	Room 203

[12]If you are interested / in taking a class, / please download a registration
만약 당신이 관심이 있다면 수업 듣는 데 등록 양식을 다운로드 받으십시오

form / from the human resources department's Web site. Further
인사부 웹사이트에서

instructions are displayed / on the bulletin board.
추가 설명이 게시되어 있습니다 게시판에

11-12번은 다음 공고에 관한 문제입니다.

Belhaven사는 직원들을 위해 Harvey 대학 사내 수업을 제공하게 되어 기쁩니다. 지금까지 회사는 대학 캠퍼스에서 강의를 듣는 직원들을 지원해 왔습니다. 하지만 경영진은 회사에서 수업을 듣는 것이 더 유익할 것으로 생각합니다. 이것은 불필요한 통근을 줄이게 되어 시간을 절약할 수 있을 것입니다. 회사가 등록금의 반을 지불할 것이며, 각 수업을 수료할 때 대학 학점이 주어질 것입니다.

수업	시간	강의실
회계 입문	월, 금 오후 6시 - 오후 8시	202호
마케팅 입문	화, 목 오후 6시 - 오후 9시	202호
기업 경영	월, 수 오후 6시 - 오후 8시	203호

수업을 듣고 싶으시면 인사부 웹사이트에서 등록 양식을 다운로드 받으십시오. 추가 설명이 게시판에 게시되어 있습니다.

11 What is NOT a feature of the company's on-site classes?

↳ 키워드

(A) They will award university credit.
(B) They will save staff time by minimizing travel time.
(C) They will be available at no charge.
(D) They will be run by a university.

사내 수업의 특성이 아닌 것은 무엇인가?

(A) 대학 학점을 줄 것이다.
(B) 이동 시간을 최소화하여 직원들의 시간을 절약할 것이다.
(C) 무료로 이용할 수 있을 것이다.
(D) 대학에 의해 운영될 것이다.

NOT/TRUE 문제

지문에서 사내 수업과 관련된 부분의 내용과 각 보기를 하나씩 대조합니다. (A)는 'university credit will be given'에서, (B)는 'This will save time ~ commuting.'에서 언급되었습니다. (C)는 'Half of the enrollment fee will be paid by the company'에서 회사에서 등록금의 반을 지불한다고 말하고 있으므로 본문의 내용과 일치하지 않습니다. 따라서 (C) They will be available at no charge가 정답입니다. (D)는 'Belhaven is pleased to provide on-site classes from Harvey University'에서 언급되었습니다.

12 What should employees do if they are interested in attending a class?

↳ 키워드

(A) Call the human resources department
(B) Ask for their supervisors' approval
(C) Contact the university
(D) Obtain a document

수업에 참여하고 싶으면 직원들은 무엇을 해야 하는가?

(A) 인사부에 전화한다
(B) 상사의 승인을 받는다
(C) 대학에 연락한다
(D) 문서를 얻는다

육하원칙 문제

질문의 키워드인 interested in attending a class가 지문에서 interested in taking a class로 paraphrase되었으므로 그 주변에서 정답의 단서를 확인합니다. 'If you are interested in taking a class, please download a registration form'에서 수업을 듣고 싶으면 등록 양식을 다운로드 받으라고 말하고 있으므로, (D) Obtain a document가 정답입니다. download a registration form을 Obtain a document로 paraphrase하였습니다.

01 분사의 자리와 역할

p.287

01 The hotels / located in Miami / are / famous / for their beautiful beaches.
↳ 명사 뒤
호텔들은 / 마이애미에 위치한 / 유명하다 / 아름다운 해변으로

02 Monte Motor / is / the leading company / in the automobile industry. Monte Motor사는 / 선두 회사이다 / 자동차 업계에서
↳ 명사 앞

03 We / will receive / a decreased bonus / this year. 우리는 / 받을 것이다 / 감액된 보너스를 / 올해
↳ 명사 앞

04 The bank / provides / help / for depositors / trying to save money. 은행은 / 준다 / 도움을 / 예금자들에게 / 돈을 저축하려는
↳ 명사 뒤

05 Ms. Jones / is looking for / highly motivated workers. Ms. Jones는 / 찾고 있다 / 매우 의욕적인 직원들을
↳ 명사 앞

06 He / got a call / inquiring / about flights to Japan. 그는 / 전화를 받았다 / 문의하는 / 일본행 항공편에 대해
↳ 명사 뒤

07	Construction / has started / on a bridge / connecting / the cities of Freeport and Gardenia. 공사는 / 시작되었다 / 다리에서 / 연결하는 / Freeport와 Gardenia의 도시들을 명사 뒤	Freeport와 Gardenia의 도시들을 연결하는 다리에서 공사가 시작되었다.

분사 넣기 문제
빈칸은 명사 bridge(다리) 뒤에서 명사를 수식하는 형용사 역할을 하고 있으므로 분사인 (A) connecting(연결하는)이 정답입니다. 동사인 (B) will connect, (C) connect(연결하다), (D) have connected는 분사가 와야 하는 명사 뒷자리에 올 수 없습니다.

08	The organization / accepted / full responsibility / for the damages / caused by its members. 그 단체는 / 받아들였다 / 모든 책임을 / 손해에 대한 / 직원들로 인해 생긴 명사 뒤	그 단체는 직원들로 인해 생긴 손해에 대한 모든 책임을 받아들였다.

분사 넣기 문제
빈칸은 명사 damages(손해) 뒤에서 명사를 수식하는 형용사 역할을 하고 있으므로 분사인 (C) caused(야기된)가 정답입니다. 동사인 (A) causes와 (B) has caused, 동사 또는 명사인 (D) cause(야기하다; 원인)는 분사가 와야 하는 명사 뒷자리에 올 수 없습니다.

09	Mr. Chang / is traveling / around Paris / to visit / some of the most famous museums / in the world. Mr. Chang은 / 여행 중이다 / 파리 주변을 / 방문하기 위해 가장 유명한 박물관 중 몇 군데를 / 세계에서 to 부정사 - 부사 역할	Mr. Chang은 세계에서 가장 유명한 박물관 중 몇 군데를 방문하기 위해 파리 근방을 여행 중이다.

to 부정사 넣기 문제
빈칸에는 문장 뒤에서 문장 전체를 수식하는 부사 역할을 하는 to 부정사 (B) to visit가 와야 합니다. to 부정사가 와야 하는 자리에 동사 또는 명사인 (A) visit(방문하다; 방문)와 동사인 (D) visited, 명사인 (C) visitor(방문자)는 올 수 없습니다.

10	Each employee / should carefully study / the materials / given out / at the beginning of the workshop. 각 직원들은 / 주의 깊게 공부해야 한다 / 자료를 / 배포된 / 워크숍 초반에 명사 뒤	각 직원들은 워크숍 초반에 배포된 자료를 주의 깊게 공부해야 한다.

분사 넣기 문제
주어, 동사, 목적어를 갖춘 완전한 절(Each employee should carefully study the materials)이 있으므로 나머지 부분은 수식어로 봐야 합니다. 빈칸은 명사 materials(자료) 뒤에서 명사를 수식하는 형용사 역할을 하고 있으므로 분사인 (C) given(주어진)이 정답입니다. 동사인 (A) will give, (B) gave, (D) give(주다)는 분사가 와야 하는 명사 뒷자리에 올 수 없습니다.

02 분사구문

01 When filling out the survey, / you / do not need / to answer / all the questions.
접속사 + 분사
그 설문지를 작성할 때 / 당신은 / 필요가 없다 / 답변할 / 모든 질문에

02 Getting good reviews, / the product / is / in high demand. 좋은 평가를 받았기 때문에 / 그 상품은 / 수요가 많다
분사

03 When faced with a problem, / he / always / finds / a solution. 문제에 직면했을 때 / 그는 / 항상 / 찾는다 / 해결책을
접속사 + 분사

04 Damaged by the hurricane, / the building / had to be renovated. 허리케인으로 손상되었기 때문에 / 그 건물은 / 수리되어야 했다
분사

05 Taking responsibility for the failure of the promotion, / the manager / stepped down.
분사
판촉 행사 실패에 대한 책임을 지기 위해 / 그 부장은 / 사임했다

06 Unless directed by your doctor, / do not take / any other medication. 의사의 지시 없이 / 복용하지 마시오 / 어떤 다른 약물도
접속사 + 분사

07 After organizing a joint venture business, / Mr. Simon / met / with some interested investors.
(접속사 + 분사) 합작 기업을 설립한 후에 / Mr. Simon은 / 만났다 / 몇몇 관심 있는 투자가들과

합작 기업을 설립한 후에, Mr. Simon은 몇몇 관심 있는 투자가들과 만났다.

분사구문 넣기 문제
쉼표 뒤에 주어 Mr. Simon과 동사 met이 갖추어진 완전한 절이 있으므로 앞부분은 문장 앞에 와서 부사 역할을 하는 분사구문입니다. 분사구문은 '(접속사 +) 분사'의 형태이므로, 접속사 After 다음에 분사인 (A) organizing(설립하는)이 와야 합니다.

08 Trained adequately, / new employees / will be able to / successfully perform / their duties.
(분사) 충분히 훈련받으면 / 신입사원들은 / 할 수 있을 것이다 / 성공적으로 수행하다 / 그들의 직무를

충분히 훈련받으면, 신입사원들은 성공적으로 그들의 직무를 수행할 수 있을 것이다.

분사구문 넣기 문제
쉼표 뒤에 주어 new employees와 동사 will be able to successfully perform이 갖추어진 완전한 절이 있으므로 앞부분은 문장 앞에 와서 부사 역할을 하는 분사구문입니다. 분사구문은 '(접속사 +) 분사'의 형태이므로 분사인 (C) Trained(훈련받은)가 와야 합니다.

09 Michael / is considering / joining the football team / next school year.
Michael은 / 고려 중이다 / 미식축구팀에 가입하는 것을 (consider + 동명사) / 다음 학년에

Michael은 다음 학년에 미식축구팀에 가입하는 것을 고려 중이다.

동명사 넣기 문제
동사 is considering 다음에 목적어 자리가 비어 있습니다. 이때 consider(고려하다)는 동명사를 목적어로 취하는 동사입니다. 따라서 빈칸에는 동명사 (C) joining이 와야 합니다.

10 Before working as a caterer, / Janet / was employed / as a restaurant chef / for many years.
(접속사 + 분사) 음식 공급자로 일하기 전에 / Janet은 / 고용되었다 / 식당 요리사로서 / 수년간

음식 공급자로 일하기 전에, Janet은 수년간 식당 요리사로 근무했었다.

분사구문 넣기 문제
쉼표 뒤에 주어 Janet과 동사 was employed가 갖추어진 완전한 절이 있으므로 앞부분은 문장 앞에 와서 부사 역할을 하는 분사구문입니다. 분사구문은 '(접속사 +) 분사'의 형태이므로 분사인 (B) working이 와야 합니다.

03 현재분사와 과거분사

01 Ms. Holly / reread / the edited annual reports. Ms. Holly는 / 다시 읽었다 / 편집된 연례 보고서를
과거분사

02 Board members / visited / the recently bought property / on Fifth Avenue.
과거분사
이사회 임원들은 / 방문했다 / 최근에 구입된 부동산을 / 5번가에 있는

03 The number of staff members / agreeing / to do volunteer work / has been growing / every year.
현재분사
직원 수가 / 동의하는 / 자원 봉사를 하기로 / 증가해 왔다 / 매년

04 The flight / leaving Auckland / for New York / was delayed / due to mechanical problems.
현재분사
비행기는 / 오클랜드를 출발해 / 뉴욕으로 가는 / 연착되었다 / 기계 결함 때문에

05 The company spokesperson / read / from a prepared statement.
그 회사 대변인은 / 읽었다 / 준비된 성명서로부터 / 과거분사

회사 대변인은 준비된 성명서를 읽었다.

현재분사와 과거분사 구별 문제
명사 statement(성명서)를 수식할 수 있는 것은 형용사 역할을 하는 분사 (B) preparing 또는 (C) prepared입니다. 의미상 '준비하는(preparing) 성명서'보다 '준비된(prepared) 성명서'가 더 자연스러우므로, 과거분사인 (C)가 정답입니다.

06 There are no assigned seats / at the conference, / so attendees / may sit / wherever they like.
지정된 좌석이 없다 / 과거분사 / 그 회의에서 / 그래서 참석자들은 / 앉을 수 있다 / 어디든 그들이 좋아하는 곳에

그 회의는 지정된 좌석이 없으므로, 참석자들은 그들이 원하는 곳 어디에든 앉을 수 있다.

현재분사와 과거분사 구별 문제
명사 seats(좌석)를 수식할 수 있는 것은 형용사 역할을 하는 분사 (B) assigned 또는 (C) assigning입니다. 의미상 '지정하는(assigning) 좌석'보다 '지정된(assigned) 좌석'이 더 자연스러우므로, 과거분사인 (B)가 정답입니다.

07~09 **Questions 07-09 refer to the following notice.**
공고에 관한 지문

Dartmouth Electric Co. / encourages / its customers / to conserve / electricity. Our Web site now includes / a Save Energy section / 07 offering tips / for reducing energy use. Answering a 08 detailed online questionnaire / will provide / insight into your consumption habits. 09 The site also includes / a list of energy efficient appliances. Visitors can read / about hundreds of new products / designed to use less electricity. We hope / this information will be useful / to you.

Dartmouth Electric사는 / 장려합니다 / 고객들이 / 절약하기를 / 전기를 / 저희 웹사이트는 이제 포함합니다 / Save Energy 섹션을 / 방법을 제공하는 (현재분사) / 에너지 사용을 줄이는 / 상세히 열거된 온라인 설문에 답하는 것은 (과거분사) / 제공할 것입니다 / 여러분의 소비 습관에 대한 통찰력을 / 사이트는 또한 포함합니다 / 에너지 효율적인 가전제품의 목록을 / 방문객들은 읽을 수 있습니다 / 다수의 새로운 제품에 대해 / 더 적은 전기를 사용하도록 디자인된 / 저희는 희망합니다 / 이 정보가 유용하기를 / 여러분에게

07-09번은 다음 공고에 관한 문제입니다.

Dartmouth Electric사는 고객들이 전기를 절약하도록 장려합니다. 저희 웹사이트는 이제 에너지 사용을 줄이는 방법을 제공하는 Save Energy 섹션을 포함합니다. 상세히 열거된 온라인 설문에 답하는 것은 여러분의 소비 습관에 대한 통찰력을 제공할 것입니다. 또한 사이트는 에너지 효율적인 가전제품의 목록을 제공합니다. 방문객들은 전기를 더 적게 사용하도록 디자인된 다수의 새로운 제품에 대해 읽으실 수 있습니다. 저희는 여러분에게 이 정보가 유용하기를 바랍니다.

07 현재분사와 과거분사 구별 문제
명사 section(섹션)을 수식할 수 있는 것은 형용사 역할을 하는 분사 (C) offering 또는 (D) offered입니다. 의미상 '제공된(offered) 섹션'보다 '제공하는(offering) 섹션'이 더 자연스러우므로, 현재분사인 (C) offering이 정답입니다.

08 현재분사와 과거분사 구별 문제
명사 online questionnaire(온라인 설문)를 수식할 수 있는 것은 형용사 역할을 하는 분사 (B) detailed 또는 (C) detailing입니다. 의미상 '상세히 열거한(detailing) 온라인 설문'보다 '상세히 열거된(detailed) 온라인 설문'이 더 자연스러우므로, 과거분사인 (B) detailed가 정답입니다.

09 알맞은 문장 고르기 문제
빈칸에 들어갈 알맞은 문장을 고르는 문제이므로 빈칸의 주변 문맥을 파악합니다. 뒤 문장 'Visitors can read about hundreds of new products designed to use less electricity.'에서 방문객들은 전기를 더 적게 사용하도록 디자인된 다수의 새로운 제품에 대해 읽을 수 있다고 했으므로 빈칸에는 또한 사이트는 에너지 효율적인 가전제품의 목록을 제공한다는 내용이 들어가야 함을 알 수 있습니다. 따라서 (B) The site also includes a list of energy efficient appliances가 정답입니다. (보기 해석 p. 578)

형용사 어휘(1)

p.293

01 The staff members / had / different opinions / on the matter. 직원들은 / 가지고 있었다 / 다른 의견을 / 그 문제에 대해
다른 의견

02 Coaches / say / that the athlete / is / promising / as the next record-breaking sprinter.
전도유망하다 코치들은 / 말한다 / 그 운동 선수가 / 전도유망하다고 / 전례 없는 차기 단거리 주자로서

03 The crowd / at the trade show / was enthusiastic / about the new product.
~에 대해 열정적인 사람들은 / 무역박람회에 있는 / 열정적이었다 / 신제품에 대해

04 The store / accepts / returns / of defective items. 그 가게는 / 받아들인다 / 반품을 / 결함이 있는 물품에 대한
결함 있는 물품

05 The company / maintains / a professional image / by having a dress code.
회사는 유지한다 전문적인 인상을 복장규정을 통해
a professional image 전문적인 이미지

회사는 복장규정을 통해 전문적인 인상을 유지한다.

'회사는 복장규정을 통해 ___ 인상을 유지한다'는 문맥에 적합한 어휘는 (D) professional(전문적인)입니다. (A) negligible(무시해도 될 정도의), (B) defective(결함 있는), (C) vacant(비어 있는)는 문맥에 적합하지 않습니다.

06 The hurricane victims / will stay / in temporary housing / until they / can be relocated.
허리케인의 피해자들은 머물 것이다 임시 피난처에 그들이 ~때까지 이전할 수 있다
temporary housing 임시 피난처

허리케인의 피해자들은 그들이 이사할 수 있을 때까지 임시 피난처에 머물 것이다.

'이사할 수 있을 때까지 ___ 피난처에 머물 것이다'는 문맥에 적합한 어휘는 (D) temporary(임시의)입니다. (A) minor(중요치 않은), (B) demanding(큰 노력을 요하는), (C) extensive(광범위한)는 문맥에 적합하지 않습니다.

07 ~ 09 **Questions 07-09 refer to the following memo.**
↳ 회람에 관한 지문

From: Rachel Weiss, Director of Operations
To: All store managers

In our type of business, / it is quite 07 common / for customers to complain /
우리 업계에서 ~하는 것은 꽤 일반적입니다 고객들이 항의하는 것은
about poor service. For this reason, / company executives / wish for / all store
불량한 서비스에 대해 이러한 이유 때문에 회사 경영진은 바랍니다
managers / to attend / a series of seminars / about how to improve in this area.
모든 상점 관리자들이 참석하기를 일련의 세미나에 이 부분을 개선하는 방법에 대한
We hope / to promote / 08 continuous learning / among each and every
우리는 희망합니다 장려하기를 끊임없는 배움을
member of Harvey's Department Store, / so these seminars / will be held
Harvey's 백화점의 모든 직원들 사이에 그러므로 이 세미나들은 개최될 것입니다
regularly / at the company's training facility. 09 The first one / is scheduled /
주기적으로 회사의 교육 시설에서 첫 번째 세미나는 예정되어 있습니다
for June 20. Please note / that attendance is mandatory.
6월 20일로 유의하세요 참석이 의무적임을

It is common for A to B A가 B하는 것은 일반적이다
continuous learning 끊임없는 배움

07-09번은 다음 회람에 관한 문제입니다.

발신: Rachel Weiss, 경영 이사
수신: 상점 관리자 전원

우리 업계에서 고객들이 불량한 서비스에 대해 항의하는 것은 꽤 일반적입니다. 이러한 이유 때문에, 회사 경영진은 모든 상점 관리자들이 이 부분을 개선하는 방법에 대한 일련의 세미나에 참석하기를 바랍니다. 자사는 Harvey's 백화점의 모든 직원들의 끊임없는 배움을 장려하기를 희망하므로 이 세미나들은 자사의 교육 시설에서 주기적으로 개최될 것입니다. 첫 번째 세미나는 6월 20일로 예정되어 있습니다. 참석이 의무적이라는 점을 유의하세요.

07 '고객들이 불량한 서비스에 대해 항의하는 것은 꽤 ___이다'는 문맥에 적합한 어휘는 (B) common(일반적인)입니다. (A) insecure(불안한), (C) difficult(어려운), (D) necessary(필요한)는 문맥에 적합하지 않습니다.

08 '모든 직원들의 ___ 배움을 장려하고자 한다'는 문맥에 적합한 어휘는 (C) continuous(끊임없는)입니다. (A) original(원래의), (B) experimental(실험의), (D) remarkable(눈에 띄는)은 문맥에 적합하지 않습니다.

09 빈칸에 들어갈 알맞은 문장을 고르는 문제이므로 빈칸의 주변 문맥을 파악합니다. 앞 문장 'these seminars will be held regularly at the company's training facility'에서 이 세미나는 주기적으로 개최될 것이라고 했으므로 빈칸에는 첫 번째 세미나는 6월 20일로 예정되어 있다는 내용이 들어가야 함을 알 수 있습니다. 따라서 (D) The first one is scheduled for June 20가 정답입니다. (보기 해석 p. 578)

p.296

01 Your responses / on the questionnaire / are / private.
당신의 응답은 설문지에 대한 비밀입니다
= The information / you / give / in the survey / will remain / confidential.
정보는 당신이 제공하는 설문지에서 남을 것입니다 기밀로

설문지에 대한 귀하의 응답은 비밀입니다.
= 귀하께서 설문지에 제공하는 정보는 기밀일 것입니다.

private(비밀의)과 비슷한 의미를 지닌 (A) confidential(기밀의)이 빈칸에 적합합니다.

02 The car / is / in good shape / considering / it / is / secondhand.
그 차는 상태가 좋다 ~을 고려하면 그것이 중고이다
= This used car / is / in very good condition.
이 중고차는 아주 상태가 좋다

중고라는 것을 고려하면 그 차는 상태가 좋다.
= 이 중고차는 상태가 아주 좋다.

shape(상태)과 비슷한 의미를 지닌 (A) condition(상태)이 빈칸에 적합합니다.

03 This month's issue / will be your last, / unless you / extend / your contract.
이번 달 호는 당신의 마지막이 될 것입니다 당신이 ~하지 않는다면 연장하다 당신의 계약을
= Your subscription / will end / this month / if you / do not renew / it.
당신의 구독이 끝날 것입니다 이번 달에 당신이 ~라면 갱신하지 않는다 그것을

계약을 연장하지 않는다면 이번 달 호가 마지막이 될 것입니다.
= 만약 구독을 갱신하지 않으면 이번 달로 구독이 끝날 것입니다.

extend(연장하다)와 비슷한 의미를 지닌 (B) renew(갱신하다)가 빈칸에 적합합니다.

04 Due to higher prices / for raw materials, / we / decided / to substitute / nylon / for silk.
높은 가격 때문에 원료의 우리는 결정했다 대체하기로 나일론으로 실크 대신
= Nylon / replaced / silk / because nylon / is / much more affordable.
나일론이 대신했다 실크를 나일론이 ~이기 때문에 훨씬 더 가격이 알맞다

원료의 높은 가격 때문에 우리는 실크 대신 나일론으로 대체하기로 결정했다.
= 나일론의 가격이 훨씬 더 알맞음에 따라 나일론이 실크를 대신했다.

substitute(대체하다)와 비슷한 의미를 지닌 (A) replaced(대신했다)가 빈칸에 적합합니다.

05 As my job / involves / frequent business trips, / I / plan / to stay / at your hotel / often.
제 직업이 ~때문에 포함합니다 잦은 출장을 저는 계획합니다 머물 것을 당신의 호텔에 자주

(A) I / may become / a regular customer / because / I / travel / for work / often.
제가 될 수도 있습니다 단골 고객이 ~때문에 제가 여행합니다 직업상 자주

(B) The reason / I / stay / at your hotel / regularly / is / that I / am always satisfied / with its service.
이유는 제가 머무는 당신의 호텔에 정기적으로 입니다 제가 ~라는 것 항상 만족합니다 서비스에

직업상 출장이 잦기 때문에 귀 호텔에 자주 머물 계획입니다.

(A) 제가 직업상 출장을 자주 다니기 때문에 귀 호텔의 단골 고객이 될 것 같습니다.

(B) 제가 귀 호텔에 정기적으로 머무는 이유는 서비스에 항상 만족하기 때문입니다.

frequent business trips를 travel for work often으로, stay at your hotel often을 a regular customer로 paraphrase하여 그 의미가 가까운 (A)가 정답입니다. 주어진 문장에서 호텔 서비스 만족도에 대한 언급은 하지 않았으므로 (B)는 오답입니다.

06 To provide / better service, / we / ask / patrons / to fill out / a customer satisfaction survey.
제공하기 위해 더 나은 서비스를 우리는 요청한다 단골 고객들에게 작성하는 것을 고객 만족 설문지를

(A) The questionnaire / is designed / to determine / which services / are preferred / by customers.
설문지는 제작되었다 결정하기 위해 어떤 서비스가 선호되다 고객에 의해

(B) Customers / are invited / to complete / a survey / to help / us / improve / service.
고객들은 부탁 받는다 작성하기를 설문지를 도와주기 위해 우리를 향상시키는 것을 서비스를

더 나은 서비스를 제공하기 위해 단골 고객들에게 고객 만족 설문지 작성을 요청합니다.

(A) 고객들이 어떤 서비스를 선호하는지를 결정하기 위해 설문지가 제작되었습니다.

(B) 고객들은 우리가 서비스를 향상시키는 데 도움이 되도록 설문지를 작성하기를 부탁받는다.

provide better service를 improve service로, patrons를 Customers로, fill out을 complete으로 paraphrase하여 그 의미가 가까운 (B)가 정답입니다. 주어진 문장에서 서비스 선호도에 대한 언급은 하지 않았으므로 (A)는 오답입니다.

07 The construction company / believed / that District D / was / a good site / for industrial plants.
건설회사는 믿었다 D 구역이 ~라는 것 좋은 장소였다 산업용 공장으로

(A) The builder / thought / District D / was / a suitable location / to construct / industrial factories.
건축업자는 생각했다 D 구역이 적절한 장소라고 세우기에 산업용 공장을

(B) The developer / began / to build / several industrial plants / in District D.
개발업자는 시작했다 짓는 것을 몇몇 산업용 공장을 D 구역에

건설회사는 D 구역이 산업용 공장이 들어서기에 좋은 장소라고 생각했다.

(A) 건축업자는 D 구역이 산업용 공장을 세우기에 적합한 장소라고 생각했다.

(B) 개발업자는 D 구역에 산업용 공장 몇 동을 짓기 시작했다.

good site를 suitable location으로, plants를 factories로 paraphrase하여 그 의미가 가까운 (A)가 정답입니다. 주어진 문장에서 공장을 짓기 시작했다는 언급은 하지 않았으므로 (B)는 오답입니다.

08 The award / is known / as the Bell Award, / in honor / of the man / who founded / Bell Industries.
그 상은 알려져 있다 Bell Award로 경의를 표하는 사람에 대한 설립한 Bell사를

(A) Bell / named / the award / after founding / the company.
Bell은 이름 지었다 그 상을 설립한 후에 회사를

(B) The Bell Award / was named / after the company's founder.
Bell Award는 이름이 지어졌다 회사 설립자를 따라

Bell사 설립자에게 경의를 표하는 그 상은 Bell Award로 알려져 있다.

(A) Bell은 회사를 설립한 후에 그 상의 이름을 지었다.

(B) Bell Award는 회사 설립자의 이름을 따서 명명되었다.

in honor of를 named after로, who founded를 founder로 paraphrase하여 그 의미가 가까운 (B)가 정답입니다. 주어진 문장에서 누가, 언제 상의 이름을 지었는지에 대한 언급은 하지 않았으므로 (A)는 오답입니다.

3주 1일 3주 2일 3주 3일 3주 4일 3주 5일

해커스 토익 스타트 Reading

09

Question 09 refers to the following memo.
↳ 회람에 관한 지문

To: All staff members

The company has decided / to change our spending policy. Office
회사는 결정했습니다 우리의 지출 방침을 변경하기로

operating costs / must be kept to a minimum. This is because / the
사무실 운영비는 최소한도로 유지되어야 합니다 이는 ~ 때문입니다

recent economic downturn has led / to much lower profits / this year.
최근 경기 침체가 ~으로 이어졌습니다 훨씬 낮은 수익으로 올해

All departments are encouraged / to find ways to reduce spending.
모든 부서는 장려됩니다 지출을 줄일 수 있는 방법을 찾도록

At the next staff meeting, / we would like a representative / from each
다음 직원 회의에서 우리는 대표자에게 바랍니다

department / to present cost-cutting suggestions.
각 부서의 비용 절감 제안을 해주기를

09번은 다음 회람에 관한 문제입니다.

수신: 전 직원

회사는 지출 방침을 변경하기로 결정했습니다. 사무실 운영비를 최소한도로 유지해야 합니다. 이는 최근 경기 침체가 올해 훨씬 낮은 수익으로 이어졌기 때문입니다. 모든 부서는 지출을 줄이는 방안을 모색하기 바랍니다. 다음 직원 회의에서 각 부서의 대표자 한 명이 비용 절감안을 내주길 바랍니다.

What is the purpose of the memo?
↳ 목적

(A) To notify employees of a staff meeting
(B) To inform employees of a new company policy
(C) To report the annual profits of the company

이 회람의 목적은 무엇인가?

(A) 직원들에게 직원 회의를 알리기 위해
(B) 직원들에게 새로운 회사 방침을 알리기 위해
(C) 회사 연간 수익을 보고하기 위해

주제/목적 찾기 문제

회람의 목적을 묻고 있으므로 지문의 앞부분에서 단서를 찾습니다. 'The company has decided to change our spending policy.'에서 회사가 지출 방침을 변경하기로 결정했다고 말하면서 그에 대한 부연 설명을 하고 있습니다. 따라서 정답은 (B) To inform employees of a new company policy입니다.

10

Question 10 refers to the following memo.
↳ 회람에 관한 지문

To: The staff of Weston Clarkson Incorporated

I am pleased / to announce the promotion of Edmund Park / from
저는 기쁩니다 Edmund Park의 승진을 발표하게 되어

regional sales manager to the vice-president of marketing. Mr. Park has
지사 영업 부장에서 마케팅 부사장으로

been with our company / for the past 25 years. He started as a student
Mr. Park는 우리 회사와 함께 했습니다 지난 25년 동안 그는 학생 인턴으로 시작했습니다

intern / and worked his way up in the company. In his role as a sales
그리고 회사에서 승진을 거듭했습니다 영업 부장으로서

manager, / Mr. Park has proved his talents / by improving sales by
Mr. Park는 그의 재능을 증명해왔습니다 판매를 27퍼센트 증가시킴으로써

27 percent. We are excited to see / what his leadership and ideas will
우리는 보는 것을 기대합니다 그의 지도력과 아이디어가 무엇을 가져 올지

bring / to our overseas marketing department.
우리 해외 마케팅 부서에

10번은 다음 회람에 관한 문제입니다.

수신: Weston Clarkson사 전 직원

Edmund Park가 지사 영업 부장에서 마케팅 부사장으로 승진하게 되었음을 발표하게 되어 기쁩니다. Mr. Park는 우리 회사에서 지난 25년간 근무해 왔습니다. 그는 학생 인턴으로 시작해서 회사에서 승진을 거듭하였습니다. Mr. Park는 판매를 27퍼센트 증가시킴으로써 영업 부장으로서 그의 재능을 증명해왔습니다. 우리는 그의 지도력과 아이디어가 해외 마케팅 부서에 어떤 변화를 가져 올지 기대합니다.

What is NOT mentioned about Edmund Park?
↳ 키워드

(A) He joined the company as a student.
(B) He was successful as a sales manager.
(C) He has been working in foreign countries.

Edmund Park에 대해 언급되지 않은 것은 무엇인가?

(A) 학생 신분으로 입사했다.
(B) 영업 부장으로서 성공했다.
(C) 외국에서 근무해 왔다.

NOT/TRUE 문제

지문 전체가 Edmund Park에 관한 내용이므로 각 보기와 관련된 내용을 지문에서 찾아 대조합니다. (A)는 'He started as a student intern'에서, (B)는 'In his role as a sales manager, Mr. Park has proved his talents'에서 확인할 수 있습니다. (C)는 지문의 마지막 부분에서 해외 마케팅 부서에서 일할 예정이라고 말하고 있으므로 본문의 내용과 일치하지 않습니다. 따라서 (C) He has been working in foreign countries가 정답입니다.

11 ~ 12

Questions 11-12 refer to the following memo.
↳ 회람에 관한 지문

From: Joe Hawkins, Building Maintenance Department
To: All staff
Subject: Building Renovation

[11]The Banner Building, / which contains our employee gym, / will be renovated.
Banner 건물은 / 우리 직원 체육관을 포함하는 / 보수될 것입니다

The work will be performed / in two phases. Phase 1 will begin on the first of July / and be completed in October. It will include the demolition / of the old front wall of the building / and the erection of a glass wall. [12]Phase 2 will take place / from November through January of next year. [12]The work involves / remodeling the fitness center, employee lounge, and cafeteria.
작업은 수행될 것입니다 / 두 단계로 / 1단계는 7월 1일에 시작할 것입니다 / 그리고 10월에 완료될 것입니다 / 이것은 철거를 포함할 것입니다 / 오래된 앞쪽 벽의 / 그리고 유리 벽 건설을 / 2단계는 일어날 것입니다 / 11월부터 내년 1월까지 / 작업은 포함합니다 / 헬스클럽, 직원 휴게실과 구내식당을 개조하는 것을

During the renovation period, / the staff is asked / to use the Sun Fitness Center, / located on Maple Street. The full cost of memberships, / including locker rental, / will be covered by the company. We are sorry / for any inconvenience / this may cause.
보수 기간 중에 / 직원들은 요구됩니다 / Sun 헬스클럽을 이용하는 것이 / Maple가에 위치한 / 회비 전액을 / 사물함 대여료를 포함한 / 회사에 의해 보상될 것입니다 / 우리는 죄송합니다 / 불편에 대해서 / 이 공사로 인해 초래되는

11-12번은 다음 회람에 관한 문제입니다.

발신 : Joe Hawkins, 건물 관리부
수신 : 전 직원
제목 : 건물 보수

직원 체육관이 있는 Banner 건물이 보수될 것입니다.

작업은 두 단계로 수행될 것입니다. 1단계는 7월 1일에 시작해서 10월에 완료됩니다. 이 단계에는 건물 전면의 오래된 벽을 철거하고 유리 벽을 세우는 작업이 포함됩니다. 2단계는 11월부터 내년 1월까지 진행될 것입니다. 작업 내용에는 헬스클럽, 직원 휴게실과 구내식당 개조가 포함되어 있습니다.

보수 기간 중에는 Maple가에 위치한 Sun 헬스클럽을 이용해 주시기 바랍니다. 사물함 대여료를 포함한 회비 전액을 회사가 부담할 것입니다. 공사로 인해 불편을 끼쳐 드려 죄송합니다.

11 Why was the memo written?
↳ 목적

(A) To notify employees of a change in health benefits
(B) To request funds for the renovation project
(C) To invite people to register for the company gym
(D) To inform staff of a plan to remodel

회람은 왜 쓰였는가?

(A) 직원들에게 건강 관련 복리 후생 변경 사항을 알리기 위해
(B) 보수 계획 자금을 요청하기 위해
(C) 회사 체육관 등록을 권하기 위해
(D) 직원들에게 개조 작업 계획에 대해 알리기 위해

주제/목적 찾기 문제

회람의 목적을 묻고 있으므로 지문의 앞부분에서 단서를 찾습니다. 'The Banner Building, ~ will be renovated.'에서 건물 보수 공사를 알리고 그에 대한 일정과 작업 내용에 대해 말하고 있으므로, (D) To inform staff of a plan to remodel이 정답입니다. renovated를 remodel로 paraphrase하였습니다.

12 What will NOT be affected by Phase 2?
↳ 키워드

(A) The gym
(B) The staff lounge
(C) The building wall
(D) The cafeteria

2단계에 영향을 받지 않을 것은 무엇인가?

(A) 체육관
(B) 직원 휴게실
(C) 건물 벽
(D) 구내식당

NOT/TRUE 문제

질문의 키워드 Phase 2가 지문에서 그대로 언급되었으므로 그 주변의 내용과 각 보기를 대조합니다. 'Phase 2', 'The work involves remodeling the fitness center, employee lounge, and cafeteria.'에서 건물 벽에 관한 언급은 없으므로, (C) The building wall이 정답입니다. (C)는 Phase 1에 포함된 작업입니다. fitness center를 gym으로, employee lounge를 staff lounge로 paraphrase하였습니다.

[절] 명사절

01 명사절 자리

p.305

01 That the meeting was scheduled for Saturday / is / disappointing. 회의가 토요일로 예정되었다는 것이 / 실망스럽다
→ 주어 자리

02 The conclusion / is / that a good company creates a supportive environment for its staff.
→ 보어 자리
결론은 / 좋은 회사는 직원을 격려하는 환경을 만든다는 것이다

03 We / talked / about who will participate in the seminar. 우리는 / 이야기 했다 / 누가 세미나에 참석할지에 대해
→ 전치사 뒤

04 Why it took over 30 workers to finish the project / is / unclear.
→ 주어 자리
왜 그 프로젝트를 마치는 데 30명 이상의 직원이 필요했는지 / 이해하기 힘들다

05 Employees / need to understand / what their responsibilities are. 직원들은 / 이해해야 한다 / 그들의 책무가 무엇인지
→ 목적어 자리

06 The article / states / that the current economic situation is getting worse.
→ 목적어 자리
그 기사는 / 보도한다 / 현재 경제 상황이 점점 나빠지고 있다는 것을

07 Mr. Moresby / received / an e-mail / inviting / him / to give a speech / at the Remond Hotel.
Mr. Moresby는 / 받았다 / 이메일을 / 부탁하는 / 그에게 / 연설해 달라고 / Remond 호텔에서
→ 현재분사

Mr. Moresby는 Remond 호텔에서 연설해 달라고 부탁하는 이메일을 받았다.

현재분사와 과거분사 구별 문제

명사 e-mail(이메일)을 뒤에서 수식할 수 있는 것은 형용사 역할을 하는 분사 (C) invited 또는 (D) inviting입니다. 그러나 의미상 '부탁받은(invited) 이메일'보다 '부탁하는(inviting) 이메일'이 더 자연스러우므로 정답은 현재분사인 (D)입니다.

08 Ms. Zarba / argued / that higher spending on advertising can create a favorable consumer attitude toward the product.
Ms. Zarba는 / 주장했다 / 광고에 많은 돈을 지출하는 것이 제품에 대한 우호적인 소비자의 태도를 만들 수 있다고
→ 목적어 자리

Ms. Zarba는 광고에 많은 돈을 쓰는 것이 제품에 대한 우호적인 소비자의 태도를 만들 수 있다고 주장했다.

명사절 접속사 선택 문제

동사 argued(주장했다)의 목적어가 와야 하는 자리에 절이 있으므로, 이 절은 명사처럼 목적어 자리에 올 수 있는 명사절입니다. 따라서 빈칸에는 명사절을 이끄는 명사절 접속사 (B) that이 와야 합니다. 전치사 (A) of, (D) about이나 대명사 (C) it은 명사절 접속사 자리에 올 수 없습니다.

09 Please remember / that the vacation policy has been changed this year.
기억하십시오 / 올해 휴가 정책이 바뀌었다는 것을
→ 목적어 자리

올해 휴가 정책이 바뀌었다는 것을 기억하십시오.

명사절 접속사 선택 문제

동사 remember(기억하다)의 목적어가 와야 하는 자리에 절이 있으므로, 이 절은 명사처럼 목적어 자리에 올 수 있는 명사절입니다. 따라서 빈칸에는 명사절을 이끄는 명사절 접속사 (B) that이 와야 합니다. 전치사 (A) concerning, (C) about이나 대명사 (D) them은 명사절 접속사 자리에 올 수 없습니다.

10 A book on American corporations / will be published / next year / by Merit Publishers.
미국 기업들에 관한 서적이 / 출판될 것이다 / 내년에 / Merit 출판사에 의해
→ 수동태

미국 기업들에 관한 서적이 Merit 출판사에 의해 내년에 출판될 것이다.

능동태와 수동태 구별 문제

주어 A book on American corporations 다음에 동사 자리가 비어 있습니다. 보기 중 동사 자리에 올 수 있는 것은 '조동사 + 동사'인 (C) will publish와 (D) will be published입니다. 그러나 빈칸 뒤에 목적어가 없으므로 수동태 (D)가 정답입니다.

01 That Laura won the competition / is / incredible. Laura가 대회에서 우승했다는 것은 / 놀랍다
확실한 사실(~라는 것)

02 We / will find out / soon / whether the new business is profitable.
불확실한 사실(~인지 아닌지) 우리는 / 알게 될 것이다 / 곧 / 새로운 사업이 이익이 되는지 아닌지를

03 Please note / that the order may take several days to process. 유념해 주십시오 / 그 주문을 처리하는 데 며칠이 걸릴 수 있다는 것을
확실한 사실(~라는 것)

04 We / would like to know / when the test results will be ready. 우리는 / 알고 싶다 / 시험 결과가 언제 나오는지
의문사(언제 ~하는지)

05 Clients / understand / that they should contact the service department to solve any problems.
고객들은 / 안다 / 그들이 모든 문제를 해결하려면 서비스부에 연락해야 한다는 것을
확실한 사실(~라는 것)

고객들은 모든 문제를 해결하기 위해서는 서비스부에 연락해야 한다는 것을 안다.

명사절 접속사 선택 문제
동사 understand의 목적어가 와야 하는 자리에 절이 있으므로, 이 절은 명사처럼 목적어 자리에 올 수 있는 명사절입니다. 따라서 빈칸에는 명사절을 이끄는 명사절 접속사 (A) that과 (B) who가 올 수 있습니다. (B)는 '누가 그들이 ~ 서비스부에 연락해야 한다'라는 어색한 의미를 만들기 때문에 답이 될 수 없습니다. '그들이 서비스부에 연락해야 한다는 것'이라는 확실한 사실을 전달할 때 쓰는 (A)가 정답입니다.

06 The organizers / have not decided / where they will hold the next annual meeting.
주최자들은 / 결정하지 못했다 / 어디서 그들이 다음 연례 회의를 개최할지
의문사(어디서 ~하는지)

주최자들은 다음 연례 회의를 어디서 개최할지 결정하지 못했다.

명사절 접속사 선택 문제
동사 have not decided의 목적어가 와야 하는 자리에 절이 있으므로, 이 절은 명사처럼 목적어 자리에 올 수 있는 명사절입니다. 따라서 빈칸에는 명사절을 이끄는 명사절 접속사 (A) who, (B) where, (C) what이 올 수 있습니다. '어디서 그들이 다음 연례 회의를 개최할지'가 가장 자연스러우므로 (B)가 정답입니다.

07 ~ 09

Questions 07-09 refer to the following article.
기사에 관한 지문

This June, / economic growth in New York / was the highest / in 10 years.
이번 6월 / 뉴욕의 경제 성장은 / 가장 높았습니다 / 10년 중에

07 Whether this change was at all influenced by recent development projects / is still uncertain. However, / what is clear is / 08 that the number of tourists / visiting the city / has risen sharply. 09 Analysts predict / that this trend will continue. This is because the city has increased the amount / it spends to promote its tourist attractions / abroad. Read more about this topic / in our business section.

불확실한 사실(~인지 아닌지) / 이러한 변화가 최근 개발 사업에 의해 영향을 받았는지 아닌지는 / 여전히 불확실합니다 / 하지만 / 명백한 것은 / 보어 자리 / 관광객의 수가 / 도시를 방문하는 / 급격하게 늘었다는 점입니다 / 분석가들은 예측합니다 / 이러한 추세가 계속될 것이라고 / 이것은 시에서 금액을 늘렸기 때문입니다 / 관광 명소를 홍보하는 데 사용하는 / 외국에 / 이 주제에 대해 더 읽어보세요 / 저희의 비즈니스 섹션에서

07-09번은 다음 기사에 관한 문제입니다.

이번 6월, 뉴욕의 경제 성장은 10년 중에 가장 높았습니다. 이러한 변화가 최근 개발 사업의 영향을 받았는지 아닌지는 여전히 불확실합니다. 하지만, 명백한 것은 도시를 방문하는 관광객의 수가 급격하게 늘었다는 점입니다. 분석가들은 이러한 추세가 계속될 것이라고 예측합니다. 이는 시에서 관광 명소를 외국에 홍보하는 데 사용하는 금액을 늘렸기 때문입니다. 저희의 비즈니스 섹션에서 이 주제에 대해 더 읽어보세요.

07 명사절 접속사 선택 문제
문장의 주어가 와야 하는 자리에 절이 있으므로, 이 절은 명사처럼 주어 자리에 올 수 있는 명사절입니다. 따라서 빈칸에는 명사절을 이끄는 명사절 접속사 (B) What과 (D) Whether가 올 수 있습니다. (B)는 '무엇을 이러한 변화가 최근 개발 사업에 의해 영향을 받았는지'라는 어색한 의미를 만들기 때문에 답이 될 수 없습니다. '이러한 변화가 최근 개발 사업에 의해 영향을 받았는지 아닌지'라는 불확실한 사실을 전달할 때 쓰는 (D)가 정답입니다.

08 명사절 접속사 선택 문제
동사 is의 보어가 와야 하는 자리에 절이 있으므로, 이 절은 명사처럼 보어 자리에 올 수 있는 명사절입니다. 따라서 빈칸에는 명사절을 이끄는 명사절 접속사 (B) that이 와야 합니다. 전치사 (A) on, (C) about이나 대명사 (D) this는 명사절 접속사 자리에 올 수 없습니다.

09 알맞은 문장 고르기 문제
빈칸에 들어갈 알맞은 문장을 고르는 문제이므로 빈칸의 주변 문맥을 파악합니다. 뒤 문장 'This is because the city has increased the amount it spends to promote its tourist attractions abroad.'에서 이는 시에서 관광 명소를 외국에 홍보하는 데 사용하는 금액을 늘렸기 때문이라고 했으므로 빈칸에는 분석가들은 이러한 추세가 계속될 것이라고 예측한다는 내용이 들어가야 함을 알 수 있습니다. 따라서 (A) Analysts predict that this trend will continue가 정답입니다. (보기 해석 p. 578)

형용사 어휘(2)

p.309

01 Individuals / should provide / accurate contact information / on packages.
정확한 정보(accurate information)
사람들은 / 제공해야 한다 / 정확한 연락처를 / 소포에

02 The manager expressed / her sincere thanks / to the volunteers. 관리자는 표했다 / 그녀의 진심 어린 감사를 / 봉사자들에게
진심 어린 감사

03 The food industry / is currently expanding / at a rapid rate. 식품업계는 / 현재 확장하고 있다 / 빠른 속도로
빠른 속도로

04 Specific skills, / like adaptability, / are valuable / in the workplace. 특정한 능력은 / 적응력과 같은 / 매우 유용하다 / 직장에서
특정한 능력

05 Living in the downtown area / is / convenient / for those working in the city, / but / it / is / expensive.
도심 지역에 사는 것은 / 편리하다 / 도시에서 일하는 사람들에게 / 그러나 / 비싸다
convenient for ~에게 편리한

도심 지역에 사는 것은 도시에서 일하는 사람들에게 편리하지만 비싸다.

'도심 지역에 사는 것은 도시에서 일하는 사람들에게 ___하다'는 문맥에 적합한 어휘는 (C) convenient(편리한)입니다. (A) sophisticated(세련된), (B) protective(보호하는), (D) accurate(정확한)는 문맥에 적합하지 않습니다.

06 The CEO / is required / to attend an annual meeting / to determine ways / to achieve yearly goals.
최고경영자는 / 요구된다 / 연례 회의에 참가하는 것이 / 방법을 결정하기 위해 / 연간 목표를 달성하기 위한
annual meeting 연례 회의

최고경영자는 연간 목표 달성 방법을 결정하기 위해 연례 회의에 참석할 것이 요구된다.

'목표 달성 방법을 결정하기 위해 ___ 회의에 참석할 것이 요구된다'는 문맥에 적합한 어휘는 (B) annual(연례의)입니다. (A) optional(선택적인), (C) existing(기존의), (D) apparent(분명한)는 문맥에 적합하지 않습니다.

07 ~ 09 **Questions 07-09 refer to the following notice.**
↳ 공고에 관한 지문

Some of the music data / on our Web site / was lost / during a system crash. While we get our server back online, / our technicians / are working on a 07 tentative solution / that may allow you to access your data shortly. / We / will notify you / when your music is 08 available / at our Web site / once more. As compensation, / we will send a $20 coupon / to all our subscribers / today. 09 You can use it / with your next music purchase. Please accept our apologies.

음악 자료 일부가 / 저희 웹사이트의 / 손실되었습니다 / 시스템 고장 동안 / 서버를 온라인에 복구시키는 동안 / 저희 기술자들은 / 임시 해결책을 위해 착수하고 있습니다 / 여러분의 데이터에 즉시 접속할 수 있도록 하는 / 저희는 여러분께 통지할 것입니다 / 여러분의 음악이 이용 가능할 때 / 저희 웹사이트에서 / 다시 한 번 / 보상으로 / 저희는 20달러 쿠폰을 보내드릴 것입니다 / 저희 모든 구독자들에게 / 오늘 / 여러분은 이것을 사용하실 수 있습니다 / 다음 음악 구매에 / 저희의 사과를 받아주시기 바랍니다

tentative solution 임시 해결책
available at ~ ~에서 이용 가능한

07-09번은 다음 공고에 관한 문제입니다.

시스템 고장 동안 웹사이트의 음악 자료 일부가 손실되었습니다. 서버를 온라인에 복구시키는 동안 기술자들은 여러분이 데이터에 즉시 접속할 수 있도록 하는 임시 해결책을 위해 착수하고 있습니다. 저희는 음악이 웹사이트에서 다시 이용 가능할 때 여러분께 통지할 것입니다. 보상으로 모든 구독자들께 20달러 쿠폰을 오늘 보내드릴 것입니다. 이것은 다음 음악 구매 시 사용하실 수 있습니다. 저희의 사과를 받아주시기 바랍니다.

07 '기술자들은 여러분이 데이터에 즉시 접속할 수 있도록 하는 ___ 해결책을 위해 착수하고 있다'는 문맥에 적합한 어휘는 (C) tentative(임시의)입니다. (A) gradual(점진적인), (B) consecutive(연속적인), (D) preventive(예방의)는 문맥에 적합하지 않습니다.

08 '음악이 웹사이트에서 다시 ___할 때 통지할 것이다'라는 문맥에 적합한 어휘는 (A) available(이용 가능한)입니다. (B) effective(효과적인), (C) defective(결함 있는), (D) potential(잠재적인)은 문맥에 적합하지 않습니다.

09 빈칸에 들어갈 알맞은 문장을 고르는 문제이므로 빈칸의 주변 문맥을 파악합니다. 앞 문장 'As compensation, we will send a $20 coupon to all our subscribers today.'에서 보상으로 모든 구독자들께 20달러 쿠폰을 오늘 보내드릴 것이라고 했으므로 빈칸에는 이것은 다음 음악 구매 시 사용하실 수 있다는 내용이 들어가야 함을 알 수 있습니다. 따라서 (B) You can use it with your next music purchase가 정답입니다. (보기 해석 p. 578)

이메일(편지) 연계 지문

p.312

01 The decision / has drawn / criticism / from many employees.
그 결정은 / 가져왔다 / 비난을 / 많은 직원들로부터

= Many of the workers / disapproved / of the decision.
많은 직원들이 / 찬성하지 않았다 / 그 결정에

그 결정은 많은 직원들의 비난을 가져왔다.
= 많은 직원들이 그 결정에 찬성하지 않았다.

has drawn criticism(비난을 가져왔다)과 비슷한 의미를 지닌 (A) disapproved(찬성하지 않았다)가 빈칸에 적합합니다.

02 The fee / for the books / is / almost four weeks / overdue.
요금은 / 그 책들에 대한 / 거의 4주다 / 지불 기한이 넘은 지

= Payment / is / about a month / late.
지불이 / 대략 한 달이다 / 늦은 지

그 책들에 대한 요금은 지불 기한을 넘은 지 거의 4주나 된다.
= 지불이 대략 한 달 늦었다.

overdue(지불 기한이 넘은)와 비슷한 의미를 지닌 (A) late(늦은)가 빈칸에 적합합니다.

03 The identification card / will be valid / for one year / from the date of issue.
신분증은 / 유효할 것이다 / 1년 동안 / 발급된 날짜로부터

(A) ID cards / will be issued / to those / who have worked / for a year.
신분증은 / 발행될 것이다 / 사람들에게 / 근무한 / 1년 동안

Ⓑ The ID / is / effective / for 12 months / from the day / it / was released.
그 신분증은 / 유효하다 / 12개월 동안 / 날로부터 / 그것이 / 발급된

신분증은 발급된 날로부터 1년 동안 유효할 것이다.
(A) 신분증은 1년간 근무한 사람들에게 발행될 것이다.
Ⓑ 신분증은 발급된 날로부터 12개월 동안 유효하다.

valid for one year를 effective for 12 months로, the date of issue를 the day it was released로 paraphrase하여 그 의미가 가까운 (B)가 정답입니다. 주어진 문장에서 신분증이 누구에게 발급되는지에 대한 언급은 하지 않았으므로 (A)는 오답입니다.

04 One of the reasons / for the hotel's closure / is its low occupancy rate.
원인 중 하나는 / 그 호텔 폐업의 / 그것의 낮은 투숙률이다

Ⓐ The number of guests / was / insufficient / for the hotel / to remain / in business.
투숙객의 수는 / 불충분했다 / 그 호텔이 / 계속하기에는 / 사업을

(B) Business guests / found / the hotel / inadequate / for their needs.
비즈니스 투숙객들은 / 느꼈다 / 그 호텔이 / 부적합하다고 / 그들의 필요에

그 호텔 폐업 원인 중 하나는 낮은 투숙률이다.
Ⓐ 그 호텔이 사업을 계속하기에는 투숙객의 수가 불충분했다.
(B) 비즈니스 투숙객들은 그 호텔이 그들의 필요에 적합하지 않다고 생각했다.

low occupancy rate를 The number of guests was insufficient로 paraphrase하여 그 의미가 가까운 (A)가 정답입니다. 주어진 문장에서 호텔이 손님들의 필요에 부적합하다는 언급은 하지 않았으므로 (B)는 오답입니다.

05 ~ 06 **Questions 05-06 refer to the following e-mail and Web page.**
이메일과 웹페이지에 관한 지문

To: Jim Bard <jbard@workspace.com>
From: Sandra Porter <sporter@quicken.com>
Subject: Work Space Package

Dear Mr. Bard,

Thank you / for showing me around the Work Space facility / yesterday.
감사합니다 Work Space 시설을 둘러보도록 안내해주셔서 어제

It was quite impressive. I have decided to register / for one of the packages /
그것은 꽤 인상적이었습니다 저는 등록하기로 결정했습니다 패키지 중 하나에

you offer. [05]I will need to use a private meeting room / for a few hours
귀사가 제공하는 저는 개인 회의실을 사용해야 할 것입니다 매달 몇 시간 동안

each month, / but a reserved desk won't be necessary. Could you let me
하지만 전용 책상은 필요하지 않을 것입니다 제게 알려주시겠습니까

know / if a parking spot is included in the fee? Thank you.
요금에 주차 공간이 포함되어 있는지 감사합니다

Sandra Porter

---

www.workspace.com/about

[06]With locations in urban areas / across the country, / Work Space
도시 지역에 지점들이 있는 전국 각지의 Work Space는

provides access / to affordable and innovative work areas. Our
이용권을 제공합니다 저렴하고 혁신적인 업무 공간에 대한

buildings are open 24 hours per day / and have [06]free Wi-Fi. We are
저희 건물은 하루에 24시간 열려 있습니다 그리고 무료 와이파이가 있습니다 저희는

currently offering three monthly packages:
현재 세 개의 월간 패키지를 제공하고 있습니다

Blue Package	[05]Green Package	[05]Red Package
• Access to our shared work areas	• Access to our shared work areas • [05]Use of a private meeting room (four hours per month)	• Access to our shared work areas • [05]A dedicated desk that will not be used by anyone else • Use of a private meeting room (eight hours per month)

For information about pricing, / click here.
가격 책정에 대한 정보를 위해서는 여기를 클릭하십시오

05-06번은 다음 이메일과 웹페이지에 관한 문제입니다.

수신: Jim Bard <jbard@workspace.com>
발신: Sandra Porter <sporter@quicken.com>
제목: Work Space 패키지

Mr. Bard께,

어제 Work Space 시설을 둘러보도록 안내해주셔서 감사합니다. 그것은 꽤 인상적이었습니다. 저는 귀사가 제공하는 패키지 중 하나에 등록하기로 결정했습니다. 저는 매달 몇 시간 동안 개인 회의실을 사용해야 할 것이지만, 전용 책상은 필요하지 않을 것입니다. 요금에 주차 공간이 포함되어 있는지 제게 알려주시겠습니까? 감사합니다.

Sandra Porter

---

www.workspace.com/about

전국 각지의 도시 지역에 지점들이 있는, Work Space는 저렴하고 혁신적인 업무 공간에 대한 이용권을 제공합니다. 저희 건물은 하루에 24시간 열려 있고 무료 와이파이가 있습니다. 저희는 현재 세 개의 월간 패키지를 제공하고 있습니다.

블루 패키지	그린 패키지	레드 패키지
· 공유 업무 공간에 대한 이용권	· 공유 업무 공간에 대한 이용권 · 개인 회의실 사용(한 달에 4시간)	· 공유 업무 공간에 대한 이용권 · 다른 사람에 의해 사용되지 않을 전용 책상 · 개인 회의실 사용(한 달에 8시간)

가격 책정에 대한 정보를 얻으려면, 여기를 클릭하십시오.

05 Which monthly package will Ms. Porter most likely sign up for?
키워드

(A) Blue Package
(B) Green Package
(C) Red Package

Ms. Porter는 어느 월간 패키지에 등록할 것 같은가?

(A) 블루 패키지
(B) 그린 패키지
(C) 레드 패키지

연계 문제 (추론)
Ms. Porter가 어느 월간 패키지에 등록할 것 같은지를 묻고 있으므로, Ms. Porter가 작성한 첫 번째 지문에서 단서를 찾습니다. 이메일의 'I will need to use a private meeting room for a few hours each month, but a reserved desk won't be necessary.'에서 Ms. Porter는 매달 몇 시간 동안 개인 회의실을 사용해야 하지만, 전용 책상은 필요하지 않다는 것을 알 수 있습니다. 정답을 선택하기에는 단서가 부족하므로 두 번째 지문에서 첫 번째 단서와 연계된 두 번째 단서를 찾습니다. 웹페이지의 'Green Package', 'Use of a private meeting room (four hours per month)'과 'Red Package', 'A dedicated desk that will not be used by anyone else'에서 그린 패키지는 한 달에 4시간 개인 회의실을 사용할 수 있고, 레드 패키지는 전용 책상이 제공된다는 것을 확인할 수 있으므로, Ms. Porter는 개인 회의실 사용 시간은 제공되지만 전용 책상은 제공되지 않는 그린 패키지에 등록할 것임을 추론할 수 있습니다. 따라서 (B) Green Package가 정답입니다.

06 What is NOT true about Work Space?
↳ 키워드

(A) It has branches in multiple cities.

(B) It provides complimentary Internet access.

Ⓒ It offers reserved parking for clients.

Work Space에 대해 사실이 아닌 것은?

(A) 여러 도시에 지점들이 있다.

(B) 무료 인터넷 접속을 제공한다.

Ⓒ 고객들을 위해 지정 주차를 제공한다.

NOT/TRUE 문제

Work Space에 대해 묻고 있으므로 Work Space에 관한 웹페이지인 두 번째 지문에서 그 내용과 보기를 대조합니다. (A)는 지문의 'With locations in urban areas across the country'에서, (B)는 'free Wi-Fi'에서 확인할 수 있습니다. 하지만 지정 주차를 제공한다는 언급은 없으므로, (C) It offers reserved parking for clients가 정답입니다. free Wi-Fi를 complimentary Internet access로 paraphrase하였습니다.

07 ~ 11 **Questions 07-11 refer to the following e-mails.**
↳ 두 이메일에 관한 지문

[07]From: Richard King, Morris Electronics <rking@melectronics.com>
To: Linda Watson, Brooks Textiles <lindawatz@brookstextiles.com>
Subject: Waterproof jackets

Dear Ms. Watson,

[07]I am looking for a firm / to supply 500 waterproof jackets / for our staff.
저는 회사를 찾고 있습니다 500벌의 방수 점퍼를 공급해 줄 우리 직원들에게
I saw your textile exhibit / at the Atlanta Textile Convention / this
저는 귀사의 직물 전시를 봤습니다 애틀랜타 직물 컨벤션에서
February / and thought / your award-winning items would fit our needs.
이번 2월에 그리고 생각했습니다 상을 받은 귀사의 품목들이 우리 요구에 적합할 것으로
The items will be presented / as gifts / for our 30th anniversary / on
이 품목은 주어질 것입니다 선물로써 우리 회사 30주년 기념일을 위해
May 12. They need to arrive / at our company / by May 9 / because they
5월 12일에 그것들은 도착해야 합니다 우리 회사에 5월 9일까지
are scheduled / to be distributed / [08]at a company outing / on May 10.
예정되어 있기 때문에 나눠주기로 회사 야유회에서 5월 10일에
[10]The order needs to be handled / promptly / since we have only one
주문이 처리되어야 합니다 신속히 겨우 일주일 밖에 남지 않았기 때문에
week left. Could you send your latest catalog, textile samples, and a
귀사의 최신 카탈로그, 직물 샘플, 그리고 한 벌당 가격 견적을 보내주시겠습니까
per unit price quote / today? / Thank you.
오늘 감사합니다

07-11번은 다음 두 이메일에 관한 문제입니다.

발신: Richard King, Morris Electronics사 <rking@melectronics.com>
수신: Linda Watson, Brooks Textiles사 <lindawatz@brookstextiles.com>
주제: 방수 점퍼

Ms. Watson께,
저는 직원들에게 제공할 방수 점퍼 500벌을 공급할 회사를 찾고 있습니다. 올 2월에 애틀랜타 직물 컨벤션에서 귀사의 직물 전시를 보고, 상을 받은 귀사의 품목들이 우리 요구에 부합한다고 생각했습니다. 점퍼는 5월 12일 회사 30주년 기념 선물로 지급될 예정입니다. 점퍼를 5월 10일 회사 야유회에서 나눠줄 예정이기 때문에, 5월 9일까지 저희 회사에 도착해야 합니다. 일주일 밖에 남지 않았기 때문에 주문이 신속히 처리되어야 합니다. 귀사의 최신 카탈로그, 원단 샘플, 한 벌당 가격 견적을 오늘 보내주시겠습니까? 감사합니다.

---

[09]From: Linda Watson, Brooks Textiles <lindawatz@brookstextiles.com>
To: Richard King, Morris Electronics <rking@melectronics.com>
Subject: Textile description

Dear Mr. King,
Thank you / for your interest in our company. I have listed the main
감사합니다 저희 회사에 대한 귀하의 관심에 대해 저는 각 원단의 주요 특징을 열거했습니다
features of each material / in this e-mail. [10]Normally / delivery takes
이 이메일에 보통 배송은 2주 정도 걸립니다
about two weeks, / but we can meet your order request / for a nominal
하지만 저희는 귀하의 주문 요청을 맞출 수 있습니다 아주 적은 추가 비용으로
additional cost. [09]I would like to bring our catalogs and samples to your
저는 저희의 카탈로그와 샘플을 귀하의 사무실로 가지고 가고 싶습니다
office / to discuss your order further. If this would be convenient for
귀하의 주문 사항을 더 논의하기 위해 만약 이것이 편리하시다면
you, / please call me / to set a meeting time.
전화 주십시오 약속 시간을 잡기 위해

[11]WELL-TEX
Windproof and extremely durable. Machine-washable and waterproof.
방풍되고 내구성이 매우 강함 기계 세탁 가능하고 방수됨

Ventos
A robust and heavyweight fabric. This is used / by the Scottish Antarctic
튼튼하고 두툼한 직물 이것은 사용됨 스코틀랜드 남극 조사단에 의해
Survey Team.

FEEL-TEX
A polyester fleece / that is soft, light, and warm. It dries quickly.
폴리에스테르 플리스 부드럽고, 가볍고, 따뜻한 빨리 마름

발신: Linda Watson, Brooks Textiles사 <lindawatz@brookstextiles.com>
수신: Richard King, Morris Electronics사 <rking@melectronics.com>
제목: 원단 설명

Mr. King께,
저희 회사에 관심을 가져 주셔서 감사드립니다. 이 이메일에 각 원단의 주요 특징을 열거했습니다. 배송은 보통 2주 정도 걸립니다만, 아주 적은 추가 비용으로 귀하의 주문 요청을 맞춰 드릴 수 있습니다. 저희 카탈로그와 샘플을 귀사로 가져가서 귀하의 주문 사항에 대해 더 자세하게 논의하고 싶습니다. 만약 괜찮으시다면, 전화로 약속 시간을 잡아주시기 바랍니다.

WELL-TEX
방풍이 되고 내구성이 매우 강함. 기계 세탁 가능하고 방수됨.

Ventos
튼튼하고 두툼한 직물. 스코틀랜드 남극 조사단이 사용하고 있음.

FEEL-TEX
부드러우면서 가볍고 따뜻한 폴리에스테르 플리스. 빨리 건조됨.

07 What is the main purpose of Mr. King's e-mail?
목적

(A) To announce the company's anniversary
(B) To recognize dedicated staff
(C) To initiate a business deal
(D) To request participation in an exhibition

Mr. King의 이메일의 주목적은 무엇인가?
(A) 회사 기념일을 발표하기 위해
(B) 헌신적인 직원을 표창하기 위해
(C) 사업 거래를 시작하기 위해
(D) 전시회에 참가 요청을 하기 위해

주제/목적 찾기 문제

Mr. King의 이메일의 목적을 묻고 있으므로 Mr. King이 쓴 첫 번째 지문 앞부분에서 단서를 찾습니다. 'I am looking for a firm to supply ~ jackets for our staff.'에서 점퍼를 공급해 줄 회사를 찾고 있다고 말하고 있습니다. 따라서 (C) To initiate a business deal이 정답입니다.

08 What will happen on May 10?
키워드

(A) The new branch office will open.
(B) The jackets will be picked up from the supplier.
(C) The staff will gather for an event.
(D) The prize winner will be announced.

5월 10일에 무슨 일이 일어날 것인가?
(A) 새로운 지점이 개점할 것이다.
(B) 제품 공급업체에서 점퍼를 가져올 것이다.
(C) 행사를 위해 직원들이 모일 것이다.
(D) 수상자가 발표될 것이다.

육하원칙 문제

질문의 키워드 May 10가 언급된 첫 번째 지문에서 단서를 확인합니다. 'at a company outing on May 10'에서 5월 10일에 회사 야유회가 있다는 것을 알 수 있습니다. 따라서 (C) The staff will gather for an event가 정답입니다. outing을 gather로 paraphrase하였습니다.

09 What does Ms. Watson offer to do?
키워드

(A) Send catalogs and samples by courier
(B) Explain about her products in person
(C) Provide overnight delivery to meet the deadline
(D) Give a discount on bulk orders

Ms. Watson은 무엇을 하겠다고 제안하는가?
(A) 카탈로그와 샘플을 속달로 보낸다
(B) 그녀의 제품을 직접 설명한다
(C) 기한을 맞추기 위해 익일 배송을 제공한다
(D) 대량 주문에 대해 할인해 준다

육하원칙 문제

Ms. Watson이 제안하는 것이 무엇인지 묻고 있으므로 Ms. Watson이 쓴 두 번째 지문에서 단서를 확인합니다. 'I would like to bring our catalogs and samples to your office to discuss your order further.'에서 카탈로그와 샘플을 사무실로 가져가서 주문 사항에 대해 더 자세하게 논의하고 싶다고 말하고 있습니다. 따라서 (B) Explain about her products in person이 정답입니다. bring to office를 in person으로, discuss를 explain으로, samples를 products로 paraphrase하였습니다.

10 Why will Mr. King most likely pay an extra fee?
키워드

(A) The order amount is smaller than usual.
(B) The merchandise will be delivered by hand.
(C) The items are made from an extra-light material.
(D) The jackets should be delivered within a shorter time period.

Mr. King은 왜 추가 비용을 지불할 것 같은가?
(A) 주문량이 평소보다 적다.
(B) 상품이 직접 배달될 것이다.
(C) 물품이 더욱 가벼운 원단으로 만들어졌다.
(D) 더 짧은 기간 내에 점퍼가 배송되어야 한다.

연계 문제 (추론)

Mr. King이 추가 비용을 지불할 것 같은 이유를 묻고 있으므로 질문의 키워드 extra fee가 additional cost로 언급된 두 번째 지문에서 첫 번째 단서를 확인합니다. 'Normally delivery takes about two weeks, but we can meet your order request for a nominal additional cost.'에서 배송이 보통 2주 정도 걸리지만 아주 적은 추가 비용으로 주문 요청을 맞출 수 있다고 말하고 있습니다. 정답을 선택하기에는 단서가 부족하므로 다른 지문에서 첫 번째 단서와 연계된 두 번째 단서를 확인합니다. 첫 번째 지문의 'The order needs to be handled promptly since we have only one week left.'에서 일주일 밖에 남지 않았으므로 주문을 신속히 처리해달라고 요청하고 있습니다. 두 단서를 종합해 보면 Mr. King이 일주일 안에 주문 배송을 받기 위해 추가 비용을 지불할 것이라고 추론할 수 있습니다. 따라서 (D) The jackets should be delivered within a shorter time period가 정답입니다. one week를 a shorter time period로 paraphrase하였습니다.

11 What is NOT indicated about WELL-TEX?

↳ 키워드

(A) It lasts a long time.
(B) It is easy to clean.
(C) It is resistant to wind.
(D) It is smooth.

WELL-TEX에 대해 언급되지 않은 것은 무엇인가?

(A) 오래 간다.
(B) 세탁하기 쉽다.
(C) 바람에 저항력이 있다.
(D) 감촉이 매끄럽다.

NOT/TRUE 문제

질문의 키워드인 WELL-TEX가 그대로 언급된 두 번째 지문에서 그 주변의 내용과 각 보기를 대조합니다. durable을 (A) It lasts a long time으로, Machine-washable을 (B) It is easy to clean으로, Windproof를 (C) It is resistant to wind로 paraphrase하였습니다. (D)는 WELL-TEX의 특징으로 언급되지 않았으므로, (D) It is smooth가 정답입니다.

12 ~ 16 **Questions 12-16 refer to the following letter, Web page, and receipt.**
↳ 편지, 웹페이지와 영수증에 관한 지문

Arden University Online
Professional Education Courses

September 10

Robert Foster
Account Executive
Killian Industries
1244 Center St, Lansing, MI 48906

Dear Mr. Foster,

Thank you for your interest / in Arden University Online, / Michigan's
관심을 가져주셔서 감사드립니다 온라인 Arden 대학교에

leading provider of professional education courses. Unfortunately, / [12]we
미시간주의 전문 교육 과정의 선두 제공 기관인 유감스럽게도

are unable to accommodate / your request to join one of the classes /
저희는 수용할 수 없습니다 수업 중 하나를 듣고자 하는 당신의 요청을

as the registration period has ended / for the Fall-Winter semester.
등록 기간이 끝났기 때문에 가을-겨울 학기의

However, / [14]the class you inquired about, International Logistics, / will be
하지만 귀하께서 문의하신 수업인 국제 물류는

offered again / by the same lecturer / next semester.
다시 제공될 것입니다 동일한 강사에 의해 다음 학기에

To locate the course schedule / and sign up for next semester, / visit
이 과정의 일정을 찾으려면 그리고 다음 학기에 등록하시려면

www.ardenonline.com. If there is anything else I can help you with, /
www.ardenonline.com에 방문하십시오 제가 당신께 도움을 드릴 수 있는 일이 또 있다면

please contact me / at (517)555-1309, extension 401.
제게 연락 부탁 드립니다 (517)555-1309, 내선 번호 401로

Sharon Wesley
Student Coordinator

---

[13]Arden University Online
www.ardenonline.com

HOME | ABOUT | **ACADEMICS** | CONTACT

Professional Education Courses in International Business
Spring-Summer Semester

Course Code	Course Description	[13/14]Lecturer	Dates	Course Fees*
BSG	Global Business Strategy	Luis Rodriguez	March 16 to April 28	$450
ILL	[14/15]International Logistics	[14]Tory Mitchell	[15]March 18 to April 29	$475
IMP	[13]International Marketing	[13]Sandy Berkman	March 17 to April 30	$425
ITP	[15]International Trade and Policy	Judith O'Connor	[15]June 18 to July 30	$325

* Inclusive of course materials.

Payment instructions: [16]Please pay / at least four weeks before the start
지급 안내 돈을 납부해주십시오 최소한 수업 시작의 4주 전에

of a class. We accept / all forms of payment / except personal checks.
저희는 받아들입니다 모든 종류의 지급 형식을 개인 수표를 제외한

12-16번은 다음 편지, 웹페이지와 영수증에 관한 문제입니다.

온라인 Arden 대학교
전문 교육 강좌

9월 10일

Robert Foster
회계 이사
Killian사
미시간주, 랜싱, Center가 1244번지 48906

Mr. Foster께,

미시간주의 전문 교육 강좌의 선두 제공 기관인 온라인 Arden 대학교에 관심을 가져주셔서 감사드립니다. 유감스럽게도, 가을-겨울 학기의 등록 기간이 끝났기 때문에 저희는 당신의 수업 등록 요청을 수용할 수 없습니다. 하지만, 문의하신 수업인 국제 물류는 다음 학기에 동일한 강사에 의해 다시 제공될 것입니다.

이 과정의 일정을 찾고 다음 학기에 등록하시려면, www.ardenonline.com에 방문하십시오. 제가 도움을 드릴 수 있는 일이 또 있다면, (517)555-1309, 내선 번호 401로 연락 부탁드립니다.

Sharon Wesley
학생 담당자

온라인 Arden 대학교
www.ardenonline.com

홈 | 소개 | 학과 | 연락처

국제 경영의 전문 교육 과정
봄-여름 학기

강좌 코드	강좌 설명	강사	기간	강좌료*
BSG	국제 경영 전략	Luis Rodriguez	3월 16일 - 4월 28일	450달러
ILL	국제 물류	Tory Mitchell	3월 18일 - 4월 29일	475달러
IMP	국제 마케팅	Sandy Berkman	3월 17일 - 4월 30일	425달러
ITP	국제 무역과 정책	Judith O'Connor	6월 18일 - 7월 30일	325달러

* 교재 포함됨.

지급 안내: 최소한 수업이 시작하기 4주 전에 돈을 납부해주십시오. 저희는 개인 수표를 제외한 모든 종류의 지급 방식을 받아들입니다. 상환의 목적으로 영수증이 필요하시다면, 지급하기 전에 이를 양식에 표시하여 주시기 바랍니다.

이전 | 다음

If you require an official receipt / for the purpose of reimbursement, /
만약 당신께서 영수증이 필요하시다면 상환의 목적으로

please indicate this on the form / before submitting payment.
이를 양식에 표시해 주십시오 지급금을 제출하기 전에

Back I Next

Arden University Online
4421 Hagadorn Rd, East Lansing, MI 48823 I Tel (517)555-1309

OFFICIAL RECEIPT

February 11

[15]Paid by: Robert Foster

Address: Killian Industries, 1244 Center St, Lansing, MI 48906

All fees have been received. Thank you!
모든 비용이 수취되었습니다 감사합니다

Course Code	Description	Price
ITP	[15]International Trade and Policy	$325.00
ILL	[15]International Logistics	$475.00
	Sub-total	$800.00
	Discounts	$0.00
	Total	$800.00

온라인 Arden 대학교
미시간주, 이스트 랜싱, Hagadorn가 4421번지 48823 I
전화번호 (517)555-1309

영수증

2월 11일

지불인: Robert Foster
주소: Killian사, 미시간주, 랜싱, Center가 1244번지 48906

모든 비용이 수취되었습니다. 감사합니다!

강좌 코드	종류	가격
ITP	국제 무역과 정책	325달러
ILL	국제 물류	475달러
	소계	800달러
	할인	0달러
	총계	800달러

12 What is one purpose of the letter?
↳ 목적

(A) To invite a participant to a seminar
(B) To confirm that a payment has been received
(C) To inform an applicant that a deadline has passed
(D) To apologize for being unable to attend an event

편지의 하나의 목적은 무엇인가?
(A) 참가자를 세미나에 초대하기 위해
(B) 지불금이 수취되었다는 것을 확인하기 위해
(C) 지원자에게 마감일이 지났다는 것을 알리기 위해
(D) 행사에 참여할 수 없는 것을 사과하기 위해

주제/목적 찾기 문제
편지의 목적을 묻고 있으므로 첫 번째 지문에서 단서를 찾습니다. 'we are unable to accommodate your request to join one of the classes as the registration period has ended for the Fall-Winter semester'에서 가을-겨울 학기의 등록 기간이 끝났기 때문에 수업 등록 요청을 수용할 수 없다고 말하고 있습니다. 따라서 (C) To inform an applicant that a deadline has passed가 정답입니다.

13 Who most likely is Ms. Berkman?
↳ 키워드

(A) An administrator for Arden University
(B) An executive for an industrial company
(C) An instructor for online education courses
(D) An expert on international business strategies

Ms. Berkman은 누구일 것 같은가?
(A) Arden 대학교의 관리자
(B) 산업 회사의 경영진
(C) 온라인 교육 강좌의 강사
(D) 국제 경영 전략의 전문가

추론 문제
Ms. Berkman이 누구일 것 같은지를 묻고 있으므로 이와 관련된 부분에서 정답의 단서를 찾습니다. 두 번째 지문의 'Arden University Online', 'International Marketing', 'Lecturer, Sandy Berkman'에서 Sandy Berkman이 온라인 Arden 대학의 국제 마케팅 강좌의 강사라는 것을 알 수 있습니다. 따라서 (C) An instructor for online education courses가 정답입니다. Lecturer를 instructor로 paraphrase하였습니다.

14 Whose class did Mr. Foster originally inquire about?
↳ 키워드

(A) Luis Rodriguez's
(B) Tory Mitchell's
(C) Sandy Berkman's
(D) Judith O'Connor's

Mr. Foster가 처음에 누구의 수업에 대해 문의했는가?

(A) Luis Rodriguez의 수업
(B) Tory Mitchell의 수업
(C) Sandy Berkman의 수업
(D) Judith O'Connor의 수업

연계 문제 (육하원칙)

Mr. Foster가 처음에 누구의 수업에 대해 문의했는지를 묻고 있으므로 Mr. Foster에게 보내진 첫 번째 지문에서 단서를 확인합니다. 첫 번째 지문의 'the class you inquired about, International Logistics'에서 Mr. Foster가 국제 물류 수업에 대해 문의했다는 것을 알 수 있습니다. 정답을 선택하기에는 단서가 부족하므로 다른 지문에서 첫 번째 단서와 연계된 두 번째 단서를 확인합니다. 두 번째 지문의 'International Logistics', 'Lecturer, Tory Mitchell'에서 국제 물류 수업의 강사는 Tory Mitchell이라는 것을 알 수 있습니다. 따라서 (B) Tory Mitchell's가 정답입니다.

15 What is indicated about the courses Mr. Foster enrolled in?
↳ 키워드

(A) They are taught by the same instructor.
(B) They finish on different dates.
(C) They cannot be taken online.
(D) They are not popular with students.

Mr. Foster가 등록한 강좌들에 대해 언급된 것은?

(A) 같은 강사가 가르친다.
(B) 서로 다른 날짜에 끝난다.
(C) 온라인으로 들을 수 없다.
(D) 학생들에게 인기가 없다.

연계 문제 (NOT/TRUE)

Mr. Foster가 등록한 강좌들에 대해 언급된 것을 묻고 있으므로 질문의 키워드 the courses Mr. Foster enrolled in과 관련된 내용이 언급된 세 번째 지문에서 단서를 확인합니다. 세 번째 지문의 'Paid by: Robert Foster', 'International Trade and Policy', 'International Logistics'에서 Mr. Foster가 국제 무역과 정책 강좌 및 국제 물류 강좌에 대한 비용을 지불했음을 알 수 있습니다. 정답을 선택하기에는 단서가 부족하므로 다른 지문에서 첫 번째 단서와 연계된 두 번째 단서를 확인합니다. 두 번째 지문의 'International Logistics', 'March 18 to April 29'과 'International Trade and Policy', 'June 18 to July 30'에서 국제 물류 강좌의 기간은 3월 18일에서 4월 29일까지이고, 국제 무역과 정책 강좌의 기간은 6월 18일부터 7월 30일까지임을 알 수 있습니다. 두 단서를 종합해 보면 Mr. Foster가 등록한 강좌들은 서로 다른 날짜에 끝난다는 것을 알 수 있습니다. 따라서 (B) They finish on different dates가 정답입니다.

16 What is true about Arden University Online?
↳ 키워드

(A) It offers discounts to students enrolling in multiple courses.
(B) It requires that tuition be submitted a month in advance.
(C) It automatically sends receipts to e-mail accounts.
(D) It accepts checks from corporate clients only.

온라인 Arden 대학교에 대해 사실인 것은?

(A) 다수의 과정에 등록하는 학생들에게 할인을 제공한다.
(B) 한 달 전에 수업료를 낼 것을 요구한다.
(C) 영수증을 이메일 계정으로 자동 발송한다.
(D) 기업 고객에 한해 수표를 받는다.

NOT/TRUE 문제

온라인 Arden 대학교에 대한 내용을 묻고 있으므로 두 번째 지문에서 단서를 확인합니다. 'Please pay at least four weeks before the start of a class.'에서 온라인 Arden 대학교는 최소한 수업이 시작하기 4주 전에 돈을 납부하라고 말하고 있습니다. 따라서 (B) It requires that tuition be submitted a month in advance가 정답입니다. four weeks를 a month로, before를 in advance로 paraphrase하였습니다.

[절] 부사절

01 부사절 자리

p.323

01 If funding is approved, / the information campaign / will be extended.
→ 주절 앞
만약 재정 지원이 승인된다면 / 정보 캠페인이 / 연장될 것이다

02 Dennis / had worked / at DIC Productions / before he went to study abroad.
→ 주절 뒤
Dennis는 / 일했었다 / DIC Productions사에서 / 유학 가기 전에

03 Although the lawyer is inexperienced, / he / has won / several important cases.
→ 주절 앞
비록 그 변호사는 경험이 없지만 / 그는 / 이겼다 / 몇몇 중요한 소송을

04 Please call / Mr. Harris / if you experience problems with your heater.
→ 주절 뒤
전화하십시오 / Mr. Harris에게 / 만약 난방 장치에 문제가 있으면

05 The manager / studied / the electronics market / during her stay in Rome.
→ 명사 앞, 전치사
부장은 / 공부했다 / 전자 기기 시장에 대해 / 로마에 머무는 동안

06 Sue / made a reservation / because she wanted to get a good seat. Sue는 / 예약했다 / 좋은 좌석을 얻고 싶었기 때문에
→ 주절 뒤

07 The company / will produce / a second edition / if the first one sells well.
그 회사는 / 출판할 것이다 / 2판을 / 초판이 잘 팔린다면
→ 주절 뒤

그 회사는 초판이 잘 팔린다면 2판을 출판할 것이다.

부사절 접속사 선택 문제
주어 The company, 동사 will produce, 목적어 a second edition을 모두 갖춘 완벽한 절이므로, 빈칸 뒤는 수식하는 절입니다. 주절 뒤에서 주절을 수식하는 것은 부사절이므로 빈칸에는 부사절 접속사 (A) if가 와야 합니다. 전치사 (C) to는 부사절 접속사 자리에 올 수 없습니다.

08 Before you sign the document, / you / should carefully review / the details / of the contract.
당신이 문서에 서명하기 전에 / 당신은 / 꼼꼼히 검토해야 한다 / 세부 사항을 / 계약서의
→ 주절 앞

문서에 서명하기 전에 계약서의 세부 사항을 꼼꼼히 검토해야 합니다.

부사절 접속사 선택 문제
주어 you, 동사 should ~ review, 목적어 the details를 모두 갖춘 완벽한 절이므로, 앞의 문장은 수식하는 절입니다. 주절 앞에서 주절을 수식하는 것은 부사절이므로 빈칸에는 부사절 접속사 (C) Before가 와야 합니다. 전치사 (A) Next나 명사절 접속사 (B) Where나 부사 (D) Finally는 부사절 접속사 자리에 올 수 없습니다.

09 The document / has to be revised / because it contains incorrect information.
그 문서는 / 수정되어야 한다 / 부정확한 정보를 포함하고 있기 때문에
→ 주절 뒤

그 문서는 부정확한 정보를 포함하고 있기 때문에 수정되어야 한다.

부사절 접속사 선택 문제
주어 The document, 동사 has to be revised를 모두 갖춘 완벽한 절이므로, 빈칸 뒤는 수식하는 절입니다. 주절 뒤에서 주절을 수식하는 것은 부사절이므로 빈칸에는 부사절 접속사 (B) because가 와야 합니다. 부사 (A) anyway, 전치사 (C) with와 (D) due to는 부사절 접속사 자리에 올 수 없습니다. 특히 부사절 접속사 because와 의미가 유사한 전치사 due to를 쓰지 않도록 주의해야 합니다.

10 The newly built plant / will employ / more than 300 local people.
새로 지어진 공장은 / 고용할 것이다 / 300명 이상의 지역 주민을
→ 과거분사

새로 지어진 공장은 300명 이상의 지역 주민을 고용할 것이다.

현재분사와 과거분사 구별 문제
명사 plant(공장)를 앞에서 수식할 수 있는 것은 형용사 역할을 하는 분사 (B) built 또는 (C) building입니다. 그러나 의미상 '짓는(building) 공장'보다 '지어진(built) 공장'이 더 자연스러우므로 정답은 과거분사인 (B)입니다.

02 부사절 접속사

p.325

01 We / will hold / the workshop / if more than 10 employees register.
조건 접속사
우리는 / 개최할 것이다 / 워크숍을 / 만약 10명 이상의 직원이 등록한다면

02 Mr. Evans / will not attend / the seminar / even if he has the time.
양보 접속사
Mr. Evans는 / 참석하지 않을 것이다 / 그 세미나에 / 그가 시간이 있더라도

03 The assembly line / was stopped / because a machine broke down. 조립 라인이 / 중단됐다 / 기계가 고장 났기 때문에
이유 접속사

04 Before Ms. Murphy made a decision, / she / talked / with a financial consultant.
시간 접속사
Ms. Murphy가 결정을 하기 전에 / 그녀는 / 상의했다 / 재정 고문과

05 While the new machine is expected to increase production, / it / will not be enough / to meet the overall demand.
양보 접속사 최신 기계가 생산량을 증가시킬 것이라고 기대되지만 그것은
충분하지 않을 것이다 전반적인 수요를 채우기에는

최신 기계가 생산량을 증가시킬 것이라고 기대되지만, 전반적인 수요를 채우기에는 충분하지 않을 것이다.

부사절 접속사 선택 문제
'생산량을 증가시킬 것이라고 기대되지만, 전반적인 수요를 채우기에는 충분하지 않을 것이다'라는 의미로 주절과 부사절이 상반되도록 해석하는 것이 자연스러우므로 양보 접속사 (C) While(~하는 반면)이 정답입니다. (A) Because of(~ 때문에)는 전치사이고, (B) As long as(~하는 한)는 문맥에 적합하지 않습니다.

06 The manager / will receive / a bonus / if she obtains a contract with Roald Enterprises.
부장은 받을 것이다 보너스를 만약 그녀가 Roald사와의 계약을 따내면
조건 접속사

만약 부장이 Roald사와의 계약을 따낸다면 보너스를 받을 것이다.

부사절 접속사 선택 문제
'부장이 계약을 따낸다면 보너스를 받을 것이다'라는 의미로 부사절을 조건의 의미로 해석하는 것이 자연스러우므로 조건 접속사 (D) if(~한다면)가 정답입니다. (A) until(~할 때까지), (B) since(~한 이래로), (C) before(~하기 전에)는 문맥에 적합하지 않습니다.

07~09

Questions 07-09 refer to the following e-mail. (이메일에 관한 지문) Your order / has not yet been sent / **07** because we are unable to process your payment / using the credit card information / you provided. Please visit our Web site / to check / that all the information you supplied is correct. We will keep your order / **08** until you contact us. **09** Alternate payment options are possible / as well. These include / bank transfer and payment through our mobile app. 귀하의 주문은 / 아직 보내지지 않았습니다 / 이유 접속사 / 저희가 귀하의 지불을 처리할 수 없기 때문에 / 신용카드 정보를 이용해서 / 귀하께서 제공하신 / 저희 웹사이트를 방문하세요 / 확인하기 위해 / 귀하께서 제공하신 모든 정보가 정확한지를 / 저희는 귀하의 주문을 보관할 것입니다 / 시간 접속사 / 귀하가 연락하실 때까지 / 대안의 지불 방식이 가능합니다 / 또한 / 이것은 포함합니다 / 은행 계좌이체와 저희의 모바일 애플리케이션을 통한 지불을	07-09번은 다음 이메일에 관한 문제입니다. 귀하께서 제공하신 신용카드 정보로 결제를 처리할 수 없기 때문에 주문은 아직 발송되지 않았습니다. 저희 웹사이트를 방문하셔서 제공하신 모든 정보가 정확한지 확인하세요. 저희는 귀하가 연락하실 때까지 주문을 보관할 것입니다. 또한, 대체 지불 방식도 가능합니다. 이는 은행 계좌이체와 저희의 모바일 애플리케이션을 통한 지불 방식을 포함합니다.

07 부사절 접속사 선택 문제
'제공한 신용카드 정보로 결제를 처리할 수 없기 때문에 주문이 아직 발송되지 않았다'라는 의미로 부사절을 이유의 의미로 해석하는 것이 자연스러우므로 이유 접속사 (B) because(~ 때문에)가 정답입니다. (A) unless(~하지 않는다면), (C) although(비록 ~이지만), (D) before(~ 전에)는 문맥에 적합하지 않습니다.

08 부사절 접속사 선택 문제
'연락할 때까지 주문을 보관하겠다'라는 의미로 부사절을 시간의 의미로 해석하는 것이 자연스러우므로 시간 접속사 (D) until(~할 때까지)이 정답입니다. 전치사 (C) by(~까지, ~ 옆에)는 부사절 접속사 자리에 올 수 없으며, (A) even if(~에도 불구하고), (B) when(~하는 때에)은 문맥에 적합하지 않습니다.

09 알맞은 문장 고르기 문제
빈칸에 들어갈 알맞은 문장을 고르는 문제이므로 빈칸의 주변 문맥을 파악합니다. 뒤 문장 'These include bank transfer and payment through our mobile app.'에서 이는 은행 계좌이체와 모바일 애플리케이션을 통한 지불 방식을 포함한다고 했으므로 빈칸에는 대체 지불 방식도 가능하다는 내용이 들어가야 함을 알 수 있습니다. 따라서 (B) Alternate payment options are possible as well이 정답입니다.
(보기 해석 p. 578)

p.327

01 Previous film releases / have not attracted / as many moviegoers.
이전의 영화 개봉작들
이전의 영화 개봉작들은 / 끌어 모으지 못했다 / 이처럼 많은 영화 관객을

02 Everyone / congratulated / Mr. Park / on his recent promotion. 모든 사람들은 / 축하했다 / Mr. Park를 / 최근의 승진에 대해
최근의 승진

03 Mr. Chase's office / was of a moderate size. Mr. Chase의 사무실은 / 보통의 크기였다
보통의 크기

04 A pleasant work atmosphere / improves / employees' performance. 즐거운 업무 환경은 / 향상시킨다 / 직원들의 능력을
즐거운 업무 환경

05 Management / expects / applicants / to have a broad knowledge / of economics.
경영진은 / 기대한다 / 지원자들이 / 폭넓은 지식을 갖고 있기를 / 경제학에 대한

broad knowledge 폭넓은 지식

경영진은 지원자들이 경제학에 대해 폭넓은 지식을 갖고 있기를 기대한다.

'지원자들이 ___ 지식을 갖고 있기를 기대한다'는 문맥에 적합한 어휘는 (D) broad(폭넓은)입니다. (A) high(높은), (B) large(큰), (C) thick(두꺼운)은 문맥에 적합하지 않습니다.

06 Once / the order / is complete, / the items / will be shipped / to the customer.
일단 ~하면 / 주문이 / 완료되다 / 물품들은 / 배송될 것이다 / 고객에게

complete an order 주문을 완료하다

주문이 완료되면 물품들은 고객에게 배송될 것이다.

'주문이 ___되면 물품들은 배송될 것이다'는 문맥에 적합한 어휘는 (D) complete(완료된)입니다. (A) entire(전체의), (B) accurate(정확한), (C) whole(전체의)은 문맥에 적합하지 않습니다.

07 ~ 09

Questions 07-09 refer to the following memo.
회람에 관한 지문

From: Olivia Johnson
To: All staff

This memo / is to remind everyone / about how vital it is / that we protect / our customers' 07 confidential information. Appropriate security measures / must be taken / when handling all 08 sensitive data. 09 These are listed / in the training manual. If you do not have a copy, / you can download it / from the company intranet.
이 회람은 / 모두에게 상기시키기 위함입니다 / 얼마나 중요한지에 대해 / 우리가 보호하는 것이 / 고객의 기밀 정보를 / 적절한 보안 조치가 / 취해져야 합니다 / 모든 민감한 자료를 다룰 때 / 그것들은 기재되어 있습니다 / 교육 설명서에 / 만약 사본이 없으시다면 / 여러분은 그것을 다운로드 하실 수 있습니다 / 회사 내부 전산망에서

confidential information 기밀 정보
sensitive data 민감한 자료

07-09번은 다음 회람에 관한 문제입니다.

발신: Olivia Johnson
수신: 전 직원

이 회람은 우리가 고객의 기밀 정보를 보호하는 것이 얼마나 중요한지를 모두에게 상기시키기 위함입니다. 모든 민감한 자료를 다룰 때는 적절한 보안 조치가 취해져야 합니다. 그것들은 교육 설명서에 기재되어 있습니다. 만약 사본이 없으시다면 회사 내부 전산망에서 다운로드 하실 수 있습니다.

07 '고객의 ___ 정보를 보호하는 것이 중요하다'라는 문맥에 적합한 어휘는 (A) confidential(기밀의)입니다. (B) familiar(친숙한), (C) trusted(신뢰 받고 있는), (D) unprecedented(전례 없는)는 문맥에 적합하지 않습니다.

08 '모든 ___ 자료를 다룰 때는 적절한 보안 조치가 취해져야 한다'라는 문맥에 적합한 어휘는 (D) sensitive(민감한)입니다. (A) apprehensive(우려하는), (B) competitive(경쟁적인), (C) sincere(진실한)는 문맥에 적합하지 않습니다.

09 빈칸에 들어갈 알맞은 문장을 고르는 문제이므로 빈칸의 주변 문맥을 파악합니다. 뒤 문장 'If you do not have a copy, you can download it from the company intranet.'에서 만약 사본이 없으면 회사 내부 전산망에서 다운로드 할 수 있다고 했으므로 빈칸에는 보안 조치는 교육 설명서에 기재되어 있다는 내용이 들어가야 함을 알 수 있습니다. 따라서 (C) These are listed in the training manual이 정답입니다.
(보기 해석 p. 578)

양식 연계 지문

p.330

01 Travelers / are not allowed / to smoke / on flights.
여행객들은 허용되지 않는다 흡연하는 것이 비행기에서

= Passengers / are prohibited / from smoking / while on the plane.
승객들은 금지된다 흡연하는 것이 비행기에 타고 있는 동안

여행객들은 기내에서 흡연하는 것이 허용되지 않는다.
= 승객들은 기내에서 흡연이 금지된다.

not allowed(허용되지 않는다)와 비슷한 의미를 지닌 (A) prohibited(금지되다)가 빈칸에 적합합니다.

02 Letters / to the newspaper / must include / the writer's name / in order to be printed.
편지들은 신문사로 가는 포함해야 한다 작성자의 이름을 발행되기 위해서

= Anonymous submissions / will be rejected.
익명의 제출은 거부될 것이다

신문사에 보내는 편지가 발행되기 위해서는 작성자의 이름이 있어야 한다.
= 익명의 제출은 거부될 것이다.

편지에 작성자의 이름을 포함해야 한다고 했으므로 이름 없는 편지는 거부될 것이라는 의미입니다. 따라서 빈칸에 적합한 것은 (B) Anonymous (익명의)입니다.

03 Only authorized personnel / are permitted / to enter / classified areas.
허가 받은 직원만이 허락된다 입장하는 것이 기밀 지역으로

(A) Only the personnel department / can approve / access / to the restricted sections.
오직 인사부만이 승인할 수 있다 출입을 제한 구역으로의

(B) Only approved staff members / have access / to restricted sections.
승인된 직원만이 출입 권한이 있다 제한 구역으로

허가 받은 직원만이 기밀 지역으로의 입장이 허락된다.
(A) 인사부만 제한 구역 출입을 승인할 수 있다.
(B) 승인 받은 직원만 제한 구역에 출입할 수 있다.

authorized personnel을 approved staff members로, enter를 access로, classified areas를 restricted sections로 paraphrase하여 그 의미가 가까운 (B)가 정답입니다. 주어진 문장에서 제한 구역의 출입 승인 권한이 누구에게 있는지 언급하지 않았으므로 (A)는 오답입니다.

04 Equipped with state-of-the-art machines, / the company / decided / to reduce / its workforce.
최첨단 기계들을 갖추면서 그 회사는 결정했다 감축하기로 노동력을

(A) Some workers / lost / their jobs / after equipment improvements / were made.
몇몇 노동자들은 잃었다 일자리를 장비 개선이 ~ 후에 만들어졌다

(B) Equipped with up-to-date machines, / some workers / are making / changes.
최신 기계들을 갖추면서 몇몇 노동자들은 만들고 있다 변화를

최첨단 기계들을 갖추면서 그 회사는 인력을 감축하기로 결정했다.
(A) 장비 개선이 있은 후에 몇몇 노동자들은 일자리를 잃었다.
(B) 최신 기계들을 갖추면서 몇몇 노동자들이 변화를 일으키고 있다.

주어진 문장에서 노동력을 감축한다고 한 것은 노동자들이 일자리를 잃게 된다는 뜻이므로 그 의미가 가까운 (A)가 정답입니다. Equipped with state-of-the-art machines를 equipment improvements로, reduce its workforce를 workers lost their jobs로 paraphrase하였습니다.

05 **Question 05 refers to the following schedule and letter.**
↳ 일정표와 편지에 관한 지문

Flight Information for April 25

Scheduled Time		From	To	Airline
Departure	Arrival			
06:20	08:30	London	Berlin	Majesty Air, MA3829
12:20	14:30	London	Berlin	Majesty Air, MA3835
14:00	16:10	London	Cologne	Deutche Air, DA3825
16:35	18:45	London	Cologne	Deutche Air, DA3836

Dear Mr. Watson,

I found a few flight possibilities / for the conference in Berlin. You
저는 가능한 몇몇 항공편들을 찾았습니다 베를린에서 있을 회의를 위한 당신은
suggested / we fly to Cologne / because it is cheaper. But then / we
제안했습니다 쾰른까지 비행기로 가는 것을 그것이 더 저렴하기 때문에 하지만 그렇게 하려면
would have to take a train to Berlin, / which would take more time. Also, /
우리는 베를린까지 기차를 타야 하는데 이는 더 많은 시간이 걸릴 것입니다 또한
leaving in the morning might be better / because we would have some
아침에 출발하는 것이 더 좋을 것 같습니다 우리가 자유 시간을 가질 수 있기 때문에
free time / to take a city tour / before the conference starts. Have a
시내 관광을 할 회의가 시작하기 전에
look at the flights / and let me know / what you think.
항공편을 검토해 보십시오 그리고 알려 주십시오 어떻게 생각하시는지

Regards,
Anton Steele

05번은 다음 일정표와 편지에 관한 문제입니다.

4월 25일 항공편 정보

예정 시간		출발지	도착지	항공사
출발	도착			
6시 20분	8시 30분	런던	베를린	Majesty 항공, MA3829
12시 20분	14시 30분	런던	베를린	Majesty 항공, MA3835
14시	16시 10분	런던	쾰른	Deutche 항공, DA3825
16시 35분	18시 45분	런던	쾰른	Deutche 항공, DA3836

Mr. Watson께,

베를린에서 있을 회의를 위해 탈 수 있는 항공편을 몇 개 찾았습니다. 비용이 저렴하여 쾰른까지 비행기로 갈 것을 당신은 제안했습니다. 하지만 그렇게 하려면 베를린까지 기차를 타야 하고, 이는 더 많은 시간이 소요될 것입니다. 또한 회의 시작 전에 시내를 관광할 자유 시간을 가질 수 있어서 아침에 출발하는 것이 더 좋을 것 같습니다. 항공편을 검토해 보시고 어떻게 생각하시는지 알려 주십시오.

Anton Steele 드림

Which flight would Anton most likely prefer?
↳ 키워드

(A) MA3829
(B) MA3835
(C) DA3836

Anton이 가장 선호할 것 같은 항공편은 무엇인가?

(A) MA3829
(B) MA3835
(C) DA3836

연계 문제 (추론)

질문의 키워드 Anton이 작성한 두 번째 지문에서 첫 번째 단서를 확인합니다. 'conference in Berlin'에서 Anton의 목적지가 베를린이라는 것을 알 수 있고, 'leaving in the morning might be better'에서 아침에 출발하는 것이 더 좋을 것 같다고 말하고 있습니다. 질문에서 항공편을 묻고 있으므로 정답을 선택하기에는 단서가 부족합니다. 따라서 다른 지문에서 첫 번째 단서와 연계된 두 번째 단서를 확인합니다. 첫 번째 지문에서 항공편 MA3829가 오전 6시 20분에 베를린으로 출발하는 것을 확인할 수 있습니다. 따라서 (A) MA3829이 정답입니다.

06 ~ 10 **Questions 06-10 refer to the following list and e-mail.**

↳ 목록과 이메일에 관한 지문

Publications Listing
Maron Publications
14 Leixlep Lane
Botany Town Center, Auckland

Publications	Price
The Encyclopedia of Gardening	$66.00 / postage: $4.00
06 *Studies in New Zealand Garden History* edited by Patricia Jones	$22.00 / postage: $4.00
Set of all available back issues of *New Zealand Garden History* - (Volumes 1-13)	$65.00 / postage: $12.00
Individual back issues of *New Zealand Garden History*	$5.50 / postage: $4.00
Planting the Nation - Volume One	$15.00 / postage: $4.00
Planting the Nation - Volume Two	$20.00 / postage: $4.00
08 *Planting the Nation*	$35.00
* Order both volumes at the same time and save on postage	postage for two volumes ordered together: $6.00
Set of booklets about *Historic New Zealand Gardens*, complete with color photos and plant lists (12 releases)	$11.00 / postage: $4.00

---

08 From: Donna Martin <donm@gardenqueen.com>
09 To: Christine Garcia <cgarcia@neatmail.com>
Re: Planting the Nation

Dear Christine,

07/09 Welcome to the neighborhood! I had a great time / at your house-
이웃이 된 걸 환영합니다 저는 즐거운 시간을 보냈습니다
warming party yesterday. 07 Here is some information / about the gardening
어제 당신의 집들이에서 여기 몇 가지 정보가 있습니다 원예 서적에 대한
books / I mentioned. 08 I bought both volumes of *Planting the Nation* / at the
제가 언급한 저는 전국 원예 가이드 두 권을 구입했습니다 동시에
same time / last spring, / from Maron Publications. 10 I was very impressed /
지난 봄에 Maron 출판사에서 나온 저는 감명 받았습니다
with the contents of the books. The set has thousands of plant listings / as
책의 내용에 그 책에는 수천 종류의 식물 목록이 있습니다
well as 10 maps of the nation's climate zones and soil types. 09 Since you are
전국 기후 분포도와 토양 종류뿐만 아니라
new to the Auckland area, / these maps will be helpful to you / when
당신이 오클랜드 지역에 새로 오셨기 때문에 이 분포도들이 당신에게 도움이 될 것입니다
selecting plants. 10 The guide to plant diseases is also very useful.
식물을 고를 때 식물병에 대한 안내 또한 매우 유용합니다
07 The set is quite comprehensive / and covers nearly everything / you
이 책은 꽤 포괄적입니다 그리고 거의 모든 측면을 다루고 있습니다
need to know / to take care of your new garden.
당신이 알아야 할 당신의 새 정원을 가꾸는 데

06-10번은 다음 목록과 이메일에 관한 문제입니다.

출판물 목록
Maron 출판사
Leixlep가 14번지
Botany Town Center, 오클랜드

출판물	가격
원예 백과	66달러/우편요금: 4달러
뉴질랜드 정원 역사 연구, Patricia Jones 편집	22달러/우편요금: 4달러
뉴질랜드 정원 역사 과월호 세트 - (1-13권)	65달러/우편요금: 12달러
뉴질랜드 정원 역사 과월호 단권	5.5달러/우편요금: 4달러
전국 원예 가이드 - 1권	15달러/우편요금: 4달러
전국 원예 가이드 - 2권	20달러/우편요금: 4달러
전국 원예 가이드	35달러
* 두 권을 동시에 주문하시면 우편요금을 절약할 수 있습니다	두 권 동시 주문 시 우편요금: 6달러
역사적인 뉴질랜드 정원 소책자 세트, 컬러 사진과 식물 목록 포함 (12권)	11달러/우편요금: 4달러

발신: Donna Martin <donm@gardenqueen.com>
수신: Christine Garcia <cgarcia@neatmail.com>
회신: 전국 원예 가이드

Christine께,

이웃이 된 걸 환영합니다! 어제 당신의 집들이에서 즐거운 시간을 보냈습니다. 제가 언급했던 원예 서적에 대해 말씀드리겠습니다. 저는 지난 봄에 Maron 출판사에서 나온 *전국 원예 가이드* 두 권을 동시에 구입했습니다. 저는 책의 내용에 깊은 인상을 받았습니다. 그 책에는 전국의 기후 분포도와 토양 종류뿐만 아니라 수천 종류의 식물 목록이 있습니다. 오클랜드 지역에 새로 오셨으니, 이 분포도가 식물을 선택할 때 도움이 될 것입니다. 식물병에 대한 안내 또한 매우 유용합니다. 이 책은 매우 포괄적이고 새 정원을 가꾸는 데 알아야 할 거의 모든 내용을 다루고 있습니다.

06 Who is Patricia Jones?
키워드

(A) The author of a book series
(B) A writer for a magazine
(C) The editor of a publication
(D) A professor of history

Patricia Jones는 누구인가?
(A) 책 시리즈의 저자
(B) 잡지의 작가
(C) 출판물의 편집자
(D) 역사학 교수

육하원칙 문제
Patricia Jones가 누구인가 묻고 있으므로 그녀가 언급된 첫 번째 지문에서 키워드 Patricia Jones를 찾고, 그 주변에서 정답의 단서를 확인합니다. '*Studies in New Zealand Garden History* edited by Patricia Jones'에서 Patricia Jones가 출판물 *뉴질랜드 정원 역사 연구*의 편집자인 것을 알 수 있습니다. 따라서 (C) The editor of a publication이 정답입니다. edited by를 editor of로 paraphrase하였습니다.

07 Why did Ms. Martin write the e-mail?
목적

(A) To order extra copies of a gardening journal
(B) To conduct research for a gardening book
(C) To recommend a publication to her neighbor
(D) To express thanks for an invitation to a party

Ms. Martin은 왜 이메일을 썼는가?
(A) 원예 저널을 추가 주문하기 위해
(B) 원예 서적에 대한 연구를 하기 위해
(C) 이웃에게 출판물을 추천하기 위해
(D) 파티 초대에 대해 감사를 표현하기 위해

주제/목적 찾기 문제
이메일을 쓴 이유를 묻고 있으므로 두 번째 지문에서 단서를 찾습니다. 'Welcome to the neighborhood!'에서 이웃에게 쓰는 편지인 것을 알 수 있고, 'Here is some information about the gardening books I mentioned.'와 'The set ~ covers nearly everything you need to know to take care of your new garden.'에서 원예 서적을 추천하기 위한 글인 것을 알 수 있습니다. 따라서 (C) To recommend a publication to her neighbor가 정답입니다.

08 How much did Ms. Martin pay to ship her order?
키워드

(A) $4.00
(B) $8.00
(C) $6.00
(D) $12.00

Ms. Martin은 주문 배송비로 얼마를 지불했는가?
(A) 4달러
(B) 8달러
(C) 6달러
(D) 12달러

연계 문제 (육하원칙)
질문의 키워드 Ms. Martin이 작성한 두 번째 지문에서 첫 번째 단서를 확인합니다. 'I bought both volumes of *Planting the Nation* at the same time'에서 Ms. Martin이 *전국 원예 가이드* 두 권을 동시에 구입한 것을 알 수 있습니다. 질문에서 가격을 묻고 있으므로 정답을 선택하기에는 단서가 부족하므로 다른 지문에서 첫 번째 단서와 연계된 두 번째 단서를 확인합니다. 첫 번째 지문의 '*Planting the Nation* *Order both volumes at the same time and save on postage, postage for two volumes ordered together: $6.00'에서 1, 2권을 동시에 주문하면 우편요금이 6달러임을 알 수 있습니다. 따라서 (C) $6.00가 정답입니다.

09 What is suggested about Ms. Garcia in the e-mail?
키워드

(A) She needs a street map for Auckland.
(B) She does not have gardening experience.
(C) She recently moved to Auckland.
(D) She wants to open a flower shop in the future.

이메일에서 Ms. Garcia에 대해 암시된 것은 무엇인가?
(A) 오클랜드 지도가 필요하다.
(B) 원예 경험이 없다.
(C) 최근에 오클랜드에 이사 왔다.
(D) 훗날 꽃가게를 열고 싶어 한다.

추론 문제
지문의 키워드 Ms. Garcia에게 보내진 두 번째 지문에서 단서를 확인합니다. 'Welcome to the neighborhood! I had a great time at your house-warming party yesterday.'와 'Since you are new to the Auckland area'에서 Ms. Garcia가 오클랜드 지역에 새로 왔다고 말하고 있습니다. 이를 바탕으로 그녀가 최근에 오클랜드에 이사 왔다는 것을 유추할 수 있습니다. 따라서 (C) She recently moved to Auckland가 정답입니다.

10 What is NOT included in *Planting the Nation*? (키워드) (A) Climate information (B) Plant diseases details (C) Soil descriptions (D) Resource directories	*전국 원예 가이드*에 나와 있지 않은 것은 무엇인가? (A) 기후 정보 (B) 식물병 정보 (C) 토양 설명 (D) 자원 목록

NOT/TRUE 문제

질문의 키워드 *Planting the Nation*의 책 내용이 언급된 두 번째 지문에서 그 내용과 보기를 대조합니다. 두 번째 지문의 'I was very impressed with the contents of the books.'에서 책 내용에 깊은 인상을 받았다고 하면서 책 내용을 말하고 있습니다. (A)와 (C)는 'maps of the nation's climate zones and soil types'에서, (B)는 'The guide to plant diseases is also very useful.'에서 확인할 수 있습니다. 하지만 자원 목록에 대한 언급은 없으므로, (D) Resource directories가 정답입니다. contents를 included로 paraphrase하였습니다.

11 ~ 15 **Questions 11-15 refer to the following form, notice, and online review.**
↳ 양식, 공고와 온라인 후기에 관한 지문

http://www.colonialtouragency.com/bookings

[13]Colonial Tours: *Registration Form*			
[14]Name	Darren Lindstrom	E-mail	dlind@goodpost.ca
Address	593 George Street, Calgary, AB	Phone	(020)555-4039
Number of participants:	Two	Number of hotel rooms required:	One

Please select a package:	*All packages depart from Vancouver, Canada					
Your selection	Tour	Destinations				*Price
		Barkerville	Whitehorse	[13]Skagway	Circle City	
□	3-day	V	V			$650
□	[13]5-day	V	V	V		$1,050
■	[14]7-day	V	V	V	V	$1,250

*[11]Prices listed / include coach transportation, site entrance fees, hotel/motel accommodation, and meals. Taxes are not included in the listed prices.
목록에 있는 가격은 대형 버스, 유적지 입장료, 호텔/모텔 숙박 시설과 식사를 포함합니다 세금은 목록에 있는 가격에 포함되어 있지 않습니다

*Traveling to the point of departure / and possessing the required travel documents / are the responsibility of the participant.
출발 지점까지 이동하는 것은 그리고 필요한 여행 서류를 갖추는 것은 참가자의 의무입니다

PROCEED

IMPORTANT NOTICE:

[12/13]Participants on tours with stops in Skagway or Circle City / will be required to go through border security checks / upon entering the United States / and when returning to Canada. Due to increased security measures, / [13]these passengers will need to bring valid passports. All participants will be required to fill out immigration cards, / which will be provided by tour guides / prior to arrival. At the border, / please bring your passport and completed cards / to an inspection counter / at the customs and immigration office.
Skagway나 Circle City를 방문하는 여행의 참가자들은 국경 보안 검사를 통과해야 할 것입니다 미국에 입국하자마자 그리고 캐나다로 돌아갈 때 강화된 보안 조치로 인해 이 승객들은 유효한 여권을 가져와야 할 것입니다 모든 참가자들은 입국 카드를 작성해야 할 것입니다 여행 가이드에 의해 제공될 예정인 도착 전에 국경에서 여권과 작성한 카드를 가져오십시오 검사대에 통관과 입국심사 사무실에 있는

http://www.tourtravelreviews.co.ca/reviews/colonialtouragency/review114

TRAVEL TOUR REVIEW: Colonial Tour Agency

[14/15]**MEMBER**: Elizabeth Lindstrom **RATING**: ★★★★☆

[14]My husband Darren and I / started a tour of historic gold rush towns / conducted by this company / on November 4. Overall, / the stops,
제 남편 Darren과 저는 역사적인 골드러시 마을들의 여행을 시작했습니다 이 회사가 이끈 11월 4일에 전반적으로

11-15번은 다음 양식, 공고와 온라인 후기에 관한 문제입니다.

http://www.colonialtouragency.com/bookings

Colonial 여행사: 등록서			
이름	Darren Lindstrom	이메일	dlind@goodpost.ca
주소	앨버타주, 캘거리, George가 593번지	전화번호	(020) 555-4039
참가자 수:	두 명	필요한 호텔 객실 수:	한 개

패키지여행을 선택해주세요: *모든 패키지여행은 캐나다 밴쿠버에서 출발합니다						
선택	여행	목적지				*가격
		Barkerville	Whitehorse	Skagway	Circle City	
□	3일	V	V			650달러
□	5일	V	V	V		1,050달러
■	7일	V	V	V	V	1,250달러

* 목록에 있는 가격은 대형 버스, 유적지 입장료, 호텔/모텔 숙박 시설과 식사를 포함합니다. 세금은 목록에 있는 가격에 포함되어 있지 않습니다.
* 여행의 출발 지점까지 이동하는 것과 필요한 여행 서류를 갖추는 것은 참가자의 의무입니다.

다음

중요한 공지 사항:

Skagway나 Circle City를 방문하는 여행의 참가자들은 미국에 입국하자마자 그리고 캐나다로 돌아갈 때 국경 보안 검사를 통과해야 할 것입니다. 강화된 보안 조치로 인해, 승객들은 유효한 여권을 가져와야 합니다. 모든 참가자들은 도착 전에 여행 가이드가 제공하는 입국 카드를 작성해야 합니다. 국경에서, 여권과 작성한 카드를 통관과 입국심사 사무실에 있는 검사대에 가져오십시오.

http://www.tourtravelreviews.co.ca/reviews/colonialtouragency/review114

여행 후기: Colonial 여행사
회원: Elizabeth Lindstrom 평점: ★★★★☆

제 남편 Darren과 저는 11월 4일에 이 회사가 이끈 역사적인 골드러시 마을들의 여행을 시작했습니다. 전반적으로, 방문지, 경

scenery, activities, and guides were all amazing. We definitely took a lot of 방문지, 경치, 활동과 가이드 모두가 굉장했습니다 저희는 정말 많은 사진을 찍었습니다 pictures! The one drawback was the length of time / spent riding the bus. 한 가지 문제점은 긴 시간이었습니다 버스를 타며 보냈던 The coach comes equipped with a restroom, / and refreshments were 대형 버스는 화장실을 갖추고 있습니다 그리고 가벼운 식사가 제공되었습니다 available, / but stops for breaks were infrequent. [15]I was very happy / with the 하지만 휴식을 위한 정차는 드물었습니다 저는 매우 만족스러웠습니다 accommodations we were provided with. And I would absolutely 저희가 제공받은 숙박이 그리고 저는 전적으로 recommend Colonial Tours / to others. Colonial 여행사를 추천할 것입니다 다른 사람들에게	치, 활동과 가이드 모두가 굉장했습니다. 저희는 정말 많은 사진을 찍었습니다! 한 가지 문제점은 버스를 타며 보냈던 긴 시간이었습니다. 대형 버스는 화장실을 갖추고 있으며, 가벼운 식사를 제공했지만, 휴식을 위한 정차가 드물었습니다. 저는 저희가 제공받은 숙박이 매우 만족스러웠습니다. 그리고 저는 다른 사람들에게 전적으로 Colonial 여행사를 추천할 것입니다.

11 What is NOT included with the agency's fees?
↳ 키워드

(A) Meals
(B) Accommodations
(C) Airline tickets
(D) Entrance fees

여행사의 요금에 포함되지 않은 것은?
(A) 식사
(B) 숙박
(C) 항공권
(D) 입장료

NOT/TRUE 문제

여행사의 요금에 포함되지 않은 것을 묻고 있으므로 질문의 키워드 agency's fees가 Prices로 언급된 첫 번째 지문의 내용과 각 보기를 대조합니다. (A), (B)와 (D)는 'Prices listed include coach transportation, site entrance fees, hotel/motel accommodation, and meals.'에서 확인할 수 있습니다. 지문에서 항공권에 대한 언급은 하지 않았으므로, (C) Airline tickets가 정답입니다.

12 What is the notice mainly about?
↳ 주제

(A) Requirements for crossing a border
(B) Tips to make travel more convenient
(C) Details on additional tour stops
(D) New tour safety measures

공고는 주로 무엇에 대한 것인가?
(A) 국경을 넘기 위한 필요 요건
(B) 여행을 더 편리하게 만드는 비결
(C) 추가된 관광지에 대한 세부 사항
(D) 새로운 여행 안전 조치

주제/목적 찾기 문제

공고의 주제를 묻고 있으므로 두 번째 지문 앞부분에서 단서를 찾습니다. 'Participants on tours ~ will be required to go through border security checks upon entering the United States and when returning to Canada.'에서 여행의 참가자들은 미국에 입국하자마자, 그리고 캐나다로 돌아갈 때 국경 보안 검사를 통과해야 한다고 말한 뒤, 국경을 넘기 위해서 필요한 여권, 입국 카드 등에 대해 설명하고 있습니다. 따라서 (A) Requirements for crossing a border가 정답입니다.

13 What is indicated about Colonial Tours?
↳ 키워드

(A) Its tour prices on the Web page include taxes.
(B) Its five-day tour participants may need passports.
(C) Its regional tours may last two weeks.
(D) Its fees must be paid by credit card.

Colonial 여행사에 대해 언급된 것은?
(A) 웹페이지의 여행 가격은 세금을 포함한다.
(B) 5일 여행의 참가자들은 여권이 필요할 수도 있다.
(C) 지역 관광 여행은 2주 동안 계속될 수 있다.
(D) 요금은 신용카드로 지급되어야 한다.

연계 문제 (NOT/TRUE)

Colonial 여행사에 대해 언급된 것을 묻고 있으므로 질문의 키워드 Colonial Tours가 그대로 언급된 첫 번째 지문에서 단서를 확인합니다. 첫 번째 지문의 '5-day'와 'Skagway'에서 Colonial 여행사는 5일간 여행에 Skagway를 목적지로 포함한다는 것을 알 수 있습니다. 정답을 선택하기에는 단서가 부족하므로 다른 지문에서 첫 번째 단서와 연계된 두 번째 단서를 확인합니다. 두 번째 지문의 'Participants on tours with stops in Skagway or Circle City'와 'these passengers will need to bring valid passports'에서 Skagway나 Circle City를 방문하는 승객들은 유효한 여권을 가져와야 한다고 말하고 있습니다. 이 두 단서를 종합해 보면 Colonial 여행사가 제공하는 5일간 여행의 참가자들은 유효한 여권이 필요할 수도 있다는 것을 알 수 있습니다. 따라서 (B) Its five-day tour participants may need passports가 정답입니다.

14 What did Elizabeth Lindstrom do on November 4?
키워드
(A) Paid $1,050 to the Colonial Tour Agency
(B) Purchased tickets for three different tours
(C) Made reservations at a hotel
(D) Began a one-week trip to historic sites

Elizabeth Lindstrom이 11월 4일에 한 일은 무엇인가?
(A) Colonial 여행사에 1,050달러를 지불했다
(B) 세 개의 다른 여행에 대한 표를 구매했다
(C) 호텔을 예약했다
(D) 역사적인 장소들로 향하는 일주일간의 여행을 시작했다

연계 문제 (육하원칙)

Elizabeth Lindstrom이 11월 4일에 무엇을 했는지를 묻고 있으므로 질문의 키워드인 Elizabeth Lindstrom이 작성한 세 번째 지문에서 단서를 확인합니다. 세 번째 지문의 'MEMBER: Elizabeth Lindstrom', 'My husband Darren and I started a tour of historic gold rush towns ~ on November 4.'에서 Elizabeth Lindstrom은 11월 4일에 남편인 Darren과 함께 역사적인 골드러시 마을들의 여행을 시작했다고 말하고 있습니다. 정답을 선택하기에는 단서가 부족하므로 다른 지문에서 첫 번째 단서와 연계된 두 번째 단서를 확인합니다. 첫 번째 지문의 'Name: Darren Lindstrom', '7-day'에서 Darren Lindstrom이 일주일간의 여행을 신청한 것을 알 수 있습니다. 이 두 단서를 종합해 보면 Elizabeth Lindstrom은 11월 4일부터 일주일간 역사적인 골드러시 마을들을 여행했다는 것을 알 수 있습니다. 따라서 (D) Began a one-week trip to historic sites가 정답입니다. 7-day를 one-week로, tour를 trip으로 paraphrase하였습니다.

15 What is indicated about Ms. Lindstrom?
키워드
(A) She was dissatisfied with the condition of coaches.
(B) She was impressed with the accommodations.
(C) She was unable to take enough pictures.
(D) She took a tour based on a friend's suggestion.

Ms. Lindstrom에 대해 언급된 것은?
(A) 대형 버스의 상태가 불만스러웠다.
(B) 숙박에 좋은 인상을 받았다.
(C) 충분한 사진을 찍을 수 없었다.
(D) 친구의 제안에 기반하여 여행을 했다.

NOT/TRUE 문제

Ms. Lindstrom에 대해 언급된 것을 묻고 있으므로 질문의 키워드인 Ms. Lindstrom이 작성한 세 번째 지문에서 정답의 단서를 확인합니다. 세 번째 지문의 'I was very happy with the accommodations we were provided with.'에서 Ms. Lindstrom은 제공받은 숙박이 매우 만족스러웠다고 말하고 있습니다. 따라서 (B) She was impressed with the accommodations가 정답입니다. very happy with를 impressed with로 paraphrase하였습니다.

[절] 형용사절

01 형용사절 자리

p.341

01 Randy Hayes' book, / which covers international banking, / is / a bestseller.
명사
Randy Hayes의 책은 / 국제 금융을 다루는 / 베스트셀러다

02 Warehouse workers / stocked / the items / that are popular in stores.
명사
창고 직원들은 / 비축했다 / 물건들을 / 가게에서 인기 있는

03 The consultant / who gave us advice / will visit / the office / tomorrow.
명사
상담가가 / 우리에게 조언을 한 / 방문할 것이다 / 사무실을 / 내일

04 Employees / will receive / a report / that describes their work performance.
명사
직원들은 / 받을 것이다 / 보고서를 / 그들의 업무 성과를 기술한

05 The head office / must hire / someone / who can upgrade its accounting software.
명사
본사는 / 고용해야 한다 / 누군가를 / 회계 소프트웨어를 업그레이드할 수 있는

06 The report / includes / the sales figures / that we corrected today. 그 보고서는 / 포함한다 / 판매 수치를 / 오늘 우리가 고친
명사

07 Shoppers / who present a coupon / can get / a 20 percent discount.
손님들은 (명사) 쿠폰을 제출하는 받을 수 있습니다 20퍼센트 할인을

쿠폰을 제출하는 손님들은 20퍼센트 할인을 받을 수 있습니다.

관계대명사 선택 문제

주어 Shoppers, 동사 can get, 목적어 a 20 percent discount를 갖춘 완벽한 절이므로 중간에 있는 '___ present a coupon'은 수식하는 절입니다. 명사 Shoppers(손님들) 뒤에서 수식하는 절은 형용사절이므로 빈칸에는 관계대명사 (A) who가 와야 합니다. 대명사 (B) they는 관계대명사 자리에 올 수 없습니다.

08 If the lawyer had had time, / she / would have verified / the contents / of the document.
만약 그 변호사가 시간이 있었다면 그녀는 확인했었을 텐데 (가정법 과거완료) 내용을 그 문서의

시간이 있었다면, 변호사는 그 문서의 내용을 확인했었을 것이다.

가정법 과거완료 문제

If절에 동사의 과거완료형 had had가 왔으므로 주절에는 이와 짝을 이루어 가정법 과거완료를 만드는 'would + have + p.p.'가 와야 합니다. 따라서 (D) would have verified가 정답입니다.

09 The concert / was held / in the theater / where the orchestra first performed.
그 콘서트는 열렸다 극장에서 오케스트라가 처음 공연을 했던 (performed: 동사 자리)

그 콘서트는 오케스트라가 처음 공연했던 극장에서 열렸다.

동사 자리 문제

주어 the orchestra 다음에 동사 자리가 비어 있습니다. 보기 중 동사 자리에 올 수 있는 것은 동사인 (B) performed(공연했다)입니다. '동사 + ing'인 (A) performing, 'to + 동사'인 (C) to perform 그리고 명사인 (D) performance(공연)는 동사 자리에 올 수 없습니다.

10 The company / will move / into a new office building / which Atlanta Builders constructed.
그 회사는 이사할 것이다 새 사무실 건물로 (명사) Atlanta Builders사가 건설한

그 회사는 Atlanta Builders사가 건설한 새 사무실 건물로 이사할 것이다.

관계대명사 선택 문제

주어 The company, 동사 will move를 갖춘 완벽한 절이므로 뒤에 있는 '___ Atlanta Builders constructed'는 수식하는 절입니다. 명사 office building(사무실 건물) 뒤에서 수식하는 절은 형용사절이므로 빈칸에는 관계대명사 (C) which가 와야 합니다. 대명사인 (A) they, (B) it, (D) those는 관계대명사 자리에 올 수 없습니다.

01 The company / is producing / a new tire / which is extremely durable. 그 회사는 / 생산 중이다 / 새 타이어를 / 매우 튼튼한
사물 주격

02 The organization / is hiring / a staff member / whose responsibilities will include fundraising.
소유격 명사 그 조직은 / 채용 중이다 / 직원을 / 책무가 기금 조성을 포함할

03 The second edition / which will be available soon / has / an additional chapter. 2판은 / 곧 출간될 / 있다 / 추가 장(章)이
사물 주격

04 Writers / whose work is admired internationally / usually / write / about universal subjects.
소유격 명사 작가들은 / 작품이 국제적으로 높이 평가 받는 / 보통 / 쓴다 / 보편적인 주제에 관해

05 The automobile dealers / recommend / a compact car / for anyone / who is buying one / for the first time.
자동차 판매업자들은 / 추천한다 / 소형차를 / 누구에게라도 사람 / 주격 차를 구입하려는 / 처음으로

자동차 판매업자들은 처음으로 차를 구입하려는 사람들에게 소형차를 추천한다.

관계대명사 선택 문제
형용사절 안에 주어가 없으므로 형용사절에서 주어 역할을 하는 주격 관계대명사인 (C) which 또는 (D) who가 와야 합니다. 앞에 나온 명사 anyone (누구라도)이 사람이므로 사람일 때 쓰는 관계대명사 (D)가 정답입니다.

06 The secretary / printed / some invitations / which he will send tomorrow.
그 비서는 / 출력했다 / 초대장 몇 부를 사물 / 목적격 그가 내일 부칠

그 비서는 내일 부칠 초대장 몇 부를 출력했다.

관계대명사 선택 문제
형용사절 안에 목적어가 없으므로 형용사절에서 목적어 역할을 하는 목적격 관계대명사인 (A) which 또는 (B) who가 와야 합니다. 앞에 나온 명사 invitations(초대장)가 사물이므로 사물일 때 쓰는 관계대명사 (A)가 정답입니다.

07~09

Questions 07-09 refer to the following article.
기사에 관한 지문

Mongoose Publishing / has announced / the release of a newly rediscovered book / called *Lost Wind*, / by Rosa Channing. The book, / 07 which paints an accurate picture of life / in the 1890s, / was originally published in 1901. It tells / the story of a family / 08 who lived in Virginia / during America's "Gilded Age." The book has had mixed reviews / so far. 09 However, / its historic value makes it / a fascinating read. Avid readers / will surely want a copy / on their shelves.

Mongoose 출판사는 / 발표했다 / 새롭게 재발견된 책의 출간을 / *Lost Wind*라고 불리는 / Rosa Channing의 / 이 책은 사물 / 주격 삶을 정확히 묘사하는 / 1890년대의 / 원래 1901년에 출판되었다 / 이것은 이야기한다 / 한 가족의 이야기를 사람 / 주격 버지니아에 살았던 / 미국의 "대호황 시대" 동안 / 이 책은 엇갈린 평을 가졌다 / 지금까지 / 하지만 / 이것의 역사적 가치는 이것을 만든다 / 매혹적인 읽을거리로 / 열렬한 독자들은 / 분명히 한 부를 원할 것이다 / 그들의 책꽂이에

07-09번은 다음 기사에 관한 문제입니다.

Mongoose 출판사는 새롭게 재발견된 Rosa Channing의 *Lost Wind*라고 불리는 책의 출간을 발표했다. 1890년대 삶의 실상을 묘사하는 이 책은 원래 1901년에 출판되었다. 이것은 미국의 "대호황 시대" 동안 버지니아에 살았던 한 가족의 이야기이다. 이 책에는 지금까지 엇갈린 평이 있었다. 하지만 이 책의 역사적 가치는 이것을 매혹적인 읽을거리로 만든다. 애독자들은 분명 그들의 책꽂이에 한 부를 놓아두기를 원할 것이다.

07 관계대명사 선택 문제
형용사절 안에 주어가 없으므로 형용사절에서 주어 역할을 하는 주격 관계대명사인 (D) which가 정답입니다. 대명사인 (B) this는 관계대명사 자리에 올 수 없습니다.

08 관계대명사 선택 문제
형용사절 안에 주어가 없으므로 형용사절에서 주어 역할을 하는 주격 관계대명사인 (A) who가 정답입니다. (C) whose는 소유격 관계대명사로, 바로 다음에 명사가 와야 합니다.

09 알맞은 문장 고르기 문제
빈칸에 들어갈 알맞은 문장을 고르는 문제이므로 빈칸의 주변 문맥을 파악합니다. 뒤 문장 'Avid readers will surely want a copy on their shelves.'에서 애독자들은 분명 그들의 책꽂이에 한 부를 놓아두기를 원할 것이라고 했으므로 빈칸에는 하지만 이 책의 역사적 가치는 이것을 매혹적인 읽을거리로 만든다는 내용이 들어가야 함을 알 수 있습니다. 따라서 (C) However, its historic value makes it a fascinating read가 정답입니다. (보기 해석 p. 578)

부사 어휘(1)

p.345

01 Oil prices / increased / markedly / two years ago. 유가는 / 상승했다 / 현저하게 / 2년 전에
현저하게 상승하다

02 The two companies / worked / cooperatively / to find a mutually beneficial solution.
협력하여 일하다
두 기업들은 / 일했다 / 협력하여 / 상호 간에 이로운 해결책을 찾기 위해

03 Mr. Thomas / is working / considerably longer hours / these days. Mr. Thomas는 / 일하고 있다 / 상당히 긴 시간을 / 요즘
상당히 긴 시간

04 The hotel / caters / exclusively / to business travelers. 호텔은 / 음식을 공급한다 / 독점적으로 / 출장 여행자들에게
독점적으로 음식을 공급하다

05 The *New Chinese Financial Newspaper* / will be released / simultaneously / in Singapore and Taiwan.
New Chinese Financial 신문은 / 발매될 것이다 / 동시에 / 싱가포르와 대만에서
release simultaneously 동시에 발매하다

New Chinese Financial 신문은 싱가포르와 대만에서 동시에 발매될 것이다.

'신문이 싱가포르와 대만에서 __ 발매될 것이다'는 문맥에 적합한 어휘는 (D) simultaneously(동시에)입니다. (A) typically(전형적으로), (B) stringently(엄격하게), (C) conveniently(편리하게)는 문맥에 적합하지 않습니다.

06 The country / suffered / an unusually high unemployment rate / for years.
그 나라는 / 겪었다 / 비정상적으로 높은 실업률을 / 수년간
unusually high 비정상적으로 높은

그 나라는 수년간 비정상적으로 높은 실업률을 겪었다.

'수년간 __ 높은 실업률을 겪었다'는 문맥에 적합한 어휘는 (C) unusually(비정상적으로)입니다. (A) optionally(선택적으로), (B) effectively(효과적으로), (D) indifferently(무관심하게)는 문맥에 적합하지 않습니다.

07 ~ 09

Questions 07-09 refer to the following advertisement.
광고에 관한 지문

Welcome to the Grand Opening of the Lake Park Plaza!

Please join us / as we celebrate / our Grand Opening / on Friday, March 16 / at 1:30 P.M. The Lake Park Plaza shopping center / will **07** officially open for business / with a ribbon cutting ceremony. The event will be followed by a party / which will begin / **08** promptly at 2:00 P.M. The event is free / and open to the public. **09** A large crowd / is expected. Please consider taking public transportation.

참석해 주십시오 / 기념할 때 / 저희의 개점을 / 3월 16일 금요일 / 오후 1시 30분에 / Lake Park Plaza 쇼핑센터는 / 공식적으로 개업할 것입니다 / 개관식과 동시에 / 행사 후에는 파티가 있을 것입니다 / 시작할 / 오후 2시 정각에 / 행사는 무료입니다 / 그리고 대중에게 개방됩니다 / 많은 혼잡이 / 예상됩니다 / 대중교통 이용을 고려해 주십시오

officially open 공식적으로 개업하다
begin promptly at 시각 ~시 정각에 시작하다

07-09번은 다음 광고에 관한 문제입니다.

Lake Park Plaza 개점식에 오세요!

3월 16일 금요일, 오후 1시 30분에 저희 개점 기념식에 참석해 주십시오. Lake Park Plaza 쇼핑센터는 개관식과 동시에 공식적으로 영업을 시작할 것입니다. 행사 후에는 파티가 있을 것이고 이는 오후 2시 정각에 시작할 것입니다. 행사는 무료이고 대중에게 개방되어 있습니다. 많은 혼잡이 예상됩니다. 대중교통 이용을 고려해 주십시오.

07 '쇼핑센터는 개관식과 동시에 __ 영업을 시작할 것이다'라는 문맥에 적합한 어휘는 (B) officially(공식적으로)입니다. (A) normally(보통), (C) presently(현재), (D) recently(최근에)는 문맥에 적합하지 않습니다.

08 '파티는 오후 2시 __ 시작할 것이다'라는 문맥에 적합한 어휘는 (C) promptly(정각에)입니다. (A) instantly(즉시로, 즉석에서), (B) usually(보통), (D) ultimately(궁극적으로)는 문맥에 적합하지 않습니다.

09 빈칸에 들어갈 알맞은 문장을 고르는 문제이므로 빈칸의 주변 문맥을 파악합니다. 뒤 문장 'Please consider taking public transportation.'에서 대중교통 이용을 고려해 달라고 했으므로 빈칸에는 많은 혼잡이 예상된다는 내용이 들어가야 함을 알 수 있습니다. 따라서 (C) A large crowd is expected가 정답입니다. (보기 해석 p. 578)

p.348

01	Applicants / must be bilingual / in order to be eligible / for the position. 지원자들은 2개 국어를 구사해야 한다 적격이기 위해서는 그 직위에 = To qualify / for the job, / you / need / to know / more than one language. 적임이기 위해서 그 직위에 당신은 필요하다 아는 것이 한 가지보다 많은 언어를	그 직위에 대해 적격이기 위해서 지원자들은 2개 국어를 구사해야 한다. = 그 직위에 적임이려면 두 개 이상의 언어를 알아야 한다.

be eligible(적격이다)과 비슷한 의미를 지닌 (B) qualify(적임이다)가 빈칸에 적합합니다.

02	We / offer / discounts / for purchases / of large quantities. 우리는 제공한다 할인을 구매에 대해 대량의 = Customers / who buy / in bulk / will save / money. 고객들은 구입하는 대량으로 절약할 것이다 돈을	대량 구매를 하시면 할인을 제공합니다. = 대량으로 구입하는 고객들은 돈을 절약할 것입니다.

in과 함께 사용되어 large quantities(대량)와 비슷한 의미를 지닌 (A) bulk(대량의)가 빈칸에 적합합니다.

03	We / treat / our customers / as individuals / and meet / their specific needs. 우리는 대한다 우리 고객들을 개별적으로 그리고 충족시킨다 그들의 특정한 요구를 Ⓐ Our services / are customized. 우리 서비스는 개개인의 요구에 맞춘다 (B) We / offer / a 100 percent customer satisfaction guarantee. 우리는 제공한다 100퍼센트 고객 만족 보장을	저희는 고객들을 개별적으로 대우해 드리고, 고객들의 특정 요구를 충족시켜 드립니다. Ⓐ 저희 서비스는 고객 개개인의 요구에 맞추어 드립니다. (B) 저희는 100퍼센트 고객 만족 보장을 제공합니다.

고객의 특정한 요구를 충족시킨다는 말은 고객 개개인의 요구에 맞춰 서비스가 이루어진다는 의미입니다. 따라서 그 의미가 가까운 (A)가 정답입니다. meet specific needs를 customized로 paraphrase하였습니다. 주어진 문장에서 고객 만족에 대한 언급은 하지 않았으므로 (B)는 오답입니다.

04	Advances / in computer technology / have improved / the accuracy / of modern weather forecasts. 진보는 컴퓨터 기술의 향상시켰다 정확성을 현대 일기 예보의 (A) Weather forecasting / was not / possible / before the invention / of computers. 일기 예보는 가능하지 않았다 발명 전에 컴퓨터의 Ⓑ Weather predictions / have become more reliable / due to better technology. 일기 예보는 더욱 신뢰성이 높아졌다 더 나은 기술 때문에	컴퓨터 기술의 진보는 현대 일기 예보의 정확성을 향상시켰다. (A) 컴퓨터 발명 전에는 일기 예보가 불가능했다. Ⓑ 더 나은 기술 덕분에 일기 예보의 신뢰도가 더욱 높아졌다.

Advances in computer technology를 better technology로, improved the accuracy를 more reliable로, forecasts를 predictions로 paraphrase하여 그 의미가 가까운 (B)가 정답입니다. 주어진 문장에서 컴퓨터 발명 전의 일기 예보에 대한 언급은 하지 않았으므로 (A)는 오답입니다.

05 ~ 06 **Questions 05-06 refer to the following article, e-mail, and advertisement.**
↳ 기사, 이메일과 광고에 관한 지문

Prescott Shopping Center Expansion Nears Completion

[05]An additional wing at the downtown mall, / which started being built on
시내 쇼핑센터의 추가 건물이 3월 12일에 건설되기 시작한
March 12, / will be finished / this summer. [06]On the day of the grand opening, /
완성될 것이다 올해 여름에 개관식 당일에는
a food court, a cinema, and 18 small shops will be unveiled. An aquarium
푸드코트, 영화관, 그리고 18개의 소규모 상점들이 공개될 것이다
will open later, / on September 1. The addition will increase the facility's size /
수족관은 나중에 개업할 것이다 9월 1일에 증축은 시설의 크기를 확장할 것이다
by 30 percent.
30퍼센트

05-06번은 다음 기사, 이메일과 광고에 관한 문제입니다.

Prescott 쇼핑센터의 확장이 곧 완공되다

3월 12일에 건설되기 시작한 시내 쇼핑센터의 추가 건물이 올해 여름에 완공될 예정이다. 개관식 당일에는, 푸드코트, 영화관, 그리고 18개의 소규모 상점들이 공개될 것이다. 수족관은 추후 9월 1일에 개업할 예정이다. 증축은 시설의 크기를 30퍼센트 확장할 것이다.

To: Dennis Rhodes <drhodes@prescottdaily.com>
[05]From: Karen Hirsch <khirsh@grababite.com>
Subject: Advertisement
Date: June 11

[05]I submitted an advertisement / regarding my new business / earlier this
저는 광고를 제출하였습니다 제 새로운 업체에 관한 이번 주 초에
week. However, / my co-owner and I have changed our minds / about
하지만 제 공동소유자와 저는 생각을 바꾸었습니다
opening at 11:30 A.M. We've decided / that since [05]we're in the Prescott
오전 11시 30분에 문을 여는 것에 관해 저희는 결정을 내렸습니다 저희는 Prescott 쇼핑센터 안에 있기 때문에
Shopping Center, / it makes sense to open / at the same time it does /
문을 여는 것이 타당하다는 것을 그것이 문을 여는 것과 같은 시간에
so we can offer breakfast. Can you make that change to my advertisement /
그래서 저희가 아침 식사를 제공할 수 있도록 당신께서 광고에 이 변경사항을 수정해주실 수 있나요
before it is printed?
이것이 인쇄되기 전에

Thanks!
감사합니다

Karen Hirsch

수신: Dennis Rhodes
<drhodes@prescottdaily.com>
발신: Karen Hirsch
<khirsh@grababite.com>
제목: 광고
날짜: 6월 11일

저는 이번 주 초에 제 새로운 업체의 광고를 제출하였습니다. 하지만, 제 공동소유자와 저는 오전 11시 30분에 문을 여는 것에 관해 생각을 바꾸었습니다. 저희는 Prescott 쇼핑센터 안에 있기 때문에, Prescott 쇼핑센터와 같은 시간에 문을 열어 아침 식사를 제공하는 것이 타당하다고 결정을 내렸습니다. 광고가 인쇄되기 전에 이 변경사항을 수정해주실 수 있나요?

감사합니다!

Karen Hirsch

OPENING SOON! *Grab-A-Bite... Healthy Fast Food.*

If you're headed to [06]the grand opening / of Prescott Shopping Center's
만약 당신이 개관식으로 향하신다면 Prescott 쇼핑센터의 신축 건물의
new wing / on June 26, / drop by Grab-A-Bite, / the fast food restaurant /
6월 26일에 Grab-A-Bite에 잠깐 들리세요 패스트푸드 식당인
for health-conscious diners! Enjoy our breakfast items / from 9-11:30 A.M. /
건강을 고려하는 손님을 위한 아침 식사 메뉴를 즐기세요 오전 9시부터 11시 30분까지
and our regular menu until 8 P.M.
그리고 오후 8시까지 일반 메뉴를 즐기세요

곧 개업합니다! *Grab-A-Bite... 건강한 패스트푸드.*

6월 26일에 Prescott 쇼핑센터의 신축 건물 개관식으로 향하신다면, 건강을 고려하는 손님을 위한 패스트푸드 식당인 Grab-A-Bite에 잠깐 들리세요! 오전 9시부터 11시 30분까지 아침 식사 메뉴를 즐기고, 오후 8시까지는 일반 메뉴를 즐기세요.

05 What is indicated about Karen Hirsch? ↳ 키워드 (A) She is the sole owner of a restaurant chain. (B) She plans to open a business downtown. (C) She sent an advertisement to the wrong person.	Karen Hirsch에 대해 언급된 것은? (A) 식당 가맹점의 단독 소유자이다. (B) 시내에 사업을 열 계획이다. (C) 광고를 엉뚱한 사람에게 보냈다.

연계 문제 (NOT/TRUE)

Karen Hirsch에 대해 언급된 것을 묻고 있으므로 Karen Hirsch가 쓴 두 번째 지문에서 단서를 확인합니다. 두 번째 지문의 'I submitted an advertisement regarding my new business'와 'we're in the Prescott Shopping Center'에서 Karen Hirsch는 Prescott 쇼핑센터에 있는 자신의 새로운 업체에 관한 광고를 제출했다고 말하고 있습니다. 정답을 선택하기에는 단서가 부족하므로 다른 지문에서 첫 번째 단서와 연계된 두 번째 단서를 확인합니다. 첫 번째 지문의 'An additional wing at the downtown mall'에서 Prescott 쇼핑센터는 시내에 있다는 것을 말하고 있습니다. 이 두 단서를 종합해 보면 Karen Hirsch는 시내에 있는 쇼핑센터에 새로운 업체를 낸다는 것을 알 수 있습니다. 따라서 (B) She plans to open a business downtown이 정답입니다.

06 When will a new cinema open in Prescott Shopping Center? ↳ 키워드 (A) On March 12 (B) On June 26 (C) On September 1	Prescott 쇼핑센터에 있는 새로운 영화관은 언제 개관할 것인가? (A) 3월 12일에 (B) 6월 26일에 (C) 9월 1일에

연계 문제 (육하원칙)

Prescott 쇼핑센터의 새로운 영화관이 언제 개관할 것인지를 묻고 있으므로 질문의 키워드 new cinema가 cinema로 언급된 첫 번째 지문에서 단서를 확인합니다. 첫 번째 지문의 'On the day of the grand opening, a food court, a cinema ~ will be unveiled.'에서 개관식 당일에 푸드코트, 영화관 등이 공개될 것이라고 말하고 있습니다. 정답을 선택하기에는 단서가 부족하므로 다른 지문에서 첫 번째 단서와 연계된 두 번째 단서를 확인합니다. 세 번째 지문의 'the grand opening of Prescott Shopping Center's new wing on June 26'에서 Prescott 쇼핑센터의 신축 건물 개관식이 6월 26일이라고 말하고 있습니다. 이 두 단서를 종합해 보면 새로운 영화관은 Prescott 쇼핑센터의 개관식인 6월 26일에 개관한다는 것을 알 수 있습니다. 따라서 (B) On June 26가 정답입니다.

07 ~ 11

Questions 07-11 refer to the following article and letter.
↳ 기사와 편지에 관한 지문

[07/10]With the successful opening of Footloose Shoes stores / in
Footloose Shoes사 상점들의 성공적인 개장에 따라
Philadelphia and New Jersey / last year, / the company has decided / to
필라델피아와 뉴저지에서 지난해에 회사는 결정했습니다
expand into Seattle, Portland, and San Francisco. [09]The new stores are
시애틀, 포틀랜드, 샌프란시스코로 확장하기로 새로운 상점들이 공사 중입니다
under construction / and will be completed / in three months. [09]They are
그리고 마무리 될 것입니다 3개월 내로 이들은
projected / to open within the year.
계획되어 있습니다 올해 안에 개장하기로

[08]The company first began operations / seven years ago / as a small
회사는 처음 사업을 시작하였습니다 7년 전에 작은 옷가게로
boutique store / located in New York. It quickly gained a reputation / for
뉴욕에 위치한 회사는 빠르게 명성을 얻었습니다
high-quality, stylish products. Although the company initially produced
높은 품질과 멋진 상품들로 처음에 회사는 생산하고 판매했지만
and sold / only women's shoes, / two years after opening, / the decision
여성용 신발만 개점 2년 후에
was made / to move into men's shoes. This proved to be a big success, /
결정되었습니다 남성용 신발까지 확장하기로 이것은 크게 성공하였습니다
and soon after, / men's shoes accounted for over 70 percent / of the
그리고 그 이후에 곧 남성용 신발은 70퍼센트 이상을 차지했습니다
company's total sales. However, / in conjunction with / the upcoming
회사 전체 매출의 그러나 ~과 함께 곧 있을 확장과
expansion, / [09]the company will be launching a new line of women's shoes /
회사는 새로운 여성용 신발 제품라인을 출시할 것입니다
to boost sales.
판매를 증가시키기 위해

Dear [10]Ms. Gomez,

The directors of Footloose Shoes / would like to take this opportunity /
Footloose Shoes사 이사진은 이번 기회를 이용하고 싶습니다
to thank you / for your years of service to the company. In fact, / [10/11]your
귀하께 감사드리기 위해 귀하께서 수년간 근무해 온 것에 대해 사실 귀하의
involvement / in the opening of the Philadelphia branch / played an
참여는 필라델피아 지점의 개점과 관련한 중요한 역할을 하였습니다
important role / in the success of the company.
회사의 성공에

We would like / you / to manage the new store / in San Francisco / for
우리는 원합니다 귀하께서 새 상점의 관리를 맡기를 샌프란시스코의
about a year. You would be in charge of / dealing with any problems /
약 1년간 귀하는 담당하게 될 것입니다 문제를 처리하는 것을
connected to / the opening of the new store.
~과 관련된 새 상점의 개점

By the end of the year, / our plans to expand into Europe / will be
올해 말까지 유럽으로 확장하려는 우리의 계획은
completed. If the branch is successful, / you would most likely be
완료될 것입니다 만약 그 지점이 성공적이면 귀하께서 지명될 가능성이 높습니다
appointed / regional manager / for our European stores. As regional
지역 관리자로 우리 유럽 상점의 지역 관리자로서
manager, / you would be responsible for / all aspects of our European
귀하는 책임질 것입니다 유럽 지역의 사업의 모든 측면을
operation. We look forward to / achieving success with you / in the future.
우리는 기대합니다 귀하와 함께 성공을 거두기를 앞으로

07-11번은 다음 기사와 편지에 관한 문제입니다.

지난해 필라델피아와 뉴저지에서 Footloose Shoes사 상점들이 성공적으로 개점함에 따라, 회사는 시애틀, 포틀랜드, 샌프란시스코로 확장하기로 결정하였습니다. 새로운 상점들은 공사 중이며, 3개월 내에 마무리 될 것입니다. 이들은 올해 안에 개장할 계획입니다.

회사는 7년 전 뉴욕에 있는 작은 옷가게로 처음 사업을 시작하였습니다. 회사는 고품질의 멋진 상품들로 빠르게 유명해졌습니다. 초기에는 여성용 신발만 생산하고 판매했지만, 개점 2년 후에는 남성용 신발까지 확장하기로 결정되었습니다. 이것은 큰 성공으로 이어졌고, 곧 남성용 신발은 회사 전체 매출의 70퍼센트 이상을 차지하였습니다. 그러나 이번의 확장과 함께 회사는 판매를 증가시키기 위해 새로운 여성용 신발 제품라인을 출시할 것입니다.

Ms. Gomez께,

Footloose Shoes사의 이사진은 이번 기회를 통해 귀하께서 수년간 회사에 근무해 온 것에 대해 감사드리고 싶습니다. 사실, 필라델피아 지점의 개점과 관련한 귀하의 참여는 회사의 성공에 중요한 역할을 하였습니다.

본사는 귀하께서 약 1년 동안 샌프란시스코의 새 상점 관리를 맡아주길 원합니다. 귀하는 새 상점의 개점과 관련한 문제 처리를 맡을 것입니다.

올해 말까지 유럽으로의 확장 계획이 마무리 될 것입니다. 만약 그 지점이 성공적이면, 귀하께서 유럽 상점의 지역 관리자로 지명될 가능성이 높습니다. 지역 관리자로서 귀하는 유럽 지역의 사업의 모든 면을 책임질 것입니다. 앞으로 귀하와 함께 성공을 거두기를 기대합니다. 이 점에 대해 더 논의하기 위해 전화 주십시오.

Nicolas Nelson

Please call me / to discuss this further. 전화 주십시오 이 점에 대해 더 논의하기 위해 Nicolas Nelson	

07 Why was the article written? ↳ 목적 (A) To provide details on a product line (B) To give information about a retail chain (C) To promote an upcoming sale (D) To announce corporate restructuring	기사는 왜 쓰였는가? (A) 제품군에 대한 설명을 제공하기 위해 (B) 소매 체인점에 대한 정보를 제공하기 위해 (C) 다가오는 할인 행사를 홍보하기 위해 (D) 회사 구조조정을 발표하기 위해

주제/목적 찾기 문제

기사가 쓰인 목적을 묻고 있으므로 첫 번째 지문 앞부분에서 단서를 찾습니다. 'With the successful opening of Footloose Shoes stores ~ the company has decided to expand'에서 Footloose Shoes사 상점들이 성공적으로 개점함에 따라 회사를 확장하기로 결정했다고 말하고 있습니다. 따라서 (B) To give information about a retail chain이 정답입니다.

08 When was Footloose Shoes founded? ↳ 키워드 (A) Last month (B) Last year (C) Two years ago (D) Seven years ago	Footloose Shoes사는 언제 설립되었는가? (A) 지난달 (B) 작년 (C) 2년 전 (D) 7년 전

육하원칙 문제

질문의 키워드 founded가 첫 번째 지문에서 began operations로 언급되었으므로 그 주변에서 정답의 단서를 확인합니다. 'The company first began operations seven years ago'에서 7년 전에 사업을 시작했다고 말하고 있으므로, (D) Seven years ago가 정답입니다.

09 What is NOT mentioned as part of the company's plans for the current year? ↳ 키워드 (A) The release of a new product line (B) The opening of new shops (C) An expansion into menswear (D) The construction of several stores	올해 회사 계획의 일부로 언급되지 않은 것은? (A) 새 제품군의 출시 (B) 새 상점들의 개점 (C) 남성복으로의 확장 (D) 몇몇 상점의 공사

NOT/TRUE 문제

기사에서 올해 회사 계획과 관련된 내용이 언급되었으므로 첫 번째 지문의 내용과 각 보기를 대조합니다. (A)는 'the company will be launching a new line of women's shoes'에서, (B)와 (D)는 'The new stores are under construction', 'They are projected to open within the year.'에서 확인할 수 있습니다. 지문에서 남성복의 확장에 대한 언급은 없으므로 (C) An expansion into menswear가 정답입니다.

10 What did Ms. Gomez do last year? ↳ 키워드 (A) She participated in the establishment of the company. (B) She assisted with opening a store in Philadelphia. (C) She worked for another corporation in New Jersey. (D) She traveled throughout Europe.	Ms. Gomez가 작년에 한 일은 무엇인가? (A) 회사의 설립에 관여했다. (B) 필라델피아 지점의 개점을 도왔다. (C) 뉴저지의 다른 회사에서 일했다. (D) 유럽 전역을 여행했다.

연계 문제 (육하원칙)

Ms. Gomez가 작년에 무엇을 했는지를 묻고 있으므로 두 번째 지문에서 단서를 확인합니다. 두 번째 지문 'your involvement in the opening of the Philadelphia branch ~ in the success of the company'에서 필라델피아 지점을 개장하는 데 Ms. Gomez가 중요한 역할을 했다고 말하고 있습니다. 정답을 선택하기에는 단서가 부족하므로 첫 번째 지문에서 첫 번째 단서와 연계된 두 번째 단서를 확인합니다. 기사의 'With the successful opening of ~ stores in Philadelphia and New Jersey last year'에서 작년에 필라델피아 지점이 개장되었다고 나와 있습니다. 이 두 단서를 종합해 보면 Ms. Gomez가 작년에 필라델피아 지점의 개장을 도왔다는 것을 알 수 있습니다. 따라서 (B) She assisted with opening a store in Philadelphia가 정답입니다.

11 In the letter, the word "role" in paragraph 1, line 3, is closest in meaning to ↳ 키워드 (A) character (B) part (C) job (D) category	편지에서 1문단, 세 번째 줄의 단어 "role"은 의미상 -와 가장 가깝다. (A) 특징 (B) 역할 (C) 직업 (D) 분야

동의어 문제

편지에서 언급한 "role"의 동의어를 묻고 있으므로 두 번째 지문의 1문단 세 번째 줄에서 찾습니다. role이 포함된 문장 'your involvement ~ played an important role in the success of the company'는 귀하의 참여가 회사의 성공에 중요한 역할을 하였다는 뜻이므로 role은 '역할'이라는 의미로 사용되었습니다. 따라서 이와 가장 가까운 (B) part(역할)가 정답입니다.

12 ~ 16 **Questions 12-16 refer to the following article, e-mail, and Web page.**
↳ 기사, 이메일과 웹페이지에 관한 지문

June 15— / [12]The Old Town Eatery, a popular local restaurant, /
6월 15일 인기 있는 지역 식당인 Old Town Eatery가

is open to the public / once again. The restaurant closed / on May 31 /
사람들에게 열릴 것이다 다시 한번 그 식당은 문을 닫았다 5월 31일에

because the owner, John Harris, chose to relocate. When asked the
소유주인 John Harris가 이전하기로 결정했기 때문에 이유를 물었을 때

reason / for his decision, / [13]Mr. Harris said, / "Our old spot / was difficult /
그의 결정에 대한 Mr. Harris는 말했다 우리의 기존 자리는 어려웠다

for tourists to find, / but our current site on Redmond Street / is near a
관광객들이 찾기 하지만 Redmond가의 우리의 현재 장소는

popular art museum, / so that won't be a problem / anymore." To celebrate
유명한 미술관 가까이에 있다 그래서 그것은 문제가 되지 않을 것입니다 더 이상

the move, / [14]the Old Town Eatery / will be offering / some specials for
이전을 축하하기 위해 Old Town Eatery는 제공할 것이다 이번 달 남은 날들 동안 몇몇 특선을

the rest of the month. Pizza will be discounted / on Mondays, / seafood /
피자는 할인될 것이다 월요일에 해산물은

on Wednesdays, / [14]pasta / on Thursdays, / and steaks / on Saturdays.
수요일에 파스타는 목요일에 그리고 스테이크는 토요일에

From: Alice Walker <a.walker@wilson.com>
To: Brett Hopkins <b.hopkins@wilson.com>
Date: June 17
Subject: Company dinner

Dear Mr. Hopkins,

I just wanted to update you / about the company dinner / next week.
저는 그저 당신에게 최신 정보를 알려주고 싶었습니다 회사 저녁 식사에 대해 다음 주

It will be held / at the Old Town Eatery / on June 23. The restaurant /
그것은 열릴 것입니다 Old Town Eatery에서 6월 23일에 그 식당은

recently / moved to a building / on the same street / as our office, /
최근에 건물로 이사를 왔습니다 같은 도로에 있는 우리 사무실과

so it is very convenient. There will be 15 staff members / attending, /
그래서 그것은 매우 편리합니다 15명의 직원들이 있을 것입니다 참석하는

including all of the employees / transferring to [15]the new branch /
직원들을 모두 포함하여 새로운 지점으로 전근 가는

in Chicago / that will open / on July 25. [16]The only thing / I haven't
시카고의 문을 열 7월 25일에 유일한 것은 제가 결정하지 못한

decided on / is whether we should get a private room. They have several
우리가 개별적인 방을 잡아야 할지의 여부입니다 그들은 가지고 있습니다

available rooms / at the Old Town Eatery, / but there is a $100 additional
여러 이용 가능한 방들을 Old Town Eatery에 하지만 100달러의 추가 요금이 있습니다

cost. As that would put us / over our budget / for the event, / I thought /
그것이 우리를 만들기 때문에 우리의 예산을 초과하게 행사를 위한 저는 생각했습니다

I should get / your approval / first.
제가 받아야 한다고 당신의 승인을 먼저

Sincerely,

Alice Walker
Personnel Manager
Wilson Accounting

12-16번은 다음 기사, 이메일과 웹페이지에 관한 문제입니다.

6월 15일— 인기 있는 지역 식당인 Old Town Eatery가 다시 한번 사람들에게 열릴 것이다. 그 식당은 소유주인 John Harris가 이전하기로 결정했기 때문에 5월 31일에 문을 닫았다. 그의 결정에 대한 이유를 물었을 때, Mr. Harris는 "우리의 기존 자리는 관광객들이 찾기 어려웠지만, Redmond가의 우리의 현재 장소는 유명한 미술관 가까이에 있어서 그것은 더 이상 문제가 되지 않을 것입니다"라고 말했다. 이전을 축하하기 위해, Old Town Eatery는 이번 달 남은 날들 동안 몇몇 특선을 제공할 것이다. 피자는 월요일에, 해산물은 수요일에, 파스타는 목요일에, 그리고 스테이크는 토요일에 할인될 것이다.

발신: Alice Walker <a.walker@wilson.com>
수신: Brett Hopkins <b.hopkins@wilson.com>
날짜: 6월 17일
제목: 회사 저녁 식사

Mr. Hopkins께,

저는 그저 당신에게 다음 주 회사 저녁 식사에 대해 최신 정보를 알려주고 싶었습니다. 그것은 6월 23일에 Old Town Eatery에서 열릴 것입니다. 그 식당은 최근에 우리 사무실과 같은 도로에 있는 건물로 이사를 와서, 매우 편리합니다. 7월 25일에 문을 여는 시카고의 신규 지점으로 전근 가는 직원들을 모두 포함하여, 15명의 직원들이 참석할 것입니다. 제가 결정하지 못한 유일한 것은 우리가 개별적인 방을 잡아야 할지의 여부입니다. Old Town Eatery에서는 여러 이용 가능한 방들을 가지고 있지만, 100달러의 추가 요금이 있습니다. 그것이 우리의 행사 예산을 초과하게 하기 때문에, 저는 당신의 승인을 먼저 받아야 한다고 생각했습니다.

Alice Walker 드림
인사부장
Wilson 회계사무소

https://www.foodcritic.com

HOME	**REVIEWS**	ABOUT	CONTACT

Old Town Eatery

[16]Reviewed by: Alice Walker

Rating: ★★★★☆ (4 out of 5 stars)

[14]I participated / in a company dinner / at the Old Town Eatery /
저는 참여했습니다 회사 저녁 식사에 Old Town Eatery에서
on June 23, / and I was very impressed. The food was excellent.
6월 23일에 그리고 매우 깊은 인상을 받았습니다 음식이 훌륭했습니다
[14]We ordered several pasta dishes / because they were on special /
우리는 여러 파스타 요리들을 주문했습니다 그것들이 특별가였기 때문에
that night, / and they were all delicious. In addition, / the staff was very
그날 저녁에 그리고 그것들은 모두 맛있었습니다 게다가 직원들은 매우
welcoming. The owner of the restaurant / even came to check /
따뜻했습니다 식당의 주인이 확인하러 오기도 했습니다
if everything was satisfactory. [16]My only complaint is / that the air
모든 것이 만족스러운지 저의 유일한 불평은 에어컨이
conditioner / in the private room / we used / was not working properly.
개별 방의 저희가 사용한 제대로 작동하지 않은 점입니다
As a result, / many of us / felt uncomfortable.
결과적으로 저희 중 상당수가 불편했습니다

https://www.foodcritic.com

홈 | 논평 | 소개 | 연락처

Old Town Eatery

평가자: Alice Walker

평점: ★★★★☆ (별 5개 중 4개)

저는 6월 23일에 Old Town Eatery에서 회사 저녁 식사에 참여했고, 매우 깊은 인상을 받았습니다. 음식이 훌륭했습니다. 우리는 그날 저녁에 여러 파스타 요리들이 특별가였기 때문에 그것들을 주문했고, 모두 맛있었습니다. 게다가, 직원들은 매우 따뜻했습니다. 식당의 주인이 모든 것이 만족스러운지 확인하러 오기도 했습니다. 저의 유일한 불평은 저희가 사용한 개별 방의 에어컨이 제대로 작동하지 않은 점입니다. 결과적으로, 저희 중 상당수가 불편했습니다.

12 What is the article mainly about? (→ 주제)

(A) The new owner of a business
(B) The reopening of a restaurant
(C) The popularity of an establishment
(D) The recent expansion of a chain

기사는 주로 무엇에 대한 것인가?

(A) 사업체의 새로운 주인
(B) 식당의 재개장
(C) 시설의 인기
(D) 체인점의 최근 확장

주제/목적 찾기 문제

기사의 주제를 묻고 있으므로 첫 번째 지문의 앞부분에서 정답의 단서를 찾습니다. 'The Old Town Eatery, a popular local restaurant, is open to the public once again.'에서 인기 있는 지역 식당인 Old Town Eatery가 다시 한번 사람들에게 열릴 것이라고 말하고 있습니다. 따라서 (B) The reopening of a restaurant가 정답입니다. open once again을 reopening으로 paraphrase하였습니다.

13 What does Mr. Harris suggest about the site on Redmond Street? (→ 키워드)

(A) It is next to a large food market.
(B) It is in the city's business district.
(C) It is near a visitor's center.
(D) It is close to a tourist attraction.

Mr. Harris가 Redmond가의 장소에 대해 암시하는 것은 무엇인가?

(A) 큰 식품 시장 옆에 있다.
(B) 도시의 상업 지역에 있다.
(C) 방문객 안내소 가까이에 있다.
(D) 관광 명소와 가깝다.

추론 문제

Mr. Harris가 Redmond가의 장소에 대해 암시하는 것을 묻고 있으므로 질문의 키워드 site on Redmond Street가 언급된 첫 번째 지문에서 단서를 찾습니다. 'Mr. Harris said, "Our old spot was difficult for tourists to find, but our current site on Redmond Street is near a popular art museum, so that won't be a problem anymore."'에서 Mr. Harris는 Redmond가의 장소는 유명한 미술관 가까이에 있어서 관광객들이 찾기 어렵지 않을 것이라고 말하고 있습니다. 이를 바탕으로 Redmond가의 장소는 관광 명소와 가깝다는 것을 유추할 수 있습니다. 따라서 (D) It is close to a tourist attraction이 정답입니다.

14 When did Ms. Walker and her colleagues have dinner at the Old Town Eatery? (키워드) (A) On Monday (B) On Wednesday (C) On Thursday (D) On Saturday	Ms. Walker와 그녀의 동료들은 언제 Old Town Eatery에서 저녁 식사를 했는가? (A) 월요일에 (B) 수요일에 (C) 목요일에 (D) 토요일에

연계 문제 (육하원칙)
Ms. Walker와 그녀의 동료들이 언제 Old Town Eatery에서 저녁 식사를 했는지를 묻고 있으므로 Ms. Walker가 작성한 세 번째 지문에서 단서를 확인합니다. 세 번째 지문의 'I participated in a company dinner at the Old Town Eatery on June 23'와 'We ordered several pasta dishes because they were on special that night'에서 Ms. Walker가 6월 23일에 Old Town Eatery에서 회사 저녁 식사에 참여했으며 그날 저녁에 여러 파스타 요리들이 특별가였기 때문에 그것들을 주문했다고 말하고 있습니다. 정답을 선택하기에는 단서가 부족하므로 다른 지문에서 첫 번째 단서와 연계된 두 번째 단서를 확인합니다. 첫 번째 지문의 'the Old Town Eatery will be offering some specials for the rest of the month'와 'pasta on Thursdays'에서 Old Town Eatery는 이번 달 남은 날들 동안 몇몇 특선을 제공할 것이며 파스타는 목요일에 할인될 것이라고 말하고 있습니다. 이 두 단서를 종합해 보면 Ms. Walker와 그녀의 동료들은 Old Town Eatery에서 목요일에 저녁 식사를 한 것을 알 수 있습니다. 따라서 (C) On Thursday가 정답입니다.

15 What will most likely happen on July 25? (키워드) (A) An office will move to another location. (B) Additional staff members will be hired. (C) A branch will begin operations. (D) Some employees will receive training.	7월 25일에 무슨 일이 일어날 것 같은가? (A) 사무실이 다른 장소로 이전할 것이다. (B) 추가 직원들이 고용될 것이다. (C) 지점이 운영을 시작할 것이다. (D) 몇몇 직원들이 교육을 받을 것이다.

추론 문제
7월 25일에 무슨 일이 일어날 것 같은지를 묻고 있으므로 질문의 키워드 July 25가 그대로 언급된 두 번째 지문에서 정답의 단서를 확인합니다. 두 번째 지문의 'the new branch in Chicago that will open on July 25'에서 7월 25일에 신규 지점이 시카고에 문을 연다는 것을 알 수 있습니다. 따라서 (C) A branch will begin operations가 정답입니다.

16 What is true about Ms. Walker? (키워드) (A) She was not satisfied with the company dinner. (B) She had to change the date of a reservation. (C) She did not meet the owner of the Old Town Eatery. (D) She paid a $100 additional charge.	Ms. Walker에 대해 사실인 것은? (A) 회사 저녁 식사에 만족하지 못했다. (B) 예약 날짜를 변경해야만 했다. (C) Old Town Eatery의 주인을 만나지 않았다. (D) 100달러의 추가 요금을 지불했다.

연계 문제 (NOT/TRUE)
Ms. Walker에 대해 사실인 것을 묻고 있으므로 질문의 키워드 Ms. Walker가 작성한 두 번째 지문에서 첫 번째 단서를 확인합니다. 두 번째 지문의 'The only thing I haven't decided on is whether we should get a private room. They have several available rooms at the Old Town Eatery, but there is a $100 additional cost.'에서 결정하지 못한 유일한 것은 개별적인 방을 잡아야 할지의 여부인데 Old Town Eatery에 여러 이용 가능한 방들이 있지만, 100달러의 추가 요금이 발생한다고 말하고 있습니다. 정답을 선택하기에는 단서가 부족하므로 다른 지문에서 첫 번째 단서와 연계된 두 번째 단서를 확인합니다. 세 번째 지문의 'Reviewed by: Alice Walker'와 'My only complaint is that the air conditioner in the private room we used was not working properly.'에서 후기의 작성자인 Alice Walker의 유일한 불평은 사용한 개별 방의 에어컨이 제대로 작동하지 않은 점이라고 말하고 있습니다. 두 단서를 종합해 보면 Ms. Walker는 Old Town Eatery에서 개별적인 방을 사용하기 위해 100달러의 추가 요금을 지불한 것을 알 수 있습니다. 따라서 (D) She paid a $100 additional charge가 정답입니다. cost를 charge로 paraphrase하였습니다.

[특수구문] 비교 구문

01 비교급

p.359

01 Morning classes / are / less crowded / than evening ones. 오전 수업은 / 덜 붐빈다 / 저녁 수업보다
(less → 비교급)

02 This system / is / much more sophisticated / than the old one. 이 시스템은 / 훨씬 더 정교하다 / 예전의 것보다
(much → 강조부사 + 비교급)

03 Using public transportation / is / far faster than driving a car. 대중교통을 이용하는 것은 / 훨씬 더 빠르다 / 차를 운전하는 것보다
(faster → 강조부사 + 비교급)

04 The desk job / is / the safer of the two jobs / Mr. Pryce is considering.
(safer → the + 비교급 + of the two)
사무직이 / 두 개의 직업 중 더 안전하다 / Mr. Pryce가 고려하는

05 The more prepared / the staff is, / the more quickly / the evaluation can be completed.
(more → the + 비교급 ~, the + 비교급 -)
더 많이 준비된다면 / 직원이 / 더 빨리 / 평가가 끝날 것이다

06 Experience / can help / you / communicate / more skillfully / than having a lot of knowledge.
(비교급)
경험은 / 도울 수 있다 / 당신이 / 의사소통하는 것을 / 더 능숙하게 / 지식이 많은 것보다

07 The longer / the session lasts, / the more exhausted / the attendees will be.
(더 오래 / 회의가 지속될수록 / 더 지칠 것이다 / 참석자들은)
(The + 비교급 ~, the + 비교급 -)

회의가 더 오래 지속될수록, 참석자들은 더 지칠 것이다.

비교급 채우기 문제
뒤에 'the + 비교급(the more exhausted)'이 있으므로 앞에도 'the + 비교급'인 (A) The longer가 와야 합니다.

08 Small music devices / are / available / more readily / today / than they were a decade ago.
(소형 음악 장치는 / 구할 수 있다 / 더 손쉽게 / 오늘날 / 10년 전보다)
(more readily → 비교급)

10년 전보다 소형 음악 장치를 오늘날 더 손쉽게 구할 수 있다.

비교급 채우기 문제
뒤에 than이 왔으므로 함께 비교급 표현을 만드는 (A) more readily가 와야 합니다.

09 The economy / is / currently much steadier / than it was five years ago.
(경제는 / 현재 더 안정되어 있다 / 5년 전보다)
(steadier → 비교급)

현재 경제가 5년 전보다 더 안정되어 있다.

비교급 채우기 문제
뒤에 than이 왔으므로 함께 비교급 표현을 만드는 (B) steadier가 와야 합니다.

10 The better of the two places / will be selected / as the new location / for the company.
(두 장소 중 더 좋은 곳이 / 선택될 것이다 / 새로운 위치로 / 회사의)
(better → the + 비교급 + of the two)

둘 중 더 좋은 곳이 회사의 새 위치로 선정될 것이다.

비교급 채우기 문제
빈칸 앞에 The가 있고 뒤에 of the two (places)가 있으므로 비교급인 (C) better가 와야 합니다.

01 Porcot Systems / provides / the finest services / of any company in the industry.
↳ 최상급
Porcot Systems사는 / 제공한다 / 최상의 서비스를 / 그 업계의 회사들 중에서

02 The city of Gimpo / has / the nation's second busiest airport. 김포시는 / 보유하고 있다 / 국내에서 두 번째로 가장 혼잡한 공항을
↳ the + 서수 + 최상급

03 Shanghai / has become / the most advanced city / in China. 상하이는 / 되었다 / 가장 발전한 도시가 / 중국에서
↳ 최상급

04 FunTravel Company / offers / customers / the widest selection of accommodations / in Asia.
최상급 ↲
FunTravel사는 / 제공한다 / 고객들에게 / 가장 폭넓은 숙박 시설 선택권을 / 아시아에서

05 Plastic / is / one of the most widely used materials / in the electronics industry.
플라스틱은 / 가장 널리 쓰이는 재료 중 하나이다 / 전자 기기 산업에서
↳ one of the 최상급 + 복수명사

플라스틱은 전자 기기 산업에서 가장 널리 쓰이는 재료 중 하나이다.

최상급 채우기 문제
앞에 'one of the ___ 명사'가 있으므로 빈칸에 최상급인 (B) most가 와야 합니다.

06 Of all the types of transportation available, / the bus / is / the cheapest way / to reach / the downtown area.
이용 가능한 모든 운송 수단의 유형 중 / 버스가 / 가장 값싼 방법이다 / 가는 데 / 시내에
최상급 ↲

이용 가능한 모든 운송 수단 중, 버스가 시내에 가는 데 가장 값싼 방법이다.

최상급 채우기 문제
앞에 Of all the types of transportation available이 있고, the가 왔으므로 함께 최상급을 만드는 (B) most cheaply 또는 (C) cheapest가 올 수 있습니다. 빈칸 뒤의 명사 way(방법)를 수식하는 것은 형용사이므로 형용사의 최상급 (C)가 정답입니다.

07 ~ 09

Questions 07-09 refer to the following article.
↳ 기사에 관한 지문

The Baltimore city government / is planning / to revise / existing regulations / for small businesses. At present, / the city charges small business owners / one of the 07 highest tax rates / in the country. In addition, / its requirements / for opening a business / are among the most 08 restrictive. As a result, / the city council is considering a proposal / that would reduce tax rates / and make small business loans more accessible. 09 These changes are currently being discussed. A final decision on the proposal / is expected to be announced / in June.

Baltimore시 정부는 / 계획 중이다 / 개정하는 것을 / 기존 법규를 / 소규모 사업체에 대한 / 현재 / 시는 소규모 사업체 소유주들에게 부과한다 / 가장 높은 세율을 (↳ 최상급) / 전국에서 / 게다가 / 요구 사항들은 / 개업을 하기 위한 / 가장 제한적이다 (↳ 최상급) / 결과적으로 / 시 의회는 계획을 고려 중이다 / 세율을 줄이는 / 그리고 소규모 사업체 대출을 좀 더 이용하기 쉽게 하는 / 이러한 변화들은 현재 논의되고 있다 / 이 계획에 대한 최종 결정은 / 발표될 것으로 기대된다 / 6월에

07-09번은 다음 기사에 관한 문제입니다.

Baltimore시 정부는 소규모 사업체에 관한 기존 법률을 개정할 예정이다. 현재, 시에서는 소규모 사업체 소유주들에게 전국에서 가장 높은 세율을 부과한다. 게다가, 개업하기 위한 요구 사항들은 가장 제한적이다. 결과적으로, 시 의회는 세율을 줄이고 소규모 사업체 대출을 좀 더 이용하기 쉽게 하는 계획을 고려 중이다. 이러한 변화들은 현재 논의되고 있다. 이 계획에 대한 최종 결정은 6월에 발표될 것으로 기대된다.

07 최상급 채우기 문제
앞에 'one of the ___ 명사'가 있으므로 빈칸에 최상급인 (D) highest가 와야 합니다.

08 최상급 채우기 문제
빈칸 앞에 최상급을 나타내는 the most가 있으므로 형용사인 (C) restrictive(제한적인)나 부사인 (D) restrictively(제한적으로)가 올 수 있습니다. 빈칸은 보어 자리이므로 보어 자리에 올 수 있는 형용사 (C)가 정답입니다.

09 알맞은 문장 고르기 문제
빈칸에 들어갈 알맞은 문장을 고르는 문제이므로 빈칸의 주변 문맥을 파악합니다. 뒤 문장 'A final decision on the proposal is expected to be announced in June.'에서 이 계획에 대한 최종 결정은 6월에 발표될 것으로 기대된다고 했으므로 빈칸에는 이러한 변화들은 현재 논의되고 있다는 내용이 들어가야 함을 알 수 있습니다. 따라서 (C) These changes are currently being discussed가 정답입니다.
(보기 해석 p. 578)

부사 어휘(2)

p.363

01 The resort / is / temporarily / closed / for the winter. 그 휴양지는 / 일시적으로 / 문을 닫는다 / 겨울 동안에
일시 휴업하다

02 The service agent / patiently / handled / the client's complaint. 서비스 직원은 / 참을성 있게 / 처리했다 / 고객의 불만을
참을성 있게 처리하다

03 Passwords / should be changed / frequently / to prevent / unauthorized access.
비밀번호를 자주 바꾸다(change password frequently) 비밀번호는 / 바뀌어야 한다 / 자주 / 막기 위해 / 승인되지 않은 접근을

04 Videos / on the Web site / are / currently / unavailable / in some regions.
현재 이용 불가능한 비디오들은 / 그 웹사이트에 있는 / 현재 / 이용 불가능하다 / 몇몇 지역에서는

05 Shareholders / should not rely solely / on the fund's investment adviser / for assistance.
주주들은 / 오로지 의존해서는 안 된다 / 기금 투자 고문에게 / 도와 줄 것을

rely solely on 오로지 ~에 의존하다

주주들은 오로지 기금 투자 고문의 도움에만 의존해서는 안 된다.

'주주들은 ___ 기금 투자 고문에만 의존해서는 안 된다'는 문맥에 적합한 어휘는 (B) solely(오로지)입니다. (A) kindly(친절하게), (C) formerly(이전에), (D) nearly(거의)는 문맥에 적합하지 않습니다.

06 Hundreds of vehicles / were recalled / as their doors / did not close / securely.
수백 대의 차량이 / 회수되었다 / 그들의 문이 / 닫히지 않아서 / 확실히

close securely 확실히 닫다/닫히다

수백 대의 차량이 문이 확실히 닫히지 않아서 회수되었다.

'수백 대의 차량이 문이 ___ 닫히지 않아서 회수되었다'는 문맥에 적합한 어휘는 (C) securely(확실히)입니다. (A) arguably(주장할 수 있는), (B) skillfully(솜씨 있게), (D) mindfully(주의하여)는 문맥에 적합하지 않습니다.

07 ~ 09 **Questions 07-09 refer to the following advertisement.**
광고에 관한 지문

Alpha Auto Repair / has served / Tokyo motorists / for over 20 years.
Alpha Auto Repair사는 / 모셔 왔습니다 / 도쿄 운전자들을 / 20년 이상

07 Conveniently located / near subway stations / in the city center, / we have strived / to maintain / a high level / of customer satisfaction / since our opening.
편리하게 위치하여 / 지하철역 근처에 / 도심에 / 저희는 / 노력해 왔습니다 / 유지하기 위해 / 높은 수준의 / 고객 만족도를 / 개점 이래로

We have **08** consistently equipped / our facility / with the latest high-tech machines / in order to provide the best repair jobs / in the city.
저희는 항상 갖추어 왔습니다 / 저희 시설을 / 최첨단 기계들로 / 최고의 수리를 제공하기 위해 / 시에

Our services are reasonably priced / as well.
저희 서비스는 합리적으로 값이 정해져 있습니다 / 또한

09 Bring your car to our shop / for a free estimate.
차량을 저희 가게로 가져오세요 / 무료 견적을 위해

You'll be surprised / to find it quite affordable!
여러분은 놀랄 것입니다 / 꽤 알맞은 가격임을 발견하고

conveniently located 편리하게 위치하여
consistently equip 항상 갖추다

07-09번은 다음 광고에 관한 문제입니다.

Alpha Auto Repair사는 20년이 넘도록 도쿄 운전자들을 모셔 왔습니다. 도심 지하철역 근처에 편리하게 위치하여 저희는 개점 이래로 높은 수준의 고객 만족도를 유지하기 위해 노력해 왔습니다. 저희는 시에 최고의 수리를 제공하기 위해 시설을 최첨단 기계들로 항상 갖추어 왔습니다. 또한 저희 서비스는 합리적인 가격으로 책정되어 있습니다. 무료 견적을 받기 위해 차량을 가게로 가져오세요. 꽤 저렴한 가격에 놀랄 것입니다!

07 '도심 지하철역 근처에 ___ 위치하고 있다'는 문맥에 적합한 어휘는 (C) Conveniently(편리하게)입니다. (A) Similarly(비슷하게), (B) Quickly(빨리), (D) Busily(바쁘게)는 문맥에 적합하지 않습니다.

08 '최고의 수리를 제공하기 위해 시설을 최첨단 기계들로 ___ 갖추어 왔다'는 문맥에 적합한 어휘는 (D) consistently(항상)입니다. (A) lively(활기차게), (B) exactly(정확히), (C) fairly(공평하게)는 문맥에 적합하지 않습니다.

09 빈칸에 들어갈 알맞은 문장을 고르는 문제이므로 빈칸의 주변 문맥을 파악합니다. 뒤 문장 'You'll be surprised to find it quite affordable!'에서 꽤 저렴한 가격에 놀랄 것이라고 했으므로 빈칸에는 무료 견적을 받기 위해 차량을 가게로 가져오라는 내용이 들어가야 함을 알 수 있습니다. 따라서 (C) Bring your car to our shop for a free estimate가 정답입니다. (보기 해석 p. 578)

광고 연계 지문

p.366

01 It / would be best / to delay / investing / until we / know / the long-term effects / of the merger.
그것은 최선일 것이다 연기하는 것이 투자하는 것을 우리가 ~할 때까지 알다 장기적인 영향을 합병의

= I / recommend / postponing / investment / until we / have / a clear idea / of the merger's results.
나는 권한다 연기하는 것을 투자를 우리가 ~할 때까지 갖다 분명한 견해를 합병의 결과에 대한

합병의 장기적인 영향을 알 때까지 투자를 연기하는 것이 최선일 것 같다.
= 합병 결과에 대해 분명한 견해를 가질 때까지 투자를 연기할 것을 권한다.

delay(연기하다)와 비슷한 의미를 지닌 (B) postponing(연기하는 것)이 빈칸에 적합합니다.

02 The restaurant / was threatened / with closure / because it / was not clean / enough.
그 식당은 위협받았다 폐점의 그것이 ~ 때문에 청결하지 않았다 충분히

= The restaurant / was warned / to improve / its poor sanitation.
그 식당은 경고를 받았다 개선하기를 나쁜 위생 설비를

충분히 청결하지 않았기 때문에 그 식당은 폐점의 위협을 받았다.
= 그 식당은 나쁜 위생 설비를 개선하라고 경고 받았다.

clean(청결한)과 비슷한 의미를 지닌 (A) sanitation(위생 설비)이 빈칸에 적합합니다.

03 A power failure / at the production facility / has caused / serious delays.
정전이 생산 시설에서의 초래했다 심각한 지연을

(A) Serious failures / by those / who have power / caused / major production delays.
심각한 실수가 사람들에 의한 권력을 가진 초래했다 중대한 생산 지연을

(B) Production / was significantly delayed / due to the interruption / of electric power.
생산은 상당히 지연되었다 중단 때문에 전력의

생산 시설의 정전이 심각한 지연을 초래했다.
(A) 권력자들의 심각한 실수가 중대한 생산 지연을 초래했다.
(B) 전력 중단으로 생산이 상당히 지연되었다.

power failure를 interruption of electric power로 paraphrase하여 그 의미가 가까운 (B)가 정답입니다. 주어진 문장에서 권력자들의 실수에 대한 언급은 하지 않았으므로 (A)는 오답입니다.

04 Following the merger, / there will be restructuring / at all of the company's locations.
합병에 이어 재편성이 있을 것이다 그 기업의 모든 지점에서

(A) The company / will undergo / reorganization / after the merger.
그 기업은 겪을 것이다 개편을 합병 후에

(B) The merger / will result / in the closure / of some of the company's branches.
합병은 결과를 낳을 것이다 폐점의 그 기업의 몇몇 지점의

합병에 이어, 그 기업의 모든 지점에서 재편성이 있을 예정이다.
(A) 합병 후에 그 기업은 개편을 겪을 것이다.
(B) 합병으로 인해 그 기업의 몇몇 지점이 폐점되는 결과를 낳을 것이다.

Following을 after로, restructuring을 undergo reorganization으로 paraphrase하여 그 의미가 가까운 (A)가 정답입니다. 주어진 문장에서 지점 폐점에 대한 언급은 하지 않았으므로 (B)는 오답입니다.

05 **Question 05 refers to the following advertisement and e-mail.**
광고와 이메일에 관한 지문

Fisher Peak Resort

Get away from the city / for a peaceful stay / at Fisher Peak Resort.
도시에서 벗어나십시오 평온한 머무름을 위해 Fisher Peak 리조트에서의

Located in the Rocky Mountains in Canada, / the resort offers a variety
캐나다에 있는 로키 산맥에 위치해 있으며 리조트는 다양한 숙박 시설을 제공합니다:

of accommodations:

· Two-bedroom cabins (up to 6 guests)
침실이 두 개 있는 통나무집 (6인 이하)

· Single-bedroom cabins (up to 3 guests)
침실이 한 개 있는 통나무집 (3인 이하)

· Two-bed hotel rooms (4 guests)
침대가 두 개 있는 호텔 객실 (4인)

· Single-bed hotel rooms (2 guests)
침대가 한 개 있는 호텔 객실 (2인)

In addition, / enjoy meals in our restaurants / and take advantage of / our
이에 더하여 우리 식당에서 식사를 즐기십시오 그리고 이용하십시오

pool and sports facility! Call 555-0099 / to make a booking.
우리의 수영장과 스포츠 시설을 555-0099로 전화하십시오 예약하시려면

To: <customerservice@fisherpeak.ca>
From: Marvin Glick <marving@trvmail.com>

To Whom It May Concern,

My family recently stayed at your facility / from June 24 to 26. Five of us
제 가족은 최근에 귀사의 시설에 투숙했습니다 6월 24일부터 26일까지

visited, / and we really enjoyed our stay. However, / I received my credit
5명이 방문했습니다 그리고 저희는 체류를 매우 즐겼습니다 하지만 저는 제 신용 카드 명세서를 받았습니다

card bill / this morning / and noticed / that I was charged for a room /
오늘 아침에 그리고 알았습니다 객실에 대한 요금이 청구되었다는 것을

which accommodates two guests only.
2명의 투숙객만 수용하는

Could you please check your records? I believe / an error has been
기록을 확인해 주실 수 있으신지요 저는 생각합니다 오류가 있었다고

made. Please let me know.
알려 주십시오

Regards,
Marvin Glick

05번은 다음 광고와 이메일에 관한 문제입니다.

Fisher Peak 리조트

Fisher Peak 리조트에서 평온하게 머무르기 위해 도시에서 벗어나십시오. 리조트는 캐나다 로키 산맥에 위치해 있으며, 다양한 숙박 시설을 제공합니다:
· 침실이 두 개 있는 통나무집 (6인 이하)
· 침실이 한 개 있는 통나무집 (3인 이하)
· 침대가 두 개 있는 호텔 객실 (4인)
· 침대가 한 개 있는 호텔 객실 (2인)

이에 더하여, 식당에서 식사를 즐기시고 수영장과 스포츠 시설을 이용하십시오! 예약하시려면 555-0099로 전화하십시오.

수신: <customerservice@fisherpeak.ca>
발신: Marvin Glick <marving@trvmail.com>

담당자께,

제 가족은 최근에 6월 24일부터 26일까지 귀사의 시설에 투숙했습니다. 저희는 다섯 명이 방문했고, 그 곳에 머무르는 것은 매우 즐거웠습니다. 하지만, 저는 오늘 아침에 제 신용 카드 명세서를 받았고, 2인실에 대한 비용이 청구되었다는 것을 알게 되었습니다.

제 기록을 확인해 주실 수 있으신지요? 오류가 있었던 것 같습니다. 알려 주십시오.

Marvin Glick 드림

Where did Mr. Glick most likely stay?
키워드

(A) In a single-bedroom cabin
(B) In a two-bedroom cabin
(C) In a two-bed hotel room

Mr. Glick은 어디에 투숙했을 것 같은가?

(A) 침실이 한 개 있는 통나무집
(B) 침실이 두 개 있는 통나무집
(C) 침대가 두 개 있는 호텔 객실

연계 문제 (추론)

Mr. Glick이 어디에 투숙했을 것 같은지를 묻고 있으므로, Mr. Glick이 Fisher Peak 리조트에 보낸 이메일에서 단서를 찾습니다. Mr. Glick이 보낸 이메일의 'My family recently stayed at your facility'에서 Mr. Glick의 가족이 최근 리조트 시설에 투숙했고 'Five of us visited'에서 리조트에 방문한 Mr. Glick의 일행은 총 다섯 명임을 알 수 있습니다. 정답을 선택하기에는 단서가 부족하므로 광고에서 첫 번째 단서와 연계된 두 번째 단서를 찾습니다. 'Two-bedroom cabins (up to 6 guests)'와 'Single-bedroom cabins (up to 3 guests)'에서 6명 이하, 3명 초과의 투숙객들은 침실이 두 개 있는 통나무집에 투숙할 수 있음을 확인할 수 있으므로, 일행이 총 다섯 명이었던 Mr. Glick은 침실이 두 개 있는 통나무집에 투숙했었음을 추론할 수 있습니다. 따라서 (B) In a two-bedroom cabin이 정답입니다.

06~10 **Questions 06-10 refer to the following advertisement and letter.**
↳ 광고와 편지에 관한 지문

Employment Opportunities

[06]The Federal Housing Institute (FHI) is seeking / a full-time research
연방 주택 연구소 (FHI)는 찾고 있습니다 정규직 연구원을
associate. FHI is an independent research institute / dedicated to
FHI는 독립 연구소입니다
housing and community development issues.
주택 및 지역 사회 개발 문제에 전념하는

Responsibilities of the position:
직위 업무

- Conducting research on FHI projects / including data analysis and
FHI의 프로젝트 조사를 진행하는 것 자료 분석과 현장 조사를 포함하는
field investigations
- Preparing progress reports / for the members of the FHI board,
진행 보고서를 준비하는 것 FHI 위원회 회원들, 투자가 등을 위한
investors, and others
- Representing FHI / at meetings and conferences
FHI를 대표하는 것 회의와 콘퍼런스에서

The successful candidate should possess [07]a master's degree / in city
합격한 지원자는 석사 학위를 소지해야 합니다
planning, / and [09]at least two years of [07]professional experience / in a
도시 계획 분야에서 그리고 적어도 2년의 직업 경력을
related field / is required. A key competency for the position / is an
관련 분야에서 요구됩니다 이 직위의 중요한 역량은
ability to speak persuasively / to diverse audiences. The applicant should
설득력 있게 말할 수 있는 능력입니다 다양한 청중들에게
thus have / public speaking experience or equivalent qualifications.
따라서 지원자들은 ~이 있어야 합니다 대중 연설 경험 또는 동등한 자격이
[07]Frequent travel / and public speaking to policy makers / is necessary.
잦은 출장 그리고 정책 입안자를 대상으로 한 연설이 필수입니다

[08]Salary will be commensurate / with qualifications and experience.
급여는 비례할 것입니다 자격과 경력에
Please send a cover letter and résumé to: The Federal Housing Institute,
자기 소개서와 이력서를 보내십시오 연방 주택 연구소
220 Westlake Ave., Seattle, WA 98121.
워싱턴주, 시애틀 Westlake가 220번지 98121

06-10번은 다음 광고와 편지에 관한 문제입니다.

채용 공고

연방 주택 연구소(FHI)는 정규직 연구원을 모집합니다. FHI는 주택 및 지역 사회 개발 문제에 전념하는 독립 연구소입니다.

직위의 업무 내용:
- 자료 분석, 현장 조사 등 FHI의 프로젝트에 관한 조사 진행
- FHI 위원회와 투자가 등을 위한 진행 보고서 작성
- 회의와 콘퍼런스에서 FHI 대표

합격한 지원자는 도시 계획 분야의 석사 학위를 소지하고 있어야 하고, 관련 분야에서 최소 2년의 실무 경력이 요구됩니다. 이 직책의 중요한 역량은 다양한 청중들에게 설득력 있게 말할 수 있는 능력입니다. 따라서 지원자들은 대중 연설 경험 또는 그에 상응하는 자격을 갖추어야 합니다. 잦은 출장과 정책 입안자를 대상으로 연설하는 것도 필수입니다.

급여는 자격과 경력에 따라 결정될 것입니다. 자기 소개서와 이력서를 다음의 주소로 보내주십시오: 연방 주택 연구소, 워싱턴주, 시애틀, Westlake가 220번지 98121.

Federal Housing Institute

220 Westlake Ave.
Seattle, WA 98121

Dear Madam or Sir,

I am writing in regard to the job opening / for a research associate. I have
저는 채용 공고와 관련하여 편지를 씁니다 연구원
a master's degree in city planning / along with additional training in public
저는 도시 계획 석사 학위를 가지고 있습니다 대중 연설에 대한 별도의 교육과 함께
speaking. [09]I have a year of experience in the field / working for the Freeland
현장 경험이 1년 있습니다
City Planning Commission. My responsibilities included / conducting
Freeland 도시 계획 위원회에서 일한 제 직무는 포함했습니다
research for projects. Details are in the enclosed copy of my résumé.
프로젝트를 위한 조사를 수행하는 것을 자세한 사항은 동봉된 제 이력서 사본에 있습니다

연방 주택 연구소

Westlake가 220번지
시애틀, 워싱턴주 98121

담당자께,

저는 연구원 채용 공고와 관련하여 이 편지를 쓰게 되었습니다. 저는 대중 연설에 대한 별도의 교육과 함께 도시 계획 석사 학위를 소지하고 있습니다. 저는 Freeland 도시 계획 위원회에서 일 년 동안 근무한 현장 경험이 있습니다. 제 직무는 프로젝트를 위한 조사를 수행하는 것을 포함하였습니다. 자세한 사항은 동봉된 제 이력서 사본에 있습니다.

I live in Seattle, / so I am available to meet you at any time / for an 저는 시애틀에 살고 있습니다 그러므로 언제든지 귀하를 만날 수 있습니다 interview. Should you have any additional questions, / or [10]if you 면접을 위해 추가 질문이 있다면 require any other information, / please do not hesitate to contact me / at 또는 다른 정보를 요청하시려면 주저 말고 저에게 연락 주십시오 mcooper@chillmail.com. mcooper@chillmail.com으로 Sincerely, Margaret Cooper	저는 시애틀에 살고 있으므로 면접을 보기 위해 언제든지 귀하와 만날 수 있습니다. 추가로 질문이 있으시거나 다른 정보가 필요하시면 주저 말고 저에게 mcooper@chillmail.com으로 연락 주십시오. Margaret Cooper 드림

06 Who posted the advertisement? (키워드) (A) A construction company (B) A real estate agency (C) A research organization (D) A city's department	누가 광고를 냈는가? (A) 건설 회사 (B) 부동산 중개업소 (C) 연구 기관 (D) 시청의 부서

육하원칙 문제

광고에 관한 질문이므로 첫 번째 지문에서 단서를 확인합니다. 광고를 낸 사람/회사는 주로 지문의 앞부분에서 언급됩니다. 'The Federal Housing Institute (FHI) is seeking ~ FHI is an independent research institute'에서 연구 기관인 FHI가 낸 광고임을 알 수 있습니다. 따라서 (C) A research organization이 정답입니다. institute를 organization으로 paraphrase하였습니다.

07 What is NOT mentioned as a requirement for the job? (키워드) (A) A graduate degree (B) Related experience (C) A willingness to travel (D) Computer literacy	이 직업의 자격 요건으로 언급되지 않은 것은 무엇인가? (A) 대학원 학위 (B) 관련 경력 (C) 출장을 가려는 의사 (D) 컴퓨터 활용 능력

NOT/TRUE 문제

직업의 자격 요건이 아닌 것을 묻고 있으므로 첫 번째 지문의 자격 요건 내용과 각 보기를 대조합니다. (A) A graduate degree는 'a master's degree'에서, (B) Related experience는 'professional experience in a related field'에서, (C) A willingness to travel은 'Frequent travel ~ is necessary.'에서 확인할 수 있습니다. 컴퓨터 활용 능력에 대한 언급은 없으므로, (D) Computer literacy가 정답입니다.

08 What does the advertisement suggest? (지문 전체 내용 추론) (A) FHI raises funds for urban development. (B) Pay depends on the background of the applicant. (C) The job involves contributions to a periodical. (D) FHI is going to expand its research division.	광고가 암시하는 것은 무엇인가? (A) FHI는 도시 개발 기금을 모은다. (B) 급여는 지원자의 배경에 달려 있다. (C) 이 직업에는 정기 간행물에 투고하는 업무가 포함되어 있다. (D) FHI는 연구 부서를 확장할 것이다.

추론 문제

광고에서 암시하는 것을 묻고 있으므로 첫 번째 지문에서 단서를 확인합니다. 'Salary will be commensurate with qualifications and experience.'에서 급여가 자격과 경력에 따라 결정된다고 말하고 있으므로 급여가 지원자의 배경에 달려 있다는 것을 추론할 수 있습니다. 따라서 (B) Pay depends on the background of the applicant가 정답입니다. be commensurate with qualifications and experience를 depends on the background로 paraphrase하였습니다.

09 Why will Ms. Cooper NOT be considered for the position?
→ 키워드

(A) She does not have the required education.
(B) She has insufficient experience.
(C) She does not live in the area.
(D) She forgot to send a document.

왜 Ms. Cooper는 직책에 고려되지 않을 것인가?

(A) 필수 학력이 없다.
(B) 경력이 불충분하다.
(C) 해당 지역에 살고 있지 않다.
(D) 서류를 보내는 것을 잊었다.

연계 문제(NOT/TRUE)

Ms. Cooper가 직책에 고려되지 않을 이유를 묻고 있으므로 광고에 언급된 자격 요건과 Ms. Cooper의 자격을 비교하여 답을 찾습니다. 첫 번째 지문의 'at least two years of professional experience in a related field is required'에서 관련 분야에서 적어도 2년의 실무 경력이 요구된다고 말하고 있습니다. 정답을 선택하기에는 단서가 부족하므로 두 번째 지문에서 첫 번째 단서와 연계된 두 번째 단서를 확인합니다. 'I have a year of experience in the field working for the Freeland City Planning Commission.'에서 Margaret Cooper는 Freeland 도시 계획 위원회에서 일 년의 현장 근무 경력을 가지고 있다고 말하고 있습니다. 두 단서를 종합해 보면 Ms. Cooper는 직책에 요구되는 관련 분야에서의 실무 경력이 1년으로 불충분하다는 것을 알 수 있습니다. 따라서 (B) She has insufficient experience가 정답입니다.

10 How can Ms. Cooper be contacted for further information?
→ 키워드

(A) By phone
(B) By fax
(C) By e-mail
(D) By letter

추가 정보를 얻기 위해 Ms. Cooper는 어떻게 연락될 수 있는가?

(A) 전화로
(B) 팩스로
(C) 이메일로
(D) 편지로

육하원칙 문제

추가로 필요한 정보를 위해 Ms. Cooper에게 연락할 수 있는 방법을 묻고 있으므로 두 번째 지문에서 단서를 확인합니다. 'if you require any other information, please do not hesitate to contact me at mcooper@chillmail.com'에서 다른 정보가 필요하면 이메일로 연락할 것을 요청하고 있음을 알 수 있습니다. 따라서 (C) By e-mail이 정답입니다.

11~15 **Questions 11-15 refer to the following advertisement, e-mail, and form.**
↳ 광고, 이메일과 양식에 관한 지문

CEDAR GROVE OPEN HOUSE

[11]Come to Hamilton Realty's open house / at Cedar Grove in Meridian, /
Hamilton 부동산의 공개일에 참석하세요 머리디언의 Cedar Grove에 있는
Idaho's fastest growing city, / now ready for viewing! Designed and built by
아이다호에서 가장 빠르게 성장하고 있는 도시인 이제 둘러볼 준비가 되었습니다
McMillan and Co., / [12]Cedar Grove is a family-friendly housing
McMillan사가 설계하고 건축한 Cedar Grove는 가정 친화적인 주택 단지입니다
development / that features 2-, 3-, and 4-bedroom homes / ranging in price
침실이 2개, 3개 그리고 4개인 집을 제공하는
from $120,000 to $310,000. Cedar Grove is near schools, parks,
12만 달러에서 31만 달러까지의 가격대인 Cedar Grove는 학교, 공원, 슈퍼마켓 등과 근접해 있습니다
supermarkets, and more. Plus, it's only a 30-minute car ride from Boise /
게다가 보이시에서 차로 30분밖에 걸리지 않습니다
along Highway 26, / making it ideal for commuters / who work in the city.
26번 고속도로를 타면 통근자들에게 이상적입니다 도시에서 일하는

So come see our model homes / on May 18 and 19. For further inquiries, /
그러니 저희의 모델 하우스를 보러 오세요 5월 18일과 19일에 추가 문의는
please call Hamilton Realty at 555-4901 / or visit
Hamilton 부동산에 555-4901로 전화 주세요
www.cedarhomes.com/openhouse.
혹은 www.cedarhomes.com/openhouse를 방문해 주세요

11-15번은 다음 광고, 이메일과 양식에 관한 문제입니다.

HAMILTON 부동산

CEDAR GROVE 공개일

아이다호에서 가장 빠르게 성장하고 있는 도시인 머리디언의 Cedar Grove에 있는 Hamilton 부동산의 공개일에 참석하세요, 이제 둘러볼 준비가 되었습니다! McMillan 사가 설계하고 건축한, Cedar Grove는 12만 달러에서 31만 달러까지의 가격대의 침실이 2개, 3개, 그리고 4개인 집을 제공하는 가정 친화적인 주택 단지입니다. Cedar Grove는 학교, 공원, 슈퍼마켓 등과 근접해 있습니다. 게다가, 26번 고속도로를 타면 보이시에서 차로 30분밖에 걸리지 않아, 도시에서 일하는 통근자들에게 이상적입니다.

그러니 5월 18일과 19일에 저희의 모델 하우스를 보러 오십시오. 추가 문의는, Hamilton 부동산에 555-4901로 전화 주시거나 www.cedarhomes.com/openhouse를 방문해주세요.

To: Dana Scott <dscott@jmail.com>
From: Todd Eccles <todde@proline.com>
Subject: Open House

Hi Dana,

[15]I came across a newspaper advertisement / for an open house in
저는 신문 광고를 우연히 보았어요 머리디언에 있는 공개일에 관한
Meridian / and I thought I'd send it to you, / since I know you're looking for
그리고 당신에게 보내줄까 생각했어요 당신이 찾고 계신다는 것을 알고 있기 때문에
a house in my neighborhood. It's in a residential community called Cedar
제가 사는 지역에 집을 이것은 Cedar Grove라고 불리는 주거 단지에요
Grove / and I saw two or three homes you would love. It has some
그리고 당신이 좋아할 만한 두 개 혹은 세 개의 집을 봤어요
[13]4-bedroom units, / which I believe is the size you're looking for.
침실이 4개인 세대가 몇 개 있어요 당신이 찾고 있다고 생각하는 크기인
Best of all, / [12]the homes are all within your budget. The open house is this
무엇보다도 모든 집의 가격은 당신의 예산 범위 안에 있어요 공개일은 이번 주 주말이에요
weekend / and the community is just off Highway 26.
그리고 단지는 26번 고속도로에서 약간 벗어난 곳에 있어요

In case you're interested, / here's a link to more information:
관심 있으시면 여기 더 많은 정보가 있는 링크입니다
www.cedarhomes.com/openhouse.
www.cedarhomes.com/openhouse

Todd

수신: Dana Scott <dscott@jmail.com>
발신: Todd Eccles <todde@proline.com>
제목: 공개일

안녕하세요, Dana,

머리디언에 있는 공개일에 관한 신문 광고를 우연히 보고 당신이 제가 사는 지역에 집을 찾고 계신다는 것을 알고 있으니, 당신에게 보내줄까 했어요. Cedar Grove라고 불리는 주거 단지이고, 당신이 좋아할 만한 두 개 혹은 세 개의 집을 봤어요. 당신이 찾고 있다고 기억하는 크기인, 침실이 4개인 세대가 몇 개 있어요. 무엇보다, 모든 집의 가격이 당신의 예산 범위 안에 있어요. 공개일은 이번 주 주말이고 단지는 26번 고속도로에서 약간 벗어난 곳에 있어요.

관심 있으시면, 여기 더 많은 정보가 있는 링크입니다: www.cedarhomes.com/openhouse.

Todd

4주 1일 4주 2일 4주 3일 4주 4일 4주 5일 해커스 토익 스타트 Reading

OPEN HOUSE SIGN IN	공개일 방명록
Name: Dana Scott Phone: 555-4092 Address: 52 Wilmington Drive E-mail: dscott@jmail.com City: Boise State: ID ZIP: 83704	이름: Dana Scott 전화번호: 555-4092 주소: Wilmington가 52번지 이메일: dscott@jmail.com 도시: 보이시 주: 아이다호주 우편 번호: 83704
Please describe your current needs: __ Need to buy now X Plan to buy within a year __ Want to buy a rental property __ Not seriously looking to buy [14]How did you hear about Cedar Grove's open house? __ TV/online Advertising __ Print Advertising __ Real Estate Agency X Other (Provide short explanation): [15]I was informed about the event / 저는 행사에 대해 알게 되었습니다 by a colleague / who lives in the area. 함께 일하는 동료에 의해 그 지역에 사는	현재 필요한 것을 설명해주세요: __ 지금 구매해야 한다 X 1년 이내에 구매할 예정이다 __ 임대 부동산을 구매하고 싶다 __ 구매를 진지하게 고려하지 않고 있다 Cedar Grove의 공개일을 어떻게 알게 되셨나요? __ TV/온라인 광고 __ 인쇄 광고 __ 부동산 중개소 X 기타(간단한설명을 기재하세요): 그 지역에 사는 함께 일하는 동료가 행사에 대해 알려주었습니다.

11 What is the purpose(목적) of the advertisement?

(A) To publicize a single home for sale
(B) To reveal plans to build a housing development
(C) To invite potential buyers to a viewing
(D) To announce a change in home prices

광고의 목적은 무엇인가?

(A) 팔려고 내놓은 일인 주택을 광고하기 위해
(B) 주택 단지를 건축하려는 계획을 알리기 위해
(C) 잠재 고객을 관람에 초대하기 위해
(D) 집값의 변화를 알리기 위해

주제/목적 찾기 문제

광고의 목적을 묻고 있으므로 첫 번째 지문에서 단서를 찾습니다. 'Come to Hamilton Realty's open house at Cedar Grove in Meridian'에서 Cedar Grove에 있는 Hamilton 부동산의 공개일에 참석하라고 말하고 있습니다. 따라서 (C) To invite potential buyers to a viewing이 정답입니다.

12 What can be inferred about Ms. Scott(키워드)?

(A) She wants a house within walking distance of her workplace.
(B) She can afford to spend $310,000 on a new home.
(C) She is hoping to move to Meridian before the end of May.
(D) She wants Mr. Eccles to accompany her to an open house.

Ms. Scott에 대해 추론될 수 있는 것은?

(A) 직장에서 걸어서 갈 수 있는 거리에 있는 집을 원한다.
(B) 새집에 31만 달러를 쓸 수 있다.
(C) 5월 말 전에 머리디언으로 이사하기를 바란다.
(D) Mr. Eccles가 공개일에 자신과 동행하기를 원한다.

연계 문제 (추론)

Ms. Scott에 대해 추론될 수 있는 것을 묻고 있으므로 질문의 키워드 Ms. Scott이 언급된 두 번째 지문에서 단서를 확인합니다. 두 번째 지문의 'the homes are all within your budget'에서 Todd Eccles는 Cedar Grove에 있는 모든 집이 Ms. Scott의 예산 범위 안에 있다고 말하고 있습니다. 정답을 선택하기에는 단서가 부족하므로 다른 지문에서 첫 번째 단서와 연계된 두 번째 단서를 확인합니다. 첫 번째 지문의 'Cedar Grove is a family-friendly housing ~ ranging in price from $120,000 to $310,000.'에서 Cedar Grove는 12만 달러에서 31만 달러까지의 가격대인 가정 친화적인 주택 단지라고 말하고 있습니다. 이 두 단서를 종합해 보면 Ms. Scott는 최대 31만 달러인 집을 살 수 있다는 것을 유추할 수 있습니다. 따라서 (B) She can afford to spend $310,000 on a new home이 정답입니다. within ~ budget을 afford로 paraphrase하였습니다.

13 How many bedrooms is Ms. Scott looking for in a house?
↳ 키워드

(A) Two
(B) Three
(C) Four
(D) Five

Ms. Scott은 집에 몇 개의 침실을 찾고 있는가?

(A) 2개
(B) 3개
(C) 4개
(D) 5개

육하원칙 문제

Ms. Scott이 집에 몇 개의 침실을 찾고 있는지 묻고 있으므로 질문의 키워드인 looking for가 그대로 언급된 두 번째 지문에서 단서를 확인합니다. '4-bedroom units, which I believe is the size you're looking for'에서 Todd Eccles가 Ms. Scott이 찾고 있다고 기억하는 크기가 침실이 4개인 세대라고 말하고 있습니다. 따라서 (C) Four가 정답입니다.

14 What is indicated about Cedar Grove?
↳ 키워드

(A) It will construct additional units in the future.
(B) It is renting out some of its properties.
(C) It used several marketing methods.
(D) It will show homes every weekend.

Cedar Grove에 대해 언급된 것은?

(A) 장차 추가 세대를 건설할 것이다.
(B) 부동산 중 일부를 임대하고 있다.
(C) 몇몇 마케팅 방식을 사용했다.
(D) 매주 주말에 집을 보여줄 것이다.

NOT/TRUE 문제

Cedar Grove에 대해 언급된 것을 묻고 있으므로 질문의 키워드 Cedar Grove가 언급된 세 번째 지문에서 단서를 확인합니다. 'How did you hear about Cedar Grove's open house?'에서 TV 광고 및 인쇄 광고 등의 보기를 주며 Cedar Grove의 공개일을 어떻게 알게 되었는지 묻고 있습니다. 따라서 (C) It used several marketing methods가 정답입니다.

15 Who most likely is Todd Eccles?
↳ 키워드

(A) A real estate agent
(B) A coworker of Ms. Scott
(C) A sales agent for Cedar Grove
(D) A promotional event planner

Todd Eccles는 누구일 것 같은가?

(A) 부동산 중개인
(B) Ms. Scott의 동료
(C) Cedar Grove의 판매 대리인
(D) 판촉 행사 기획자

연계 문제 (추론)

Todd Eccles가 누구일 것 같은지 묻고 있으므로 질문의 키워드 Todd Eccles가 언급된 두 번째 지문에서 단서를 확인합니다. 두 번째 지문의 'I came across a newspaper advertisement for an open house in Meridian'에서 Todd Eccles는 머리디언에 있는 공개일에 관한 신문 광고를 우연히 봤다고 Ms. Scott에게 말하고 있습니다. 정답을 선택하기에는 단서가 부족하므로 다른 지문에서 첫 번째 단서와 연계된 두 번째 단서를 확인합니다. 세 번째 지문의 'I was informed about the event by a colleague'에서 Ms. Scott은 동료가 행사에 대해 알려주었다고 말하고 있습니다. 이 두 단서를 종합해 보면 Todd Eccles는 Ms. Scott에게 행사에 대해 알려준 동료임을 유추할 수 있습니다. 따라서 (B) A coworker of Ms. Scott이 정답입니다. colleague를 coworker로 paraphrase하였습니다.

01 병치

p.377

01 The company / will develop and distribute / free antivirus software.
동사 and 동사
회사는 / 개발하고 배포할 것이다 / 무료 바이러스 퇴치 소프트웨어를

02 We / provide / our customers / with satisfaction and value. 우리는 / 제공한다 / 고객에게 / 만족과 가치를
명사 and 명사

03 Applicants / should have demonstrated / either experience or knowledge / in this area.
either 명사 or 명사
지원자들은 / 증명했어야 했다 / 경력 혹은 지식을 / 이 분야에서

04 Companies / cut down on / costs / by moving their plants abroad and hiring cheap foreign labor.
동명사 and 동명사
기업들은 / 줄였다 / 비용을 / 공장을 해외로 이주시키고 값싼 해외 노동력을 고용함으로써

05 The plan / will be redesigned / both to shorten project duration and to simplify implementation.
both 부정사 and 부정사
계획은 / 재계획 될 것이다 / 프로젝트 기간을 단축하고 실행을 단순화 하기 위해

06 The support department / was asked / to create / an easy but accurate / model of the data.
형용사 but 형용사
그 지원부는 / 요청받았다 / 만들도록 / 쉽지만 정확한 / 견본 자료를

07 To apply for this job, / please send / a résumé / that summarizes / your education and skills. 이 일에 지원하기 위해서는 / 보내십시오 / 이력서를 / 요약한 / 당신의 학력과 기술을 명사 and 명사	이 일에 지원하려면, 당신의 학력과 기술을 요약한 이력서를 보내십시오.

품사 병치 문제
등위접속사 and로 연결된 구문에서는 병치를 이뤄야 하므로 and 뒤에 명사 skills(기술)가 왔으면 앞에도 명사인 (C) education(학력)이 와야 합니다.

08 Without supporting evidence, / the test results / will be seen / as not only incomplete but also questionable. 입증 자료 없이는 / 그 실험 결과는 / 보여질 것이다 / 미완성일 뿐만 아니라 의심스러운 not only 형용사 but also 형용사	입증 자료 없이는, 그 실험 결과는 미완성일 뿐만 아니라 의심스럽게 보여질 것이다.

품사 병치 문제
상관접속사 not only A but also B로 연결된 구문에서는 병치를 이뤄야 하므로 not only 뒤에 형용사 incomplete가 왔으면 but also 뒤에도 형용사인 (B) questionable(의심스러운)이 와야 합니다.

09 The housekeeper's tasks / include / both cleaning the rooms and changing the bed sheets. 가정부의 업무는 / 포함한다 / 객실을 청소하는 것과 침대 시트를 바꾸는 것 둘 다 both 동명사 and 동명사	가정부의 업무는 객실을 청소하는 것과 침대 시트를 바꾸는 것 둘 다를 포함한다.

구조 병치 문제
상관접속사 both A and B로 연결된 구문에서는 병치를 이뤄야 하므로 and 뒤에 동명사 changing the bed sheets가 왔으면 앞에도 동명사가 나와야 하므로 빈칸은 동명사인 (B) cleaning이 와야 합니다.

10 To cut back on travel time and to save money on gas, / many people / use / public transportation. 이동 시간을 줄이고 기름값을 아끼기 위해서 / 많은 사람들은 / 이용한다 / 대중교통을 부정사 and 부정사	이동 시간을 줄이고 기름값을 아끼기 위해서 많은 사람들은 대중교통을 이용한다.

구조 병치 문제
등위접속사 and로 연결된 구문에서는 병치를 이뤄야 하며, and 앞에 부정사 To cut back on travel time이 왔으면 뒤에도 부정사가 나와야 하므로 빈칸은 부정사인 (A) to save가 와야 합니다.

02 도치

01 Rarely has the price of gasoline been higher / than it is now. 휘발유 가격이 높았던 적이 거의 없다 / 지금 가격보다
부정어 have동사 주어

02 Only recently have nutrition studies revealed / the benefits of eating eggs / every day.
only + 부사 have동사 과거분사형
최근에 들어서야 영양학 연구가 밝혔다 / 계란을 먹는 것의 장점을 / 매일

03 Hardly did financial experts predict / the sudden changes / in the stock market.
부정어 do동사 주어 동사원형
재무 전문가들은 거의 예상하지 않았다 / 갑작스런 변화를 / 주식 시장의

04 Never has the company suffered / such a sharp downturn. 회사는 결코 겪어 본 적이 없었다 / 그렇게 급작스런 경기 침체를
부정어 have동사 과거분사형

05 Ms. Jefferson / will not attend / the meeting / and neither will Mr. Thomson.
Ms. Jefferson은 참석하지 않을 것이다 회의에 부정어 그리고 Mr. Thomson도 마찬가지이다 조동사 주어

Ms. Jefferson은 회의에 참석하지 않을 것이고 Mr. Thomson도 마찬가지이다.

도치 문제
빈칸 뒤에 주어 Mr. Thomson과 조동사 will이 도치되어 있으므로 빈칸에는 도치 구문을 이끄는 부정의 의미를 나타내는 부사가 올 수 있습니다. 따라서 보기 중 부정의 의미를 나타내는 부사 (B) neither(~도 아니다)가 정답입니다.

06 Never did Phil's disability affect / his ability to get his job done.
부정어 do동사 Phil의 장애는 결코 영향을 미치지 않았다 그의 일을 해내는 능력에 주어 동사원형

Phil의 장애는 결코 일을 해내는 능력에 영향을 미치지 않았다.

도치 문제
부정의 의미를 나타내는 부사 Never가 문장 앞으로 나와 주어와 동사가 도치된 문장입니다. 앞에 do동사의 과거형 did가 있으므로 주어 다음에는 동사원형인 (D) affect(영향을 미치다)가 와야 합니다.

07~09

Questions 07-09 refer to the following article.
기사에 관한 지문

Change in Leadership at Pillar Motors

Janet Larson will be Pillar Motors' new CEO. The company will either hold
Janet Larson이 Pillar Motors사의 새로운 최고경영자가 될 것이다 회사는 기자 회견을 열거나
a press conference / or 07 issue a written statement / with more information /
또는 서면 성명서를 발표할 것이다 either 동사 or 동사 더 많은 정보와 함께
next week. There is much optimism / about this decision. When making
다음 주에 많은 낙관론이 있다 이 결정에 관해
the initial announcement, / the spokesperson said, / "08 Never has an
처음 발표를 할 때 대변인은 말했다 부정어 have동사
individual been so well suited / for a position." 09 Her promotion /
개인이 이토록 매우 적합한 적은 없었습니다 주어 과거분사형 직책에 그녀의 승진은
was also widely expected. This is / because Ms. Larson spent over 20 years /
또한 널리 예상되었었다 이는 ~이다 Ms. Larson이 20년을 넘게 보냈기 때문에
as the company's vice president.
그 회사의 부사장으로

07-09번은 다음 기사에 관한 문제입니다.

Pillar Motors사 대표직의 변화

Janet Larson이 Pillar Motors사의 새로운 최고경영자가 될 것이다. 회사는 더 많은 정보와 함께 다음 주에 기자 회견을 열거나 또는 서면 성명서를 발표할 것이다. 이 결정에 관해 많은 낙관론이 있다. 처음 발표를 할 때, 대변인은 "개인이 이토록 직책에 매우 적합한 적은 없었습니다."라고 말했다. 또한 그녀의 승진은 널리 예상되었었다. 이는 Ms. Larson이 그 회사의 부사장으로 20년을 넘게 보냈기 때문이다.

07 품사 병치 문제
등위접속사 or로 연결된 구문에서는 병치를 이뤄야 하므로 or 앞에 동사 hold(열다)가 왔으면 뒤에도 동사인 (A) issue(발표하다)가 와야 합니다.

08 도치 문제
빈칸 뒤에 주어 an individual과 동사 has가 도치되어 있으므로 빈칸에는 도치 구문을 이끄는 부정의 의미를 나타내는 부사가 올 수 있습니다. 따라서 보기 중 부정의 의미를 나타내는 부사 (A) Never(~한 적이 없다)가 정답입니다.

09 알맞은 문장 고르기 문제
빈칸에 들어갈 알맞은 문장을 고르는 문제이므로 빈칸의 주변 문맥을 파악합니다. 뒤 문장 'This is because Ms. Larson spent over 20 years as the company's vice president.'에서 이는 Ms. Larson이 Pillar Motors사의 부사장으로 20년을 넘게 보냈기 때문이라고 했으므로 빈칸에는 또한 그녀의 승진은 널리 예상되었다는 내용이 들어가야 함을 알 수 있습니다. 따라서 (D) Her promotion was also widely expected가 정답입니다. (보기 해석 p. 578)

p.381

01 The orchestra / performs concerts / regularly / throughout the year. 오케스트라는 / 공연을 한다 / 정기적으로 / 일 년 내내
공연을 정기적으로 하다

02 Editors / check files / carefully / to ensure / there are no errors.
주의 깊게 파일을 확인하다
편집자는 / 파일을 확인한다 / 주의 깊게 / 확실하게 하기 위해 / 실수가 없다는 것을

03 The number of clients / has grown / dramatically / in the last few years. 고객의 수가 / 증가했다 / 극적으로 / 지난 몇 년간
극적으로 증가하다

04 The rooms / at the new hotel / are / reasonably priced. 객실은 / 새 호텔의 / 합리적으로 가격이 책정되었다
가격이 합리적으로 책정되다

05 The lawyers / proposed / a mutually agreeable settlement / between the company and its employees.
번호사들은 / 제안했다 / 서로 마음에 드는 해결책을 / 회사와 직원들 사이에

mutually agreeable 서로 마음에 드는

변호사들은 회사와 직원들 사이에 서로 마음에 드는 해결책을 제안했다.

'회사와 직원들 사이에 ___ 마음에 들어 하는 해결책을 제안했다'는 문맥에 적합한 어휘는 (B) mutually(서로)입니다. (A) conveniently(편리하게), (C) regularly(정기적으로), (D) precisely(정확히)는 문맥에 적합하지 않습니다.

06 With the economy gradually improving, / employment is increasing.
경제가 점진적으로 개선됨에 따라 / 고용이 증가하고 있다

gradually improving 점진적으로 개선되는

경제가 점진적으로 개선됨에 따라 고용이 증가하고 있다.

'경제가 ___ 개선됨에 따라 고용이 증가하고 있다'는 문맥에 적합한 어휘는 (D) gradually(점진적으로)입니다. (A) exceedingly(극도로), (B) shortly(얼마 안 되어), (C) commonly(흔히)는 문맥에 적합하지 않습니다.

07 ~ 09 **Questions 07-09 refer to the following advertisement.**
광고에 관한 지문

The Nova E7 smartphone / has been redesigned / with the frequent user in mind. Thinner and wider, / it nonetheless fits / 07 easily / in your hand. Its larger screen / is designed / for optimal viewing, / while the enhanced interface / makes / your favorite apps / more accessible. And, / because the operating system runs / more 08 efficiently, / you can enjoy / up to 23 hours of battery life / on a single charge. 09 Try one today / at your nearest retailer. We guarantee / you will love it.

Nova E7 스마트폰은 / 다시 디자인되었습니다 / 자주 쓰는 사용자들을 염두에 두고 / 더 얇고 넓게 / 그렇더라도 이것은 잘 맞습니다 / 쉽게 / 손에 / 더 큰 화면은 / 디자인되었습니다 / 최적의 감상을 위해 / 반면 향상된 인터페이스는 / 만듭니다 / 당신이 가장 좋아하는 앱을 / 더 이용하기 쉽도록 / 그리고 / 운영체제는 작동하기 때문에 / 더 효과적으로 / 당신은 즐길 수 있습니다 / 23시간까지의 배터리 수명을 / 단 한 번의 충전으로 / 오늘 시험해 보세요 / 가장 가까운 소매상에서 / 저희는 보장합니다 / 당신이 이것을 좋아할 것이라고

fit easily in one's hand 손에 쉽게 잡히다
more efficiently 더 효과적으로

07-09번은 다음 광고에 관한 문제입니다.

Nova E7 스마트폰은 자주 쓰는 사용자들을 염두에 두고 다시 디자인되었습니다. 더 얇고 넓지만 이것은 손에 쉽게 잡힙니다. 향상된 인터페이스는 당신이 가장 좋아하는 앱을 더 이용하기 쉽도록 만드는 반면 더 큰 화면은 최적의 감상을 위해 디자인되었습니다. 그리고 운영체제는 더 효과적으로 작동하기 때문에 단 한 번의 충전만으로 23시간까지의 배터리 수명을 즐길 수 있습니다. 오늘 가장 가까운 대리점에서 시험해 보세요. 저희는 당신이 이것을 좋아할 것이라고 보장합니다.

07 '더 얇고 넓지만 이것은 손에 ___ 잡힌다'는 문맥에 적합한 어휘는 (C) easily(쉽게)입니다. (A) nearly(거의), (B) actually(실제로), (D) relatively(비교적)는 문맥에 적합하지 않습니다.

08 '운영체제는 더 ___ 작동하기 때문에 단 한 번의 충전만으로 23시간까지의 배터리 수명을 즐길 수 있다'는 문맥에 적합한 어휘는 (B) efficiently(효과적으로)입니다. (A) commonly(흔히), (C) significantly(상당히), (D) temporarily(일시적으로)는 문맥에 적합하지 않습니다.

09 빈칸에 들어갈 알맞은 문장을 고르는 문제이므로 빈칸의 주변 문맥을 파악합니다. 뒤 문장 'We guarantee you will love it.'에서 당신이 이것을 좋아할 것이라고 보장한다고 했으므로 빈칸에는 오늘 가장 가까운 대리점에서 시험해 보라는 내용이 들어가야 함을 알 수 있습니다. 따라서 (B) Try one today at your nearest retailer가 정답입니다. (보기 해석 p. 579)

p.384

01 Applicants / must have / special knowledge / of the word processing program.
지원자들은 / 가져야 한다 / 특별한 지식을 / 워드 프로세서 프로그램의

= Expertise / in word processing software / is required.
전문 지식이 / 워드 프로세서 소프트웨어의 / 요구된다

지원자들은 워드 프로세서 프로그램에 특별한 지식을 갖고 있어야 한다.
= 워드 프로세서 소프트웨어의 전문 지식이 요구된다.

special knowledge(특별한 지식)와 비슷한 의미를 지닌 (B) Expertise(전문 지식)가 빈칸에 적합합니다.

02 Please phone / ahead / in order to book / an appointment.
전화하십시오 / 미리 / 예약하기 위해 / 약속을

= To schedule / a date and time, / you / should call / in advance.
정하려면 / 날짜와 시간을 / 당신은 / 전화해야 합니다 / 미리

예약하려면 미리 전화하십시오.
= 날짜와 시간을 정하려면 미리 전화해야 합니다.

book(예약하다)과 비슷한 의미를 지닌 (A) schedule(예정하다)이 빈칸에 적합합니다.

03 Unauthorized vehicles / will be towed / at the owner's expense.
승인받지 않은 차량들은 / 견인될 것이다 / 소유주의 비용으로

(A) One / needs / to pay / a fee / when parking.
사람은 / 해야 한다 / 지불을 / 요금을 / 주차할 때

Ⓑ One / needs / to get / permission / to park / a car.
사람은 / 해야 한다 / 얻는 것을 / 허가를 / 주차하기 위해 / 차를

승인받지 않은 차량들은 소유주의 비용으로 견인될 것이다.
(A) 주차 시 요금을 지불해야 한다.
Ⓑ 차를 주차할 때에는 허가를 받아야 한다.

주어진 문장에서 승인 받지 않은 차량이 주차되어 있을 경우 견인될 것이라는 의미는 주차를 하려면 허가를 받아야 한다는 것이므로 그 의미가 가까운 (B)가 정답입니다. 주어진 문장에서 주차 요금에 관한 언급은 하지 않았으므로 (A)는 오답입니다.

04 Please put / lab coats / in the box / marked / "Protective clothing" / when you / leave / the lab.
넣어주시기 바랍니다 / 실험복을 / 상자에 / 표시된 / "보호복"이라고 / 당신이 ~할 때 / 나갑니다 / 실험실을

Ⓐ Workers / are asked / to put / protective clothing / in the designated box.
직원들은 / 요구 받습니다 / 넣는 것을 / 보호복을 / 지정된 상자에

(B) All lab clothing / must be marked / as protective / in order to be worn / in the lab.
모든 실험복은 / 표시되어야 합니다 / 보호용이라고 / 입혀지기 위해서 / 실험실에서

실험실을 나가실 때 "보호복"이라고 표시된 상자에 실험복을 넣어주십시오.
Ⓐ 직원들은 지정된 상자에 보호복을 넣어야 합니다.
(B) 실험실에서 입는 옷은 '보호용'이라고 표시되어야 합니다.

주어진 문장에서 '보호복'이라고 표시된 특정 상자에 보호복을 넣으라고 말하고 있으므로 이와 가까운 의미를 지닌 (A)가 정답입니다. coats를 clothing으로, marked를 designated로 paraphrase하였습니다. 주어진 문장에서 실험복을 표시하라는 언급은 하지 않았으므로 (B)는 오답입니다.

05 ~ 06 **Questions 05-06 refer to the following notice, letter and report.**
↳ 공고, 편지와 보고서에 관한 지문

NOTICE: All staff

Bolton Towers will introduce / new security measures / on April 1. [05]All
Bolton Towers는 도입할 것입니다 새로운 보안 조치를 4월 1일에 모든

Gable-Ways employees / must visit / the security office / on the first
Gable-Ways 직원은 방문해야 합니다 경비실을 1층에 있는

floor / by March 25 / to have their photos taken / for new ID badges.
3월 25일까지 사진을 찍기 위해 새로운 신분증을 위한

They will be distributed / on March 31. Contact Mason Patterson /
그것들은 배부될 것입니다 3월 31일에 Mason Patterson에게 연락하십시오

at mapa@bttowers.com / if you have questions.
mapa@bttowers.com으로 문의 사항이 있으면

---

[05]April 1

Dear Mr. Patterson,

[05]This morning, / my new security badge would not unlock / the office
오늘 오전에 제 새로운 보안 신분증이 열지 못했습니다 사무실의 문을

doors. I think / the card reader is defective. My staff and I / had to
저는 생각합니다 카드 판독기에 결함이 있다고 직원들과 저는

temporarily relocate / to [06]the conference room / next to our office /
임시로 자리를 옮겨야 했습니다 회의실로 우리 사무실 옆에 있는

to do our work. Could you send Mr. Jensen up / from the security office /
일을 하기 위해 Mr. Jensen을 보내주실 수 있나요 경비실에서

to see / what the problem is?
확인하기 위해 문제가 무엇인지

Thanks!
감사합니다

[05]Helena Ames, Gable-Ways Incorporated, Office Manager

Work Report

Technician: Ned Jensen	**Status**: Completed
Date: April 1	[06]**Location**: 12th Floor
Complaint: Card reader not working	
Report: After examining the device, / I 기기를 검사한 다음 저는 noticed / that an internal 알아차렸습니다 내부 기계 장치가 mechanism / was defective. 결함이 있다는 것을 This was causing / the reader / to 이는 ~하게 만들고 있었습니다 리더기로 하여금 malfunction. 오작동하게	**Action Taken**: I replaced / the faulty mechanism / 저는 교체했습니다 결함이 있는 기계를 and inspected / the overall unit / 그리고 검사했습니다 기계 전체를 for additional defects and damage. 추가적인 결함이나 손상을 찾아

05-06번은 다음 공고, 편지와 보고서에 관한 문제입니다.

공고: 전 직원

Bolton Towers는 4월 1일에 새로운 보안 조치를 도입할 것입니다. 모든 Gable-Ways 직원은 새로운 신분증을 위한 사진을 찍기 위해 3월 25일까지 1층에 있는 경비실을 방문해야 합니다. 새로운 신분증은 3월 31일에 배부될 것입니다. 문의 사항이 있으면, mapa@bttowers.com으로 Mason Patterson에게 연락하십시오.

4월 1일

Mr. Patterson께,

오늘 오전에, 제 새로운 보안 신분증이 사무실의 문을 열지 못했습니다. 제 생각엔 카드 판독기에 결함이 있는 것 같습니다. 직원들과 저는 일하기 위해 우리 사무실 옆에 있는 회의실로 임시로 자리를 옮겨야 했습니다. 경비실에서 Mr. Jensen을 보내 문제가 무엇인지 확인해 주실 수 있나요?

감사합니다!

Helena Ames, Gable-Ways 주식회사, 사무실 관리자

작업 보고서

기술자: Ned Jensen	진행상황: 완료
날짜: 4월 1일	위치: 12층
불만사항: 카드리더기 고장	
보고: 기기 검사 결과, 내부 기계 장치가 결함이 있다는 것을 알아차렸습니다. 이는 리더기를 오작동하게 만들고 있었습니다.	조치: 결함이 있는 기계를 교체하였고 추가 결함이나 손상은 없는지 기계 전체를 검사했습니다.

05 What can be inferred about Ms. Ames?
키워드

(A) She will transfer to another department.
(B) She visited a security office before April 1.
(C) She was not informed of the new security measures.

Ms. Ames에 대해 추론될 수 있는 것은 무엇인가?
(A) 다른 부서로 이동할 것이다.
(B) 4월 1일 전에 경비실을 방문했다.
(C) 새로운 보안 조치에 대해 통지 받지 못했다.

연계 문제 (추론)

Ms. Ames에 대해 추론될 수 있는 것을 묻고 있으므로 질문의 키워드 Ms. Ames가 작성한 두 번째 지문에서 단서를 확인합니다. 두 번째 지문의 'April 1', 'This morning, my new security badge would not unlock the office doors.'에서 Ms. Ames가 4월 1일 오전에 그녀의 새로운 보안 신분증으로 사무실 문을 열지 못했고, 'Helena Ames, Gable-Ways Incorporated'에서 Ms. Ames가 Gable-Ways의 직원이라는 것을 알 수 있습니다. 정답을 선택하기에는 단서가 부족하므로 다른 지문에서 첫 번째 단서와 연계된 두 번째 단서를 확인합니다. 첫 번째 지문의 'All Gable-Ways employees must visit the security office on the first floor by March 25 ~ for new ID badges.'에서 모든 Gable-Ways 직원은 새로운 신분증을 위해 3월 25일까지 경비실에 방문해야 한다고 말하고 있습니다. 두 단서를 종합해 보면 Ms. Ames는 새로운 보안 신분증을 위해 4월 1일 전에 경비실을 방문했다는 것을 유추할 수 있습니다. 따라서 (B) She visited a security office before April 1가 정답입니다.

06 What is true about the conference room?
키워드

(A) It is located on the 12th floor.
(B) It is kept locked at all times.
(C) It has an emergency exit.

회의실에 대해 사실인 것은?
(A) 12층에 위치해 있다.
(B) 항상 잠겨있다.
(C) 비상구가 있다.

연계 문제 (NOT/TRUE)

질문의 키워드 conference room이 그대로 언급된 두 번째 지문에서 첫 번째 단서를 확인합니다. 두 번째 지문의 'the conference room next to our office'에서 회의실이 사무실과 같은 층에 있음을 알 수 있습니다. 정답을 선택하기에는 단서가 부족하므로 다른 지문에서 첫 번째 단서와 연계된 두 번째 단서를 확인합니다. 사무실의 카드리더기를 정비한 작업 보고서인 세 번째 지문의 'Location: 12th Floor'에서 사무실은 12층에 있음을 알 수 있습니다. 두 단서를 종합해 보면 회의실은 12층에 있음을 알 수 있습니다. 따라서 (A) It is located on the 12th floor가 정답입니다.

4주 1일
4주 2일
4주 3일
4주 4일
4주 5일

07 ~ 11 **Questions 07-11 refer to the following announcement and e-mail.**
↳ 공고와 이메일에 관한 지문

Photography Contest

The National Association of Environmental Protection / will [08]hold a
전국 환경 보호 협회는 사진 대회를
photography contest / to promote the conservation of wildlife and the
개최할 예정입니다 야생 동물과 서식지 보존을 장려하기 위해
habitats / critical to its survival. The photographs will be judged / on
그들의 생존에 중요한 사진들은 심사될 것입니다
technical excellence and originality. [09]All photographers, / professionals or
기술적 우수성과 독창성에 근거하여 모든 사진작가들이 모든 연령대의 전문
amateurs of any age, / may enter. Color and black-and-white prints / of up
사진작가나 아마추어인 참가할 수 있습니다 컬러와 흑백 사진이
to 8x10 inches / may be submitted. [07]Anonymous submissions / will not
8x10인치 크기까지의 제출 가능합니다 익명의 제출물은 받아들여지지
be accepted.
않습니다

[11]The National Association of Environmental Protection / will not return /
전국 환경 보호 협회는 반환하지 않을 것입니다
any photograph / unless a self-addressed, stamped envelope /
어떠한 사진도 자신의 주소를 쓰고 우표를 붙인 반송용 봉투가 ~하지 않으면
of the appropriate size / for the print / is included with the submission.
알맞은 크기의 사진에 제출물에 포함되어 있습니다
If the print has not been reclaimed / after a period of three months, /
만약 사진을 되찾아가시지 않으면 3개월 후
the photograph will be considered / the property of the National
사진은 간주될 것입니다 전국 환경 보호 협회의 소유물로
Association of Environmental Protection.

07-11번은 다음 공고와 이메일에 관한 문제입니다.

사진 대회

전국 환경 보호 협회는 야생 동물과 그들의 생존에 중요한 서식지 보존을 장려하기 위해 사진 대회를 개최할 예정입니다. 작품들은 기술적 우수성과 독창성에 근거하여 심사될 것입니다. 모든 연령대의 전문 사진 작가나 아마추어 작가들이 참가 가능합니다. 8×10인치 크기까지의 컬러와 흑백 사진을 제출할 수 있습니다. 익명의 제출물은 받지 않습니다.

전국 환경 보호 협회는 자신의 주소가 쓰여 있으면서 우표가 붙어 있는 사진 크기에 맞는 반송용 봉투가 제출물에 포함되어 있지 않으면 어떠한 사진도 반환하지 않을 것입니다. 3개월 후에도 사진을 되찾아가시지 않으면 사진은 전국 환경 보호 협회의 소유물로 간주됩니다.

To: The National Association of Environmental Protection
<naep@environmentalpro.com>
From: Kevin Clark <kevclark@artphotomail.com>
Re: Submitted photos

To Whom It May Concern,

I was a contestant / in your organization's photo contest / in April. Although
저는 참가자였습니다 당신의 협회 사진 대회의 4월에
I did not win the prize, / the contest was a valuable experience / since it
비록 저는 수상은 못 했지만 대회는 귀중한 경험이었습니다
gave me a chance / to learn how to take nature shots. However, / I
저에게 기회를 주었기 때문에 자연 사진을 찍는 법을 배울 수 있는 그러나
entered several submissions / and have not received them back. [10]I'd like
저는 몇 개의 제출물을 응모했으나 아직 그것들을 돌려받지 못했습니다 저는 알고 싶습니다
to know / what happened to my items. [10/11]I sent a check / to cover the
제 제출물이 어떻게 된 것인지 저는 수표를 보냈습니다
costs of return shipping / along with a note / to ask for their return. But / it
반송 요금을 치르는 메모와 함께 사진의 반송을 요청하는 하지만
has been two months / since the contest ended, / and they still haven't
2개월이 지났습니다 대회가 끝난 지 사진이 아직 반송되지 않았습니다
been returned. I hope / you will look into this matter for me. I look forward /
저는 희망합니다 당신이 이 문제에 대해 알아봐 주었으면 저는 기대합니다
to hearing from you.
당신에게서 소식을 듣기를

Sincerely,
Kevin Clark

수신: 전국 환경 보호 협회
<naep@environmentalpro.com>
발신: Kevin Clark
<kevclark@artphotomail.com>
회신: 제출한 사진

관련자분께,

저는 4월에 있었던 협회의 사진 대회 참가자였습니다. 비록 수상은 못 했지만 자연사진을 찍는 법을 배울 수 있는 기회를 준 귀중한 경험이었습니다. 그런데, 저는 몇 개의 제출물을 응모했으나 돌려받지 못했습니다. 제 제출물이 어떻게 된 것인지 알고 싶습니다. 저는 사진의 반송을 요청하는 메모와 반송 요금에 해당하는 수표를 보냈습니다. 그러나, 대회가 끝난 지 2개월이 지났는데도 아직 사진이 반송되지 않았습니다. 이 문제에 대해 알아봐 주셨으면 합니다. 답변 기다리겠습니다.

Kevin Clark 드림

07 What contest requirement is mentioned?
→ 키워드
(A) Contestants must indicate their names.
(B) Only color photos are considered.
(C) The photographers should be amateurs.
(D) The submissions need to be original copies.

대회의 자격 요건으로 언급된 것은?
(A) 참가자는 자신의 이름을 명시해야 한다.
(B) 컬러 사진만 심사 대상이다.
(C) 사진작가들은 아마추어여야 한다.
(D) 제출물이 원본이어야 한다.

NOT/TRUE 문제

공고에서 대회의 자격 요건과 관련된 내용이 언급되었으므로 첫 번째 지문의 내용과 각 보기를 대조합니다. 'Anonymous submissions will not be accepted.'에서 익명의 제출물은 받지 않는다고 말하고 있으므로, 제출물에 반드시 이름을 명시해야 한다는 것을 알 수 있습니다. 따라서 (A) Contestants must indicate their names가 정답입니다.

08 What most likely is the subject of the contest?
→ 키워드
(A) Greenhouses
(B) City views
(C) Portraits
(D) Wild animals

대회의 주제는 무엇일 것 같은가?
(A) 온실
(B) 도시 풍경
(C) 인물 사진
(D) 야생 동물

추론 문제

대회 주제에 대해 묻고 있으므로 대회에 관한 내용인 첫 번째 지문에서 단서를 확인합니다. 'hold a photography contest to promote the conservation of wildlife and the habitats critical to its survival'에서 야생동물과 서식지 보존을 장려하기 위해 사진 대회를 개최한다고 말하고 있습니다. 이를 바탕으로 사진 대회의 주제가 야생 동물임을 유추할 수 있습니다. 따라서 (D) Wild animals가 정답입니다. wildlife를 Wild animals로 paraphrase하였습니다.

09 What is indicated about the event?
→ 키워드
(A) It is sponsored by national companies.
(B) It is open to participants of all ages.
(C) It offers cash prizes to winners.
(D) It takes place once a year.

행사에 대해 언급된 것은 무엇인가?
(A) 국내 기업에서 후원한다.
(B) 모든 연령의 참가자들에게 열려있다.
(C) 우승자들에게 상금을 제공한다.
(D) 1년에 한 번 개최된다.

NOT/TRUE 문제

행사에 대해 묻고 있으므로 행사에 관한 공고인 첫 번째 지문에서 단서를 확인합니다. 'All photographers, ~ of any age, may enter.'에서 모든 연령대의 사진 작가들이 참가할 수 있다고 말하고 있습니다. 따라서 (B) It is open to participants of all ages가 정답입니다. any age를 all ages로, enter를 is open으로 paraphrase했습니다.

10 What is the purpose of the e-mail?
→ 목적
(A) To inquire about some photographs
(B) To ask about some judging criteria
(C) To show gratitude for an experience
(D) To find out the name of a contest winner

이메일의 목적은 무엇인가?
(A) 몇 개의 사진에 대해 물어보기 위해
(B) 심사 기준에 대해 문의하기 위해
(C) 경험에 대해 감사함을 표현하기 위해
(D) 대회 우승자의 이름을 알아내기 위해

주제/목적 찾기 문제

이메일의 목적을 묻고 있으므로 두 번째 지문에서 단서를 찾습니다. 'I'd like to know what happened to my items.'와 'I sent ~ a note to ask for their return.'에서 사진 반환을 요청했는데 제출물이 어떻게 된 상태인지 알고 싶다고 말하고 있습니다. 따라서 (A) To inquire about some photographs가 정답입니다.

11 Why were the submissions most likely not sent back to Mr. Clark? (키워드) (A) He did not pay the entry fee. (B) He did not include an envelope. (C) He did not win a prize. (D) He did not want to pick them up.	제출물은 왜 Mr. Clark에게 반환되지 않은 것 같은가? (A) 참가비를 지불하지 않았다. (B) 봉투를 첨부하지 않았다. (C) 상을 타지 못했다. (D) 제출물을 되찾고 싶어 하지 않았다.

연계 문제 (추론)

제출물이 반환되지 않은 것 같은 이유를 묻고 있으므로 제출물 반환 방침을 언급한 부분에서 단서를 확인합니다. 첫 번째 지문의 'The National Association of Environmental Protection will not return ~ unless a self-addressed, stamped envelope ~ is included with the submission.'에서 자신의 주소가 쓰여 있으면서 우표가 붙어 있는 반송용 봉투가 제출물에 포함되어 있지 않으면 사진은 반환되지 않는다고 말하고 있습니다. 정답을 선택하기에는 단서가 부족하므로 다른 지문에서 첫 번째 단서와 연계된 두 번째 단서를 확인합니다. 두 번째 지문의 'I sent a check to cover the costs of return shipping along with a note to ask for their return.'에서 반송 비용과 반송 요청 메모만 보냈다고 했습니다. 이 두 단서를 종합해 보면 Mr. Clark가 반송용 봉투는 보내지 않았기 때문에 제출물은 반환되지 않은 것임을 유추할 수 있습니다. 따라서 (B) He did not include an envelope이 정답입니다.

12 ~ 16 **Questions 12-16 refer to the following announcement, e-mail and form.**
↳ 공고, 이메일과 양식에 관한 지문

ANNOUNCEMENT: Looking for Harvest Festival Participants!

[14]The Cowansville City Harvest Festival / is fast approaching / on
Cowansville시의 추수 감사제가 빠르게 다가오고 있습니다
November 8 and 9, / and [12]we are looking for vendors / to participate
11월 8일과 9일로 그리고 저희는 노점상을 찾고 있습니다 행사에 참여할
in the event! Whether you serve food*, / or sell handicrafts, artwork, or
당신이 식품을 제공하든 혹은 수공예품, 미술품이나, 지역특산물을 판매하든
other local products, / we can accommodate your needs.
저희는 당신의 요구를 수용할 수 있습니다

[16]Participation fees are $100 for one day or $180 for two days. Electricity
참가비는 하루에 100달러 또는 이틀에 180달러입니다
and Internet access is available / to all vendors / for free, / and booths,
전기와 인터넷 이용은 제공됩니다 모든 노점상에게 무료로
lighting, and partitions can be rented / at reasonable rates. Registering in
그리고 부스, 조명, 칸막이는 대여될 수 있습니다 합리적인 가격으로 사전에 등록하는 것이
advance / is recommended. You may do so / at Cowansville City Hall / or
권장됩니다 당신은 등록하실 수 있습니다 Cowansville 시청에서
by signing up at www.cowansville.gov/events/harvestfestival.
혹은 www.cowansville.gov/events/harvestfestival에 가입하여

* In accordance with state laws, / [13]it is mandatory for food vendors / to
주 법에 따라 식품 노점상에게는 필수입니다
list all ingredients / as well as accurate nutritional facts / on product
모든 재료의 목록을 포함하는 것이 정확한 영양 성분뿐만 아니라 제품 포장에
packaging.

To: Christie Fuller <chrful@anymail.com>
From: Daniella Bing <danbing@expressgo.com>
Subject: Harvest Festival
Date: October 12

Christie,

I got your message / about the announcement / you saw / for the harvest
나는 메시지를 받았어요 공고에 대한 당신이 본 추수 감사제의
festival. I agree with you / and think / we should participate. [14]I suggest /
당신과 동의해요 그리고 생각해요 우리도 참가해야 한다고 나는 제안해요
we let Rachel Kim run the bakery / while we're at the event / on Saturday, /
Rachel Kim이 빵집을 운영하도록 맡기는 것을 우리가 행사에 있는 동안 토요일에
and we're closed / anyway / on Sunday. [15]As for products, / I also
우리는 문을 닫아요 어차피 일요일에 제품에 있어서는
agree that / we need to / keep our selection small / and bake / just a
저도 역시 동의해요 우리는 ~할 필요가 있다고 종류를 적게 할 그리고 구워야 할 몇 가지만
few of / our most popular types / of cupcakes and cookies. We can
가장 잘 팔리는 종류 컵케이크와 쿠키의 우리는
talk about that more / tomorrow / at work.
그것에 대해 더 얘기할 수 있어요 내일 직장에서

Daniella

12-16번은 다음 공고, 이메일과 양식에 관한 문제입니다.

공고: 추수 감사제의 참가자를 찾습니다!

Cowansville시의 추수 감사제가 11월 8일과 9일로 빠르게 다가오고 있으며, 행사에 참여할 노점상을 찾고 있습니다! 당신이 식품*을 제공하든, 혹은 수공예품, 미술품이나, 지역 특산물을 판매하든, 저희는 당신의 요구를 수용할 수 있습니다.

참가비는 하루에 100달러 또는 이틀에 180달러입니다. 전기와 인터넷 이용은 모든 노점상에게 무료로 제공되며, 부스, 조명, 그리고 칸막이는 합리적인 가격으로 대여하실 수 있습니다. 사전에 등록할 것이 권장됩니다. Cowansville 시청에서 혹은 www.cowansville.gov/events/harvestfestival에 가입하여 등록하실 수 있습니다.

* 주 법에 따라, 식품 노점상은 제품 포장에 정확한 영양 성분뿐만 아니라 모든 재료의 목록을 필수적으로 포함해야 합니다.

수신: Christie Fuller <chrful@anymail.com>
발신: Daniella Bing <danbing@expressgo.com>
제목: 추수 감사제
날짜: 10월 12일

Christie,

당신이 본 추수 감사제의 공고에 대한 메시지 받았어요. 당신과 동의하고 우리도 참가해야 한다고 생각해요. 우리가 토요일에 행사에 있는 동안 Rachel Kim이 빵집을 운영하도록 맡기는 것을 제안하고, 일요일에는 어차피 문을 닫아요. 제품 면에서는, 저도 가장 잘 팔리는 몇 가지 종류의 컵케이크와 쿠키만 구워서 종류를 적게 할 필요가 있다는 데 동의해요. 그건 내일 직장에서 더 얘기해보도록 해요.

Daniella

http://www.cowansville.gov/events/harvestfestival/registration

Name	[15/16]Christie Fuller	Company/ business	[15]Farina Baked Goods
Phone	555-4093	E-mail	chrful@anymail.com
Mobile	555-9384	Address	493 Juniper Street, Cowansville

Please click on the appropriate boxes:

[16]I wish to participate on (☐ Saturday, ☐ Sunday, ■ both days).

I require the following rentals: ■ A booth at $75 per day,
☐ A lighting system at $25 per day,
☐ Partition walls at $50 per day,
■ Internet access

REGISTER

http://www.cowansville.gov/events/harvestfestival/registration

이름	Christie Fuller	회사/ 가게	Farina 빵집
전화	555-4093	이메일	chrful@anymail.com
휴대 전화	555-9384	주소	Cowansville, Juniper가 493번지

알맞은 칸에 클릭해주세요:
참가하기를 원합니다
(☐ 토요일, ☐ 일요일, ■ 이틀 모두).
다음의 임대물이 필요합니다:
■ 하루에 75달러인 텐트,
☐ 하루에 25달러인 조명 장치
☐ 하루에 50달러인 칸막이벽,
■ 인터넷 이용

등록

12 What is the purpose of the announcement?
↳ 목적

(A) To attract visitors to an upcoming celebration
(B) To encourage vendors to take part in an event
(C) To promote products made by local craftspeople
(D) To notify residents of some event fee changes

공고의 목적은 무엇인가?

(A) 다가오는 축하 행사에 방문객들을 끌어들이기 위해
(B) 판매자들이 행사에 참가하도록 장려하기 위해
(C) 지역의 장인들이 만든 제품을 홍보하기 위해
(D) 거주자들에게 행사 비용의 몇몇 변경사항을 알리기 위해

주제/목적 찾기 문제

공고의 목적을 묻고 있으므로 첫 번째 지문 앞부분에서 단서를 찾습니다. 'we are looking for vendors to participate in the event'에서 행사에 참여할 노점상을 찾고 있다고 말하고 있습니다. 따라서 (B) To encourage vendors to take part in an event가 정답입니다.

13 In the announcement, the word "mandatory" in paragraph 3, line 1 is closest in meaning to
↳ 키워드

(A) arranged
(B) deliberate
(C) necessary
(D) compelling

공고에서, 3문단 첫 번째 줄의 단어 "mandatory"는 의미상 -와 가장 가깝다.

(A) 계획된
(B) 신중한
(C) 필수적인
(D) 위압적인

동의어 문제

공고에서 언급한 "mandatory"의 동의어를 묻고 있으므로 첫 번째 지문의 3문단 첫 번째 줄에서 찾습니다. mandatory가 포함된 문장 'it is mandatory for food vendors ~ all ingredients'는 식품 노점상은 모든 재료의 목록을 필수적으로 포함해야 한다는 뜻이므로 mandatory는 '필수적인'이라는 의미로 사용되었습니다. 따라서 이와 의미가 가장 가까운 (C) necessary(필수적인)가 정답입니다.

14 What is suggested about Ms. Kim?
↳ 키워드

Ⓐ She will be in charge of a business on November 8.
(B) She can work at the shop on Sundays.
(C) She will help out at a booth on November 9.
(D) She participated in the city's event last year.

Ms. Kim에 대해 암시되는 것은 무엇인가?
Ⓐ 11월 8일에 가게를 맡을 것이다.
(B) 일요일마다 상점에서 일을 할 수 있다.
(C) 11월 9일에 점포를 도와줄 것이다.
(D) 작년에 시의 행사에 참여했다.

연계 문제 (추론)

Ms. Kim에 대해 암시하는 것을 묻고 있으므로 질문의 키워드 Ms. Kim이 언급된 두 번째 지문에서 단서를 확인합니다. 두 번째 지문의 'I suggest we let Rachel Kim run the bakery while we're there on Saturday, and we're closed anyway on Sunday.'에서 Ms. Bing은 토요일에 추수 감사제에 참가하기 위해 Ms. Kim에게 빵집을 운영하도록 맡길 수 있으며 일요일에는 빵집 문을 닫는다는 것을 말하고 있습니다. 정답을 선택하기에는 단서가 부족하므로 다른 지문에서 첫 번째 단서와 연계된 두 번째 단서를 확인합니다. 첫 번째 지문의 'The Cowansville City Harvest Festival is ~ on November 8 and 9'에서 Cowansville시의 추수 감사제가 11월 8일과 9일이라는 것을 유추할 수 있습니다. 두 단서를 종합해 보면 Ms. Kim은 Ms. Bing이 추수 감사제에 참가하는 11월 8일 토요일에 빵집을 맡는다는 것을 유추할 수 있습니다. 따라서 (A) She will be in charge of a business on November 8가 정답입니다. run을 be in charge of로 paraphrase하였습니다.

15 What is most likely true about Farina Baked goods?
↳ 키워드

Ⓐ It will sell cookies at a festival.
(B) It is organizing an event to promote its products.
(C) It is owned by more than three people.
(D) It will distribute free samples to a number of people.

Farina 빵집에 대해 사실일 것 같은 것은?
Ⓐ 축제에서 쿠키를 판매할 것이다.
(B) 제품을 홍보하기 위해 이벤트를 준비하고 있다.
(C) 세 명 이상이 소유하고 있다.
(D) 무료 샘플을 여러 사람에게 나누어 줄 것이다.

연계 문제 (추론)

Farina 빵집에 대해 사실일 것 같은 것을 묻고 있으므로 질문의 키워드 Farina Baked goods가 그대로 언급된 세 번째 지문에서 단서를 확인합니다. 세 번째 지문의 'Christie Fuller'에서 Ms. Fuller가 Farina 빵집의 주인인 것을 알 수 있습니다. 정답을 선택하기에는 단서가 부족하므로 다른 지문에서 첫 번째 단서와 연계된 두 번째 단서를 확인합니다. 두 번째 지문의 'As for products, I also agree that we need to ~ bake just a few of our most popular types of cupcakes and cookies.'에서 Ms. Fuller와 Ms. Bing 모두 제품 면에서는 가장 잘 팔리는 몇 가지 종류의 컵케이크와 쿠키만 구울 필요가 있다고 생각함을 알 수 있습니다. 이 두 단서를 종합해 보면 Farina 빵집은 쿠키를 추수 감사제에서 팔 것임을 유추할 수 있습니다. 따라서 (A) It will sell cookies at a festival이 정답입니다.

16 How much will Ms. Fuller have to pay in participation fees?
↳ 키워드

(A) $75
(B) $100
(C) $150
Ⓓ $180

Ms. Fuller는 참가비를 얼마나 내야 할 것인가?
(A) 75달러
(B) 100달러
(C) 150달러
Ⓓ 180달러

연계 문제 (육하원칙)

Ms. Fuller가 참가비를 얼마나 내야 할지를 묻고 있으므로 질문의 키워드 participation fees를 그대로 언급한 첫 번째 지문에서 단서를 확인합니다. 첫 번째 지문의 'Participation fees are $100 for one day or $180 for two days.'에서 참가비는 하루에 100달러 또는 이틀에 180달러임을 알 수 있습니다. 정답을 선택하기에는 단서가 부족하므로 다른 지문에서 첫 번째 단서와 연계된 두 번째 단서를 확인합니다. Ms. Fuller가 작성한 세 번째 지문의 'I wish to participate on both days'에서 Ms. Fuller는 이틀 모두 참가하기를 원한다는 것을 알 수 있습니다. 이 두 단서를 종합해 보면 Ms. Fuller는 이틀 모두 참가할 것이며 따라서 이틀 치 참가비를 내야 한다는 것을 알 수 있습니다. 따라서 (D) $180가 정답입니다.

파트 6 알맞은 문장 고르기 문제 보기 해석

1~4주

페이지	문제 번호	보기 해석	
p.41	09	(A) 이 일에 대해 문의해주셔서 감사 드립니다. (B) 회의는 연기되어야 할지도 모릅니다.	(C) 자료를 그 전에 검토해 주시기 바랍니다. (D) 당신의 일정 확정이 인지되었습니다.
p.43	09	(A) 개점식이 곧 발표될 것입니다. (B) 저희는 최근에 확장 계획을 발표했습니다.	(C) 또한 이것은 매주 특별 할인 요금을 표시합니다. (D) 호텔 부문은 강한 성장을 겪고 있습니다.
p.46	01	(A) 이것은 회의실, 피트니스 센터, 라운지를 포함합니다. (B) 장소로 가기 위해 Oakvale로에서 나가실 수 있습니다.	(C) 뿐만 아니라, 매달 5일까지 귀하의 계좌를 정산해 주십시오.
p.46	02	(A) 그는 수년 동안 박물관에서 일했습니다. (B) 그 밴드는 오후 11시까지 연주할 것입니다.	(C) 채식주의자를 위한 옵션이 이용 가능할 것입니다.
p.47	03	(A) 이번 학기의 강의 일정은 아직 게시되지 않았습니다. (B) 고급 학위가 있는 사람들만 지원할 수 있습니다.	(C) 강의는 편리하고 융통성 있도록 계획되었습니다.
p.47	04	(A) 안내 데스크에 연락하여 단체 가격을 문의하세요. (B) 하지만, 특정 행동은 용인되지 않습니다.	(C) 불행히도, 사물함 대여는 제공되지 않습니다.
p.48	07	(A) 이 두 변화 모두 6월 21일에 시행될 것입니다. (B) 사전에 승인을 받는 것은 필수가 아닙니다.	(C) Ms. Wilkins는 현재 인사부장입니다. (D) 이러한 추가적인 휴가일에 감사드립니다.
p.49	11	(A) 마찬가지로, 이것은 특정 연령대의 독자들 사이에서 인기 있는 선택입니다. (B) 이 문제에 대해 신속한 대응을 해 주시면 감사하겠습니다.	(C) 그렇지 않으면, 저희는 설명서에 명시되어 있는 정책들을 따라야 합니다. (D) 귀하께서 원하신다면 귀하를 위해 환불을 해드리겠습니다.
p.59	09	(A) 협상은 끝날 전망도 없이 계속된다. (B) 다수의 투자자들이 회수하고 있다.	(C) 이렇게 된다면 가격은 극적으로 오를 것이다. (D) 경영진들은 그 계획이 성공할 것이라고 확신한다.
p.61	09	(A) 한 범주당 한 개의 출품작만 제출할 수 있습니다. (B) 직원들은 보너스로 500달러까지 받을 수 있습니다.	(C) 자료는 고객들로부터 수집될 것입니다. (D) 작년에 회사는 2위에 올랐습니다.
p.77	09	(A) 시용 기간은 월요일에 끝납니다. (B) 계속하기 위해서는 증명서가 필요합니다.	(C) 직원 추천은 환영받을 것입니다. (D) 그러므로, 가능한 한 꼼꼼하게 해 주세요.
p.79	09	(A) 모든 모델은 저희 매장에서 입수하실 수 있을 것입니다. (B) 차주는 설명을 위해 그들의 설명서를 확인해 볼 수 있다.	(C) 업그레이드될 수 있는 모델의 목록은 www.sonicars.com에서 열람 가능하다. (D) Sonic Motors사는 모든 품질 보증을 지킬 것이라고 발표했다.
p.97	09	(A) 가장 알맞은 후보의 인터뷰 일정을 잡았습니다. (B) 편하신 시간을 저에게 알려주시기 바랍니다.	(C) 지원자에 대한 당신의 의견에 감사드립니다. (D) 증빙 서류가 없는 사람들은 고려되지 않을 것입니다.
p.99	09	(A) 저희의 본사는 인근에 편리하게 위치해 있습니다. (B) 그는 시장 분석팀에서 일할 것입니다.	(C) 그를 만날 사람이 반드시 있도록 하십시오. (D) 다른 추천을 해주시면 감사하겠습니다.

페이지	문제 번호	보기 해석	
p.115	09	(A) 당신의 요구는 저희의 요구와 다를 수 있습니다. (B) 이것은 귀하께서 서비스를 사용하시든 하시지 않든 적용됩니다.	(C) 공인 자문 위원이 되기 위해 등록하세요. (D) 금융에 대한 당신의 통찰력은 건설적이었습니다.
p.117	09	(A) 일반 직원의 복지 제도가 적용됩니다. (B) 직원들은 할인을 받을 것입니다.	(C) 이 장려금은 다음 달에 지급될 것입니다. (D) 급료는 한 달에 두 번 지급됩니다.
p.135	09	(A) 신입사원 명단이 배부될 것입니다. (B) 그에 따른 질문을 해주시기 바랍니다.	(C) 그는 25년간의 근무 끝에 퇴직할 것입니다. (D) 다가오는 휴일을 위해 일정을 조정하세요.
p.137	09	(A) 다음번 잉크 구매 시, 할인을 받으세요. (B) 기록은 당신의 품질 보증서가 만료되었다고 나타냅니다.	(C) 부품의 선적은 다음 주에 도착할 것입니다. (D) 설명을 참고하기 위해 제품 안내서를 확인하세요.
p.151	09	(A) 그들은 특정 비용을 공제할 수 있어야 합니다. (B) 그에게 제가 그것들을 기다리고 있다고 상기시켜 주세요.	(C) 내일 다른 지점을 확인해 보겠습니다. (D) 저희에겐 재고가 없는 것 같습니다.
p.153	09	(A) 그러므로 저희는 모든 직원에게 출산 휴가를 제공합니다. (B) 그에 따라 추가 문의가 더 없을 것입니다.	(C) 인사과에 당신의 이력서를 보내주시기 바랍니다. (D) 관심을 가져주셔서 감사합니다.
p.167	09	(A) 지명된 사람은 적절히 보상을 받을 것입니다. (B) 당신의 조언은 신중하게 고려될 것입니다.	(C) 또한 참가하는 것은 그들에게 틀림없이 유익할 것입니다. (D) 하지만 자리가 제한적이니 지금 행동하세요.
p.169	09	(A) 지불해 주셔서 감사합니다. (B) 이 정보는 신규 가입자만을 위한 것입니다.	(C) 입출금 내역서를 지금 보실 수 있습니다. (D) 반드시 어떠한 변화라도 즉시 보고해 주세요.
p.185	07	(A) 저희는 과거에 많은 비슷한 행사를 개최했습니다. (B) 모든 손님들이 무척 즐거운 시간을 보냈습니다.	(C) 귀하의 온라인 예약은 확정되었습니다. (D) 저희 호텔에 대한 귀하의 의견에 감사드립니다.
p.187	09	(A) 하지만 수량이 한정적입니다. (B) 당신의 정보는 비공개로 보관될 것입니다.	(C) 필요하신 모든 것을 알게 되셨기 바랍니다. (D) 약속을 잡으시려면 555-3099로 전화하세요.
p.203	09	(A) 이 외의 다른 문의는 받아들여지지 않을 것입니다. (B) 다음 달 행사에서 그가 연설을 할 것입니다.	(C) 지원하기 위해서는 경영학 석사 학위를 소지해야 합니다. (D) 훈련은 직원들의 기량을 최신으로 유지하기 위해 필요합니다.
p.205	09	(A) 그를 만날 수 있는 가장 빠른 때를 저희에게 알려 주십시오. (B) 저희의 반품 정책은 매장에 명확하게 게시되어 있습니다.	(C) 그러므로 저희는 계약을 연장하고 싶습니다. (D) 그러므로 저희는 물품 비용의 전액 환불을 요구합니다.
p.219	09	(A) 그는 결과적으로 더 많은 비행기들이 개조될 것이라고 말한다. (B) 게다가, 자리는 5퍼센트 더 넓다.	(C) 처음에, 이 변화는 비즈니스석 승객에게만 영향을 미친다. (D) 항공사는 몇몇의 새로운 행선지를 발표할 것이다.
p.221	09	(A) 그동안 기다려주시면 감사하겠습니다. (B) 저희는 곧 정상적인 생산으로 돌아갈 것입니다.	(C) 부착된 추적 번호를 확인하십시오. (D) 교체된 계획을 고려해주시기 바랍니다.
p.237	07	(A) 그곳은 다음 6주 동안 문을 닫을 것입니다. (B) 회원권은 할인되어 구매될 수 있습니다.	(C) 여러분은 인사부로부터 출입증을 요청하면 됩니다. (D) 여러분 중 일부는 이 시설을 이용할 수 없습니다.
p.239	09	(A) 저희의 모든 제품은 조심스럽게 만들어졌습니다. (B) 저희는 심지어 당신의 집에 기술자를 보낼 수도 있습니다.	(C) 유익한 정보를 위해 사용 설명서를 참고하세요. (D) 저희가 경쟁사의 가격을 능가하겠다고 약속합니다.

페이지	문제 번호	보기 해석	
p.255	08	(A) 그것은 소수의 직원들만 이용할 수 있을 것입니다. (B) 그들은 누구나 건물에 출입하는 것을 막을 것입니다.	(C) 여러분이 도움을 제공할 수 있다면 저에게 알려주세요. (D) 여러분은 그들에게 여러분의 직원 ID를 보여줘야 합니다.
p.257	09	(A) 결과는 복도에 게시될 것입니다. (B) 벽에 붙여진 출구 표지를 따라가세요.	(C) 이 물품들은 쉬는 시간 동안에만 이용될 수 있습니다. (D) 아주 소수의 사람들이 매년 이 시험에 합격한다.
p.273	09	(A) 저는 이 사업에 대한 상세한 보고서를 가지고 있습니다. (B) 제조업자는 많은 자본이 필요합니다.	(C) 경제는 내년에 개선될 것으로 예상됩니다. (D) 최소 투자액은 40만 달러입니다.
p.275	09	(A) 영업부에 새로운 빈자리가 있습니다. (B) 신입사원을 환영하는 데 저와 함께하세요.	(C) 이 점이 그녀를 그 직책에 더할 나위 없이 적합하게 만듭니다. (D) 이 일자리는 머지않아 채워질 것으로 예상됩니다.
p.291	09	(A) 고지서를 온라인으로 내는 것은 이보다 더 쉬웠던 적이 없습니다. (B) 또한 사이트는 에너지 효율적인 가전제품의 목록을 제공합니다.	(C) 이 제안에 대해 더 알고 싶으시면 저희 사이트에 방문하세요. (D) 서비스 요청을 위해서는, 고객 지원으로 연락하세요.
p.293	09	(A) 매장은 항상 청결하게 유지되어야 합니다. (B) 이것은 고객들이 쇼핑하는 것을 더 쉽게 만들 것입니다.	(C) 저희의 다음 세일 행사에서 이 기법들을 사용해 보세요. (D) 첫 번째 세미나는 6월 20일로 예정되어 있습니다.
p.307	09	(A) 분석가들은 이러한 추세가 계속될 것이라고 예측합니다. (B) 많은 가게 주인들이 눈에 띄게 실망했습니다.	(C) 이곳의 공사는 이번 주 후반에 시작될 것입니다. (D) 시장은 비상 계획을 제의할 것입니다.
p.309	09	(A) 당신의 주문은 곧 복구될 것입니다. (B) 이것은 다음 음악 구매 시 사용하실 수 있습니다.	(C) 당신의 기기를 저희 수리 센터 중 한 곳으로 가져 오십시오. (D) 당신의 항의는 저희 부서로 접수되었습니다.
p.325	09	(A) 다음 중 하나를 선택하세요. (B) 또한, 대체 지불 방식도 가능합니다.	(C) 대체물을 찾을 때까지 기다려 주세요. (D) 구매품을 추적하기 위해 온라인으로 접속하세요.
p.327	09	(A) 저희는 개인정보 보호정책을 변경할 생각입니다. (B) 당신의 신속한 응답이 확인되었습니다.	(C) 그것들은 교육 설명서에 기재되어 있습니다. (D) 당신의 동의를 나타내기 위해 아래에 서명해주세요.
p.343	09	(A) 그렇기는 하지만, 이것은 널리 비평가의 절찬을 받았다. (B) 따라서, 신판을 곧 이용할 수 있을 것이다.	(C) 하지만 이 책의 역사적 가치는 이것을 매혹적인 읽을거리로 만든다. (D) 그동안에, 이 책은 몇 번 편집되었다.
p.345	09	(A) 진행 중인 세일은 이번 주말에 끝납니다. (B) Lake Park에는 5만 명의 주민들이 거주합니다.	(C) 많은 혼잡이 예상됩니다. (D) 파티 후에 회장은 연설을 할 것입니다.
p.361	09	(A) 소득세는 4월 중순까지 지불해야 한다. (B) 의회는 시장의 제안을 기꺼이 받아들인다.	(C) 이러한 변화들은 현재 논의되고 있다. (D) 사업주들은 할인 요금을 신청할 수 있다.
p.363	09	(A) 제대로 관리된 자동차는 더 오래 쓰입니다. (B) 돌아다니는 것은 하루종일 쉽습니다.	(C) 무료 견적을 받기 위해 차량을 가게로 가져오세요. (D) 저희는 가장 가까운 경쟁사보다 더 많은 자동차를 판매합니다.
p.379	09	(A) 그녀는 아마 폭넓은 훈련을 필요로 할 것이다. (B) 그녀의 임명은 아마 나중에 확정될 것이다.	(C) 다른 후보자들은 아직 고려되고 있다. (D) 또한 그녀의 승진은 널리 예상되었었다.

페이지	문제 번호	보기 해석	
p.381	09	(A) 분납하실 수도 있습니다. (B) 오늘 가장 가까운 대리점에서 시험해 보세요.	(C) 열 명 중 아홉 명의 고객들이 동의합니다. (D) 정상 통화 요금이 적용될 수 있습니다.

토익 실전모의고사(별책)

페이지	문제 번호	보기 해석	
p.5	134	(A) 당신의 집이 텔레비전에 출연할 수도 있습니다. (B) 저희는 사업체에 대한 서비스도 수행합니다.	(C) 미술품을 낮은 가격에 구입할 수 있습니다. (D) 팔려고 내놓은 새 집이 몇 채 있습니다.
p.6	138	(A) 이 프로그램은 사무 업무의 속도를 높일 수 있습니다. (B) 플래시 드라이브가 바르게 삽입되었는지 확인하세요.	(C) GrandWork 파일은 다른 형식으로 변환될 수 있습니다. (D) 이것은 단지 몇 분 걸릴 것입니다.
p.7	140	(A) 게다가, 저희는 귀하께서 제출하신 초기의 레이아웃에 대해 여전히 우려하고 있습니다. (B) 그럼에도 불구하고, 몇몇 건축 자재들은 여전히 치워져야 합니다.	(C) 불행하게도, 저희 공사 예산은 줄어들었습니다. (D) 그 결과, 저희는 귀하와 함께 일하는 것에 확실히 관심이 있습니다.
p.8	143	(A) 아시다시피, 주말은 가장 바쁜 때입니다. (B) 시간 외 근무도 어쩌면 가능할 것입니다.	(C) 이로 인해 금요일에 직원이 부족하게 될 것입니다. (D) 당신의 일정에 변화된 부분을 점검하세요.

해커스 어학연구소

초보를 위한 토익 입문서

해커스 토익 스타트 Reading RC

최신개정판

개정 4판 10쇄 발행 2024년 9월 2일

개정 4판 1쇄 발행 2020년 1월 2일

지은이	David Cho
펴낸곳	㈜해커스 어학연구소
펴낸이	해커스 어학연구소 출판팀
주소	서울특별시 서초구 강남대로61길 23 ㈜해커스 어학연구소
고객센터	02-537-5000
교재 관련 문의	publishing@hackers.com
동영상강의	HackersIngang.com
ISBN	978-89-6542-337-9 (13740)
Serial Number	04-10-01